中国社会科学年鉴

中国人口

丰鉴
2017

ALMANAC OF CHINA'S POPULATION

中国社会科学院人口与劳动经济研究所 编

中国社会科学出版社

图书在版编目（CIP）数据

中国人口年鉴 . 2017 ／中国社会科学院人口与劳动经济研究所编 . —北京：
中国社会科学出版社，2018. 10
　ISBN 978 - 7 - 5203 - 3376 - 4

　Ⅰ . ①中…　Ⅱ . ①中…　Ⅲ . ①人口—中国—2017—年鉴　Ⅳ . ①C924. 2 - 54

中国版本图书馆 CIP 数据核字（2018）第 237870 号

出 版 人　赵剑英
责任编辑　张靖晗
特约编辑　张　妍
责任校对　林福国
责任印制　郝美娜

出　　版　中国社会科学出版社
社　　址　北京鼓楼西大街甲 158 号
邮　　编　100720
网　　址　http://www.csspw.cn
发 行 部　010 - 84083685
门 市 部　010 - 84029450
经　　销　新华书店及其他书店

印刷装订　三河市东方印刷有限公司
版　　次　2018 年 10 月第 1 版
印　　次　2018 年 10 月第 1 次印刷

开　　本　889×1194　1/16
印　　张　36.5
插　　页　2
字　　数　1030 千字
定　　价　368.00 元

编辑说明

时光飞度，转眼间岁末将至。《中国人口年鉴》2017卷携着编辑部各位同仁对读者的良好祝愿，如约与大家见面了。

《中国人口年鉴》始终秉承"收录广泛、资料浓缩、信息密集、内容权威"的原则，以全面、客观、翔实地反映中国人口及相关各项事业的发展概况，以及相关领域的研究状况为己任，继续在学术界和社会各界发挥自己应有的作用。

《中国人口年鉴》2016卷设7篇：1. 文献选载，2. 概况，3. 专论，4. 大事记，5. 附录，6. 数据，7. 索引。

1. 文献选载。该篇由"人口与发展""劳动就业和社会保障"和"教育和公共卫生"三个部分组成。辑选了2016年度党和国家领导人的相关讲话、报告，以及有关人口、劳动就业、社会保障与社会保险、教育、公共卫生等方面的法律、法规和文件。各部分文献篇目以发表时间为序。为增加内容的时效性，辑入了2017年1月1日至4月30日之间已发表或已公布的部分文献。

2. 概况。该篇所收录的文章均由国家主管部门或权威人士撰写，内容的权威性具有可靠的保证，基本上涵盖了2016年度与人口发展相关各项社会事业的发展概况。

3. 专论。该篇一直是本年鉴最具特色的重点篇目，由"专文"和"学术研究综述"两部分组成。

"专文"部分的5篇文章，内容均为社会各界所关注的热点问题。《新经济环境下的中国就业发展研究》一文，重点分析了中国新经济的基本特征和发展规模及其对中国就业发展的影响，研究指出以互联网技术为核心的数字经济、共享经济正以全新的形式创造就业机会，推动就业结构变化，但同时带来就业市场内不公平程度的加深，新一轮技术变革进一步拉大了体力劳动者与脑力劳动者、技能工人与非技能工人、单一人才和复合型人才之间的差距。《我国城镇单位就业人员工资水平研究》一文，对2016年我国城镇单位就业人员工资水平的变化状况、结构性差异及主要影响因素进行了深入分析，并提出完善就业人员工资机制的政策建议。研究发现城镇单位就业人员工资水平仍然在不断提高，但受到经济下行压力的影响，非私营单位和私营单位的增长速度均有所下降；工资水平在行业和地区层面都存在明显差距；不同岗位的工资差异在各行业、地区间具有相似特点，工资水平越高的岗位，其在行业和地区间差异特征越明显；劳动生产率对行业差异的解释力在下降，行业竞争不充分因素对行业工资水平差异依然有明显影响，人力资本对工资差异的解释性持续增强。《日本人口老龄化的现状、实践经验及对我国的启示》一文，利用大量翔实数据分析了日本老龄化的严峻程度及其对日本社会经济产生的影响，梳理了日本政府及民间机构为应对人口老龄化所采取的战略措施和实践经验，进而提出我国需努力的方向。《我国农民工的就业结构及其变化趋势》一文，利用中国家庭收入项目调查2007年、2013年数据，分析了2007—2013年中国农民工的就业结构及其变化趋势，并讨论了影响农民工成为自我雇佣者以及职业向上流动的决定因素。总体来看，我国农民工的就业结构有所优化，"雇主招工"和"政府安排或职介"在农民工工作获取中的作用增强，自雇就业的比例呈上升趋势，工作时间的超时状况有所改善，经济收入有较大幅度提高。这对于促进农民工市民化、促进城镇化无疑具有积极意义。《我国留守妻子的生存和发展状况研究》一文，利用多次人口普查和相关调查数据，对我国留守妻子的基本情况进行了梳理，分析她们面临的主要问题和挑战，进而提出对策建议，为建立健全留守妻子关爱服务体系提供了重要的参考依据。

"学术研究综述"收录了《中国人口学研究综述及其展望：2016》《劳动经济学学科研究进展》《新时代中国劳动关系的特征和发展趋势》3 篇文章。《中国人口学研究综述及其展望：2016》对 2016 年中国人口学研究的状况进行了梳理，使读者得以全方位地了解中国人口学研究发展的全貌。《劳动经济学学科研究进展》从"就业与经济增长""工资与收入分配""福利与社会保障""人力资本"四个方面梳理了该学科的研究进展，并对未来劳动经济学研究的发展方向和热点问题进行了阐述。《新时代中国劳动关系的特征和发展趋势》围绕中国劳动关系的特点、发展趋势、劳动关系法律法规建设、劳动力市场改革、新型劳动关系的形成及管理、劳动争议的产生与处理、劳动收入及劳动力市场歧视、劳动者的健康及劳动关系满意度等主题，梳理了当前国内外劳动关系学科发展动态及主要观点，并探讨了中国构建和谐劳动关系取得的进展、面临的挑战和问题。

需要说明的是，《中国人口年鉴》2017 卷删除了原有的"文摘"选编内容。自 2017 年始，编辑部将人口与劳动经济学领域的优秀学术论文做了详细的摘编处理，并汇编成书籍出版，目前已出版两期《人口与劳动经济学文摘》，有需要的读者可参考借鉴。

4. 大事记。该篇记录了 2016 年发生的与中国人口发展相关的事件，为读者把握中国人口发展提供时间序列上的清晰脉络。

5. 附录。该篇由"会议综述"和"会议动态"两部分组成。

6. 数据。该篇在本书中所占篇幅最大，其目的在于为读者在时间和空间上提供一个比较平台，以最大限度地发挥统计数据的作用。其中，中国数据部分包括"行政区划""人口数、户数和人口自然变动""人口构成""劳动就业""社会保障与社会服务""社会保险""人民生活水平""公共卫生健康与计划生育""教育状况"和"残疾人状况"方面的数据，以及台湾省、香港特别行政区和澳门特别行政区的相关统计数据。在数据收集过程中，国家卫生和计划生育委员会、教育部、民政部、国家统计局、中国残疾人联合会等机构的相关部门给予了大力的支持，在此一并表示感谢。

需要说明的是，"世界人口数据"主要来源于联合国开发计划署发行的 *Human Development Report*，受该报告发布推迟的影响，《中国人口年鉴》2017 卷中暂缺世界人口数据。

7. 本书所在文章、数据，除特殊注明外均不包括台湾省、香港特别行政区、澳门特别行政区，以及服现役人员。

8. 为便于读者阅读，本书除在卷首列"目录"外，还在卷尾编有"索引"。

9. 《中国人口年鉴》2017 卷编辑分工为：(1)"文献选载"由张妍、施琛华负责；(2)"概况"由张妍负责；(3)"专论"由张妍、施琛华负责；(4)"大事记"由施琛华负责，嵇平平供稿；(5)"附录"由施琛华负责；(6)"数据"由张妍负责；(7)"索引"由张妍、施琛华编制。

全书由张妍、施琛华统编，副主编王跃生审校，主编张车伟审定。

《中国人口年鉴》编辑部

2017 年 12 月

目　　录

第一篇　文献选载

第二篇　概况

第三篇　专论

第四篇　大事记

第五篇　附录

第六篇　数据

第七篇　索引

Contents

I Selection from Documents

Ⅱ　Survey

Ⅲ　Monograph

Ⅳ Events

Ⅴ Appendix

Ⅵ Data

Ⅶ Index

第一篇

文献选载

● 人口与发展

国务院关于加强困境儿童保障工作的意见

国发〔2016〕36 号

各省、自治区、直辖市人民政府，国务院各部委、各直属机构：

儿童是家庭的希望，是国家和民族的未来。在党和政府的高度重视下，我国保障儿童权益的法律体系逐步健全，广大儿童合法权益得到有效保障，生存发展环境进一步优化，在家庭、政府和社会的关爱下健康成长。同时，也有一些儿童因家庭经济贫困、自身残疾、缺乏有效监护等原因，面临生存、发展和安全困境，一些冲击社会道德底线的极端事件时有发生，不仅侵害儿童权益，也影响社会和谐稳定，是全面建成小康社会亟需妥善解决的突出问题。

困境儿童包括因家庭贫困导致生活、就医、就学等困难的儿童，因自身残疾导致康复、照料、护理和社会融入等困难的儿童，以及因家庭监护缺失或监护不当遭受虐待、遗弃、意外伤害、不法侵害等导致人身安全受到威胁或侵害的儿童。为困境儿童营造安全无虞、生活无忧、充满关爱、健康发展的成长环境，是家庭、政府和社会的共同责任。做好困境儿童保障工作，关系儿童切身利益和健康成长，关系千家万户安居乐业、和谐幸福，关系社会稳定和文明进步，关系全面建成小康社会大局。为加强困境儿童保障工作，确保困境儿童生存、发展、安全权益得到有效保障，现提出以下意见。

一 总体要求

（一）指导思想。全面落实党的十八大和十八届三中、四中、五中全会精神，深入贯彻习近平总书记系列重要讲话精神，按照党中央、国务院决策部署，以促进儿童全面发展为出发点和落脚点，坚持问题导向，优化顶层设计，强化家庭履行抚养义务和监护职责的意识和能力，综合运用社会救助、社会福利和安全保障等政策措施，分类施策，精准帮扶，为困境儿童健康成长营造良好环境。

（二）基本原则。

坚持家庭尽责。强化家庭是抚养、教育、保护儿童，促进儿童发展第一责任主体的意识，大力支持家庭提高抚养监护能力，形成有利于困境儿童健康成长的家庭环境。

坚持政府主导。落实政府责任，积极推动完善保障儿童权益、促进儿童发展的相关立法，制定配套政策措施，健全工作机制，统筹各方资源，加快形成困境儿童保障工作合力。

坚持社会参与。积极孵化培育相关社会组织，动员引导广大企业和志愿服务力量参与困境儿童保障工作，营造全社会关心关爱困境儿童的良好氛围。

坚持分类保障。针对困境儿童监护、生活、教育、医疗、康复、服务和安全保护等方面的突出问题，根据困境儿童自身、家庭情况分类施策，促进困境儿童健康成长。

（三）总体目标。加快形成家庭尽责、政府主导、社会参与的困境儿童保障工作格局，建立健全与我国经济社会发展水平相适应的困境儿童分类保障制度，困境儿童服务体系更加完善，全社会关爱保护儿童的意识明显增强，困境儿童成长环境更为改善、安全更有保障。

二　加强困境儿童分类保障

针对困境儿童生存发展面临的突出问题和困难，完善落实社会救助、社会福利等保障政策，合理拓展保障范围和内容，实现制度有效衔接，形成困境儿童保障政策合力。

（一）保障基本生活。对于无法定抚养人的儿童，纳入孤儿保障范围。对于无劳动能力、无生活来源、法定抚养人无抚养能力的未满 16 周岁儿童，纳入特困人员救助供养范围。对于法定抚养人有抚养能力但家庭经济困难的儿童，符合最低生活保障条件的纳入保障范围并适当提高救助水平。对于遭遇突发性、紧迫性、临时性基本生活困难家庭的儿童，按规定实施临时救助时要适当提高对儿童的救助水平。对于其他困境儿童，各地区也要做好基本生活保障工作。

（二）保障基本医疗。对于困难的重病、重残儿童，城乡居民基本医疗保险和大病保险给予适当倾斜，医疗救助对符合条件的适当提高报销比例和封顶线。落实小儿行为听力测试、儿童听力障碍语言训练等医疗康复项目纳入基本医疗保障范围政策。对于最低生活保障家庭儿童、重度残疾儿童参加城乡居民基本医疗保险的个人缴费部分给予补贴。对于纳入特困人员救助供养范围的儿童参加城乡居民基本医疗保险给予全额资助。加强城乡居民基本医疗保险、大病保险、医疗救助、疾病应急救助和慈善救助的有效衔接，实施好基本公共卫生服务项目，形成困境儿童医疗保障合力。

（三）强化教育保障。对于家庭经济困难儿童，要落实教育资助政策和义务教育阶段"两免一补"政策。对于残疾儿童，要建立随班就读支持保障体系，为其中家庭经济困难的提供包括义务教育、高中阶段教育在内的 12 年免费教育。对于农业转移人口及其他常住人口随迁子女，要将其义务教育纳入各级政府教育发展规划和财政保障范畴，全面落实在流入地参加升学考试政策和接受中等职业教育免学费政策。支持特殊教育学校、取得办园许可的残疾儿童康复机构和有条件的儿童福利机构开展学前教育。支持儿童福利机构特教班在做好机构内残疾儿童特殊教育的同时，为社会残疾儿童提供特殊教育。完善义务教育控辍保学工作机制，确保困境儿童入学和不失学，依法完成义务教育。

（四）落实监护责任。对于失去父母、查找不到生父母的儿童，纳入孤儿安置渠道，采取亲属抚养、机构养育、家庭寄养和依法收养方式妥善安置。对于父母没有监护能力且无其他监护人的儿童，以及人民法院指定由民政部门担任监护人的儿童，由民政部门设立的儿童福利机构收留抚养。对于儿童生父母或收养关系已成立的养父母不履行监护职责且经公安机关教育不改的，由民政部门设立的儿童福利机构、救助保护机构临时监护，并依法追究生父母、养父母法律责任。对于决定执行行政拘留的被处罚人或采取刑事拘留等限制人身自由刑事强制措施的犯罪嫌疑人，公安机关应当询问其是否有未成年子女需要委托亲属、其他成年人或民政部门设立的儿童福利机构、救助保护机构监护，并协助其联系有关人员或民政部门予以安排。对于服刑人员、强制隔离戒毒人员的缺少监护人的未成年子女，执行机关应当为其委托亲属、其他成年人或民政部门设立的儿童福利机构、救助保护机构监护提供帮助。对于依法收养儿童，民政部门要完善和强化监护人抚养监护能力评估制度，落实妥善抚养监护要求。

（五）加强残疾儿童福利服务。对于0—6岁视力、听力、言语、智力、肢体残疾儿童和孤独症儿童，加快建立康复救助制度，逐步实现免费得到手术、康复辅助器具配置和康复训练等服务。对于社会散居残疾孤儿，纳入"残疾孤儿手术康复明天计划"对象范围。支持儿童福利机构在做好机构内孤残儿童服务的同时，为社会残疾儿童提供替代照料、养育辅导、康复训练等服务。纳入基本公共服务项目的残疾人康复等服务要优先保障残疾儿童需求。

三　建立健全困境儿童保障工作体系

强化和落实基层政府、部门职责，充实和提升基层工作能力，充分发挥群团组织优势，广泛动员社会力量参与，建立健全覆盖城乡、上下联动、协同配合的困境儿童保障工作体系。

（一）构建县（市、区、旗）、乡镇（街道）、村（居）三级工作网络。

县级人民政府要建立政府领导，民政部门、妇儿工委办公室牵头，教育、卫生计生、人力资源社会保障等部门和公安机关、残联组织信息共享、协调联动的工作机制，统筹做好困境儿童保障政策落实和指导、协调、督查等工作。要参照农村留守儿童救助保护机制，建立面向城乡困境儿童包括强制报告、应急处置、评估帮扶、监护干预等在内的困境儿童安全保护机制。要依托县级儿童福利机构、救助保护机构、特困人员救助供养机构、残疾人服务机构、城乡社区公共服务设施等，健全困境儿童服务网络，辐射城乡社区，发挥临时庇护、收留抚养、福利服务等功能。

乡镇人民政府（街道办事处）负责民政工作的机构要建立翔实完备的困境儿童信息台账，一人一档案，实行动态管理，为困境儿童保障工作提供信息支持。乡镇人民政府（街道办事处）要畅通与县级人民政府及其民政部门、妇儿工委办公室和教育、卫生计生、人力资源社会保障等部门以及公安机关、残联组织的联系，并依托上述部门（组织）在乡镇（街道）的办事（派出）机构，及时办理困境儿童及其家庭社会救助、社会福利、安全保护等事务。

村（居）民委员会要设立由村（居）民委员会委员、大学生村官或者专业社会工作者等担（兼）任的儿童福利督导员或儿童权利监察员，负责困境儿童保障政策宣传和日常工作，通过全面排查、定期走访及时掌握困境儿童家庭、监护、就学等基本情况，指导监督家庭依法履行抚养义务和监护职责，并通过村（居）民委员会向乡镇人民政府（街道办事处）报告情况。村（居）民委员会对于发现的困境儿童及其家庭，属于家庭经济贫困、儿童自身残疾等困难情形的，要告知或协助其申请相关社会救助、社会福利等保障；属于家庭监护缺失或监护不当导致儿童人身安全受到威胁或侵害的，要落实强制报告责任；并积极协助乡镇人民政府（街道办事处）、民政部门、妇儿工委办公室和教育、卫生计生、人力资源社会保障等部门及公安机关、残联组织开展困境儿童保障工作。

（二）建立部门协作联动机制。

民政部门、妇儿工委办公室要发挥牵头作用，做好综合协调、指导督促等工作，会同教育、卫生计生、人力资源社会保障等有关部门和公安机关、残联组织，推动各有关方面共同做好困境儿童保障工作。民政、教育、卫生计生、人力资源社会保障、住房城乡建设等社会救助管理部门要进一步完善政策措施，健全"一门受理、协同办理"等工作机制，确保符合条件的困境儿童及其家庭及时得到有效帮扶。民政、教育、卫生计生部门和公安机关要督促和指导中小学校、幼儿园、托儿所、医疗卫生机构、社会福利机构、救助保护机构切实履行困境儿童安全保护机制赋予的强制报告、应急处置、评估帮扶、监护干预等职责，保障困境儿童人身安全。

（三）充分发挥群团组织作用。

各级群团组织要发挥自身优势，广泛开展适合困境儿童特点和需求的关爱、帮扶、维权等服务，发挥示范带动作用。工会、共青团、妇联要广泛动员广大职工、团员青年、妇女等开展多种形式的困境儿童关爱服务，依托职工之家、妇女之家、儿童之家、家长学校、家庭教育指导中心、青少年综合服务平台等，加强对困境儿童及其家庭的教育指导和培训帮扶。残联组织要依托残疾人服务设施加强残疾儿童康复训练、特殊教育等工作，加快建立残疾儿童康复救助制度，加强残疾儿童康复机构建设和康复服务专业技术人员培训培养，组织实施残疾儿童康复救助项目，提高康复保障水平和服务能力。关工委要组织动员广大老干部、老战士、老专家、老教师、老模范等离退休老同志，协同做好困境儿童关爱服务工作。

（四）鼓励支持社会力量参与。

建立政府主导与社会参与良性互动机制。加快孵化培育专业社会工作服务机构、慈善组织、志愿服务组织，引导其围绕困境儿童基本生活、教育、医疗、照料、康复等需求，捐赠资金物资、实施慈善项目、提供专业服务。落实国家有关税费优惠政策，通过政府和社会资本合作（PPP）等方式，支持社会力量举办困境儿童托养照料、康复训练等服务机构，并鼓励其参与承接政府购买服务。支持社会工作者、法律工作者等专业人员和志愿者针对困境儿童不同特点提供心理疏导、精神关爱、家庭教育指导、权益维护等服务。鼓励爱心家庭依据相关规定，为有需要的困境儿童提供家庭寄养、委托代养、爱心助养等服务，帮助困境儿童得到妥善照料和家庭亲情。积极倡导企业履行社会责任，通过一对一帮扶、慈善捐赠、实施公益项目等多种方式，为困境儿童及其家庭提供更多帮助。

四　加强工作保障

（一）强化组织领导。各地区要将困境儿童保障工作纳入重要议事日程和经济社会发展等规划，完善政策措施，健全工作机制，及时研究解决工作中的重大问题。要完善工作考核，强化激励问责，制定督查考核办法，明确督查指标，建立常态化、经常化的督查考核机制，定期通报工作情况，及时总结推广先进经验。民政部、国务院妇儿工委办公室、教育部、公安部、国家卫生计生委等有关部门和全国妇联、中国残联要积极推动制定完善儿童福利、儿童保护和家庭教育、儿童收养等法律法规，为困境儿童保障工作提供有力法律保障。加强各级各部门困境儿童工作信息共享和动态监测。

（二）强化能力建设。统筹各方资源，充分发挥政府、市场、社会作用，逐步完善儿童福利机构或社会福利机构儿童部、救助保护机构场所设施，健全服务功能，增强服务能力，满足监护照料困境儿童需要。利用现有公共服务设施开辟儿童之家等儿童活动和服务场所，将面向儿童服务功能纳入社区公共服务体系。各级财政部门要优化和调整支出结构，多渠道筹措资金，支持做好困境儿童保障工作。各地区要积极引导社会资金投入，为困境儿童保障工作提供更加有力支撑；要加强困境儿童保障工作队伍建设，制定儿童福利督导员或儿童权利监察员工作规范，明确工作职责，强化责任意识，提高服务困境儿童能力。

（三）强化宣传引导。加强儿童权益保障法律法规和困境儿童保障政策宣传，开展形式多样的宣传教育活动，强化全社会保护儿童权利意识，强化家庭履责的法律意识和政府主导、全民关爱的责任意识。大力弘扬社会主义核心价值观和中华民族恤孤慈幼的传统美德，鼓励、倡导、表彰邻里守望和社区互助行为，宣传报道先进典型，发挥示范带动作用。建立健全舆情监测预警和应对机制，及时妥善回应社会关切。

各地区、各部门要根据实际情况和职责分工制定具体实施办法。民政部、国务院妇儿工委办公室要加强对本意见执行情况的监督检查，重大情况及时向国务院报告。国务院将适时组织专项督查。

国务院

2016 年 6 月 13 日

国务院办公厅关于印发推动1亿非户籍人口在城市落户方案的通知

国办发〔2016〕72号

各省、自治区、直辖市人民政府，国务院各部委、各直属机构：

《推动1亿非户籍人口在城市落户方案》已经国务院同意，现印发给你们，请认真贯彻执行。

国务院办公厅

2016年9月30日

推动1亿非户籍人口在城市落户方案

促进有能力在城镇稳定就业和生活的农业转移人口举家进城落户，是全面小康社会惠及更多人口的内在要求，是推进新型城镇化建设的首要任务，是扩大内需、改善民生的重要举措。为贯彻落实党中央、国务院关于推动1亿左右农业转移人口和其他常住人口等非户籍人口在城市落户的决策部署，根据《国家新型城镇化规划（2014—2020年)》、《国务院关于进一步推进户籍制度改革的意见》（国发〔2014〕25号）和《国务院关于深入推进新型城镇化建设的若干意见》（国发〔2016〕8号），特制定本方案。

一 总体要求

（一）指导思想。全面贯彻党的十八大和十八届三中、四中、五中全会精神，落实党中央、国务院决策部署，按照"五位一体"总体布局和"四个全面"战略布局，牢固树立和贯彻落实创新、协调、绿色、开放、共享的发展理念，以人的城镇化为核心，以理念创新为先导，以体制机制改革为动力，紧紧围绕推动1亿非户籍人口在城市落户目标，深化户籍制度改革，加快完善财政、土地、社保等配套政策，为促进经济持续健康发展提供持久强劲动力，为维护社会公平正义与和谐稳定奠定坚实基础。

（二）基本原则。

统筹设计，协同推进。统筹推进本地和外地非户籍人口在城市落户，实行相同的落户条件和标准。统筹户籍制度改革与相关配套制度改革创新，优化政策组合，形成工作合力，确保城市新老居民同城同待遇。

存量优先，带动增量。优先解决进城时间长、就业能力强、能够适应城市产业转型升级和市场竞争环境的非户籍人口落户，形成示范效应，逐步带动新增非户籍人口在城市落户。

因地制宜，分类施策。充分考虑城市综合承载能力，实施差别化落户政策，赋予地方更多操作空间，鼓励地方创造典型经验。充分尊重群众自主定居意愿，坚决打破"玻璃门"，严格防止"被落户"。

中央统筹，省负总责。中央政府层面统筹总体方案和制度安排，强化对地方的指导和监督考核。省级政府负总责，全面做好地方方案编制和组织实施等工作。

（三）主要目标。"十三五"期间，城乡区域间户籍迁移壁垒加速破除，配套政策体系进一步健全，户籍人口城镇化率年均提高1个百分点以上，年均转户1300万人以上。到2020年，全国户籍人口城镇化率提高到45%，各地区户籍人口城镇化率与常住人口城镇化率差距比2013年缩小2个百分点以上。

二　进一步拓宽落户通道

（四）全面放开放宽重点群体落户限制。除极少数超大城市外，全面放宽农业转移人口落户条件。以农村学生升学和参军进入城镇的人口、在城镇就业居住5年以上和举家迁徙的农业转移人口以及新生代农民工为重点，促进有能力在城镇稳定就业和生活的农业转移人口举家进城落户。省会及以下城市要全面放开对高校毕业生、技术工人、职业院校毕业生、留学归国人员的落户限制。省会及以下城市要探索实行农村籍高校学生来去自由的落户政策，高校录取的农村籍学生可根据本人意愿，将户口迁至高校所在地；毕业后可根据本人意愿，将户口迁回原籍地或迁入就（创）业地。（公安部牵头）

（五）调整完善超大城市和特大城市落户政策。超大城市和特大城市要以具有合法稳定就业和合法稳定住所（含租赁）、参加城镇社会保险年限、连续居住年限等为主要依据，区分城市的主城区、郊区、新区等区域，分类制定落户政策，重点解决符合条件的普通劳动者落户问题。户籍人口比重低的超大城市和特大城市，要进一步放宽外来人口落户指标控制，加快提高户籍人口城镇化率。（公安部牵头）

（六）调整完善大中城市落户政策。大中城市均不得采取购买房屋、投资纳税等方式设置落户限制。城区常住人口300万以下的城市不得采取积分落户方式。大城市落户条件中对参加城镇社会保险的年限要求不得超过5年，中等城市不得超过3年。（公安部牵头）

三　制定实施配套政策

（七）加大对农业转移人口市民化的财政支持力度并建立动态调整机制。根据不同时期农业转移人口数量规模、不同地区和城乡之间农业人口流动变化、大中小城市农业转移人口市民化成本差异等，对中央和省级财政转移支付规模、结构进行动态调整。落实东部发达地区和大城市、特大城市的主体责任，引导其加大支出结构调整力度，依靠自有财力为农业转移人口提供与当地户籍人口同等的基本公共服务，中央财政根据其吸纳农业转移人口进城落户人数等因素适当给予奖励。（财政部牵头）

（八）建立财政性建设资金对吸纳农业转移人口较多城市基础设施投资的补助机制。加快实施中央预算内投资安排向吸纳农业转移人口落户数量较多城镇倾斜的政策。中央财政在安排城市基础设施建设和运行维护、保障性住房等相关专项资金时，对吸纳农业转移人口较多的地区给予适当支持。鼓励省级政府实施相应配套政策。（国家发展改革委、财政部牵头）

（九）建立城镇建设用地增加规模与吸纳农业转移人口落户数量挂钩机制。按照以人定地、人地和谐的原则，实施城镇建设用地增加规模与吸纳农业转移人口落户数量挂钩政策，完善年度土地利用计划指标分配机制，保障农业转移人口在城镇落户的合理用地需求。规范推进城乡建设用地增减挂钩，建立健全城镇低效用地再开发激励约束机制。（国土资源部牵头）

（十）完善城市基础设施项目融资制度。健全债券信息披露、信用评级、发行管理等方面制度安排。（国家发展改革委、人民银行、证监会按职责分工负责）建立健全规范的地方政府举债融资机制，支持城市基础设施建设。（财政部牵头）采取有效措施推进城市公共服务领域和基础设施领域采用政府和社会资本合作（PPP）模式融资。（财政部、国家发展改革委按职责分工负责）

（十一）建立进城落户农民"三权"维护和自愿有偿退出机制。加快推进农村集体产权制度改革，确保如期完成土地承包权、宅基地使用权等确权登记颁证，积极推进农村集体资产确权到户和股份合作制改革，不得强行要求进城落户农民转让其在农村的土地承包权、宅基地使用权、集体收益分配权，或将其作为进城落户条件。建立健全农村产权流转市场体系，探索形成农户对"三权"的自愿有偿退出机制，支持和引导进城落户农民依法自愿有偿转让上述权益，但现阶段要严格限定在本集体经济组织内部。（中央农办牵头，农业部、国土资源部等参与）

（十二）将进城落户农民完全纳入城镇住房保障体系。加快完善城镇住房保障体系，确保进城落户农民与当地城镇居民同等享有政府提供基本住房保障的权利。住房保障逐步实行实物保障与租赁补贴并举，通过市场提供房源、政府发放租赁补贴方式，支持符合条件的进城落户农民承租市场住房。推进扩大住房公积金缴存面，将农业转移人口纳入覆盖范围，鼓励个体工商户和自由职业者缴存。落实放宽住房公积金提取条件等政策，建立全国住房公积金转移接续平台，支持缴存人异地使用。（住房城乡建设部牵头）

（十三）落实进城落户农民参加城镇基本医疗保险政策。进城落户农民在农村参加的基本医疗保险可规范接入城镇基本医疗保险。完善并落实医保关系转移接续办法和异地就医结算办法，妥善处理医保关系转移中的有关权益，加强医保关系转移接续管理服务，确保基本医保参保人能跨制度、跨统筹地区连续参保。（人力资源社会保障部牵头，国家卫生计生委等部门参与）

（十四）落实进城落户农民参加城镇养老保险等政策。加快落实基本养老保险关系转移接续政策，推动符合条件的进城落户农民参加当地城乡居民养老保险或城镇职工养老保险，按规定享有养老保险待遇。确保进城落户农民与当地城镇居民同等享有最低生活保障的权利。（人力资源社会保障部、民政部牵头）

（十五）保障进城落户农民子女平等享有受教育权利。各地区要确保进城落户农民子女受教育与城镇居民同城同待遇。加快完善全国中小学生学籍信息管理系统，为进城落户居民子女转学升学提供便利。（教育部牵头）

（十六）推进居住证制度覆盖全部未落户城镇常住人口。切实保障居住证持有人享有国家规定的各项基本公共服务和办事便利。鼓励地方各级政府根据本地实际不断扩大公共服务范围并提高服务标准，缩小居住证持有人与户籍人口享有的基本公共服务的差距。督促各城市根据《居住证暂行条例》，加快制定实施具体管理办法。（公安部牵头）

四　强化监测检查

（十七）健全落户统计体系。加快建立健全全国统一的常住人口城镇化率和户籍人口城镇化率统计指标，准确快捷反映各地区两个指标变动状况，并列入国家和各地区统计公报。（国家统计局牵头，公安部参与）

（十八）强化专项检查。对各地区非户籍人口特别是进城农民落户进展情况进行跟踪监测和监督检查，及时向社会公布有关情况。2018年组织开展对1亿非户籍人口在城市落户情况的中期评估，2020年进行总结评估。（公安部、国家发展改革委牵头）

（十九）强化政策效果。对国发〔2014〕25号、国发〔2016〕8号等国务院文件已明确的相关配套政策，有关部门要加快工作进度，确保在2016年底前出台。采取自我评估和第三方评估相结合的方式，对相关配套政策实施情况进行跟踪分析，动态调整完善政策，强化政策实施效果。（推进新型城镇化工作部际联席会议负责统筹协调，国务院有关部门按职责分工负责）

（二十）强化审计监督。将非户籍人口在城市落户情况和相关配套政策实施情况纳入国家重大政策措施落实情况跟踪审计范围，将审计结果及整改情况作为有关部门考核、任免、奖惩领导干部的重要依据。（审计署牵头）

各地区、各部门要高度重视新型城镇化建设各项相关工作，统一思想，提高认识，加大力度，切实抓好本方案实施，确保1亿非户籍人口在城市落户目标任务如期完成。

国务院关于印发国家人口发展规划
（2016—2030 年）的通知

国发〔2016〕87 号

各省、自治区、直辖市人民政府，国务院各部委、各直属机构：

现将《国家人口发展规划（2016—2030 年）》印发给你们，请认真贯彻执行。

国务院

2016 年 12 月 30 日

国家人口发展规划（2016—2030 年）

人口问题始终是人类社会共同面对的基础性、全局性和战略性问题。为积极有效应对我国人口趋势性变化及其对经济社会发展产生的深刻影响，促进人口长期均衡发展，根据《中华人民共和国人口与计划生育法》、《中华人民共和国国民经济和社会发展第十三个五年规划纲要》和《中共中央　国务院关于实施全面两孩政策改革完善计划生育服务管理的决定》精神，特编制本规划。本规划旨在阐明规划期内国家人口发展的总体要求、主要目标、战略导向和工作任务，是指导今后 15 年全国人口发展的纲领性文件，是全面做好人口和计划生育工作的重要依据，并为经济社会发展宏观决策提供支撑。

第一章　规划背景
——人口发展的关键转折期

进入 21 世纪后，我国人口发展的内在动力和外部条件发生了显著改变，出现重要转折性变化。准确把握人口变化趋势性特征，深刻认识这些变化对人口安全和经济社会发展带来的挑战，对于谋划好人口长期发展具有重大意义。

第一节　人口现状

我国全面推行计划生育 40 多年来，人口过快增长得到有效控制，人口再生产类型实现历史性转变，对资源环境的压力有效缓解，有力促进了经济发展、社会进步和民生改善，为现代化建设提供了重要保障和基础性支撑，为全面建成小康社会奠定了坚实基础。"十二五"时期，根据我国人口发展变化趋势，党中央、国务院审时度势作出调整完善生育政策的重大决策部署，深化计划生育服务管理改革，人口和计划生育工作取得了新成效。

——人口总量平稳增长。"十二五"期间年均自然增长率保持在 5‰左右，2015 年末总人口为 13.75 亿人。

——人口结构不断变化。出生人口性别比连续下降至 113.51，60 岁及以上老年人口占比达到 16.1%，15—59 岁劳动年龄人口于 2011 年达到峰值后持续下降，家庭户均人口规模减少。

——人口素质稳步提升。人均预期寿命提高到 76.34 岁。孕产妇死亡率和婴儿死亡率分别降至 20.1/10 万和 8.1‰，提前实现联合国千年发展目标。劳动年龄人口平均受教育年限达到 10.23 年。

——人口城乡结构发生重大变化。常住人口城镇化率从 2010 年的 49.95% 提升至 2015 年的 56.1%，流动人口从 2.21 亿人增加到 2.47 亿人。

——重点人群保障水平不断提高。2015 年农村贫困人口为 5575 万人，较 2010 年减少了 66.3%。老年人、残疾人等群体社会保障体系和公共服务体系逐步健全。家庭发展能力得到增强。

第二节　发展态势

根据联合国《世界人口展望：2015 年修订版》预测，今后较长时期内世界人口将保持上升趋势，人口总量将从 2015 年的 73 亿上升到 2030 年的 85 亿，2050 年接近 100 亿，发展中国家人口占比继续上升，中国人口占比持续下降。世界多数国家已经或正在步入老龄化社会，中国老龄化水平及增长速度将明显高于世界平均水平。

我国人口发展既符合世界一般性规律，又具有自身特点，今后 15 年人口变动的主要趋势是：

——人口总规模增长惯性减弱，2030 年前后达到峰值。实施全面两孩政策后，"十三五"时期出生人口有所增多，"十四五"以后受育龄妇女数量减少及人口老龄化带来的死亡率上升影响，人口增长势能减弱。总人口将在 2030 年前后达到峰值，此后持续下降。

——劳动年龄人口波动下降，劳动力老化程度加重。劳动年龄人口在"十三五"后期出现短暂小幅回升后，2021—2030 年间将以较快速度减少。劳动年龄人口趋于老化，到 2030 年，45—59 岁大龄劳动力占比将达到 36% 左右。

——老龄化程度不断加深，少儿比重呈下降趋势。"十三五"时期，60 岁及以上老年人口平稳增长，2021—2030 年增长速度将明显加快，到 2030 年占比将达到 25% 左右，其中 80 岁及以上高龄老年人口总量不断增加。0—14 岁少儿人口占比下降，到 2030 年降至 17% 左右。

——人口流动仍然活跃，人口集聚进一步增强。预计 2016—2030 年，农村向城镇累计转移人口约 2 亿人，转移势头有所减弱，城镇化水平持续提高。以"瑷珲—腾冲线"为界的全国人口分布基本格局保持不变，但人口将持续向沿江、沿海、铁路沿线地区聚集，城市群人口集聚度加大。

——出生人口性别比逐渐回归正常，家庭呈现多样化趋势。伴随经济社会发展以及生育政策调整完善等，出生人口性别比呈稳步下降态势。核心家庭（由已婚夫妇及其未婚子女组成的家庭）和直系家庭（由父母同一个已婚子女及其配偶、子女组成的家庭）是主要的家庭形式，单人家庭、单亲家庭以及"丁克家庭"的比例将逐步提高。

——少数民族人口增加，地区间人口变化不平衡。2015 年我国少数民族人口总量为 1.17 亿，占比 8.5%，少数民族生育率高于全国平均水平，人口比例还将进一步提高。在一些民族地区各民族人口发展不均衡，一些边境地区青壮年人口流失比较严重。

第三节　问题和挑战

今后 15 年我国人口发展进入深度转型阶段，人口自身的安全以及人口与经济、社会等外部系统关系的平衡都将面临不可忽视的问题和挑战。

——实现适度生育水平压力较大。我国生育率已较长时期处于更替水平以下，虽然实施全面两孩政策后生育率有望出现短期回升，但受生育行为选择变化等因素影响，从长期看生育水平存在走低的风险。

——老龄化加速的不利影响加大。人口老龄化加快会明显加大社会保障和公共服务压力，凸显劳动力有效供给约束，人口红利减弱，持续影响社会活力、创新动力和经济潜在增长率。

——人口合理有序流动仍面临体制机制障碍。城乡、区域间人口流动仍面临户籍、财政、土地等改革不到位形成的制度性约束，人口集聚与产业集聚不同步、公共服务资源配置与常住人口不衔接、人口城镇化滞后于土地城镇化等问题依然突出，不利于有效支撑国家重大区域战略实施。

——人口与资源环境承载能力始终处于紧平衡状态。本世纪中叶前我国人口总量将保持在13亿以上，人口对粮食供给的压力持续存在，人口与水资源短缺的矛盾始终突出，人口与能源消费的平衡关系十分紧张。边境地区人口安全问题需高度关注。

——家庭发展和社会稳定的隐患不断积聚。小型化和空巢化家庭抗风险能力低，养老抚幼、疾病照料、精神慰藉等问题日益突出。出生人口性别比长期失衡积累的社会风险不容忽视。

总的看，未来15年特别是2021—2030年，我国人口发展进入关键转折期，但人口众多的基本国情不会根本改变，人口对经济社会发展的压力不会根本改变，人口与资源环境的紧张关系不会根本改变。既面临诸多问题和潜在风险挑战，同时继续存在劳动力总量充裕、仍处于人口红利期等有利条件，统筹解决人口问题有较大的回旋空间。完善人口发展战略和政策体系，促进人口长期均衡发展，最大限度地发挥人口对经济社会发展的能动作用，对全面建成小康社会、实现中华民族伟大复兴的中国梦，具有重大现实意义和深远历史意义。

第二章　总体思路
——实施人口均衡发展国家战略

面对人口发展重大趋势性变化，必须把人口均衡发展作为重大国家战略，加强统筹谋划，把握人口发展的有利因素，积极有效应对风险挑战，努力实现人口自身均衡发展，并与经济社会、资源环境协调发展。

第一节　总体要求

高举中国特色社会主义伟大旗帜，以马克思列宁主义、毛泽东思想、邓小平理论、"三个代表"重要思想、科学发展观为指导，全面贯彻党的十八大和十八届三中、四中、五中、六中全会精神，深入贯彻习近平总书记系列重要讲话精神，认真落实党中央、国务院决策部署，紧紧围绕统筹推进"五位一体"总体布局和协调推进"四个全面"战略布局，牢固树立和贯彻落实创新、协调、绿色、开放、共享的发展理念，以促进人口均衡发展为主线，立足战略统筹，强化人口发展的战略地位和基础作用，坚持计划生育基本国策，鼓励按政策生育，充分发挥全面两孩政策效应，综合施策，创造有利于发展的人口总量势能、结构红利和素质资本叠加优势，促进人口与经济社会、资源环境协调可持续发展，为全面建成小康社会、实现中华民族伟大复兴的中国梦提供坚实基础和持久动力。

要坚持以下原则：

——坚持综合决策。切实将人口融入经济社会政策，在经济社会发展战略规划计划、经济结构战略性调整、投资项目和生产力布局、城乡区域关系协调、可持续发展等重大决策中，充分考虑人口因素，不断健全人口与发展综合决策机制。

——突出以人为本。坚持以人民为中心的发展思想，优先投资于人的全面发展，建立健全面向全人群、覆盖全生命周期的人口政策体系，促进共同参与、共享发展，增强人民群众获得感和幸福感。

——强化正向调节。尊重人口规律，顺应经济社会发展要求和群众根本利益，完善服务保障政策，将生育水平调控并维持在适度区间，推动人口结构优化调整、人口素质不断提升、人口流动更加有序，持续增强人口资源禀赋。

——加强风险防范。加强超前谋划和战略预判，重视把握人口各要素之间，以及人口与经济社会、资源环境等外部要素间的相互关系，提早防范和综合应对潜在的人口系统内安全问题和系统间的安全挑战，切实保障人口安全。

——深化改革创新。积极转变人口调控理念和方法，统筹推进生育政策、计划生育服务管理制度、家庭发展支持体系和治理机制综合改革，完善人口预测预报预警机制，健全重大决策人口影响评估制度。

第二节 主要目标

到 2020 年，全面两孩政策效应充分发挥，生育水平适度提高，人口素质不断改善，结构逐步优化，分布更加合理。到 2030 年，人口自身均衡发展的态势基本形成，人口与经济社会、资源环境的协调程度进一步提高。

——人口总量。总和生育率逐步提升并稳定在适度水平，2020 年全国总人口达到 14.2 亿人左右，2030 年达到 14.5 亿人左右。

——人口结构。出生人口性别比趋于正常，性别结构持续改善。劳动力资源保持有效供给，人口红利持续释放。

——人口素质。出生缺陷得到有效防控，人口健康水平和人均预期寿命持续提高，劳动年龄人口平均受教育年限进一步增加，人才队伍不断壮大。

——人口分布。常住人口城镇化率稳步提升，户籍人口城镇化率加快提高，主要城市群集聚人口能力增强。人口流动合理有序，人口分布与区域发展、主体功能布局、城市群发展、产业集聚的协调度达到更高水平。

——重点人群。民生保障体系更加健全，老年人、妇女、儿童、残疾人、贫困人口等群体的基本权益得到有效保障，生活水平持续提高，共建共享能力明显增强。

第三节 战略导向

实现人口发展目标，必须从经济社会全局高度和国家中长期发展层面谋划人口工作，深入实施国家人口均衡发展战略，明确并贯彻以下战略导向：

——注重人口内部各要素相均衡。推动人口发展从控制人口数量为主向调控总量、优化结构和提升素质并举转变。推进全面两孩政策实施，平缓人口总量变动态势，避免人口达到峰值后快速下降，发挥政策最大效应。加强出生人口性别比治理，促进社会性别平等。切实提高出生人口素质，努力挖掘各年龄段人口潜能，推动人口红利向人才红利转变。

——注重人口与经济发展相互动。准确把握经济发展对人口变动的影响，综合施策缓解经济因素带来的生育率下降等人口发展问题。统筹城乡区域协调发展，统筹技术、产业、公共服务、就业同步扩散，引导人口与经济布局有效对接。充分发挥人口能动作用，为经济增长提供有效人力资本支撑和内需支撑。实施积极的老龄化政策，防范和化解对经济增长的不利影响。

——注重人口与社会发展相协调。完善国家基本公共服务制度体系，推动基本公共服务常住人口全覆盖，有序推进农业转移人口市民化。着力补齐重点人群发展短板，构建多层次养老服务体系，保障妇女儿童、残疾人合法权益，实施贫困人口精准脱贫，促进社会公平正义。尊重个人和家庭在人口发展中的主体地位，坚持权利义务对等，推动人口工作由主要依靠政府力量向政府、社会和公民多元共治转变。

——注重人口与资源环境相适应。根据不同主体功能区定位要求，健全差别化的人口政策，多措并举引导人口向优化开发和重点开发区域适度集聚，支持鼓励限制开发和禁止开发区域的人口自愿迁出，严格控制超大、特大城市人口规模。加大环境治理与保护力度，可持续开发利用自然资源，推动形成绿色发展方式和生活方式，着力增强人口承载能力。

第三章　推动实现适度生育水平
——延续人口总量势能优势

适度生育水平是维持人口良性再生产的重要前提。要针对人口变动态势，做好超前谋划和政策储备，健全生育服务和家庭发展支持体系，引导生育水平提升并稳定在适度区间，保持和发挥人口总量势能优势，促进人口自身均衡发展。

第一节　健全生育政策调控机制

坚持计划生育基本国策，实施全面两孩政策。坚持党政一把手亲自抓、负总责，落实和完善计划生育目标管理责任制。改革完善计划生育服务管理，实行生育登记服务，优化服务流程，推行网上办事，进一步简政便民。密切关注生育水平过高和过低地区人口发展态势，加强分类指导，因地制宜、综合施策，积极发挥计生协等社会组织作用，引导群众负责任、有计划、按政策生育。积极推进实施各民族平等的计划生育政策，促进同区域内不同民族的均衡发展。科学评估经济增长和社会发展对生育行为的影响，做好全面两孩政策效果跟踪评估，密切监测生育水平变动态势，做好政策储备，完善计划生育政策。

第二节　合理配置公共服务资源

健全妇幼健康计划生育服务体系，提升妇幼健康和计划生育服务能力。实施妇幼健康计划生育服务保障工程，通过增加供给、优化结构、挖掘潜力，强化孕产妇和新生儿危急重症救治能力建设，进一步降低孕产妇和婴儿死亡率。做好优生优育全程服务，为妇女儿童提供优质的孕前优生健康检查、住院分娩、母婴保健、避孕节育、儿童预防接种等服务，做好流动孕产妇和儿童跨地区保健服务以及避孕节育的接续。加强出生缺陷综合防治，开展出生缺陷发生机理和防治技术研究，推进新生儿疾病筛查、诊断和治疗工作。加强妇幼保健计划生育服务管理能力建设。

加强科学预测，合理规划配置儿童照料、学前和中小学教育、社会保障等资源，满足新增公共服务需求。引导和鼓励社会力量举办非营利性妇女儿童医院、普惠性托儿所和幼儿园等服务机构。鼓励和推广社区或邻里开展幼儿照顾的志愿服务。推进生育保险和基本医疗保险合并实施，确保职工生育期间的生育保险待遇不变。在大型公共场所、公共交通工具、旅游景区景点等设置母婴室或婴儿护理台，保障母婴权益。

第三节　完善家庭发展支持体系

建立完善包括生育支持、幼儿养育、青少年发展、老人赡养、病残照料、善后服务等在内的家庭发展政策。完善税收、抚育、教育、社会保障、住房等政策，减轻生养子女家庭负担。完善计划生育奖励假制度和配偶陪产假制度。鼓励雇主为孕期和哺乳期妇女提供灵活的工作时间安排及必要的便利条件。支持妇女生育后重返工作岗位。增强社区幼儿照料、托老日间照料和居家养老等服务功能。完善殡葬基本公共服务。加强家庭信息采集和管理，为家庭发展政策的制定和实施提供依据。大力发展家庭服务业。加强婚姻家庭辅导，推进新型家庭文化建设，开展幸福家庭创建活动。

加大对计划生育家庭的扶助力度，对全面两孩政策实施前的独生子女家庭和农村计划生育双女家庭，继续实行现行各项奖励扶助政策，在社会保障、集体收益分配、就业创业、新农村建设等方面予以倾斜。完善计划生育家庭特别扶助制度，加大对残疾人家庭、贫困家庭、计划生育特殊家庭、老年空巢家庭、单亲家庭等的帮扶支持力度，充分发挥社会工作服务机构和社会工作者的专业作用。

第四章 增加劳动力有效供给
——注重人口与经济良性互动

综合应对劳动年龄人口总量下降和结构老化趋势，全面提升劳动力质量，挖掘劳动力供给潜能，加强与就业政策和劳动力市场建设的有机衔接，为经济社会发展提供有效人力资本支撑。

第一节 提升新增劳动力质量

努力适应经济向形态更高级、分工更精细、结构更合理演进，发展方式向依靠持续的知识积累、技术进步、劳动力素质提升转变，着力培养具有国际竞争力的创新型、应用型、高技能、高素质大中专毕业生和技能劳动者，提高新增劳动力供给质量。加快完善国民教育体系，不断提高基本公共教育服务均等化水平，2020年普及高中阶段教育，迈入高等教育普及化门槛（毛入学率达到50%），2030年达到更高普及水平，劳动年龄人口平均受教育年限进一步提升。全面提高教育质量，切实提升大中专毕业生就业创业能力。优化人才培养机制，促进人才培养链与产业链、创新链有机衔接。深入推进协同育人，深化产教融合、校企合作，大力培养应用型人才和技术技能人才。全面提升高校创新人才培养能力，建设好一批世界一流大学和一流学科，深化高校创新创业教育改革，增强毕业生社会责任感、创新精神和实践能力。建设面向人人的就业创业服务平台。实施高校毕业生就业创业促进计划，建立涵盖毕业生校内校外各阶段、求职就业各环节、创新创业全过程的服务体系。

第二节 挖掘劳动者工作潜能

提升就业能力，推动农村劳动力转型。面向现代农业发展，构建有效的新型职业农民培育制度体系，加快推动传统农民成为新型职业农民，建立高素质现代农业生产经营者队伍。持续推进农业富余劳动力进城务工并稳定生活，落实农业转移人口就业扶持政策，实施新生代农民工职业技能提升计划，健全职业培训、就业服务、劳动维权"三位一体"的工作机制。凝聚政府与市场合力，优化环境并健全支持政策，建设一批返乡创业园区和县乡特色产业带，为外出务工人员返乡创业创造条件。

促进劳动者人力资本积累。通过全方位投资人力资本，充分发挥劳动者工作潜能。大力发展继续教育，强化企业在职工培训中的主体作用，完善以就业技能、岗位技能提升和创业为主的培训体系，持续提升企业职工劳动技能和工作效能。提升劳动者健康素质，全面开展职业健康服务，落实职业健康检查制度，加强职业病防治。强化职业劳动安全教育。支持大龄劳动力就业创业，加强大龄劳动力职业培训，提高就业技能和市场竞争力，避免其过早退出就业市场。

第三节 积极开发老年人力资源

充分发挥老年人参与经济社会活动的主观能动性和积极作用。实施渐进式延迟退休年龄政策，逐步完善职工退休年龄政策，有效挖掘开发老年人力资源。大力发展老年教育培训。鼓励专业技术领域人才延长工作年限，积极发挥其在科学研究、学术交流和咨询服务等方面的作用。鼓励老年人积极参与家庭发展、互助养老、社区治理、社会公益等活动，继续发挥余热并实现个人价值。

第四节 有效利用国际人才资源

树立人力资源开发利用全球视野，实施更积极、更开放、更有效的国际人才培养和引进政策。制定并完善出入境和长期居留、税收、保险、住房、就医、子女入学、配偶安置等配套措施，加快推进简化"绿卡"办理手续，大力吸引海外高层次人才回国或来华创新创业。完善外国人永久居留制度，放宽技术技能型人才取得永久居留资格的条件，探索实行技术移民并逐步形成完善有效的政策体系。支持外国人才申报和参与国家级科研项目，更加严格有效保护知识产权，维护创造发明人的合法权益。发展国际人才市场，培育一批国际人才中介服务机构。结合国家"一带一路"建设战略实施和国际产能合作，鼓励有条件的企业、高校、科研院所"走出去"培养和吸引使用当地优秀人才。积极开展高水平的国际合作办学，创新人才国际联合培养模式。开发国（境）外优质教育培训资源，完善出国（境）培训管理制度和措施，进一步提高出国（境）培训质量。

第五章 优化人口空间布局
——促进人口与资源环境永续共生

推动城乡人口协调发展，完善以城市群为主体形态的人口空间布局，促进人口分布与国家区域发展战略相适应，引导人口有序流动和合理分布，实现人口与资源环境永续共生。

第一节 持续推进人口城镇化

加快推进以人为核心的城镇化，引导人口流动的合理预期，畅通落户渠道，到 2020 年实现 1 亿左右农业转移人口和其他常住人口在城镇落户，全面提高城镇化质量。按照尊重意愿、自主选择、因地制宜、分步推进、存量优先、带动增量的原则，区分超大、特大和大中小城市以及建制镇，实施差别化落户政策，促进有能力在城镇稳定就业和生活的农业转移人口举家进城落户。将具备条件的县和特大镇有序设置为市，增加中小城市数量，优化大中城市市辖区规模和结构，拓展农业转移人口就近城镇化空间。

第二节 推动城市群人口集聚

以城市群为主体形态促进大中小城市和小城镇协调发展，优化提升东部地区城市群，培育发展中西部地区城市群，推动人口合理集聚。对京津冀、长三角、珠三角等城市群，要严格控制超大城市和特大城市人口规模，有序引导人口向中小城市集聚。对长江中游、成渝地区等城市群，要进一步做大做强中心城市，加强对周边欠发达地区的辐射带动作用，打造全国重要的人口集聚区。对山东半岛、海峡西岸、辽中南等东部地区城市群，要进一步加强区域内大中小城市联动发展，增强对中西部转移人口的吸引力。对哈长、中原、关中、北部湾、山西中部、呼包鄂榆、黔中、滇中、兰西、宁夏沿黄、天山北坡等城市群，要加快形成更多支撑区域发展的增长极，引导区域内人口就近集聚。力争今后15年上述19个城市群集聚的常住人口占全国比重稳步提升，特别是城镇人口总量占比增幅更高。

第三节　改善人口资源环境紧平衡

制定和完善与主体功能区相配套的人口政策。要统筹考虑国家战略意图和区域资源禀赋，在开展资源环境承载能力评价的基础上，科学确定不同主体功能区可承载的人口数量，实行差别化人口调节政策。对人居环境不适宜人类常年生活和居住的地区，实施限制人口迁入政策，有序推进生态移民。对人居环境临界适宜的地区，基本稳定人口规模，鼓励人口向重点市镇收缩集聚。对人居环境适宜和资源环境承载力不超载的地区，重视提高人口城镇化质量，培育人口集聚的空间载体，引导产业集聚，增强人口吸纳能力。

促进人口绿色发展。实施人口绿色发展计划，积极应对人口与资源环境的紧张矛盾，增强人口承载能力。大力推行创新驱动、资源集约节约、低碳环保的绿色生产方式，推广绿色低碳技术和产品，严格限制高耗能、高污染行业发展，节约集约利用土地、水和能源等资源，促进资源循环利用。积极倡导简约适度、绿色低碳、文明节约的生活方式，推广绿色建筑，鼓励绿色出行。

保障边境地区人口安全。要从维护国家安全的高度，多措并举稳住边境人口适度规模，优化人口结构和分布。统筹运用人口发展、产业促进、转移支付、公共服务和社会管理等政策，努力扩大就业、增加边民收入、提高公共服务水平，让边境各族群众安居乐业。加强人口跨境流动管理，促进边境地区繁荣发展。

第四节　完善人口流动政策体系

深化户籍制度改革，切实保障进城落户农业转移人口与城镇居民享有同等权利和义务。全面实施居住证制度，推进居住证制度覆盖全部未落户城镇常住人口，保障居住证持有人享有国家规定的各项基本公共服务和办事便利。鼓励地方各级政府根据本地实际不断扩大对居住证持有人的公共服务范围并提高服务标准。以人口为基本要素，完善公共服务资源配置，使基本公共服务设施布局、供给规模与人口分布、环境交通相适应，增强基本公共服务对人口集聚和吸纳能力的支撑。深化财政制度改革，建立农业转移人口市民化成本分担机制。深化农村集体产权制度改革，探索建立进城落户农民土地承包权、宅基地使用权、集体收益分配权维护和自愿有偿退出机制。研究完善支撑东北地区等老工业基地全面振兴的人口发展政策，适应西部大开发要求鼓励人口向西部地区迁移。健全全国流动人口分布、生存发展状况的动态监测体系，完善流动人口服务管理体制机制。

第六章　促进重点人群共享发展
——推动人口与社会和谐共进

老年人、妇女、儿童、残疾人和贫困人口，是人口发展中必须特别关注的重点人群。要构建管长远的制度框架，制定有针对性的政策措施，创造条件让重点人群共享发展成果，促进社会和谐与公平正义。

第一节　积极应对人口老龄化

针对人口老龄化程度不断加深的趋势，要加强顶层设计，做到及早应对、科学应对、综合应对。坚持持续、健康、参与、公平的原则，加快构建以社会保障、养老服务、健康支持、宜居环境为核心的应对老龄化制度框架，完善以人口政策、人才开发、就业促进、社会参与为支撑的政策体系。建立更加公平可持续的社会保障制度，加快城乡居民全覆盖，逐步提高基本养老和基本医疗保险统筹层次，确保基金安全可持续运行。大力发展企业年金、职业年金、个人储蓄性养老保险和商业医疗保险，在试点基础上推出个人税收递延型养老保险。探索建立长期护理保险制度，开展长期护理保险试点。全面建立针对经济困难高龄、失能老年人的补贴制度，做好与长期护理保险的衔接。加快完善以居家为基础、社区为依托、机构为补充、医养结合的养老服务体系，增加养老服务和产品供给。建设预防、医疗、康复、护理、安宁疗护等相衔接的覆盖全生命周期的医疗服务体系，强化对老年常见病、慢性病的健康指导和综合干预，提升中医保健、体检体测、体育健身等健康管理水平。完善家庭养老支持措施，建设无障碍的老年友好型社区和城市，营造良好社会氛围，形成敬老、养老、助老的社会风尚。

第二节　促进妇女全面发展和未成年人保护

坚持男女平等基本国策，将性别平等全面纳入法律体系和公共政策，促进融入社会文化，切实保障妇女合法权益，消除性别歧视，提高妇女的社会参与能力和生命健康质量。加强出生人口性别比综合治理，营造男女平等、尊重女性、保护女童的社会氛围，加大打击非医学需要的胎儿性别鉴定和选择性别的人工终止妊娠行为力度。深入开展关爱女孩行动，改善女孩生存环境，建立健全有利于女孩家庭发展的帮扶支持政策体系。

坚持儿童优先原则，完善未成年人保护和儿童福利体系。探索适合国情的儿童早期综合发展指导模式，发展适度普惠型儿童福利制度。统筹推进农村留守儿童关爱和困境儿童保障工作，建立未成年人保护响应机制，构建以家庭监护为基础、国家监护为保障、社会监督为补充的保障制度，加强对流浪未成年人的救助保护，完善儿童收养制度。加强儿童健康干预和儿科诊疗能力建设，改善贫困地区儿童营养状况。

第三节　保障残疾人合法权益

增强残疾人制度化保障服务能力，全面实施困难残疾人生活补贴制度和重度残疾人护理补贴制度，建立残疾儿童康复救助制度，有条件的地方对贫困残疾人、重度残疾人基本型康复辅助器具配置和家庭无障碍改造给予补贴。健全残疾人托养照料和康复服务体系，大力开展社区康复，为贫困残疾人和重度残疾人提供基本康复服务。健全残疾人教育体系，对家庭经济困难的残疾儿童实行12年免费教育，对残疾儿童普惠性学前教育予以资助，对有劳动能力和就业意愿的残疾人按规定提供免费就业创业服务。发展残疾人文体事业，推动公共文化体育场所免费或低收费向残疾人开放。加强残疾人友好环境建设，完善城乡无障碍设施，推动信息无障碍发布。发展残疾人慈善事业和服务产业，培育服务残疾人的社会组织和企业，积极引入新的业态和科技成果。

第四节　实现贫困人口精准脱贫

加大脱贫攻坚力度，坚持精准扶贫、精准脱贫的基本方略，通过发展生产、易地搬迁、生态补偿、教育支持、医疗救助、低保兜底等有效措施，确保到2020年我国现行标准下农村贫困人口实现脱贫，贫困县全部摘帽，解决区域性整体贫困。根据经济社会发展水平，完善贫困标准动态调整机制。适应可持续发展新阶段新要求，完善贫困人口精准识别、精准扶持和精准脱贫的长效机制。探索建立符合国情的贫困人口治理体系，推动扶贫开发由主要解决绝对贫困向缓解相对贫困转变，由主要解决农村贫困向统筹解决城乡贫困转变，实现全体人民共同迈入全面小康社会、共同迈向现代化。

第七章　规划实施
——完善人口与发展综合决策机制

本规划由国务院有关部门和地方各级政府组织实施。各地区、各部门要高度重视、求真务实、开拓创新、攻坚克难，确保规划目标和任务顺利完成。

第一节　强化人口数据支撑

发挥人口基础信息对决策的支撑作用，切实推进人口基础信息共建共享。推动人口健康信息化建设，加强人口基础信息采集和统计工作，加快国家人口基础信息库建设，整合分散在教育、公安、民政、人力资源社会保障、卫生计生、统计等部门的人口数据和信息资源，实现就学升学、户籍管理、婚姻家庭、殡葬事务、就业创业、生育和健康、人口普查和抽样调查等人口基础信息的互联互通、动态更新和综合集成。加强人口数据开发和开放利用，为政府部门、企事业单位、社会公众做好人口信息服务。

第二节　建立人口预测预报制度

结合世界人口预测前沿技术方法，研发适合我国的人口预测技术和模型。在人口普查和抽样调查的基础上，加强人口中长期预测。健全人口动态监测和评估体系，科学监测和评估人口变动情况及趋势影响。建立常态化的人口预测预报机制，定期发布国家人口预测报告。推进分区域的人口预测预报工作。

第三节　开展重大决策人口影响评估

以现有人口计划为基础，完善年度人口发展形势会商机制，监测评估人口变动情况及趋势影响，提出重大人口发展政策建议。科学预测和分析人口因素对重大决策、重大改革和重大工程建设的影响，促进相关经济社会政策与人口政策有效衔接。加强与国家高端智库合作，完善重大人口政策咨询机制，提高决策科学合理性。在社会稳定风险评估框架内，试点增加人口风险评估内容，建立重点评价清单。科学评估经济增长和社会发展对人口的影响，加强人口安全风险防控，做好政策预研预案储备。

第四节　健全规划实施机制

加强组织领导。建立健全国家促进人口发展工作协调机制。加强人口战略研究，统筹重大政策研究制定，协调解决人口发展中的重大问题。国家发展改革委要牵头推进规划实施和相关政策落实，监督检查规划实施情况。各有关部门要切实履行职责，根据本规划提出的各项任务和政策措施，研究制定配套政策和具体实施方案，推动相关专项规划与本规划的衔接协调。地方各级政府要全面贯彻落实本规划，编制本地区的人口发展规划，建立健全工作机制，把规划的重点任务落到实处。

做好宣传引导。坚持正确的舆论导向，深入开展人口国情、人口规划和人口政策的宣传解读，及时解答社会各界关注的热点问题，主动回应社会关切，合理引导社会预期。充分发挥各类媒体的作用，深入开展群众喜闻乐见的宣传活动，为政策实施营造良好舆论氛围。

推进国际合作。加强世界人口发展趋势研究，积极开展人口发展领域国际合作，促进人口老龄化、国际减贫等政策交流与合作，引导人口发展领域国际规则制定。推动落实2030年可持续发展议程涉人口领域目标。对外宣介我国人口政策及计划生育的成就和经验，为我国人口发展营造良好国际环境。

开展监测评估。国家发展改革委牵头建立规划实施动态监测、定期通报制度，加强对规划实施情况的跟踪分析，定期组织对规划实施情况的评估，及时发现和解决规划执行过程中存在的突出问题，以5年为期定期组织对本规划实施情况的评估，确保规划各项任务落到实处。

国务院关于印发"十三五"推进基本公共服务均等化规划的通知

国发〔2017〕9 号

各省、自治区、直辖市人民政府，国务院各部委、各直属机构：

　　现将《"十三五"推进基本公共服务均等化规划》印发给你们，请认真贯彻执行。

国务院

2017 年 1 月 23 日

"十三五"推进基本公共服务均等化规划

　　基本公共服务是由政府主导、保障全体公民生存和发展基本需要、与经济社会发展水平相适应的公共服务。基本公共服务均等化是指全体公民都能公平可及地获得大致均等的基本公共服务，其核心是促进机会均等，重点是保障人民群众得到基本公共服务的机会，而不是简单的平均化。享有基本公共服务是公民的基本权利，保障人人享有基本公共服务是政府的重要职责。推进基本公共服务均等化，是全面建成小康社会的应有之义，对于促进社会公平正义、增进人民福祉、增强全体人民在共建共享发展中的获得感、实现中华民族伟大复兴的中国梦，都具有十分重要的意义。

　　本规划依据《中华人民共和国国民经济和社会发展第十三个五年规划纲要》编制，是"十三五"乃至更长一段时期推进基本公共服务体系建设的综合性、基础性、指导性文件。

第一章　规划背景

第一节　发展基础

　　"十二五"以来，我国已初步构建起覆盖全民的国家基本公共服务制度体系，各级各类基本公共服务设施不断改善，国家基本公共服务项目和标准得到全面落实，保障能力和群众满意度进一步提升。截至 2015 年，义务教育均衡发展深入推进，国民受教育机会显著增加，九年义务教育巩固率达到 93%，进城务工人员随迁子女在流入地公办学校就读的比例超过 80%；实施就业优先战略，公共就业创业服务和职业培训不断强化，全国就业人员达到 77451 万人，劳动者参加就业技能培训后就业率平均达 70% 以上；覆盖城乡的社会保障体系进一步健全，城乡居民养老保险制度实现整合，保障水平稳步提高，社会服务体系继续完善，临时救助制度全面实施，残疾人小康进程加快推进；基本公共卫生服务项目增加到 12 类，全民医保体系加快健全，基本医保参保率超过 95%，大病保险覆盖全部城乡居民医保参保人员，国家基本公共卫生服务经费和城乡居民基本医疗保险补助标准分别提高到每人每年40元和380元，人民健康水平总体上达到中高收入国家平均水平；城镇保障性安居工程和农村危房改造力度加大，全国累计开工城镇保障性安居工程住房4013万套、其中改造棚户区住房2191万套，改造农村危房1794万户；现代公共文化服务体系建设积极推进，农村公共文化服务能力增强，全民健身活动蓬勃开展，广播、电视人口综合覆盖率均达到98%。

同时，我国基本公共服务还存在规模不足、质量不高、发展不平衡等短板，突出表现在：城乡区域间资源配置不均衡，硬件软件不协调，服务水平差异较大；基层设施不足和利用不够并存，人才短缺严重；一些服务项目存在覆盖盲区，尚未有效惠及全部流动人口和困难群体；体制机制创新滞后，社会力量参与不足。

第二节 发展环境

"十三五"时期是全面建成小康社会的决胜阶段，我国发展仍处于可以大有作为的重要战略机遇期，完善国家基本公共服务体系、推动基本公共服务均等化水平稳步提升，面临新的机遇和挑战。

——经济进入新常态。经济增长从高速转向中高速，经济结构深度调整，发展动力加快转换，保民生兜底线的任务更加艰巨。同时民生持续改善也会为经济发展创造更多有效需求，为推进供给侧结构性改革提供强大内生动力。

——人口形成新结构。人口总量增长势头明显减弱，劳动年龄人口减少，人口老龄化加速，老年抚养比上升，新型城镇化推动城乡人口结构变化，对公共服务供给结构、资源布局、覆盖人群等带来较大影响。

——社会呈现新特征。社会结构深刻变动、利益格局深刻调整，人民群众的公平意识、民主意识、权利意识不断增强，合理引导社会预期、加快基本公共服务均等化任务更加艰巨。

——消费体现新需求。中等收入群体规模不断扩大，群众提高生活水平和改善生活质量的愿望更加强烈，消费需求更加多样化多层次，提高公共服务供给质量和水平的要求更加紧迫。

——科技孕育新突破。新一轮科技革命和产业变革正在兴起，移动互联网、物联网、大数据、云计算等技术快速发展，推动公共服务新业态不断发展、供给方式不断创新、服务模式更加丰富。

第二章 指导思想和主要目标

第一节 指导思想

高举中国特色社会主义伟大旗帜，全面贯彻党的十八大和十八届三中、四中、五中、六中全会精神，深入贯彻习近平总书记系列重要讲话精神和治国理政新理念新思想新战略，认真落实党中央、国务院决策部署，统筹推进"五位一体"总体布局和协调推进"四个全面"战略布局，牢固树立和贯彻落实新发展理念，坚持以人民为中心的发展思想，坚持以社会主义核心价值观为引领，从解决人民群众最关心最直接最现实的利益问题入手，以普惠性、保基本、均等化、可持续为方向，健全国家基本公共服务制度，完善服务项目和基本标准，强化公共资源投入保障，提高共建能力和共享水平，努力提升人民群众的获得感、公平感、安全感和幸福感，实现全体人民共同迈入全面小康社会。

——兜住底线，引导预期。立足基本国情，充分发挥基本公共服务兜底作用，牢牢把握服务项目，严格落实服务指导标准。坚持尽力而为、量力而行，合理引导社会预期，通过人人参与、人人尽力，实现人人共享。

——统筹资源，促进均等。统筹运用各领域各层级公共资源，推进科学布局、均衡配置和优化整合。加大基本公共服务投入力度，向贫困地区、薄弱环节、重点人群倾斜，推动城乡区域人群均等享有和协调发展。

——政府主责，共享发展。深化简政放权、放管结合、优化服务改革，划清政府与市场界限，增强政府基本公共服务职责，合理划分政府财政事权和支出责任，强化公共财政保障和监督问责。充分发挥市场机制作用，支持各类主体平等参与并提供服务，形成扩大供给合力。

——完善制度，改革创新。推进基本公共服务均等化、标准化、法制化，促进制度更加规范。加快转变政府职能，创新服务提供方式，消除体制机制障碍，全面提升基本公共服务质量、效益和群众满意度。

第二节 主要目标

到2020年，基本公共服务体系更加完善，体制机制更加健全，在学有所教、劳有所得、病有所医、老有所养、住有所居等方面持续取得新进展，基本公共服务均等化总体实现。

——均等化水平稳步提高。城乡区域间基本公共服务大体均衡，贫困地区基本公共服务主要领域指标接近全国平均水平，广大群众享有基本公共服务的可及性显著提高。

——标准体系全面建立。国家基本公共服务清单基本建立，标准体系更加明确并实现动态调整，各领域建设类、管理类、服务类标准基本完善并有效实施。

——保障机制巩固健全。基本公共服务供给保障措施更加完善，基层服务基础进一步夯实，人才队伍不断壮大，供给模式创新提效，可持续发展的长效机制基本形成。

——制度规范基本成型。各领域制度规范衔接配套、基本完备，服务提供和享有有规可循、有责可究，基本公共服务依法治理水平明显提升。

表1	"十三五"时期基本公共服务领域主要发展指标		
指标	2015 年	2020 年	累计
基本公共教育			
九年义务教育巩固率（%）	93	95	—
义务教育基本均衡县（市、区）的比例（%）①	44.48	95	—
基本劳动就业创业			
城镇新增就业人数（万人）②	—	—	>5 000
农民工职业技能培训（万人次）	—	—	4 000
基本社会保险			
基本养老保险参保率（%）③	82	90	—
基本医疗保险参保率（%）④	—	>95	—
基本医疗卫生			
孕产妇死亡率（1/10 万）	20.1	18	—
婴儿死亡率（‰）	8.1	7.5	—
5 岁以下儿童死亡率（‰）	10.7	9.5	—

指标	2015 年	2020 年	累计
基本社会服务			
养老床位中护理型床位比例（%）	—	30	—
生活不能自理特困人员集中供养率（%）⑤	31.8	50	—
基本住房保障			
城镇棚户区住房改造（万套）	—	—	2 000
建档立卡贫困户、低保户、农村分散供养特困人员、贫困残疾人家庭等 4 类重点对象农村危房改造（万户）	—	—	585
基本公共文化体育			
公共图书馆年流通人次（亿）	5.89	8	—
文化馆（站）年服务人次（亿）	5.07	8	—
广播、电视人口综合覆盖率（%）⑥	>98	>99	—
国民综合阅读率（%）⑦	79.6	81.6	—
经常参加体育锻炼人数（亿人）⑧	3.64	4.35	—
残疾人基本公共服务			
困难残疾人生活补贴和重度残疾人护理补贴覆盖率（%）⑨	—	>95	—
残疾人基本康复服务覆盖率（%）⑩	—	80	—

注：①指通过省级评估、国家认定程序认定的义务教育均衡发展县（市、区）占全国所有县（市、区）的比例。

②指城镇累计新就业人数减去累计自然减员人数。其中城镇累计新就业人数是指报告期内城镇累计新就业的城镇各类单位、私营企业和个体经济组织、社区公益性岗位就业人员和各种灵活形式就业人员的总和；累计自然减员人数是指报告期内因退休、伤亡等自然原因造成的城镇累计减少的就业人员数。

③指按照国家有关法律和社会保险政策规定，实际参加基本养老保险的人数与法定应参加基本养老保险的人数之比。

④指按照国家有关法律和社会保险政策规定，实际参加基本医疗保险的人数与法定应参加基本医疗保险的人数之比。

⑤指在机构集中供养的生活不能自理特困人员与生活不能自理特困人员总数之比。

⑥指在对象区内能接收到中央、省（区、市）、市（地、州）、县（市、区）广播、电视传输机构以无线、有线、卫星等方式传输的广播、电视节目信号的人口数占对象区总人口数的比重。

⑦指全国每年有阅读行为（包括阅读书报刊物和数字出版物、手机媒体等各类读物）的人数与总人口数的比例。

⑧指每周参加体育锻炼 3 次及以上、每次体育锻炼持续时间 30 分钟及以上、每次体育锻炼的运动强度达到中等及以上的人数。

⑨指困难残疾人享受生活补贴和重度残疾人享受护理补贴的人数达到应享受补贴人数的比例。

⑩指有康复需求的残疾儿童和持证残疾人接受康复评估、手术、药物、功能训练、辅具适配等基本康复服务的比例。

第三章　国家基本公共服务制度

第一节　制度框架

国家基本公共服务制度紧扣以人为本，围绕从出生到死亡各个阶段和不同领域，以涵盖教育、劳动就业创业、社会保险、医疗卫生、社会服务、住房保障、文化体育等领域的基本公共服务清单为核心，以促进城乡、区域、人群基本公共服务均等化为主线，以各领域重点任务、保障措施为依托，以统筹协调、财力保障、人才建设、多元供给、监督评估等五大实施机制为支撑，是政府保障全民基本生存发展需求的制度性安排。

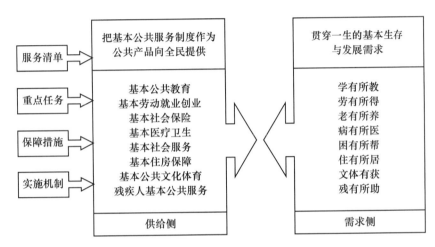

图1　国家基本公共服务制度框架

第二节　服务清单

国家建立基本公共服务清单制，依据现行法律法规和相关政策确定基本公共服务主要领域，以及各领域具体服务项目和国家基本标准，向社会公布，作为政府履行职责和公民享有相应权利的依据。《"十三五"国家基本公共服务清单》（以下简称《清单》，详见附件1）包括公共教育、劳动就业创业、社会保险、医疗卫生、社会服务、住房保障、公共文化体育、残疾人服务等八个领域的81个项目。每个项目均明确服务对象、服务指导标准、支出责任、牵头负责单位等。其中，服务对象是指各项目所面向的受众人群；服务指导标准是指各项目的保障水平、覆盖范围、实现程度等；支出责任是指各项目的筹资主体及承担责任；牵头负责单位是指国家层面的主要负责单位，具体落实由地方各级人民政府及有关部门、单位按职责分工负责。

《清单》是"十三五"时期实现基本公共服务均等化的重要基础，各项目服务内容和标准要在规划期内落实到位。在本规划实施过程中，可结合经济社会发展状况，按程序对《清单》具体内容进行动态调整。

第三节　实施机制

国家建立健全科学有效的基本公共服务实施机制，改善人财物等基础条件，以推动规划目标顺利实现，确保国家基本公共服务制度高效运转。

——统筹协调机制。加强中央和地方、政府和社会的互动合作，促进各级公共服务资源有效整合，形成实施合力。

——财力保障机制。拓宽资金来源，增强县级政府财政保障能力，稳定基本公共服务投入。

——人才建设机制。加强人才培养培训，强化激励约束，促进合理流动，相关政策重点向基层倾斜，不断提高服务能力和水平。

——多元供给机制。积极引导社会力量参与，推进政府购买服务，推广政府和社会资本合作（PPP）模式。

——监督评估机制。坚持目标导向和问题导向，完善信息统计收集和需求反馈机制，加强对本规划实施的动态跟踪监测，推动总结评估和督促检查。

第四章　基本公共教育

国家完善基本公共教育制度，加快义务教育均衡发展，保障所有适龄儿童、青少年平等接受教育，不断提高国民基本文化素质。本领域服务项目共8项，具体包括：免费义务教育、农村义务教育学生营养改善、寄宿生生活补助、普惠性学前教育资助、中等职业教育国家助学金、中等职业教育免除学杂费、普通高中国家助学金、免除普通高中建档立卡等家庭经济困难学生学杂费。

第一节　重点任务

——义务教育。建立城乡统一、重在农村的义务教育经费保障机制，加大对中西部和民族、边远、贫困地区的倾斜力度。统筹推进县域内城乡义务教育一体化改革发展，推进建设标准、教师编制标准、生均公用经费基准定额、基本装备配置标准统一和"两免一补"政策城乡全覆盖，基本实现县域校际资源均衡配置，扩大优质教育资源覆盖面，提高乡村学校和教学点办学水平。落实县域内义务教育公办学校校长、教师交流轮岗制度。保障符合条件的进城务工人员随迁子女在公办学校或通过政府购买服务在民办学校就学。加强国家通用语言文字教育基础薄弱地区双语教育。加强学校体育和美育教育。

——高中阶段教育。重点支持中西部贫困地区尤其是集中连片特困地区高中阶段教育发展，积极发展中等职业教育。逐步分类推进中等职业教育免除学杂费，率先从建档立卡等家庭经济困难学生（含非建档立卡的家庭经济困难残疾学生、农村低保家庭学生、农村特困救助供养学生）实施普通高中免除学杂费。

——普惠性学前教育。大力发展公办幼儿园，积极扶持民办幼儿园提供普惠性服务。扩大集中连片特困地区、少数民族地区学前教育资源。支持地方健全学前教育资助制度，资助普惠性幼儿园在园家庭经济困难儿童、孤儿和残疾儿童接受学前教育。

——继续教育。建立个人学习账号和学分累计制度，完善学分认定和转换办法，拓宽学分认定转换渠道，探索建立多种形式学习成果认定转换机制，促进各类学习资源开放共享，推动构建惠及全民的终身教育体系。

第二节　保障措施

——义务教育学校标准化建设。以中西部贫困地区为重点，新建和改扩建校舍、运动场地、食堂（伙房）、厕所、饮水等设施条件，采购课桌凳、学生用床、图书、计算机等教学设施设备，全面改善贫困地区义务教育薄弱学校基本办学条件，逐步推进未达标城乡义务教育学校校舍、场所标准化。

——高中阶段教育设施建设。普及高中阶段教育，改善中西部贫困地区普通高中基本办学条件，逐步实现办学条件达到国家规定的基本标准。改善中等职业学校基本办学条件，重点支持中等职业学校通过校企合作方式加强实习实训设施建设，推动职业教育产教融合发展。

——学前教育行动计划。加强普惠性幼儿园建设，新建、改扩建一批公办幼儿园，积极扶持企事业单位办幼儿园、集体办幼儿园和民办幼儿园向社会提供普惠性学前教育服务，重点保障中西部农村适龄儿童和实施全面两孩政策新增适龄儿童入园需求。

——教师队伍建设。实施乡村教师支持计划。逐步扩大农村教师特岗计划实施规模。落实并完善集中连片特困地区和边远艰苦地区乡村教师生活补助政策。实施中西部中小学首席教师岗位计划，加大"国培计划"对中西部地区乡村教师校长培训的集中支持力度。加强乡村学校音体美等师资紧缺学科教师和民族地区双语教师培训。

——教育信息化建设。鼓励探索网络化教育新模式，对接线上线下教育资源，扩大优质教育资源覆盖面。加快推进"三通两平台"（即"宽带网络校校通、优质资源班班通、网络学习空间人人通"，教育资源公共服务平台、教育管理公共服务平台）建设与应用，继续提升农村中小学信息化水平，通过政府购买服务等方式支持国家级优质教育资源平台建设。建立个人学习账号和学分认证平台，为学习者提供学分认定服务。

第五章　基本劳动就业创业

国家实施就业优先战略，大力推动大众创业、万众创新，鼓励以创业带动就业，健全覆盖城乡的公共就业创业服务体系，加强职业培训，维护职工和企业合法权益，构建和谐劳动关系，推动实现比较充分和更高质量的就业。本领域服务项目共10项，具体包括：基本公共就业服务、创业服务、就业援助、就业见习服务、大中城市联合招聘服务、职业技能培训和技能鉴定、"12333"人力资源和社会保障服务热线电话咨询、劳动关系协调、劳动人事争议调解仲裁、劳动保障监察。

第一节　重点任务

——公共就业服务。全面落实就业政策法规咨询、信息发布、职业指导和职业介绍、就业登记和失业登记等公共就业服务制度，组织开展就业服务专项活动。加强对就业困难人员的就业援助，确保有就业能力的零就业家庭、低保家庭至少有一人就业。做好高校毕业生就业和农村劳动力转移就业，以及化解过剩产能过程中的职工安置工作。加快推进流动人员人事档案信息化服务。建立健全行业人力资源需求预测和就业状况定期发布制度，完善人力资源市场供求分析。

——创业服务。鼓励公共就业服务机构为创业者提供项目选择、开业指导、融资对接、跟踪扶持等服务。把创新创业课程纳入国民教育体系，建立健全衔接创业教育和创业实践的创业培训体系。深化行政审批制度改革和商事制度改革，推行市场主体登记注册便利化，减少政府对企业生产服务项目的行政许可和对正常经营活动的行政干预，落实降低企业负担的税费政策。落实创业担保贷款政策，提高就业重点群体和困难人员金融服务的可获得性。加快发展众创空间等创业服务载体，健全创业辅导制度。

——职业培训。大力开展就业技能培训、岗位技能提升培训和创业培训，开展贫困家庭子女、未升学初高中毕业生、农民工、失业人员和转岗职工、退役军人、残疾人免费接受职业培训行动，打通技能劳动者从初级工、中级工、高级工到技师、高级技师的职业发展通道。

——劳动关系协调和劳动权益保护。完善劳动用工制度，健全最低工资标准调整和工资支付保障长效机制，落实职工带薪年休假制度。加强劳动保障监察和劳动人事争议调解仲裁，推进劳动保障监察综合执法，建立劳动保障监察举报投诉案件省级联动处理机制，健全完善劳动人事争议多元处理机制，维护用人单位和劳动者合法权益。定期发布职业薪酬信息和重点行业人工成本信息。

第二节　保障措施

——基层劳动就业和社会保障服务平台建设。充分依托现有条件和政府综合服务场所，完善县、乡镇两级劳动就业和社会保障服务设施设备，推进基层综合服务全覆盖，保障基层开展就业创业、社会保险经办等服务。

——职业技能公共实训基地建设。充分利用现有设施设备，结合地区实际，建设一批区域性大型公共实训基地、市级综合型公共实训基地和县级地方产业特色型公共实训基地。

——省、市级人力资源服务设施建设。充分依托现有条件和政府综合服务场所，完善省、市级人力资源综合服务设施，改善就业创业和人才服务、劳动关系协调、劳动人事争议调解仲裁、劳动保障监察等综合服务条件。

——信息服务平台建设。建设面向人人的公共就业创业服务平台，推进公共就业服务全程信息化，实现各类就业信息统一发布和信息监测。以"12333"电话咨询为重点，配备必要的服务场地和设施设备，健全咨询服务队伍和服务机制，为社会公众提供政策咨询、信息查询、信息公开、在线受理和投诉举报等服务。

第六章　基本社会保险

国家构建全覆盖、保基本、多层次、可持续的社会保险制度，实施全民参保计划，保障公民在年老、疾病、工伤、失业、生育等情况下依法从国家和社会获得物质帮助。本领域服务项目共7项，具体包括：职工基本养老保险、城乡居民基本养老保险、职工基本医疗保险、生育保险、城乡居民基本医疗保险、失业保险、工伤保险。

第一节　重点任务

——社会保险政策制度。继续实行统账结合的城镇职工基本养老保险制度，完善个人账户，健全激励约束机制，提高收付透明度，坚持精算平衡，推动实现职工基础养老金全国统筹。落实机关事业单位养老保险制度改革举措。推进实施城乡居民基本养老保险制度。健全基本医疗保险稳定可持续的筹资和报销比例调整机制，制定城乡居民医保政府补助三年规划，在提高政府补助标准的同时适当提高个人缴费比重，逐步将个人缴费与城乡居民家庭收入水平挂钩。完善医保缴费参保政策，改进个人账户，开展门诊费用统筹。实现基本医保基金中长期精算平衡，增强制度可持续性。改革医保支付方式，合理控制医疗费用，整合城乡居民医保政策和经办管理。全面实施城乡居民大病保险制度。将生育保险与基本医疗保险合并实施。探索建立长期护理保险制度，开展长期护理保险试点。继续完善预防、补偿、康复三位一体的工伤保险制度体系。推动医疗保险、失业保险、工伤保险逐步实现省级统筹。结合社会平均工资和物价变动等因素，合理确定相关社会保险待遇水平。

——社会保险关系转续。建立标准统一、全国联网的社会保障管理信息系统，完善并简化转续流程，推行网上认证、网上办理转续，力争实现全国范围内社会保险待遇异地领取、直接结算，方便参保职工、失业和退休人员流动就业、异地生活。

第二节 保障措施

——社会保障卡工程。全面发行和应用社会保障卡，持卡人口覆盖率达到90％，实现社会保障一卡通，支持社会保障卡跨业务、跨地区、跨部门应用，建立社会保障卡应用平台和覆盖广泛的用卡终端环境，健全社会保障卡便民服务体系，完善社会保障卡规范管理和安全保障体系。

——省、市级社会保障服务设施建设。充分依托现有条件和政府综合服务场所，完善省、市级社会保障服务设施，推动改善社保经办等服务条件。

——全民社会保障信息化。建设部门和省级公共服务信息化平台，支持各类业务系统和各类服务渠道的统一接入、有序整合和统筹调度，推动电话、网站、移动应用、短信、自助服务一体机等多种渠道的协同应用，实现一个窗口对外、一条龙服务。开展网上社保办理、个人社保权益查询、跨地区医保结算等互联网应用。

第七章 基本医疗卫生

国家建立健全覆盖城乡居民的基本医疗卫生制度，推进健康中国建设，坚持计划生育基本国策，以基层为重点，以改革创新为动力，预防为主、中西医并重，提高人民健康水平。本领域服务项目共20项，具体包括：居民健康档案、健康教育、预防接种、传染病及突发公共卫生事件报告和处理、儿童健康管理、孕产妇健康管理、老年人健康管理、慢性病患者管理、严重精神障碍患者管理、卫生计生监督协管、结核病患者健康管理、中医药健康管理、艾滋病病毒感染者和病人随访管理、社区艾滋病高危行为人群干预、免费孕前优生健康检查、基本药物制度、计划生育技术指导咨询、农村部分计划生育家庭奖励扶助、计划生育家庭特别扶助、食品药品安全保障。

第一节 重点任务

——重大疾病防治和基本公共卫生服务。继续实施国家基本公共卫生服务项目和国家重大公共卫生服务项目。开展重大疾病和突发急性传染病联防联控，提高对传染病、慢性病、精神障碍、地方病、职业病和出生缺陷等的监测、预防和控制能力。加强突发公共事件紧急医学救援、突发公共卫生事件监测预警和应急处理。深入开展爱国卫生运动，继续推进卫生城镇创建工作，开展健康城市、健康村镇建设，实施全国城乡环境卫生整洁行动，加快农村改厕，农村卫生厕所普及率提高到85％。加强居民身心健康教育和自我健康管理，做好心理健康服务。

——医疗卫生服务。落实区域卫生规划和医疗机构设置规划，依据常住人口规模和服务半径等合理配置医疗卫生资源。深化基层医改，巩固完善基本药物制度，全面推进公立医院综合改革，推动形成基层首诊、双向转诊、急慢分治、上下联动的分级诊疗模式。完善中医医疗服务体系，发挥中医药特色优势，推动中医药传承与创新。

——妇幼健康和计划生育服务管理。实施全面两孩政策，改革完善计划生育服务管理，实施生育登记服务。开展孕前优生健康检查，加强高危孕产妇和新生儿健康管理。提高妇女常见病筛查率和早诊早治率，扩大农村妇女宫颈癌、乳腺癌项目检查覆盖范围。继续落实计划生育技术服务基本项目，将流动人口纳入城镇计划生育服务范围。加强出生人口性别比综合治理。完善农村部分计划生育家庭奖励扶助制度、计划生育家庭特别扶助制度，继续实施"少生快富"工程。

——食品药品安全。实施食品安全战略，完善法规制度，提高安全标准，全面落实企业主体责任，提高监督检查频次，扩大抽检监测覆盖面，实行全产业链可追溯管理。深化药品医疗器械审评审批制度改革，探索按照独立法人治理模式改革审评机构，推行药品经营企业分级分类管理。加大农村食品药品安全治理力度，完善对网络销售食品药品的监管。

第二节　保障措施

——基层医疗卫生服务能力提升。在县级区域依据常住人口数，原则上办好1个县办综合医院和1个县办中医类医院（含中医、中西医结合、民族医等），每个乡镇（街道）办好1所标准化建设的乡镇卫生院（社区卫生服务中心），每个行政村办好1个村卫生室。优先支持832个国家扶贫开发工作重点县和集中连片特困地区县县级医院和基层医疗卫生机构建设，打造30分钟基层医疗服务圈，基层医疗卫生机构标准化达标率达到95%以上。

——疾病防治和基本公共卫生服务能力强化。加强卫生应急、疾病预防控制、精神卫生、血站、卫生计生监督能力建设。提高肿瘤、心脑血管疾病、呼吸系统疾病等疑难病症防治能力。支持肿瘤、心脑血管疾病、糖尿病、精神病、传染病、职业病、地方病等薄弱领域服务能力建设。

——妇幼健康服务保障。加强儿童医院和综合性医院儿科以及妇幼健康服务机构建设，合理增加产床。加快产科和儿科医师、助产士及护士人才培养，力争增加产科医生和助产士14万名。落实孕前优生健康检查，开展再生育技术服务。

——中医药传承创新。改善中医医院基础设施条件，支持中医重点学科和重点专科（专病）建设，加强中医临床研究基地和科研机构建设，鼓励基层医疗卫生机构开设中医综合服务区（中医馆），继续实施中医药传承与创新人才工程，实施中药民族药标准化行动。

——医疗卫生人才培养。加强住院医师规范化培训，力争到2020年经过规范化培训的住院医师数量达到50万人，每万人口全科医生数达到2名。继续实施助理全科医生培训、全科医生转岗培训和农村订单定向免费培养医学生政策，加强基层医务人员继续教育，完善城市医疗卫生人才对口支援农村制度。

——食品药品安全治理体系建设。完善食品安全协调工作机制，健全检验检测等技术支撑体系和信息化监管系统，建立食品药品职业化检查员队伍，实现各级监管队伍装备配备标准化。

——人口健康信息化。以全民健康保障信息化工程和健康中国云服务计划为基础，依托现有资源统筹建立人口健康信息平台。推进居民电子健康档案应用。积极利用移动互联网提供在线预约诊疗、健康咨询、检查检验报告查询等服务，提高重大疾病和突发公共卫生事件防控能力。完善中西部地区县级医院电子病历等信息系统功能，加强县级医院与对口三级医院、县级医院与基层医疗卫生机构之间的远程诊疗信息系统建设，健全基于互联网、大数据技术的分级诊疗信息系统。

第八章　基本社会服务

国家建立完善基本社会服务制度，为城乡居民提供相应的物质和服务等兜底帮扶，重点保障特定人群和困难群体的基本生存权与平等参与社会发展的权利。本领域服务项目共13项，具体包括：最低生活保障、特困人员救助供养、医疗救助、临时救助、受灾人员救助、法律援助、老年人福利补贴、困境儿童保障、农村留守儿童关爱保护、基本殡葬服务、优待抚恤、退役军人安置、重点优抚对象集中供养。

第一节　重点任务

——社会救助。推进城乡低保统筹发展，健全低保对象认定办法，建立低保标准动态调整机制，确保农村低保标准逐步达到国家扶贫标准。完善特困人员认定条件，合理确定救助供养标准，适度提高救助供养水平。合理界定医疗救助对象，健全疾病应急救助制度，全面开展重特大疾病医疗救助工作，加强医疗救助与基本医疗保险、大病保险和其他救助制度的衔接。全面、高效实施临时救助制度。降低法律援助门槛，扩大法律援助范围。

——社会福利。全面建立针对经济困难高龄、失能老年人的补贴制度，并做好与长期护理保险的衔接。提高城乡社区卫生服务机构为老年人提供医疗保健服务的能力，加快社区居家养老信息网络和服务能力建设，推进医养结合发展。进一步完善孤儿基本生活保障制度，做好困境儿童保障工作，统筹推进未成年人社会保护试点和农村留守儿童关爱保护。全面推进精神障碍患者社区康复服务。

——社会事务。建立和完善公民婚姻信息数据库，探索开展异地办理婚姻登记工作。完善儿童被收养前寻亲公告程序，全面建立收养能力评估制度。推进基本殡葬公共服务，巩固提高遗体火化率，推行火葬区骨灰和土葬改革区遗体规范、集中节地生态安葬。做好第二次全国地名普查，健全地名管理法规标准，加强地名文化保护，开展多种形式的地名信息化服务。

——优抚安置。全面落实优抚安置各项制度政策，提升对复员退伍军人、军休人员的优抚安置和服务保障能力。完善优抚政策和优抚对象抚恤优待标准调整机制。将优抚安置对象优先纳入社区、养老、医疗卫生等服务体系，探索建立优抚安置对象社会化服务平台。

第二节　保障措施

——社会救助经办服务体系建设。充分依托现有条件和政府综合服务场所，推动乡镇人民政府和街道办事处设置社会救助经办平台，加强社会救助管理信息系统与居民家庭经济状况核对系统的整合、集成，提升基层社会救助经办服务能力。

——公共法律服务体系建设。加强法律援助综合服务平台和便民窗口、法律服务中心（站、工作室）、"12348"法律服务热线等基础设施建设，改善服务条件。加强基层普法阵地、人民调解组织、司法鉴定机构建设，健全服务网络。

——养老服务体系建设。支持主要面向失能、半失能老年人的老年养护院，医养结合设施和社区老人日间照料中心，荣誉军人休养院、光荣院，农村特困人员救助供养服务机构等服务设施建设，增加护理型床位和设施设备。推进无障碍通道、老年人专用服务设施、旧楼加建电梯建设，以及适老化路牌标识、适老化照明改造。积极开展养老护理人员培养培训。搭建养老信息服务网络平台，推广应用便携式体检、紧急呼叫监控等设备。

——社会福利服务设施建设。结合地区实际，建设一批县级儿童福利设施。依托现有设施资源，试点建设县级未成年人保护设施。支持尚无精神病人福利设施的地市建设一所精神病人福利设施，为特殊困难精神障碍患者提供集中养护服务。

——殡葬服务设施建设。在火葬区尚无殡仪馆的县（市、区）新建殡仪馆，对已达危房标准、设施设备陈旧的殡仪馆进行改造或改扩建。更新改造已达到强制报废年限或不符合国家环境保护标准的火化炉。试点建设县（市、区）公益性骨灰安放设施。

——自然灾害救助物资储备体系建设。进一步优化中央救灾物资储备库布局，设区的市级以上人民政府和自然灾害多发、易发地区的县级人民政府应当根据自然灾害特点、居民人口数量和分布等情况，按照布局合理、规模适度的原则，设立救灾物资储备库（点），并视情在多灾易灾乡镇（街道）和城乡社区设置救灾物资储备室。

——社会工作者队伍建设。实施社会工作专业人才服务贫困地区计划、农村留守人员社会保护计划、城镇流动人口社会融入计划、特殊群体社会关爱计划，推进社会工作者专业化、职业化，力争到 2020 年社会工作专业人才总规模达 145 万人。

第九章　基本住房保障

国家建立健全基本住房保障制度，加大保障性安居工程建设力度，加快解决城镇居民基本住房问题和农村困难群众住房安全问题，更好保障住有所居。本领域服务项目共 3 项，具体包括：公共租赁住房、城镇棚户区住房改造、农村危房改造。

第一节　重点任务

——公共租赁住房。转变公租房保障方式，实行实物保障与租赁补贴并举，推进公租房货币化。支持公租房保障对象通过市场租房，政府对符合条件的家庭给予租赁补贴。完善租赁补贴制度，结合市场租金水平和保障对象实际情况，合理确定租赁补贴标准。在城镇稳定就业的外来务工人员、新就业大学生和青年医生、青年教师等专业技术人员，符合当地城镇居民公租房准入条件的，应纳入公租房保障范围。提高公租房运营保障能力，健全准入退出管理机制。

——城镇棚户区住房改造。围绕实现约 1 亿人居住的城镇棚户区、城中村和危房改造目标，实施棚户区改造行动计划和城镇旧房改造工程，基本完成城镇棚户区和危房改造任务。将棚户区改造与城市更新、产业转型升级更好结合起来，加快推进集中成片棚户区和城中村改造，有序推进旧住宅小区综合整治、危旧住房和非成套住房改造，棚户区改造政策覆盖全国重点镇。完善配套基础设施，加强工程质量监管。

——农村危房改造。合理确定农村危房改造补助对象和标准，优先帮助住房最危险、经济最贫困农户解决最基本的住房安全问题。加快推进贫困地区危房改造，按照精准扶贫、精准脱贫要求，重点解决建档立卡贫困户、低保户、农村分散供养特困人员、贫困残疾人家庭的基本住房安全问题。

第二节　保障措施

——保障必要用地需求。在土地利用年度计划中根据保障性住房建设需要，单独列出，做到应保尽保。依法收回的闲置土地、具备净地出让条件的储备土地和农用地转用计划指标，应优先保证保障性住房用地需求。

——实施财税优惠政策。统筹运用政府财力，加大对基本住房保障的支持力度。继续落实好城镇保障性安居工程建设和运营管理涉及的行政事业性收费、政府性基金（含土地出让收入）以及相关税收减免政策。土地出让收益用于保障性安居工程的比例不低于 10%。

——加大融资支持力度。支持符合条件的企业发行债券融资，用于保障性安居工程建设。进一步发挥开发性、政策性金融机构作用，加大对棚户区改造项目的信贷支持力度。鼓励商业银行在风险可控、商业可持续的前提下，开发适合住房租赁业务发展需要的信贷产品。

——合理确定住房价格。依据当地经济社会发展水平、保障对象的承受能力以及建设成本等因素，合理制定、调整保障性住房价格或租金标准。

第十章　基本公共文化体育

国家构建现代公共文化服务体系和全民健身公共服务体系，促进基本公共文化服务和全民健身基本公共服务标准化、均等化，更好地满足人民群众精神文化需求和体育健身需求，提高全民文化素质和身体素质。本领域服务项目共 10 项，具体包括：公共文化设施免费开放、送地方戏、收听广播、观看电视、观赏电影、读书看报、少数民族文化服务、参观文化遗产、公共体育场馆开放、全民健身服务。

第一节　重点任务

——公共文化。落实国家基本公共文化服务指导标准和地方实施标准。深化公益性文化事业单位改革，积极搭建公益性文化活动平台，以群众需求为导向，推行"菜单式"、"订单式"公共文化服务。加大政府向社会力量购买公共文化服务力度。深入推进公共图书馆、博物馆、美术馆、文化馆和综合文化站免费开放工作。以县级文化馆、图书馆为中心推进总分馆制，实现农村、城市社区公共文化服务资源整合和互联互通。加强文化遗产保护。

——广播影视。采用地面无线、直播卫星和有线网络等方式，推动数字广播电视基本实现全覆盖、户户通。进一步改善农村电影放映条件。努力增加贴近基层群众需要的服务性广播电视栏目节目。

——新闻出版。推动全民阅读，加强残疾人等特殊群体的基本阅读权益保障。扶持实体书店发展，加快推进实体书店或各类图书代销代购网点覆盖全国所有乡镇。完善农家书屋出版物补充更新工作。加强"三农"出版物出版发行。推动少数民族语言文字及双语出版物出版发行、数字化传播和少数民族语言文字作品创作。

——群众体育。实施全民健身计划，组织实施国民体质监测，推行《国家体育锻炼标准》，开展全民健身活动，实行科学健身指导。推动公共体育场馆向社会免费或低收费开放。全面实施青少年体育活动促进计划，培养青少年体育爱好和运动技能，推广普及足球、篮球、排球和冰雪运动等。

第二节　保障措施

——公共文化服务体系建设。推动各地区进一步完善图书馆、文化馆（站）、博物馆等基本公共文化服务设施。在乡镇（街道）和村（社区）统筹建设集宣传文化、党员教育、科学普及、普法教育、体育健身等功能于一体的综合性文化服务中心。为集中连片特困地区和西藏、四省藏区、新疆南疆四地州以及国家扶贫开发工作重点县、新疆生产建设兵团边境团场和南疆困难团场每个县级文化馆配备一辆流动文化车，为村文化活动室购置基本公共文化服务设备。

——广播影视服务体系建设。加强广播电视数字化覆盖、广播电视无线发射台站、全国有线电视网络互联互通平台、国家和地方应急广播体系、基层广播电视播出机构制播能力、广播电视和视听新媒体监管平台等建设，支持直播卫星平台扩容。实施农村电影放映工程，继续巩固"一行政村一月放映一场电影"成果。加强少数民族语言广播影视节目译制、制作、播出和传输覆盖能力建设。

——新闻出版服务体系建设。举办"书香中国"系列活动，充分利用现有设施，统筹建设社区阅读中心、数字农家书屋、公共数字阅读终端等设施。合理规划建设农村和中小城市出版物发行网点，建设城乡阅报栏（屏），支持革命老区、民族地区、边疆地区、贫困地区公共阅读设施建设。实施少数民族新闻出版东风工程、盲文出版工程、儿童阅读书报发放计划、市民阅读发放计划。

——遗产保护服务体系建设。重点支持全国重点文物保护单位、国家历史文化名城、国家级非物质文化遗产、国家级风景名胜区、国家森林公园、国家地质公园等文化和自然遗产保护利用设施建设。

——公共体育服务设施建设。重点支持足球场地设施、中小型全民健身中心、县级体育场、农民体育健身工程、社区多功能运动场、冰雪运动设施、科学健身指导服务平台等建设。充分利用体育中心、公园绿地、闲置厂房、校舍操场、社区空置场所等，拓展公共体育设施场所。

——数字文化服务平台建设。推动全国文化信息资源共享、数字图书馆博物馆建设等公共数字文化工程建设。提高公共文化大数据采集、存储和分析处理能力。科学规划公共数字文化资源，建设分布式资源库群，实施"互联网＋中华文明"行动计划，鼓励各地区挖掘整合中华优秀文化资源，开发特色数字文化产品。

第十一章　残疾人基本公共服务

国家提供适合残疾人特殊需求的基本公共服务，为残疾人平等参与社会发展创造便利化条件和友好型环境，让残疾人安居乐业、衣食无忧，生活得更加殷实、更加幸福、更有尊严。本领域服务项目共10项，具体包括：困难残疾人生活补贴和重度残疾人护理补贴、无业重度残疾人最低生活保障、残疾人基本社会保险个人缴费资助和保险待遇、残疾人基本住房保障、残疾人托养服务、残疾人康复、残疾人教育、残疾人职业培训和就业服务、残疾人文化体育、无障碍环境支持。

第一节　重点任务

——残疾人基本生活。全面落实困难残疾人生活补贴和重度残疾人护理补贴制度。生活困难、靠家庭供养且无法单独立户的成年无业重度残疾人，经个人申请，可按照单人户纳入最低生活保障范围。对获得最低生活保障后仍有困难的重度残疾人采取必要措施给予生活保障。完成农村贫困残疾人家庭存量危房改造。

——残疾人就业创业和社保服务。为有劳动能力和就业意愿的城乡残疾人免费提供就业创业服务，按规定提供免费职业培训。落实好针对就业困难残疾人的各项就业援助和扶持政策，为智力、精神和重度肢体残疾人提供辅助性、支持性就业服务等。落实贫困和重度残疾人参加社会保险个人缴费资助政策，完善重度残疾人医疗报销制度，做好重度残疾人就医费用结算服务。

——残疾人康复、教育、文体和无障碍服务。继续实施残疾儿童抢救性康复、贫困残疾人辅助器具适配、防盲治盲、防聋治聋等重点康复项目，加强残疾人健康管理和社区康复。积极推进为家庭经济困难的残疾儿童、青少年提供包括义务教育和高中阶段教育在内的12年免费教育。加强国家通用手语、通用盲文的规范与推广。推动公共文化体育场所设施免费或优惠向残疾人开放，为视力、听力残疾人等提供特需文化服务。加快推进公共场所和设施的无障碍改造。

第二节　保障措施

——残疾人服务体系建设。支持各地建设一批专业化残疾人康复设施、托养设施和综合服务设施，配备基本服务设备，推动形成功能完善、网络健全的残疾人专业康复和托养服务体系。

——县域残疾人综合服务能力提升。强化县级残疾人康复、托养、职业培训、辅助器具适配、文化体育等服务能力，充分发挥基层公共服务设施助残功能，推动形成县（市、区）、乡（镇）、村（居）三级联动互补的残疾人基层服务网络。

——特殊教育基础能力提升。依托现有特教学校构建特殊教育资源中心，提升特殊教育普及水平、保障条件和教育质量。完善特殊教育体系，积极创造条件保障完成义务教育且有意愿的残疾学生有机会接受适宜的中等职业教育。

——残疾人服务专业人才培养。建设康复大学，提升高等院校特殊教育专业办学水平，推动师范院校开设特殊教育课程。加快培养残疾人康复、托养、特殊教育、护理照料、就业服务、社会工作等方面的人才队伍。

——残疾人服务信息化。完善残疾人人口基础信息和基本服务需求信息数据管理系统。依托中国残疾人服务网，搭建残疾人就业创业网络服务平台。加快推进智能化残疾人证试点。鼓励支持服务残疾人的电子产品、移动应用软件等开发应用。

第十二章　促进均等共享

以贫困地区和贫困人口为重点，着力扩大覆盖范围、补齐短板、缩小差距，不断提高城乡、区域、人群之间基本公共服务均等化程度。

第一节　推动基本公共服务全覆盖

——开展贫困地区脱贫攻坚。加大革命老区、民族地区、边疆地区、集中连片特困地区脱贫攻坚力度，保障贫困人口享有义务教育、医疗卫生、文化体育、住房安全等基本公共服务，推动贫困地区基本公共服务主要领域指标接近全国平均水平。深入开展教育扶贫、健康扶贫、文化扶贫。在易地扶贫搬迁、整村推进、就业促进等工作中，按照精准扶贫、精准脱贫的要求，确保基本公共服务不留缺口。推动地区对口帮扶，加大基本公共服务资金、项目和人才支援力度。

——重点帮扶特殊困难人群。对农村留守人员、困境儿童和残疾人进行全面摸底排查，建立翔实完备、动态更新的信息台账。逐步完善救助管理机构、福利机构场所设施条件，满足农村留守儿童临时监护照料需要。在外出就业较为集中的农村地区，充分利用布局调整后闲置资源开展托老、托幼等关爱服务。健全孤儿、弃婴、法定抚养人无力抚养儿童、低收入家庭重病重残等困境儿童的福利保障体系。对低保家庭中的老年人、未成年人、重度残疾人等重点救助对象，提高救助水平，保障基本生活。

——促进城镇常住人口全覆盖。深化户籍制度改革，推动有能力在城镇稳定就业和生活的农业转移人口举家进城落户。推进居住证制度覆盖全部未落户城镇常住人口，加大对农业转移人口市民化的财政支持力度并建立动态调整机制，保障居住证持有人在居住地享有教育、就业、卫生等领域的基本公共服务。为农民工提供新市民培训服务，提高农民工综合素质和融入城市的能力。

第二节　促进城乡区域均等化

——缩小城乡服务差距。加快义务教育、社会保障、公共卫生、劳动就业等制度城乡一体设计、一体实施。重点以县（市、区）为单位，有步骤、分阶段推动规划、政策、投入、项目等同城化管理，统筹设施建设和人员安排，推动城乡服务内容和标准统一衔接。把社会事业发展重点放在农村和接纳农业转移人口较多的城镇，补齐农村和特大镇基本公共服务短板。鼓励和引导城镇公共服务资源向农村延伸，促进城市优质资源向农村辐射。

——提高区域服务均等化水平。强化省级人民政府统筹职能，加大对省域内基本公共服务薄弱地区扶持力度，通过完善事权划分、规范转移支付等措施，逐步缩小县域间、地市间服务差距。强化跨区域统筹合作，促进服务项目和标准水平衔接。着力推进京津冀地区、长江经济带等重点区域基本公共服务均等化，形成可复制、可推广的经验。

——夯实基层服务基础。整合相关资源，持续改善基层各类公共服务设施条件。依托政府综合服务大厅完善相关经办服务设施，推动基层综合公共服务平台统筹发展和共建共享。简化基层办事环节和手续，优化服务流程，明确办理时限，推行一站式办理、上门办理、预约办理等服务方式。在山区、草原等地广人稀、居住分散地区，配备必要的教学点，开展卫生巡诊等上门服务。

第十三章　创新服务供给

紧扣增进民生福祉，加快推进社会事业改革，吸引社会力量参与，扩大基本公共服务有效供给，提高服务质量和水平。

第一节　培育多元供给主体

——加快事业单位分类改革。理顺政府与事业单位在基本公共服务供给中的关系，强化提供基本公共服务事业单位的公益属性，推动去行政化和去营利化，逐步将有条件的事业单位转为企业或社会组织。进一步落实事业单位法人自主权，深化人事、收入分配等配套制度改革，确保依法决策、独立自主开展活动并承担责任。

——积极引导社会力量参与。进一步规范和公开基本公共服务机构设立的基本标准、审批程序，严控审批时限，鼓励有条件的地方采取招标等方式确定举办或运营主体。积极推动基本公共服务领域民办非营利性机构享受与同行业公办机构同等待遇。

——大力发展社会组织。深化社会组织登记管理制度改革，落实税收优惠政策。加强社会组织孵化培育和人才扶持，采取人员培训、项目指导、公益创投等多种途径和方式，提升社会组织承接政府购买服务能力。采取降低准入门槛、加强分类指导和业务指导等办法，大力培育发展社区社会组织，支持其承接基层基本公共服务和政府委托事项。

第二节　推动供给方式多元化

——推进政府购买公共服务。能由政府购买服务提供的，政府不再直接承办，交由具备条件、信誉良好的社会组织、机构、事业单位和企业等承担。制定实施政府购买公共服务指导性目录，确定政府购买公共服务的种类、性质和内容，规范项目遴选、信息发布、组织购买、项目监管、绩效评价等流程，加强政府购买公共服务的财政预算管理。

——加强政府和社会资本合作。能由政府和社会资本合作提供的，广泛吸引社会资本参与。政府通过投资补助、基金注资等多种方式，优先支持 PPP 项目。在实践证明有效的领域，推行通过公开招标、邀请招标、竞争性磋商、竞争性谈判等多种方式，公平选择具有相应管理经验、专业能力、融资实力以及信用状况良好的社会资本作为合作伙伴。

——鼓励发展志愿和慈善服务。广泛动员志愿服务组织与志愿者参与基本公共服务提供，定期发布志愿服务项目需求和岗位信息，建立健全志愿服务记录制度，完善激励保障措施。发挥慈善组织、专业社会工作服务机构在基本公共服务提供中的重要补充作用，落实慈善捐赠的相关优惠政策。

——发展"互联网＋"益民服务。加快互联网与政府公共服务体系的深度融合，推动公共数据资源开放，促进公共服务创新供给和服务资源整合，构建面向公众的一体化在线公共服务体系。推动具备条件的服务事项实行网上受理、网上办理、网上反馈、实时查询，对暂不具备条件的事项提供全程在线咨询服务。积极应用大数据理念、技术和资源，及时了解公众服务需求和实际感受，为政府决策和监管提供支持。

——扩大开放交流合作。鼓励通过合资、合作等方式，支持合作办医，共建养老和残疾人托养机构。加强公共教育、公共文化体育等领域对外交流与合作。借鉴国际先进管理和服务经验，提升基本公共服务供给质量和水平。

第十四章　强化资源保障

优化资源配置，加强财力保障，加大重大工程项目、服务管理人才和规划用地等投入力度，为促进基本公共服务均等化提供支撑。

第一节　提升财政保障能力

——加大财政投入力度。稳定基本公共服务投入，明确保障措施和《清单》项目支出责任，确保服务项目及标准落实到位。中央和地方各级财政要为提高贫困地区基本公共服务水平提供必要支持。加大地方政府债券对基本公共服务保障的支持力度。

——优化转移支付结构。合理划分中央和地方财政事权与支出责任，适度加强中央政府承担基本公共服务的职责和能力。推进转移支付制度改革，增加一般性转移支付规模和比例，重点增加对老少边穷地区的转移支付，缩小地区间财力差距，提高县级财政保障能力，引导地方将一般性转移支付资金投入到民生等重点领域。对新疆维吾尔自治区、新疆生产建设兵团、西藏自治区、四省藏区、革命老区、集中连片特困地区的民生保障和改善、基础设施建设、基层政权和社会管理能力建设等项目，中央预算内投资给予倾斜支持。

——提高资金使用效率。清理、整合、规范专项转移支付，完善资金管理办法，提高项目管理水平。简化财政管理层级，扩大省直管县财政管理体制改革覆盖面，加大省级人民政府转移支付对省域内基本公共服务财力差距的调节力度。统筹安排、合理使用、规范管理各类公共服务投入资金。对医院、学校、保障性住房等建筑质量实行单位负责人和项目负责人终身负责制。

第二节　加强人才队伍建设

——加强人才培养培训。支持高等院校和中等职业学校开设相关学科专业，扩大专业服务和管理人才培养规模。健全从业人员继续教育制度，强化定岗、定向培养，完善远程教育培训。建立政府、社会、用人单位和个人相结合的投入机制，对参加相关职业培训和职业技能鉴定的人员，按规定给予补贴。探索公办与非公办公共服务机构在技术和人才等方面的合作机制，对非公办机构的人才培养、培训和进修等给予支持。

——促进人才合理流动。实施东部带西部、城市带农村的人才对口支持政策，引导公共服务和管理人才向中西部地区和基层流动。深化公办机构人事制度改革，健全公开招聘和竞争上岗制度，推动服务人员保障社会化管理，逐步由身份管理向岗位管理转变。

——提升基层人员能力。完善基层人员工资待遇、职称评定、医疗保险及养老保障等激励政策。推进基层公共服务队伍轮训，实施高校毕业生基层培养计划，继续做好"三支一扶"计划、西部志愿者计划、大学生村官计划、农村教师特岗计划、全科医生特岗计划、社会工作专业人才队伍建设等工作。鼓励通过优化编制资源配置、积极推进政府购买服务等方式，保障基层服务力量。

第三节 完善配套政策体系

——加强规划布局和用地保障。综合服务半径、服务人口、资源承载能力等因素，对城乡公共服务设施进行统筹布局。结合新型城镇化和人口发展趋势，对土地供给进行前瞻规划，优先保障基本公共服务建设用地。新建居住区要按相关规定，完善教育、卫生、文化体育、养老托幼、社区服务等配套设施，并在合理服务半径内尽量集中安排。

——建立健全服务标准体系。各行业主管部门会同国务院标准化行政主管部门等，分别制定实施基本公共服务各领域设施建设、设备配置、人员配备、经费投入、服务规范和流程等具体标准，推动城乡、区域之间标准衔接。推进基本公共服务标准化工程建设，在有条件的地区开展公共服务标准化试点。

——强化社会信用体系支撑。增强全民诚信意识，健全个人信用档案。加强公共服务行业自律和社会监督，将公共服务机构、从业人员、服务对象诚信情况记入信用记录，纳入全国信用信息共享平台，对严重失信主体采取失信惩戒或依法强制退出等措施。

第十五章 推进规划实施和监督评估

按照长效可行、分工明晰、统筹有力、协调有序的要求，扎实推进规划实施和监督评估，促进政策和项目落地。

第一节 明确责任分工

——国务院各有关部门要按照职责分工，做好行业发展规划、专项建设规划与本规划的衔接，明确工作责任和进度安排，推动各领域重点任务、保障措施和《清单》项目有效落实。要加强部门间统筹协调，共同研究推动解决基本公共服务均等化工作中跨部门、跨行业、跨区域及政策创新等重大问题。

——省级人民政府要强化主体责任，以本规划为指导，结合实际制定推进本地区基本公共服务均等化规划、行动计划或基本公共服务清单，科学确定服务范围和项目内容，分年足额落实财政投入，切实促进省域内基本公共服务均等化。

——市、县级人民政府负责推进落实国家和省级人民政府确定的基本公共服务清单及相关政策措施，制定办事指南，明确责任单位，优化服务流程，提高质量效率，保证清单项目落实到位，并及时向上级政府和有关部门报告进展情况。

第二节 加强监督问责

——国家发展改革委要会同国家统计局等有关部门，建立健全基本公共服务综合评估指标体系，推进基本公共服务基础信息库建设，开展年度统计监测。适时组织开展本规划实施情况中期评估，重大情况及时向国务院报告。

——国务院各有关部门、地方各级人民政府要建立政府主导与社会参与的良性互动机制，推动政务公开和政府信息公开，拓展公众参与渠道，做好舆情监测预警和应对，定期开展基本公共服务需求分析和社会满意度调查，及时妥善回应社会关切。

——地方各级人民政府要加强绩效评价和监督问责，强化过程监管，把本规划落实情况纳入绩效考核。要依法接受同级人大及其常委会的监督，自觉接受人民政协的民主监督，接受社会和人民群众监督。

中华人民共和国国务院令

第 675 号

《残疾预防和残疾人康复条例》已经 2017 年 1 月 11 日国务院第 161 次常务会议通过，现予公布，自 2017 年 7 月 1 日起施行。

总理 李克强

2017 年 2 月 7 日

残疾预防和残疾人康复条例

第一章 总 则

第一条 为了预防残疾的发生、减轻残疾程度，帮助残疾人恢复或者补偿功能，促进残疾人平等、充分地参与社会生活，发展残疾预防和残疾人康复事业，根据《中华人民共和国残疾人保障法》，制定本条例。

第二条 本条例所称残疾预防，是指针对各种致残因素，采取有效措施，避免个人心理、生理、人体结构上某种组织、功能的丧失或者异常，防止全部或者部分丧失正常参与社会活动的能力。

本条例所称残疾人康复，是指在残疾发生后综合运用医学、教育、职业、社会、心理和辅助器具等措施，帮助残疾人恢复或者补偿功能，减轻功能障碍，增强生活自理和社会参与能力。

第三条 残疾预防和残疾人康复工作应当坚持以人为本，从实际出发，实行预防为主、预防与康复相结合的方针。

国家采取措施为残疾人提供基本康复服务，支持和帮助其融入社会。禁止基于残疾的歧视。

第四条 县级以上人民政府领导残疾预防和残疾人康复工作，将残疾预防和残疾人康复工作纳入国民经济和社会发展规划，完善残疾预防和残疾人康复服务和保障体系，建立政府主导、部门协作、社会参与的工作机制，实行工作责任制，对有关部门承担的残疾预防和残疾人康复工作进行考核和监督。乡镇人民政府和街道办事处根据本地区的实际情况，组织开展残疾预防和残疾人康复工作。

县级以上人民政府负责残疾人工作的机构，负责残疾预防和残疾人康复工作的组织实施与监督。县级以上人民政府有关部门在各自的职责范围内做好残疾预防和残疾人康复有关工作。

第五条 中国残疾人联合会及其地方组织依照法律、法规、章程或者接受政府委托，开展残疾预防和残疾人康复工作。

工会、共产主义青年团、妇女联合会、红十字会等依法做好残疾预防和残疾人康复工作。

第六条　国家机关、社会组织、企业事业单位和城乡基层群众性自治组织应当做好所属范围内的残疾预防和残疾人康复工作。从事残疾预防和残疾人康复工作的人员应当依法履行职责。

第七条　社会各界应当关心、支持和参与残疾预防和残疾人康复事业。

新闻媒体应当积极开展残疾预防和残疾人康复的公益宣传。

国家鼓励和支持组织、个人提供残疾预防和残疾人康复服务，捐助残疾预防和残疾人康复事业，兴建相关公益设施。

第八条　国家鼓励开展残疾预防和残疾人康复的科学研究和应用，提高残疾预防和残疾人康复的科学技术水平。

国家鼓励开展残疾预防和残疾人康复领域的国际交流与合作。

第九条　对在残疾预防和残疾人康复工作中作出显著成绩的组织和个人，按照国家有关规定给予表彰、奖励。

第二章　残疾预防

第十条　残疾预防工作应当覆盖全人群和全生命周期，以社区和家庭为基础，坚持普遍预防和重点防控相结合。

第十一条　县级以上人民政府组织有关部门、残疾人联合会等开展下列残疾预防工作：

（一）实施残疾监测，定期调查残疾状况，分析致残原因，对遗传、疾病、药物、事故等主要致残因素实施动态监测；

（二）制定并实施残疾预防工作计划，针对主要致残因素实施重点预防，对致残风险较高的地区、人群、行业、单位实施优先干预；

（三）做好残疾预防宣传教育工作，普及残疾预防知识。

第十二条　卫生和计划生育主管部门在开展孕前和孕产期保健、产前筛查、产前诊断以及新生儿疾病筛查，传染病、地方病、慢性病、精神疾病等防控，心理保健指导等工作时，应当做好残疾预防工作，针对遗传、疾病、药物等致残因素，采取相应措施消除或者降低致残风险，加强临床早期康复介入，减少残疾的发生。

公安、安全生产监督管理、食品药品监督管理、环境保护、防灾减灾救灾等部门在开展交通安全、生产安全、食品药品安全、环境保护、防灾减灾救灾等工作时，应当针对事故、环境污染、灾害等致残因素，采取相应措施，减少残疾的发生。

第十三条　国务院卫生和计划生育、教育、民政等有关部门和中国残疾人联合会在履行职责时应当收集、汇总残疾人信息，实现信息共享。

第十四条　承担新生儿疾病和未成年人残疾筛查、诊断的医疗卫生机构应当按照规定将残疾和患有致残性疾病的未成年人信息，向所在地县级人民政府卫生和计划生育主管部门报告。接到报告的卫生和计划生育主管部门应当按照规定及时将相关信息与残疾人联合会共享，并共同组织开展早期干预。

第十五条　具有高度致残风险的用人单位应当对职工进行残疾预防相关知识培训，告知作业场所和工作岗位存在的致残风险，并采取防护措施，提供防护设施和防护用品。

第十六条　国家鼓励公民学习残疾预防知识和技能，提高自我防护意识和能力。

未成年人的监护人应当保证未成年人及时接受政府免费提供的疾病和残疾筛查，努力使有出生缺陷或者致残性疾病的未成年人及时接受治疗和康复服务。未成年人、老年人的监护人或者家庭成员应当增强残疾预防意识，采取有针对性的残疾预防措施。

第三章　康复服务

第十七条　县级以上人民政府应当组织卫生和计划生育、教育、民政等部门和残疾人联合会整合从事残疾人康复服务的机构（以下称康复机构）、设施和人员等资源，合理布局，建立和完善以社区康复为基础、康复机构为骨干、残疾人家庭为依托的残疾人康复服务体系，以实用、易行、受益广的康复内容为重点，为残疾人提供综合性的康复服务。

县级以上人民政府应当优先开展残疾儿童康复工作，实行康复与教育相结合。

第十八条　县级以上人民政府根据本行政区域残疾人数量、分布状况、康复需求等情况，制定康复机构设置规划，举办公益性康复机构，将康复机构设置纳入基本公共服务体系规划。

县级以上人民政府支持社会力量投资康复机构建设，鼓励多种形式举办康复机构。

社会力量举办的康复机构和政府举办的康复机构在准入、执业、专业技术人员职称评定、非营利组织的财税扶持、政府购买服务等方面执行相同的政策。

第十九条　康复机构应当具有符合无障碍环境建设要求的服务场所以及与所提供康复服务相适应的专业技术人员、设施设备等条件，建立完善的康复服务管理制度。

康复机构应当依照有关法律、法规和标准、规范的规定，为残疾人提供安全、有效的康复服务。鼓励康复机构为所在区域的社区、学校、家庭提供康复业务指导和技术支持。

康复机构的建设标准、服务规范、管理办法由国务院有关部门商中国残疾人联合会制定。

县级以上人民政府有关部门应当依据各自职责，加强对康复机构的监督管理。残疾人联合会应当及时汇总、发布康复机构信息，为残疾人接受康复服务提供便利，各有关部门应当予以支持。残疾人联合会接受政府委托对康复机构及其服务质量进行监督。

第二十条　各级人民政府应当将残疾人社区康复纳入社区公共服务体系。

县级以上人民政府有关部门、残疾人联合会应当利用社区资源，根据社区残疾人数量、类型和康复需求等设立康复场所，或者通过政府购买服务方式委托社会组织，组织开展康复指导、日常生活能力训练、康复护理、辅助器具配置、信息咨询、知识普及和转介等社区康复工作。

城乡基层群众性自治组织应当鼓励和支持残疾人及其家庭成员参加社区康复活动，融入社区生活。

第二十一条　提供残疾人康复服务，应当针对残疾人的健康、日常活动、社会参与等需求进行评估，依据评估结果制定个性化康复方案，并根据实施情况对康复方案进行调整优化。制定、实施康复方案，应当充分听取、尊重残疾人及其家属的意见，告知康复措施的详细信息。

提供残疾人康复服务，应当保护残疾人隐私，不得歧视、侮辱残疾人。

第二十二条　从事残疾人康复服务的人员应当具有人道主义精神，遵守职业道德，学习掌握必要的专业知识和技能并能够熟练运用；有关法律、行政法规规定需要取得相应资格的，还应当依法取得相应的资格。

第二十三条　康复机构应当对其工作人员开展在岗培训，组织学习康复专业知识和技能，提高业务水平和服务能力。

第二十四条　各级人民政府和县级以上人民政府有关部门、残疾人联合会以及康复机构等应当为残疾人及其家庭成员学习掌握康复知识和技能提供便利条件，引导残疾人主动参与康复活动，残疾人的家庭成员应当予以支持和帮助。

第四章　保障措施

第二十五条　各级人民政府应当按照社会保险的有关规定将残疾人纳入基本医疗保险范围，对纳入基本医疗保险支付范围的医疗康复费用予以支付；按照医疗救助的有关规定，对家庭经济困难的残疾人参加基本医疗保险给予补贴，并对经基本医疗保险、大病保险和其他补充医疗保险支付医疗费用后仍有困难的给予医疗救助。

第二十六条　国家建立残疾儿童康复救助制度，逐步实现0—6岁视力、听力、言语、肢体、智力等残疾儿童和孤独症儿童免费得到手术、辅助器具配置和康复训练等服务；完善重度残疾人护理补贴制度；通过实施重点康复项目为城乡贫困残疾人、重度残疾人提供基本康复服务，按照国家有关规定对基本型辅助器具配置给予补贴。具体办法由国务院有关部门商中国残疾人联合会根据经济社会发展水平和残疾人康复需求等情况制定。

国家多渠道筹集残疾人康复资金，鼓励、引导社会力量通过慈善捐赠等方式帮助残疾人接受康复服务。工伤保险基金、残疾人就业保障金等按照国家有关规定用于残疾人康复。

有条件的地区应当根据本地实际情况提高保障标准，扩大保障范围，实施高于国家规定水平的残疾人康复保障措施。

第二十七条　各级人民政府应当根据残疾预防和残疾人康复工作需要，将残疾预防和残疾人康复工作经费列入本级政府预算。

从事残疾预防和残疾人康复服务的机构依法享受有关税收优惠政策。县级以上人民政府有关部门对相关机构给予资金、设施设备、土地使用等方面的支持。

第二十八条　国家加强残疾预防和残疾人康复专业人才的培养；鼓励和支持高等学校、职业学校设置残疾预防和残疾人康复相关专业或者开设相关课程，培养专业技术人员。

县级以上人民政府卫生和计划生育、教育等有关部门应当将残疾预防和残疾人康复知识、技能纳入卫生和计划生育、教育等相关专业技术人员的继续教育。

第二十九条　国务院人力资源社会保障部门应当会同国务院有关部门和中国残疾人联合会，根据残疾预防和残疾人康复工作需要，完善残疾预防和残疾人康复专业技术人员职业能力水平评价体系。

第三十条　省级以上人民政府及其有关部门应当积极支持辅助器具的研发、推广和应用。

辅助器具研发、生产单位依法享受有关税收优惠政策。

第三十一条　各级人民政府和县级以上人民政府有关部门按照国家有关规定，保障残疾预防和残疾人康复工作人员的待遇。县级以上人民政府人力资源社会保障等部门应当在培训进修、表彰奖励等方面，对残疾预防和残疾人康复工作人员予以倾斜。

第五章　法律责任

第三十二条　地方各级人民政府和县级以上人民政府有关部门未依照本条例规定履行残疾预防和残疾人康复工作职责，或者滥用职权、玩忽职守、徇私舞弊的，依法对负有责任的领导人员和直接责任人员给予处分。

各级残疾人联合会有违反本条例规定的情形的，依法对负有责任的领导人员和直接责任人员给予处分。

第三十三条　医疗卫生机构、康复机构及其工作人员未依照本条例规定开展残疾预防和残疾人康复工作的，由有关主管部门按照各自职责分工责令改正，给予警告；情节严重的，责令暂停相关执业活动，依法对负有责任的领导人员和直接责任人员给予处分。

第三十四条 具有高度致残风险的用人单位未履行本条例第十五条规定的残疾预防义务，违反安全生产、职业病防治等法律、行政法规规定的，依照有关法律、行政法规的规定给予处罚；有关法律、行政法规没有规定的，由有关主管部门按照各自职责分工责令改正，给予警告；拒不改正的，责令停产停业整顿。用人单位还应当依法承担救治、保障等义务。

第三十五条 违反本条例规定，构成犯罪的，依法追究刑事责任；造成人身、财产损失的，依法承担赔偿责任。

第六章 附 则

第三十六条 本条例自 2017 年 7 月 1 日起施行。

国务院关于印发"十三五"国家老龄事业发展和养老体系建设规划的通知

国发〔2017〕13号

各省、自治区、直辖市人民政府，国务院各部委、各直属机构：

现将《"十三五"国家老龄事业发展和养老体系建设规划》印发给你们，请认真贯彻执行。

国务院

2017年2月28日

"十三五"国家老龄事业发展和养老体系建设规划

为积极开展应对人口老龄化行动，推动老龄事业全面协调可持续发展，健全养老体系，根据《中华人民共和国老年人权益保障法》和《中华人民共和国国民经济和社会发展第十三个五年规划纲要》，制定本规划。

第一章 规划背景

第一节 "十二五"时期的成就

"十二五"时期我国老龄事业和养老体系建设取得长足发展。《中国老龄事业发展"十二五"规划》、《社会养老服务体系建设规划（2011—2015年)》确定的目标任务基本完成。老年人权益保障和养老服务业发展等方面的法规政策不断完善；基本养老、基本医疗保障覆盖面不断扩大，保障水平逐年提高；以居家为基础、社区为依托、机构为补充、医养相结合的养老服务体系初步形成，养老床位数量达到672.7万张；老年宜居环境建设持续推进，老年人社会参与条件继续优化；老年文化、体育、教育事业快速发展，老年人精神文化生活日益丰富；老年人优待项目更加丰富、范围大幅拓宽，敬老养老助老社会氛围日益浓厚，老年人的获得感和幸福感明显增强。

第二节 "十三五"时期的形势

"十三五"时期是我国全面建成小康社会决胜阶段，也是我国老龄事业改革发展和养老体系建设的重要战略窗口期。

严峻形势。预计到2020年，全国60岁以上老年人口将增加到2.55亿人左右，占总人口比重提升到17.8%左右；高龄老年人将增加到2900万人左右，独居和空巢老年人将增加到1.18亿人左右，老年抚养比将提高到28%左右；用于老年人的社会保障支出将持续增长；农村实际居住人口老龄化程度可能进一步加深。

明显短板。涉老法规政策系统性、协调性、针对性、可操作性有待增强；城乡、区域老龄事业发展和养老体系建设不均衡问题突出；养老服务有效供给不足，质量效益不高，人才队伍短缺；老年用品市场供需矛盾比较突出；老龄工作体制机制不健全，社会参与不充分，基层基础比较薄弱。

有利条件。党中央、国务院高度重视老龄事业发展和养老体系建设，"十三五"规划纲要对积极应对人口老龄化提出明确要求。经济社会平稳健康发展，供给侧结构性改革加快推进，公共服务和民生保障能力不断增强，科技创新成果加快推广应用，劳动年龄人口仍较为充足，社会参与老龄事业发展积极性不断提高。

制定实施"十三五"国家老龄事业发展和养老体系建设规划是贯彻落实党中央、国务院关于积极应对人口老龄化决策部署的重要措施，对于保障和改善民生，增强老年人参与感、获得感和幸福感，实现全面建成小康社会奋斗目标具有重要战略意义。

第二章　指导思想、基本原则和发展目标

第一节　指导思想

高举中国特色社会主义伟大旗帜，全面贯彻党的十八大和十八届三中、四中、五中、六中全会精神，深入贯彻习近平总书记系列重要讲话精神和治国理政新理念新思想新战略，认真落实党中央、国务院决策部署，统筹推进"五位一体"总体布局和协调推进"四个全面"战略布局，牢固树立和贯彻落实创新、协调、绿色、开放、共享的发展理念，坚持党委领导、政府主导、社会参与、全民行动，着力加强全社会积极应对人口老龄化的各方面工作，着力完善老龄政策制度，着力加强老年人民生保障和服务供给，着力发挥老年人积极作用，着力改善老龄事业发展和养老体系建设支撑条件，确保全体老年人共享全面建成小康社会新成果。

第二节　基本原则

以人为本，共建共享。坚持保障和改善老年人民生，逐步增进老年人福祉，大力弘扬孝亲敬老、养老助老优秀传统文化，为老年人参与社会发展、社会力量参与老龄事业发展和养老体系建设提供更多更好支持，实现不分年龄、人人共建共享。

补齐短板，提质增效。坚持问题导向，注重质量效益，着力保基本、兜底线、补短板、调结构，不断健全完善社会保障制度体系，促进资源合理优化配置，强化薄弱环节，加大投入力度，有效保障面向老年人的基本公共服务供给。

改革创新，激发活力。坚持政府引导、市场驱动，深化简政放权、放管结合、优化服务改革，不断增强政府依法履职能力，加快形成统一开放、竞争有序的市场体系，保障公平竞争，改善营商环境，支持创业创新，激发市场活力。

统筹兼顾，协调发展。坚持把应对人口老龄化与促进经济社会发展相结合，促进老龄事业发展和养老体系建设城乡协调、区域协调、事业产业协调，统筹做好老年人经济保障、服务保障和精神关爱等制度安排，实现协调可持续发展。

第三节　发展目标

到2020年，老龄事业发展整体水平明显提升，养老体系更加健全完善，及时应对、科学应对、综合应对人口老龄化的社会基础更加牢固。

多支柱、全覆盖、更加公平、更可持续的社会保障体系更加完善。城镇职工和城乡居民基本养老保险参保率达到90％，基本医疗保险参保率稳定在95％以上，社会保险、社会福利、社会救助等社会保障制度和公益慈善事业有效衔接，老年人的基本生活、基本医疗、基本照护等需求得到切实保障。

居家为基础、社区为依托、机构为补充、医养相结合的养老服务体系更加健全。养老服务供给能力大幅提高、质量明显改善、结构更加合理，多层次、多样化的养老服务更加方便可及，政府运营的养老床位数占当地养老床位总数的比例不超过50％，护理型床位占当地养老床位总数的比例不低于30％，65岁以上老年人健康管理率达到70％。

有利于政府和市场作用充分发挥的制度体系更加完备。老龄事业发展和养老体系建设的法治化、信息化、标准化、规范化程度明显提高。政府职能转变、"放管服"改革、行政效能提升成效显著。市场活力和社会创造力得到充分激发，养老服务和产品供给主体更加多元、内容更加丰富、质量更加优良，以信用为核心的新型市场监管机制建立完善。

支持老龄事业发展和养老体系建设的社会环境更加友好。全社会积极应对人口老龄化、自觉支持老龄事业发展和养老体系建设的意识意愿显著增强，敬老养老助老社会风尚更加浓厚，安全绿色便利舒适的老年宜居环境建设扎实推进，老年文化体育教育事业更加繁荣发展，老年人合法权益得到有效保护，老年人参与社会发展的条件持续改善。

第三章 健全完善社会保障体系

第一节 社会保险制度

完善养老保险制度。制定实施完善和改革基本养老保险制度总体方案。完善社会统筹与个人账户相结合的基本养老保险制度，构建包括职业年金、企业年金，以及个人储蓄性养老保险和商业保险的多层次养老保险体系。推进个人税收递延型商业养老保险试点。建立基本养老金合理调整机制，适当提高退休人员基本养老金标准。加快健全社会保障管理体制和经办服务体系。建立更加便捷的养老保险转移接续机制。

健全医疗保险制度。健全稳定可持续筹资和报销比例调整机制，完善缴费参保政策。加快推进基本医疗保险全国联网和异地就医结算，实现跨省异地安置退休人员住院费用直接结算。鼓励有条件的地方研究将基本治疗性康复辅助器具按规定逐步纳入基本医疗保险支付范围。巩固完善城乡居民大病保险。鼓励发展补充医疗保险和商业健康保险、老年人意外伤害保险。

探索建立长期护理保险制度。开展长期护理保险试点的地区要统筹施策，做好长期护理保险与重度残疾人护理补贴、经济困难失能老年人护理补贴等福利性护理补贴项目的整合衔接，提高资源配置效率效益。鼓励商业保险公司开发适销对路的长期护理保险产品和服务，满足老年人多样化、多层次长期护理保障需求。

第二节 社会福利制度

制定实施老年人照顾服务项目，鼓励地方丰富照顾服务项目、创新和优化照顾服务提供方式。着力保障特殊困难老年人的养老服务需求，确保人人能够享有基本养老服务。在全国范围内基本建成针对经济困难的高龄、失能老年人的补贴制度。对经济困难的老年人，地方各级人民政府逐步给予养老服务补贴。完善农村计划生育家庭奖励扶助和特别扶助制度。

第三节 社会救助制度

确保所有符合条件的老年人按规定纳入最低生活保障、特困人员救助供养等社会救助制度保障范围。完善医疗救助制度，全面开展重特大疾病医疗救助，逐步将低收入家庭老年人纳入救助范围。完善临时救助制度，加强对老年人的"救急难"工作，按规定对流浪乞讨、遭受遗弃等生活无着老年人给予救助。落实农村最低生活保障制度与扶贫开发政策有效衔接有关政策要求，确保现行扶贫标准下农村贫困老年人实现脱贫。

第四节　公益慈善事业

鼓励面向老年人开展募捐捐赠、志愿服务、慈善信托、安全知识教育、急救技能培训、突发事故防范等形式多样的公益慈善活动。依法加强对公益慈善组织和公益慈善活动的扶持和监管，依法及时查处以公益慈善为名实施的侵害老年人合法权益等违反法律法规、违背公序良俗的行为。加强民政部门与公益慈善组织、社会服务机构之间的信息对接和工作衔接，实现政府救助与社会帮扶有机结合。

第四章　健全养老服务体系

第一节　夯实居家社区养老服务基础

大力发展居家社区养老服务。逐步建立支持家庭养老的政策体系，支持成年子女与老年父母共同生活，履行赡养义务和承担照料责任。支持城乡社区定期上门巡访独居、空巢老年人家庭，帮助老年人解决实际困难。支持城乡社区发挥供需对接、服务引导等作用，加强居家养老服务信息汇集，引导社区日间照料中心等养老服务机构依托社区综合服务设施和社区公共服务综合信息平台，创新服务模式，提升质量效率，为老年人提供精准化个性化专业化服务。鼓励老年人参加社区邻里互助养老。鼓励有条件的地方推动扶持残疾、失能、高龄等老年人家庭开展适应老年人生活特点和安全需要的家庭住宅装修、家具设施、辅助设备等建设、配备、改造工作，对其中的经济困难老年人家庭给予适当补助。大力推行政府购买服务，推动专业化居家社区养老机构发展。

加强社区养老服务设施建设。统筹规划发展城乡社区养老服务设施，新建城区和新建居住（小）区按要求配套建设养老服务设施，老城区和已建成居住（小）区无养老服务设施或现有设施未达到规划要求的，通过购置、置换、租赁等方式建设。加强社区养老服务设施与社区综合服务设施的整合利用。支持在社区养老服务设施配备康复护理设施设备和器材。鼓励有条件的地方通过委托管理等方式，将社区养老服务设施无偿或低偿交由专业化的居家社区养老服务项目团队运营。

第二节　推动养老机构提质增效

加快公办养老机构改革。加快推进具备向社会提供养老服务条件的公办养老机构转制为企业或开展公建民营。实行老年人入住评估制度，优先保障特困供养人员集中供养需求和其他经济困难的孤寡、失能、高龄等老年人的服务需求。完善公建民营养老机构管理办法，鼓励社会力量通过独资、合资、合作、联营、参股、租赁等方式参与公办养老机构改革。政府投资建设和购置的养老设施、新建居住（小）区按规定配建并移交给民政部门的养老设施、党政机关和国有企事业单位培训疗养机构等改建的养老设施，均可实施公建民营。

支持社会力量兴办养老机构。贯彻全面放开养老服务市场、提升养老服务质量的有关政策要求，加快推进养老服务业"放管服"改革。对民间资本和社会力量申请兴办养老机构进一步放宽准入条件，加强开办支持和服务指导。落实好对民办养老机构的投融资、税费、土地、人才等扶持政策。鼓励采取特许经营、政府购买服务、政府和社会资本合作等方式支持社会力量举办养老机构。允许养老机构依法依规设立多个服务网点，实现规模化、连锁化、品牌化运营。鼓励整合改造企业厂房、商业设施、存量商品房等用于养老服务。

全面提升养老机构服务质量。加快建立全国统一的服务质量标准和评价体系，完善安全、服务、管理、设施等标准，加强养老机构服务质量监管。建立健全养老机构分类管理和养老服务评估制度，引入第三方评估，实行评估结果报告和社会公示。加强养老服务行业自律和信用体系建设。支持发展养老机构责任保险，提高养老机构抵御风险能力。

第三节　加强农村养老服务

推动农村特困人员供养服务机构服务设施和服务质量达标，在保障农村特困人员集中供养需求的前提下，积极为低收入、高龄、独居、残疾、失能农村老年人提供养老服务。通过邻里互助、亲友相助、志愿服务等模式和举办农村幸福院、养老大院等方式，大力发展农村互助养老服务。发挥农村基层党组织、村委会、老年协会等作用，积极培育为老服务社会组织，依托农村社区综合服务中心（站）、综合性文化服务中心、村卫生室、农家书屋、全民健身等设施，为留守、孤寡、独居、贫困、残疾等老年人提供丰富多彩的关爱服务。

第五章　健全健康支持体系

第一节　推进医养结合

完善医养结合机制。统筹落实好医养结合优惠扶持政策，深入开展医养结合试点，建立健全医疗卫生机构与养老机构合作机制，建立养老机构内设医疗机构与合作医院间双向转诊绿色通道，为老年人提供治疗期住院、康复期护理、稳定期生活照料以及临终关怀一体化服务。大力开发中医药与养老服务相结合的系列服务产品，鼓励社会力量举办以中医药健康养老为主的护理院、疗养院，建设一批中医药特色医养结合示范基地。

支持养老机构开展医疗服务。支持养老机构按规定开办康复医院、护理院、临终关怀机构和医务室、护理站等。鼓励执业医师到养老机构设置的医疗机构多点执业，支持有相关专业特长的医师及专业人员在养老机构开展疾病预防、营养、中医养生等非诊疗性健康服务。对养老机构设置的医疗机构，符合条件的按规定纳入基本医疗保险定点范围。

第二节　加强老年人健康促进和疾病预防

开展老年人健康教育，促进健康老龄化理念和医疗保健知识宣传普及进社区、进家庭，增强老年人的自我保健意识和能力。加强对老年人健康生活方式和健身活动指导，提升老年人健康素养水平至10%。基层医疗卫生机构为辖区内65周岁以上老年人普遍建立健康档案，开展健康管理服务。加强对老年人心脑血管疾病、糖尿病、恶性肿瘤、呼吸系统疾病、口腔疾病等常见病、慢性病的健康指导、综合干预。指导老年人合理用药，减少不合理用药危害。研究推广老年病防治适宜技术，及时发现健康风险因素，促进老年病早发现、早诊断、早治疗。面向老年人开展中医药健康管理服务项目。加强老年严重精神障碍患者的社区管理和康复服务。

第三节　发展老年医疗与康复护理服务

加强老年康复医院、护理院、临终关怀机构和综合医院老年病科建设。有条件的地区可将部分公立医院转为康复、护理等机构。提高基层医疗卫生机构康复护理床位占比，积极开展家庭医生签约服务，为老年人提供连续的健康管理和医疗服务。到 2020 年，35% 以上的二级以上综合医院设立老年病科。落实老年人医疗服务优待政策，为老年人特别是高龄、重病、残疾、失能老年人就医提供便利服务。鼓励各级医疗卫生机构和医务工作志愿者为老年人开展义诊。加强康复医师、康复治疗师、康复辅助器具配置人才培养，广泛开展偏瘫肢体综合训练、认知知觉功能康复训练等老年康复护理服务。

第四节　加强老年体育健身

结合贯彻落实全民健身计划，依托公园、广场、绿地等公共设施及旧厂房、仓库、老旧商业设施等城市空置场所，建设适合老年人体育健身的场地设施，广泛开展老年人康复健身体育活动。支持乡镇（街道）综合文化站建设体育健身场地，配备适合老年人的设施和器材。支持公共和民办体育设施向老年人免费或优惠开放。加强老年人体育健身方法和项目研究，分层分类引导老年运动项目发展。继续举办全国老年人体育健身大会。鼓励发展老年人体育组织，到 2020 年，90% 的街道和乡镇建立老年人基层体育组织，城乡社区普遍建立老年人健身活动站点和体育团队。

第六章　繁荣老年消费市场

第一节　丰富养老服务业态

大力发展养老服务企业，鼓励连锁化经营、集团化发展，实施品牌战略，培育一批各具特色、管理规范、服务标准的龙头企业，加快形成产业链长、覆盖领域广、经济社会效益显著的养老服务产业集群。支持养老服务产业与健康、养生、旅游、文化、健身、休闲等产业融合发展，丰富养老服务产业新模式、新业态。鼓励金融、地产、互联网等企业进入养老服务产业。利用信息技术提升健康养老服务质量和效率。

第二节　繁荣老年用品市场

增加老年用品供给。引导支持相关行业、企业围绕健康促进、健康监测可穿戴设备、慢性病治疗、康复护理、辅助器具和智能看护、应急救援、通信服务、电子商务、旅游休闲等重点领域，推进老年人适用产品、技术的研发和应用。支持老年用品制造业创新发展，采用新工艺、新材料、新技术，促进产品升级换代。丰富适合老年人的食品、药品、服装等供给；加强老年用品测试和质量监管，鼓励开辟老年用品展示、体验场所，发展老年用品租赁市场，支持办好老龄产业博览会。

提升老年用品科技含量。加强对老年用品产业共性技术的研发和创新。支持推动老年用品产业领域大众创业、万众创新。支持符合条件的老年用品企业牵头承担各类科技计划（专项、基金等）科研项目。支持技术密集型企业、科研院所、高校及老龄科研机构加强适老科技研发和成果转化应用。落实相关税收优惠政策，支持老年用品产业领域科技创新与应用项目。

第七章　推进老年宜居环境建设

第一节　推动设施无障碍建设和改造

严格执行无障碍环境建设相关法律法规，完善涉老工程建设标准规范体系，在规划、设计、施工、监理、验收、运行、维护、管理等环节加强相关标准的实施与监督。加强与老年人自主安全地通行道路、出入相关建筑物、搭乘公共交通工具、交流信息、获得社区服务密切相关的公共设施的无障碍设计与改造。加强居住区公共设施无障碍改造，重点对坡道、楼梯、电梯、扶手等公共建筑节点进行改造。探索鼓励市场主体参与无障碍设施建设和改造的政策措施。

第二节　营造安全绿色便利生活环境

在推进老旧居住（小）区改造、棚户区改造、农村危房改造等工程中优先满足符合住房救助条件的老年人的基本住房安全需求。加强对养老服务设施的安全隐患排查和监管。加强养老服务设施节能宜居改造，将各类养老机构和城乡社区养老服务设施纳入绿色建筑行动重点扶持范围。推动老年人共建共享绿色社区、传统村落、美丽宜居村庄和生态文明建设成果。支持多层老旧住宅加装电梯。引导、支持开发老年宜居住宅和代际亲情住宅。继续推进街道、社区"老年人生活圈"配套设施建设，为老年人提供一站式便捷服务。

第三节　弘扬敬老养老助老的社会风尚

把敬老养老助老纳入社会公德、职业道德、家庭美德、个人品德建设，纳入文明城市、文明村镇、文明单位、文明校园、文明家庭考评。利用春节、清明节、中秋节、重阳节等传统节日，开展创意新、影响大、形式多的宣传教育活动，推动敬老养老助老教育进学校、进家庭、进机关、进社区。继续开展"敬老月"和全国敬老爱老助老评选表彰活动。推进非本地户籍常住老年人与本地户籍老年人同等享受优待。到2020年，老年人优待制度普遍建立完善。

第八章　丰富老年人精神文化生活

第一节　发展老年教育

落实老年教育发展规划，扩大老年教育资源供给，拓展老年教育发展路径，加强老年教育支持服务，创新老年教育发展机制，促进老年教育可持续发展，优先发展城乡社区老年教育，促进各级各类学校开展老年教育，部门、行业企业、高校举办的老年大学要进一步提高面向社会办学开放度，支持鼓励各类社会力量举办或参与老年教育。实施社会主义核心价值观培育、老年教育机构基础能力提升、学习资源建设整合、远程老年教育推进等计划。到2020年，基本形成覆盖广泛、灵活多样、特色鲜明、规范有序的老年教育新格局。全国县级以上城市至少应有一所老年大学。

第二节　繁荣老年文化

完善覆盖城乡的公共文化设施网络，在基层公共文化设施内开辟适宜老年人的文化娱乐活动场所，增加适合老年人的特色文化服务项目。推动公共文化服务设施向老年人免费或优惠开放，为老年人开展文化活动提供便利。文化信息资源共享、农村电影放映、农家书屋等重大文化惠民工程增加面向老年人的服务内容和资源。广泛开展群众性老年文化活动，培育老年文化活动品牌。鼓励创作发行老年人喜闻乐见的图书、报刊以及影视剧、戏剧、广播剧等文艺作品。鼓励制作适合微博、微信、手机客户端等新媒体传播的优秀老年文化作品。加强数字图书馆建设，拓展面向老年人的数字资源服务。加强专业人才和业余爱好者相结合的老年文化队伍建设。

第三节　加强老年人精神关爱

健全老年人精神关爱、心理疏导、危机干预服务网络，督促家庭成员加强对老年人的情感关怀和心理沟通；依托专业精神卫生机构和社会工作服务机构、专业心理工作者和社会工作者开展老年心理健康服务试点，为老年人提供心理关怀和精神关爱；支持企事业单位、社会组织、志愿者等社会力量开展形式多样的老年人关爱活动。鼓励城乡社区为老年人精神关爱提供活动场地、工作条件等支持。

第九章　扩大老年人社会参与

第一节　培育积极老龄观

引导老年人树立终身发展理念，始终保持自尊自爱自信自强的精神状态，积极面对老年生活，参与社会发展，发挥正能量，作出新贡献。引导全社会正确认识、积极接纳、大力支持老年人参与社会发展。

第二节　加强老年人力资源开发

将老年人才开发利用纳入各级人才队伍建设总体规划，鼓励各地制定老年人才开发利用专项规划。鼓励专业技术领域人才延长工作年限。鼓励各有关方面建立老年人才信息库，实现互联互通、资源共享。支持老年人才自主创业，帮助有意愿且身体状况允许的贫困老年人和其他老年人接受岗位技能培训或农业实用技术培训，通过劳动脱贫或致富。推动用人单位与受聘老年人依法签订书面协议。依法保障老年人在生产劳动过程中的合法收入、安全和健康权益。对老有所为贡献突出的老年人和在老有所为工作中贡献突出的单位、个人，可按规定给予表彰或奖励。

第三节　发展老年志愿服务

支持老年人积极参与基层民主监督、社会治安、公益慈善、移风易俗、民事调解、文教卫生、全民健身等工作。发挥老年人优良品行传帮带作用，支持老党员、老专家、老军人、老劳模、老干部开展关心教育下一代活动。深入开展"银龄行动"，组织医疗卫生、文化教育、农业科技等老专家、老知识分子参与东部援助西部、发达地区援助落后地区等志愿服务。推行志愿服务记录制度，鼓励老年人参加志愿服务，到2020年老年志愿者注册人数达到老年人口总数的12%。

第四节　引导基层老年社会组织规范发展

坚持扶持发展和规范管理并重，加强老年社会组织的培育扶持和登记管理。采取政府购买服务等措施加大对公益性、互助性、服务性、专业性基层老年社会组织的支持力度。继续推动老年社会组织加强能力建设和规范化建设，提高专业素质、服务能力和社会公信力，促进老年人通过社会组织实现自我管理、自我教育、自我服务。支持老年社会组织参加或承办政府有关人才培养、项目开发、课题研究、咨询服务等活动。

第十章　保障老年人合法权益

第一节　完善老龄事业法规政策体系

完善老年人权益保障配套法规，积极听取老年人的意见建议，研究建立老年人监护制度，加快老年人社会服务、社会优待、社会参与等制度建设。健全优待老年人的财政投入、服务评价、检查监督、奖励表彰等政策。

第二节 健全老年人权益保障机制

健全贯彻老年人权益保障法律法规的联合执法、执法检查、综合评估等制度。充分发挥基层党组织、基层群众性自治组织、老年社会组织作用，完善维护老年人合法权益社会监督、矛盾纠纷排查调解、多部门快速反应联合查处综合治理等机制。做好老年人来信来访工作。建立老年人法律维权热线，加强老年人法律服务和法律援助，针对老年群体特点开展适应老年人特殊需求的专项法律服务活动。扩大老年人法律援助范围，拓展基层服务网络，推进法律援助工作站点向城市社区和农村延伸，方便老年人及时就近寻求法律帮助。重点做好农村和贫困、高龄、空巢、失能等特殊困难老年群体的法律服务、法律援助和司法救助。

第三节 加大普法宣传教育力度

落实国家"七五"普法规划要求，加强老年人权益保障法律法规普法宣传教育，深入结合"法律六进"活动，推动普法宣传教育规范化、常态化，强化全社会维护老年人合法权益的法治观念。开展更多适合老年人的法治宣传活动，帮助老年人学法、懂法、用法，提高守法意识和依法维权意识。

第十一章 强化工作基础和规划实施保障

第一节 强化工作基础保障

推进信息化建设。落实促进大数据发展行动纲要，在切实保障数据安全的前提下，着力推动各有关部门涉及老年人的人口、保障、服务、信用、财产等基础信息分类分级互联共享，消除信息孤岛。在此基础上推动搭建全国互联、上下贯通的老龄工作信息化平台，加强涉老数据、信息的汇集整合和发掘运用，建立基于大数据的可信统计分析决策机制。支持各地积极推进为老服务综合信息平台在城市社区全覆盖、在农村地区扩大覆盖，推进信息惠民服务向老年人覆盖、数据资源向社会开放，更好地服务于保障改善老年人民生和大众创业、万众创新。

完善投入机制。各级政府要根据经济社会发展状况和老年人口增长情况，建立稳定的老龄事业经费投入保障机制。民政部本级彩票公益金和地方各级政府用于社会福利事业的彩票公益金，50%以上要用于支持发展养老服务业，并随老年人口的增加逐步提高投入比例。落实和完善鼓励政策，引导各类社会资本投入老龄事业，倡导社会各界对老龄事业进行慈善捐赠，形成财政资金、社会资本、慈善基金等多元结合的投入机制。

壮大人才队伍。推进涉老相关专业教育体系建设，加快培养老年医学、康复、护理、营养、心理和社会工作、经营管理、康复辅具配置等人才。建立以品德、能力和业绩为导向的职称评价和技能等级评价制度，拓宽养老服务专业人员职业发展空间。推动各地保障和逐步提高养老服务从业人员薪酬待遇。

加强基层工作。进一步完善老龄工作机制，保证城乡社区老龄工作有人抓、老年人事情有人管、老年人困难有人帮。建立基层老龄工作先进典型激励机制。继续推进离退休人员管理服务社会化，建立健全老年人原工作单位、居住社区、老年社会组织和基层党组织齐抓共管的工作机制。总结创建离退休干部基层服务型党组织的好经验好做法，积极探索老年社会组织党建工作的新途径新办法。探索建立工会、共青团、妇联、残联等群团组织参与老年人管理服务的常态化机制和制度化渠道。

加强科学研究和调查统计。按照深化中央财政科技计划（专项、基金等）管理改革的总体部署，通过优化整合后的国家科技计划（专项、基金等）、社会科学基金等支持老龄事业领域的科技创新、基础理论研究和政策应用研究。完善老龄科学学科体系，加快老龄科学人才培养。在高校、研究机构、企业和地方，设立一批老龄科学理论研究基地、老龄产业实践研究基地、老龄政策创制试点基地。组建高层次老龄问题智库，健全重大决策专家咨询制度。加强国家人口老龄化中长期应对策略研究。完善老龄事业统计指标体系，建立老龄事业统计公报定期发布制度。推动城乡老年人生活状况抽样调查制度化、常态化、规范化。

加强宣传和国际合作。坚持正确舆论导向，充分发挥各类媒体作用，加大对人口老龄化国情、老龄政策法规、老龄事业发展重大主题以及老龄工作典型人物、事迹、经验等的宣传报道力度，提升舆情研判引导能力，营造全社会关注老龄问题、关心老龄事业、支持老龄工作的良好氛围。加强对外宣传，适时向国际社会推介老龄事业发展中国模式，进一步提升我国在国际老龄领域影响力。积极参与全球及地区老龄问题治理，加强与联合国有关机构、国际涉老组织和有关国家的交流与合作。研究筹办应对人口老龄化相关国际会议。推动中国老龄事业发展与落实 2030 年可持续发展议程相关目标有机对接。

第二节 强化规划实施保障

加强组织领导。坚持党对老龄工作的统一领导，发挥各级党委总揽全局、协调各方的领导核心作用，为规划实施提供坚强保证；强化各级政府落实规划的主体责任，将本规划主要任务指标纳入当地经济社会发展规划，纳入为民办实事项目，纳入政府工作议事日程和目标责任考核内容。健全老龄工作体制机制，形成推进规划实施的合力。加强专家支持系统建设，建立由多学科、多领域专家参与的专家顾问制度，为规划实施提供技术咨询、评估和指导。

加强督促检查。全国老龄办、民政部、国家发展改革委会同有关部门，加强对各地的指导、督促，及时检查并向国务院报告工作进展情况。搭建社会监督平台，健全第三方评估机制，适时对规划执行情况进行评估，向社会公布评估结果。县级以上地方政府要结合实际制定本规划实施方案，细化相关指标，确保责任到位、工作到位、投入到位、见到实效。鼓励各地积极探索，勇于创新，创造性地实施规划。

政府工作报告（节选）

——2017年3月5日在第十二届全国人民代表大会第五次会议上

国务院总理　李克强

……

二　2017年工作总体部署

……

今年发展的主要预期目标是：国内生产总值增长6.5%左右，在实际工作中争取更好结果；居民消费价格涨幅3%左右；城镇新增就业1100万人以上，城镇登记失业率4.5%以内；进出口回稳向好，国际收支基本平衡；居民收入和经济增长基本同步；单位国内生产总值能耗下降3.4%以上，主要污染物排放量继续下降。

今年的经济增长预期目标，符合经济规律和客观实际，有利于引导和稳定预期、调整结构，也同全面建成小康社会要求相衔接。稳增长的重要目的是为了保就业、惠民生。今年就业压力加大，要坚持就业优先战略，实施更加积极的就业政策。城镇新增就业预期目标比去年多100万人，突出了更加重视就业的导向。从经济基本面和就业吸纳能力看，这一目标通过努力是能够实现的。

……

三　2017年重点工作任务

面对今年艰巨繁重的改革发展稳定任务，我们要通观全局、统筹兼顾，突出重点、把握关键，正确处理好各方面关系，着重抓好以下几个方面工作。

（一）用改革的办法深入推进"三去一降一补"。要在巩固成果基础上，针对新情况新问题，完善政策措施，努力取得更大成效。

……

因城施策去库存。目前三四线城市房地产库存仍然较多，要支持居民自住和进城人员购房需求。坚持住房的居住属性，落实地方政府主体责任，加快建立和完善促进房地产市场平稳健康发展的长效机制，健全购租并举的住房制度，以市场为主满足多层次需求，以政府为主提供基本保障。加强房地产市场分类调控，房价上涨压力大的城市要合理增加住宅用地，规范开发、销售、中介等行为，遏制热点城市房价过快上涨。目前城镇还有几千万人居住在条件简陋的棚户区，要持续进行改造。今年再完成棚户区住房改造600万套，继续发展公租房等保障性住房，因地制宜、多种方式提高货币化安置比例，加强配套设施建设和公共服务，让更多住房困难家庭告别棚户区，让广大人民群众在住有所居中创造新生活。

......

精准加力补短板。要针对严重制约经济社会发展和民生改善的突出问题，结合实施"十三五"规划确定的重大项目，加大补短板力度，加快提升公共服务、基础设施、创新发展、资源环境等支撑能力。

贫困地区和贫困人口是全面建成小康社会最大的短板。要深入实施精准扶贫精准脱贫，今年再减少农村贫困人口1000万以上，完成易地扶贫搬迁340万人。中央财政专项扶贫资金增长30%以上。加强集中连片特困地区、革命老区、边疆和民族地区开发，改善基础设施和公共服务，推动特色产业发展、劳务输出、教育和健康扶贫，做好因病等致贫返贫群众帮扶，实施贫困村整体提升工程，增强贫困地区和贫困群众自我发展能力。推进贫困县涉农资金整合，强化资金和项目监管。创新扶贫协作机制，支持和引导社会力量参与扶贫。切实落实脱贫攻坚责任制，实施最严格的评估考核，严肃查处假脱贫、"被脱贫"、数字脱贫，确保脱贫得到群众认可、经得起历史检验。

（二）深化重要领域和关键环节改革。要全面深化各领域改革，加快推进基础性、关键性改革，增强内生发展动力。

......

大力推进社会体制改革。深化收入分配制度配套改革。稳步推动养老保险制度改革，划转部分国有资本充实社保基金。深化医疗、医保、医药联动改革。全面推开公立医院综合改革，全部取消药品加成，协调推进医疗价格、人事薪酬、药品流通、医保支付方式等改革。深入推进教育、文化和事业单位等改革，把社会领域的巨大发展潜力充分释放出来。

......

（三）进一步释放国内需求潜力。推动供给结构和需求结构相适应、消费升级和有效投资相促进、区域城乡发展相协调，增强内需对经济增长的持久拉动作用。

......

优化区域发展格局。统筹推进三大战略和"四大板块"发展，实施好相关规划，研究制定新举措。推动国家级新区、开发区、产业园区等创新发展。支持资源枯竭、生态严重退化等地区经济转型发展。优化空域资源配置。推进海洋经济示范区建设，加快建设海洋强国，坚决维护国家海洋权益。

扎实推进新型城镇化。深化户籍制度改革，今年实现进城落户1300万人以上，加快居住证制度全覆盖。支持中小城市和特色小城镇发展，推动一批具备条件的县和特大镇有序设市，发挥城市群辐射带动作用。促进"多规合一"，提升城市规划设计水平。推进建筑业改革发展，提高工程质量。统筹城市地上地下建设，加强城市地质调查，再开工建设城市地下综合管廊2000公里以上，启动消除城区重点易涝区段三年行动，推进海绵城市建设，有效治理交通拥堵等"城市病"，使城市既有"面子"、更有"里子"。

（四）以创新引领实体经济转型升级。实体经济从来都是我国发展的根基，当务之急是加快转型升级。要深入实施创新驱动发展战略，推动实体经济优化结构，不断提高质量、效益和竞争力。

......

提升科技创新能力。完善对基础研究和原创性研究的长期稳定支持机制，建设国家重大科技基础设施和技术创新中心，打造科技资源开放共享平台。推进全面创新改革试验。改革科技评价制度。切实落实高校和科研院所自主权，落实股权期权和分红等激励政策，落实科研经费和项目管理制度改革，让科研人员不再为杂事琐事分心劳神。开展知识产权综合管理改革试点，完善知识产权创造、保护和运用体系。深化人才发展体制改革，实施更加有效的人才引进政策，广聚天下英才，充分激发科研人员积极性，定能成就创新大业。

加快培育壮大新兴产业。全面实施战略性新兴产业发展规划，加快新材料、新能源、人工智能、集成电路、生物制药、第五代移动通信等技术研发和转化，做大做强产业集群。支持和引导分享经济发展，提高社会资源利用效率，便利人民群众生活。本着鼓励创新、包容审慎原则，制定新兴产业监管规则，引导和促进新兴产业健康发展。深化统计管理体制改革，健全新兴产业统计。在互联网时代，各领域发展都需要速度更快、成本更低、安全性更高的信息网络。今年网络提速降费要迈出更大步伐，年内全部取消手机国内长途和漫游费，大幅降低中小企业互联网专线接入资费，降低国际长途电话费，推动"互联网＋"深入发展、促进数字经济加快成长，让企业广泛受益、群众普遍受惠。

大力改造提升传统产业。深入实施《中国制造2025》，加快大数据、云计算、物联网应用，以新技术新业态新模式，推动传统产业生产、管理和营销模式变革。把发展智能制造作为主攻方向，推进国家智能制造示范区、制造业创新中心建设，深入实施工业强基、重大装备专项工程，大力发展先进制造业，推动中国制造向中高端迈进。完善制造强国建设政策体系，以多种方式支持技术改造，促进传统产业焕发新的蓬勃生机。

持续推进大众创业、万众创新。"双创"是以创业创新带动就业的有效方式，是推动新旧动能转换和经济结构升级的重要力量，是促进机会公平和社会纵向流动的现实渠道，要不断引向深入。新建一批"双创"示范基地，鼓励大企业和科研院所、高校设立专业化众创空间，加强对创新型中小微企业支持，打造面向大众的"双创"全程服务体系，使各类主体各展其长、线上线下良性互动，使小企业铺天盖地、大企业顶天立地，市场活力和社会创造力竞相迸发。

……

（五）促进农业稳定发展和农民持续增收。深入推进农业供给侧结构性改革，完善强农惠农政策，拓展农民就业增收渠道，保障国家粮食安全，推动农业现代化与新型城镇化互促共进，加快培育农业农村发展新动能。

推进农业结构调整。引导农民根据市场需求发展生产，增加优质绿色农产品供给，扩大优质水稻、小麦生产，适度调减玉米种植面积，粮改饲试点面积扩大到1000万亩以上。鼓励多渠道消化玉米库存。支持主产区发展农产品精深加工，发展观光农业、休闲农业，拓展产业链价值链，打造农村一二三产业融合发展新格局。

加强现代农业建设。加快推进农产品标准化生产、品牌创建和保护，打造粮食生产功能区、重要农产品生产保护区、特色农产品优势区和现代农业产业园。推进土地整治，大力改造中低产田，推广旱作技术，新增高效节水灌溉面积2000万亩。加强耕地保护，改进占补平衡。发展多种形式适度规模经营，是中国特色农业现代化的必由之路，离不开农业保险有力保障。今年在13个粮食主产省选择部分县市，对适度规模经营农户实施大灾保险，调整部分财政救灾资金予以支持，提高保险覆盖面和理赔标准，完善农业再保险体系，以持续稳健的农业保险助力现代农业发展。

深化农村改革。稳步推进农村集体产权制度改革，深化农村土地制度改革试点，赋予农民更多财产权利。完善粮食等重要农产品价格形成机制和收储制度，推进农业水价综合改革。深化集体林权、国有林区林场、农垦、供销社等改革。加强农村基层组织建设。健全农村"双创"促进机制，培养更多新型职业农民，支持农民工返乡创业，进一步采取措施鼓励高校毕业生、退役军人、科技人员到农村施展才华。

加强农村公共设施建设。新建改建农村公路20万公里。实现农村稳定可靠供电服务和平原地区机井通电全覆盖。完成3万个行政村通光纤。提高农村饮水安全供水保证率。加大农村危房改造力度。深入推进农村人居环境整治，建设既有现代文明、又具田园风光的美丽乡村。

……

（八）推进以保障和改善民生为重点的社会建设。民生是为政之要，必须时刻放在心头、扛在肩上。在当前国内外形势严峻复杂的情况下，更要优先保障和改善民生，该办能办的实事要竭力办好，基本民生的底线要坚决兜牢。

大力促进就业创业。完善就业政策，加大就业培训力度，加强对灵活就业、新就业形态的支持。今年高校毕业生795万人，再创历史新高，要实施好就业促进、创业引领、基层成长等计划，促进多渠道就业创业。落实和完善政策，切实做好退役军人安置工作。加大就业援助力度，扶持城镇困难人员、残疾人就业，确保零就业家庭至少有一人稳定就业。我们必须牢牢抓住就业这一民生之本，让人们在劳动中创造财富，在奋斗中实现人生价值。

办好公平优质教育。统一城乡义务教育学生"两免一补"政策，加快实现城镇义务教育公共服务常住人口全覆盖，持续改善薄弱学校办学条件，扩大优质教育资源覆盖面，不断缩小城乡、区域、校际办学差距。继续扩大重点高校面向贫困地区农村招生规模。提高博士研究生国家助学金补助标准。推进世界一流大学和一流学科建设。继续推动部分本科高校向应用型转变。深化高考综合改革试点。加快发展现代职业教育。加强民族教育，办好特殊教育、继续教育、学前教育和老年教育。支持和规范民办教育发展。加强教师队伍建设。制定实施《中国教育现代化2030》。我们要发展人民满意的教育，以教育现代化支撑国家现代化，使更多孩子成就梦想、更多家庭实现希望。

推进健康中国建设。城乡居民医保财政补助由每人每年420元提高到450元，同步提高个人缴费标准，扩大用药保障范围。在全国推进医保信息联网，实现异地就医住院费用直接结算。完善大病保险制度，提高保障水平。全面启动多种形式的医疗联合体建设试点，三级公立医院要全部参与并发挥引领作用，建立促进优质医疗资源上下贯通的考核和激励机制，增强基层服务能力，方便群众就近就医。分级诊疗试点和家庭签约服务扩大到85%以上地市。做好健康促进，继续提高基本公共卫生服务经费补助标准，加强疾病预防体系和慢性病防控体系建设。及时公开透明有效应对公共卫生事件。保护和调动医务人员积极性。构建和谐医患关系。适应实施全面两孩政策，加强生育医疗保健服务。依法支持中医药事业发展。食品药品安全事关人民健康，必须管得严而又严。要完善监管体制机制，充实基层监管力量，夯实各方责任，坚持源头控制、产管并重、重典治乱，坚决把好人民群众饮食用药安全的每一道关口。

织密扎牢民生保障网。继续提高退休人员基本养老金，确保按时足额发放。稳步提高优抚、社会救助标准，实施好临时救助制度。调整完善自然灾害生活补助机制，全部完成去年洪涝灾害中倒损民房的恢复重建。加强农村留守儿童关爱保护和城乡困境儿童保障。关心帮助军烈属和孤寡老人。全面落实残疾人"两项补贴"制度。县级政府要建立基本生活保障协调机制，切实做好托底工作，使困难群众心里有温暖、生活有奔头。综合运用法律、行政、经济等手段，锲而不舍解决好农民工工资拖欠问题，决不允许他们的辛勤付出得不到应有回报。

发展文化事业和文化产业。加强社会主义精神文明建设，坚持用中国梦和社会主义核心价值观凝聚共识、汇聚力量，坚定文化自信。繁荣发展哲学社会科学和文学艺术创作，发展新闻出版、广播影视、档案等事业。建设中国特色新型智库。实施中华优秀传统文化传承发展工程，加强文物和非物质文化遗产保护利用。大力推动全民阅读，加强科学普及。提高基本公共文化服务均等化水平。加快培育文化产业，加强文化市场监管，净化网络环境。深化中外人文交流，推动中华文化走出去。做好冬奥会、冬残奥会筹办工作，统筹群众体育、竞技体育、体育产业发展，广泛开展全民健身，使更多人享受运动快乐、拥有健康体魄。人民身心健康、乐观向上，国家必将充满生机活力。

推动社会治理创新。健全基层群众自治制度，加强城乡社区治理。充分发挥工会、共青团、妇联等群团组织作用。改革完善社会组织管理制度，依法推进公益和慈善事业健康发展，促进专业社会工作、志愿服务发展。切实保障妇女、儿童、老人、残疾人合法权益。加快社会信用体系建设。加强法治宣传教育和法律服务。落实信访工作责任制，依法及时就地解决群众合理诉求。深化平安中国建设，健全立体化信息化社会治安防控体系，严厉打击暴力恐怖活动，依法惩治黑恶势力犯罪、毒品犯罪和盗窃、抢劫、电信网络诈骗、侵犯个人信息等多发性犯罪，维护国家安全和社会稳定。严格规范公正文明执法，大力整治社会治安突出问题，全方位提高人民群众安全感。

……

人力资源社会保障部办公厅 中国残疾人联合会办公厅关于实施《残疾人职业技能提升计划（2016—2020年）》的通知

人社厅发〔2016〕69号

各省、自治区、直辖市及新疆生产建设兵团人力资源社会保障厅（局）、残联，各计划单列市人力资源社会保障局、残联：

为贯彻《国务院关于加快推进残疾人小康进程的意见》（国发〔2015〕7号）和《国务院关于进一步做好新形势下就业创业工作的意见》（国发〔2015〕23号）要求，进一步提高残疾人职业技能水平和就业创业能力，保障和改善残疾人民生，决定实施残疾人职业技能提升计划（2016—2020年）。现就有关事项通知如下：

一　指导思想

贯彻落实党的十八大和十八届三中、四中、五中全会精神，牢固树立创新、协调、绿色、开放、共享的发展理念，以促进残疾人就业为宗旨，大力开展面向残疾人的职业技能培训，将残疾人职业培训纳入终身职业技能培训制度，不断提升残疾人职业素质和就业创业能力，促进残疾人就业增收，加快推进残疾人小康进程。

二　基本原则

（一）统筹规划，分工负责。各地人力资源社会保障部门、残联要科学统筹，制定工作规划，全面部署安排。加强与相关部门协调配合，建立任务明确、分工负责、政策共享、运转协调的工作机制。

（二）突出重点，分类实施。残疾人职业技能提升计划实施的重点对象是青壮年残疾人。要根据不同类别残疾劳动者的需求，分类组织实施各具特色的职业培训，大力开展就业技能培训、岗位技能提升培训和创业培训。

（三）广泛动员，形成合力。充分发挥政府、行业企业、社会团体、院校和职业培训机构等各方面作用，综合运用各类激励政策和措施，调动各方面积极性。整合职业培训资源，培育残疾人职业培训基地，采取政府购买服务等方式，广泛开展残疾人职业培训。

三 目标任务

适应残疾人实现就业和稳定就业的需要，大力开展残疾人职业培训，鼓励引导有就业愿望和培训需求的残疾人接受相应的职业培训，掌握就业技能，提升技能等级，帮助残疾人就业创业。到 2020 年，力争使新进入人力资源市场的残疾人都有机会接受至少一次相应的就业技能培训；使企业技能岗位的残疾人都有机会得到一次以上岗位技能提升培训或高技能人才培训；使具备一定创业条件或已创业的残疾人都有机会接受创业培训。

四 主要内容

（一）就业技能培训。对残疾人中新成长劳动力和城镇登记失业人员开展专项技能或初级技能培训。以就业为导向，依托技工院校、职业院校、企业培训机构、就业培训中心、民办职业培训机构等教育培训机构开展培训，强化实际操作技能训练和职业素质培养，使培训对象达到上岗要求或掌握初级以上职业技能，着力提高培训后的就业率。重点加强适合残疾人特点的职业培训，扶持一批民间工艺和民族传统文化技艺传承人。

（二）岗位技能提升培训。对用人单位在岗残疾职工开展提高技能水平的培训。由用人单位依托所属培训机构或其他各类培训机构，根据行业特点和岗位技能需求，结合技术进步和产业升级对职工技能水平的要求，对新录用残疾职工开展岗前培训或学徒培训，对已在岗残疾职工开展岗位技能提升培训或高技能人才培训。

（三）创业培训。对有创业意愿并具备一定创业条件的残疾人开展提高创业能力的培训。依托培训机构，结合当地产业发展和创业项目，根据培训对象特点和需求组织开展创业培训。重点开展创业意识教育、创业项目指导和企业经营管理培训，提高培训对象的创业能力。

五 保障措施

（一）加强组织领导。各地要建立在政府统一领导下，残联为主要工作部门，人力资源社会保障部门积极支持，相关部门各司其职、密切配合的工作机制，共同推动残疾人职业技能提升计划的组织实施。

（二）加大政策落实力度。充分发挥残疾人就业保障金等资金在残疾人职业培训中的重要作用，提高残疾人就业保障金对残疾人职业培训的支出额度和比例，保障残疾人职业培训工作开展，确保完成培训目标任务。人力资源社会保障部门要将符合条件的残疾人纳入就业补助资金补贴范围，落实职业培训补贴和职业技能鉴定补贴政策。鼓励企事业单位、社会团体和个人捐资用于残疾人职业培训。进一步创新政策支持方式，提高资金使用效率。

（三）加强培训监管和评估考核。人力资源社会保障部门、残联要严格按照程序和标准确定残疾人职业培训基地，承担政府补贴性职业培训任务。执行开班申请、过程检查、结业审核制度，加强培训过程管理，确保培训质量和效果。要会同财政等相关部门开展考核检查和绩效评估，加强资金监管工作，确保培训任务按时完成。

（四）加强就业服务和权益保障。各级残联所属的残疾人就业服务机构要充分发挥职能作用，促进残疾人实现就业。各级各类就业服务机构要积极为残疾劳动者提供相关就业服务。加强残疾人创业指导和创业服务，强化创业培训与小额担保贷款、税费减免等扶持政策及创业咨询、创业孵化等服务手段的衔接，提升其创业成功率。指导和督促用人单位与残疾人依法签订并履行劳动合同，缴纳社会保险费，加强残疾人职业健康保护，加强劳动保障监察，切实维护残疾人劳动保障权益。

（五）加强基础能力建设。结合区域经济发展，围绕吸纳残疾人就业集中的产业行业，选择现有技工院校、职业院校、企业培训机构、就业培训中心、民办职业培训机构等教育培训机构，择优确定承担政府补贴性职业培训任务的定点培训机构。依托定点培训机构建设残疾人职业培训基地。拓宽残疾人培训项目，丰富培训课程内容。加强师资队伍建设，有条件的地区可选派培训教师进行不同等级的培训进修，提高教学能力水平。

（六）加强舆论宣传。创新宣传方式，充分运用各类新闻媒体，采取群众喜闻乐见的形式，扩大残疾人对职业培训相关政策的知晓率。加强对残疾人教育引导，树立劳动光荣、技能宝贵的理念。通过宣传技能就业、技能成才的残疾人先进典型，进一步营造全社会关心尊重残疾人、重视支持残疾人职业培训工作的良好社会氛围。

各地要根据本通知精神，结合地区实际情况，研究制定残疾人职业技能提升计划实施方案，并于 2016 年 7 月底前报送上级人力资源社会保障部门和残联。

人力资源社会保障部办公厅

中国残联办公厅

2016 年 5 月 17 日

人力资源社会保障部办公厅农业部办公厅国务院扶贫办行政人事司共青团中央办公厅全国妇联办公厅关于实施农民工等人员返乡创业培训五年行动计划(2016—2020年)的通知

人社厅发〔2016〕90号

各省、自治区、直辖市及新疆生产建设兵团人力资源社会保障厅（局）、农业（农牧、农村经济）厅（委、局）、扶贫办（局）、团委、妇联：

按照《国务院关于大力推进大众创业万众创新若干政策措施的意见》（国发〔2015〕32号）和《国务院办公厅关于支持农民工等人员返乡创业的意见》（国办发〔2015〕47号）要求，为进一步推进农民工、建档立卡贫困人口、大学生和退役士兵等人员返乡创业培训工作，有效促进农民工等人员在大众创业、万众创新热潮中实现创业就业，人力资源社会保障部等五部门将实施农民工等人员返乡创业培训五年行动计划（2016—2020年）。现就有关事项通知如下：

一 指导思想

全面贯彻落实党的十八大和十八届三中、四中、五中全会精神，牢固树立创新、协调、绿色、开放、共享的发展理念，主动适应经济发展新常态，以服务就业和经济发展为宗旨，鼓励以创业带动就业，紧密结合农民工等人员返乡创业培训需求，健全完善创业培训体系，充分发挥优质培训资源作用，大力开展创业培训，提高针对性和有效性，全面激发农民工等人员创业热情，提高创业能力，逐步形成以创业培训为基础，创业扶持政策和创业服务相结合，全面推进创业促就业工作的新局面。

二 工作目标

以提升农民工等人员创业能力，促进其成功创业为根本目标，以开展符合不同群体实际需求的创业培训为主要抓手，形成创业培训、创业教育、创业考评、试创业、创业帮扶、创业成效第三方评估等六环联动，政府、院校和相关企业合作推进，与精准扶贫、精准脱贫紧密结合，全覆盖、多层次、多样化的创业培训体系，使创业培训总量、结构、内容、模式与经济社会发展和农民工等人员创业需求相适应；到2020年，力争使有创业要求和培训愿望、具备一定创业条件或已创业的农民工等人员都能参加一次创业培训，有效提升创业能力。

三 主要任务

（一）做好培训对象信息统计分析。将返乡农民工等人员中有意愿开展创业活动和处于创业初期的人员全部纳入创业培训服务范围。依托乡镇（街道）劳动保障等公共服务平台，摸清返乡农民工等人员底数、创业总体情况、创业培训需求等。建立返乡创业农民工等人员信息库和数据统计分析机制，对人员类型、性别、创业情况等进行分析，为编制创业培训计划、确定创业培训项目等提供有效依据。推动创业培训与扶贫开发紧密结合，有创业愿望的建档立卡等精准扶贫人员优先成为创业培训对象，具有创业能力的建档立卡贫困人口特别是贫困妇女开展试创业或正式创业优先享受各项扶持政策。

（二）开展有针对性的创业培训。以生产性农业服务业和生活性农业服务业创业为重点，针对返乡农民工等人员不同创业阶段的特点、不同性别、不同需求和地域经济特色，开展内容丰富、针对性强的创业培训。力求依托真实项目设计培训内容，使培训成为试创业的过程，切实提高培训实效。开展多层次的创业培训。对有创业要求和培训愿望、具备一定创业条件的人员，结合适合创业的绿色农产品经营、民族传统手工艺、乡村旅游、家庭农家乐或输入地市场与输出地资源能够有效对接的项目等，重点开展创业意识教育、创业项目指导等培训；对处于创业初期的人员，结合区域专业市场对企业发展需求，重点开展企业经营管理等培训；对已经成功创业的人员，重点开展发达地区产业组织形式、经营管理方式等培训，把小门面、小作坊等升级为特色店、连锁店、品牌店。

（三）积极开展互联网创业培训。依托电子商务进农村综合示范县建设、农村电子商务百万英才计划以及农村青年电商培育工程等，积极开展电子商务培训。推动农民工等人员借力"互联网＋"信息技术开办和发展企业，利用互联网拓宽扩展产品销售渠道。有条件的地区可以依托专业的电子商务人才培训基地和师资队伍，努力培养一批既懂理论又懂业务、会经营网店、能带头致富的复合型人才。引导具有实践经验的电子商务从业者从城镇返乡创业，鼓励电子商务职业经理人到农村发展。

（四）依托优质资源开展创业培训。建立政府支持、市场运作工作机制。发挥市场机制在资金筹措、机构建设、生源组织、过程监管、效果评价等方面的积极作用。鼓励各类优质培训资源参与农民工等人员返乡创业培训。在师资培养、就业创业信息服务、政府购买创业培训成果等方面实行公办民办培训机构平等待遇。推进优质创业培训资源下乡。按照有关规定择优确定培训资源承担政府补贴性培训项目。做好定点机构日常管理与指导，及时了解定点机构在制订培训计划、规范教学管理、组织实施培训等方面的情况，指导定点机构按照统一要求组织教学，确保培训质量，打造农民工等人员返乡创业培训品牌。对培训过程进行实时监测，开展绩效评估，将受训人数、创业人数、创业成功率作为培训机构重要评价指标，确保培训质量和效果。

（五）加强创业培训基础能力建设。探索创业培训与技能培训、创业培训与区域产业相结合的培训方式，采取有针对性和实用性的培训模式开展创业培训。试点推广"互联网＋"创业培训模式。扩大创业培训教师选拔范围，优化师资队伍结构，通过教学研讨、培训交流、教学竞赛等多种方式提高创业培训教师教学水平。国家、省、市、县形成四级联动，利用好现有各类创业培训师资培训项目，加强师资队伍建设。可结合实际，自主开发和选用具有地方特色的教辅资料。支持返乡创业培训实习基地建设，并纳入公共实训基地建设项目范围。有条件的地区可依托现有实训基地、技工院校等职业教育院校，探索建立培训创业扶贫一体化基地。加强输出地与本省及全国经济发达地区劳务协作。公共就业服务机构要做好创业服务工作，提高主动服务意识，为农民工等人员打造创业服务绿色通道，提高公共服务质量。

（六）建立创业培训与创业孵化对接机制。指导创业培训机构在加强自身开展培训、实训、实践能力的基础上，建立与农民创业园、乡村旅游集聚地等各类创业孵化机构的对接机制，实施培训、孵化、服务"一条龙"帮扶，帮助学员尽快将培训所成付诸于创业行动，通过孵化服务和政策落实，使其稳定发展并能成功创业。举办适合农民工等人员创业的项目对接交流活动，收集并推荐适应大众创业的项目，使学员及早定位自身创业方向，通过载体孵化和项目选择两步走的方式，提高培训后创业成功率。

（七）做好创业培训对象后续跟踪扶持。按照政府提供平台、平台集聚资源、资源服务创业的原则，依托基层就业和社会保障、中小企业、农村社区等公共服务平台，进一步强化培训后的后续扶持和跟踪服务，建立培训学员跟踪服务机制，动态掌握培训后学员就业创业情况，积极帮助返乡创业人员改善管理、改进技术、开拓市场。引导和支持龙头企业建设市场化创新创业促进机制，加速资金、技术和服务扩散，带动和支持返乡创业人员依托其相关产业链创业发展。

四　有关要求

（一）加强组织领导，健全工作机制。各地区、各部门要高度重视农民工等人员返乡创业培训工作，根据部门职能落实工作责任，完善工作机制。制定、实施组合型创业培训政策，实行资金、税收、用地、设施设备、成果购买、质量评价等联动，并切实抓好各项政策措施的落实。各级有关部门特别是县级有关部门要结合地区实际情况，将农民工等人员创业培训工作纳入当地经济发展的总体部署和职业培训规划，研究制定农民工等人员返乡创业培训年度计划和实施方案，与现有农民工培训项目有效对接，进行专项统计，建立年度报告、检查和评估机制。

（二）加大资金投入，确保资金安全。各地要科学合理确定创业培训补贴标准，建立动态调整机制，确保完成高质量培训教学活动。相关部门要按照统筹规划、集中使用、提高效益的原则，将各级各类创业培训资金统筹使用。各部门根据职责和任务，做好相关培训工作，改变资金分散安排、分散下达、效益不高的状况。要加大资金投入，安排工作经费，对培训创业扶贫一体化基地建设、师资培训、管理人员培训、管理平台开发等基础工作给予支持。相关部门要及时足额拨付各类补贴资金，建立健全资金管理制度，明确资金监管责任主体，采取有效措施，加强对培训补贴资金监管，提高资金使用效益，确保资金使用安全。

（三）严格培训考核，健全管理制度。对于培训机构承担的政府补贴性培训项目，要建立统一规范的结业考核程序，加强对考核过程、考核结果和培训合格证书发放的监督检查。返乡农民工等人员参加创业培训，按规定程序和要求考核合格后，颁发培训合格证书，对其中不能开展创业的人员可优先推荐其就业。

（四）注重宣传引导，营造良好氛围。以返乡农民工等人员喜闻乐见的形式，宣传解读支持农民工等人员返乡创业的有关政策。通过创业训练营、创业创新大赛、创业项目展示推介等活动，宣传各地区、各部门开展农民工等人员返乡创业培训、提高创业服务质量的经验与成效。通过开展"青春创富故事汇"等活动，大力宣传农民工等人员返乡创业典型事迹，营造鼓励创业、支持创业、全民创业的社会氛围。

人力资源社会保障部办公厅

农业部办公厅

国务院扶贫办行政人事司

共青团中央办公厅

全国妇联办公厅

2016 年 6 月 13 日

人力资源社会保障部办公厅
关于开展长期护理保险制度试点的指导意见

人社厅发〔2016〕80号

河北、吉林、黑龙江、上海、江苏、浙江、安徽、江西、山东、湖北、广东、重庆、四川省（市）人力资源社会保障厅（局），新疆生产建设兵团人力资源社会保障局：

探索建立长期护理保险制度，是应对人口老龄化、促进社会经济发展的战略举措，是实现共享发展改革成果的重大民生工程，是健全社会保障体系的重要制度安排。建立长期护理保险，有利于保障失能人员基本生活权益，提升他们体面和有尊严的生活质量，弘扬中国传统文化美德；有利于增进人民福祉，促进社会公平正义，维护社会稳定；有利于促进养老服务产业发展和拓展护理从业人员就业渠道。根据党的十八届五中全会精神和"十三五"规划纲要任务部署，现就开展长期护理保险制度试点，提出以下意见：

一 指导思想和原则

（一）指导思想。全面贯彻党的十八大和十八届三中、四中、五中全会精神，以邓小平理论、"三个代表"重要思想、科学发展观为指导，深入贯彻习近平总书记系列重要讲话精神，按照"五位一体"总体布局和"四个全面"战略布局，推动探索建立长期护理保险制度，进一步健全更加公平更可持续的社会保障体系，不断增加人民群众在共建共享发展中的获得感和幸福感。

（二）基本原则。坚持以人为本，着力解决失能人员长期护理保障问题，提高人民群众生活质量和人文关怀水平。坚持基本保障，根据当地经济发展水平和各方面承受能力，合理确定基本保障范围和待遇标准。坚持责任分担，遵循权利义务对等，多渠道筹资，合理划分筹资责任和保障责任。坚持因地制宜，各地根据长期护理保险制度目标任务和基本政策，结合地方实际，制定具体实施办法和政策标准。坚持机制创新，探索可持续发展的体制机制，提升保障绩效，提高管理水平。坚持统筹协调，做好各类社会保障制度的功能衔接，协同推进健康产业和服务体系的发展。

二 目标和任务

（三）试点目标。探索建立以社会互助共济方式筹集资金，为长期失能人员的基本生活照料和与基本生活密切相关的医疗护理提供资金或服务保障的社会保险制度。利用1—2年试点时间，积累经验，力争在"十三五"期间，基本形成适应我国社会主义市场经济体制的长期护理保险制度政策框架。

（四）主要任务。探索长期护理保险的保障范围、参保缴费、待遇支付等政策体系；探索护理需求认定和等级评定等标准体系和管理办法；探索各类长期护理服务机构和护理人员服务质量评价、协议管理和费用结算等办法；探索长期护理保险管理服务规范和运行机制。

三 基本政策

（五）保障范围。长期护理保险制度以长期处于失能状态的参保人群为保障对象，重点解决重度失能人员基本生活照料和与基本生活密切相关的医疗护理等所需费用。试点地区可根据基金承受能力，确定重点保障人群和具体保障内容，并随经济发展逐步调整保障范围和保障水平。

（六）参保范围。试点阶段，长期护理保险制度原则上主要覆盖职工基本医疗保险（以下简称职工医保）参保人群。试点地区可根据自身实际，随制度探索完善，综合平衡资金筹集和保障需要等因素，合理确定参保范围并逐步扩大。

（七）资金筹集。试点阶段，可通过优化职工医保统账结构、划转职工医保统筹基金结余、调剂职工医保费率等途径筹集资金，并逐步探索建立互助共济、责任共担的长期护理保险多渠道筹资机制。筹资标准根据当地经济发展水平、护理需求、护理服务成本以及保障范围和水平等因素，按照以收定支、收支平衡、略有结余的原则合理确定。建立与经济社会发展和保障水平相适应的动态筹资机制。

（八）待遇支付。长期护理保险基金按比例支付护理服务机构和护理人员为参保人提供的符合规定的护理服务所发生的费用。根据护理等级、服务提供方式等制定差别化的待遇保障政策，对符合规定的长期护理费用，基金支付水平总体上控制在70%左右。具体待遇享受条件和支付比例，由试点地区确定。

四 管理服务

（九）基金管理。长期护理保险基金参照现行社会保险基金有关管理制度执行。基金单独管理，专款专用。建立举报投诉、信息披露、内部控制、欺诈防范等风险管理制度。建立健全长期护理保险基金监管制度，确保基金安全有效。

（十）服务管理。建立健全对护理服务机构和从业人员的协议管理和监督稽核等制度。明确服务内涵、服务标准以及质量评价等技术管理规范，建立长期护理需求认定和等级评定标准体系，制定待遇申请和资格审定及变更等管理办法。探索引入第三方监管机制，加强对护理服务行为和护理费用使用情况的监管。加强费用控制，实行预算管理，探索适应的付费方式。

（十一）经办管理。加强长期护理保险经办管理服务能力建设，规范机构职能和设置，积极协调人力配备，加快信息系统建设。制定经办规程，优化服务流程，明确相关标准，创新管理服务机制。社会保险经办机构可以探索委托管理、购买以及定制护理服务和护理产品等多种实施路径、方法，在确保基金安全和有效监控前提下，积极发挥具有资质的商业保险机构等各类社会力量的作用，提高经办管理服务能力。加强信息网络系统建设，逐步实现与养老护理机构、医疗卫生机构以及其他行业领域信息平台的信息共享和互联互通。

五 配套措施

（十二）加强与其他保障制度之间的统筹衔接。做好与其他社会保险制度在筹资、待遇等方面的政策与管理衔接。应由已有社会保障制度和国家法律规定支付的护理项目和费用，长期护理保险基金不再给予支付，避免待遇重复享受。

（十三）协同推进长期护理服务体系建设和发展。积极推进长期护理服务体系建设，引导社会力量、社会组织参与长期护理服务，积极鼓励和支持长期护理服务机构和平台建设，促进长期护理服务产业发展。充分利用促进就业创业扶持政策和资金，鼓励各类人员到长期护理服务领域就业创业，对其中符合条件的，按规定落实相关补贴政策。加强护理服务从业人员队伍建设，加大护理服务从业人员职业培训力度，按规定落实职业培训补贴政策。逐步探索建立长期护理专业人才培养机制。充分运用费用支付政策对护理需求和服务供给资源配置的调节作用，引导保障对象优先利用居家和社区护理服务，鼓励机构服务向社区和家庭延伸。鼓励护理保障对象的亲属、邻居和社会志愿者提供护理服务。

（十四）探索建立多层次长期护理保障制度。积极引导发挥社会救助、商业保险、慈善事业等的有益补充，解决不同层面护理需求。鼓励探索老年护理补贴制度，保障特定贫困老年人长期护理需求。鼓励商业保险公司开发适销对路的保险产品和服务，发展与长期护理社会保险相衔接的商业护理保险，满足多样化、多层次的长期护理保障需求。

六　组织实施

（十五）组织领导。长期护理保险制度试点工作政策性强，涉及面广，各级人力资源社会保障部门要高度重视，加强部门协调，上下联动，共同推进试点工作有序开展。为积极稳妥推进试点，从2016年起确定在部分地区开展试点（名单附后）。试点地区人力资源社会保障部门要在当地政府领导下，加强工作力量配备，按照指导意见要求，研究制定和完善试点方案，周密计划部署，协调相关部门，推动工作落实。新开展试点的地区要抓紧制定试点方案，报省人力资源社会保障厅批准并报人力资源社会保障部备案后，确保年内启动实施。已开展试点的地区要按照本意见要求继续完善政策。

（十六）工作机制。试点原则上以地市为单位整体实施。要建立信息沟通机制，通过简报、情况专报、专题研讨等方式，交流地方探索情况，总结推广典型经验。要建立工作督导机制，试点地区应按季度报送工作进度和试点情况。部里定期组织督导调研，研究试点中出现的新问题、新情况。要建立协作咨询机制，方案制定过程中要广泛听取各方意见，成立专家团队等协作平台，组织和利用社会各界力量。要注重加强宣传工作，大力宣传建立长期护理保险制度的重要意义、制度功能和试点成效，充分调动广大人民群众参与试点的积极性和主动性，引导社会舆论，凝聚社会共识，为试点顺利推进构建良好的社会氛围。

试点中遇有重大事项，要及时向我部报告。

人力资源社会保障部办公厅

2016年6月27日

人力资源社会保障部关于城镇企业职工基本养老保险关系转移接续若干问题的通知

人社部规〔2016〕5号

各省、自治区、直辖市及新疆生产建设兵团人力资源社会保障厅（局）：

国务院办公厅转发的人力资源社会保障部、财政部《城镇企业职工基本养老保险关系转移接续暂行办法》（国办发〔2009〕66号，以下简称《暂行办法》）实施以来，跨省流动就业人员的养老保险关系转移接续工作总体运行平稳，较好地保障了参保人员的养老保险权益。但在实施过程中，也出现了一些新情况和新问题，导致部分参保人员养老保险关系转移接续存在困难。为进一步做好城镇企业职工养老保险关系转移接续工作，现就有关问题通知如下：

一、关于视同缴费年限计算地问题。参保人员待遇领取地按照《暂行办法》第六条和第十二条执行，即，基本养老保险关系在户籍所在地的，由户籍所在地负责办理待遇领取手续；基本养老保险关系不在户籍所在地，而在其基本养老保险关系所在地累计缴费年限满10年的，在该地办理待遇领取手续；基本养老保险关系不在户籍所在地，且在其基本养老保险关系所在地累计缴费年限不满10年的，将其基本养老保险关系转回上一个缴费年限满10年的原参保地办理待遇领取手续；基本养老保险关系不在户籍所在地，且在每个参保地的累计缴费年限均不满10年的，将其基本养老保险关系及相应资金归集到户籍所在地，由户籍所在地按规定办理待遇领取手续。缴费年限，除另有特殊规定外，均包括视同缴费年限。

一地（以省、自治区、直辖市为单位）的累计缴费年限包括在本地的实际缴费年限和计算在本地的视同缴费年限。其中，曾经在机关事业单位和企业工作的视同缴费年限，计算为当时工作地的视同缴费年限；在多地有视同缴费年限的，分别计算为各地的视同缴费年限。

二、关于缴费信息历史遗留问题的处理。由于各地政策或建立个人账户时间不一致等客观原因，参保人员在跨省转移接续养老保险关系时，转出地无法按月提供1998年1月1日之前缴费信息或者提供的1998年1月1日之前缴费信息无法在转入地计发待遇的，转入地应根据转出地提供的缴费时间记录，结合档案记载将相应年度计为视同缴费年限。

三、关于临时基本养老保险缴费账户的管理。参保人员在建立临时基本养老保险缴费账户地按照社会保险法规定，缴纳建立临时基本养老保险缴费账户前应缴未缴的养老保险费的，其临时基本养老保险缴费账户性质不予改变，转移接续养老保险关系时按照临时基本养老保险缴费账户的规定全额转移。

参保人员在建立临时基本养老保险缴费账户期间再次跨省流动就业的，封存原临时基本养老保险缴费账户，待达到待遇领取条件时，由待遇领取地社会保险经办机构统一归集原临时养老保险关系。

四、关于一次性缴纳养老保险费的转移。跨省流动就业人员转移接续养老保险关系时，对于符合国家规定一次性缴纳养老保险费超过3年（含）的，转出地应向转入地提供人民法院、审计部门、实施劳动保障监察的行政部门或劳动争议仲裁委员会出具的具有法律效力证明一次性缴费期间存在劳动关系的相应文书。

五、关于重复领取基本养老金的处理。《暂行办法》实施之后重复领取基本养老金的参保人员，由本人与社会保险经办机构协商确定保留其中一个养老保险关系并继续领取待遇，其他的养老保险关系应予以清理，个人账户剩余部分一次性退还本人。

六、关于退役军人养老保险关系转移接续。军人退役基本养老保险关系转移至安置地后，安置地应为其办理登记手续并接续养老保险关系，退役养老保险补助年限计算为安置地的实际参保缴费年限。

退役军人跨省流动就业的，其在1998年1月1日至2005年12月31日间的退役养老保险补助，转出地应按11%计算转移资金，并相应调整个人账户记录，所需资金从统筹基金中列支。

七、关于城镇企业成建制跨省转移养老保险关系的处理。城镇企业成建制跨省转移，按照《暂行办法》的规定转移接续养老保险关系。在省级政府主导下的规模以上企业成建制转移，可根据两省协商，妥善转移接续养老保险关系。

八、关于户籍所在地社会保险经办机构归集责任。跨省流动就业人员未在户籍地参保，但按国家规定达到待遇领取条件时待遇领取地为户籍地的，户籍地社会保险经办机构应为参保人员办理登记手续并办理养老保险关系转移接续手续，将各地的养老保险关系归集至户籍地，并核发相应的养老保险待遇。

九、本通知从印发之日起执行。人力资源社会保障部《关于贯彻落实国务院办公厅转发城镇企业职工基本养老保险关系转移接续暂行办法的通知》（人社部发〔2009〕187号）、《关于印发城镇企业职工基本养老保险关系转移接续若干具体问题意见的通知》（人社部发〔2010〕70号）、《人力资源社会保障部办公厅关于职工基本养老保险关系转移接续有关问题的函》（人社厅函〔2013〕250号）与本通知不一致的，以本通知为准。参保人员已经按照原有规定办理退休手续的，不再予以调整。

人力资源社会保障部

2016年11月28日

人力资源社会保障部财政部关于做好基本医疗保险跨省异地就医住院医疗费用直接结算工作的通知

人社部发〔2016〕120号

各省、自治区、直辖市及新疆生产建设兵团人力资源社会保障厅（局），财政（务）厅（局）：

为切实增强公平性、适应流动性、保证可持续性，加快推进基本医疗保险全国联网和异地就医住院医疗费用直接结算工作，更好保障人民群众基本医疗保险权益，按照党中央、国务院要求，根据《关于进一步做好基本医疗保险异地就医医疗费用结算工作的指导意见》（人社部发〔2014〕93号），现将有关事项通知如下：

一　目标任务

2016年底，基本实现全国联网，启动跨省异地安置退休人员住院医疗费用直接结算工作；2017年开始逐步解决跨省异地安置退休人员住院医疗费用直接结算，年底扩大到符合转诊规定人员的异地就医住院医疗费用直接结算。结合本地户籍和居住证制度改革，逐步将异地长期居住人员和常驻异地工作人员纳入异地就医住院医疗费用直接结算覆盖范围。

二　基本原则

（一）规范便捷。坚持为参保人员提供方便快捷的结算服务，参保人员只需支付按规定由个人承担的住院医疗费用，其他费用由就医地经办机构与定点医疗机构按协议约定审核后支付。

（二）循序渐进。坚持先省内后跨省、先住院后门诊、先异地安置后转诊转院、先基本医保后补充保险，结合各地信息系统建设实际情况，优先联通异地就医集中的地区，稳步全面推进直接结算工作。

（三）有序就医。坚持与整合城乡医疗保险制度相结合，与分级诊疗制度的推进相结合，建立合理的转诊就医机制，引导参保人员有序就医。

（四）统一管理。坚持基本医疗保险异地就医政策、流程、结算方式基本稳定，统一将异地就医纳入就医地经办机构与定点医疗机构的谈判协商、总额控制、智能监控、医保医生管理、医疗服务质量监督等各项管理服务范围。

三　规范异地就医流程

（五）规范转出流程。参保人员跨省异地就医前，应到参保地经办机构进行登记。参保地经办机构应根据本地规定为参保人员办理异地就医备案手续，建立异地就医备案人员库并实现动态管理。参保地经办机构将异地就医人员信息上报至人力资源社会保障部社会保险经办机构（以下简称部级经办机构），形成全国异地就医备案人员库，供就医地经办机构和定点医疗机构获取异地就医参保人员信息。

（六）规范结算流程。参保人员异地就医出院结算时，就医地经办机构根据全国统一的大类费用清单，将异地就医人员住院医疗费用等信息经国家异地就医结算系统实时传送至参保地经办机构，参保地经办机构根据大类费用按照当地规定进行计算，区分参保人员个人与各项医保基金应支付的金额，并将计算结果经国家异地就医结算系统回传至就医地定点医疗机构，用于定点医疗机构与参保人员直接结算。

（七）强化跨省综合协调。部级经办机构按照《基本医疗保险跨省异地就医住院医疗费用直接结算经办规程（试行）》（见附件，以下简称经办规程）负责协调和督促各省（区、市）按规定及时拨付资金。对无故拖延拨付资金的省份，部级经办机构可暂停该省份跨省异地就医直接结算服务。各省级经办机构负责协调和督促统筹地区及时上缴跨省异地就医预付及清算资金。

四　加强异地就医管理服务

（八）实行就医地统一管理。就医地经办机构应将异地就医人员纳入本地统一管理，在定点医疗机构确定、医疗信息记录、医疗行为监控、医疗费用审核和稽核等方面提供与本地参保人相同的服务和管理，并在与定点医疗机构协议管理中予以明确。探索实行与就医地付费方式改革相一致的异地就医费用结算办法。

（九）规范待遇政策。跨省异地就医原则上执行就医地支付范围及有关规定（基本医疗保险药品目录、诊疗项目和医疗服务设施标准）。基本医疗保险统筹基金的起付标准、支付比例和最高支付限额原则上执行参保地政策。

（十）明确传输信息内容。参保人员直接结算时，就医地经办机构通过国家异地就医结算系统按照统一格式向参保地经办机构传输大类费用信息，医疗费用明细信息延后传输。

（十一）高起点、全兼容。根据需要为其他部门管理的新农合参合人员提供服务。新农合由其他部门管理的统筹地区，其参合人员需要到北京、上海、广东等已实现城乡居民基本医疗保险管理体制和制度整合的省份就医，统筹地区应预留社保信息系统接口，确定信息系统对接及相应业务流程，通过参保地系统对接为确有需要的参合人员一视同仁提供跨省异地就医直接结算服务。

五　强化异地就医资金管理

（十二）跨省异地就医费用医保基金支付部分在地区间实行先预付后清算。部级经办机构根据往年跨省异地就医医保基金支付金额核定预付金额度。预付金额度为可支付两个月资金。各省（区、市）可通过预收省内各统筹地区异地就医资金等方式实现资金的预付。预付金原则上来源于各统筹地区医疗保险基金。

跨省异地就医清算按照部级统一清分，省、市两级清算的方式，按月全额清算。跨省异地就医预付及清算资金由参保地省级财政专户与就医地省级财政专户进行划拨。各省级经办机构应将收到的预付及清算单在5个工作日内提交给同级财政部门。参保地省级财政部门在确认跨省异地就医资金全部缴入省级财政专户，对经办机构提交的预付及清算单和用款申请计划审核无误后，在 10 个工作日内向就医地省级财政部门划拨预付和清算资金。就医地省级财政部门依据预付及清算单收款。各省级财政部门在完成预付和清算资金划拨及收款后，5 个工作日内将划拨及收款信息以书面形式反馈省级经办机构，省级经办机构据此进行会计核算，并将划拨及收款信息及时反馈部级经办机构。因费用审核发生的争议及纠纷，按经办规程规定妥善处理。

（十三）划拨跨省异地就医资金过程中发生的银行手续费、银行票据工本费不得在基金中列支。

（十四）预付金在就医地财政专户中产生的利息归就医地所有。

（十五）跨省异地就医医疗费用结算和清算过程中形成的预付款项和暂收款项按相关会计制度规定进行核算。

六 加快国家和省级异地就医结算平台建设

（十六）建设国家平台。部级经办机构承担制定并实施全国异地就医结算业务流程、标准规范，全国异地就医数据管理与应用，跨省异地就医资金预付和结算管理、对账费用清分、智能监控、运行监测、跨省业务协同和争议处理等职能。人力资源社会保障部统一规划，依托金保工程，建设和维护国家异地就医结算系统，推进跨省异地就医结算电子签章应用。

（十七）建设和完善省级异地就医平台。省级经办机构承担全国异地就医结算业务流程、标准规范在本辖区内的组织实施，本省异地就医业务数据管理，辖区内跨省异地就医直接结算、资金预付和清算、智能监控、运行监测、业务协同管理、争议处理等职能。各省（区、市）人力资源社会保障部门按人力资源社会保障部统一建设要求，建设和完善省级异地就医结算系统。

（十八）加快社会保障卡发行。各地要将社会保障卡作为参保人员跨省异地就医身份识别和直接结算的唯一凭证，对有异地就医需求的人员优先发卡，建立跨省用卡服务机制。要按照全国跨省用卡技术方案和统一接口规范，完成用卡环境改造，支持跨省用卡鉴权。

（十九）大力推进《社会保险药品分类与代码》等技术标准的应用，加快社会保险诊疗项目和社会保险医疗服务设施标准建设，首先在国家与省级平台应用，逐步完善统筹地区经办机构与定点医疗机构医疗服务类代码转换和规范，实现全国就医结算代码统一。

七 工作要求

（二十）加强组织领导。各级人力资源社会保障部门要将跨省异地就医直接结算工作作为深化医药卫生体制改革的重要任务，加强领导、统筹谋划、精心组织、协调推进、攻坚克难，纳入目标任务考核管理，确保按时完成任务。财政部门要按规定及时划拨跨省异地就医资金，合理安排经办机构工作经费，加强与经办机构对账管理，确保账账相符、账款相符。

（二十一）加快推进国家与省级系统联网对接。各地要按照年底前完成全国联网的要求，倒排时间，在完成省级异地就医结算系统改造后，主动开展与国家异地就医结算系统联调测试。已经开展省与省点对点直接结算的省份，可继续对接运行，并逐步向国家异地就医结算系统对接过渡。

（二十二）加强队伍建设。要加强国家和省级平台的队伍建设，特别是异地安置退休人员和转诊人员集中的统筹地区，应根据管理服务的需要，积极协调相关部门，加强机构、人员和办公条件保障，合理配置专业工作人员，保证服务质量，提高工作效率。

（二十三）做好宣传引导。各地要充分利用现有 12333 咨询服务电话和各地人力资源社会保障门户网站，拓展多种信息化服务渠道，引导合理有序就医，提供就医地定点医疗机构分布信息、参保地报销政策信息、跨统筹地区基本医疗保险业务经办指南、查询投诉等服务。

人力资源社会保障部

财政部

2016 年 12 月 8 日

国务院关于印发"十三五"促进就业规划的通知

国发〔2017〕10号

各省、自治区、直辖市人民政府，国务院各部委、各直属机构：

现将《"十三五"促进就业规划》印发给你们，请认真贯彻执行。

国务院

2017年1月26日

"十三五"促进就业规划

"十二五"以来，面对复杂严峻的国内外形势，党中央、国务院准确把握发展大势，不断创新宏观调控思路和方式，全面深化改革，激发了经济发展内生动力和就业创业活力，就业规模不断扩大、结构持续优化，创业带动就业能力显著增强，劳动者素质明显提高，就业质量进一步提升。

"十三五"时期，做好促进就业工作机遇和挑战并存。一方面，我国发展仍处于可以大有作为的重要战略机遇期，新型工业化、信息化、城镇化、农业现代化孕育巨大发展潜力，新一轮科技革命和产业变革正在兴起，新兴产业、新兴业态吸纳就业能力不断增强，大众创业、万众创新催生更多新的就业增长点，为促进就业奠定了更加坚实的物质基础。另一方面，国际经济形势依然复杂多变，国内一些长期积累的深层次矛盾逐步显现，经济发展新常态和供给侧结构性改革对促进就业提出了新的要求，劳动者素质结构与经济社会发展需求不相适应、结构性就业矛盾突出等问题凸显。就业是最大的民生，也是经济发展最基本的支撑。坚持实施就业优先战略，全面提升劳动者就业创业能力，实现比较充分和高质量的就业，是培育经济发展新动能、推动经济转型升级的内在要求，对发挥人的创造能力、促进群众增收和保障基本生活、适应人们对自身价值的追求具有十分重要的意义。

本规划依据《中华人民共和国国民经济和社会发展第十三个五年规划纲要》编制，旨在进一步加强战略引领、明确主要任务、细化政策重点，是"十三五"时期指导全国促进就业工作的战略性、综合性、基础性规划。

一 总体要求

（一）指导思想。

全面贯彻党的十八大和十八届三中、四中、五中、六中全会精神，深入贯彻习近平总书记系列重要讲话精神和治国理政新理念新思想新战略，认真落实党中央、国务院决策部署，统筹推进"五位一体"总体布局和协调推进"四个全面"战略布局，牢固树立和贯彻落实创新、协调、绿色、开放、共享的发展理念，推进供给侧结构性改革，实施就业优先战略和人才优先发展战略，把实施积极的就业政策摆在更加突出的位置，贯彻劳动者自主就业、市场调节就业、政府促进就业和鼓励创业的方针，不断提升劳动者素质，强化各类政策协同机制、优化社会资本带动机制、完善就业创业服务机制、健全劳动关系协调机制、构建就业形势综合监测机制，实现比较充分和更高质量的就业，为全面建成小康社会提供强大支撑。

（二）基本原则。

——坚持总量与结构并重。既要着眼于我国人口众多的基本国情，高度重视总量问题，又要从区域、行业、人群分化的实际出发，聚焦关键环节，抓住主要矛盾，坚持分类施策、精准发力，着力解决日益突出的结构性就业矛盾。

——坚持供需两端发力。既要加快培育经济发展新动能，大力发展吸纳就业能力强的产业，不断增强经济发展创造就业岗位能力，优化人力资源市场需求结构，又要坚持需求导向，加强人力资源开发，促进劳动者素质持续提升，改善人力资源市场供给侧结构。

——坚持就业政策与宏观政策协调。既要建立就业政策与宏观经济政策统筹的工作机制，积极扶持就业新形态，不断拓展就业新空间，又要密切关注就业形势变化，加强政策储备，以比较充分和更高质量的就业促进经济平稳运行。

——坚持统筹发挥市场与政府作用。既要优化环境，健全机制，加快消除制度性、体制性障碍，充分发挥市场在促进就业中的决定性作用，又要提高基本公共就业创业服务能力，更好发挥政府作用。

——坚持普惠性与差别化相结合。既要加快建立公平普惠的政策制度，健全人力资源市场体系，维护劳动者提升自身素质、参与就业创业的平等权利，又要坚持突出重点，完善和落实支持政策，扎实做好就业托底工作，帮助就业重点群体和困难群体提升技能、就业创业。

（三）主要目标。

到 2020 年，要实现以下目标：

就业规模稳步扩大，就业质量进一步提升。"十三五"时期城镇新增就业 5000 万人以上，全国城镇登记失业率控制在 5% 以内，高校毕业生、农民工等重点人群就业形势基本稳定。促进贫困人口就业，带动 1000 万人脱贫。服务业从业人员、城镇就业人员所占比重不断提高，就业结构持续优化。城乡均等的公共就业创业服务体系更加健全，劳动者权益保护制度不断完善，企业劳动合同签订率保持在 90% 以上，工资收入合理增长，就业质量进一步提升。

创业环境显著改善，带动就业能力持续增强。促进创业政策体系不断完善，服务能力明显提升，各类劳动者创业创富通道更加畅通，全社会支持创业、参与创业的积极性显著提高，创业成功率明显提升，创业带动创新、促进就业增收能力持续增强。

人力资源结构不断优化，劳动者就业创业能力明显提高。劳动年龄人口平均受教育年限达到 10.8 年，新增劳动力平均受教育年限达到 13.5 年，劳动者素质普遍提高，适应就业形势变化能力不断增强。全国技能劳动者总量达到约 1.7 亿人，其中高技能人才总量达到 5500 万人、占技能劳动者总量的比重达到 32%，技术技能人才短缺状况有效缓解。

二　增强经济发展创造就业岗位能力

坚持就业优先战略，既要以大众创业、万众创新和新动能培育带动就业，也要保护和改造提升能带动就业的传统动能，引导劳动密集型企业向中西部和东北地区转移，大力发展制造业和服务业，通过创造多样化需求带动就业，在新旧动能接续转换中促进就业。

（四）积极培育新的就业增长点。

大力发展新兴产业新兴业态，不断拓展新兴就业领域。紧紧把握全球科技革命和产业变革重大机遇，深入实施创新驱动发展战略，不断优化政策组合，大力发展新一代信息技术、高端装备、新材料、生物、新能源汽车、新能源、节能环保、数字创意等战略性新兴产业，拓展产业发展新空间，创造就业新领域。推进新产品、新服务应用示范，加快产业化进程，持续释放吸纳就业潜力。积极探索和创新监管方式，创造更加宽松的环境，加快发展平台经济等新经济形态，催生更多微经济主体，培育更多跨界融合、面向未来的就业创业沃土，开发更多新型就业模式。编制出台共享经济发展指南，通过放宽市场准入、创新监管手段、引导多方治理等优化环境，完善消费者权益保护等相关政策，促进共享经济健康发展。健全就业、劳动保障等相关制度，支持发展就业新形态。

积极发展吸纳就业能力强的产业和企业，创造更多就业机会。加快发展民生刚性需求大、国际竞争优势明显的轻工业等劳动密集型制造业。鼓励发展家庭手工业，创造更多居家灵活就业机会。开展加快发展现代服务业行动，不断拓展服务业发展广度和深度，鼓励发展就业容量大、门槛低的家政护理等生活性服务业。扩大市场准入范围，落实降税减负等扶持政策，促进中小企业加快发展，培育特色产业集群，带动更多就业。营造公平开放的市场环境，鼓励中小企业利用电商平台等多种方式开拓市场，促进中小企业融入全球产业链和价值链，在发展壮大中持续拓展就业空间。综合运用差别化存款准备金率、再贷款、信贷政策导向效果评估等多种政策工具，引导金融机构开展应收账款融资、动产融资、供应链融资等创新业务，优化小微企业融资环境。鼓励符合条件的金融机构在依法合规、风险可控的前提下，发行小微企业金融债券和小微企业相关信贷资产证券化产品，进一步盘活存量资产，加大小微企业信贷投放力度，增强其吸纳就业能力。

加快发展现代农业，扩大职业农民就业空间。推进农业、林业产业链和价值链建设，着力构建现代农业和林业产业体系、生产体系、经营体系，推动粮经饲统筹、农林牧渔结合、种养加一体、一二三产业融合发展，创造更多职业农民就业机会。完善政策支持体系，积极发展农业生产性服务业、农产品深加工和储运，推动发展"互联网＋现代农业"，大力发展农产品电子商务、休闲农业、创意农业、森林体验、森林康养和乡村旅游等新业态，加快培育专业大户、家庭农场、农民合作社、农业企业等新型农业经营主体，扩大职业农民就业规模。

完善创新创造利益回报机制，激发经济升级和扩大就业内生动力。深化收入分配制度改革，不断强化收入分配政策的激励导向。分类施策，支持劳动者以知识、技术、管理、技能等创新要素按贡献参与分配，实行股权、期权等中长期激励政策，以市场价值回报人才价值，全面激发劳动者创业创新热情，加快新旧发展动能转换，实现经济中高速增长、产业迈向中高端水平，不断拓宽就业空间。

（五）着力缓解困难地区困难行业就业压力。

加快困难地区脱困步伐，创造更多就地就近就业机会。指导和推动资源枯竭城市等困难地区培育发展劳动密集型接续产业。研究制定支持产业衰退地区振兴发展的指导意见，通过落实财政、投资、金融、土地等支持政策，促进产业衰退地区发展接续产业，增强吸纳就业能力。发挥区域比较优势，引导符合条件的劳动密集型企业特别是高附加值的劳动密集型企业向中西部地区和东北地区转移，创造更多就地就近就业机会。对去产能任务重、待岗职工多、失业风险大的地区，开展就业援助专项行动。

推动困难行业传统产业转型发展，稳定现有用工需求。通过化解过剩产能、淘汰落后产能、落实减税降费政策、加快分离国有企业办社会职能等综合措施，推动钢铁、煤炭等行业转型发展，稳定用工需求。实施制造业重大技术改造升级工程，加快新一代信息技术与制造业的深度融合，提高产品科技含量和附加值，推动传统制造业由生产型向生产服务型转变，延伸产业链条，增加就业岗位。合理降低实体经济企业融资、人工、能源、物流等成本，落实减轻企业税费负担各项措施，加快转型升级步伐，增强经济持续稳定增长动力，扩大用工需求。同步推进产业结构调整和劳动者技能转换，在转型发展中不断增强吸纳就业能力。

三　提升创业带动就业能力

坚持深化"放管服"改革，不断优化创业环境，畅通创业创富通道，激发全社会支持创业、参与创业的积极性，不断增强创业带动就业能力。

（六）畅通创业创富通道。

加快形成有利于劳动者参与创业的政策环境。深化行政审批制度改革、收费管理制度改革、商事制度改革，创新监管方式，优化政府服务，降低市场准入门槛和制度性交易成本，破除制约劳动者创业的体制机制障碍。拓宽创业投融资渠道，管好用好创业担保贷款，合理增加贴息资金投入，扩大担保基金规模。鼓励金融机构充分依托互联网信息技术，通过大数据、交叉信息验证等方式，科学评估还款能力，优化贷款审批流程，提升网络平台创业主体和小微企业创业主体贷款的便捷性和可获得性。落实促进高校毕业生、退役军人、残疾人、登记失业人员等群体创业的税费优惠政策。加大对初创企业的场地支持、设施提供、房租减免、住房优惠等政策扶持力度，降低创业成本。

调动劳动者创业创富积极性。加快落实高校、科研院所等专业技术人员离岗创业政策，鼓励科技、教育、文化等专业人才转变观念，发挥知识和技术优势，成为创业的引领者。积极推进投贷联动试点，探索符合科创企业发展需求的金融服务模式，促进更多科技人才就业创业。支持大中专毕业生转变择业观念，自立自强，成为创业的生力军。研究实施留学人员回国创业创新启动支持计划。进一步放宽外国人才申请签证、工作许可、居留许可和永久居留证的条件，简化开办企业审批流程，加大创业启动资金支持力度，完善子女入学、医疗、住房等配套政策，吸引更多境外高端人才来华创业创新。大力支持农民工等人员返乡下乡创业。引导城镇失业人员等其他各类人员以创业促就业。引导高校开展创业创新训练计划，激发大学生创业创新动力。在全社会大力弘扬创业风尚，培育创业意识，营造鼓励创业、宽容失败的社会氛围。

（七）扩大创业带动就业效应。

强化创业服务，提高创业成功率。统筹规划、合理布局，建设一批各具特色、高水平的区域、高校和科研院所、企业"双创"示范基地，提升创业服务能力。推广新型孵化模式，加快发展众创空间，建设一批创业孵化基地和创业园区，提供项目开发、开业指导、融资等一条龙服务，支持劳动者成功创业。建设小微企业创业创新基地，形成线上与线下、孵化与投资相结合的开放式综合服务载体，为小微企业创业兴业提供低成本、便利化、全要素服务。推动乡村旅游创客示范基地建设。打造"预孵化＋孵化器＋加速器＋稳定器"的梯级孵化体系，根据创业主体不同阶段、不同需求，提供有针对性的专业化、差别化、定制化指导服务，促进创业企业加快发展。规范发展区域性股权市场，为创业企业提供直接融资服务。推进知识产权交易，加快建设全国知识产权运营公共服务平台。推动重点实验室、科技园等平台资源向社会开放。探索建立志愿者服务机制，组建高素质辅导师队伍。建立健全课堂教学、自主学习、结合实践、指导帮扶、文化引领融为一体的创业创新教育培训体系。构建面向人人的创业服务平台，深入推进创业型城市创建活动，积极培育创业生态系统。

健全传导扩散机制，增强创业带动能力。打通"创业—创新—经济和就业增长点"培育链条，统筹产业链、创新链、资金链和政策链，大力支持培育一批吸纳就业能力强的创新型创业企业。完善新兴产业和现代服务业发展政策，鼓励大型互联网企业、行业领军企业通过网络平台向各类创业创新主体开放技术、开发、营销、推广等资源，打通科技和经济结合的通道，加强创业创新资源共享与合作，切实将人才优势和科技优势转化为产业优势和经济优势。鼓励发展"互联网＋创业"，支持"自组织、自激励、自就业"的创业模式，强化创业带动就业、促进增收效应。

四　加强重点群体就业保障能力

坚持突出重点，加快完善更加积极的就业政策，统筹做好高校毕业生等重点群体就业工作，兜住民生底线。

（八）切实做好高校毕业生就业工作。

拓展高校毕业生就业领域。继续把高校毕业生就业摆在就业工作首位，多方位拓宽就业领域。在产业结构调整中，着力支持科技含量高的智力密集型产业特别是战略性新兴产业、现代服务业以及各类新业态、新模式加快发展，开发更多适合高校毕业生的高质量就业岗位。

引导和鼓励高校毕业生到基层就业。结合政府购买基层公共管理和社会服务开发岗位，统筹实施基层服务项目，落实学费代偿、资金补贴、税费减免等扶持政策，进一步引导和鼓励高校毕业生到城乡基层、中西部地区、中小微企业就业。健全基层服务保障机制，畅通流动渠道，拓展扎根基层高校毕业生职业发展通道。

增强高校毕业生就业服务能力。深入实施高校毕业生就业创业促进计划，健全高校毕业生就业创业服务体系，创新就业信息服务方式方法，注重运用"互联网＋就业"模式，加强就业市场供需衔接和精准帮扶。加大就业见习力度，做好困难毕业生就业帮扶工作。

（九）促进农村劳动力转移就业。

拓宽农村劳动力转移就业渠道。建立健全城乡劳动者平等就业制度，引导农村劳动力外出就业、就地就近就业。推进农村劳动力转移就业示范基地建设，结合推进新型城镇化建设，合理引导产业梯度转移，创造更多适合农村劳动力转移就业的机会。加强部分行政村劳动力转移就业监测。

促进农村贫困劳动力转移就业。按照政府推动、市场主导的原则，加强劳务协作，积极促进农村建档立卡贫困人口和非建档立卡的农村低保对象、贫困残疾人中的劳动力稳定就业和转移就业。建立健全劳务输出对接机制，提高劳务输出就业脱贫的组织化程度。输出地要摸清底数，准确掌握建档立卡贫困人口和非建档立卡的农村低保对象、贫困残疾人中有就业意愿和劳动能力的未就业人员以及已就业人员基本情况，因人因需提供技能培训和就业服务。输入地要动员企业参与，实现人岗对接，保障稳定就业。引导金融机构创新金融服务体制机制，积极开展扶贫小额信贷、助学贷款、易地扶贫搬迁贷款等业务，支持贫困人口通过发展生产实现就业创业。依据建档立卡贫困人口和非建档立卡的农村低保对象、贫困残疾人信息数据精准识别帮扶对象，建立台账，制订计划，实施"春潮行动"、技能脱贫千校行动。

（十）统筹其他群体就业。

强化困难群体就业援助。健全就业援助制度，完善就业援助政策，鼓励企业吸纳困难人员就业。对就业困难人员和零就业家庭成员开展实名制动态管理和分类帮扶，提供一对一就业援助，做到零就业家庭"产生一户、援助一户、消除一户、稳定一户"，确保零就业家庭动态清零。通过公益性岗位托底帮扶一批确实难以通过市场就业的大龄就业困难人员、零就业家庭人员，实现最低生活保障家庭中有劳动能力的成员至少有一人就业。加强社会救助与就业联动，对实现就业的低保对象，在核算其家庭收入时，可扣减必要的就业成本，并通过"低保渐退"等措施，增强其就业意愿和就业稳定性。

高度重视化解过剩产能职工安置工作。将职工安置摆在化解过剩产能工作的突出位置。坚持企业主体、地方组织、依法依规的原则，分类施策，精准发力，拓宽分流渠道，加强转岗再就业帮扶，做好去产能企业职工安置工作。安置过程中要发挥好职工代表大会、厂务公开等民主管理制度的作用。落实通过失业保险基金发放稳岗补贴等扶持政策，引导钢铁、煤炭等行业困难企业以协商薪酬、灵活工时、培训转岗等方式稳定现有工作岗位。充分发挥中央奖补资金作用，通过转岗就业创业、托底安置、内部退养等多种方式妥善安置职工。

做好特定群体就业工作。做好军队转业干部和退役士兵的接收安置工作。高度重视青年群体就业工作，采取有针对性的措施帮助其就业创业。统筹做好残疾人、少数民族劳动者、退役运动员、戒毒康复人员、刑满释放人员等群体就业工作。消除针对特定群体的就业歧视，营造公平就业环境。

五　提高人力资源市场供求匹配能力

坚持发挥市场在人力资源配置中的决定性作用，深化改革，加强监管，提高服务能力，不断提升人力资源市场供求匹配效率。

（十一）规范人力资源市场秩序。

健全人力资源市场体系。加快建立统一开放、竞争有序的人力资源市场体系，打破城乡、地区、行业分割和身份、性别歧视，完善市场运行规则，规范招人用人制度，消除影响平等就业的制度障碍。增强劳动力市场灵活性，促进劳动力在地区、行业、企业之间自由流动。推进人力资源市场信用体系和标准体系建设，加强人力资源市场管理信息平台建设。推进户籍制度改革，积极稳妥将有稳定劳动关系并在城镇居住一定年限的农民工及其家属逐步转为城镇居民。

加大监管力度。健全人力资源市场法律法规体系，尊重劳动者和用人单位市场主体地位，依法保障其合法权益。依法规范实施人力资源市场行政许可，进一步简化优化审批流程，提高服务的便捷性和可及性。加强人力资源市场事中事后监管，实施随机抽查监管，建立年度报告公示制度，探索运用新兴信息技术提升监管效能。强化日常监督检查，开展人力资源市场秩序清理整顿专项行动，严厉查处相关违法违规行为。充分发挥各类人力资源服务机构、行业协会和社会力量的监督作用，积极推进社会协同共治。

（十二）提升人力资源市场供求匹配效率。

提高公共就业服务能力。合理保障就业创业服务经费、配备工作人员。加快建立职业指导员、职业信息分析专业人员、劳动保障专理员、劳动人事争议调解员仲裁员、劳动保障监察协管员、劳动关系协调员等专业工作人员队伍。完善普惠性就业服务制度，推进服务均等化。综合运用就业服务新技术新方法，指导劳动者规划职业生涯，提高求职就业能力。不断优化服务流程，完善服务功能，推进就业服务项目化，提高就业服务质量和效率。完善就业信息服务制度，建立信息互联互通机制，搭建共享发布平台，开展就业信息分析利用，引导劳动者求职和用人单位招聘。加快公共就业服务信息化建设，推动大数据等新技术应用，到2020年，全面建成省级集中的公共就业服务信息系统和公共就业创业服务平台，充分运用网站、移动应用、自助终端、"12333"热线、微信等渠道，打造线上线下一体的服务体系。开展公共就业创业服务示范城市建设，引导就业服务发展。

大力发展人力资源服务业。以产业引导、政策扶持和环境营造为重点，规范发展人事代理、人才推荐、人员培训、劳务派遣等人力资源服务。加强统筹规划和政策引导，依托重大项目和龙头企业，培育创新发展、符合市场需求的人力资源服务产业园。鼓励创新，实施"互联网＋人力资源服务"行动，培育壮大人力资源服务产业。加强人力资源服务业从业人员职业培训，加快全国人力资源市场供求信息监测和发布制度建设。

六　强化劳动者素质提升能力

坚持人才优先，健全劳动者素质提升长效机制，加快培育更高技能水平、更好专业素养和敬业精神、更强创新能力和创业精神的劳动者队伍，着力缓解结构性就业矛盾。

（十三）提升人才培养质量。

加快教育结构调整。适应经济社会发展需求变化，引导高校构建与学校定位和办学特色相匹配的学科专业体系，增设经济社会发展和民生改善急需专业，更新升级传统专业，优化人才培养结构。充分发挥行业组织作用，建立专业设置、学生就业与重点产业人才需求相衔接的预测预警机制。继续深入实施基础学科拔尖学生培养试验计划，支持高水平研究型大学依托优势基础学科建设国家青年英才培训基地。加强服务行业发展的特色人才培养。加快建立高等学校分类体系，鼓励不同层次、类型的高校牢牢把握人才需求方向，统筹研究型、应用型、复合型等各类人才培养。鼓励具备条件的地方普通本科院校向应用型转变，培养更多技术技能型人才。推进职业教育与普通教育分类管理，探索建立国家资历框架，引导各级各类职业院校科学定位、办出特色。在优化布局基础上，改善职业院校基本办学条件，建设一批高水平的职业院校和骨干专业，加快培育大批具有专业技能与工匠精神的高素质劳动者和人才。健全公平公正、多元投入、规范高效的国家资助政策体系，保障职业院校家庭经济困难学生完成学业。完善顶层设计，研究制定规范发展继续教育的政策制度。

深化教学改革。推动职业院校、本科高校与行业企业共同实施全流程协同育人，共同开展教育教学、组织质量评价。全面建立职业院校教学工作诊断与改进制度。建立全国高校继续教育质量报告制度，强化高校继续教育责任主体意识，加强事中事后监管。深化专业、课程、教材体系改革，加强教材规划、管理和审查，推动课程内容与职业标准、教学过程与生产过程有效对接，及时调整、更新教学内容和教学方式，强化实践教学。建立和完善现代学校制度，落实学校在人事管理、教师评聘、收入分配等方面的办学自主权，支持职业院校、本科高校自主聘用有丰富实践经验的人员担任专兼职教师，加快建设"双师型"教师队伍。制定实施企业参与职业教育的激励政策、有利于校企人员双向交流的人事管理政策，落实学生实习政策，全面推进现代学徒制试点工作，深入推进职业教育集团化办学，推动学校与企业合作建设一批共建共享的实训基地。

完善终身学习服务体系。充分发挥各级各类学校的优势，加强终身教育制度建设。提供更多继续教育和职业技能培训课程，发展在线教育和远程教育，积极发挥高校继续教育数字化资源开放和在线教育联盟作用，为全体社会成员提供多次选择、多种路径的终身学习机会。进一步办好开放大学。鼓励高等学校招收有实践经历人员，支持社会成员通过直接升学、先就业再升学、边就业边学习等多种方式不断发展。科学设置评估考核指标，加快构建全程化、模块化、多元化的终身学习成果评价体系，增强终身学习质量保障能力，提高社会成员终身学习积极性。

（十四）提高劳动者职业技能。

完善职业技能培训制度。适应经济转型要求，推动职业培训转型升级，进一步扩大培训规模。研究建立终身职业技能培训制度，提高劳动者就业创业能力。建立健全以企业、职业院校和各类培训机构为依托，以就业技能培训、岗位技能提升培训和创业培训为主要形式，覆盖全体、贯穿终身的培训体系。调动各方积极性，加快推行工学一体、企业新型学徒制、"互联网＋"等培训模式。创新职业培训方式，实行国家基本职业培训包制度，规范管理，提高补贴标准，增强职业培训的针对性和有效性。完善职业技能培训财政资金补贴方式，对建档立卡贫困人口和非建档立卡的农村低保对象、贫困残疾人等符合条件人员，探索采取整建制购买培训项目、直补培训机构等方式，提高培训效果。探索建立重点产业职业技能培训需求指导目录制度，加大对指导目录内培训项目的补贴力度。建立国家职业资格目录清单管理制度，清单之外一律不得许可和认定职业资格，清单之内除准入类职业资格外一律不得与就业创业挂钩。构建科学设置、规范运行、依法监管的国家职业资格框架和管理服务体系。建立培训、鉴定、就业分工合作机制，以及培训信息发布、质量评价和保障机制。

健全劳动者技能提升激励机制。提高技术工人待遇，定期开展高技能人才评选表彰活动。完善技能人才与同等学历、职称人员享受平等待遇政策，落实积分落户、招聘录用、岗位聘任、职务职级晋升、职称评定、薪酬、学习进修、休假体检等待遇，全面加强技能人才激励工作。

增强公共实训能力。突出建设重点，科学合理布局，在整合资源基础上，统筹建设若干区域性大型实训基地、一批地市级综合型实训基地和县级地方产业特色型实训基地，构筑布局合理、定位明确、功能突出、信息互通、协调发展的职业技能实训基地网络，不断提升公共实训能力。采取中央基建投资补助等多种形式，鼓励和引导保险资金等社会资本通过设立职业技能培训产业发展基金等多种途径，参与支持公共实训基地建设。

提升重点人群职业技能。实施高技能人才振兴计划和专业技术人才知识更新工程，突出"高精尖缺"导向，大力发展技工教育，培训急需紧缺人才。开展贫困家庭子女、未升学初高中毕业生、农民工、失业人员和转岗职工、退役军人、残疾人免费接受职业培训行动。组织实施化解过剩产能企业职工、高校毕业生、新生代农民工等重大专项培训计划。实施全员质量素质提升工程。加快实施新型职业农民培育工程，建立教育培训、规范管理和政策扶持相衔接的制度体系。发挥企业主体作用，开展岗位技能提升培训，按照职工工资总额的 1.5%—2.5% 足额提取教育培训经费，专项用于职工特别是一线职工教育培训。

（十五）培养良好职业素养。

加强职业道德建设。引导劳动者遵守纪律、诚实守信，自觉履行劳动义务，依法理性维护自身权益。将职业道德教育贯穿于教育培训全过程。引导企业加强职业文化建设，弘扬良好职业行为习惯，推动劳动者形成"干一行、爱一行"的职业理念。

强化职业发展和就业指导教育。普遍开设职业发展与就业指导课程，建立专业化、全程化的就业指导教学体系，增强毕业生特别是高校毕业生自我评估能力、职业开发能力及择业能力，切实转变就业观念。加强就业指导教师培训和实践锻炼，创新教学方法，进一步提高教学效果。

培育工匠精神。充分发挥院校、企业、工会等各方积极性，将培育工匠精神融入到教育培训、企业文化建设等各领域各环节，大力培养劳动者精益求精的职业素质。完善激励机制，培树先进典型，营造尊重劳动、尊重工匠的良好社会氛围，提高劳动者培育工匠精神的自主性。

七　构建更有力的保障支撑体系

不断强化各类政策协同机制、优化社会资本带动机制、完善就业创业服务机制、健全劳动关系协调机制、构建就业形势综合监测机制，加快落实规划重点任务。

（十六）强化各类政策协同机制。

坚持实施就业优先战略，充分发挥就业目标的引导作用，统筹制定国民经济和社会发展总体规划，统筹考虑宏观调控的重点和节奏。将促就业稳就业作为宏观经济政策的优先目标，加快完善更加积极的就业政策体系，加强就业政策与财税、货币、产业、投资、贸易等宏观经济政策以及人才、教育、培训、社保等社会政策的统筹协调，形成有利于促进就业的宏观政策体系。各级政府要积极调整财政支出结构，合理加大促进就业相关资金筹集力度，提高财政资金支持就业创业效益，保障就业管理和服务高效运转。实施支持就业创业的税收优惠政策，促进符合条件的重点群体就业创业。鼓励和引导各类金融机构加大对就业创业的金融支持。建立投资带动就业等宏观经济政策的就业影响评估机制。健全促进就业工作机制，完善考核指标体系，加大就业创业指标考核权重，强化政府促进就业责任。加强对就业工作进度和各项目标任务完成情况的督促检查，对就业创业工作成效明显的地方加大激励支持力度，对工作不力的予以问责。坚持底线思维，加强联防联控、相机抉择，建立突发事件应对机制，确保就业形势总体稳定。

（十七）优化社会资本带动机制。

统筹发挥好市场和政府"两只手"的作用，创新服务供给模式，通过政府和社会资本合作（PPP）等多种形式，有序有效引导并带动社会资本扩大就业创业服务供给。推动政府向社会力量购买更多基本公共就业创业服务，提升专业化服务水平。鼓励多元主体办学，引导行业企业、社会团体、科研机构和公民个人积极参与举办职业教育，重点支持举办非营利性职业院校，探索发展股份制、混合所有制职业院校，探索公办和社会力量举办的职业院校相互委托管理和购买服务机制。出台实施细则，落实土地供给、资质许可等具体办法，支持社会资本兴办教育和培训机构。落实政府购买培训相关政策，建立政府资金投入与管理制度，逐步形成培训机构自主开展培训、劳动者自主选择培训机构、政府提供资金支持和依法监管的职业技能培训运行机制。

（十八）完善就业创业服务机制。

加强基层公共就业创业服务平台建设，健全覆盖城乡的公共就业创业服务体系，完善运行管理机制。推进公共就业信息服务平台建设，完善全国就业信息监测制度，建立部门和省级就业信息资源库，实现就业管理和就业服务工作全程信息化。加快创业培训信息化管理平台建设，实现数据、信息、资源联通共享。健全人才流动公共服务体系，加快推进流动人员人事档案信息化建设。探索建立与国际接轨的全球人才招聘制度。加强"金保工程"建设，加快社会保险信息互联互通进程，进一步提高社会保险关系转移接续服务能力。完善公共就业创业和教育培训服务效能第三方评估机制。

（十九）健全劳动关系协调机制。

完善劳动标准体系。全面实行劳动合同制度。推行集体协商和集体合同制度。完善协调劳动关系三方机制。健全最低工资增长机制，建立统一规范的企业薪酬调查和信息发布制度，完善企业工资决定和正常增长机制、工资支付保障长效机制。完善劳动保障监察机制，加强劳动保障监察执法能力建设。加强劳动争议调解仲裁工作规范化、标准化、专业化、信息化建设，加快劳动争议调解仲裁服务体系建设，建立健全重大集体劳动争议应急调处机制和仲裁特别程序。

（二十）构建就业形势综合监测机制。

健全就业统计指标体系，完善统计口径和调查方法，建立有关就业新形态、创业情况的统计监测指标，更加全面反映就业创业情况。做好就业统计调查保障工作。建立就业统计数据质量核查机制，加强与社会保险等其他数据校核比对。进一步加强就业形势分析研判，健全就业形势定期综合会商评估工作机制。加强部门与研究机构、市场分析机构的密切协作，建立就业数据与宏观经济、行业经营等数据以及社会机构相关数据交叉比对机制，提高就业形势监测和分析能力。建立全国性的劳动力市场价格监测体系，及时掌握不同地区、重点行业的就业形势与收入变化等情况。建立完善失业监测预警机制，及时掌握监测企业人员变动情况及趋势，适时发布预警信息。

八　组织实施

（二十一）加强部门协调，明确职责分工。

各有关部门要高度重视促进就业工作，切实履行好促进就业鼓励创业的职责，不断完善促进就业创业的政策措施，健全工作机制，明确任务分工，加强跟踪调度，协调解决重大问题，确保本规划重点任务、主要措施有效落实。

（二十二）加强上下联动，压实各方责任。

各地区、各有关部门要结合实际，围绕规划主要任务，进一步细化目标措施，抓好贯彻落实。省级人民政府对辖区内规划实施工作负总责，确保规划重点任务和工程建设落到实处。

（二十三）加强督促检查，抓好规划评估。

国家发展改革委、人力资源社会保障部要会同有关部门建立督促检查制度，开展规划实施情况年度监测，组织规划实施中期和终期评估，重大情况及时上报国务院。

关于印发加强儿童医疗卫生服务
改革与发展意见的通知

国卫医发〔2016〕21 号

各省、自治区、直辖市及新疆生产建设兵团卫生计生委（卫生局）、发展改革委、教育厅（局）、财政（务）厅（局）、人力资源社会保障厅（局）、中医药管理局：

为贯彻落实《中共中央 国务院关于实施全面两孩政策改革完善计划生育服务管理的决定》和《国务院办公厅关于印发全国医疗卫生服务体系规划纲要（2015—2020 年）的通知》（国办发〔2015〕14 号）精神，深化医药卫生体制改革，缓解我国儿童医疗卫生服务资源短缺问题，促进儿童医疗卫生事业持续健康发展。经党中央、国务院同意，国家卫生计生委、国家发展改革委、教育部、财政部、人力资源社会保障部和国家中医药管理局制定了《关于加强儿童医疗卫生服务改革与发展的意见》，现印发你们，请各地认真贯彻落实。

国家卫生计生委
国家发展改革委
教育部
财政部
人力资源社会保障部
国家中医药管理局
2016 年 5 月 13 日

关于加强儿童医疗卫生服务改革与发展的意见

儿童健康事关家庭幸福和民族未来。加强儿童医疗卫生服务改革与发展，是健康中国建设和卫生计生事业发展的重要内容，对于保障和改善民生、提高全民健康素质具有重要意义。为贯彻落实《中共中央国务院关于实施全面两孩政策改革完善计划生育服务管理的决定》和《国务院办公厅关于印发全国医疗卫生服务体系规划纲要（2015—2020 年）的通知》（国办发〔2015〕14 号）精神，缓解我国儿童医疗卫生服务资源短缺问题，促进儿童医疗卫生事业持续健康发展，现就加强儿童医疗卫生服务改革与发展提出以下意见。

一　总体要求和主要目标

（一）总体要求。深入贯彻落实党的十八大和十八届三中、四中、五中全会精神，通过加强儿科医务人员培养和队伍建设，完善儿童医疗卫生服务体系，推动儿童医疗卫生服务领域改革与创新，促进儿童医疗卫生事业发展和儿童健康目标实现。"十三五"期间，制定实施儿科医务人员培养规划，通过"培养一批、转岗一批、提升一批"，增加儿科医务人员数量，提高队伍整体素质。通过调整结构、优化布局、提升能力，完善儿童医疗卫生服务体系，实现区域儿童医疗卫生资源均衡发展。通过深化体制机制改革，建立完善促进儿童医疗卫生事业发展的政策体系和激励机制，调动儿科医务人员积极性。坚持预防为主、防治结合、发挥基层作用，做好儿童医疗卫生服务工作，增强人民群众获得感。

（二）主要目标。到2020年，建立健全功能明确、布局合理、规模适当、富有效率的儿童医疗卫生服务体系，每千名儿童床位数增加到2.2张。加强儿科医务人员队伍建设，每千名儿童儿科执业（助理）医师数达到0.69名，每个乡镇卫生院和社区卫生服务机构至少有1名全科医生提供规范的儿童基本医疗服务，基本满足儿童医疗卫生需求。

二　加强儿科医务人员培养和队伍建设

（三）推进高等院校儿科医学人才培养。改革儿科学专业化教育，制定普通高校开展儿科学专业人才培训规划。儿科医疗资源短缺的地区可在有条件的高校举办儿科学本科专业教育。2016年起在39所举办"5＋3"一体化医学教育的高校开展一体化儿科医生培养。根据教学资源和岗位需求，扩大儿科学专业研究生招生规模，医疗机构优先招聘儿科学专业本科生和研究生。继续推进农村订单定向医学生免费培养工作，"十三五"期间每年为基层医疗卫生机构招收培养约5000名从事儿科等各科常见疾病诊疗服务的全科医学人才。

（四）扩大儿科专业住院医师规范化培训规模。根据临床医学、儿科学毕业生数量和岗位需求，住院医师规范化培训招生向儿科倾斜，到2020年累计招收培训儿科专业住院医师3万名以上。加强培训体系建设及培训过程管理，注重培养临床诊疗能力，提高临床技能水平，使培训合格的儿科专业住院医师具备独立从事儿科临床工作的能力。各地统筹使用住院医师规范化培训财政补助资金时，在生活补助等方面适当向儿科倾斜，鼓励各地探索订单式培养的有效途径。鼓励和吸引经过住院医师规范化培训的中医、中西医结合专业住院医师从事中医儿科诊疗工作。

（五）开展儿科医师转岗培训。通过财政补助和医院自筹等方式拓宽经费来源，加大儿科医师转岗培训力度。对已转到其他岗位的儿科医师，鼓励和引导他们返回儿科岗位。开展市、县级医疗机构相关专业医师的儿科转岗培训，使其系统掌握儿科季节性疾病、常见病、多发病的病因、发病机理、临床表现、诊断及鉴别诊断、治疗、康复与预防等专业知识和技能。经转岗培训考核合格且符合条件的，在原专科执业范围的基础上增加儿科执业范围，并纳入相关专业和儿科专业医师定期考核。

三　完善儿童医疗卫生服务体系

（六）加强儿童医院、综合医院儿科和妇幼保健机构建设。将增加儿童医疗卫生资源供给作为"十三五"期间卫生计生服务体系建设的重点，进一步加大政府投入，重点支持地市级儿童医院、综合医院儿科和省、市、县妇幼保健机构建设，建成国家、省、市、县四级儿童医疗卫生服务体系。结合各地医疗卫生服务体系规划和医疗资源配置情况，省会城市设置 1 所儿童医院，其他常住人口超过 300 万的地级市可设置 1 所儿童医院；城市综合医院可根据医疗需求开设儿科门诊，需求较大的设置儿科病房；每个县至少有 1 所县级公立医院设置有病房的儿科，并根据实际需求合理确定病房床位数；各地可依托医学院校建设儿童医院。加强儿童医疗卫生服务资源的统筹利用，鼓励有条件的妇幼保健机构扩展强化产科、儿科等服务功能，提高资源配置效率和服务水平。

（七）优化优质儿童医疗资源区域布局。促进区域间儿科医疗服务同质化，减少患者跨区域流动，减轻患者看病就医负担。制定国家儿童医学中心设置规划、标准和程序，充分利用现有优质医疗资源，依托规模适宜、水平领先的儿童医院或者设有儿科的综合医院，结合国家临床重点专科建设项目，分区域设置国家儿童医学中心。发挥各中心的引领和辐射作用，提供儿童重大疾病、疑难复杂疾病和急危重症诊疗及康复服务；培养儿科师资力量和骨干人才；开展儿科临床转化研究，开发推广儿科高新技术和适宜技术。

（八）推动形成儿童医疗服务网络。统筹规划、合理布局区域内儿科医疗资源，形成儿童医疗服务网络。结合推进分级诊疗制度建设，明确各级医疗卫生机构服务功能定位，儿童医院和三级综合医院重点收治重大专科疾病和疑难复杂疾病患者，基层医疗卫生机构主要负责儿童疾病预防保健、基本医疗服务等。提升基层医疗卫生机构儿童服务能力，加强全科医生儿科专业技能培训。妇幼保健机构做好儿童医疗和预防保健工作。加强医疗机构与康复机构协作，做好残疾儿童早期干预。充分借助"互联网＋"行动计划和国家大数据发展战略，利用信息网络技术，不断丰富儿童医疗卫生服务手段，健全完善儿童健康教育、医疗信息查询、在线咨询和远程医疗服务体系。

四　推进儿童医疗卫生服务领域改革

（九）合理调整儿科医疗服务价格。按照"总量控制、结构调整、有升有降、逐步到位"的原则，合理调整儿科医疗服务价格。对于儿童临床诊断中有创活检和探查、临床手术治疗等体现儿科医务人员技术劳务特点和价值的医疗服务项目，收费标准要高于成人医疗服务收费标准。调整后的医疗费用按规定纳入医保支付范围，避免增加患者就医负担。

（十）提高儿科医务人员薪酬待遇。大力提升儿科医务人员岗位吸引力。健全以服务质量、数量和患者满意度为核心的内部分配机制，做到优绩优酬、同工同酬。严禁把医务人员个人收入与医疗机构药品、耗材、检查和化验收入挂钩。在医疗机构内部分配中，要充分考虑儿科工作特点，合理确定儿科医务人员工资水平，儿科医务人员收入不低于本单位同级别医务人员收入平均水平。

（十一）促进儿科医务人员职业发展。经过住院医师规范化培训的儿科医师，可参照国家卫生计生委等部门《关于开展全科医生特设岗位计划试点工作的暂行办法》，在职称晋升和主治医师岗位聘用中给予适当倾斜。在卫生计生突出贡献专家选拔和其他评优评先工作中，对于符合条件的儿科医务人员，予以重点考虑。

（十二）推进优质儿童医疗资源下沉。通过组建医院集团、医疗联合体、对口支援等方式，促进优质儿童医疗资源下沉。鼓励儿童医院、二级以上综合医院和妇幼保健机构儿科医师到基层医疗卫生机构多点执业，或者定期出诊、巡诊，提高基层医疗卫生机构服务能力，方便患者就近就诊。通过远程医疗提高儿童医疗卫生服务可及性，通过进修教育、远程培训等，重点为中西部地区培训儿科骨干人才，促进区域间医疗服务能力均衡发展。

（十三）优先开展儿童家庭签约服务。建立基层医疗卫生机构家庭医生签约服务制度，优先与儿童家庭开展签约服务。有条件的基层医疗卫生机构，可以将儿童医院、综合医院和妇幼保健机构的儿科医师纳入签约团队，为儿童提供预防、医疗、康复、保健服务。

（十四）鼓励社会力量举办儿童专科医疗机构。引导和鼓励社会力量举办儿童医院、儿科诊所，形成多元办医格局，满足多样化儿童医疗卫生服务需求。进一步简化审批程序，缩短审批时限，优化审批流程，有条件的地方要提供一站式服务；在临床重点专科建设、人才培养等方面对社会办非营利性医疗机构，执行与公立医疗机构同等补助政策；通过特许经营、公建民营、民办公助等模式，支持社会力量举办非营利性儿童医院。各地可通过政府购买服务等方式，支持社会办儿童专科医疗机构为儿童提供基本医疗卫生服务，符合条件的医疗机构按规定纳入医保定点范围。鼓励公立医院与社会办儿童医院、儿科诊所开展合作，在确保医疗安全和满足医疗核心功能的前提下，实现医学影像、医学检验等资源共享。

（十五）开展贫困家庭儿童医疗救助。全面实施贫困地区新生儿疾病筛查项目，完善城乡医疗救助制度，加大贫困家庭儿童医疗救助力度，做好与城乡居民基本医保、大病保险、疾病应急救助等制度的衔接，进一步提高儿童重大疾病救治费用保障水平，减少贫困儿童家庭因病致贫、因病返贫。

（十六）做好儿童用药供应保障。建立儿童用药审评审批专门通道，对儿童用药价格给予政策扶持，优先支持儿童用药生产企业产品升级、技术改造。建立健全短缺药品供应保障预警机制，及时掌握短缺儿童用药生产动态，积极协调解决生产企业突出问题和困难，提高生产供应保障能力。

五　防治结合提高服务质量

（十七）促进儿童预防保健。各地要按照国家基本公共卫生服务规范开展儿童健康管理，做好预防接种，实施新生儿保健、生长发育监测、营养与喂养指导等，加强肺结核等儿童传染病防治。运用中医药方法对儿童常见健康问题进行保健指导和干预，促进儿童健康发育。开展健康知识和疾病预防知识宣传，提高家庭儿童保健意识。通过促进道路交通安全、环境整治等工作，减少儿童伤害。寄宿制学校或者600人以上的非寄宿制学校要设立卫生室（保健室），充分发挥幼儿园和学校校医作用，开展季节性疾病和常见病、多发病预防保健工作，减少季节性疾病暴发。

（十八）加强儿童急危重症救治能力建设。依托技术力量较强的儿童医院、综合医院儿科和妇幼保健机构，在城市和县域建立儿童急危重症救治中心。提高院前急救机构反应能力，及时将急危重症儿童转运至救治中心。儿童医院、综合医院和妇幼保健机构要开通急危重症儿童急诊绿色通道，提高救治能力，实现院前急救、院内急诊、重症监护无缝有效衔接。

（十九）有效应对高峰期医疗需求。各省级卫生计生部门（含中医药管理部门）和各级医疗机构要制定儿童就诊高峰期应对预案，在学生假期和季节性疾病高发期，根据儿童医疗服务需求，合理调配儿科医务人员力量，做好门诊和急诊的有效衔接，满足高峰期儿童患者医疗需求。组织开展二级以上综合医院内科高年资医师的儿科专业培训工作，使其具备儿科季节性疾病、常见病、多发病的临床诊疗能力，在儿童就诊高峰期充实儿科医疗力量。

（二十）加强中医儿科诊疗服务。分区域建设国家中医儿科诊疗中心，发挥中医药在儿科重大疾病、疑难重症诊疗方面的作用。在全国县级以上公立中医院普遍设立儿科，提供儿科常见病、多发病中医药诊疗服务。有条件的地市级以上中医院应当开设儿科病房。在基层医疗卫生机构大力推广运用中医药技术方法开展儿童基本医疗和预防保健。县级以上妇幼保健机构能够提供儿科中医药服务，省级和市级妇幼保健机构设置中医儿科。儿童医院能够提供儿科中医药服务，三级儿童医院和有条件的二级儿童医院应当设置中医儿科。

（二十一）构建和谐医患关系。儿童医院和综合医院儿科要针对儿童及其家属心理特点，开展社工和志愿者服务，加强医患沟通，及时释疑解惑，畅通医疗纠纷投诉渠道，建立投诉反馈制度。大力开展"平安医院"建设，推进实施院内调解、人民调解、司法调解和医疗责任保险制度，推动医疗纠纷依法解决。严厉打击伤害医务人员、医闹等涉医违法犯罪行为，为儿科医务人员创造良好执业环境。普及儿科疾病防病医学知识，引导居民形成合理就医预期。

六 组织实施

（二十二）加强组织领导。各地区、各有关部门要高度重视，强化落实责任，把加强儿童医疗卫生服务改革与发展摆在重要位置，纳入健康中国建设和实施全面两孩政策的总体部署，加强组织领导，密切协作配合，完善配套措施。地方各级人民政府要调查分析区域服务资源现状，2016年6月底前制定儿科医务人员培养规划和加强儿童医疗卫生服务改革与发展的具体实施方案，确保各项政策措施取得实效。综合医改试点省份和公立医院综合改革试点城市要将儿童医疗卫生服务领域改革纳入医改整体规划，加强政策协调衔接，与各项改革重点工作统筹推进。

（二十三）强化部门协作。卫生计生部门（含中医药管理部门）要按照全国医疗卫生服务体系规划纲要（2015—2020年）和医疗机构设置规划，合理布局区域内儿童医疗卫生服务资源，推动开展规范化的儿科诊疗服务，加强儿童医疗卫生服务监管，提高医疗质量，确保医疗安全。发展改革部门要将加强儿童医疗卫生服务纳入国民经济和社会发展总体规划，加强医疗卫生机构建设，在医疗服务价格改革中，根据儿科服务特点科学核定儿科医疗服务价格。教育部门要加强儿科学专业医学生培养力度。财政部门要切实落实财政投入相关政策，并向儿童医院和儿科、儿童康复工作适当倾斜。人力资源社会保障部门、卫生计生部门要按规定将调整后的儿科医疗费用纳入医保支付范围，完善城乡居民基本医保制度，逐步提高保障水平。人力资源社会保障部门要会同有关部门加快推进公立医院薪酬制度改革，配合卫生计生部门指导公立医院完善内部分配机制，调动儿科医务人员积极性。

（二十四）加强社会宣传。各地区、各有关部门要高度重视儿童医疗卫生服务工作的社会宣传，充分运用多种宣传手段和宣传平台加强政策宣介和解读，引导全社会共同关注和支持儿童医疗卫生服务工作，营造良好舆论氛围。

（二十五）开展考核督查。国家卫生计生委要会同相关部门建立重点工作跟踪和定期督导制度，对重点任务设置年度指标，强化政策指导和督促检查，及时总结经验并定期通报工作进展。

国务院关于统筹推进县域内城乡义务教育一体化改革发展的若干意见

国发〔2016〕40 号

各省、自治区、直辖市人民政府，国务院各部委、各直属机构：

　　义务教育是教育工作的重中之重，是国家必须保障的公益性事业，是必须优先发展的基本公共事业，是脱贫攻坚的基础性事业。当前，我国已进入全面建成小康社会的决胜阶段，正处于新型城镇化深入发展的关键时期，这对整体提升义务教育办学条件和教育质量提出了新要求。同时，户籍制度改革、计划生育政策调整、人口及学生流动给城乡义务教育学校规划布局和城镇学位供给带来了巨大挑战。在许多地方，城乡二元结构矛盾仍然突出，乡村优质教育资源紧缺，教育质量亟待提高；城镇教育资源配置不适应新型城镇化发展，大班额问题严重。为落实全面建成小康社会要求，促进义务教育事业持续健康发展，现就统筹推进县域内城乡义务教育一体化改革发展提出如下意见。

一　指导思想

　　全面贯彻党的十八大和十八届三中、四中、五中全会精神，深入贯彻习近平总书记系列重要讲话精神，按照"四个全面"战略布局和党中央、国务院决策部署，切实加强党对教育工作的领导，坚持以新发展理念为引领，落实立德树人根本任务，加强学校党的建设，深化综合改革，推进依法治教，提高教育质量，统筹推进县域内城乡义务教育一体化改革发展。适应全面建成小康社会需要，合理规划城乡义务教育学校布局建设，完善城乡义务教育经费保障机制，统筹城乡教育资源配置，向乡村和城乡结合部倾斜，大力提高乡村教育质量，适度稳定乡村生源，增加城镇义务教育学位和乡镇学校寄宿床位，推进城镇义务教育公共服务常住人口全覆盖，着力解决"乡村弱"和"城镇挤"问题，巩固和均衡发展九年义务教育，加快缩小县域内城乡教育差距，为到 2020 年教育现代化取得重要进展和全面建成小康社会奠定坚实基础。

二　基本原则

　　优先发展，统筹规划。在推进新型城镇化进程中坚持优先发展义务教育，做到公共资源配置上对义务教育统筹规划、优先发展和重点保障。坚持城乡并重和软硬件并重，科学推进城乡义务教育公办学校标准化建设。

　　深化改革，创新机制。深化义务教育治理结构、教师管理和保障机制改革，构建与常住人口增长趋势和空间布局相适应的城乡义务教育学校布局建设机制，完善义务教育治理体系，提升义务教育治理能力现代化水平。

　　提高质量，公平共享。把立德树人作为根本任务，把均衡发展和品质提升作为重要抓手，积极培育和践行社会主义核心价值观,促进教育公平,使城乡学生共享有质量的教育。

分类指导,有序推进。针对东中西部、城镇类型、城镇化水平和乡村实际情况,因地制宜选择发展路径,科学规划城乡义务教育规模,保障教师按需配置,引导学生合理流动。

三 工作目标

加快推进县域内城乡义务教育学校建设标准统一、教师编制标准统一、生均公用经费基准定额统一、基本装备配置标准统一和"两免一补"政策城乡全覆盖,到2020年,城乡二元结构壁垒基本消除,义务教育与城镇化发展基本协调;城乡学校布局更加合理,大班额基本消除,乡村完全小学、初中或九年一贯制学校、寄宿制学校标准化建设取得显著进展,乡村小规模学校(含教学点)达到相应要求;城乡师资配置基本均衡,乡村教师待遇稳步提高、岗位吸引力大幅增强,乡村教育质量明显提升,教育脱贫任务全面完成。义务教育普及水平进一步巩固提高,九年义务教育巩固率达到95%。县域义务教育均衡发展和城乡基本公共教育服务均等化基本实现。

四 主要措施

(一)同步建设城镇学校。各地要按照城镇化规划和常住人口规模编制城镇义务教育学校布局规划,根据学龄人口变化趋势、中小学建设标准,预留足够的义务教育学校用地,纳入城市、镇规划并严格实施,不得随意变更,确保城镇学校建设用地。实行教育用地联审联批制度,新建配套学校建设方案,相关部门应征得同级教育行政部门同意。依法落实城镇新建居住区配套标准化学校建设,老城区改造配套学校建设不足和未达到配建学校标准的小规模居住区,由当地政府统筹新建或改扩建配套学校,确保足够的学位供给,满足学生就近入学需要。地方政府要实施"交钥匙"工程,确保配套学校建设与住宅建设首期项目同步规划、同步建设、同步交付使用。

(二)努力办好乡村教育。各地要结合国家加快水电路气等基础设施向农村延伸,在交通便利、公共服务成型的农村地区合理布局义务教育学校。同时,办好必要的乡村小规模学校。因撤并学校造成学生就学困难的,当地政府应因地制宜,采取多种方式予以妥善解决。合理制定闲置校园校舍综合利用方案,严格规范权属确认、用途变更、资产处置等程序,并优先用于教育事业。要切实提高教育资源使用效益,避免出现"边建设、边闲置"现象。着力提升乡村教育质量,按照国家课程方案开设国家课程,通过开展城乡对口帮扶和一体化办学、加强校长教师轮岗交流和乡村校长教师培训、利用信息技术共享优质资源、将优质高中招生分配指标向乡村初中倾斜等方式,补齐乡村教育短板。推动城乡教师交流,城镇学校和优质学校教师每学年到乡村学校交流轮岗的比例不低于符合交流条件教师总数的10%,其中骨干教师不低于交流轮岗教师总数的20%。结合乡村教育实际,定向培养能够承担多门学科教学任务的教师,提高教师思想政治素质和师德水平,加强对学生的思想品德教育和爱国主义教育,在音乐和美术(或艺术)、体育与健康等学科中融入优秀传统艺术和体育项目,在学科教学特别是品德、科学教学中突出实践环节,确保综合实践和校外教育活动常态化。开展专题教育、地方课程和学校课程等课程整合试点,进一步增强课程的基础性、适宜性和教学吸引力。

(三)科学推进学校标准化建设。各地要逐县(市、区)逐校建立义务教育学校标准化建设台账,全面摸清情况,完善寄宿制学校、乡村小规模学校办学标准,科学推进城乡义务教育公办学校标准化建设,全面改善贫困地区义务教育薄弱学校基本办学条件。提升乡村学校信息化水平，全面提高乡村教师运用信息技术能力，促进优质教育资源共享。适当提高寄宿制学校、规模较小学校和北方取暖地区学校公用经费补助水平，切实保障正常运转。落实义务教育学校管理标准，提高学校管理标准化水平。重点提高乡镇寄宿制学校管理服务水平，通过政府购买服务等方式为乡镇寄宿制学校提供工勤和教学辅助服务。各地要在县域义务教育基本均衡的基础上，促进义务教育优质均衡发展，探索市（地）域义务教育均衡发展实现路径，鼓励有条件的地区在更大范围开展城乡义务教育一体化改革发展试点，发挥引领示范作用。

（四）实施消除大班额计划。省级人民政府要结合本地实际制订消除大班额专项规划，明确工作任务和时间表、路线图，到 2018 年基本消除 66 人以上超大班额，到 2020 年基本消除 56 人以上大班额。各地要统筹"十三五"期间义务教育学校建设项目，按照国家规定班额标准，新建和改扩建校园校舍，重点解决城镇大班额问题，加快消除现有大班额。要通过城乡义务教育一体化、实施学区化集团化办学或学校联盟、均衡配置师资等方式，加大对薄弱学校和乡村学校的扶持力度，促进均衡发展，限制班额超标学校招生人数，合理分流学生。县级教育行政部门要建立消除大班额工作台账，对大班额学校实行销号管理，避免产生新的大班额问题。各省级人民政府要于 2016 年年底前将消除大班额专项规划报国家教育体制改革领导小组备案。

（五）统筹城乡师资配置。各地要依据义务教育学校教职工编制标准、学生规模和教育教学需要，按照中央严格控制机构编制有关要求，合理核定义务教育学校教职工编制。建立城乡义务教育学校教职工编制统筹配置机制和跨区域调整机制，实行教职工编制城乡、区域统筹和动态管理，盘活编制存量，提高使用效益。国务院人力资源社会保障部门和教育部门要研究确定县域统一的义务教育学校岗位结构比例，完善职称评聘政策，逐步推动县域内同学段学校岗位结构协调并向乡村适当倾斜，实现职称评审与岗位聘用制度的有效衔接，吸引优秀教师向农村流动。县级教育行政部门在核定的教职工编制总额和岗位总量内，要按照班额、生源等情况，充分考虑乡村小规模学校、寄宿制学校和城镇学校的实际需要，统筹分配各校教职工编制和岗位数量，并向同级机构编制部门、人力资源社会保障部门和财政部门备案。全面推进教师"县管校聘"改革，按照教师职业特点和岗位要求，完善教师招聘机制，统筹调配编内教师资源，着力解决乡村教师结构性缺员和城镇师资不足问题。严禁在有合格教师来源的情况下"有编不补"、长期聘用编外教师，严禁挤占挪用义务教育学校教职工编制和各种形式"吃空饷"。积极鼓励和引导乡村志愿支教活动。

（六）改革乡村教师待遇保障机制。各地要实行乡村教师收入分配倾斜政策，落实并完善集中连片特困地区和边远艰苦地区乡村教师生活补助政策，因地制宜稳步扩大实施范围，按照越往基层、越往艰苦地区补助水平越高的原则，使乡村教师实际工资收入水平不低于同职级县镇教师工资收入水平。健全长效联动机制，核定义务教育学校绩效工资总量时统筹考虑当地公务员实际收入水平，确保县域内义务教育教师平均工资收入水平不低于当地公务员的平均工资收入水平。建立乡村教师荣誉制度，使广大乡村教师有更多的获得感。完善乡村教师职业发展保障机制，合理设置乡村学校中级、高级教师岗位比例。落实中小学教师职称评聘结合政策，确保乡村学校教师职称即评即聘。将符合条件的边远艰苦地区乡村学校教师纳入当地政府住房保障体系，加快边远艰苦地区乡村教师周转宿舍建设。

（七）改革教育治理体系。各地要深化义务教育治理结构改革，完善县域内城乡义务教育一体化改革发展监测评估标准和督导评估机制，切实提高政府教育治理能力。在实行"以县为主"管理体制基础上，进一步加强省级政府统筹，完善乡村小规模学校办学机制和管理办法，将村小学和教学点纳入对乡村中心学校考核，加强乡村中心学校对村小学、教学点的指导和管理。充分发挥学校党组织政治核心作用，坚持育人为本、德育为先，全面加强思想政治教育；

认真落实校长负责制，全面推进学校章程建设，完善学校重大事项决策机制，逐步形成中国特色的依法办学、自主管理、民主监督、社会参与的现代学校制度。落实学校办学自主地位，完善家长委员会，推动社区参与学校治理，建立第三方评价机制，促进学校品质提升。健全校长和班主任工作激励机制，根据考核结果合理确定校长绩效工资水平，坚持绩效工资分配向班主任倾斜，班主任工作量按当地教师标准课时工作量一半计算。创新校外教育方式，构建校内外教育相互衔接的育人机制。探索建立学生意外伤害援助机制和涉校涉生矛盾纠纷调解仲裁机制，维护学校正常教育教学秩序和师生合法权益，推动平安校园建设。

（八）改革控辍保学机制。县级人民政府要完善控辍保学部门协调机制，督促监护人送适龄儿童、少年入学并完成义务教育。进一步落实县级教育行政部门、乡镇政府、村（居）委会、学校和适龄儿童父母或其他监护人控辍保学责任，建立控辍保学目标责任制和联控联保机制。县级教育行政部门要依托全国中小学生学籍信息管理系统建立控辍保学动态监测机制，加强对农村、边远、贫困、民族等重点地区，初中等重点学段，以及流动留守儿童、家庭经济贫困儿童等重点群体的监控。义务教育学校要加大对学习困难学生的帮扶力度，落实辍学学生劝返、登记和书面报告制度，劝返无效的，应书面报告县级教育行政部门和乡镇人民政府，相关部门应依法采取措施劝返复学。居民委员会和村民委员会要协助政府做好控辍保学工作。各地要加大对家庭经济困难学生的社会救助和教育资助力度，优先将建档立卡的贫困户家庭学生纳入资助范围。深入实施农村义务教育学生营养改善计划，提高营养膳食质量，改善学生营养状况。通过保障就近入学、建设乡镇寄宿制学校、增设公共交通线路、提供校车服务等方式，确保乡村适龄儿童不因上学不便而辍学。针对农村残疾儿童实际，做到"一人一案"，切实保障农村残疾儿童平等接受义务教育权利。完善学生资助政策，继续扩大面向贫困地区定向招生专项计划招生人数，畅通绿色升学通道，切实提高贫困家庭学生升学信心。

（九）改革随迁子女就学机制。各地要进一步强化流入地政府责任，将随迁子女义务教育纳入城镇发展规划和财政保障范围，坚持积极进取、实事求是、稳步推进，适应户籍制度改革要求，建立以居住证为主要依据的随迁子女入学政策，切实简化优化随迁子女入学流程和证明要求，提供便民服务，依法保障随迁子女平等接受义务教育。利用全国中小学生学籍信息管理系统数据，推动"两免一补"资金和生均公用经费基准定额资金随学生流动可携带。要坚持以公办学校为主安排随迁子女就学，对于公办学校学位不足的可以通过政府购买服务方式安排在普惠性民办学校就读。实现混合编班和统一管理，促进随迁子女融入学校和社区。公办和民办学校都不得向随迁子女收取有别于本地户籍学生的任何费用。特大城市和随迁子女特别集中的地方，可根据实际制定随迁子女入学的具体办法。

（十）加强留守儿童关爱保护。各地要落实县、乡人民政府属地责任，建立家庭、政府、学校尽职尽责，社会力量积极参与的农村留守儿童关爱保护工作体系，促进农村留守儿童健康成长。要深入排查，建立台账，全面掌握留守儿童基本情况，加强关爱服务和救助保护，帮助解决实际困难，确保留守儿童人身安全。中小学校要加强法治教育、安全教育和心理健康教育，积极开展心理辅导。强化家庭监护主体责任，鼓励父母取得居住证的适龄儿童随父母在工作地就近入学，外出务工父母要依法履行监护职责和抚养义务。依法追究父母或其他监护人不履行监护职责的责任，依法处置各种侵害留守儿童合法权益的违法行为。发挥乡镇政府和村委会作用，督促外出务工家长履行监护责任。

五　组织保障

（一）加强党的领导。各地要认真落实党委全面从严治党主体责任，进一步加强新形势下党对城乡义务教育一体化改革发展工作的领导，全面贯彻党的教育方针，坚持社会主义办学方向。要高度重视义务教育学校党建工作，建立健全党委统一领导、教育部门具体负责、有关方面齐抓共管的学校党建工作领导体制，全面加强学校党组织建设，实现党组织全覆盖，严格党组织生活，切实做好教师思想政治工作，注重从优秀教师中发展党员，充分发挥学校党组织的战斗堡垒作用和党员教师的先锋模范作用。

（二）落实政府责任。各地要加强省级政府统筹，根据国家新型城镇化发展的总体部署和本地城镇化进程，把义务教育摆在优先发展的突出位置，纳入城镇发展规划。完善相关政策措施，通过政府购买服务、税收激励等引导和鼓励社会力量支持义务教育发展。把统筹推进县域内城乡义务教育一体化改革发展作为地方各级政府政绩考核的重要内容，完善考核机制，健全部门协调机制，及时研究解决义务教育改革发展面临的重大问题和人民群众普遍关心的热点问题，确保各项改革措施落实到位、工作目标按期实现，促进义务教育与新型城镇化协调发展。

（三）明确部门职责。各级教育部门要加强同有关部门的协调沟通，编制完善义务教育规划，积极推动县域内城乡义务教育一体化改革发展各项措施落实到位。发展改革部门在编制相关规划时，要统筹考虑义务教育学校布局，在安排重大项目和资金投入时优先支持义务教育学校建设。财政部门和教育部门要积极建立和完善城乡统一、重在农村的义务教育经费保障机制。公安部门要加强居住证管理，建立随迁子女登记制度，及时向同级教育行政部门通报有关信息。民政部门要将符合条件的特殊困难流动留守儿童和家庭经济困难儿童纳入社会救助政策保障范围，落实兜底保障职责。机构编制部门和人力资源社会保障部门要为推动实现统筹分配城乡学校教职工编制和岗位提供政策支持。人力资源社会保障部门要加强监督检查，依法督促落实职工带薪年休假制度，支持外出务工父母定期回乡看望留守儿童。国土部门要依法切实保障学校建设用地。城乡规划主管部门制定控制性详细规划涉及中小学用地的，应当征求同级教育行政部门意见。未按照规划配套建设学校的，不得发放建设工程规划核实合格书，不得办理竣工验收备案。

（四）加强督导检查。地方各级政府要加强对本地区落实有关义务教育工作情况的专项检查，定期向同级人民代表大会或其常务委员会报告义务教育工作情况。各级教育督导部门要开展县域内城乡义务教育一体化改革发展主要措施落实和工作目标完成情况的专项督导检查，完善督导检查结果公告制度和限期整改制度，强化督导结果运用。对因工作落实不到位，造成不良社会影响的部门和有关责任人，要严肃问责。

（五）营造良好氛围。各地要加大对国家新型城镇化规划、脱贫攻坚、户籍制度改革、居住证制度、县域内城乡义务教育一体化改革发展工作等的综合宣传和政策解读力度，进一步凝聚人心，统一认识，在全社会营造关心支持义务教育工作的良好氛围。要依法推进学校信息公开，有效发挥社会监督和舆论监督的积极作用。各地要认真总结成功做法和典型经验，并通过多种形式进行深入宣传和推广，使义务教育改革发展更好地服务于新型城镇化建设和全面建成小康社会奋斗目标。

国务院

2016 年 7 月 2 日

国务院办公厅关于印发
国家职业病防治规划(2016—2020年)的通知

国办发〔2016〕100号

各省、自治区、直辖市人民政府，国务院各部委、各直属机构：

《国家职业病防治规划（2016—2020年）》已经国务院同意，现印发给你们，请认真贯彻执行。

国务院办公厅
2016年12月26日

国家职业病防治规划（2016—2020年）

为加强职业病防治工作，切实保障劳动者职业健康权益，依据《中华人民共和国职业病防治法》，制定本规划。

一 职业病防治现状和问题

职业病防治事关劳动者身体健康和生命安全，事关经济发展和社会稳定大局。党中央、国务院高度重视职业病防治工作。《"健康中国2030"规划纲要》明确提出，要强化行业自律和监督管理职责，推动企业落实主体责任，推进职业病危害源头治理，预防和控制职业病发生。

《中华人民共和国职业病防治法》实施以来特别是《国家职业病防治规划（2009—2015年）》（国办发〔2009〕43号）印发以来，各地区、各有关部门依法履行职业病防治职责，强化行政监管，防治体系逐步健全，监督执法不断加强，源头治理和专项整治力度持续加大，用人单位危害劳动者健康的违法行为有所减少，工作场所职业卫生条件得到改善。职业病危害检测、评价与控制，职业健康检查以及职业病诊断、鉴定、救治水平不断提升，职业病防治机构、化学中毒和核辐射医疗救治基地建设得到加强，重大急性职业病危害事故明显减少。职业病防治宣传更加普及，全社会防治意识不断提高。

但是，当前我国职业病防治还面临着诸多问题和挑战。一是职业病危害依然严重。全国每年新报告职业病病例近3万例，分布在煤炭、化工、有色金属、轻工等不同行业，涉及企业数量多。二是用人单位主体责任落实不到位。部分用人单位主要负责人法治意识不强，对改善作业环境、提供防护用品、组织职业健康检查投入不足，农民工、劳务派遣人员等的职业病防护得不到有效保障。三是职业卫生监管和职业病防治服务能力不足。部分地区基层监管力量和防治工作基础薄弱，对危害信息掌握不全，对重点职业病及职业相关危害因素监测能力不足。四是新的职业病危害问题不容忽视。随着新技术、新工艺、新设备和新材料的广泛应用，新的职业病危害因素不断出现，对职业病防治工作提出新挑战。

二　总体要求

（一）指导思想。全面贯彻党的十八大和十八届三中、四中、五中、六中全会精神，深入学习贯彻习近平总书记系列重要讲话精神，认真落实党中央、国务院决策部署，紧紧围绕统筹推进"五位一体"总体布局和协调推进"四个全面"战略布局，牢固树立和贯彻落实创新、协调、绿色、开放、共享的发展理念，坚持正确的卫生与健康工作方针，强化政府监管职责，督促用人单位落实主体责任，提升职业病防治工作水平，鼓励全社会广泛参与，有效预防和控制职业病危害，切实保障劳动者职业健康权益，促进经济社会持续健康发展，为推进健康中国建设奠定重要基础。

（二）基本原则。

坚持依法防治。推进职业病防治工作法治化建设，建立健全配套法律、法规和标准，依法依规开展工作。落实法定防治职责，坚持管行业、管业务、管生产经营的同时必须管好职业病防治工作，建立用人单位诚信体系。

坚持源头治理。把握职业卫生发展规律，坚持预防为主、防治结合，以重点行业、重点职业病危害和重点人群为切入点，引导用人单位开展技术改造和转型升级，改善工作场所条件，从源头预防控制职业病危害。

坚持综合施策。统筹协调职业病防治工作涉及的方方面面，更加注重部门协调和资源共享，切实落实用人单位主体责任，提升劳动者个体防护意识，推动政府、用人单位、劳动者各负其责、协同联动，形成防治工作合力。

（三）规划目标。到 2020 年，建立健全用人单位负责、行政机关监管、行业自律、职工参与和社会监督的职业病防治工作格局。职业病防治法律、法规和标准体系基本完善，职业卫生监管水平明显提升，职业病防治服务能力显著增强，救治救助和工伤保险保障水平不断提高；职业病源头治理力度进一步加大，用人单位主体责任不断落实，工作场所作业环境有效改善，职业健康监护工作有序开展，劳动者的职业健康权益得到切实保障；接尘工龄不足 5 年的劳动者新发尘肺病报告例数占年度报告总例数的比例得到下降，重大急性职业病危害事故、慢性职业性化学中毒、急性职业性放射性疾病得到有效控制。

——用人单位主体责任不断落实。重点行业的用人单位职业病危害项目申报率达到 85% 以上，工作场所职业病危害因素定期检测率达到 80% 以上，接触职业病危害的劳动者在岗期间职业健康检查率达到 90% 以上，主要负责人、职业卫生管理人员职业卫生培训率均达到 95% 以上，医疗卫生机构放射工作人员个人剂量监测率达到 90% 以上。

——职业病防治体系基本健全。建立健全省、市、县三级职业病防治工作联席会议制度。设区的市至少应确定 1 家医疗卫生机构承担本辖区内职业病诊断工作，县级行政区域原则上至少确定 1 家医疗卫生机构承担本辖区职业健康检查工作。职业病防治服务网络和监管网络不断健全，职业卫生监管人员培训实现全覆盖。

——职业病监测能力不断提高。健全监测网络，开展重点职业病监测工作的县（区）覆盖率达到 90%。提升职业病报告质量，职业病诊断机构报告率达到 90%。初步建立职业病防治信息系统，实现部门间信息共享。

——劳动者健康权益得到保障。劳动者依法应参加工伤保险覆盖率达到 80% 以上，逐步实现工伤保险与基本医疗保险、大病保险、医疗救助、社会慈善、商业保险等有效衔接，切实减轻职业病病人负担。

三 主要任务

（一）强化源头治理。开展全国职业病危害调查，掌握产生职业病危害的用人单位基本情况，以及危害地区、行业、岗位、人群分布等基本信息。建立职业病危害严重的落后工艺、材料和设备淘汰、限制名录管理制度，推广有利于保护劳动者健康的新技术、新工艺、新设备和新材料。以职业性尘肺病、化学中毒为重点，在矿山、有色金属、冶金、建材等行业领域开展专项治理。严格源头控制，引导职业病危害严重的用人单位进行技术改造和转型升级。开展职业病危害治理帮扶行动，探索设立中小微型用人单位职业病防治公益性指导援助平台。加强对新发职业病危害的研究识别、评价与控制。

（二）落实用人单位主体责任。督促职业病危害严重的用人单位建立防治管理责任制，健全岗位责任体系，做到责任到位、投入到位、监管到位、防护到位、应急救援到位。推动企业依法设立职业卫生管理机构，配备专（兼）职管理人员和技术人员。通过经验推广、示范创建等方式，引导用人单位发挥主体作用，自主履行法定义务。帮助用人单位有针对性地开展职业卫生培训，提高主要负责人、管理人员和劳动者的职业病危害防护意识。督促用人单位落实建设项目职业病防护设施"三同时"（同时设计、同时施工、同时投入生产和使用）制度，加强对危害预评价、防护设施控制效果评价和竣工验收等环节的管理。改善作业环境，做好工作场所危害因素申报、日常监测、定期检测和个体防护用品管理等工作，严格执行工作场所职业病危害因素检测结果和防护措施公告制度，在产生严重危害的作业岗位设置警示标志和说明。指导用人单位建立完善职业健康监护制度，组织劳动者开展职业健康检查，配合开展职业病诊断与鉴定等工作。

（三）加大职业卫生监管执法力度。加强职业卫生监管网络建设，逐步健全监管执法队伍。大力提升基层监管水平，重点加强县、乡级职业卫生监管执法能力和装备建设。依法履行监管职责，督促用人单位加强对农民工、劳务派遣人员等职业病危害高风险人群的职业健康管理。扩大监督检查覆盖范围，加大对重点行业、重点企业、存在职业病危害的建设项目以及职业卫生技术服务机构、职业病诊断机构和职业健康检查机构的监督检查力度，开展职业卫生服务监督检查行动，严肃查处违法违规行为。对职业病危害严重、改造后仍无法达标的用人单位，严格依法责令停止产生职业病危害的作业，或者依照法定程序责令停建、关闭。建立用人单位和职业卫生技术服务机构"黑名单"制度，定期向社会公布并通报有关部门。注重发挥行业组织在职业卫生监管中的作用。

（四）提升防治服务水平。完善职业病防治服务网络，按照区域覆盖、合理配置的原则，加强基础设施建设，明确职业病防治机构的布局、规模、功能和数量。根据职责定位，充分发挥好各类疾病预防控制机构、职业病防治院所、综合性医院和专科医院职业病科在职业健康检查及职业病诊断、监测、评价、风险评估等方面的作用，健全分工协作、上下联动的工作机制。推动职业卫生工作重心下沉，逐步引导基层医疗卫生机构参与职业健康管理和健康促进工作。以农民工尘肺病为切入点，简化职业病诊断程序，优化服务流程，提高服务质量。加大投入力度，提升职业中毒和核辐射应急救治水平。充分调动社会力量的积极性，增加职业健康检查等服务供给，创新服务模式，满足劳动者和用人单位多层次、多样化的职业卫生服务需求。

（五）落实救助保障措施。规范用人单位劳动用工管理，依法签订劳动合同，督促用人单位在合同中明确劳动保护、劳动条件和职业病危害防护等内容。在重点行业中推行平等协商和签订劳动安全卫生专项集体合同制度，以非公有制企业为重点，督促劳动关系双方认真履行防治责任。督促用人单位按时足额缴纳工伤保险费，推行工伤保险费率与职业病危害程度挂钩浮动制度。做好工伤保险与基本医疗保险、大病保险、医疗救助、社会慈善、商业保险等有效衔接，及时让符合条件的职业病病人按规定享受大病保险待遇和纳入医疗救助范围，减轻病人医疗费用负担。将符合条件的尘肺病等职业病病人家庭及时纳入最低生活保障范围；对遭遇突发性、紧迫性、临时性基本生活困难的，按规定及时给予救助。

（六）推进防治信息化建设。改进职业病危害项目申报工作，建立统一、高效的职业卫生监督执法信息管理机制，推动执法工作公开透明。建立完善重点职业病与职业病危害因素监测、报告和管理网络。开展重点职业病监测和专项调查，持续、系统收集相关信息。规范职业病报告信息管理工作，提高上报信息的及时性、完整性和准确性。开展职业健康风险评估，掌握重点人群和重点行业发病特点、危害程度和发病趋势。加强部门间信息共享利用，及时交流用人单位职业病危害、劳动者职业健康和工伤保障等信息数据。将职业病防治纳入全民健康保障信息化工程，充分利用互联网、大数据、云计算等技术做好防治工作。

（七）开展宣传教育和健康促进。动员全社会参与，充分发挥主流媒体的权威性和新媒体的便捷性，广泛宣传职业病防治法律法规和相关标准，普及职业病危害防治知识。积极利用"职业病防治法宣传周"开展各种形式的宣传活动，提高宣传教育的针对性和实效性。督促用人单位重视工作场所的职业健康宣传教育工作。创新方式方法，开展健康促进试点，推动"健康企业"建设，营造有益于职业健康的环境。巩固健康教育成果，更新健康促进手段，及时应对产业转型、技术进步可能产生的职业健康新问题。

（八）加强科研及成果转化应用。鼓励和支持职业病防治基础性科研工作，推进发病机理研究，在重点人群和重点行业开展流行病学调查，开展早期职业健康损害、新发职业病危害因素和疾病负担等研究，为制定防治政策提供依据。重点攻关职业性尘肺病、化学中毒、噪声聋、放射性疾病等防治技术，以及粉尘、化学因素等快速检测技术。加快科技成果转化应用工作，推广以无毒代替有毒、低毒代替高毒等新技术、新工艺、新设备和新材料。加强国际合作，吸收、借鉴和推广国际先进科学技术和成功经验。

四　保障措施

（一）加强组织领导。各地区要高度重视职业病防治工作，将其纳入本地区国民经济和社会发展总体规划，健全职业病防治工作联席会议制度，加强统筹协调，多措并举，进一步提升职业病防治合力。完善职业病防治工作责任制，建立防治目标和责任考核制度，制定年度工作计划和实施方案，定期研究解决职业病防治中的重大问题。建立健全政府部门、用人单位和劳动者三方代表参与的职业病防治工作长效机制。

（二）落实部门责任。各有关部门要严格贯彻《中华人民共和国职业病防治法》，履行法定职责，加强协同配合，切实做好职业病防治工作。国家卫生计生委负责对职业病报告、职业健康检查、职业病诊断与鉴定、化学品毒性鉴定等工作进行监督管理，组织开展重点职业病监测、职业健康风险评估和专项调查，开展医疗卫生机构放射性职业病危害控制的监督管理。安全监管总局负责用人单位职业卫生监督检查工作，加强源头治理，负责建设项目职业病危害评价和职业卫生技术服务机构监管，调查处置职业卫生事件和事故，拟订高危粉尘作业、高毒和放射性作业等方面的行政法规，组织指导并监督检查用人单位职业卫生培训工作。中央宣传部负责组织新闻媒体做好职业病防治宣传、舆论引导和监督工作。国家发展改革委负责会同有关行业管理部门积极调整产业政策，限制和减少职业病危害严重的落后技术、工艺、设备和材料的使用，支持职业病防治机构的基础设施建设。科技部负责将职业病防治关键技术等研究纳入国家重点研究计划。工业和信息化部发挥行业管理职能作用，在行业规划、标准规范、技术改造、推动过剩产能退出、产业转型升级等方面统筹考虑职业病防治工作，促进企业提高职业病防治水平。民政部负责将用人单位不存在或无法确定劳动关系，且符合条件的职业病病人纳入医疗救助范围，将符合条件的职业病病人及其家庭纳入最低生活保障范围。财政部负责落实职业病防治的财政补助政策，保障职业病防治工作所需经费。人力资源社会保障部负责职业病病人的工伤保险待遇有关工作。国务院国资委配合有关部门督促指导中央企业依法开展职业病防治工作。全国总工会依法对职业病防治工作进行监督，参与职业病危害事故调查处理，反映劳动者职业健康方面的诉求，提出意见和建议，维护劳动者合法权益。

（三）加大经费投入。各地区要根据职业病防治形势，加大财政投入力度，合理安排防治工作所需经费，加强对任务完成情况和财政资金使用考核，提高资金使用效率。用人单位要根据实际情况，保障生产工艺技术改造、职业病危害预防和控制、工作场所检测评价、职业健康监护和职业卫生培训等费用。各地区要探索工伤保险基金在职业病预防、诊疗和康复中的作用，建立多元化的防治资金筹措机制，鼓励和引导社会资本投入职业病防治领域。

（四）健全法律法规和标准。进一步完善职业病防治法律法规。健全高危粉尘、高毒和医用辐射防护等特殊作业管理，以及职业病危害评价、职业健康检查、职业病诊断与鉴定等法律制度。制定职业病报告、职业健康管理等工作规范。完善重点职业病、职业性放射性疾病等监测和职业健康风险评估技术方案。健全用人单位职业病危害因素工程控制、个体职业防护、职业健康监护、职业病诊断等国家职业卫生标准和指南。

（五）加强人才队伍建设。各地区要强化职业病防治和技术服务专业队伍建设，重点加强疾病预防控制机构、职业病防治院所、综合性医院和专科医院职业病科等梯队建设，提高县、乡级职业卫生服务能力。探索建立注册职业卫生工程师制度。接触职业病危害因素劳动者多、危害程度严重的用人单位，要强化专（兼）职职业卫生技术人员储备。加大培训力度，重点加强对临床和公共卫生复合型人才的培养。

五 督导与评估

安全监管总局、国家卫生计生委要适时组织开展规划实施的督查和评价工作，2020年组织规划实施的终期评估，结果报国务院。各地区要结合工作实际研究制定本地区职业病防治规划，明确阶段性目标和工作分工，加大督导检查力度，确保目标任务圆满完成。

国务院关于印发"十三五"卫生与健康规划的通知

国发〔2016〕77号

各省、自治区、直辖市人民政府，国务院各部委、各直属机构：

现将《"十三五"卫生与健康规划》印发给你们，请认真贯彻执行。

国务院

2016 年 12 月 27 日

"十三五"卫生与健康规划

为推进健康中国建设，根据《中华人民共和国国民经济和社会发展第十三个五年规划纲要》和《"健康中国 2030"规划纲要》，编制本规划。

一　规划背景

（一）"十二五"时期取得的成就。

"十二五"时期，深化医药卫生体制改革加快实施，卫生与健康事业获得长足发展，人民健康水平持续提高。2015 年人均预期寿命达到 76.34 岁，比 2010 年提高 1.51 岁，婴儿死亡率由 13.1‰下降到 8.1‰，5 岁以下儿童死亡率由 16.4‰下降到 10.7‰，孕产妇死亡率由 30/10 万下降到 20.1/10 万，居民主要健康指标总体上优于中高收入国家平均水平，人口年均自然增长率为 4.97‰，"十二五"卫生与健康事业有关规划确定的主要目标和任务如期完成。

医药卫生体制改革深入推进，取得重大进展和明显成效。全民医保体系加快健全，基本医保参保率保持在 95% 以上，城乡居民大病保险、重特大疾病医疗救助、疾病应急救助全面推开。公立医院改革稳步推进，县级公立医院综合改革全面实施，城市公立医院综合改革试点持续拓展深化，以省为单位实施综合医改试点取得积极进展。国家基本药物制度得到巩固完善，基层医疗卫生机构综合改革持续深化。社会办医加快发展。个人卫生支出占卫生总费用的比重由 35.29% 下降到 29.27%。

医疗卫生服务体系不断完善，服务能力大幅提升。2015 年，每千人口医疗卫生机构床位数增加到 5.11 张，执业（助理）医师数增加到 2.22 人，注册护士数增加到 2.37 人。医疗卫生机构基础设施条件持续改善。住院医师规范化培训制度初步建立，以全科医生为重点的基层医疗卫生人才队伍建设加快推进，2015 年，每万人口全科医生数达到 1.38 人。有序推进分级诊疗制度建设，广泛开展"进一步改善医疗服务行动计划"等活动，初步建立预防化解医疗纠纷的长效机制。全面加强人口健康信息化建设。

生育政策逐步调整完善，计划生育服务管理改革统筹推进。平稳实施单独两孩政策。截至2015 年底，近 200 万对单独夫妇提出再生育申请。研究启动全面两孩政策。妇幼保健和计划生育机构改革有序开展，计划生育服务管理改革扎实推进。出生人口性别比连续 7 年下降。国家免费孕前优生健康检查项目扩大到全国所有县（市、区），出生缺陷综合防治不断推进。流动人口免费计划生育服务覆盖率达到 89.2%。

基本公共卫生服务均等化水平稳步提高，重大疾病防治成效显著。基本公共卫生服务人均经费补助标准提高到 40 元，服务内容增加到 12 类 45 项。艾滋病疫情控制在低流行水平，肺结核报告发病率下降到 63.4/10 万，所有血吸虫病流行县达到传播控制标准，基本消除或控制重点地方病危害。初步建立起慢性病防治体系，严重精神障碍防治网络不断完善。爱国卫生运动深入开展。居民健康素养水平稳步提升。推广血液筛查核酸检测，血液安全水平进一步提高。联防联控工作机制不断完善，成功防范和应对人感染禽流感等突发急性传染病和公共卫生事件。卫生计生综合监督执法进一步加强。食品安全标准与监测评估工作扎实推进。

中医药服务能力不断提升，中医药事业得到较快发展。多层次、广覆盖的中医药服务网络基本建立。基层中医药服务能力明显提升，全国超过 95% 的社区卫生服务中心、90% 的乡镇卫生院、80% 的社区卫生服务站、60% 的村卫生室能够提供中医药服务。推动中医药科技进步，不断拓展中医药健康服务新业态。中医药"走出去"迈出重要步伐。

城乡居民健康差异进一步缩小，医疗卫生服务可及性、服务质量、服务效率和群众满意度显著提高，卫生与健康事业国际影响力凸显，为稳增长、促改革、调结构、惠民生作出了重要贡献，为全面建成小康社会、实现人人享有基本医疗卫生服务打下了坚实的基础。

（二）"十三五"时期面临的机遇和挑战。

党中央、国务院高度重视卫生与健康事业发展，提出推进健康中国建设，将卫生与健康事业发展摆在了经济社会发展全局的重要位置。人民群众对全面建成小康社会美好生活的追求激发多层次、多样化的健康需求，为健康服务业创造更为广阔的发展空间。全面依法治国深入推进，为提升卫生与健康治理体系和治理能力现代化水平提供坚实的法治保障。卫生与健康事业发展面临难得的历史机遇。

同时，卫生与健康事业发展也面临新的挑战。人口结构性问题日益突出，出生人口素质有待提高。全面两孩政策实施，老龄化进程加速，城镇化率不断提高，部分地区医疗卫生资源供需矛盾将更加突出。经济社会转型中居民生活环境与生活方式快速变化，慢性病成为主要的健康问题。重大传染病和重点寄生虫病等疾病威胁持续存在。境内外交流的日趋频繁加大传染病疫情和病媒生物输入风险。大气等环境污染和食品安全问题严重影响人民健康。经济发展进入新常态，互联网等新兴信息技术快速发展，要求卫生与健康领域加快转变发展方式，创新服务模式和管理方式。

此外，制约卫生与健康事业改革发展的内部结构性问题依然存在。一是资源总量不足、布局结构不合理尚未根本改变，优质医疗资源尤其缺乏。二是基层服务能力仍是突出的薄弱环节，基层医务人员技术水平亟待提高，服务设施和条件需要持续改善。三是深化改革需要进一步破解深层次的体制机制矛盾。四是计划生育工作思路和方法亟需转变。

二 指导思想和发展目标

（一）指导思想。高举中国特色社会主义伟大旗帜，全面贯彻党的十八大和十八届三中、四中、五中、六中全会精神，以马克思列宁主义、毛泽东思想、邓小平理论、"三个代表"重要思想、科学发展观为指导，深入贯彻习近平总书记系列重要讲话精神，紧紧围绕统筹推进"五位一体"总体布局和协调推进"四个全面"战略布局，认真落实党中央、国务院决策部署，牢固树立和贯彻落实创新、协调、绿色、开放、共享的发展理念，坚持以人民为中心的发展思想，坚持正确的卫生与健康工作方针，坚持计划生育基本国策，把人民健康放在优先发展的战略地位，以改革创新为动力，以促健康、转模式、强基层、重保障为着力点，更加注重预防为主和健康促进，更加注重工作重心下移和资源下沉，更加注重提高服务质量和水平，实现发展方式由以治病为中心向以健康为中心转变，显著提高人民健康水平，奋力推进健康中国建设。

（二）发展目标。到2020年，覆盖城乡居民的基本医疗卫生制度基本建立，实现人人享有基本医疗卫生服务，人均预期寿命在2015年基础上提高1岁。

——制度体系更加成熟定型。卫生计生法律制度进一步健全，治理体系和治理能力现代化水平不断提升，健康融入所有政策取得积极进展。

——健康服务体系持续完善。医疗卫生服务能力大幅提升，更好满足人民群众基本医疗卫生服务需求和多样化、多层次健康需求。

——疾病预防控制成效显著。预防为主，关口前移，普及健康生活方式，提升居民健康素养，有效控制健康危险因素，消除一批重大疾病。

——健康服务模式实现转变。机构间的分工协作更加紧密，家庭医生签约服务制度基本全覆盖，符合国情的分级诊疗制度基本建立。

——适度生育水平得到保持。全面两孩政策平稳实施，计划生育服务管理制度较为完善。

表1　　　　　　　　　　　　主要发展指标

领域	主要指标	单位	2020年	2015年	指标性质
健康水平	人均预期寿命	岁	>77.3	76.34	预期性
	孕产妇死亡率	/10万	<18	20.1	预期性
	婴儿死亡率	‰	<7.5	8.1	预期性
	5岁以下儿童死亡率	‰	<9.5	10.7	预期性
疾病防控	居民健康素养水平	%	>20	10	预期性
	以乡（镇、街道）为单位适龄儿童免疫规划疫苗接种率	%	>90	>90	约束性
	肺结核发病率	/10万	<58	63.4	预期性
	因心脑血管疾病、癌症、慢性呼吸系统疾病和糖尿病导致的过早死亡率	%	比2015年降低10%	18.5	预期性
妇幼健康	孕产妇系统管理率	%	>90	>90	约束性
	3岁以下儿童系统管理率	%	>90	>90	约束性
	孕前优生健康检查目标人群覆盖率	%	>80	>80	预期性

续表

领域	主要指标	单位	2020 年	2015 年	指标性质
医疗服务	三级医院平均住院日	天	<8	10.2	预期性
	院内感染发生率	%	<3.2	3.5	预期性
	30 天再住院率	%	<2.4	2.65	预期性
	门诊处方抗菌药物使用率	%	<10	<11	预期性
计划生育	总人口	亿人	14.2 左右	13.7	预期性
	总和生育率		1.8 左右	1.5—1.6	预期性
	出生人口性别比		<112	113.5	约束性
医疗卫生服务体系	每千人口医疗卫生机构床位数	张	<6	5.11	预期性
	每千人口执业（助理）医师数	人	>2.5	2.22	预期性
	每千人口注册护士数	人	>3.14	2.37	预期性
	每万人口全科医生数	人	>2	1.38	约束性
	社会办医院床位占医院床位总数的比重	%	>30	19.4	预期性
医疗卫生保障政策	范围内住院费用基本医保支付比例	%	75 左右	75 左右	预期性
	个人卫生支出占卫生总费用的比重	%	28 左右	29.27	约束性

三　主要任务

（一）加强重大疾病防治。

推进防治结合。建立专业公共卫生机构、综合性医院和专科医院、基层医疗卫生机构"三位一体"的重大疾病防控机制，信息共享、互联互通，推进慢性病和精神疾病防、治、管整体融合发展。落实医疗卫生机构承担公共卫生任务的补偿政策，完善政府购买公共卫生服务机制。（国家卫生计生委、财政部负责）

实施慢性病综合防控。完善政府主导的慢性病综合防控协调机制，优化防控策略，建立以基层为重点的慢性病防控体系，加强国家综合防控示范区建设，覆盖全国 15% 以上的县（市、区）。加强脑卒中等慢性病的筛查和早期发现，针对高发地区重点癌种开展早诊早治工作，早诊率达到 55%，提高 5 年生存率。全面实施 35 岁以上人群首诊测血压，逐步开展血压血糖升高、血脂异常、超重肥胖等慢性病高危人群的患病风险评估和干预指导，将口腔健康检查和肺功能检测纳入常规体检。高血压和糖尿病患者健康管理人数分别达到 1 亿人和 3500 万人。健全死因监测、肿瘤登记报告和慢性病与营养监测制度。加强伤害预防和干预。（国家卫生计生委

负责）

加强重大传染病防治。加强传染病监测预警、预防控制能力建设，法定传染病报告率达到95%以上，及时做好疫情调查处置。降低全人群乙肝病毒感染率。加强艾滋病检测、干预和随访，最大限度发现感染者和病人，为所有符合条件且愿意接受治疗的感染者和病人提供抗病毒治疗，将疫情控制在低流行水平。开展肺结核综合防治服务试点，加大一般就诊者肺结核发现力度，强化重点人群主动筛查，加强耐多药肺结核筛查和监测，规范患者全程治疗管理。有效应对霍乱、流感、手足口病、麻疹等重点传染病疫情。实施以传染源控制为主的狂犬病、布病、禽流感等人畜共患病综合治理策略。消除麻风病危害。建立已控制严重传染病防控能力储备机制。（国家卫生计生委牵头，农业部等相关部门参与）加强口岸卫生检疫能力建设，加强境外传染病监测预警和应急处置，推动口岸疑似传染病旅客接受免费传染病检测，严防外来重大传染病传入。（质检总局负责）

强化精神疾病防治。加强严重精神障碍患者报告登记、服务管理和救治救助，在册的严重精神障碍患者管理率达到80%以上。逐步建立和完善精神障碍患者社区康复服务体系。开展焦虑、抑郁等常见精神障碍早期筛查和干预试点，抑郁症治疗率显著提高。加强心理健康服务。（国家卫生计生委牵头，公安部、民政部、中国残联等相关部门和单位参与）

实施扩大国家免疫规划。夯实常规免疫，做好补充免疫和查漏补种，推进接种门诊规范化建设，提升预防接种管理质量。在全国范围内开展脊灰灭活疫苗替代工作，继续维持无脊灰状态。根据防病工作需要，适时调整国家免疫规划疫苗种类，逐步将安全有效、财政可负担的疫苗纳入国家免疫规划。加强疫苗可预防传染病监测。探索建立预防接种异常反应补偿保险机制。改革完善第二类疫苗集中采购机制，加强疫苗冷链管理，推进疫苗全程追溯体系建设，严禁销售非法疫苗。（国家卫生计生委牵头，财政部、食品药品监管总局、质检总局等相关部门参与）

做好重点寄生虫病及地方病防控工作。坚持以传染源控制为主的血吸虫病综合防治策略。加强登革热、疟疾等蚊媒传染病控制，全国实现消除疟疾目标。实施包虫病综合防治策略，基本控制包虫病流行。持续消除碘缺乏危害，人群碘营养总体处于适宜水平。保持基本消除大骨节病、克山病和燃煤污染型氟、砷中毒危害，有效控制饮水型地方性氟、砷中毒危害和饮茶型地氟病危害。（国家卫生计生委牵头，水利部、农业部等相关部门参与）

推进职业病防治工作。开展职业病危害普查和防控，加强尘肺病等重点职业病监测和职业健康风险评估。提高医用辐射防护监测与危害控制水平。提升医疗卫生机构职业病报告、职业健康检查和职业病诊断、鉴定、救治能力。加强职业人群健康教育，推动用人单位落实职业病防治主体责任，开展用人单位职业健康促进试点。（国家卫生计生委、安全监管总局负责）

加强突发事件卫生应急。加强突发公共卫生事件尤其是突发急性传染病综合监测、快速检测、风险评估和及时预警能力建设，提升突发事件卫生应急监测预警水平、应对能力和指挥效力，突发公共卫生事件预警信息响应率达到95%以上。加强卫生应急队伍建设，提高各级医疗卫生机构卫生应急准备和处置能力，鼠疫、人禽流感等突发急性传染病现场规范处置率达95%以上。完善重大自然灾害医学救援、突发公共卫生事件军地联防联控机制。建立并完善国家生物安全协调机制，倡导卫生应急社会参与。（国家卫生计生委、中央军委后勤保障部卫生局负责）

（二）推动爱国卫生运动与健康促进

着力改善城乡环境卫生面貌。深入推进卫生城镇创建，国家卫生城市比例提高到40%，国家卫生县城（乡镇）比例提高到5%。开展城乡环境卫生整洁行动，以城市环境卫生薄弱地段和农村垃圾污水处理、改厕为重点，完善城乡环境卫生基础设施和长效管理机制，加快推进农村生活污水治理和无害化卫生厕所建设，农村卫生厕所普及率达到85%以上，实施农村生活垃圾治理专项行动。加快实施农村饮水安全巩固提升工程，推动城镇供水设施向农村延伸，农村集中式供水卫生安全巡查覆盖90%以上的乡镇。科学防制病媒生物。推进多污染物综合防治和环境治理。加强大气污染综合治理，改善大气环境质量。推进重点流域水污染防治和土壤污染治理与修复。加强环境与健康综合监测和风险评估。（国家卫生计生委、环境保护部、住房城乡建设部、水利部负责）

全面推进健康城市和健康村镇建设。开展健康城市综合示范建设，形成可推广的健康城市建设模式。广泛开展健康社区、健康单位、健康学校、健康家庭建设，创新社会动员和群众参与工作方式，鼓励社会组织开展志愿服务、健康自我管理小组、社区健康讲堂等活动。开展健康城市建设效果评价，实现科学、动态管理。推进健康村镇建设，提高农村居民卫生素质和健康水平。健康城市和健康村镇工作体系基本健全，健康管理工作模式基本建立，建成一批健康城市建设示范市和健康村镇建设示范村镇。（国家卫生计生委负责）

深入开展全民健康教育和健康促进活动。广泛开展全民健康素养促进行动和健康中国行等活动，普及合理营养、合理用药、科学就医和灾害自救互救等知识，提高全民健康素养。加强健康科普规范化管理，建立健全健康知识和技能核心信息发布制度。倡导健康文明的生活方式，实施国民营养计划，引导群众加强自我健康管理，深入推进以减盐、减油、减糖、健康口腔、健康体重、健康骨骼为重点的全民健康生活方式行动，广泛宣传合理膳食、适量运动、戒烟限酒、心理平衡等健康科普知识，开展家庭和高危个体健康生活方式强化指导和干预。加强健康教育能力建设，推进医疗机构开展健康教育和健康促进工作。全面推进控烟履约工作，加快控烟立法，大力开展无烟环境建设，全面推进公共场所禁烟，强化戒烟服务，预防和控制被动吸烟。健全健康素养和烟草流行监测体系，15岁以上人群烟草使用流行率控制在25%以下。（国家卫生计生委牵头，中央宣传部、工业和信息化部、体育总局、国务院法制办等相关部门参与）

增强人民体质。推进基本公共体育服务体系建设，统筹建设全民健身场地设施，构建场地设施网络和城市社区15分钟健身圈，人均体育场地面积达到1.8平方米。推动公共体育设施免费或低收费开放，逐步对社会开放学校体育场馆等运动健身场所。广泛组织开展全民健身运动，大力发展群众健身休闲项目，鼓励实行工间健身制度，切实保证中小学生每天一小时校园体育活动。加强全民健身组织建设和人才培养。开展国民体质监测和全民健身活动状况调查，为群众提供个性化的科学健身指导服务，经常参加体育锻炼的人数达到4.35亿人。（体育总局、教育部负责）

（三）加强妇幼卫生保健和生育服务。

保障妇幼健康。向孕产妇提供生育全过程的基本医疗保健服务，进一步提高孕产妇、新生儿危急重症救治能力，有效降低孕产妇死亡率和婴儿死亡率。加强高危孕产妇专案管理，预防艾滋病、梅毒、乙肝母婴传播，保障母婴安全。大力倡导婚检，继续实施免费孕前优生健康检查，落实出生缺陷三级预防措施，建立覆盖城乡，涵盖孕前、孕期、新生儿各阶段的出生缺陷防治服务制度，有效减少出生缺陷的发生。加大妇女常见病防治力度，妇女常见病定期筛查率达到80%以上，逐步扩大妇女"两癌"检查项目覆盖范围，提高宫颈癌和乳腺癌的早诊早治率。加强儿童疾病防治和意外伤害预防。大力推行母乳喂养，开展婴幼儿营养与喂养、生长发育及心理行为指导，扩大贫困地区儿童营养改善和新生儿疾病筛查项目覆盖范围，5岁以下儿童生长迟缓率控制在7%以下，低体重率降低到5%以下。加强计划生育技术服务，落实国家规定的免费计划生育技术服务基本项目，全面推行知情选择，普及避孕节育、优生优育和生殖健康知识，提高药具服务的可及性和便捷性，做好再生育技术服务指导，提高生殖健康水平。（国家卫生计生委、财政部负责）

关爱青少年健康。以中小学为重点，加强学校卫生工作。开展学生健康危害因素监测与评价，加强学生近视、龋齿、肥胖等常见病防治工作。加大学校健康教育与健康促进工作力度，将健康教育纳入国民教育体系。在总结好国家试点经验的基础上，实施农村义务教育学生营养改善计划，建立学生营养与健康监测评估制度，加大对学校集体供餐的食品安全和营养质量监管、指导力度。加强学校结核病、艾滋病等传染病防治和心理健康服务。关爱青少年生殖健康，减少非意愿妊娠。加强托幼机构卫生保健工作，托幼机构卫生保健指导实现全覆盖。（国家卫生计生委、教育部、食品药品监管总局负责）

（四）发展老年健康服务。

提高老年人健康素养。开展老年常见病、慢性病的健康指导和综合干预，推广以慢病管理、中医药和老年营养运动干预为主的适宜技术，65岁以上老年人健康管理率达到70%以上，有效改善老年人群营养健康状况，降低失能风险。开展长期护理保险试点，探索建立长期护理保险制度。开展老年心理健康和心理关怀服务。积极防治老年痴呆症。（国家卫生计生委、人力资源社会保障部、保监会负责）

健全老年健康服务体系。重点发展社区健康养老服务，提高基层医疗卫生机构为居家老年人提供上门服务的能力。所有医疗机构开设为老年人提供挂号、就医等便利服务的绿色通道，加强综合性医院老年病科建设。提高基层医疗卫生机构康复、护理床位占比，鼓励其根据服务需求增设老年养护、安宁疗护病床。完善治疗—康复—长期护理服务链，发展和加强康复、老年病、长期护理、慢性病管理、安宁疗护等接续性医疗机构。（国家卫生计生委负责）

推动医疗卫生与养老服务融合发展。统筹医疗卫生与养老服务资源，创新健康养老服务模式，建立健全医疗机构与养老机构之间的业务协作机制。鼓励二级以上综合性医院与养老机构开展对口支援、合作共建。推动二级以上综合性医院与老年护理院、康复疗养机构、养老机构内设医疗机构等之间的转诊与合作。支持养老机构按规定开办医疗机构，开展老年病、康复、护理、中医和安宁疗护等服务。推动中医药与养老结合，充分发挥中医药在养生保健和疾病康复领域优势。（国家卫生计生委、民政部牵头，国家中医药局参与）

（五）促进贫困人口等重点人群健康。

实施健康扶贫工程。保障贫困人口享有基本医疗卫生服务，努力防止因病致贫、因病返贫。对符合条件的贫困人口参加城乡居民基本医疗保险个人缴费部分按规定由财政给予补贴。新型农村合作医疗和大病保险制度对贫困人口实行政策倾斜，门诊统筹率先覆盖所有贫困地区。将贫困人口按规定纳入重特大疾病医疗救助范围。对患大病和慢性病的农村贫困人口进行分类救治。建立贫困人口健康卡。明显改善贫困地区医疗服务能力。实施军地三级医院与集中连片特困地区县和国家扶贫开发工作重点县县级医院稳定持续的一对一帮扶，深入推进二级以上医疗机构对口帮扶贫困县乡镇卫生院。积极促进远程医疗服务向贫困地区延伸。（国家卫生计生委牵头，国务院扶贫办、民政部、人力资源社会保障部、财政部、中央军委后勤保障部卫生局、保监会、国家中医药局等相关部门参与）

维护流动人口健康。按照常住人口（或服务人口）配置资源，将流动人口纳入流入地卫生计生服务体系。全面推进流动人口基本公共卫生计生服务均等化，流动人口目标人群基本公共卫生计生服务覆盖率达到90%。完善基本医保关系转移接续办法，提高流动人口医疗保障水平。做好流动人口聚居地突发公共卫生事件应对。广泛开展流动人口健康促进行动，提高流动人口健康素养水平。深化流动人口全国"一盘棋"机制建设。关怀关爱留守人群特别是留守儿童，在40个县开展留守儿童健康教育项目，促进社会融合。（国家卫生计生委、人力资源社会保障部、民政部负责）

确保残疾人享有健康服务。城乡残疾人普遍享有基本医疗保障，加大符合条件的低收入残疾人医疗救助力度，逐步将符合条件的残疾人医疗康复项目按规定纳入基本医疗保险支付范围。完善医疗卫生机构无障碍设施。实施精准康复服务行动，以残疾儿童和持证残疾人为重点，有康复需求的残疾人接受基本康复服务的比例达到80%。加强残疾人健康管理和社区康复。（中国残联、国家卫生计生委、人力资源社会保障部、民政部等相关部门和单位负责）

（六）完善计划生育政策。

实施全面两孩政策。合理配置妇幼保健、儿童照料、学前和中小学教育、社会保障等资源，满足新增公共服务需求。加强分类指导，鼓励按政策生育。做好政策调整前后计划生育政策和相关经济社会政策的衔接，维护群众的合法权益。加强政策解读和宣传倡导，依法依规查处政策外多孩生育，维护良好生育秩序。完善出生人口信息管理，加强出生人口监测预警，及时把握出生人口动态。（国家卫生计生委牵头，国家发展改革委、教育部、人力资源社会保障部等相关部门参与）

改革完善计划生育服务管理。统筹推进生育政策、服务管理制度、家庭发展支持体系和治理机制综合改革，推动人口和计划生育工作由控制人口数量为主向调控总量、提升素质和优化结构并举转变，由管理为主向更加注重服务家庭转变，由主要依靠政府力量向政府、社会和公民多元共治转变，更加注重宣传倡导、服务关怀、政策引导和依法行政。深入开展计划生育优质服务先进单位创建活动。加强计划生育服务管理能力建设，稳定基层工作网络和队伍。实行生育登记服务制度。全面推行网上办事和承诺制。充分发挥计划生育协会等群团组织和其他社会组织的作用，深化诚信计生和基层群众自治活动。（国家卫生计生委负责）

提高计划生育家庭发展能力。完善计划生育家庭奖励和扶助政策体系，加大对计划生育家庭的扶助力度，加强对计划生育特殊家庭的扶助和关爱。继续实施农村部分计划生育家庭奖励扶助制度和计划生育家庭特别扶助制度，实行扶助标准动态调整。在生育水平较高、生态环境脆弱、扶贫任务艰巨的西部地区，着力做好计划生育家庭奖励扶助等工作。坚持男女平等，严厉打击非医学需要的胎儿性别鉴定和选择性人工终止妊娠行为，综合治理出生人口性别比偏高问题。深入开展关爱女孩行动，做好符合条件的计划生育女孩及女孩家庭扶助工作，提升计划生育女孩家庭发展能力。（国家卫生计生委、财政部负责）

坚持和完善计划生育目标管理责任制。坚持计划生育党政一把手亲自抓、负总责，坚持计划生育兼职委员和领导小组制度，强化各地区各部门齐抓共管的工作格局。建立健全与新时期形势任务相适应、科学合理、便捷高效的计划生育目标管理责任制考核体系和运行机制，落实"一票否决"。（国家卫生计生委负责）

（七）提升医疗服务水平。

实行分级诊疗。以提高基层医疗服务能力为重点，以常见病、多发病、慢性病分级诊疗为突破口，形成科学合理的就医秩序，基本实现基层首诊、双向转诊、急慢分治、上下联动。明确各级各类医疗机构诊疗服务功能定位，控制三级医院普通门诊规模，支持和引导病人优先到基层医疗卫生机构就诊，由基层医疗卫生机构逐步承担公立医院的普通门诊、稳定期和恢复期康复以及慢性病护理等服务。鼓励二级以上医院成立全科医学科。推进全科医生（家庭医生）

能力提高及电子健康档案等工作，发挥全科医生（家庭医生）的居民健康"守门人"作用，实施家庭医生签约服务制度，优先覆盖老年人、孕产妇、儿童、残疾人等人群，以及高血压、糖尿病、结核病等慢性疾病和严重精神障碍患者等。推进和规范医师多点执业。完善不同级别医疗机构的医保差异化支付和价格政策，促进各级各类医疗卫生机构分工协作机制的建立。将军队医疗机构全面纳入分级诊疗体系。（国家卫生计生委牵头，国家发展改革委、人力资源社会保障部、中央军委后勤保障部卫生局等相关部门参与）

提高医疗质量安全水平。规范诊疗行为，全面实施临床路径，加强重大疾病规范化诊疗管理，保障医疗安全。加强药师队伍建设，实施遏制细菌耐药国家行动计划，以抗菌药物为重点推进合理用药，加强处方监管，提高临床用药的安全性、有效性。加强医疗质量监管，健全医疗技术临床应用管理制度。逐步完善国家、省级、地市级医疗质量控制网络。建立科学的医疗绩效评价机制以及医疗质量控制动态监测和反馈机制，健全医疗安全保障体系，实现医疗质量和医疗安全水平持续提升。持续提高护理技术水平，充分发挥护理在提升医疗质量中的积极作用。加强医师执业管理，健全医师定期考核制度。完善医疗机构登记和医师注册制度，采用电子证照等信息化手段，实现医疗执业活动动态、全过程管理。建立以控制不合理费用为重点的内审制度，规范医务人员医疗卫生服务行为。（国家卫生计生委、中央军委后勤保障部卫生局负责）

加强临床服务能力建设。加强对临床专科建设发展的规划引导和支持，提升临床专科整体服务能力与水平。加强临床重点专科建设，以发展优质医疗资源为目标，建设一批高水平临床专科，重点支持肿瘤、心脑血管、儿科、精神、感染、妇产等薄弱领域重点专科诊疗能力提升，发挥其示范、引领、带动和辐射作用，促进医疗服务体系协调发展。针对各省专科现状和发展需求加强薄弱专科能力建设，增加优质医疗资源总量，提升专科综合服务能力，降低省外就医率。加强县域内常见病、多发病相关专业，传染病、精神疾病及急诊急救、重症医学、血液透析、妇产科、儿科、中医等临床专科建设，全面提升县级公立医院综合能力，将县域内就诊率提高到90%左右，基本实现大病不出县。加强基层医疗卫生机构服务能力建设，提高常见病、多发病和慢性病的诊治、康复服务能力。进一步拓展中心乡镇卫生院的功能，提升急诊抢救、二级以下常规手术、正常分娩、高危孕产妇筛查、儿科等医疗服务能力。继续开展防盲治盲和防聋治聋工作。（国家卫生计生委、科技部负责）

改善医疗服务。优化诊区设施布局，营造温馨就诊环境。推进预约诊疗服务，有效分流就诊患者。合理调配诊疗资源，推行日间手术，加强急诊力量，畅通急诊绿色通道。发挥信息技术优势，推行电子病历，提供诊疗信息、费用结算、信息查询等服务，完善入院、出院、转院服务流程，改善患者就医体验。全面实施优质护理服务。大力推进医疗联合体内医疗机构检查、检验结果互认和同城同级医疗机构检查、检验结果互认工作。强化患者安全管理。推进社区卫生服务提升工程和建设群众满意乡镇卫生院活动。保持打击涉医违法犯罪行为的高压态势，健全院内调解、人民调解、司法调解、医疗风险分担机制有机结合的"三调解一保险"制度体系，妥善化解医疗纠纷，构建和谐医患关系。（国家卫生计生委、公安部、保监会负责）

完善血液供应保障机制。继续提高人口献血率，无偿献血人次数和献血量增长水平与当地医疗服务需求增长水平相适应。开展血液安全风险监测，巩固血液核酸检测全覆盖成果，健全血液质量控制和改进体系，推进临床合理用血。（国家卫生计生委负责）

（八）推动中医药传承创新发展。

加强中医药传承创新。加快发展中医医疗服务，健全覆盖城乡的中医医疗服务体系，加强中医重点专科建设，创新中医医院服务模式。充分利用中医药技术方法和现代科学技术，提高危急重症、疑难复杂疾病的中医诊疗服务能力和中医优势病种的中医门诊诊疗服务能力。大力发展中医养生保健服务，推广中医养生保健技术与方法，促进中医养生保健机构规范发展。加强中医临床研究基地和科研机构建设，强化中医理论基础研究，推进中医药标准化、现代化。加强中医药传统知识保护，编撰出版《中华医藏》，建立中医药传统知识保护数据库。完善中医药人才培养体系，加快推进各层次各类型中医药人才培养，健全国医大师评选表彰制度，完善中医药人才评价机制。推进中医药文化传承和发展，弘扬中医药文化精髓，实施中医药健康文化素养提升工程。开展中药资源普查，加强中药资源保护利用，推进中药材规范化种植养殖，加强中药疗效与质量保障体系建设，健全中药材流通追溯机制，促进中药资源可持续发展，提升中药产业发展水平。积极发展民族医药事业。推广中医药适宜技术。（国家中医药局、国家卫生计生委、国家发展改革委、工业和信息化部、教育部、科技部、商务部、农业部负责）

推进中西医协调发展。健全中医药学与现代医学互为补充、惠及大众的中医药健康服务体系。加强中西医结合，促进中医药原创思维和现代快速发展的新技术、新方法有机结合，寻找防治疾病的创新路径和手段，促进中西医药协调发展。加强中西医临床协作，提高重大疑难病、急危重症临床疗效。加强高层次中西医结合人才培养，鼓励西医师全面、系统学习中医。中医类别医师可根据临床需要使用与专业相关的现代医药方法和技术，参加与自身专业相关的特殊准入医疗技术培训。支持非中医类别医师学习中医药理论知识和技能，并在临床实践中应用。实施基层中医药服务能力提升工程，提升基层西医和中医两种手段综合服务能力，力争使所有社区卫生服务机构、乡镇卫生院和70%的村卫生室具备与其功能相适应的中医药服务能力。（国家中医药局、国家卫生计生委、国家发展改革委负责）

（九）强化综合监督执法与食品药品安全监管。

加强监督执法体系建设。改革和完善卫生计生综合监督行政执法工作，整合卫生计生执法资源，健全完善卫生计生监督执法体系，推动执法重心下移。完善常态化监管机制，加强事中事后监管，实行"双随机"抽查机制，加强全行业监管。建立健全国家重点监督抽检网络。强化依法行政，严格行政执法，提高卫生计生行政执法能力和水平。开展重要卫生计生法律法规落实情况监督检查。健全行政执法制度，围绕社会高度关注、涉及群众切身利益的卫生计生突出问题，大力开展专项整治、重点监督检查和经常性督导检查，严厉打击违法行为。建立健全监督执法责任制和责任追究制。加强卫生计生综合监督行政执法队伍建设。强化监督执法能力建设，完善监管信息系统，推进信息披露和公开，提高监督执法效率。建立健全行业诚信体系和失信联合惩戒机制，建立医药卫生行业"黑名单"制度。（国家卫生计生委负责）

强化食品药品安全监管。实施食品安全战略，完善食品安全法规制度。健全国家食品安全标准体系，完善标准管理制度，加快制定重金属、农药残留、兽药残留等重点食品安全标准，完成不少于300项标准的制定、修订。完善食品安全风险监测与评估工作网络，开展食品安全风险监测，推进食物消费量调查和总膳食研究，系统完成25项食品化学污染物等物质的风险评估。建立健全食品安全事故流行病学调查机制，食源性疾病监测报告网络覆盖县乡村。实施国家药品标准提高行动计划，开展仿制药质量和疗效一致性评价。健全药品医疗器械监管技术支撑体系，提高检验检测能力，提升对药品医疗器械不良反应事件的监测评价和风险预警水平。加强药物临床试验机构建设。健全严密高效、社会共治的食品药品安全治理体系。加大农村食品药品安全治理力度，完善对网络销售食品药品的监管。加强食品药品进口监管。（国家卫生计生委、食品药品监管总局、农业部、质检总局、中央军委后勤保障部卫生局负责）

（十）加快健康产业发展。

大力发展社会办医。鼓励社会力量兴办健康服务业，按照每千常住人口不低于1.5张床位为社会力量办医预留规划空间，同步预留诊疗科目设置和大型医用设备配置空间。个体诊所设置不受规划布局限制。优先支持举办非营利性医疗机构，推进非营利性民营医院和公立医院同等待遇。放宽社会力量举办医疗机构的服务领域要求，支持社会力量以多种形式参与健康服务。发展专业性医院管理集团，推动社会力量办医疗机构上水平发展。鼓励社会力量发展儿科、精神科、老年病、长期护理、口腔保健、康复、安宁疗护等资源稀缺及满足多元需求的服务。大力推动医师多点执业，鼓励医师到基层医疗卫生机构多点执业。大力发展第三方服务，引导发展专业的医学检验中心和影像中心等。公立医院资源丰富的地区，社会力量可以多种形式参与国有企业所办医疗机构等部分公立医院改制重组。鼓励公立医院与社会力量共同举办新的非营利性医疗机构，满足群众多层次医疗服务需求。强化行业监管和行业自律，规范市场秩序，保障医疗质量和安全。（国家卫生计生委、国家发展改革委、商务部、国务院国资委负责）

积极发展健康服务新业态。提高健康管理与促进服务水平。推动健康医疗旅游发展，开发有特色的中医药健康旅游产品，提升医疗服务的国际化水平。培育健康医疗大数据应用新业态。加强健康体检的规范化管理。发展中医药健康服务。打造一批知名品牌和良性循环的健康服务产业集群，并形成一定的国际竞争力。开拓发展国际旅行健康服务。（国家卫生计生委、质检总局、国家旅游局、国家中医药局负责）

加快发展商业健康保险。鼓励企业和个人通过参加商业保险及多种形式的补充保险解决基本医保之外的需求。鼓励商业保险机构积极开发与健康管理服务相关的健康保险产品，加强健康风险评估和干预。加快发展医疗责任保险、医疗意外保险，探索发展多种形式的医疗执业保险。（保监会负责）

创新发展药品、医疗器械等产业。鼓励创新药和临床急需品种上市。在加强行业规范的基础上，推动基因检测、细胞治疗等新技术的发展。引导企业提高创新质量，培育重大产品。支持企业兼并重组、强强联合，培育具有国际竞争力的大型企业，提高产业集中度。大力发展智能健康医疗装备。支持提升医疗设备的产业化能力和质量水平，推进发展应用。开发可穿戴生理信息监测设备、便携式诊断设备等移动医疗产品和可实现远程监护、诊断、治疗指导的远程医疗系统。（工业和信息化部、国家卫生计生委、食品药品监管总局、科技部、国家发展改革委负责）

（十一）加强卫生计生服务体系建设。

优化医疗卫生服务体系。统筹规划区域卫生资源，按照军民融合发展战略将军队医院纳入驻地有关规划，优化医疗卫生机构布局，推动京津冀医疗卫生协同发展，促进医疗资源向中西部地区倾斜、向基层和农村流动，缩小区域之间基本医疗卫生服务的差距。强基层、补短板，提高妇幼健康、公共卫生、肿瘤、精神、产科、儿科、康复、护理等急需领域医疗服务能力。构建整合型医疗卫生服务体系，提高资源使用效率，避免重复建设。（国家卫生计生委、中央军委后勤保障部卫生局负责）

推动公立医院科学发展。对新建城区、郊区、卫星城区等薄弱区域，政府要有计划、有步骤建设公立医疗卫生机构，满足群众基本医疗卫生需求。控制公立医院规模过快扩张。依托现有资源，合理规划与设置国家医学中心及国家、省级区域医疗中心，继续加强县级公立医院建设，改善县级医院业务用房和装备条件，提高服务能力。加强大型医用设备配置规划和准入管理，严控公立医院超常装备，逐步建立大型设备共用、共享、共管机制。（国家卫生计生委、

国家发展改革委负责）

加强卫生应急体系建设。依托现有机构，布局建设国家紧急医学救援基地和区域紧急医学救援中心，构建陆海空立体化的紧急医学救援网络，完善核辐射和中毒紧急医学救援网络，切实提升重特大突发事件的紧急医学救援水平。提高突发急性传染病医疗救治能力。加强县乡两级急救体系建设。（国家卫生计生委、国家发展改革委、中央军委后勤保障部卫生局负责）

加强基层医疗卫生机构服务能力建设。以贫困地区为重点，加强乡镇卫生院、社区卫生服务机构标准化建设，提升基层医疗卫生服务能力和水平。推进乡镇卫生院和村卫生室一体化管理。每千常住人口基层医疗卫生机构床位数达到 1.2 张，重点加强护理、康复病床的设置。（国家卫生计生委负责）

加强专业公共卫生机构能力建设。加强疾病预防控制机构建设，实现每个省级疾病预防控制机构内有 1 个达到生物安全三级水平的实验室，有需要的地市级和县级疾病预防控制机构内有 1 个达到生物安全二级水平的实验室。建设完善检验检疫系统生物安全三级水平的实验室。提高精神专科服务能力。全面改善妇幼保健和计划生育服务机构的基础设施条件。提升妇幼健康服务机构在孕产保健、出生缺陷防治、儿童保健、妇女保健、计划生育方面的技术与服务能力。加强职业病防治能力、卫生计生综合监督执法能力和食品安全技术支持体系建设。加快改善血站业务用房条件。（国家卫生计生委、国家发展改革委、质检总局负责）

（十二）加强人才队伍建设。

优化人才队伍的规模与结构。医护比达到 1∶1.25，市办及以上医院床护比不低于 1∶0.6，每千常住人口公共卫生人员数达到 0.83 人，人才规模与我国人民群众健康服务需求相适应，城乡和区域医药卫生人才分布趋于合理，各类人才队伍统筹协调发展。（国家卫生计生委负责）

完善人才培养体系。加强医教协同，建立医学人才培养与卫生计生行业人才需求相适应的供需平衡机制，加强对医学院校设置、区域布局以及医学专业学科结构、学历层次、招生规模的宏观调控，增加人才短缺省份毕业生供给。支持有条件的高校增设儿科学、精神医学本科专业，支持高校根据行业需求合理确定儿科学、精神医学本科专业招生规模。加大对中西部地区高等医学院校的支持，缩小区域、院校和学科专业之间培养水平的差距。完善毕业后医学教育制度。全面实施住院医师规范化培训制度，扩大招收规模，重点向全科和儿科、精神科等急需紧缺专业倾斜，到 2020 年所有新进医疗岗位的临床医师均接受住院医师规范化培训。逐步建立专科医师规范化培训制度。加强培训基地和师资队伍建设。巩固完善继续医学教育制度，建设一批继续医学教育基地，全面提升各级各类卫生计生人员的职业综合素质和专业服务能力。基本建成院校教育、毕业后教育、继续教育三阶段有机衔接的标准化、规范化临床医学人才培养体系。院校教育质量显著提高，毕业后教育得到普及，继续教育实现全覆盖。（国家卫生计生委、教育部、财政部、人力资源社会保障部、国家中医药局负责）

加大人才培养力度。推进以全科医生为重点的基层医疗卫生队伍建设。制订优惠政策，为农村订单定向免费培养医学生。启动实施助理全科医生培训。继续实施基层医疗卫生机构全科医生特设岗位计划，优先安排特岗全科医生到集中连片特困地区乡镇卫生院工作。加强产科、儿科、精神、老年医学、药学、护理、急救、康复等各类紧缺人才以及生殖健康咨询师、护理员等技能型健康服务人才培养。加强高层次人才和公共卫生专业人才队伍建设。加强医院院长职业化培训。加强乡村医生队伍建设。（国家卫生计生委、教育部、财政部、人力资源社会保障部、国家中医药局负责）

创新人才使用、管理和评价机制。健全以聘用制度和岗位管理制度为重点的事业单位用人机制。建立符合医疗行业特点的人事薪酬制度，着力体现医务人员技术劳务价值，优化医务人员职业发展环境。健全基层及紧缺人才激励与约束机制，基层医疗卫生机构内部分配要向关键岗位、业务骨干和作出突出成绩的工作人员倾斜，缩小不同层级医疗卫生机构之间实际收入的差距。落实基层卫生专业技术人员职称评审政策，建立符合基层医疗卫生工作实际的人才评价机制。通过人才服务一体化、柔性引进等多种方式，建立完善城乡联动的人才管理和服务模式。创新公立医院机构编制管理方式，完善编制管理办法，积极探索开展公立医院编制管理改革试点，落实公立医院用人自主权。随着经济社会发展，逐步提高乡村医生待遇水平，完善乡村医生养老政策，稳定和优化村医队伍。（国家卫生计生委、人力资源社会保障部、中央编办、财政部负责）

（十三）加强人口健康信息化建设。

促进人口健康信息互通共享。依托区域人口健康信息平台，实现电子健康档案和电子病历的连续记录以及不同级别、不同类别医疗机构之间的信息共享。全员人口信息、电子健康档案和电子病历三大数据库实现数据融合、动态交互和共享，基本覆盖全国人口并实现信息动态更新。建成统一权威、互联互通的国家、省级、地市级、县级人口健康信息平台，实现公共卫生、计划生育、医疗服务、医疗保障、药品供应、综合管理等六大业务应用系统的资源共享和业务协同。普及应用居民健康卡，积极推进居民健康卡与社会保障卡等公共服务卡的应用集成，实现居民健康管理和医疗服务一卡通用。依托国家电子政务网和政府数据共享交换平台，实现各级平台和各级各类卫生计生机构的互联互通和信息共享。建立完善人口健康信息化标准规范体系，强化标准规范的建设和应用管理。面向在线医疗健康信息服务，实施网络安全战略，加强信息安全防护体系建设。引导自主可控的标准化信息产品研制与应用。（国家卫生计生委、国家发展改革委、中央网信办、工业和信息化部、人力资源社会保障部负责）

积极推动健康医疗信息化新业态快速有序发展。全面实施"互联网+"健康医疗益民服务，发展面向中西部和基层的远程医疗和线上线下相结合的智慧医疗，促进云计算、大数据、物联网、移动互联网、虚拟现实等信息技术与健康服务的深度融合，提升健康信息服务能力。鼓励建立区域远程医疗业务平台，推动优质医疗资源纵向流动，远程医疗服务覆盖50%以上的县（区、市）。全面深化健康医疗大数据应用。推进健康医疗行业治理、临床和科研、公共卫生大数据应用，加强健康医疗数据安全保障和患者隐私保护，积极应用物联网技术、可穿戴设备等，探索健康服务新模式，发展智慧健康医疗便民惠民服务，强化预防、治疗、康复的精细服务和居民连续的健康信息管理业务协同，提高服务能力和管理水平。积极发展疾病管理、居民健康管理等网络业务应用，推进网上预约、线上支付、在线随访、健康咨询和检查检验结果在线查询等服务。以居民电子健康档案为基础，整合居民健康管理及医疗信息资源，开展居民医疗健康信息服务，提高居民自我健康管理能力。完善统计制度，加强统计数据分析能力。（国家卫生计生委、国家发展改革委、中央网信办、工业和信息化部负责）

（十四）加强医学科技创新体系建设。

全面推进卫生与健康科技创新。围绕恶性肿瘤、心脑血管等重大疾病及罕见病等健康问题和健康产业发展需求，加强医学科学前沿基础研究、关键技术研发、成果转移转化、医药产品开发和适宜技术推广。启动实施面向2030年的健康保障重大工程，继续组织实施"重大新药创制"和"艾滋病和病毒性肝炎等重大传染病防治"两个国家科技重大专项，组织实施"精准医学研究"等一批国家重点研发计划，加快诊疗新技术、药品和医疗器械的研发和产业化，显著提高重大疾病防治和健康产业发展的科技支撑能力。加强转化医学国家重大科技基础设施、国家临床医学研究中心和协同研究网络建设，推动现有若干国家重点实验室等国家科研基地的能力提升，调整和完善委级重点实验室，逐步构建规范、整合、高效的医学科技基地平台体系。加强医学科技创新政策环境建设，健全创新人才培养、新技术评估、医学研究标准与规范、医学伦理与科研诚信、知识产权等保障机制，大幅提升医学科技成果转移转化率。发挥国家临床医学研究中心和协同研究网络的作用，促进适宜技术、诊疗指南和技术规范的普及推广。（科技部、国家卫生计生委、国家发展改革委负责）

四 保障措施

（一）全面深化医药卫生体制改革。实行医疗、医保、医药联动改革，建立健全覆盖城乡居民的基本医疗卫生制度。健全全民医疗保障制度。加强城乡居民大病保险、重特大疾病医疗救助工作，完善疾病应急救助制度。健全基本医保稳定可持续筹资和报销比例调整机制。整合城乡居民基本医保政策和经办管理。加快推进基本医保异地就医直接结算。全面推进公立医院综合改革。建立现代医院管理制度，完善医院法人治理机制和外部监管机制。控制医药费用不合理增长。健全药品供应保障机制，完善国家药物政策体系，巩固完善基本药物制度，建立药物临床综合评价体系，加强儿童、老年人等特殊人群基本用药保障。推进基本公共卫生服务均等化，完善国家基本公共卫生服务项目，继续实施国家重大公共卫生服务项目。巩固完善基层运行新机制。（国务院医改办、国家卫生计生委、国家发展改革委、财政部、人力资源社会保障部、食品药品监管总局、民政部等相关部门负责）

（二）建立公平有效可持续的筹资体系。进一步明确政府、社会与个人的卫生计生投入责任，完善合理分担机制，缓解个人就医经济负担。明确政府在提供公共卫生和基本医疗服务中的主导地位，加大政府卫生投入，保障人民群众的基本医疗卫生服务需求。鼓励和引导社会力量加大对卫生与健康事业的投入，形成投资主体多元化、投资方式多样化的办医体制。（国家卫生计生委、财政部、人力资源社会保障部负责）

（三）完善卫生计生法制体系。推动基本医疗卫生法立法工作。完善卫生计生法律法规体系，加强医疗、医药、医保、公共卫生、计划生育等重点领域法律法规的制修订工作。做好部门规章立改废释。加强规范性文件的合法性审查，健全依法决策机制。定期开展规章规范性文件清理和标准复审，维护医药卫生法律法规体系的协调性、一致性。健全卫生标准体系，促进强制性卫生标准的实施。深化行政审批制度改革，进一步推进简政放权、放管结合、优化服务改革，创新卫生计生行政管理方式，加快政府职能转变。推进行政审批规范化建设，严禁对已经取消的行政审批事项继续和变相审批，加强承接机构能力建设，确保取消下放事项落实到位。推进政务公开。（国务院法制办、国家卫生计生委、人力资源社会保障部、食品药品监管总局负责）

（四）强化宣传引导。加强正面宣传和典型宣传，增强社会对健康和卫生计生工作的普遍认知，争取各方面的有力支持，保障规划的有效实施。加强社会宣传工作，通过电视、广播、报纸和网络等媒体广泛宣传健康和卫生计生工作相关法律法规和面临的形势与挑战，提高社会各界对健康和卫生计生工作的重视程度。加强卫生计生普法宣传。大力弘扬和践行卫生计生职业精神，深入开展职业精神宣传推介专题活动。完善新闻发布制度和网上舆论工作体系，及时回应网上舆情和社会关切，加强网络舆论引导队伍建设，提升新闻宣传与舆论引导能力。发展健康文化，加强卫生计生文化建设和精神文明建设，建设卫生计生文化宣传基地和文化推广平台。（中央宣传部、国家卫生计生委、中央网信办负责）

（五）做好国际交流合作。制订中国全球卫生战略，实施适应不同国家、地区和组织特点的多层次、多渠道合作策略，提升我国在全球卫生外交中的影响力和国际话语权。积极推进"一带一路"建设中的卫生交流与合作。加强2030年可持续发展议程、全球卫生、医药卫生科研、人口与发展等领域的合作，引进卫生计生改革与发展所需的智力、技术等资源。创新工作模式，继续加强卫生援外工作。推进全球卫生人才培养和队伍建设。深化与港澳台地区的医疗卫生合作交流。推进南南合作。推动医疗设备和药品"走出去"。大力发展国际医疗健康服务贸易，加强中医药国际交流与合作。（国家卫生计生委、国家中医药局、国家发展改革委、商务部、食品药品监管总局负责）

（六）加强组织实施。各级政府要从全面建成小康社会、推进健康中国建设的高度，进一步提高认识，加强领导，将卫生与健康工作纳入重要议事日程。各有关部门要按照职责分工，细化目标，做好相关任务的实施工作。逐步建立健康影响评价评估制度。建立健全监测评价机制，国家卫生计生委负责牵头制订规划监测评估方案，并对规划实施进度和效果进行年度监测和中期、末期评估，监督重大项目的执行情况，及时发现实施中存在的问题，并研究解决对策。地方各级人民政府要定期组织对当地规划实施情况的检查督导，确保规划顺利实施。（国家卫生计生委牵头）

国务院关于印发国家教育事业发展"十三五"规划的通知

国发〔2017〕4号

各省、自治区、直辖市人民政府，国务院各部委、各直属机构：

现将《国家教育事业发展"十三五"规划》印发给你们，请认真贯彻执行。

国务院

2017年1月10日

（本文有删减）

国家教育事业发展"十三五"规划

"十三五"时期是全面建成小康社会决胜阶段。为加快推进教育现代化，依据《中华人民共和国国民经济和社会发展第十三个五年规划纲要》和《国家中长期教育改革和发展规划纲要（2010—2020年）》（以下简称《教育规划纲要》），制定本规划。

一 以新理念引领教育现代化

（一）发展环境。

"十二五"时期特别是党的十八大以来，按照党中央、国务院决策部署，我国教育改革发展取得了显著成就，社会主义核心价值观教育深入推进，立德树人根本任务有效落实，学生思想道德素质持续向好，教育现代化取得新进展，为促进经济发展、社会和谐、文化繁荣作出重要贡献。

教育总体发展水平进入世界中上行列。九年义务教育全面普及，进入均衡发展新阶段，学前三年毛入园率提前实现《教育规划纲要》2020年目标，高中阶段教育基本普及，基本公共教育服务体系和现代职业教育体系基本确立，高等教育大众化水平显著提升，继续教育持续发展，全民终身学习的态势初步形成。教育质量稳步提升，我国学生在经济合作与发展组织开展的国际学生评估项目中表现良好，我国成为国际工程联盟本科教育互认协议成员，一批高校和学科世界排名显著提升。

教育公平取得重要进展。城乡和区域教育发展差距进一步缩小，大中城市义务教育阶段"择校热"有所缓解，国家助学制度更加完善，农村义务教育学生营养改善计划深入实施，贫困地区学生的体质健康得到改善，进城务工人员随迁子女、农村留守儿童、残疾学生受教育权利得到更好保障，中西部地区特别是农村学生接受优质高等教育的机会明显增加。

服务经济社会发展能力显著增强。职业学校每年输送近 1000 万名技术技能人才，开展培训上亿人次。普通本科高校累计输送 2000 多万名专业人才。高等学校牵头承担了一大批国家重大科学研究任务和重大工程项目，产出了一大批服务国家战略、具有国际影响力的标志性研究成果，技术转移和成果转化成效明显。

教育发展能力显著提升。教育投入实现历史性突破，2012 年首次实现国家财政性教育经费占国内生产总值 4% 的目标，生均拨款制度逐步建立，各级各类学校特别是农村学校办学条件有较大改善，教师队伍素质进一步提高，教育信息化全面推进。教育对外开放水平显著提升，国际影响力稳步增强。教育体制改革取得重要进展，人才培养体制、办学体制、管理体制、评价体制、保障体制改革全面深化，一些重点领域和环节取得突破性进展。考试招生制度改革全面启动，现代教育督导体系进一步完善。

总体来看，《教育规划纲要》确定的阶段性目标如期实现，教育事业发展"十二五"规划圆满收官，我国教育进入提高质量、优化结构、促进公平的新阶段。

"十三五"时期，我国发展仍处于可以大有作为的重要战略机遇期，也面临诸多矛盾叠加、风险隐患增多的严峻挑战。有效应对各种风险和挑战，不断开拓发展新境界，对实现教育现代化提出了前所未有的新任务、新要求。

从国际看，世界多极化、经济全球化、文化多样化、社会信息化深入发展，国际金融危机深层次影响在相当长时期依然存在，新一轮科技革命和产业变革蓄势待发，互联网、云计算、大数据、智能机器人、三维（3D）打印等现代技术深刻改变着人类的思维、生产、生活和学习方式，国际竞争日趋激烈，人才培养与争夺成为焦点。优先发展教育，构建现代教育体系，建设学习型社会，培养大批创新人才，已成为人类共同面临的重大课题和应对诸多复杂挑战、实现可持续发展的关键。

从国内看，统筹推动"五位一体"总体布局和协调推进"四个全面"战略布局，贯彻落实创新、协调、绿色、开放、共享的新发展理念，实现 2020 年全面建成小康社会目标，深化供给侧结构性改革，保持经济中高速增长，深入实施创新驱动发展战略，推进大众创业万众创新，实施"中国制造 2025"和"一带一路"建设等战略，迫切需要教育优化人才培养结构，加快培养各类紧缺人才。保障基本民生，实现全体人民共同迈入全面小康社会，迫切要求完善基本公共教育服务体系。新型城镇化加快推进，人民群众生活水平和质量普遍提高，生育政策调整，学龄人口、劳动年龄人口规模结构改变，人口老龄化速度加快，教育需求发生结构性变化，对高质量、多样化的教育需求日益增长，教育体系、结构和布局面临深刻挑战。无论从当前推进经济转型升级，还是从长远促进经济和社会协调发展看，都需要抓住教育这一最基础环节，推进优先发展，提高国家发展水平。

从教育领域看，当今世界教育正在发生革命性变化。确保包容、公平和有质量的教育，促进全民享有终身学习机会，成为世界教育发展新目标。教育与经济社会发展的结合更加紧密，以学习者为中心，注重能力培养，促进人的全面发展，全民学习、终身学习、个性化学习的理念日益深入人心。教育模式、形态、内容和学习方式正在发生深刻变革，教育治理呈现出多方合作、广泛参与的特点。要清醒地看到，我国教育改革发展虽然取得了显著成就，但尚不能完全适应人的全面发展和经济社会发展需要，仍存在一些突出问题，主要表现为：科学的教育理念尚未牢固确立，促进学生全面发展的育人模式与环境有待完善，产教融合、科教融合的协同培养机制尚未形成，学生创新创业能力的培养有待加强；教育发展还存在不平衡、不协调的问题，城乡、区域之间教育差距仍较大，优质教育资源总量不足、布局不合理，学前教育、职业教育、继续教育仍是教育体系中的突出短板，人才培养的类型、层次和学科专业结构与社会需求不够契合；教师队伍素质和结构不能适应提升质量与促进公平的新要求；学校办学活力不强，促进和规范社会力量参与举办教育的法律制度和政策体系亟待完善，多方参与教育治理和评价的体制机制还不健全；教育对外开放的水平不够高；教育优先发展地位需进一步巩固。

人才成就未来，教育成就梦想。人才和人力是国家最大的资源，今天培养的人才将是实现第二个百年奋斗目标的主力军，教育必须承担起实现中华民族伟大复兴中国梦赋予的历史使命，毫不动摇地坚持中国特色社会主义教育发展道路，不断深化对中国特色社会主义教育发展规律的认识，树立科学的教育发展观、质量观、人才观，以更加奋发有为的精神状态和踏石留印、抓铁有痕的工作作风，勇于实践，善于创新，不断实现改革新突破，迈上发展新台阶。

（二）指导思想。

全面贯彻党的十八大和十八届三中、四中、五中、六中全会精神，以马克思列宁主义、毛泽东思想、邓小平理论、"三个代表"重要思想、科学发展观为指导，深入贯彻习近平总书记系列重要讲话精神，认真落实党中央、国务院决策部署，紧紧围绕"五位一体"总体布局和"四个全面"战略布局，树立道路自信、理论自信、制度自信、文化自信，以创新、协调、绿色、开放、共享的发展理念统领教育改革发展，坚持党的领导，坚持社会主义办学方向，全面贯彻党的教育方针，全面深化教育改革，着力提高教育质量，着力优化教育结构，着力促进教育公平，加快推进教育现代化，推动创新型国家和人才强国建设，为全面建成小康社会和实现中华民族伟大复兴的中国梦作出更大贡献。

（三）基本原则。

推进教育改革发展，实现更高质量、更加公平、更有效率、更可持续的发展，完成国家赋予的历史使命和战略任务，必须遵循以下基本原则：

坚持优先发展。人是国家发展的核心要素。要坚持把教育摆在优先发展的战略地位，充分发挥教育的基础性、先导性、全局性作用，更加注重教育和人力资源开发，加大投资于人的力度，面向现代化，面向世界，面向未来，超前规划，优先发展，加速人力资本积累，为国家和民族的未来奠基。

坚持立德树人。把立德树人作为教育的根本任务，培养德智体美全面发展的社会主义建设者和接班人。要遵循教书育人规律、遵循学生成长规律，以学生为主体，以教师为主导，创新育人模式，培育和践行社会主义核心价值观，不断提高学生思想水平、政治觉悟、道德品质、文化素养，让学生成为德才兼备、全面发展的人才。

坚持服务导向。服务国家发展和人民群众是对教育改革发展的基本要求。教育发展要适应中国特色社会主义现代化建设需要，服务全面建成小康社会和中华民族伟大复兴目标，主动适应和引领经济发展新常态，为国家现代化建设厚植人才优势，培育创新动力。要不断满足广大人民群众对更高质量、更为多样教育的需求，优先解决人民群众关心的重点、热点、难点和焦点问题。

坚持促进公平。教育的公平性是社会主义本质要求，要发展社会主义，逐步实现人民共同富裕，教育公平是基础。注重有教无类，让全体人民、每个家庭的孩子都有机会接受比较好的教育，让教育改革发展成果更好地惠及最广大人民群众。突出精准扶贫，面向中西部地区特别是边远、贫困地区，加大对家庭经济困难学生帮扶力度。

坚持改革创新。改革创新是发展的根本动力。要不断深化教育综合改革，将顶层设计和实践探索有机结合，充分调动基层特别是广大学校、师生的积极性、主动性和创造性，创新体制机制和人才培养模式；要统筹利用国内国际教育资源，广泛借鉴吸收国际先进经验，进一步提升教育对外开放水平，通过改革创新和对外开放解决难题、激发活力、推动发展。

坚持依法治教。法治是实现教育现代化的可靠保障。要坚持依法行政、依法办学、依法执教，更加注重运用法治思维和法治方式推动教育改革发展，更加注重教育法律法规体系和执法体制机制建设，更加注重保障广大人民群众受教育权利和广大师生权益，更加注重保障人民群众对教育改革发展的知情权、参与权和监督权，依法推进教育治理能力现代化，为教育发展创造良好的法治环境。

坚持党的领导。办好中国特色社会主义教育事业关键在党，必须牢牢掌握党对教育工作的领导权，坚持正确的政治方向，掌握教育领域意识形态工作的主导权，着力加强教育系统党的思想建设、组织建设、作风建设、反腐倡廉建设、制度建设，增强政治意识、大局意识、核心意识、看齐意识，强化基层党组织的创造力、凝聚力、战斗力，为教育改革发展提供坚强的政治保证和组织保障。

（四）主要目标。

"十三五"时期教育改革发展的总目标是：教育现代化取得重要进展，教育总体实力和国际影响力显著增强，推动我国迈入人力资源强国和人才强国行列，为实现中国教育现代化2030远景目标奠定坚实基础。

全民终身学习机会进一步扩大。形成更加适应全民学习、终身学习的现代教育体系，现代职业教育体系更加完善。学前教育机会显著增加，义务教育普及成果进一步巩固提升，普及高中阶段教育，高等教育发展进入普及化阶段，继续教育参与率明显提升，学习型社会建设迈上新台阶。

教育质量全面提升。教师素质进一步提高，学校办学条件明显改善，教育信息化实现新突破，形成信息技术与教育融合创新发展的新局面，学习的便捷性和灵活性明显增强。教育教学改革取得重要进展，学生的思想道德素质、科学文化素质、身心健康素质明显提高，社会责任感、法治意识、创新精神和实践能力显著增强，学业水平和自主学习、终身学习能力全面提升。

教育发展成果更公平地惠及全民。完成教育脱贫攻坚任务，精准扶贫、精准脱贫的效果充分显现。实现家庭经济困难学生资助全覆盖，困难群体、妇女儿童平等受教育权利得到更好保障。义务教育实现基本均衡的县（市、区）比例达到95％，城乡、区域、学校之间差距进一步缩小，建成覆盖城乡、更加均衡的基本公共教育服务体系。人民群众高质量、个性化、多样化的学习需求得到更好满足。

人才供给和高校创新能力明显提升。创新型、复合型、应用型和技术技能型人才培养比例显著提高，人才培养结构更趋合理。各类人才服务国家和区域经济社会发展、参与国际竞争的能力显著增强。提高高等教育发展水平，若干所大学和一批学科进入世界一流行列，若干学科进入世界一流学科前列，在高校建成一批服务国家战略的创新基地和新型智库，创新服务能力全面提升，涌现一批重大创新成果，促进培育新动能，推动文化繁荣和社会进步，增强国家核心竞争力。

教育体系制度更加成熟定型。教育法律法规体系和执法体制机制更加健全，教育标准、监管、评价、督导、投入保障、教师队伍建设等基础性制度体系更加完善，社会力量举办教育、参与教育改革发展的制度更加完备有效。基本实现管办评分离，形成政府依法管理、学校依法自主办学、社会各界依法参与和监督的格局，教育治理体系和治理能力现代化水平明显提升。

专栏1　　　　　　　　　　　教育事业发展和人力资源开发"十三五"主要目标

指标	2015 年	2020 年	属性
学前教育			
在园幼儿数（万人）	4 265	4 500	预期性
学前三年毛入园率（％）	75.0	85.0	预期性
九年义务教育			
在校生（万人）	14 004	15 000	预期性
巩固率（％）	93.0	95.0	约束性
高中阶段教育			
在校生（万人）	4 038	4 130	预期性
其中：中等职业教育	1 657	1 870	预期性
毛入学率（％）	87.0	90.0	预期性
高等教育			
在学总规模（万人）	3 647	3 850	预期性
在校生（万人）	3 511	3 680	预期性
其中：研究生（万人）（含全日制和非全日制研究生）	250［191］	290［230］	预期性
其中：普通本专科（万人）	2 625	2 655	预期性
毛入学率（％）	40.0	50.0	预期性
继续教育			
从业人员继续教育（万人次）		35 000	预期性
人力资源开发			
新增劳动力平均受教育年限（年）	13.3	13.5	预期性

　　注：①高等教育在校生含普通本专科、成人本专科、全日制和非全日制研究生在校生。
　　　　②［　］内为全日制研究生在校生数。

　　（五）主题主线。

　　贯彻落实新发展理念，全面实现"十三五"时期教育改革发展目标，必须紧紧围绕全面提高教育质量这个主题，把立德树人作为根本任务，全面实施素质教育，积极培育和践行社会主义核心价值观，更新育人理念，创新育人方式，改善育人生态，提高教师素质，建立健全各级各类教育质量保障体系，全面提升育人水平。

　　必须把教育的结构性改革作为主线，主动适应经济社会发展和人民群众的需求。统筹利用好、布局好各类教育资源，突出保基本、补短板、促公平，公共教育资源配置向薄弱地区、薄弱学校、薄弱环节和困难人群倾斜，推动区域、城乡协调发展，着力提高基本公共教育服务的覆盖面和质量水平；优化人才供给结构，加快高中阶段教育普及进程，推动高等教育分类发展，大力发展现代职业教育和继续教育，加快培养经济社会发展急需人才；创新教育供给方式，大力发展民办教育，拓展教育新形态，以教育信息化推动教育现代化，积极促进信息技术与教育的融合创新发展，努力构建网络化、数字化、个性化、终身化的教育体系，形成人人皆学、处处能学、时时可学的学习环境；改革教育治理体系，深化简政放权、放管结合、优化服务改革，落实学校办学自主权，加快现代学校制度建设；扩大社会参与，提高教育开放水平，整体提升教育服务经济社会发展的能力。

二 全面落实立德树人根本任务

（一）提升学生思想道德水平。

把思想政治工作贯穿教育教学全过程。加强系统谋划和顶层设计，以社会主义核心价值观为引领，科学制定不同年龄阶段和各级各类教育的德育工作目标，实现全员育人、全过程育人、全方位育人。充分发挥品德课、思想政治理论课主渠道作用，深入挖掘课程教材的育人作用，系统推进课程改革和教材修订，推动中国特色社会主义理论体系进教材、进课堂、进头脑，使大中小学德育和思想政治教育由浅入深、分层递进、有机衔接。积极开展少先队和党团组织教育活动。广泛运用情境教学、现场教学、社会实践等方式，关注学生情感体验过程，引导和组织学生通过各种社会实践活动践行社会主义核心价值观，开展自我教育。加强网络环境下的德育工作，强化网络阵地建设，采取多种方式引导学生全面理解、正确对待重大理论和社会热点问题，增强是非辨别能力。充分发挥教师对学生的言传身教、行为引导作用，邀请党政领导干部到学校作形势报告，广泛聘请各行各业先进典型、优秀家长和老干部、老战士、老专家、老教师、老模范等到学校作专题报告，担任思想政治教育兼职教师，强化示范引领效应，使社会主义核心价值观内化于心、外化于行。

着力加强爱国主义教育。坚持爱国和爱党、爱社会主义相统一，创新形式，丰富载体，把爱国主义教育有机融入教育教学各环节，贯穿国民教育全过程。加强爱国主义教育基地建设，开辟爱国主义教育校外课堂，推动各级各类学校积极创造条件，开设以爱国主义为主题内容的选修课和专题讲座，发挥主题党日、团日、班会等载体作用，结合重要纪念日和传统节日开展爱国主义教育，加强国情教育、历史教育特别是党史、国史、改革开放史、社会主义发展史教育，大力推进对国旗、国歌、国徽的礼仪教育。广泛开展民族团结进步教育，强化"五个认同"和"三个离不开"思想，促进各族学生交往交流交融，筑牢各族师生中华民族共同体思想基础，引导青少年学生树立和坚持正确的国家观、民族观、宗教观、历史观、文化观，增强中华民族归属感、认同感、尊严感、荣誉感。

努力增强学生社会责任感。协同加强青少年社会公德、职业道德、家庭美德教育，努力培养学生高尚品格和担当精神。引导学生以国家富强、人民幸福为己任，树立自觉投身于中国特色社会主义伟大实践的宏伟志向。

积极开展法治教育。落实《青少年法治教育大纲》，把法治教育纳入国民教育体系，在中小学设立法治知识课程。加强法治教育实践基地建设，加强宪法教育，多种形式普及法律知识，开展法治实践教育，培养学生的法治意识和素养。

（二）培养学生创新创业精神与能力。

从中小学做起，注重激发学生学习兴趣、科学兴趣和创新意识，加强科学方法的训练，逐步培养学生逻辑思维与辩证思维的能力。研究制定中小学生科学素质标准，充分利用各类社会科技教育资源，大力开展校内外结合的科技教育活动，加强对学生科学素质、信息素养和创新能力的培养。鼓励高等学校和职业学校建设学生创新创业服务平台，完善创新创业教育课程体系和管理制度，引导鼓励学生积极参与创新活动和创业实践，强化毕业论文、毕业设计的创新创业导向，开展创新创业竞赛，营造创新创业校园文化。支持本科生和研究生提前进入企业开展创新活动，鼓励高校通过无偿许可的方式向学生授权使用科技成果，引导学生创新创业。鼓励各省级政府统筹区域内高校、企业、产业园区、孵化基地、风险投资基金等资源，扶持大学生创业。

（三）强化学生实践动手能力。

践行知行合一，将实践教学作为深化教学改革的关键环节，丰富实践育人有效载体，广泛开展社会调查、生产劳动、志愿服务、公益活动、科技发明和勤工助学等社会实践活动，深化学生对书本知识的认识。加强劳动教育，充分发挥劳动综合育人功能。制定中小学生综合实践活动指导纲要，注重增强学生实践体验，鼓励有条件的地区开展中小学生研学旅行和各种形式的夏令营、冬令营活动。建设一批具有良好示范带动作用的研学旅游基地和目的地。构建学生志愿服务工作体系，把志愿服务纳入社会实践活动课程，组织学生开展志愿服务活动和其他社会实践主题活动，建立学生志愿服务记录档案，把志愿服务纳入学生综合素质评价内容。支持高校广泛开展大学生实践活动，引导大学生走出校门、深入基层，广泛宣传党的方针政策和中国特色社会主义理论，促进学生了解社会、认识国情、增长才干。

（四）塑造学生强健体魄。

加强和改进学校体育卫生工作。以全面增强学生体质和意志品质为目标，全面加强学校体育工作。将体质改善情况作为教育质量监测和教育评价的重要内容，开展健康学校创建工作，完善青少年体质健康监测体系，健全大中小学生健康体检制度。加强中小学校体育装备，改革体育教学、训练和竞赛体系，因地制宜强化体育课和课外锻炼，大力扶持校园足球、冰雪运动等各类体育社团发展，推动体育传统项目学校、体育特色学校建设，广泛开展各级学校体育联赛和民间传统体育比赛，着力推动高校加强大学生体育锻炼，广泛开展课外体育锻炼活动，大力培养学生运动兴趣、运动技能、运动习惯，基本实现学生熟练掌握一项以上运动技能的目标。全面加强幼儿园、中小学的卫生与健康工作，加大健康知识宣传力度，提高学生主动防病意识。推动各地采取针对性措施，降低学生近视发生率。注重各级各类学校心理教师队伍建设，进一步完善学生心理健康服务体系，在学校普遍开展心理健康教育，提高学生心理健康意识和心理保健能力，培养身心健康、体魄强健、意志坚强的一代新人。

（五）提高学生文化修养。

坚持以美育人、以文化人。以提高学生艺术素养、陶冶高尚情操、培育深厚民族情感、激发创新意识为导向，构建科学的美育课程体系，改进学校美育教学，鼓励特色发展，统筹整合学校与社会美育资源，健全美育评价机制，推动开齐开足艺术课程，开展艺术类第二课堂教育活动，将艺术实践活动纳入课程管理，促进每个学生形成一两项艺术特长和爱好。积极引导学生阅读欣赏中外文学艺术经典，鼓励高雅艺术进校园、非物质文化遗产进校园、民族民间优秀文化进校园。开展校训、家训育人活动。充分利用图书馆、博物馆、文化馆等各类文化资源，广泛开展中华民族优秀传统文化、革命文化、社会主义先进文化教育，培育青少年学生文化认同和文化自信。加强多元文化教育和国际理解教育，提升跨文化沟通能力。

（六）增强学生生态文明素养。

强化生态文明教育，将生态文明理念融入教育全过程，鼓励学校开发生态文明相关课程，加强资源环境方面的国情与世情教育，普及生态文明法律法规和科学知识。广泛开展可持续发展教育，深化节水、节电、节粮教育，引导学生厉行节约、反对浪费，树立尊重自然、顺应自然和保护自然的生态文明意识，形成可持续发展理念、知识和能力，践行勤俭节约、绿色低碳、文明健康的生活方式，引领社会绿色风尚。

（七）提高学生综合国防素质。

将国防教育纳入国民教育体系，充分发挥国防教育的综合育人功能，丰富学校国家安全教育和国防教育内容，创新教育形式，探索开展中小学国防教育综合社会实践和示范校创建活动试点，继续推动国防教育特色学校建设，充分发挥军营开放日、军事夏令营等平台作用，提高国防教育效果。加强高等学校军事理论教学，加强高等学校和高中阶段学校学生军事技能训练，拓展学生军训综合育人功能，提升青少年国防意识和军事素养。

三 改革创新驱动教育发展

（一）着力推进教育教学改革。

推进基础教育课程与教学改革。加强对课程教材建设的顶层设计，修订国家基础教育课程方案和课程标准，体现学生发展核心素养要求，完善教材审查审定和使用监测制度，打造具有科学性、时代性、民族性的基础教育课程教材体系。全面开展课程实施监测和管理。支持有条件的地方推行小班化教学，鼓励普通高中实行"选课制"、"走班制"，开设多样优质的选修课程。推动合作探究式学习，倡导任务驱动学习，提高学生分析解决问题的能力。支持有条件的普通高中与高等学校、科研院所开展有效合作，推进创新人才培养。继续推进中学生科技创新后备人才培养计划、全国青少年高校科学营等活动，积极试点探索大学先修课程。落实《幼儿园教育指导纲要》、《3—6岁儿童学习与发展指南》，坚持以游戏为基本活动，培养幼儿健康体魄、良好生活与行为习惯，促进幼儿身心和谐发展。

推行产教融合的职业教育模式。坚持面向市场、服务发展、促进就业的办学方向，科学确定各层次各类型职业教育培养目标，创新技术技能人才培养模式。推行校企一体化育人，推进"订单式"培养、工学交替培养，积极推动校企联合招生、联合培养的现代学徒制。率先在大中型企业开展产教融合试点，推动行业企业与学校共建人才培养基地、技术创新基地、科技服务基地。鼓励学校、行业、企业、科研机构、社会组织等组建职业教育集团，实现教育链和产业链有机融合。建立健全对接产业发展中高端水平的职业教育教学标准体系。以增强学生核心素养、技术技能水平和可持续发展能力为重点，统筹规划课程与教材建设，对接最新行业、职业标准和岗位规范，优化专业课程结构，更新教学内容。强化课堂教学、实习、实训的融合，普及推广项目教学、案例教学、情境教学等教学模式。完善职业学校教学工作诊断与改进制度。引导行业企业深度参与专业教学、顶岗实习、岗位资格认证等方面的标准制定和教学评价。积极推行"双证书"制度，统筹相关课程考试考核与职业技能鉴定。支持在符合条件的职业学校设立职业技能鉴定所（站），完善职业学校合格毕业生取得相应职业资格证书的办法。规范职业学校办学行为，严格落实专业教学标准，防止以升学为目标组织教学。

深化本科教育教学改革。实行产学研用协同育人，探索通识教育和专业教育相结合的人才培养方式，推行模块化通识教育，促进文理交融。继续推进基础学科拔尖学生培养试验计划。推动高校针对不同层次、不同类型人才培养的特点，改进专业培养方案，构建科学的课程体系和学习支持体系。建立支持和奖励机制，激励教师面向经济社会新需求，强化课程研发、教材编写、教学成果推广，及时将最新科研成果、企业先进技术等转化为教学内容。探索建立适应弹性学习、学分制和主辅修制的教学管理制度，逐步扩大学生自主选择专业、课程和教师的权利。推行以学生为中心的启发式、合作式、参与式和研讨式学习方式，加强个性化培养。改进教学评价机制和学生考核机制。全面落实教授给本科生上课制度，建立约束激励机制，调动教师投入本科教学、不断探索教学新技术新方法新形态的积极性。推动高校统筹使用相关经费，加大对课程建设、教学改革的常态化投入，强化实验、实训、实习环节，建立高校与企业、行业、科研机构、社区等合作育人机制，全面提升高等学校教学水平。

推动研究生培养机制改革。扩大高校学术团队招收研究生的自主权，适度提高应届优秀本科毕业生直接攻读博士学位的比例，加强重大基础研究、重大科研攻关方向、重大工程领域、重大社会问题研究的博士研究生培养，紧密结合承担国家和区域重大科研任务，强化博士生原始创新能力，加快培养科技创新前沿的领军人才。支持在职人员以非全日制方式攻读专业硕士学位，鼓励跨学科攻读专业硕士学位。加强联合培养基地建设，探索专业学位研究生开放式培养模式，推行"双导师"等行业企业联合培养机制，结合承担行业企业实际科研生产项目，加快培养能够解决一线实际问题、宽口径的高层次复合型人才。健全以科学与工程技术研究为主导的导师责任制和导师项目资助制。推动高校加强研究生课程建设，强化研究生课程的系统性和前沿性，加强不同培养阶段课程的衔接，提升研究生课程教学质量。

（二）深化考试招生制度改革。

加大高校考试招生制度改革实施力度。积极创造条件，稳妥推进普通高校考试招生制度综合改革试点，逐步在全国推广实施高考综合改革方案，探索基于统一高考和高中学业水平考试成绩、参考综合素质评价的多元录取机制。完善高中学业水平考试，覆盖国家规定的所有学习科目，加强命题和考试的组织保障，确保考试安全有序、成绩真实可信。规范高中学生综合素质评价，确保学生综合素质档案真实可靠。深化考试内容改革，着重考查学生独立思考和运用所学知识分析问题、解决问题的能力。大幅减少并严格控制考试加分项目，规范并公开自主招生办法、考核程序和录取结果。创造条件淡化并逐步取消录取批次，推进并完善平行志愿投档方式。探索研究生多元化招生选拔机制。确保国家教育考试安全。深入实施高校招生阳光工程，健全分级负责、规范有效的信息公开制度。加强考试招生全程监督，加大查处违规行为力度。

推进高职院校分类考试，突出"文化素质+职业技能"评价方式。高等职业学校招收有工作经验的学生，应当将工作实绩和能力作为重要的录取依据。健全学前教育、护理等领域和专业实行初中毕业起点、中高职贯通培养的考试招生办法。健全技术技能人才系统培养的招生制度。

完善中小学入学制度。合理设置学校或学区，保障入学需求，完善义务教育免试就近入学制度。改进高中阶段学校考试招生方式，逐步建立基于初中学业水平考试成绩、结合综合素质评价的普通高中招生录取机制，合理分配优质普通高中招生名额。进一步完善进城务工人员随迁子女就学和在流入地升学考试的政策措施。

（三）激发学校办学活力。

加快现代大学制度和各类学校管理制度建设。全面落实"一校一章程"。加强对新设立学校和升格、更名、合并、分立的高等学校的章程核准工作，建立和完善各级各类学校依章办学的管理制度和监督办法，推动学校依法依章治校。完善公办高等学校党委领导下的校长负责制和中小学、中等职业学校校长负责制，进一步明确职责分工、议事规则。深化学校管理人员职员制改革，建立符合学校特点的管理制度，鼓励高校推进内设机构取消行政级别试点，克服行政化倾向。拓展师生参与学校民主治理的渠道和途径，学校重大决策和涉及师生利益的重大政策应当经教职工代表大会民主讨论，发挥学生代表大会的桥梁纽带作用。加强中小学家长委员会建设，完善高等学校、职业学校理事会制度。切实实行学术民主，保障高等学校学术委员会、职业学校专家委员会履行职责。

落实学校办学自主权。建立健全各部门统筹推进落实学校办学自主权的会商机制。统筹推进高校综合改革，改革学位授权审核机制，落实高校学科专业设置自主权；改革高校编制及岗位管理制度，积极探索实行高校人员总量管理，落实高校岗位管理自主权；自主制定招聘条件和标准，自主公开招聘人才，根据岗位设置方案和管理办法自主做好人员聘后管理，落实高校用人自主权；下放教师职称评审权，改进教师职称评审方法，落实高校教师职称评审自主权；健全符合现代大学特点的薪酬分配制度，扩大高校薪酬分配自主权；精简对高校经费使用的考核评估，扩大项目资金统筹使用权，落实高校经费使用管理自主权；简化高校建设项目审批程序，扩大基本建设项目自主权；改进高校政府采购管理，优化进口仪器采购服务，落实高校科研仪器设备采购自主权；根据学术交流、教育教学和参与国际合作的需要，改进相关管理制度，为高校教师因公出国、参会提供便利。推动高等学校进一步向院系放权。扩大职业学校在招生、专业设置和调整、教师评聘、资源配置、收入分配、校企合作等方面的办学自主权。进一步落实和扩大中小学在教学工作、资源配置、人事管理等方面的自主权。

（四）统筹推进世界一流大学和一流学科建设。

以中国特色、世界一流为核心，以支撑创新驱动发展战略、服务经济社会发展为导向，坚持建设与改革并重，以学科为基础、以绩效为杠杆，统筹高校整体建设和学科建设，鼓励和支持不同类型的高水平大学和学科差别化发展，支持拥有多个国内领先、国际前沿高水平学科的大学，全面建设进入世界一流大学行列或前列；支持拥有若干国内前列、在国际同类院校中居于优势地位的高水平学科的大学，通过学科建设带动学校进入世界同类大学前列；支持拥有某一高水平学科的大学，通过建设进入该学科的世界一流行列或前列。支持省级政府根据国家建设布局，结合经济社会发展需求和基础条件，自主推动区域内高等学校建设高水平大学和优势学科，积极探索不同类型、不同层次高等学校的一流建设之路。

创新建设机制，鼓励公平竞争，强化目标管理，增强建设实效。创新支持方式，综合考虑建设高校基础、学科类别及发展水平等，通过不同途径给予相应经费支持，动员各方力量积极参与一流大学和一流学科建设，增强高等学校财务自主权和统筹安排经费的能力。坚持公开透明，实施动态监测，制定科学合理的绩效评价办法，开展中期评价和第三方评估，强化社会监督。建立退出机制，打破身份固化，形成激励约束机制，激发高校的建设活力。改革完善高等学校创新能力提升计划（"2011计划"）组织实施方式，推动高校面向国家重大需求多学科交叉融合、校所企协同创新。

（五）强化高校创新体系建设。

全面提升高校科技创新能力。推动高等学校全面参与国家创新体系建设，在优化布局、分类整合的基础上，统筹研究建设国家级科研基地，组织和支持高校积极参加国家科技计划（专项、基金等）和国家级科技创新基地建设，承接国家重大科研项目。优化高校基础研究环境，充分发挥学科、人才优势，凝练主攻方向，聚焦重大科学问题和战略技术问题开展基础技术、前沿技术、非对称技术、"杀手锏"技术、颠覆性技术研究，以基础性的突破带动全局性的创新。支持高校根据国家对外科技合作总体部署，提出并牵头组织、深度参与国际大科学计划和大科学工程。支持高校图书馆建设知识产权信息服务中心，为促进高校创新提供服务。

深化高校科研体制改革。完善中央高校基本科研业务费制度，形成经费长效支持机制，鼓励有条件的地区设立地方高校基本科研业务费，支持研究型大学开展自由探索的基础研究。落实高校科研项目预算调整、间接费用统筹使用、劳务费分配管理、结转结余资金按规定使用等自主权。探索实行充分体现人才创新价值和特点的经费使用管理办法，进一步发挥科研项目资金的引导激励作用，明确劳务费开支范围和标准，提高间接费用比重，加大绩效激励力度。推动高校切实履行法人责任，健全科研经费内部管理办法。多种形式加强高校科研队伍建设，建立健全教师在岗兼职、离岗创业等制度。设置特定的创新科研岗位，聘用海外学者、国内同行和研究生，组织科学创新团队。改革科研评价制度，建立以创新质量、贡献、绩效为导向的分类评价体系。完善同行专家遴选机制和专家库，加强评价专家的自律和责任追究。

深化全方位协同创新。支持高校探索建立基于互联网的科研组织模式，开展跨学校、跨学科、跨领域、跨国界的协同创新。健全产学研协同创新机制，支持高校与行业企业、科研院所联合建设创新中心和创新平台，组建产业技术创新战略联盟，面向社会和企业开放科研基础设施和创新资源，开展产业关键共性技术以及核心基础零部件（元器件）、基础软件、先进基础工艺、关键基础材料和产业技术基础的开发攻关，以增强我国产业核心竞争力。支持高校加强国际合作联合实验室建设，建设世界一流实验室，推进产业技术国际创新合作，积极融入全球创新网络。继续实施高校学科创新引智计划。

完善高校哲学社会科学体系。坚持马克思主义指导地位，实施以育人育才为中心的高校哲学社会科学整体发展战略，把中国特色社会主义理论体系贯穿研究和教学全过程，构筑学生、学术、学科一体的综合发展体系，建立科学权威、公开透明的哲学社会科学成果评价体系，努力形成中国特色、中国风格、中国气派的学科体系、学术体系、话语体系。积极参与马克思主义理论研究和建设工程，通过开展合作研究等方式积极参与哲学社会科学创新工程，深入实施高校哲学社会科学繁荣计划。坚持以人民为中心的研究导向，加强对党中央治国理政新理念新思想新战略的研究阐释，深入开展重大现实问题、重大理论问题、重大实践经验总结研究。积极参与实施国家哲学社会科学人才工程，加大相关人才计划对哲学社会科学人才的支持力度。完善高校哲学社会科学研究创新平台体系，加强高校马克思主义学院建设，重点建好一批高校人文社会科学重点研究基地、专题数据库和文科实验室。推进中国特色新型高校智库建设。加强国别和区域重点研究基地建设。支持高校建立海外中国学术研究中心，参与和设立国际性学术组织，建设一批优秀外文学术网站和学术期刊。

促进高校科技成果转化。探索完善科研成果、知识产权的归属及利益分配机制，赋予高校科技成果使用、处置和收益管理自主权，调动高校、科研机构和行业企业共同参与应用研究和成果转化的积极性。健全技术转移应用机制，鼓励有条件的高校建立知识产权运营、科技成果转化的专门队伍，形成科技成果转化和知识产权保护、应用的有效机制，推动建立完善有利于科技成果转化的评价体系。建好一批大学科技园、产业创意园和试验区，孵化和扶植一批科技与文化骨干企业。

（六）促进和规范民办教育发展。

推进民办学校分类管理。建立非营利性与营利性民办学校分类管理政策体系，实行差别化扶持，加强分类指导和规范管理，推动各类民办学校明确法人属性，明晰产权归属。建立健全政府补贴、政府购买服务、助学贷款、基金奖励、捐资激励等制度，引导社会力量举办非营利性民办学校。推动民办学校适应经济社会发展需要，更新办学理念，深化教育教学改革，提高办学质量。鼓励公办学校、民办学校开展人才交流和深度合作。保障民办学校依法自主办学，完善法人治理结构，健全收费制度、资产管理和财务会计制度，建立教育质量监测、财务监管、风险防控和退出机制，规范民办学校办学秩序，防范办学风险。

鼓励社会力量进入教育领域。拓展社会力量参与教育发展的渠道和范围。建立更加透明的教育行业准入标准，强化监测监管，鼓励社会力量和民间资本通过多种方式举办学校和教育机构，提供多样化教育产品和服务。发挥市场机制的作用，支持培育教育新业态，扩大教育需求与消费。研究制定相关规范和管理办法，鼓励教育服务外包，引导社会力量为学校提供信息化课程包、实训实习、教师培训、管理支持、质量监测、就业指导等专业化服务，作为政府教育服务的重要补充。

（七）积极发展"互联网＋教育"。

加快完善制度环境。制定在线教育和数字教育资源质量标准，推动建立数字教育资源的准入和监管机制，完善数字教育资源知识产权保护机制，鼓励企业和其他社会力量开发数字教育资源，形成公平有序的市场环境，培育社会化的数字教育资源服务市场，探索建立"互联网＋教育"管理规范，发展互联网教育服务新业态。出台教育数据管理规定，健全安全管理制度，形成教育数据资源开放共享制度机制，确保网络安全与教育资源内容安全。创建一流网络安全学院，加强国家网络安全人才和创新基地建设，形成网络安全人才培养、技术创新、产业发展的良性生态环境。

进一步改善基础条件。加快推进"宽带网络校校通"，完善学校教育信息化基础设施，加强"无线校园"建设，基本实现各级各类学校宽带网络全覆盖和网络教学环境的普及，具备条件的城镇学校实现无线网络全覆盖，鼓励具备条件的学校配置师生用教学终端。完善国家教育资源公共服务平台，推动形成覆盖全国、互联互通、协同服务的数字教育资源公共服务体系。完善国家教育管理公共服务平台，积极推动国家教育资源与教育管理平台的整合集成和协同发展。广泛应用区域教育云等模式，积极推动各级各类学校建设基于统一数据标准的信息管理平台，实现各类数据伴随式收集和集成化管理，形成支撑教育教学和管理的教育云服务体系。推动职业学校网络仿真实训环境建设。推动高校建立基于互联网、云计算技术的科研协作平台。

全力推动信息技术与教育教学深度融合。建设课程教学与应用服务有机结合的优质在线开放课程和资源库，全面推进"优质资源班班通"，鼓励教师利用信息技术提升教学水平、创新教学模式，利用翻转课堂、混合式教学等多种方式用好优质数字资源。深入推进"网络学习空间人人通"，形成线上线下有机结合的网络化泛在学习新模式。引导学校与教师依托网络学习空间记录学生学习过程，进行教学综合分析，创新教学管理方式。鼓励学校利用大数据技术开展对教育教学活动和学生行为数据的收集、分析和反馈，为推动个性化学习和针对性教学提供支持。支持各级各类学校建设智慧校园，综合利用互联网、大数据、人工智能和虚拟现实技术探索未来教育教学新模式。鼓励高等学校基于互联网开展学历与非学历继续教育。

推进优质教育资源共建共享。着力加强"名师课堂"、"名校网络课堂"、"专递课堂"、"在线开放课程"等信息化教育教学和教师教研新模式的探索与推广，加快优质教育资源向农村、边远、贫困、民族地区覆盖；积极鼓励高等学校和职业学校依托优势学科专业开发具有竞争力的在线开放课程，制定在线开放课程教学质量评价标准和学分认定管理办法，将在线课程纳入培养方案和教学计划。鼓励学校或地方通过与具备资质的企业合作、采用线上线下结合等方式，推动在线开放资源平台建设和移动教育应用软件研发。整合各类优质教育资源，推进资源普遍开放共享，鼓励师生共建共享优质资源，加快推动教育服务模式和学习方式的变革。

四　协调推进教育结构调整

（一）推进区域教育协调发展。

优化教育资源区域布局。科学规划、分类指导、统筹推进东部、中部、西部和东北地区教育发展。新增教育资源重点向革命老区、民族地区、边疆地区、集中连片特困地区倾斜。推动东部地区率先实现教育现代化。支持东北地区加快提升教育服务支撑老工业基地全面振兴的能力。加快中西部地区教育发展，优化顶层设计，整合工程项目，加强最薄弱环节，深入实施中西部高等教育振兴计划和中西部高校基础能力建设工程，支持中西部本科高校改善办学条件，提高办学水平，办好一批高水平大学，立足中西部经济社会发展实际，大力发展职业教育，增加中西部优质教育资源，提升教育发展综合实力，进一步缩小与东部发达地区差距。继续实施支援中西部地区招生协作计划、农村和贫困地区定向招生专项计划，扩大农村贫困地区学生接受优质高等教育机会。进一步支持赣南等原中央苏区和其他重点贫困革命老区教育发展。

支持国家重大区域发展战略实施。推动"一带一路"建设相关省区市教育合作。加大对"一带一路"建设核心区高等教育和职业教育发展的支持力度。落实京津冀协同发展战略，探索跨行政区划的教育协同发展体制机制，推动三省市教育协同发展，有序疏解北京非首都功能。加强长江经济带教育互联互通，完善区域教育协作机制，引导高等教育、职业教育资源布局与产业由东向西梯度转移相衔接。支持国家重点改革试验区教育创新，及时总结推广试点经验并制度化。

（二）优化城乡基础教育布局。

统筹规划城乡教育发展。完善城乡教育布局规划制度和学校布局调整机制，强化省级人民政府对基础教育的统筹规划，以县为基础，建立健全与常住人口变化趋势和空间布局相适应的城乡学校布局建设机制，合理规划学校服务半径。统筹城乡学校布局和建设规模，严控超大规模学校建设，有序扩大城镇学前教育、义务教育资源。城镇新建居住区配建学校、幼儿园实行"交钥匙"工程，促进学校、幼儿园与住宅项目同步规划、同步建设、同步交付使用。加强重点小城镇、城乡结合部、新建城区和城镇危旧房改造区学校建设，增加城镇义务教育学位和乡镇学校寄宿床位，到2020年基本消除56人以上"大班额"。统筹推进县域内城乡义务教育一体化改革发展，实现常住人口基本公共教育服务全覆盖。

加强农村学校布局规划。在交通便利、公共服务成型的农村地区合理布局义务教育学校。针对地广人稀地区、山区、海岛等特殊困难地区人民群众就学需求，合理布局并办好一批寄宿制学校、边境地区学校，保留并办好必要的小规模学校和教学点，努力保障学生就近入学、接受有质量的教育。合理制定闲置校园校舍综合利用方案，优先用于教育事业发展。

（三）加快发展现代职业教育。

完善职业学校布局结构。强化地市级人民政府对中等职业教育的统筹规划，根据城镇化和产业布局调整完善职业学校布局，根据产业发展对技术技能人才的需求优化职业教育体系结构。鼓励产业经济发达地区做好县域内中等职业学校布局规划。新增高等职业学校主要向中小城市、产业集聚区布局。在人口集中和产业发展需要的贫困地区建好一批中等职业学校，重点支持贫困地区建设好符合当地经济社会发展需要的中等职业学校。根据各主体功能区的定位，推动区域内职业学校科学定位，使每一所职业学校集中力量办好当地经济社会发展需要的特色优势专业（集群）。着力建设一批服务现代产业发展和扶贫开发等重点工作领域的高水平职业学校，形成国家重点行业都有骨干职业学校支撑的技术技能人才培养格局，服务产业结构调整优化。

提升职业学校基础能力。分类制定职业学校办学标准，实施现代职业教育质量提升计划等项目，提升职业学校办学条件特别是实习实训条件和"双师型"教师队伍建设水平。鼓励社会力量参与举办职业教育。按照鼓励竞争、扶优扶强的原则，通过与行业企业合作，集中力量建设一批高水平职业学校。支持东中西部地区职业学校加强对口合作，通过联合办学、委托管理、集团化办学等形式，提升专业建设、课程开发、学校管理水平。

强化大国工匠后备人才培养。着力提升职业学校人才培养质量，加强职业精神培育，推进产业文化、优秀企业文化、职业文化进校园进课堂，促进职业技能和职业精神高度融合，着力培养崇尚劳动、敬业守信、精益求精、敢于创新的工匠精神。推动职业学校与行业企业共建技术工艺和产品研发中心、实验实训平台、技能大师工作室等，完善职业学校学生技能竞赛制度，统筹职业学校教学体系和竞赛体系，建立健全大国工匠优秀后备人才早期发现、选拔和培养制度。打通职业教育人才培养通道，让职业学校学生的技术技能可以通过不断深造得到发展。

（四）调整高等教育结构。

推进高等教育分类发展、合理布局。推动地方开展高等学校分类管理改革试点，以人才培养定位为基础建立高等教育分类体系，研究制定高校分类设置、分类指导、分类拨款、分类评估等制度，努力形成高等学校科学定位、特色发展的局面。改进高等院校设置和招生计划管理办法，探索建立高校办学条件预警机制和退出机制，引导地方着力办好现有高校，强化省级人民政府对高等教育的统筹规划，新增高等教育资源向新的城镇化地区、产业集聚区、边境城市延伸。优先发展应用技术类型高校、小规模有特色学院。加快建成一批为地方经济和社会发展服务的高水平应用型高等学校和高等职业学校。根据高等学校设置制度规定，将符合条件的技师学院纳入高等学校序列。

推动具备条件的普通本科高校向应用型转变。推动各地开展转型发展试点，加强对改革试点的统筹指导，加快推进配套制度改革，总结推广试点典型经验。充分发挥试点高校改革创新的主动性、积极性和示范引领作用，引导高校从治理结构、专业体系、课程内容、教学方式、师资结构等方面进行全方位、系统性的改革，把办学思路真正转到服务地方经济社会发展上来，把办学定位转到培养应用型和技术技能型人才上来，转到增强学生就业创业能力上来，把办学模式转到产教融合、校企合作上来，到"十三五"末，建成一批直接为区域发展和产业振兴服务的中国特色高水平应用型高校，形成科学合理的高等教育结构。

提高应用型、技术技能型和复合型人才培养比重。新增高等教育招生计划主要向应用型、技术技能型人才培养倾斜。稳步扩大研究生培养规模。扩大专业学位硕士研究生培养比例，积极稳妥推进博士专业学位研究生培养，新增计划主要用于紧缺人才培养。加快发展新兴学科、交叉学科。推进军民融合，改革完善依托国民教育培养军事人才的政策制度，做好普通高校国防生培养工作，扩大高等学校与军队合作培养军地两用人才规模。

（五）大力发展继续教育。

加快构建终身教育制度。制定国家资历框架，建立个人学习账号和学分累计制度。统筹协调各相关部门，建立各类继续教育基本统计制度。建立多种学习成果认证平台。探索高中后教育全面实行学分制，实行弹性学制和学习者自主选课。探索建立与完全学分制相适应的高校教育教学、课程设置、学籍管理、按学分收费等各项制度，推动各类高等学校之间以课程为基础开展学分认定和转换。创新高等教育自学考试学分认定和转换，完善不同专业、不同主考院校的学分认定和转换，推动高等教育自学考试认可高等学校课程学分，探索将高等教育自学考试学分转换为高等学校学分。探索非学历教育学习成果认定和转换，使各种非学历学习成果通过一定的标准和程序，经过高等学校和自考机构认定后，可转换成相应的课程学分，认定标准由高等学校自主制定。允许学习者通过课堂学习、在线学习、自学等方式获得学分，建立健全职业教育与普通教育、学历教育与非学历教育、职前教育与职后教育沟通衔接的机制，逐步扩大高等学校招收有实践经历人员的比例，制定不同人群接受教育的资助制度，使所有公民都有机会通过直接升学、先就业再升学、边就业边学习等多种方式不断发展。

加强继续教育平台建设。明确各类高等学校和职业学校发展继续教育的职责任务、考核标准，推动高等学校和职业学校进一步开放办学，面向城乡从业人员广泛开展教育培训服务，特别是面向行业企业，持续开展职工继续教育，重点增强职工的职业理想，提高职业道德、技术技能、管理水平以及学历层次。加强顶层设计，完善自学考试制度，办好开放大学，提供优质继续教育资源。继续办好各类成人教育机构。支持办好企业大学和企事业单位职工继续教育基地，鼓励各类社会培训机构依法开展教育培训活动。充分发挥成人、社区教育机构、县级职业教育中心、农业广播电视学校的作用，使之成为区域职业教育与培训、技术推广、扶贫开发和社会生活教育的开放平台，健全遍布城乡的继续教育网络。

统筹扩大继续教育服务。强化省级、地市级政府对继续教育的统筹规划，加快构建政府、企业、社会共同参与的终身学习激励机制，建设覆盖全国城乡、开放便捷的终身学习公共服务体系。整合继续教育资源，基于社会工作岗位需求，向学习者提供教育培训"技能包"。重视开展面向现役和退役军人的继续教育，着力落实好退役大学生士兵专项硕士研究生招生计划等政策。整合资源，健全城乡一体的社区教育办学网络，广泛开展城乡社区教育，促进学校教育资源服务社区居民。推动学习型城市建设。持续开展"全民终身学习活动周"，倡导全民阅读。推进老年教育机构逐步纳入地方公共服务体系，完善老年人学习服务体系，办好老年大学，有效扩大老年教育资源供给。

（六）加快培养现代产业急需人才。

加快学科专业结构调整。扩大高等学校和职业学校专业设置自主权，除对涉及国家安全、公共安全和人身安全等特殊行业的学科和专业实行国家管理外，学校依法自主设置专业。加强专业设置政策引导，及时修订中职、本专科专业目录和研究生学科目录，调减社会需求不足的长线专业。推动高校加快新兴交叉学科建设，通过专业改造等方式设置复合型专业。发挥行业协会与行业职业教育教学指导委员会作用，探索建立多部门协同的人才需求预测机制，完善资源配置机制和评估评价机制等，引导学校围绕科技创新和经济社会发展需要设置专业，形成办学特色。

大力培养现代农业人才。加大对涉农学科专业的投入力度和学生资助力度，推进涉农学科、专业现代化。深化农业人才培养模式改革，加快培养现代农业领军人才、高技能人才和新型职业农民。充分发挥农业院校在新型职业农民培育、农业科技创新、农业技术推广应用等方面的重要作用，形成与现代农业发展相适应的农业人才培养和农业技术创新推广网络。

加快培养战略性新兴产业急需人才。面向"中国制造2025"重点领域，支持高水平大学加强制造业相关核心技术学科、专业建设，支持职业学校开设先进装备制造和基础制造相关专业。继续实施专业技术人才知识更新工程和先进制造卓越工程师培养计划，加快培养急需工程技术人才。扩大节能环保、新一代信息技术、生物、高端装备制造、新能源、新材料和新能源汽车等战略性新兴产业人才培养规模。服务国家"互联网＋"行动、大数据战略，打破传统学科、专业局限，大力发展移动互联网、云计算、大数据、物联网、智能硬件、集成电路等新兴学科专业，加快培养信息技术与产业升级、技术创新和社会服务融合发展的复合型人才。

加强现代服务业和社会管理服务人才培养。完善生产性和生活性服务业人才培养体系，加快培养研发设计、知识产权、检验检测、现代物流、电子商务、金融、涉外法律、国际交流、旅游、健康、体育以及涉老等领域的新型专业人才。完善全科医学人才培养体系，为贫困地区和农村基层定向免费培养全科医学人才。加强儿科等紧缺人才培养，支持儿科医疗资源短缺的地区在有条件的高校举办儿科学本科专业。支持建设康复大学，加快培养康复人才。加强专业社会工作人才培养。积极推动公安院校、公安专业人才招录培养制度改革，加强公安专业人才培养。

……

六　统筹推动教育开放

（一）优化教育对外开放布局。

实施共建"一带一路"教育行动。积极倡议"一带一路"沿线各国构建教育共同体，开展教育互联互通、人才培养培训、丝路合作机制建设等方面重点合作，对接沿线各国意愿，互鉴先进教育经验，共享优质教育资源。设立"丝绸之路"中国政府奖学金。加强与"一带一路"沿线国家学校学历互认、师生互换，建立更加密切的教育合作交流机制。支持有条件的高校和职业学校配合企业走出去，建立办学机构、研发机构。

分类推进教育国际合作交流。加强与大国、周边国家、发展中国家教育务实合作，形成重点推进、合作共赢的教育对外开放局面。以优质资源请进来为重点，深化与发达国家教育合作交流；以教育走出去为重点，扩大与发展中国家教育合作交流。加强与东南亚、非洲国家教育合作。增进新欧亚大陆桥、中国—中亚—西亚、中巴、孟中印缅、中蒙俄等重要廊道及澜湄合作机制下的区域教育合作交流。加强与有关国家语言人才培养合作，加快培养各类非通用语种人才。

打造区域教育对外开放特色。支持东部地区整体提升教育对外开放水平，率先办出中国特色、世界水平的现代教育。加大政策倾斜力度，支持中西部地区、东北地区不断扩大教育对外开放的广度和深度。引导沿边地区利用地缘优势，推进与周边国家教育合作交流。

（二）提升教育开放层次和水平。

提高留学教育质量。优化出国留学服务工作，健全留学人员信息化管理服务机制，完善留学人员管理服务体系。加强统筹规划，完善派遣政策，充分发挥国家公派留学对高端人才培养的调控补给作用，加快培养国家战略急需人才。实施留学中国计划，打造"留学中国"品牌。建立来华留学质量标准和保障体系，提高师资和课程的国际化水平，加强来华留学管理与监督，提升来华留学服务水平，稳步扩大来华留学规模。更好发挥中国政府奖学金的引领作用，创新奖学金管理模式，加强精英人群培养。做好来华留学校友工作。

深化中外学校间交流与合作。支持有条件的中小学校与国外学校建立友好学校关系，开展多渠道对外文化教育交流，拓展国际视野。支持职业学校和应用型高校引进国（境）外高水平专家和优质课程资源，鼓励中外职业学校教师互派、学生互换。支持研究型大学与世界一流大学和学术机构开展高水平人才联合培养及科学联合攻关，依托优势学科举办高水平国际学术论坛，打造高端国际学术交流合作平台。完善高校教师和科研人员出国交流、国际会议、外事接待等管理制度，开展大中小学校长和骨干教师海外研修培训，鼓励支持教师更广泛更深入地参加国际学术交流与合作。

提升中外合作办学质量。加强中外合作办学管理，完善准入制度，简化审批程序，完善评估认证，强化退出机制，加强信息公开，健全质量保障体系。建立合作办学成功经验共享机制，突出合作办学对学校教学改革的推动作用。重点围绕国家急需的自然科学与工程科学类专业建设，引进国外优质教育资源，建设一批示范性合作办学机构和项目，鼓励和支持职业学校与国外一流职业学校开展合作办学，培养高水平技术技能人才，鼓励研究型大学与世界一流大学在优势学科领域合作举办非独立设置的二级学院，共建研究机构，建设一流学科，推动国内高校和职业学校提升办学水平。

（三）积极参与全球教育治理。

深化多边教育合作。推动与联合国教科文组织建立高层定期磋商机制，巩固提升合作水平。完善上海合作组织、亚太经合组织等多边教育部长会议机制，完善金砖国家教育合作机制，拓展亚太经合组织等平台的教育合作空间，以学分互认为重点，推动学生交流，深入参与相关多边教育行动。完善国际组织人才培养机制，有计划地培养推荐优秀人才到国际组织任职。

深度参与国际教育规则制定。加强对各类国际重大教育规则的研究，充分利用国际组织平台，主动在全球教育发展议题上提出新主张、新倡议和新方案。创新方式，推广我国教育评估认证标准和教育改革发展的经验，强化我国在国际教育治理中的负责任形象。

开展教育国际援助。进一步做好教育对外援助，重点投资于人、援助于人、惠及于人。统筹利用国家和民间资源，加快对外教育培训中心和教育援外基地建设，为发展中国家培养培训管理人员、教师、学者和各级各类技术技能人才。积极开展优质教学仪器设备、整体教学方案、配套师资培训一体化援助。结合我国对外援助项目，鼓励教师与青年学生到发展中国家参与项目建设和提供志愿者服务。

（四）统筹推进中外人文交流。

完善中外人文交流机制。发挥人文交流在国家对外工作大局中的支柱作用，深化中俄、中美、中英、中欧、中法、中印尼人文交流，加强部门间协同，整合凝聚社会力量，打造一批中外人文交流品牌项目，推动形成机制多层次和区域全覆盖的人文交流良好格局。整合搭建政府间教育磋商、教育领域专业人士务实合作、教师学生友好往来平台。拓展政府间语言学习交换项目，联合更多国家开发语言互通共享课程，推进与世界各国语言互通，提升讲好中国故事、传播中国理念的能力。

办好孔子学院。坚持相互尊重、友好协商、平等互利，完善孔子学院布局。大力加强中方合作院校支撑能力建设，建立健全汉语国际教育学科体系，着力打造一支高素质院长和教师专职队伍，大力培养各国本土汉语师资。办好孔子学院院长学院、示范孔子学院、网络孔子学院，鼓励中资机构、社会组织等参与孔子学院建设，不断提升孔子学院（课堂）的办学质量和水平。深入实施"孔子新汉学计划"，深化与世界各国语言文化交流，支持各国将汉语纳入本国国民教育体系，更加广泛地学习和使用汉语。

（五）深化内地和港澳、大陆和台湾地区教育合作交流。

完善内地和港澳教育合作与交流机制。支持港澳加强青少年学生中国历史文化和国情教育，加强内地与港澳在师资、课程、教材、教学、考试评价、督导等领域合作。积极创造条件大力吸引港澳学生到内地就学。提升内地与港澳教育交流合作水平，创新方式、扩大规模、加强利益关联、促进优势互补，推动内地和港澳教育共同发展。

打造大陆和台湾地区教育合作交流平台。支持两岸教育工作者交流教育发展理念。加强学生交流互访。扩大两岸高校学历互认范围。做好招收台湾学生来大陆学习和大陆学生赴台就学工作。完善两岸语言文字交流合作机制。

七　全面提升教育发展共享水平

（一）打赢教育脱贫攻坚战。

全面推进教育精准扶贫、精准脱贫。对接农村贫困人口建档立卡数据库，提高教育扶贫精准度，让贫困家庭子女都能接受公平有质量的教育，阻断贫困代际传递。进一步完善贫困县的教育扶持政策，相关教育项目优先支持贫困县。鼓励地方扩大营养改善计划试点范围，中央财政给予奖补支持，实现集中连片特困地区县、国家扶贫开发工作重点县全覆盖。免除公办普通高中建档立卡等家庭经济困难学生（含非建档立卡的家庭经济困难残疾学生、农村低保家庭学生、农村特困救助供养学生）学杂费，加大对贫困家庭大学生的资助力度。继续对农村和贫困地区学生接受高等教育给予倾斜，让更多困难家庭孩子能够受到良好教育，拥有更多上升通道。

加大职业教育脱贫力度。启动实施职教圆梦行动计划，省级教育行政部门统筹协调国家示范和国家重点中职学校，选择就业好的专业，单列招生计划，针对建档立卡贫困家庭子女招生，确保至少掌握一门实用技能，提升贫困家庭自我发展的"造血"能力。实施中等职业教育协作计划，支持建档立卡贫困家庭初中毕业生到省（区、市）外经济较发达地区接受中等职业教育。

强化教育对口支援。实施教育扶贫结对帮扶行动，推进省内城镇中小学、优质幼儿园对口帮扶农村中小学、幼儿园，实现每一所贫困地区学校都有对口支援学校。鼓励高水平大学尤其是东部高校扩大对口支援中西部高校范围，加强东部职教集团和国家职业教育改革示范校对口帮扶集中连片特困地区职业学校。继续推进定点联系滇西边境山区工作。

（二）促进义务教育均衡优质发展。

推动县域内均衡发展。加快推进县域内城乡义务教育学校建设标准统一、教师编制标准统一、生均公用经费基准定额统一、基本装备配置标准统一和"两免一补"政策城乡全覆盖，基本实现县域校际资源均衡配置。完善校长教师轮岗交流机制和保障机制，推进城乡校长教师交流轮岗制度化、常态化。推广集团化办学、强校带弱校、委托管理、学区制管理、学校联盟、九年一贯制学校等办学形式，加速扩大优质教育资源覆盖面，大力提升乡村及薄弱地区义务教育质量。在确保2020年全国基本实现县域内义务教育均衡发展的基础上，推动有条件的地区实现市域内均衡发展。

缩小区域差距。省级政府加强统筹，缩小省域内义务教育发展水平差距。各地要因地制宜建立完善义务教育学校建设基本标准，科学推进城乡义务教育公办学校标准化建设，改善薄弱学校和寄宿制学校办学条件。严禁利用财政资金建设超标准豪华学校，杜绝政绩工程、形象工程。推动东中西部义务教育发展更加均衡，提高中西部地区义务教育质量和保障水平，缩小与东部发达地区的差距。

巩固提高普及水平。着力提升辍学现象比较集中的农村、边远、贫困和民族地区教育质量。建立义务教育巩固率监测系统，全面落实控辍保学责任制，建立行政督促复学机制，推动政府、学校、家庭、福利机构、共青团组织和社区联保联控。建立帮扶学习困难学生的责任制度，因地制宜促进农村初中普职教育融合，提供多种成长通道，妥善解决农村学生上学远和寄宿生家校往返交通问题。加大对贫困生帮扶力度，努力不让一个孩子掉队。加快实现义务教育学校管理标准化，整体提升义务教育质量。

（三）加快发展学前教育。

继续扩大普惠性学前教育资源，基本解决"入园难"问题。以区县为单位实施学前教育行动计划及后续行动。支持企事业单位和集体办园，扩大公办学前教育资源。完善普惠性民办幼儿园扶持政策，鼓励地方通过政府购买服务、补贴租金、培训教师等方式，加快民办普惠性幼儿园发展。发展0—3岁婴幼儿早期教育，探索建立以幼儿园和妇幼保健机构为依托，面向社区、指导家长的公益性婴幼儿早期教育服务模式。

提高幼儿园保育教育质量。健全学前教育管理体制，强化省级政府的统筹责任，落实县级政府发展学前教育和幼儿园监管的主体责任。加大对贫困地区、民族地区学前教育薄弱环节的扶持力度。建立学前教育质量评估监管体系，落实《幼儿园工作规程》，加强对各类幼儿园准入、安全、师资、收费、卫生保健及质量等方面的日常指导和监管，落实信息公示制度，强化社会监督。着力提升学前教育教师、保育员素质。

（四）普及高中阶段教育。

巩固提高中等职业教育发展水平。在义务教育阶段开展职业启蒙教育。保持普通高中和中等职业教育招生规模大体相当，在中西部地区以中等职业教育为重点发展高中阶段教育。加强中等职业教育基础能力建设，重点改善贫困地区和薄弱中等职业学校基本办学条件。调整优化资源配置，统筹办好一批中等职业学校。建立中等职业学校与普通高中统筹招生制度和统一招生平台，扩大优质中等职业学校招生的区域范围和招生规模。

促进普通高中多样化发展。继续支持贫困地区和民族地区普通高中建设。探索综合高中、特色高中等多种模式，促进学校特色发展，为学生提供更多选择机会。推动地方适应高考制度改革和教学改革需要，加强普通高中办学条件和师资配置，确保开齐、开足、开好相关课程。推进普通高中学生发展指导制度建设。推动地方政府制定普通高中生均拨款标准，补足公办普通高中取消"三限生"（根据限分数、限人数、限钱数政策而录取的学生）政策后的经费缺口。对已纳入存量地方政府债务清理甄别结果的普通高中债务，按照地方政府债务管理政策予以偿还。

（五）加快发展民族教育。

加快提高民族地区教育发展水平。加快民族地区普惠性幼儿园建设，民族地区学前三年毛入园率达到70%以上。着力提高民族地区义务教育均衡发展水平，努力消除辍学现象。加快发展符合民族地区实际的中等职业教育，继续在四省藏区推行"9＋3"中职免费教育模式，提高民族地区高中阶段教育普及水平。改善民族地区职业学校办学条件，扶持发展民族优秀传统文化、现代农牧业等特色优势专业。适当提高东中部省市职业学校招收民族地区学生的比例。积极支持民族地区优化高等学校布局，提高高等学校办学水平，鼓励支持民族地区和东中部省市双向扩大高校招生规模，扩大高等教育入学机会。鼓励在民族地区的中央企业和对口援建项目吸纳当地普通高校、职业学校少数民族毕业生就业。继续做好教育对口支援新疆、西藏和四省藏区工作。对南疆等教育基础薄弱的民族地区给予特殊支持。

科学稳妥推行双语教育。加强民族地区国家通用语言文字教育，确保少数民族学生基本掌握和使用国家通用语言文字，提高少数民族语言文字教学水平，鼓励民族地区汉族师生学习少数民族语言文字，鼓励各少数民族师生之间相互学习语言文字。研究完善双语教师任职条件和评价标准。支持双语教师培养培训、教学研究、教材开发和出版，加强对少数民族文字教材的指导监管。建立健全双语教育督导评估和监测机制。

办好内地民族班。进一步加强内地民族班建设，改善办学条件。强化管理服务，探索推进混班教学、混合住宿，在内地民族班开展"走班制"等多种教学管理模式试点，促进内地民族班学生尽快融入当地学习、生活，严格考核标准，完善淘汰机制，不断提高内地民族班办学水平。

（六）保障困难群体受教育权利。

办好特殊教育。继续实施好特殊教育提升计划，完善特殊教育学校布局。完善随班就读支持保障政策体系，重点支持贫困地区和农村地区普通中小学开展随班就读，推行融合教育。以区县为单位，精准施策，全面普及残疾儿童少年义务教育。推动特殊教育学校和残疾儿童康复机构积极创造条件，开展残疾儿童学前教育。加快发展以职业教育为主的残疾人高中阶段教育。为家庭经济困难的残疾儿童和残疾青少年提供包括义务教育、高中阶段教育在内的12年免费教育。完善高等学校和职业学校招收残疾学生政策。逐步健全特殊教育课程教材体系、学校基本办学标准。实行轻中度残疾学生随班就读，中重度残疾学生在特教学校就读，为极重度残疾学生送教上门。促进教育与康复相结合，注重残疾学生潜能开发和缺陷补偿，强化职业素养和职业技能培养，加强残疾学生专业学习、就业等方面支持保障服务，促进残疾学生更好融入社会。

实现家庭经济困难学生资助全覆盖。健全更加精准的教育资助体系，确保应助尽助。建立健全以学籍为基础的全国学生资助信息管理系统，加强与人口、民政、扶贫等部门信息系统的对接。根据经济发展水平和财力状况，适时调整资助标准。优先保障特殊困难群体。逐步分类推进中等职业教育免除学杂费。不断完善国家助学金制度和助学贷款政策。

做好随迁子女教育工作。将进城务工人员随迁子女教育纳入城镇发展规划和财政保障范围。实行"两免一补"资金和生均公用经费基准定额资金随学生流动可携带。适应户籍制度改革要求，推动建立以居住证为主要依据的随迁子女入学办法，简化优化入学办理流程和证件要求，保障符合条件的随迁子女都能在公办学校或政府购买服务的民办学校就学，特大城市和随迁子女特别集中的地方可根据实际制定随迁子女入学的具体办法。实行混合编班和统一管理，帮助随迁子女融入学校和社区。进一步完善随迁子女接受义务教育后在流入地参加升学考试的政策措施。

加强对留守儿童的关爱保护。健全服务体系，突出关爱重点，建立台账，掌握情况，实行更加人性化、精细化的服务政策，重点加强对无人监护和双亲在外留守儿童的关心、照顾和救助。加大学校教育关爱力度，建立学校校长、教师联系帮扶校内农村留守儿童的机制。明确强化家庭和家长的法定教育责任，鼓励父母取得居住证的适龄儿童随父母在工作地入学。加强寄宿制学校建设，进一步改善学习生活条件，创新关爱与教育形式，加强心理辅导、法治教育和安全教育。

（七）大力促进高校毕业生就业创业。

实施高校毕业生就业创业促进计划。加强对毕业生的思想教育和就业引导，围绕国家重大发展战略拓宽就业渠道，引导鼓励毕业生面向基层就业和自主创业，做好基层就业项目、大学生征兵和大学生志愿服务西部计划等重点工作。进一步完善就业创业服务体系，充分利用"互联网＋就业"新模式，建立精准就业服务机制，提高高校就业创业指导水平和服务能力。进一步加大对就业困难毕业生帮扶力度，重点帮助家庭经济困难、少数民族、农村生源、残疾毕业生等各类就业困难群体就业创业，实现更加充分更高质量的就业创业。

八 着力加强教师队伍建设

（一）加强师德师风建设。

落实大中小学师德师风建设长效机制。坚持教书和育人相统一、言传和身教相统一、潜心问道和关注社会相统一、学术自由和学术规范相统一，引导广大教师以德立身、以德立学、以德施教。开展多种形式的师德教育，把教师职业理想、职业道德、法治、心理健康等教育融入培养、培训和管理的全过程，推动各地各校出台具体的实施细则和办法，构筑覆盖各级各类学校的师德建设制度网络，推动学校针对师德建设突出问题开展自查自纠，学校领导干部带头，全面加强教师队伍学风、教风、作风建设，努力建设一支有理想信念、有道德情操、有扎实学识、有仁爱之心的教师队伍。

加强教师思想政治工作。创新工作手段和载体，开辟思想教育新阵地，抓好骨干教师和学科带头人培训，组织广大教师开展多种形式的社会实践活动，了解国情、社情、民情，引导广大教师带头践行社会主义核心价值观，增进对中国特色社会主义的思想认同、政治认同、理论认同和情感认同。加大对新入职教师、海外留学归国教师的国情国史教育力度。大力宣传和表彰优秀教师、师德标兵，提升教师职业的崇高感和荣誉感。

完善师德师风考评监督机制。将师德师风建设作为学校工作考核和教育质量督导评估的重要内容，把师德师风表现作为教师考评的首要内容，建立个人自评、学生测评、同事互评、单位考评等多种形式相结合的考核机制，构建学校、教师、学生、家长和社会多方参与的师德师风监督体系。完善师德表彰奖励制度，将师德表现作为评奖评优的首要条件。依法依规加大对各类违反师德和学术不端行为的查处力度，对考核不合格的教师在职称评审、岗位聘用、评优奖励等环节实行一票否决制，将表现恶劣的清除出教师队伍。建立师德事件及舆情快速反应机制，及时掌握师德师风信息动态，及时纠正不良倾向和问题。

（二）提升教师能力素质。

推进教师教育综合改革。加强教师教育体系建设，办好一批师范院校和师范专业，改进教师培养机制、模式、课程，探索建立教师教育质量监测评估制度。做好师范类专业认证试点工作。完善高校、地方政府、中小学"三位一体"的协同育人机制，加强师范生教育实践和教师教育师资队伍建设。全面推动教师教育改革创新，着力提高教师培养质量。继续实施卓越教师培养计划，扩大教育硕士招生规模，培养高层次中小学和中等职业学校教师。

完善教师校长培训体系。落实中小学教师校长五年一周期不少于360学时的全员培训制度，实施新一周期教师校长全员培训。建立培训学分与教师管理结合机制，构建教师校长培训学分银行，加强教师校长网络研修社区建设。加强县级教师培训机构能力建设，整合高等学校、县级教师发展中心和中小学校优质资源，建立中小学教师校长专业发展支持服务体系。加强职业学校"双师型"教师队伍建设，组织专业课教师定期参加企业实践，完善校企共建"双师型"教师培养培训体系。推进高校青年教师专业发展，加强新入职教师岗前培训，建立健全高校教师继续教育与培训制度，重点提高教育教学能力。加强特殊教育教师培养，提高特殊教育教师教育教学能力。健全和强化各级各类学校教研制度和机构，加强教研队伍建设，发挥教学名师和优秀教师的示范引领作用，鼓励青年教师参与教学团队、创新团队。开展教师信息化教育教学培训，提高教师和管理人员信息技术应用能力。全面开展依法治教和教育信息化领导力培训，提升校长和教育行政管理人员现代教育治理的意识和能力素养。注重专业培训，提高少先队辅导员和大学辅导员队伍工作水平。

培养造就教学名师。在国家和省两级认定一批教学名师，鼓励教学名师交流讲学，在全国各地带动造就一大批高水平教学人才。吸引优秀教师到中西部农村任教。鼓励教师在实践中大胆探索，创新教育模式和教育方法，形成教学特色，造就一批教育家。

（三）吸引一流人才从教。

吸引优秀毕业生从教。完善师范院校提前批次录取的办法。完善免费师范生制度体系，吸引优秀学生读师范当老师。鼓励重点高校为非师范专业学生提供教师教育课程服务，畅通非师范专业毕业生从教通道。落实完善毕业生到乡村学校服务的学费代偿政策，吸引优秀毕业生到中小学和中等职业学校特别是农村学校任教。

大力引进行业企业一流人才。允许高校和职业学校设立一定比例的流动岗位，吸引具有创新实践经验的企业家、高科技人才及各类高级专业人才兼职任教。鼓励应用型高校和职业学校聘请具有实践经验的专业技术人员、高技能人才、民族民间文化传承人担任兼职教师或专业带头人。力争到2020年，应用型高校和职业学校有一大批行业企业认可的领军人才。

建设高校一流人才队伍。加快推进人才发展体制机制改革，优化人才发展环境，充分激发人才创新创业活力。落实好"千人计划"、"万人计划"等重大人才工程，深入实施"长江学者奖励计划"。改进人才培养支持机制，大力培养引进学科领军人才、高层次科技创新人才和青年拔尖人才。实行更积极、更开放、更有效的人才引进政策，对国家急需紧缺的特殊人才，开辟专门渠道，实行特殊政策，实现精准引进。完善引才配套政策，解决引进人才的任职、社会保障、户籍、子女教育等问题。配合外国人永久居留制度改革，健全外籍教师资格认证、服务管理等制度。加大对中西部地区、人文社科领域和青年人才支持力度。

培养造就一支高素质学校领导人员队伍。坚持党管干部原则，坚持德才兼备、以德为先的用人标准，充分结合学校特点，遵循领导人员成长规律，选拔任用讲政治、懂教育、善管理、敢担当、作风正的优秀人才担任学校领导班子成员。出台高等学校领导人员管理暂行办法，严格任职资格条件，健全选拔任用制度，拓展选人用人视野；加强领导人员培养教育和后备人才队伍建设，统筹推进交流，完善激励保障机制，加强人文关怀，造就一批国内外知名的大学校长和教育家。出台中小学校领导人员管理暂行办法，明确任职资格条件，规范选拔任用工作，完善考核评价机制，加强激励保障，建立和推行中小学校长职级制；支持学校领导人员依法依规履行职责，鼓励在实践中大胆探索创新，形成教学特色和办学风格，造就一批优秀中小学校长和教育家。

（四）优化教师资源配置。

加强乡村教师队伍建设。推动省级政府建立统筹规划、统一选拔的乡村教师补充机制。逐步扩大农村教师特岗计划实施规模，鼓励地方政府和师范院校加强本土化培养，采取多种方式定向培养"一专多能"的乡村教师。探索建立新聘教师农村学校任教服务期制度，将在乡村学校或薄弱学校任教经历作为城镇中小学教师晋升高级教师的必要条件。鼓励支持教学效果好、身体健康的退休特级教师、高级教师到乡村学校支教讲学。推动地方实行城乡统一的中小学教职工编制标准，对村小学和教学点采取生师比和班师比相结合的方式核定教职工编制。全面落实集中连片特困地区乡村教师生活补助政策，依据学校艰苦边远程度实行差别化的补助标准。建立乡村教师荣誉制度，对长期在乡村学校任教的优秀教师按照国家有关规定进行表彰。

加快补充紧缺教师。推动落实幼儿园教职工配备标准，建立幼儿园教师动态补充机制，并鼓励通过政府购买岗位等方式解决幼儿园教师和保育员、保健员短缺问题，着力补足配齐幼儿园教职工。实行义务教育教师编制城乡、区域统筹和动态管理，县级教育行政部门在核定的教职工编制总额和岗位总量内，按照班额、生源等情况，充分考虑乡村小规模学校、寄宿制学校和城镇学校的实际需要，统筹分配各校教职工编制和岗位数量，并报同级机构编制部门和财政部门备案，着力解决乡村教师结构性缺员和城镇师资不足问题。配齐特殊教育教师。根据职业教育特点核定公办职业学校教职工编制，引导地方采取多种方式定向培养，加大贫困地区中等职业学校教师队伍补充力度。面向人才培养结构调整需要，优化高等学校教师结构，鼓励高等学校加大聘用具有其他学校学习工作和行业企业工作经历教师的力度。

（五）完善教师管理制度。

严格教师职业准入。健全教师专业标准，明确师德和心理健康要求，完善教师资格制度。依照科学合理、分类指导原则，依法实施中小学教师资格考试制度，进行中小学教师定期登记。幼儿园新入职教师须取得幼儿园教师资格证，深化义务教育阶段教师"县管校聘"管理改革，探索将行业企业从业经历作为取得职业学校专业课教师资格的必要条件，将新入职教师岗前培训和教学实习作为取得高等学校教师资格的必备条件。

完善教师职称制度。实行教师职称评审与岗位聘用相结合的办法，全面推开中小学教师职务（职称）制度改革，在中小学设置正高级教师职务（职称），推进中等职业学校教师职务（职称）制度改革，探索在中等职业学校设置正高级职务（职称）。建立具有职业教育特点的职业学校职务（职称）评审制度。畅通民办学校教师申报参加职务（职称）评审渠道。

改进教师考核评价制度。加快研制各级各类教师队伍建设标准。建立符合大中小学教师岗位特点的评价机制，深入推进高校教师考核评价制度改革，坚持德才兼备，以实际能力为衡量标准，注重凭能力、实绩和贡献评价人才，克服唯学历、唯职称、唯论文等倾向，引导高校教师潜心教书育人，围绕国家战略需求开展科学研究。

……

十一　组织实施

（一）落实责任分工。

建立规划实施责任制。对改革和发展的重点任务，制定时间表、路线图、任务书。强化与年度计划和各级教育规划的有效衔接，科学制定政策和配置公共资源，精心组织实施重大工程项目，将规划提出的目标、任务、政策、举措落到实处。

（二）协同实施规划。

加强相关部门间的协调配合，建立各有关部门共同研究解决教育发展问题的机制。加大省级政府统筹权，推动地方各级党委政府加强对教育规划实施的统筹领导，做好发展战略、主要目标、重点任务、重大工程项目与本规划的衔接，科学制定符合本地实际的发展目标和具体政策措施，将本规划总体部署落实到本地规划和政策中。鼓励社会广泛参与规划实施。引导社会各界和广大人民群众采取多种形式和办法，支持学校建设，参与学校管理，积极为教育发展贡献力量。充分发挥群团组织、社会组织在促进青少年健康成长等方面的积极作用。加强与新闻媒体合作，及时全面向社会传递教育改革发展的信息，引导形成社会各界和广大人民群众共同关心、支持和参与教育发展与改革的局面。

（三）鼓励探索创新。

推动基层创新实施规划。完善试点改革制度，推动综合改革和专项改革相结合，加快重点领域和关键环节改革步伐。加强分类指导，建立激励机制，保护和激发基层首创精神，鼓励各地大胆实践、积极探索、创造经验。深入挖掘教育综合改革宝贵经验特别是基层创新经验，不断探索实施规划的有效机制。

（四）加强督促检查。

加强督查监测。将规划实施情况作为督促检查各级教育行政部门和学校工作的重要内容。建立规划实施监测评估机制，组织对规划实施情况开展跟踪监测和中期评估，及时发现问题，优化实施策略，出台针对性政策，调整规划目标、任务与政策措施。

加强社会监督。推动各级教育行政部门定期发布教育改革发展动态和规划实施情况，及时向社会公布规划实施进展状况，主动接受家长、社会、媒体的监督，将社会各界对规划的意见和建议作为规划调整的重要依据，确保规划总体目标任务如期完成。

第二篇

概　　况

2016 年中国人口发展概况

李桂芝

党的十八大以来，面对我国人口发展新形势，以习近平同志为核心的党中央从全局和战略高度，统筹人口与经济社会发展，审时度势做出调整完善生育政策的重大决策部署，积极应对老龄化，大力提升人口素质，扎实推进新型城镇化，促进人口长期均衡发展，我国人口发展进入新阶段。

一 人口总量保持低速平稳增长，生育政策调整初显成效

当前，我国仍处于低出生、低死亡、低增长的人口再生产类型，生育政策调整直接影响出生人口的数量，对人口总量和结构的影响是一个长期的过程。党的十八大以来，人口总量继续保持低速平稳增长，出生人口数量略有增加，劳动年龄人口继续减少，老龄化程度不断加深，但劳动力资源优势依然明显。

（一）人口总量保持低速平稳增长

2016 年末，我国大陆人口总量为 138 271 万人，与 2012 年相比，增加了 2867 万人，平均每年增加 717 万人，年均自然增长率保持在 5‰左右，继续保持低速平稳增长。人口地区分布基本稳定，仍然保持"东多西少"的人口格局，2016 年末，东部地区人口为 52 950 万人，占各省（自治区、直辖市）总人口的 38.4%；东北地区人口为 10 910 万人，占 7.9%，中部地区人口为 36 709 万人，占 26.6%，西部地区人口为 37 414 万人，占 27.1%。

（二）生育政策调整初显成效

2013 年，十八届三中全会通过的《中共中央关于全面深化改革若干重大问题的决定》提出"坚持计划生育的基本国策，启动实施一方是独生子女的夫妇可生育两个孩子的政策"。2015 年，十八届五中全会决定：坚持计划生育的基本国策，完善人口发展战略，全面实施一对夫妇可生育两个孩子的政策，积极开展应对人口老龄化行动，标志着"全面两孩"政策实施。"全面两孩"政策实施以来，出生人口明显增加。2016 年我国出生人口 1786 万人，人口出生率为 12.95‰，与 2012—2015 年平均每年出生 1654 万人相比，2016 年多出生 132 万人，二孩出生人数和比重都有明显上升。与 2012 年相比，2016 年人口出生率和自然增长率分别提高了 0.85 个和 0.91 个千分点。出生人口性别比明显下降，从 2012 年的 117.7 逐步降至 2015 年的 113.5，出生人口性别比趋于正常，有利于促进人口的长期均衡发展。

（三）劳动力资源优势依然明显

2016 年，我国 0—15 岁人口为 24 438 万人，占总人口的 17.7%，16—59 岁劳动年龄人口

为 90 747 万人，占总人口的比重为 65.6%，继 2012 年我国劳动年龄人口总量出现首次减少之后，劳动年龄人口连续第五年减少。但是，我国劳动力人口总量依然十分庞大，劳动力资源优势比较明显，9 亿多劳动力、1 亿多受过高等教育和有专业技能的人才，是我们最大的资源和优势。合理配置丰富的劳动力资源，科学培育优质的人力资本，加快经济结构转型升级，推动人口红利向人才红利转变，已成为我国人口发展的目标。同时，生育政策的调整对今后我国人口年龄结构的优化将起到积极作用，有利于减缓劳动年龄人口数量减少和延缓人口老龄化速度，有利于促进人口的长期均衡发展。

二　人口素质不断提升，我国从人口大国向人力资源强国转变

提升全民素质，对一个国家和民族的发展至关重要。十八大以来，党中央、国务院以保障和改善民生为重点，加强社会建设，坚持教育优先发展理念，坚持为人民健康服务的方向。十八届五中全会提出要提高教育质量，推动义务教育均衡发展，普及高中阶段教育，逐步分类推进中等职业教育免除学杂费；同时，首次提出推进健康中国建设。

（一）国民文化素质稳步提高

平均受教育年限是衡量人口受教育水平的重要指标。2015 年我国 15 岁及以上人口的平均受教育年限达 9.4 年，比 2010 年的 9.1 年提高了 0.3 年，表明总体上我国人口平均受教育水平在完成由初中程度向高中程度转变后，国民整体受教育水平继续稳步提高。

劳动年龄人口的平均受教育年限已达 10 年以上。2015 年我国 16—59 岁劳动年龄人口的平均受教育年限为 10.2 年，比 2010 年的 9.7 年提高了 0.5 年，20—24 岁青年人口的平均受教育年限更是提高到 12.5 年，显示出人力资源的巨大潜力，这表明我国正在从人口大国向人力资源强国转变。

（二）平均预期寿命逐步延长

2015 年，我国人口平均预期寿命达到 76.34 岁，比 2010 年的 74.83 岁提高 1.51 岁。分性别看，男性为 73.64 岁，女性为 79.43 岁，分别比 2010 年提高 1.26 岁和 2.06 岁；女性提高速度快于男性，与世界其他国家平均预期寿命的变化规律相一致。

世界银行数据显示，2015 年世界人口的平均预期寿命为 71.60 岁，其中高收入国家为 79.28 岁，中上收入国家为 74.83 岁，中下收入国家为 67.48 岁，低收入国家为 61.80 岁。我国人口平均预期寿命不仅明显高于世界平均水平，也超过了中上收入国家，表明我国居民的医疗水平和生活水平得到了持续、明显的改善，广大人民群众共享了经济快速发展的成果。

从老年人的健康状况看，2015 年我国老年人口中有 40.50% 的人身体健康，41.85% 的人身体基本健康，两类合计占老年人口总数的 82.35%；健康状况较差但生活能自理的老年人占 15.05%，生活不能自理的老年人仅占 2.60%。可见，我国老年人口的健康状况总体较好，绝大多数老年人处于健康状态，在日常生活上不需要依赖别人。

三　新型城镇化扎实推进，人口流动趋向合理有序

城镇化是现代化的必由之路，是我国最大的内需潜力和发展动能所在。2013 年中央城镇化工作会议之后，党中央、国务院就深入推进新型城镇化建设做出了一系列重大决策部署，特别是《国家新型城镇化规划（2014—2020 年）》发布实施以来，我国城镇化发展得到扎实有序

推进。

（一）城镇化质量不断提高

十八大以来，我国城镇化水平快速提高。2016 年我国城镇常住人口为 79 298 万人，乡村常住人口为 58 973 万人，城镇常住人口比重为 57.35%，与 2012 年相比，常住人口城镇化率提高了 4.78 个百分点，年均提高 1.20 个百分点，城镇常住人口增加 8116 万人，年均增加 2029 万人，乡村常住人口减少 5249 万人。随着户籍制度改革和解决"三个 1 亿人"城镇化问题的推进，越来越多的农业转移人口通过落户城镇和办理居住证享受城镇居民待遇。常住人口城镇化率与户籍人口城镇化率差距不断缩小，农业转移人口落户城镇工作取得新进展。

城镇化水平提高的同时，城镇化质量也在不断提升。《国家新型城镇化规划》发布实施以来，道路、排水、保障性住房等基础设施建设加快发展，居民生活质量提高，户籍、公共服务、土地等重点领域改革持续推进，有力保障了农业转移人口市民化，推动了城镇常住人口基本公共服务全覆盖。另外，城镇化发展不再是单一模式，因地制宜推进城镇化效果初显，各地结合自然资源禀赋、产业发展基础，形成了一些特色城镇化建设模式，推动了城镇化的健康发展。

（二）区域间城镇化水平差异缩小

随着城镇化优化布局的发展，区域间城镇化水平差异缩小。分地区看，中西部地区城镇化加速发展，与东部和东北地区的城镇化水平差异趋于缩小。2016 年，我国东部地区城镇人口比重达 65.94%，与 2012 年相比，提高了 4.08 个百分点，年均提高 1.02 个百分点；东北地区城镇人口比重为 61.67%，仅提高 2.07 个百分点，年均提高 0.52 个百分点，增速较慢；中部和西部城镇人口比重分别为 52.77% 和 50.19%，与 2012 年相比，分别提高了 5.57 个和 5.46 个百分点，年均提高 1.39 个和 1.36 个百分点。中西部地区城镇化发展速度快于东部地区，东部地区又快于东北地区。中部、西部地区城镇化率与东部地区的差距分别缩小 1.49 个和 1.38 个百分点。

综合来看，东部地区和东北地区城镇化发展正向成熟阶段迈进，中西部地区城镇化还处于快速发展阶段，中西部地区城镇化的快速发展与经济增长互为支撑。2016 年，我国经济增速达到两位数的省份全部在西部地区，增长速度在 8%—10% 的省份有 9 个，其中中部地区 4 个，西部地区 3 个。

（三）人口流动趋向合理有序

2016 年，我国居住地与户口登记地所在的乡镇街道不一致且离开户口登记地半年以上人口为 2.92 亿人，流动人口①为 2.45 亿人，流动人口占总人口比重为 17.7%，同 2012 年相比，流动人口增加 874 万人，流动人口所占比重提高了 0.3 个百分点。虽然流动人口规模庞大，平均每六个人中就有一人是流动人口，但随着农村外出农民工增速回落和农村转移人口在城镇落户政策的实施，流动人口增速减缓，特别是近两年流动人口出现了负增长。流动人口的这种变化体现了近年来新型城镇化建设的显著成果，反映了我国劳动力市场资源合理配置的明显成效。

随着支撑东北地区等老工业基地全面振兴的人口发展政策不断完善，适应西部大开发要求鼓励人口向西部地区迁移，以及严格控制超大城市和特大城市人口规模、有序引导人口向中小

---

① 流动人口是指居住地与户口登记地所在的乡镇街道不一致且离开户口登记地半年以上的人口中，扣除市辖区内人户分离的人口。

城市集聚等相关政策的出台，我国人口的流动更加合理有序。

党的十八大以来，我国的人口工作准确判断新形势，努力适应新变化，不断推动政策创新，保持了人口稳定发展的局面。经济新常态下，要牢牢抓住历史机遇，准确把握人口变化的趋势性特征，深刻认识人口变化给人口安全和经济社会发展带来的挑战，抓紧优化人口结构，不断提高人口素质，平衡人口与资源环境承载能力，促进人口与经济社会协调发展，为全面建成小康社会、实现中华民族伟大复兴的中国梦，提供重要保障和基础性支撑。

2016 年中国教育事业发展概况

教育部

一　学前教育

全国共有幼儿园 23.98 万所，比上年增加 1.61 万所，入园儿童 1 922.09 万人，比上年减少 86.76 万人。在园儿童（包括附设班）4 413.86 万人，比上年增加 149.03 万人。幼儿园园长和教师共 249.88 万人，比上年增加 19.56 万人。学前教育毛入园率达到 77.4%，比上年提高 2.4 个百分点。

二　义务教育

全国共有义务教育阶段学校 22.98 万所，比上年减少 1.32 万所；招生 3 239.63 万人；在校生 1.42 亿人；专任教师 927.69 万人；九年义务教育巩固率 93.4%。

1. 小学

全国共有小学 17.76 万所，比上年减少 1.29 万所；招生 1 752.47 万人，比上年增加 23.42 万人；在校生 9 913.01 万人，比上年增加 220.83 万人；毕业生 1 507.45 万人，比上年增加 70.19 万人。小学学龄儿童净入学率达到 99.92%。

小学教职工（不含九年一贯制学校、十二年一贯制学校小学段）553.73 万人，比上年增加 4.79 万人；专任教师 578.91 万人，比上年增加 10.40 万人。专任教师学历合格率 99.94%，比上年提高 0.03 个百分点。生师比 17.12：1。

普通小学（含教学点）校舍建筑面积 70 964.49 万平方米，比上年增加 3 612.45 万平方米。设施设备配备达标的学校比例情况分别为：体育运动场（馆）面积达标学校比例 75.00%，体育器械配备达标学校比例 80.18%，音乐器材配备达标学校比例 79.50%，美术器材配备达标学校比例 79.47%，数学自然实验仪器达标学校比例 79.84%。

2. 初中

全国共有初中学校 5.21 万所（含职业初中 16 所），比上年减少 287 所。招生 1 487.17 万人，比上年增加 76.14 万人；在校生 4 329.37 万人，比上年增加 17.42 万人；毕业生 1 423.87 万人，比上年增加 6.27 万人。初中阶段毛入学率 104.0%，初中毕业生升学率 93.7%。

初中教职工（含九年一贯制学校，不含完全中学、十二年一贯制学校初中段）399.75 万人，比上年增加 2.12 万人；专任教师 348.78 万人，比上年增加 1.22 万人。初中专任教师学历合格率 99.76%，比上年提高 0.10 个百分点。生师比 12.41：1。

初中校舍建筑面积 57 827.20 万平方米，比上年增加 2 785.13 万平方米。设施设备配备达标的学校比例情况分别为：体育运动场（馆）面积达标学校比例 85.36%，体育器械配备达标学校比例 89.60%，音乐器材配备达标学校比例 88.88%，美术器材配备达标学校比例 88.58%，理科实验仪器达标学校比例 90.62%。

3. 进城务工人员随迁子女

全国义务教育阶段在校生中进城务工人员随迁子女共 1 394.77 万人。其中，在小学就读 1 036.71万人，在初中就读 358.06 万人。

三 特殊教育

全国共有特殊教育学校 2080 所，比上年增加 27 所；特殊教育学校共有专任教师 5.32 万人，比上年增加 0.29 万人。

全国共招收特殊教育学生 9.15 万人，比上年增加 0.82 万人；在校生 49.17 万人，比上年增加 4.95 万人。其中，视力残疾学生 3.61 万人，听力残疾学生 9.00 万人，智力残疾学生 26.05 万人，其他残疾学生 10.51 万人。特殊教育毕业生 5.92 万人，比上年增加 0.63 万人。

普通小学、初中随班就读和附设特教班招收学生 5.18 万人，在校生 27.08 万人，分别占特殊教育招生总数和在校生总数的 56.60% 和 55.06%。

四 高中阶段教育

全国高中阶段教育共有学校 2.47 万所，比上年减少 234 所；招生 1 396.26 万人，比上年减少 1.59 万人；在校学生 3 970.06 万人，比上年减少 67.63 万人。高中阶段毛入学率 87.5%，比上年提高 0.5 个百分点。

1. 普通高中

全国普通高中 1.34 万所，比上年增加 143 所；招生 802.92 万人，比上年增加 6.31 万人；在校生 2 366.65 万人，比上年减少 7.75 万人；毕业生 792.35 万人，比上年减少 5.30 万人。

普通高中教职工（含完全中学、十二年一贯制学校）259.19 万人，比上年增加 4.87 万人；专任教师 173.35 万人，比上年增加 3.81 万人，生师比 13.65：1，比上年的 14.01：1 有所改善；专任教师学历合格率 97.91%，比上年提高 0.21 个百分点。

普通高中共有校舍建筑面积 49 142.31 万平方米，比上年增加 2 006.35 万平方米。普通高中设施设备配备达标的学校比例情况分别为：体育运动场（馆）面积达标学校比例 89.28%，体育器械配备达标学校比例 91.17%，音乐器材配备达标学校比例 89.82%，美术器材配备达标学校比例 89.95%，理科实验仪器达标学校比例 91.52%。

2. 成人高中

全国成人高中 435 所，比上年减少 68 所；在校生 4.40 万人，毕业生 4.64 万人。成人高中教职工 3313 人，专任教师 2521 人。

3. 中等职业教育

全国中等职业教育共有学校 1.09 万所，比上年减少 309 所。其中，普通中等专业学校 3398 所，比上年减少 58 所；职业高中 3726 所，比上年减少 181 所；技工学校 2526 所，比上年减少 19 所；成人中等专业学校 1243 所，比上年减少 51 所。

中等职业教育招生 593.34 万人，比上年减少 7.91 万人，占高中阶段教育招生总数的 42.49%。其中，普通中专招生 255.18 万人，比上年减少 4.76 万人；职业高中招生 151.43 万人，比上年减少 3.76 万人；技工学校招生 127.2 万人，比上年增加 5.77 万人；成人中专招生 59.53 万人，比上年减少 5.15 万人。

中等职业教育在校生 1 599.01 万人，比上年减少 57.69 万人，占高中阶段教育在校生总数的 40.28%。其中，普通中专在校生 718.12 万人，比上年减少 14.59 万人；职业高中在校生 416.57 万人，比上年减少 23.29 万人；技工学校在校生 323.15 万人，比上年增加 1.69 万人；成人中专在校生 141.17 万人，比上年减少 21.51 万人。

中等职业教育毕业生 533.62 万人，比上年减少 34.26 万人。其中，普通中专毕业生 229.02 万人，比上年减少 7.72 万人；职业高中毕业生 141.87 万人，比上年减少 14.14 万人；技工学校毕业生 93.07 万人，比上年减少 1.55 万人；成人中专毕业生 69.66 万人，比上年减少 10.85 万人。

中等职业教育学校共有教职工 108.61 万人，比上年减少 1.57 万人。其中，普通中等专业学校教职工 40.14 万人，比上年减少 7349 人；职业高中教职工 34.46 万人，比上年减少 8109 人；技工学校教职工 26.51 万人，比上年增加 4734 人；成人中等专业学校教职工 6.36 万人，比上年减少 2359 人。

中等职业教育学校共有专任教师 83.96 万人，比上年减少 4497 人，生师比 19.84∶1，比上年的 20.47∶1 有所改善。其中，普通中等专业学校专任教师 30.27 万人，比上年减少 1598 人；职业高中专任教师 28.51 万人，比上年减少 4960 人；技工学校专任教师 19.64 万人，比上年增加 4807 人；成人中等专业学校专任教师 4.72 万人，比上年减少 1000 人。

五 高等教育

全国各类高等教育在校学生总规模达到 3699 万人，高等教育毛入学率达到 42.7%。全国共有普通高等学校和成人高等学校 2880 所，比上年增加 28 所。其中，普通高等学校 2596 所（含独立学院 266 所），比上年增加 36 所；成人高等学校 284 所，比上年减少 8 所。普通高校中本科院校 1237 所，比上年增加 18 所；高职（专科）院校 1359 所，比上年增加 18 所。全国共有研究生培养机构 793 个，其中，普通高校 576 个，科研机构 217 个。

研究生招生 66.71 万人，比上年增加 2.20 万人，其中，博士生招生 7.73 万人，硕士生招生 58.98 万人。在学研究生 198.11 万人，比上年增加 6.96 万人，其中，在学博士生 34.2 万人，在学硕士生 163.90 万人。毕业研究生 56.39 万人，比上年增加 1.24 万人，其中，毕业博士生 5.5 万人，毕业硕士生 50.89 万人。

普通高等教育本专科共招生 748.61 万人，比上年增加 10.76 万人；在校生 2 695.84 万人，比上年增加 70.55 万人；毕业生 704.18 万人，比上年增加 23.29 万人。

成人高等教育本专科共招生 211.23 万人，比上年减少 25.52 万人；在校生 584.39 万人，比上年减少 51.55 万人；毕业生 244.47 万人，比上年增加 8.21 万人。

全国高等教育自学考试学历教育报考 504.10 万人次，取得毕业证书 67.77 万人。

普通高等学校校均规模 10 342 人，其中，本科学校 14 532 人，高职（专科）学校 6528 人。

普通高等学校教职工 240.48 万人，比上年增加 3.55 万人；专任教师 160.20 万人，比上年增加 2.94 万人。普通高校生师比为 17.07∶1，其中，本科学校 16.78∶1，高职（专科）学校 17.73∶1。成人高等学校教职工 4.31 万人，比上年减少 8173 人；专任教师 2.52 万人，比上年减少 5032 人。

普通高等学校校舍总建筑面积 92 671.05 万平方米，比上年增加 455.86 万平方米；教学科研仪器设备总值 4 514.42 亿元，比上年增加 456.82 亿元。

六　成人培训与扫盲教育

全国接受各种非学历高等教育的学生 862.83 万人次，当年已毕（结）业 936.25 万人次；接受各种非学历中等教育的学生达 4 462.69 万人次，当年已毕（结）业 4 720.63 万人次。

全国职业技术培训机构 9.34 万所，比上年减少 0.56 万所；教职工 45.08 万人；专任教师 26.39 万人。

全国有成人小学 1.18 万所，在校生 83.27 万人，教职工 2.32 万人，其中，专任教师 1.24 万人；成人初中 569 所，在校生 28.01 万人，教职工 2779 人，其中，专任教师 2198 人。

全国共扫除文盲 33.12 万人，比上年减少 11.64 万人；另有 33.42 万人正在参加扫盲学习，比上年减少 14.06 万人。扫盲教育教职工 1.57 万人，比上年减少 6458 人；专任教师 7405 人，比上年减少 3307 人。

七　民办教育

全国共有各级各类民办学校 17.10 万所，比上年增加 8253 所；招生 1 640.28 万人，比上年增加 3.37 万人；各类教育在校生达 4 825.47 万人，比上年增加 253.95 万人。其中：

民办幼儿园 15.42 万所，比上年增加 7827 所；入园儿童 965.08 万人，比上年减少 33.11 万人；在园儿童 2 437.66 万人，比上年增加 135.22 万人。

民办普通小学 5975 所，比上年增加 116 所；招生 127.76 万人，比上年增加 3.40 万人；在校生 756.33 万人，比上年增加 42.51 万人。

民办普通初中 5085 所，比上年增加 209 所；招生 188.74 万人，比上年增加 18.01 万人；在校生 532.82 万人，比上年增加 29.89 万人。

民办普通高中 2787 所，比上年增加 202 所；招生 102.89 万人，比上年增加 8.39 万人；在校生 279.08 万人，比上年增加 22.12 万人。

民办中等职业学校 2115 所，比上年减少 110 所；招生 73.64 万人，比上年增加 2.71 万人；在校生 184.14 万人，比上年增加 7739 人。另有非学历教育学生 22.06 万人。

民办高校 742 所（含独立学院 266 所），比上年增加 8 所；招生 181.83 万人，比上年减少 2.16 万人；在校生 634.06 万人，比上年增加 23.15 万人。其中，硕士研究生在校生 715 人，本科在校生 391.52 万人，高职（专科）在校生 242.46 万人；另有自考助学班学生、预科生、进修及培训学生 35.45 万人。民办的其他高等教育机构 813 所，各类注册学生 75.56 万人。

另外，还有其他民办培训机构 1.95 万所，846.80 万人次接受了培训。

2016 年中国卫生和计划生育事业发展概况

国家卫生和计划生育委员会

一 卫生资源

（一）医疗卫生机构总数

2016 年末，全国医疗卫生机构总数达 983 394 个，比上年减少 134 个。其中：医院 29 140 个，基层医疗卫生机构 926 518 个，专业公共卫生机构 24 866 个。与上年相比，医院增加 1553 个，基层医疗卫生机构增加 5748 个，专业公共卫生机构减少 7061 个（见表 1）。

医院中，公立医院 12 708 个，民营医院 16 432 个。医院按等级分：三级医院 2232 个（其中：三级甲等医院 1308 个），二级医院 7944 个，一级医院 9282 个，未定级医院 9682 个。医院按床位数分：100 张床位以下医院 17 490 个，100—199 张医院 4324 个，200—499 张医院 4081 个，500—799 张医院 1643 个，800 张及以上医院 1602 个。

基层医疗卫生机构中，社区卫生服务中心（站）34 327 个，乡镇卫生院 36 795 个，诊所（医务室）201 408 个，村卫生室 638 763 个。政府办基层医疗卫生机构 54 379 个。

专业公共卫生机构中，疾病预防控制中心 3481 个，其中：省级 31 个、市（地）级 416 个、县（区、县级市）级 2784 个。卫生计生监督机构 2986 个，其中：省级 31 个、市（地）级 404 个、县（区、县级市）级 2500 个。

表 1 全国医疗卫生机构及床位数

	机构数（个）		床位数（张）	
	2015 年	2016 年	2015 年	2016 年
总计	983 528	983 394	7 015 214	7 410 453
医院	27 587	29 140	5 330 580	5 688 875
公立医院	13 069	12 708	4 296 401	4 455 238
民营医院	14 518	16 432	1 034 179	1 233 637
医院中：三级医院	2 123	2 232	2 047 819	2 213 718
二级医院	7 494	7 944	2 196 748	2 302 887
一级医院	8 759	9 282	481 876	517 837
基层医疗卫生机构	920 770	926 518	1 413 842	1 441 940
#社区卫生服务中心（站）	34 321	34 327	200 979	202 689

续表

	机构数（个）		床位数（张）	
	2015 年	2016 年	2015 年	2016 年
#政府办	18 246	18 031	143 002	144 837
乡镇卫生院	36 817	36 795	1 196 122	1 223 891
#政府办	36 344	36 348	1 183 178	1 210 942
村卫生室	640 536	638 763	——	——
诊所（医务室）	195 290	201 408	158	154
专业公共卫生机构	31 927	24 866	236 342	247 228
#疾病预防控制中心	3 478	3 481	——	——
专科疾病防治机构	1 234	1 213	40 349	40 048
妇幼保健机构	3 078	3 063	195 352	206 538
卫生计生监督机构	2 986	2 986	——	——
其他机构	3 244	2 870	34 450	32 410

注：#系其中数。以下各表同。

（二）床位数

2016 年末，全国医疗卫生机构床位 741.0 万张，其中：医院 568.9 万张（占 76.8%），基层医疗卫生机构 144.2 万张（占 19.5%）。医院中，公立医院床位占 78.3%，民营医院床位占 21.7%。与上年比较，床位增加 39.5 万张，其中：医院床位增加 35.8 万张，基层医疗卫生机构床位增加 2.8 万张。每千人口医疗卫生机构床位数由 2015 年的 5.11 张增加到 2016 年的 5.37 张。

（三）卫生人员总数

2016 年末，全国卫生人员总数达 1 117.3 万人，比上年增加 47.9 万人（增长 4.5%）。

2016 年末卫生人员总数中，卫生技术人员 845.4 万人，乡村医生和卫生员 100.0 万人，其他技术人员 42.6 万人，管理人员 48.3 万人，工勤技能人员 80.9 万人。卫生技术人员中，执业（助理）医师 319.1 万人，注册护士 350.7 万人。与上年比较，卫生技术人员增加 44.7 万人（增长 5.5%），其他人员数见表 2。

表 2	全国卫生人员数	
	2015 年	2016 年
卫生人员总数（万人）	1 069.4	1 117.3
卫生技术人员	800.8	845.4
#执业（助理）医师	303.9	319.1
#执业医师	250.8	265.1
注册护士	324.1	350.7

续表

	2015 年	2016 年
药师（士）	42.3	43.9
技师（士）	42.9	45.3
乡村医生和卫生员	103.2	100.0
其他技术人员	40.0	42.6
管理人员	47.3	48.3
工勤技能人员	78.2	80.9
每千人口执业（助理）医师（人）	2.22	2.31
每万人口全科医生（人）	1.37	1.51
每千人口注册护士（人）	2.37	2.54
每万人口公共卫生人员（人）	6.39	6.31

注：卫生人员和卫生技术人员包括公务员中取得"卫生监督员证书"的人数。下表同。

2016 年末卫生人员机构分布：医院 654.2 万人（占 58.6%），基层医疗卫生机构 368.3 万人（占 33.0%），专业公共卫生机构 87.1 万人（占 7.8%）。与上年比较，专业公共卫生机构人员总数减少 0.6 万人（见表 3）。

表 3　　　　　　　　　　全国各类医疗卫生机构人员数　　　　　　　　　单位：万人

	人员数		卫生技术人员	
	2015 年	2016 年	2015 年	2016 年
总计	**1 069.4**	**1 117.3**	**800.8**	**845.4**
医院	613.3	654.2	507.1	541.5
公立医院	510.2	534.0	427.7	449.1
民营医院	103.1	120.3	79.4	92.4
基层医疗卫生机构	360.3	368.3	225.8	235.4
#社区卫生服务中心（站）	50.5	52.2	43.1	44.6
乡镇卫生院	127.8	132.1	107.9	111.6
专业公共卫生机构	87.7	87.1	63.9	64.6
#疾病预防控制中心	19.1	19.2	14.2	14.2
卫生监督机构	7.1	7.2	5.8	5.8
其他机构	8.1	7.8	3.9	3.8

2016 年末卫生技术人员学历结构：本科及以上占 32.2%，大专占 39.3%，中专占 26.5%，高中及以下占 2.0%；技术职务（聘）结构：高级（主任及副主任级）占 7.6%，中级（主治及主管）占 20.6%，初级（师、士级）占 61.4%，待聘占 10.4%。

2016 年，每千人口执业（助理）医师 2.31 人，每千人口注册护士 2.54 人；每万人口全科医生 1. 51 人，每万人口专业公共卫生机构人员 6. 31 人。

（四）卫生总费用

据初步核算，2016 年全国卫生总费用预计达 46 344. 9 亿元，其中：政府卫生支出 13 910. 3 亿元（占 30. 0%），社会卫生支出 19 096. 7 亿元（占 41. 2%），个人卫生支出 13 337. 9 亿元（占 28. 8%）。人均卫生总费用 3 351. 7 元，卫生总费用占 GDP 百分比为 6. 2%。

二 医疗服务

（一）门诊和住院量

2016 年，全国医疗卫生机构总诊疗人次达 79. 3 亿人次，比上年增加 2. 4 亿人次（增长 3. 1%）。2016 年居民到医疗卫生机构平均就诊 5. 8 次。

2016 年总诊疗人次中，医院 32. 7 亿人次（占 41. 2%），基层医疗卫生机构 43. 7 亿人次（占 55. 1%），其他医疗机构 2. 9 亿人次（占 3. 7%）。与上年比较，医院诊疗人次增加 1. 9 亿人次，基层医疗卫生机构诊疗人次增加 0. 32 亿人次（见表 4）。

2016 年公立医院诊疗人次 28. 5 亿人次（占医院总数的 87. 2%），民营医院 4. 2 亿人次（占医院总数的 12. 8%）。

2016 年乡镇卫生院和社区卫生服务中心（站）门诊量达 18. 0 亿人次，比上年增加 0. 4 亿人次。乡镇卫生院和社区卫生服务中心（站）门诊量占门诊总量的 22. 7%，所占比重比上年下降 0. 2 个百分点。

2016 年，全国医疗卫生机构入院人数 22 728 万人，比上年增加 1674 万人（增长 8. 0%），年住院率为 16. 5%。

2016 年入院人数中，医院 17 528 万人（占 77. 1%），基层医疗卫生机构 4165 万人（占 18. 3%），其他医疗机构 1035 万人（占 4. 6%）。与上年比较，医院入院人数增加 1441 万人，基层医疗卫生机构入院人数增加 128 万人，其他医疗机构入院人数增加 105 万人（见表 4）。

2016 年，公立医院入院人数 14 750 万人（占医院总数的 84. 2%），民营医院 2777 万人（占医院总数的 15. 8%）。

表4	全国医疗服务工作量			
	诊疗人次数（亿人次）		入院人数（万人）	
	2015 年	2016 年	2015 年	2016 年
医疗卫生机构合计	76. 9	79. 3	21 054	22 728
医院	30. 8	32. 7	16 087	17 528
公立医院	27. 1	28. 5	13 721	14 750
民营医院	3. 7	4. 2	2 365	2 777
医院中：三级医院	15. 0	16. 3	6 829	7 686
二级医院	11. 7	12. 2	7 121	7 570
一级医院	2. 1	2. 2	965	1 039
基层医疗卫生机构	43. 4	43. 7	4 037	4 165

	诊疗人次数（亿人次）		入院人数（万人）	
	2015 年	2016 年	2015 年	2016 年
其他机构	2.7	2.9	930	1 035
合计中：非公医疗卫生机构	17.1	17.6	2 439	2 852

（二）医院医师工作负荷

2016 年，医院医师日均担负诊疗 7.3 人次和住院 2.6 床日，其中：公立医院医师日均担负诊疗 7.6 人次和住院 2.6 床日。医院医师日均担负工作量与上年持平（见表 5）。

表 5　　　　　　　　　　　　　　　医院医师担负工作量

	医师日均担负诊疗人次（人次）		医师日均担负住院床日（日）	
	2015 年	2016 年	2015 年	2016 年
医院	7.3	7.3	2.6	2.6
公立医院	7.6	7.6	2.6	2.6
民营医院	5.5	5.5	2.2	2.2
医院中：三级医院	8.1	8.1	2.7	2.7
二级医院	7.0	6.9	2.6	2.7
一级医院	6.1	6.1	1.9	1.9

（三）病床使用

2016 年，全国医院病床使用率 85.3%，其中：公立医院 91.0%。与上年比较，医院病床使用率下降 0.1 个百分点（其中公立医院上升 0.6 个百分点）。2016 年医院出院者平均住院日为 9.4 日（其中：公立医院 9.6 日），与上年比较，医院出院者平均住院日下降 0.2 个百分点（见表 6）。

表 6　　　　　　　　　　　　　　　医院病床使用情况

	病床使用率（%）		出院者平均住院日（日）	
	2015 年	2016 年	2015 年	2016 年
医院	85.4	85.3	9.6	9.4
公立医院	90.4	91.0	9.8	9.6
民营医院	62.8	62.8	8.5	8.6
医院中：三级医院	98.8	98.8	10.4	10.1
二级医院	84.1	84.2	8.9	8.8
一级医院	58.8	58.0	9.0	9.0

三 农村卫生

（一）农村三级医疗服务体系建设

2016 年底，全国 2851 个县（县级市）共设有县级医院 13 640 所、县级妇幼保健机构 1918 所、县级疾病预防控制中心 2136 所、县级卫生监督所 1853 所，四类县级卫生机构共有卫生人员 272.8 万人。

2016 年底，全国 3.99 万个乡镇共设 3.7 万个乡镇卫生院，床位 122.4 万张，卫生人员 132.1 万人（其中卫生技术人员 111.6 万人）。与上年比较，乡镇卫生院减少 22 个，床位增加 2.8 万张，人员增加 4.3 万人（见表 7）。2016 年，每千农村人口乡镇卫生院床位由 2015 年的 1.24 张增加到 2016 年的 1.26 张，每千农村人口乡镇卫生院人员由 1.32 人增加到 1.36 人。

表 7	全国农村乡镇卫生院医疗服务情况	
	2015 年	**2016 年**
乡镇数（万个）	3.18	3.99
乡镇卫生院数（个）	36 817	36 795
床位数（万张）	119.6	122.4
卫生人员数（万人）	127.8	132.1
#卫生技术人员	107.9	111.6
#执业（助理）医师	44.1	45.5
每千农村人口乡镇卫生院床位（张）	1.24	1.26
每千农村人口乡镇卫生院人员（人）	1.32	1.36
诊疗人次（亿人次）	10.5	10.8
入院人数（万人）	3 676	3 800
医师日均担负诊疗人次（人次）	9.6	9.5
医师日均担负住院床日（日）	1.6	1.6
病床使用率（%）	59.9	60.6
出院者平均住院日（日）	6.4	6.4

2016 年底，全国 56.0 万个行政村共设 63.9 万个村卫生室。村卫生室人员达 143.6 万人，其中：执业（助理）医师 32.0 万人、注册护士 11.6 万人、乡村医生 93.3 万人。平均每村村卫生室人员 2.25 人。与上年比较，村卫生室数减少 0.2 万个，人员总数减少 1.2 万人（见表 8）。

表8	全国村卫生室及人员数	
	2015 年	2016 年
行政村数（万个）	58.1	56.0
村卫生室数（万个）	64.1	63.9
人员总数（万人）	144.8	143.6
执业（助理）医师数	31.0	32.0
注册护士数	10.6	11.6
乡村医生和卫生员数	103.2	100.0
#乡村医生数	96.3	93.3
平均每村村卫生室人员数（人）	2.26	2.25

注：村卫生室执业（助理）医师和注册护士数包括乡镇卫生院设点的数字。

（二）农村医疗服务

2016 年，全国县级（含县级市）医院诊疗人次达 10.8 亿人次，比上年增加 0.5 亿人次；入院人数 7 849.4 万人，比上年增加 555.0 万人；病床使用率 82.0%，比上年上升 0.2 个百分点。

2016 年，乡镇卫生院诊疗人次为 10.8 亿人次，比上年增加 0.3 亿人次；入院人数 3800 万人，比上年增加 124 万人。2016 年，医师日均担负诊疗 9.5 人次和住院 1.6 床日。病床使用率 60.6%，出院者平均住院日 6.4 日。与上年相比，乡镇卫生院医师工作负荷略有下降，病床使用率提高 0.7 个百分点，平均住院日与上年持平。

2016 年村卫生室诊疗量达 18.5 亿人次，比上年减少 0.4 亿人次，平均每个村卫生室年诊疗量 2900 人次。

四 社区卫生

（一）社区卫生服务体系建设

2016 年底，全国已设立社区卫生服务中心（站）34 327 个，其中：社区卫生服务中心 8918 个，社区卫生服务站 25 409 个。与上年相比，社区卫生服务中心增加 112 个，社区卫生服务站减少 106 个。社区卫生服务中心人员 41.1 万人，平均每个中心 46 人；社区卫生服务站人员 11.1 万人，平均每站 4 人。社区卫生服务中心（站）人员数比上年增加 1.7 万人，增长 3.4%。

（二）社区医疗服务

2016 年，全国社区卫生服务中心诊疗人次 5.6 亿人次，入院人数 313.7 万人，医疗服务量比上年增加（见表9）；平均每个中心年诊疗量 6.3 万人次，年入院量 352 人；医师日均担负诊疗 15.9 人次和住院 0.6 床日。2016 年，全国社区卫生服务站诊疗人次 1.6 亿人次，平均每站年诊疗量 6139 人次，医师日均担负诊疗 14.5 人次。

表 9　　　　　　　　　　全国社区卫生服务情况

	2015 年	2016 年
街道数（个）	7 957	8 105
社区卫生服务中心数（个）	8 806	8 918
床位数（张）	178 410	182 191
卫生人员数（人）	397 301	410 693
#卫生技术人员	335 979	347 718
#执业（助理）医师	138 516	143 217
诊疗人次（亿人次）	5.59	5.63
入院人数（万人）	305.5	313.7
医师日均担负诊疗人次（人次）	16.3	15.9
医师日均担负住院床日（日）	0.7	0.6
病床使用率（%）	54.7	54.6
出院者平均住院日（日）	9.8	9.7
社区卫生服务站数（个）	25 515	25 409
卫生人员数（人）	107 516	111 281
#卫生技术人员	95 179	98 458
#执业（助理）医师	43 154	44 482
诊疗人次（亿人次）	1.47	1.56
医师日均担负诊疗人次（人次）	14.1	14.5

五　中医药服务

（一）中医类机构、床位及人员数

2016 年末，全国中医类医疗卫生机构总数达 49 527 个，比上年增加 2986 个。其中：中医类医院 4238 个，中医类门诊部、诊所 45 241 个，中医类研究机构 48 个。与上年比较，中医类医院增加 272 个，中医类门诊部及诊所增加 2713 个（见表 10）。

表 10　　　　　　　　　全国中医类医疗卫生机构数和床位数

	机构数（个）		床位数（张）	
	2015 年	2016 年	2015 年	2016 年
总计	**46 541**	**49 527**	**957 523**	**1 033 547**
中医类医院	3 966	4 238	819 412	877 313
中医医院	3 267	3 462	715 393	761 755
中西医结合医院	446	510	78 611	89 074

续表

	机构数（个）		床位数（张）	
	2015 年	2016 年	2015 年	2016 年
民族医医院	253	266	25 408	26 484
中医类门诊部	1 640	1 913	585	461
中医门诊部	1 304	1 539	370	294
中西医结合门诊部	320	355	197	141
民族医门诊部	16	19	18	26
中医类诊所	40 888	43 328	—	—
中医诊所	32 968	35 290	—	—
中西医结合诊所	7 386	7 512	—	—
民族医诊所	534	526	—	—
中医类研究机构	47	48	—	—
中医（药）研究院（所）	35	36	—	—
中西医结合研究所	3	3	—	—
民族医（药）学研究所	9	9	—	—
其他医疗机构中医类临床科室	—	—	137 526	155 773

注：中医类临床科室包括中医科各专业、中西医结合科、民族医学科。

2016 年末，全国中医类医疗卫生机构床位 103.4 万张，其中：中医类医院 87.7 万张（占84.8%）。与上年比较，中医类床位增加 7.6 万张，其中：中医类医院床位增加 5.8 万张。

2016 年末，提供中医服务的社区卫生服务中心占同类机构的 97.5%，社区卫生服务站占83.3%，乡镇卫生院占 94.3%，村卫生室占 62.8%。

2016 年末，全国中医药卫生人员总数达 61.3 万人，比上年增加 3.2 万人（增长 5.6%）。其中：中医类别执业（助理）医师 48.2 万人，中药师（士）11.7 万人。两类人员较上年有所增加（见表 11）。

表 11	全国中医药人员数	
	2015 年	2016 年
中医药人员总数（万人）	58.0	61.3
中医类别执业（助理）医师	45.2	48.2
见习中医师	1.4	1.4
中药师（士）	11.4	11.7
中医药人员占同类人员总数的百分比（%）		
中医类别执业（助理）医师	14.9	15.1
见习中医师	6.4	6.6
中药师（士）	26.9	26.6

（二）中医医疗服务

2016 年，全国中医类医疗卫生机构总诊疗人次达 9.6 亿人次，比上年增加 0.5 亿人次（增长 5.8%）。其中：中医类医院 5.8 亿人次（占 59.9%），中医类门诊部及诊所 1.4 亿人次（占 15.1%），其他医疗机构中医类临床科室 2.4 亿人次（占 25.0%）。

2016 年，全国中医类医疗卫生机构出院人数 2 949.0 万人，比上年增加 257.5 万人（增长 9.6%）。其中：中医类医院 2 556.7 万人（占 86.7%），中医类门诊部 2.1 万人，其他医疗卫生机构中医类临床科室 390.2 万人（占 13.2%）（见表 12）。

表 12 全国中医类医疗卫生机构医疗服务量

	诊疗人次（万人次）		出院人数（万人）	
	2015 年	2016 年	2015 年	2016 年
中医类总计	**90 912.5**	**96 225.1**	**2 691.5**	**2 949.0**
中医类医院	54 870.9	57 670.4	2 349.3	2 556.7
中医医院	48 502.6	50 774.5	2 091.5	2 270.4
中西医结合医院	5 401.4	5 927.3	202.0	227.5
民族医医院	966.8	968.7	55.8	58.8
中医类门诊部	1 761.9	1 978.3	1.9	2.1
中医门诊部	1 567.4	1 757.4	1.6	1.4
中西医结合门诊部	192.1	217.9	0.3	0.6
民族医门诊部	2.4	3.0	—	—
中医类诊所	11 781.4	12 517.9	—	—
中医诊所	9 215.8	9 886.0	—	—
中西医结合诊所	2 446.7	2 517.9	—	—
民族医诊所	118.8	114.1	—	—
其他医疗卫生机构中医类临床科室	22 498.3	24 058.5	340.2	390.2
中医类服务量占医疗服务总量的百分比（%）	15.7	15.8	12.9	13.1

六 病人医药费用

（一）医院病人医药费用

2016 年，医院次均门诊费用 245.5 元，按当年价格比上年上涨 5.0%，按可比价格上涨 2.9%；人均住院费用 8 604.7 元，按当年价格比上年上涨 4.1%，按可比价格上涨 2.0%。日均住院费用 914.8 元，上涨幅度高于人均住院费用 2 个百分点（见表 13）。

2016 年，医院次均门诊药费（111.7 元）占 45.5%，比上年（47.2%）下降 1.7 个百分点；医院人均住院药费（2 977.5 元）占 34.6%，比上年（36.8%）下降 2.2 个百分点。

2016 年各级公立医院中，三级医院次均门诊费用上涨 3.9%（当年价格，下同），人均住院费用上涨 2.0%，涨幅比上年有所下降，低于公立医院病人费用涨幅（见表 13）。

表 13	医院病人门诊和住院费用							
	医院		公立医院					
					三级医院		二级医院	
	2015 年	2016 年	2015 年	2016 年	2015 年	2016 年	2015 年	2016 年
次均门诊费用（元）	233.9	245.5	235.2	246.5	283.7	294.9	184.1	190.6
上涨%（当年价格）	6.3	5.0	6.1	4.8	5.2	3.9	4.6	3.5
上涨%（可比价格）	4.9	2.9	4.7	2.7	3.7	1.9	3.2	1.5
人均住院费用（元）	8 268.1	8 604.7	8 833.0	9 229.7	12 599.3	12 847.8	5 358.2	5 569.9
上涨%（当年价格）	5.6	4.1	6.5	4.5	4.1	2.0	4.8	4.0
上涨%（可比价格）	4.1	2.0	5.1	2.4	2.7	0.0	3.3	1.9
日均住院费用（元）	861.8	914.8	903.1	965.3	1 204.6	1 272.9	605.4	636.4
上涨%（当年价格）	6.1	6.1	7.0	6.9	6.4	5.7	4.1	5.1
上涨%（可比价格）	4.7	4.1	5.6	4.8	4.9	3.6	2.7	3.1

注：①绝对数按当年价格计算；②次均门诊费用指门诊病人次均医药费用，人均住院费用指出院病人人均医药费用，日均住院费用指出院病人日均医药费用。下表同。2016年居民消费价格指数为102.0。

（二）基层医疗卫生机构病人医药费用

2016 年，社区卫生服务中心次均门诊费用 107.2 元，按当年价格比上年上涨 9.7%，按可比价格上涨 7.6%；人均住院费用 2 872.4 元，按当年价格比上年上涨 4.0%，按可比价格上涨 2.0%。与 2016 年相比，门诊费用涨幅上升，住院费用涨幅下降（见表 14）。

表 14	基层医疗卫生机构病人门诊和住院费用			
	社区卫生服务中心		乡镇卫生院	
	2015 年	2016 年	2015 年	2016 年
次均门诊费用（元）	97.7	107.2	60.1	63.0
上涨%（当年价格）	5.9	9.7	5.6	4.8
上涨%（可比价格）	4.4	7.6	4.2	2.8
人均住院费用（元）	2 760.6	2 872.4	1 487.4	1 616.8
上涨%（当年价格）	4.8	4.0	7.6	8.7
上涨%（可比价格）	3.3	2.0	6.1	6.6
日均住院费用（元）	280.7	296.0	233.2	251.2
上涨%（当年价格）	5.0	5.5	5.7	7.7
上涨%（可比价格）	3.6	3.4	4.2	5.6

2016 年，社区卫生服务中心药费（74.6 元）占次均门诊费用的 69.6%，比上年（68.9%）上升 0.7 个百分点；药费（1 201.4 元）占人均住院费用的 41.8%，比上年（43.1%）下降 1.3 个百分点。

2016 年，乡镇卫生院次均门诊费用 63.0 元，按当年价格比上年上涨 4.8%，按可比价格上涨 2.8%；人均住院费用 1 616.8 元，按当年价格比上年上涨 8.7%，按可比价格上涨 6.6%。日均住院费用 251.2 元。

2016 年，乡镇卫生院药费（34.5 元）占次均门诊费用的 54.8%，比上年（54.2%）上升 0.6 个百分点；药费（711.3 元）占人均住院费用的 44.0%，比上年（45.4%）下降 1.4 个百分点。

七 疾病控制与公共卫生

（一）传染病报告发病和死亡

2016 年，全国甲乙类传染病共报告发病 295.7 万例，死亡 17 968 人。报告发病数居前 5 位的病种依次为病毒性肝炎、肺结核、梅毒、细菌性和阿米巴性痢疾、淋病，占甲乙类传染病报告发病总数的 92.5%；报告死亡人数居前五位的病种依次为艾滋病、肺结核、狂犬病、病毒性肝炎、人感染 H7N9 禽流感，占甲乙类传染病报告死亡总数的 98.8%（见表 15）。

2016 年，全国甲乙类传染病报告发病率为 215.7/10 万，死亡率为 1.3/10 万。

表 15　　　　　　　　　　　　全国甲乙类传染病报告发病及死亡数

病名	发病例数（例）		死亡人数（人）	
	2015 年	2016 年	2015 年	2016 年
总计	**3 046 447**	**2 956 500**	**16 584**	**17 968**
鼠疫	0	1	0	0
霍乱	13	27	0	0
传染性非典型肺炎	0	0	0	0
艾滋病	50 330	54 360	12 755	14 091
病毒性肝炎	1 218 946	1 221 479	474	537
脊髓灰质炎	0	0	0	0
人感染高致病性禽流感	6	0	3	1
麻疹	42 361	24 820	32	18
流行性出血热	10 314	8 853	62	48
狂犬病	801	644	744	592
流行性乙型脑炎	624	1 237	19	47
登革热	3 858	2 050	0	0
炭疽	288	374	1	2
细菌性和阿米巴性痢疾	138 917	123 283	7	4

病名	发病例数（例）		死亡人数（人）	
	2015 年	2016 年	2015 年	2016 年
肺结核	864 015	836 236	2 280	2 465
伤寒和副伤寒	11 637	10 899	1	1
流行性脑脊髓膜炎	106	101	13	10
百日咳	6 658	5 584	2	3
白喉	0	0	0	0
新生儿破伤风	306	177	17	3
猩红热	68 249	59 282	1	0
布鲁氏菌病	56 989	47 139	1	2
淋病	100 245	115 024	1	1
梅毒	433 974	438 199	58	53
钩端螺旋体病	355	354	1	1
血吸虫病	34 143	2 924	0	0
疟疾	3 116	3 189	20	16
人感染 H7N9 禽流感	196	264	92	73

2016 年，全国丙类传染病共报告发病 398.8 万例，死亡 269 人。报告发病数居前 5 位的病种依次为手足口病、其他感染性腹泻病、流行性感冒、流行性腮腺炎和急性出血性结膜炎，占丙类传染病报告发病总数的 99.7%。报告死亡人数较多的病种依次为手足口病、流行性感冒和其他感染性腹泻病，占丙类传染病报告死亡总数的 98.5%（见表 16）。

2016 年，全国丙类传染病报告发病率为 290.9/10 万，死亡率为 0.02/10 万。

表 16　　　　　　　　全国丙类传染病报告发病及死亡数

病名	发病例数（例）		死亡人数（人）	
	2015 年	2016 年	2015 年	2016 年
总计	**3 361 982**	**3 987 740**	**160**	**269**
流行性感冒	195 723	306 682	8	56
流行性腮腺炎	182 833	175 001	0	0
风疹	8 133	4 535	1	0
急性出血性结膜炎	34 576	34 253	0	0
麻风病	344	284	1	0
斑疹伤寒	1 461	1 160	1	1
黑热病	507	305	0	1
包虫病	3 418	4 777	1	2

病名	发病例数（例）		死亡人数（人）	
	2015 年	2016 年	2015 年	2016 年
丝虫病	0	0	0	0
其他感染性腹泻病	937 616	1 018 605	19	14
手足口病	1 997 371	2 442 138	129	195

（二）血吸虫病防治

2016 年底，全国血吸虫病流行县（市、区）451 个；达到消除、传播阻断、传播控制的县（市、区）分别为 159 个、191 个、101 个；年底现有病人 5.5 万人，比上年减少 2.2 万人。

（三）地方病防治

2016 年底，全国克山病病区县数 328 个，已消除、控制县分别为 185 个、121 个，现症病人 3.8 万人；大骨节病病区县 379 个，已消除、控制县分别为 296 个、53 个，现症病人 61.1 万人；碘缺乏危害县数 2787 个，消除县 2612 个。地方性氟中毒（饮水型）病区县数 1055 个，病区村数 75 287 个，控制村数 54 343 个，氟斑牙病人 1 816.1 万人，氟骨症病人 127.3 万人；地方性氟中毒（燃煤污染型）病区县数 171 个，控制县数 146 个，氟斑牙病人 1 453.7 万人，氟骨症病人 188.2 万人。

八　妇幼卫生

（一）妇幼保健

2016 年，孕产妇产前检查率 96.6%，产后访视率 94.6%。与上年比较，产前检查率和产后访视率有所提高（见表 17）。2016 年住院分娩率为 99.8%（市 99.9%，县 99.6%），比上年提高 0.1 个百分点（市与上年持平，县提高 0.1 个百分点）。

表 17	孕产妇及儿童保健情况	
	2015 年	2016 年
产前检查率（%）	96.5	96.6
产后访视率（%）	94.5	94.6
住院分娩率（%）	99.7	99.8
市	99.9	99.9
县	99.5	99.6
3 岁以下儿童系统管理率（%）	90.7	91.1
孕产妇系统管理率（%）	91.5	91.6

2016 年，3 岁以下儿童系统管理率达 91.1%，比上年提高 0.4 个百分点；孕产妇系统管理率达 91.6%，比上年提高 0.1 个百分点。

（二）5 岁以下儿童死亡率

妇幼卫生监测数据显示，2016 年，5 岁以下儿童死亡率 10.2‰，其中：城市 5.2‰，农村 12.4‰；婴儿死亡率 7.5‰，其中：城市 4.2‰，农村 9.0‰。与上年相比，5 岁以下儿童死亡率、婴儿死亡率均有不同程度的下降（见表 18）。

（三）孕产妇死亡率

妇幼卫生监测数据显示，2016 年，孕产妇死亡率为 19.9/10 万，其中：城市 19.5/10 万，农村 20.0/10 万。与上年相比，孕产妇死亡率有所下降（见表 18）。城市孕产妇主要死因构成：产科出血占 19.7%、羊水栓塞占 8.5%、妊娠期高血压疾病占 2.8%、合并心脏病占 12.7%；农村孕产妇主要死因构成：产科出血占 26.1%、羊水栓塞占 11.4%、妊娠期高血压疾病占 9.5%、合并心脏病占 9.0%。

表 18　　　　　　　　　　　　　　　　监测地区孕产妇和儿童死亡率

	合计		城市		农村	
	2015 年	2016 年	2015 年	2016 年	2015 年	2016 年
孕产妇死亡率（1/10 万）	20.1	19.9	19.8	19.5	20.2	20.0
5 岁以下儿童死亡率（‰）	10.7	10.2	5.8	5.2	12.9	12.4
婴儿死亡率（‰）	8.1	7.5	4.7	4.2	9.6	9.0
新生儿死亡率（‰）	5.4	4.9	3.3	3.0	6.4	5.7

（四）国家免费孕前优生项目

全国所有县（市、区）普遍开展免费孕前优生健康检查，为农村计划怀孕夫妇免费提供健康教育、健康检查、风险评估和咨询指导等孕前优生服务。2016 年全国共为 1284 万名计划怀孕夫妇提供免费检查，目标人群覆盖率平均达 93.5%。筛查出的风险人群全部获得针对性的咨询指导和治疗转诊等服务，落实了孕前预防措施，有效降低了出生缺陷的发生风险。

九　食品安全与卫生监督

（一）扩大食品安全风险监测范围

根据各省（自治区、直辖市）及新疆生产建设兵团报告（下同），截至 2016 年底，全国设置食品安全风险监测点 2660 个，对 26 类 16 万份样品进行监测，获得监测数据 108.6 万个；在 8481 个医疗卫生机构设置监测点，开展食源性疾病监测试点工作。

（二）公共场所卫生监督

2016 年，全国公共场所卫生被监督单位 112.6 万个，从业人员 605.5 万人。对公共场所进行监督检查 196.1 万户次，依法查处案件 57 353 件。

（三）生活饮用水卫生监督

2016 年，全国生活饮用水卫生（供水）被监督单位 5.2 万个，直接从事供、管水人员 27.5 万人。对生活饮用水卫生（供水）监督检查 13.3 万户次。全国涉及饮用水卫生安全产品被监督单位 4168 个，从业人员 9.4 万人。对涉及饮用水卫生安全产品进行监督检查 6412 户次。依法查处生活饮用水和涉及饮用水安全产品案件 3092 件。

（四）消毒产品和餐具饮具集中消毒卫生监督

2016 年，全国消毒产品被监督单位 4463 个，从业人员 70 823 人。消毒产品监督检查 40 309 户次，抽检 3013 件，合格率为 95.3%。依法查处案件 2492 件。2016 年，全国餐具饮具集中消毒服务单位 4838 个，从业人员 4.7 万人。监督检查 11 014 户次，依法查处案件 789 件。

（五）学校卫生监督

2016 年，全国被监督学校 19.7 万所，监督检查 30.0 万户次，查处案件 4608 件。

（六）职业病防治机构和放射诊疗卫生监督

2016 年，全国共有职业健康检查机构 3497 个、职业病诊断机构 580 个、放射卫生技术服务机构 366 个，依法查处案件 89 件，其中依法做出卫生行政处罚案件 89 件。全国放射诊疗被监督单位 50 097 个，依法查处案件 3076 件。

（七）医疗卫生、血液安全和传染病防治卫生监督

2016 年，依法对医疗机构或医务人员做出卫生行政处罚 37 279 件。行政处罚无证行医 12 994 件。依法对血液安全做出行政处罚 55 件。依法查处传染病防治案件 26 645 件，其中依法做出卫生行政处罚案件 26 638 件。

（八）计划生育监督

2016 年，全国计划生育被监督单位 7753 个，计划生育监督检查 8004 户次，依法查处案件 266 件。

十　计划生育

（一）实施全面两孩政策

根据卫生计生住院分娩活产统计，全国新出生婴儿数为 1846 万人，比 2013 年增加 200 万人以上，总和生育率提升至 1.7 以上。

（二）全面推进流动人口基本公共卫生计生服务均等化

启动实施流动人口健康教育和促进行动计划，开展新市民健康城市行活动，制定并广泛传播流动人口健康教育核心信息，以健康教育和促进为抓手，促进基本公共卫生和计划生育服务落实，全国流动人口基本公共卫生计生服务覆盖率达 87.4%。

（三）计划生育家庭奖励和扶助政策

2016 年计划生育家庭奖励和扶助"三项制度"共投入资金 141 亿元，比上年增加 28.4 亿

元；农村计划生育家庭奖励扶助制度受益 1 065.9 万人，计划生育家庭特别扶助制度独生子女伤残死亡家庭受益 100.5 万人，西部地区"少生快富"工程受益 3.4 万户（见表 19）。

制度名称	扶助人数（万人）		资金（亿元）			
					中央财政	
	2015 年	2016 年	2015 年	2016 年	2015 年	2016 年
总计	**993.3**	**1 166.4**	**112.6**	**141.0**	**49.9**	**63.6**
奖励扶助	905.5	1 065.9	86.9	102.3	38.0	45.6
特别扶助	87.8	100.5	25.6	37.7	11.0	17.2
少生快富（万户）	3.7	3.4	1.1	1.0	0.9	0.8

表 19 计划生育"三项制度"进展情况

注：扶助人数合计中未含"少生快富"，"少生快富"扶助对象以万户计；特别扶助仅统计独生子女伤残死亡家庭。

2016 年中国人力资源和社会保障事业发展概况

人力资源和社会保障部

一 劳动就业

2016 年末全国就业人员 77 603 万人，比上年末增加 152 万人；其中城镇就业人员 41 428 万人，比上年末增加 1018 万人。全国就业人员中，第一产业就业人员占 27.7%；第二产业就业人员占 28.8%；第三产业就业人员占 43.5%。2016 年全国农民工总量 28 171 万人，比上年增加 424 万人，其中外出农民工 16 934 万人。

全年城镇新增就业人数 1314 万人，城镇失业人员再就业人数 554 万人，就业困难人员就业人数 169 万人。年末城镇登记失业人数为 982 万人，城镇登记失业率为 4.02%。全年全国共帮助 5.0 万户零就业家庭实现每户至少一人就业。组织 2.79 万名高校毕业生到基层从事"三支一扶"服务。

2016 年末持外国人就业证在中国工作的外国人共 23.5 万人，持港澳台人员就业证在内地工作的港澳台人员共 8.2 万人。人力资源服务业蓬勃发展，截至 2016 年底，全行业共有人力资源服务机构 2.67 万家，从业人员 55.3 万人，实现营业收入 1.18 万亿元。2016 年，共为 2820 万家次用人单位提供了人力资源服务，帮助 1.8 亿劳动者实现了求职择业和流动服务。

二 社会保险

我国在社会保险扩大覆盖面方面取得的成绩得到国际社会的高度认可，2016 年 11 月国际社会保障协会第 32 届全球大会授予中国政府"社会保障杰出成就奖"。全年五项社会保险基金收入合计 53 563 亿元，比上年增加 7551 亿元，增长 16.4%。基金支出合计 46 888 亿元，比上年增加 7900 亿元，增长 20.3%。

（一）养老保险

2016 年末全国参加基本养老保险人数为 88 777 万人，比上年末增加 2943 万人。全年基本养老保险基金收入 37 991 亿元，比上年增长 18%，其中征缴收入 27 500 亿元，比上年增长 16%。全年基本养老保险基金支出 34 004 亿元，比上年增长 21.8%。年末基本养老保险基金累计结存 43 965 亿元。

2016 年末全国参加城镇职工基本养老保险人数为 37 930 万人，比上年末增加 2569 万人。其中，参保职工 27 826 万人，参保离退休人员 10 103 万人，分别比上年末增加 1607 万人和 962 万人。年末参加城镇职工基本养老保险的农民工人数为 5940 万人，比上年末增加 355 万人。年末城镇职工基本养老保险执行企业制度参保人数为 34 264 万人，比上年末增加 1140

万人。

全年城镇职工基本养老保险基金总收入 35 058 亿元，比上年增长 19.5%，其中征缴收入 26 768 亿元，比上年增长 16.3%。各级财政补贴基本养老保险基金 6511 亿元。全年基金总支出 31 854 亿元，比上年增长 23.4%。年末城镇职工基本养老保险基金累计结存 38 580 亿元。

2016 年末城乡居民基本养老保险参保人数 50 847 万人，比上年末增加 375 万人。其中实际领取待遇人数 15 270 万人。全年城乡居民基本养老保险基金收入 2933 亿元，比上年增长 2.8%，其中个人缴费 732 亿元。基金支出 2150 亿元，比上年增长 1.6%。基金累计结存 5385 亿元。

2016 年末全国有 7.63 万户企业建立了企业年金，比上年增长 1.1%。参加职工人数为 2325 万人，比上年增长 0.4%。年末企业年金基金累计结存 11 075 亿元。

（二）医疗保险

2016 年末全国参加城镇基本医疗保险人数为 74 392 万人，比上年末增加 7810 万人。其中，参加职工基本医疗保险人数 29 532 万人，比上年末增加 638 万人；参加城镇居民基本医疗保险人数为 44 860 万人，比上年末增加 7171 万人。在参加职工基本医疗保险人数中，参保职工 21 720 万人，参保退休人员 7812 万人，分别比上年末增加 358 万人和 280 万人。年末参加城镇基本医疗保险的农民工人数为 4825 万人，比上年末减少 340 万人。

全年城镇基本医疗保险基金总收入 13 084 亿元，支出 10 767 亿元，分别比上年增长 16.9% 和 15.6%。年末城镇基本医疗保险统筹基金累计结存 9765 亿元（含城镇居民基本医疗保险基金累计结存 1993 亿元），个人账户积累 5200 亿元。

（三）失业保险

2016 年末全国参加失业保险人数为 18 089 万人，比上年末增加 763 万人。其中，参加失业保险的农民工人数为 4659 万人，比上年末增加 440 万人。年末全国领取失业保险金人数为 230 万人，比上年末增加 4 万人。全年共为 484 万名失业人员发放了不同期限的失业保险金，比上年增加 27 万人。全年共为 76 万名劳动合同期满未续订或提前解除劳动合同的农民合同制工人支付了一次性生活补助。全年共向 46 万户企业发放稳岗补贴 259 亿元，惠及职工 4833 万人。

全年失业保险基金收入 1229 亿元，比上年下降 10.2%，支出 976 亿元，比上年增长 32.6%。年末失业保险基金累计结存 5333 亿元。

（四）工伤保险

2016 年末全国参加工伤保险人数为 21 889 万人，比上年末增加 457 万人。其中，参加工伤保险的农民工人数为 7510 万人，比上年末增加 21 万人。全年认定（视同）工伤 104 万人，比上年减少 4 万人。全年评定伤残等级人数为 53.5 万人，比上年减少 0.7 万人。全年享受工伤保险待遇人数为 196 万人，比上年减少 6 万人。

全年工伤保险基金收入 737 亿元，比上年下降 2.3%，支出 610 亿元，比上年增长 1.9%。年末工伤保险基金累计结存 1411 亿元（含储备金 239 亿元）。

（五）生育保险

2016 年末全国参加生育保险人数为 18 451 万人，比上年末增加 680 万人。全年共有 914 万人次享受了生育保险待遇，比上年增加 272 万人次。

全年生育保险基金收入 522 亿元，支出 531 亿元，分别比上年增长 4% 和 29%。年末生育保险基金累计结存 676 亿元。

三　人才队伍建设

人才队伍建设取得新进展。截至 2016 年底，我国有两院院士 1500 余人，享受政府特殊津贴专家 17.7 万人，国家"百千万人才工程"入选者 5300 余人。2016 年，推进实施万名专家服务基层行动计划，遴选实施 101 项专家服务基层示范项目，遴选设立 20 个国家级专家服务基地。在示范项目带动下，4400 多名专家深入基层一线，开展各类服务活动 3900 多场次，与基层单位签订合作协议 650 多项，培训指导基层专业技术人员 8.1 万人。组织实施西部和东北地区高层次人才援助计划，遴选 34 个示范项目。

2016 年，全国 1150 余万人报名参加专业技术人员资格考试，206 万人取得资格证书。截至 2016 年底，全国累计共有 2358 万人取得各类专业技术人员资格证书。

截至 2016 年底，我国留学回国人员总数达 265.11 万人，其中 2016 年回国 43.25 万人。全国建成各级各类留学人员创业园 347 个，其中省部共建创业园 49 家，入园企业总数 2.7 万家，2016 年技工贸总收入近 2500 亿元，7.9 万名留学人才在园创业。

2016 年，博士后科研工作站设站总数达到 3396 个，博士后科研流动站总数达到 3010 个，累计招收培养博士后 16 万余人。

专业技术人才知识更新工程继续推进，全年举办 300 期高级研修班，培训高层次专业技术人才 2.1 万人次，开展急需紧缺人才培养培训和岗位培训 127.35 万人次。2016 年新建国家级专业技术人员继续教育基地 20 家，总数已达 120 家。少数民族科技骨干特殊培养工作深入实施，经国务院批准，启动第五批新疆特培工作，继续开展第二批西藏特培工作，全年培养 400 名新疆特培学员和 120 名西藏特培学员，组织 4 期新疆、西藏特培专家服务团活动。

年末全国共有技工院校 2526 所，在校学生 323 万人。全年技工院校面向社会开展培训 452 万人次。年末全国共有就业训练中心 2741 所，民办培训机构 19 463 所。全年共组织各类职业培训 1775 万人次，其中：就业技能培训 959 万人次，岗位技能提升培训 551 万人次，创业培训 230 万人次，其他培训 35 万人次。全年各类职业培训中农民工培训 913 万人次，城镇登记失业人员培训 287 万人次，城乡未继续升学的应届初高中毕业生培训 75 万人次。

年末全国共有职业技能鉴定机构 8224 个，职业技能鉴定考评人员 28 万人。全年共有 1755 万人参加了职业技能鉴定。1446 万人取得不同等级职业资格证书，其中取得技师、高级技师职业资格的有 47 万人。

四　公共人事管理

截至 2016 年底，全国共有公务员 719 万人。圆满完成公务员录用考试任务，全国共录用公务员 19.46 万人，其中，中央机关及其直属机构 2.81 万人，地方 16.65 万人。中央机关公开遴选 99 名公务员，省级机关公开遴选 2524 名公务员。

截至 2016 年底，事业单位聘用制度推行基本实现全覆盖，工作人员聘用合同签订率超过 93%。事业单位岗位设置基本实现制度入轨，岗位设置完成率超过 95%。事业单位公开招聘制度推行率达到 91%，全国共公开招聘事业单位工作人员 79.86 万人，其中中央事业单位 6.65 万人，地方 73.21 万人。

全年安置军队转业干部 5.8 万名，其中计划分配军队转业干部 2.9 万名，自主择业军队转业干部近 2.9 万人。

五　工资分配

2016 年全国城镇非私营单位就业人员年平均工资为 67 569 元，比上年增加 5540 元，增长 8.9%。2016 年全国城镇私营单位就业人员年平均工资为 42 833 元，比上年增加 3244 元，增长 8.2%。2016 年末，外出农民工人均月收入水平为 3275 元，比上年提高 203 元，增长 6.6%。

全面落实调整机关事业单位工作人员基本工资标准工作。继续落实县以下机关公务员职务与职级并行政策，开展与公务员分类管理相适应的工资制度改革试点工作，实行乡镇机关事业单位工作人员补贴政策，继续开展公务员和企业相当人员工资调查比较研究和试调查工作，推进事业单位实施绩效工资工作。

六　劳动关系与劳动者权益维护

2016 年全国企业劳动合同签订率达 90% 以上。

截至 2016 年末，全国经人力资源社会保障部门审查并在有效期内的集体合同累计为 191 万份，覆盖企业 341 万户、职工 1.78 亿人。

截至 2016 年末，经各级人力资源社会保障部门审批且在有效期内实行特殊工时制度的企业 8.2 万户，涉及职工 1432 万人。

2016 年，全国各地劳动人事争议调解仲裁机构共处理争议 177.1 万件，同比上升 2.9%；涉及劳动者 226.8 万人，同比下降 2.1%；涉案金额 471.8 亿元，同比上升 29%；办结案件 163.9 万件，同比上升 1.8%。案件调解成功率为 65.8%，仲裁结案率为 95.5%。终局裁决 10.4 万件，占裁决案件数的 28.4%。

2016 年，全国各级劳动保障监察机构共主动检查用人单位 190.8 万户次，涉及劳动者 8 209.6 万人次。书面审查用人单位 222.6 万户次，涉及劳动者 7 965.8 万人次。全年共查处各类劳动保障违法案件 32.3 万件。通过加强劳动保障监察执法，共为 372.2 万名劳动者追讨工资等待遇 350.6 亿元，其中为 290.1 万名农民工追讨工资等待遇 278.3 亿元。共督促用人单位与劳动者补签劳动合同 202.7 万份，督促 3 万户用人单位办理社保登记，督促 3.8 万户用人单位为 63.3 万名劳动者补缴社会保险费 17.3 亿元，追缴骗取的社会保险待遇或基金支出 261.6 万元，共依法取缔非法职业中介机构 2798 户。

七　基础建设

部门规章立、改、废同步推进。2016 年 2 月 16 日人力资源社会保障部、民政部、国家卫生和计划生育委员会联合公布了《工伤保险辅助器具配置管理办法》，自 2016 年 4 月 1 日起施行。2016 年 9 月 1 日公布了《重大劳动保障违法行为社会公布办法》，自 2017 年 1 月 1 日起施行。2016 年 8 月 19 日公布了《公务员录用考试违纪违规行为处理办法》，自 2016 年 10 月 1 日起施行。

此外，根据国务院关于做好行政法规部门规章和文件清理工作的要求，对现行有效规章进行了全面清理，2016 年 4 月 12 日公布了《人力资源社会保障部关于废止部分规章的决定》，自公布之日起施行。同时公布了《人力资源社会保障部关于公布现行有效规章目录的公告》。

2016 年继续支持中西部地区（含福建、山东中央苏区和革命老区）110 个县、近 300 个乡镇开展基层服务设施建设。2010 年启动以来，共支持 1500 多个县、5500 多个乡镇开展项目建设。2016 年，对人力资源社会保障领域 248 项标准进行了复审。

截至 2016 年底，全国 30 个省份和新疆生产建设兵团已发行全国统一的社会保障卡，实际发卡地市（含省本级、新疆生产建设兵团各师）达到 372 个，持卡人数达到 9.72 亿人，社会保障卡普及率 70.3%。持卡人员基础信息库已在 30 个省份和新疆生产建设兵团上线运行，入库人员总量达 9.29 亿人。全国 102 项社会保障卡应用目录平均开通率超过 80%。全国 31 个省份和新疆生产建设兵团均已建设城乡居民养老保险信息系统，全国 30 个省份和新疆生产建设兵团已正式接入城镇职工养老保险关系转移系统。国家异地就医结算系统于 2016 年 12 月 15 日正式上线试运行。全国所有省市均已开通 12333 电话咨询服务，全年接听总量达 8 326.1 万次。

十八大以来中国就业形势概况

孟灿文　贾毓慧

党的十八大以来，面对复杂多变的国内外经济环境和就业领域多重矛盾的挑战，在以习近平同志为核心的党中央坚强领导下，全国上下主动适应把握引领经济发展新常态，牢固树立和贯彻落实新发展理念，坚持实施就业优先战略和更加积极的就业政策，大力推动大众创业万众创新，牢牢稳住就业基本盘，积极推进就业转型，不断提升就业质量，突出抓好重点群体就业创业，实现了就业形势总体稳定、稳中向好，为保障和改善民生，促进经济社会持续健康发展做出了重要贡献。

一　经济运行总体平稳，社会就业不断增加

就业是民生之本。党的十八大以来，我国坚持把就业创业摆在更加突出的位置，把扩大就业作为区间调控的下限，千方百计增加就业岗位，就业成为经济运行中的突出亮点。

（一）新常态下就业规模持续扩大

经济发展是稳定和扩大就业的根本基础。近年来，我国经济进入新常态，经济增速进入换挡期。2012—2016年，我国国内生产总值增速分别为7.9%、7.8%、7.3%、6.9%、6.7%，由高速增长转为中高速增长。同期，我国16—59岁劳动年龄人口分别为92 198万人、91 954万人、91 583万人、91 096万人、90 747万人。在经济增速换挡、劳动年龄人口总量依然庞大的大背景下，我国就业人员总量保持了平稳增长，分别达到76 704万人、76 977万人、77 253万人、77 451万人和77 603万人，年均增长225万人。经济发展与扩大就业有效联动，经济增长的就业弹性增强。2012—2016年，国内生产总值每增长1个百分点，平均吸纳非农就业172万人，比2009—2011年多吸纳30万人。

（二）城镇新增就业连续保持在较高水平

近年来，我国就业总量特别是城镇就业压力仍然较大，需要在城镇就业的新成长劳动力每年达1500万人左右。面对巨大的就业压力和繁重的安置任务，各级党委政府不断丰富完善促进就业创业的政策措施，多方拓宽就业渠道，确保了就业预期目标的超额完成。2012年，我国城镇新增就业1266万人，2016年达到1314万人，并且2013—2016年连续4年保持在1300万人以上，累计新增就业超过6500万人，超额完成每年的目标任务。

（三）失业率稳定在较低水平

登记失业率持续稳定。2012—2016年全国城镇年末登记失业人数均维持在900多万人，季度城镇登记失业率长期稳定在4.0%—4.1%，远低于4.5%的控制目标（见图1）。全国31个

大城市城镇调查失业率基本稳定在 5.1% 左右。

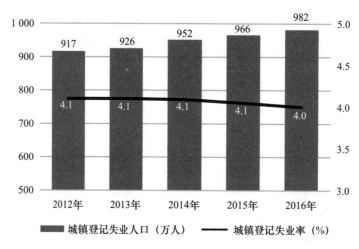

图1　城镇年末登记失业人数、登记失业率

（四）劳动力市场供需两旺

2012 年末至 2016 年末，我国公共就业服务机构市场求人倍率①分别为 1.08、1.10、1.15、1.10 和 1.13，持续稳定在 1 以上运行。这说明岗位需求人数始终略大于求职人数，就业市场整体活跃，人力资源供求关系基本平衡。

二　经济转型助推就业，结构格局持续优化

五年来，各地区各部门积极适应把握引领经济发展新常态，大力推动供给侧结构性改革，积极推进新型城镇化，着力稳增长、促改革、调结构、惠民生、防风险，促进就业转型，就业格局更趋合理，就业结构持续优化。

（一）城乡就业结构发生根本转变

农村劳动力向城镇转移是我国现代化进程的必由之路，也是提高全民就业质量、优化就业结构的重要途径。2012—2016 年，我国城镇化率分别为 52.57%、53.73%、54.77%、56.10% 和 57.35%，年均增长 1.2 个百分点。随着城镇化进程进一步加快，城镇就业人员继续保持高速增长态势。同期，全国城镇就业人员从 37 102 万人上升至 41 428 万人，年均增加 1082 万人；乡村就业人员从 39 602 万人下降至 36 175 万人，年均减少 857 万人；城镇就业比重由 48.4% 提高到 53.4%，年均提高 1.25 个百分点，乡村就业比例降为 46.6%。2014 年城镇就业人员数量首次超过乡村，标志着我国城乡就业格局发生了历史性转变（见图2）。

（二）第三产业就业主体地位更加巩固

第三产业的蓬勃发展，为就业提供了广阔的增长和提升空间，就业人员快速增加，服务业成为吸纳就业的主体。2016 年，第三产业就业人员达到 33 757 万人，比 2012 年增加 6067 万人，而

---

① 求人倍率为招聘人数与求职人数之比。

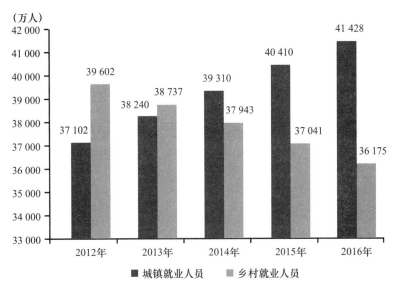

图2 我国城乡就业人员情况

第一、第二产业的就业人员分别减少4277万人、891万人。2012—2016年，第三产业就业人员占全部就业人员的比重从36.1%升至43.5%，增加7.4个百分点，成为吸纳就业最多的产业；第一、第二产业的就业人员占比分别从33.6%和30.3%降至27.7%和28.8%。三次产业就业结构的高低排序从"三、一、二"的发展型模式转变为"三、二、一"的现代模式，三次产业的就业结构与产值结构的协调性明显提高，初步改变了三次产业就业结构长期滞后于产值结构的局面（见图3）。

服务业拉动就业作用显著增加。据测算，2009—2012年，服务业每增长1个百分点，可以带动就业70万人；第二产业每增长1个百分点，可以带动就业61万人。到了2016年，服务业带动就业作用更加明显，每增长1个百分点能创造约120万个就业岗位。

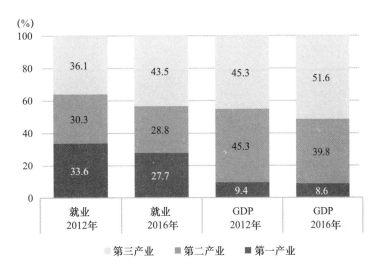

图3 三次产业的就业机构和产值构成

（三）行业内部就业结构明显改善

2012—2016年，城镇非私营单位中的装备制造业就业人员数得到快速增长。其中，汽车制造业就业人员为 341 万人，比 2012 年增加 71 万人，增长 26.3%；电气机械和器材制造业就业人员为 380 万人，比 2012 年增加 107 万人，增长 39.1%；计算机、通信和其他电子设备制造业就业人员为 706 万人，比 2012 年增加 194 万人，增长 37.8%。煤炭开采和洗选业、黑色金属冶炼和压延加工业就业人员则年均分别下降 6.9% 和 4.5%。

现代服务业就业人员大幅增长。2012—2016 年，城镇非私营单位的保险业、其他金融业、物业管理、房地产中介服务、租赁业、商务服务业、科技推广和应用服务业、娱乐业就业人员均实现了年均 10% 以上的高速增长，分别为 11.1%、16.9%、18.6%、20.8%、16.9%、13.6%、10.8% 和 15.0%。

（四）非公经济成为城镇就业的主渠道

2016 年，城镇个体工商户和私营企业就业人员分别比 2012 年增长 52.9% 和 59.9%，占城镇就业的比重分别为 20.8% 和 29.2%，分别比 2012 年提高 5.6 个和 8.8 个百分点。2012—2016 年，城镇非私营单位中，股份有限公司、港澳台商投资、外商投资等非公有单位就业人员从 7194 万人增加到 10 374 万人，比重从 47.2% 上升到 58.0%，年均增加 795 万人，年均增长率 9.6%；国有、集体、股份合作、国有联营、集体联营、国有独资等公有单位就业人员则从 8042 万人下降到 7514 万人，比重从 52.8% 下降到 42.0%，年均减少 132 万人，年均下降 1.7%（见表 1）。可见，非公有单位成为城镇就业的主渠道。

表 1	城镇非私营单位就业人员情况			单位：万人，%
年份	合计	公有单位	非公有单位	非公有单位就业占比
2012	15 236	8 042	7 194	47.2
2013	18 108	7 810	10 298	56.9
2014	18 278	7 735	10 543	57.7
2015	18 062	7 601	10 461	57.9
2016	17 888	7 514	10 374	58.0
年均增长	663	−132	795	—

（五）区域就业结构更趋合理

近年来，伴随着地区间的产业梯度转移，中西部后发优势显现，在创造就业方面已超过东部地区。2012—2016 年，西部城镇就业人员累计增长 16.8%，东部增长 10.9%，中部和东北分别增长 10.4% 和 6.5%。同期，全国就业人员净增加 899 万人，其中，中西部地区占 90% 以上；城镇就业人员净增 4326 万人，其中，中西部地区占比近 50%。2016 年中西部地区城镇就业占全国的比重比 2012 年提高 0.7 个百分点，而东部占比下降了 0.3 个百分点。2012—2016 年，在中西部 18 个省（自治区、直辖市）中，贵州、陕西城镇就业人员增幅在 20% 以上，云南、甘肃、山西、四川、内蒙古、湖北、重庆、江西、广西、新疆、西藏增幅都在 10% 以上。

（六）就业人员素质明显改善

人才资源总量稳步增长。截至 2016 年底，全国累计有 2358 万人取得各类专业技术人员资格证书，比 2012 年增加 783 万人；享受国务院政府特殊津贴专家累计 17.7 万人，"百千万人才工程"国家级人选 5300 余人，分别比 2012 年增加 1 万人和 1200 余人。2013—2016 年，留学回国人员累计达 156 万人，占全部留学回国人员总数的 58.8%。

职业教育快速发展。2012—2016 年，全国高职院校数量、年招生数、在校生规模稳中有升，高等职业教育稳占高等教育的半壁江山。2016 年，高职院校达到 1359 所，比 2012 年增加 62 所，占国内普通高校总数的 52.3%；毕业生 329.8 万人，占到高等教育的 43.1%。2015 年全国就业人员平均受教育年限为 9.6 年，就业人员中大专及以上受教育程度的人数比例为 14.6%，比 2010 年分别提高 0.5 年和 4.3 个百分点。

农民工综合素质显著提升。2016 年，农民工总量达到 28 171 万人。其中，具有高中及以上文化程度的人数比例为 26.4%，比 2012 年提高 2.7 个百分点。在全部农民工中，外出农民工中具有高中及以上文化程度的占 29.1%，比 2012 年提高 2.6 个百分点；本地农民工中具有高中及以上文化程度的占 23.9%，比 2012 年提高 3.2 个百分点。

三　坚持保障人民权益，就业质量明显提高

党的十八大以来，以习近平同志为核心的党中央坚持以人民为中心的发展思想，在稳定和扩大就业的同时，把增进人民福祉、促进人的全面发展、朝着共同富裕方向稳步前进作为经济社会发展的出发点和落脚点，着力增进发展的公平性、普惠性，让人民群众有更多获得感、满足感，积极采取多种措施，大力推动实现更高质量的就业，不仅保持了就业形势总体稳定，也实现了就业质量的不断提高。

（一）单位就业明显增加

随着"放管服"改革的持续推进，劳动者创办企业的便利化程度不断提高，大批灵活就业人员进入企业就业，促进了就业正规化程度的进一步上升。2012—2016 年，我国城镇各类单位就业人员总量由 22 793 万人增加到 29 971 万人，占全部城镇就业人员的比重由 61.43% 上升到 72.34%（见图 4）。

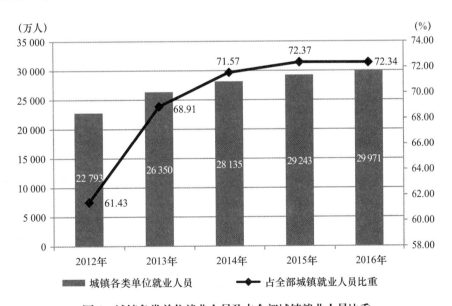

图 4　城镇各类单位就业人员及占全部城镇就业人员比重

（二）企业用工更加规范

各项劳动政策法规的制定实施，有力地促进了企业用工进一步规范，超时用工现象明显缓解，劳动者权益得到有效保护。2016 年，城镇各类企业就业人员的周平均工作时间为 40 小时的比例为 47.9%，比 2012 年上升了 3.2 个百分点；超过 40 小时的比例大幅下降，由 2012 年的52% 下降至 48.1%，下降了 3.9 个百分点。2012—2016 年间，国有及国有控股企业、集体企业、私营企业和外商及港澳台投资企业就业人员的周平均工作时间为 40 小时的比例分别由63.8%、44.4%、31.1% 和 48.6% 上升至 66.1%、50.0%、39.9% 和 52.4%，分别上升了2.3、5.6、8.8 和 3.8 个百分点。

（三）劳动关系更趋稳定

我国劳动标准体系日益完善，劳动关系协调机制更加健全，劳动关系稳定性不断增强。2016 年，在各类企业就业人员劳动合同签订率保持基本稳定的同时，签订无固定期（长期）劳动合同就业人员的比重达到了 26.8%，比 2012 年提高 3.5 个百分点。集体协商和集体合同制度稳步推进，截至 2016 年末，全国经人力资源社会保障部门审查并在有效期内的集体合同累计为 191 万份，覆盖企业 341 万户、职工 1.78 亿人。

（四）就业保障显著提高

近年来，以实现社会保险全覆盖为目标，大力推进社会保险参保计划，各项社会保险覆盖范围不断扩大。2016 年末，全国参加城镇职工基本养老保险、基本医疗保险、失业保险、工伤保险、生育保险的人员分别为 37 930 万人、29 532 万人、18 089 万人、21 889 万人、18 451 万人，分别比 2012 年末增加了 7503 万人、3046 万人、2864 万人、2879 万人和 3022 万人。我国在社会保险扩大覆盖范围方面取得的成就得到了国际社会的高度评价，2016 年国际社会保障协会授予中国政府"社会保障杰出成就奖"。

四　创业创新激发就业，发展成就辉煌瞩目

十八大以来，党中央、国务院大力推进简政放权、放管结合、优化服务改革，努力营造鼓励大众创业、万众创新的良好环境，有力地推动了新旧动能转换，促进了新产业、新业态、新商业模式的创新发展，创造了大量工作机会，催生了众多的新就业形态，紧紧兜住了民生底线，增强了广大群众的获得感。

（一）创业创新带动就业能力显著增强

五年来，随着大众创业、万众创新蓬勃发展，市场主体大量涌现，创业成为带动就业增长的重要源泉。2013—2016 年，全国新登记市场主体从 1131 万户增加到 1651 万户，年均增速为13.4%（见图 5）；其中，新登记企业分别为 250 万户、365 万户、444 万户和 553 万户，年均增速为 30.3%。据测算，2016 年初创企业新增招聘岗位数超过 240 万个，对新增招聘岗位的贡献率达到 18.7%。根据劳动力调查数据的测算，2016 年城镇就业人员在一年内新创业的人数比2012 年增长了约 36%；在全部失业人员中，平均每年约有 7% 的失业人员在为创业做准备。大学生和返乡农民工创业热情高涨，近年来农民工返乡创业累计超过 450 万人，2016 年登记的大学生创业人数达到 61.5 万人。

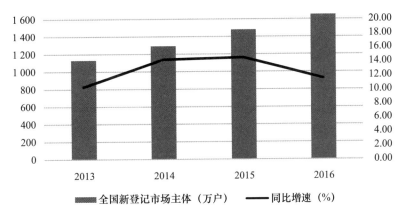

图5　2013—2016年全国新登记市场主体数量及增速

（二）新产业、新业态、新商业模式吸纳就业效果显著

新产业、新业态、新商业模式日新月异，平台经济、数字经济、共享经济、创客经济等百花齐放，将越来越多的劳动力从传统产业和传统就业岗位吸引到新职业、新工种、新岗位，使新就业形态大量涌现，就业渠道进一步拓宽。据测算，2016年我国参与分享经济活动的人数超过6亿人，其中分享经济平台的就业人员约为585万人，比上年增加85万人。据国家统计局"三新"统计资料推算，在全部增加的就业人员中，新动能的贡献达到70%左右。从近年来因电子商务、平台经济等带动而发展迅猛的快递服务业来看，全国规模以上快递服务业企业从2013年的436家增至2016年的847家，从业人员增加16.1%。从分享经济的代表性企业滴滴出行公司的数据看，2013—2016年，已有1100多万名注册司机有过接单行为，其中有1/4以上的司机日均接单4单以上。

（三）重点群体就业稳中有进

高校毕业生保持较高就业水平。2012—2016年，全国高校毕业生分别达到680万人、699万人、727万人、749万人和765万人，连创历史新高。五年来，党中央坚持把促进高校毕业生就业摆在就业工作的重要位置，组织实施高校毕业生就业创业促进计划，多方拓宽就业渠道，在高校毕业生逐年创新高的压力下，实现了高校毕业生就业水平始终平稳。2013年以来，连续四年实现就业创业人数"双增长"，毕业生初次就业率更是连续14年超过70%。

农村劳动力转移就业平稳增长。结合新型城镇化建设和户籍制度改革，建立健全城乡劳动者平等就业制度，坚持统筹城乡就业，加强就业援助，落实扶持政策，加强职业培训和就业创业服务，有力地促进了农村富余劳动力就地就近转移就业、返乡创业和有序外出就业。2013—2016年，全国农民工总量从26 894万人增至28 171万人，其中外出农民工数量从16 610万人增至16 934万人。农民工就业规模平稳增长，既为城乡经济发展提供了重要的劳动力，又为就业扶贫、提高农村居民收入提供了有力支撑。

去产能职工安置稳步推进。化解产能过剩矛盾，深入推进供给侧结构性改革，设立1000亿元专项奖补资金，妥善有序地安置离岗转岗职工，2016年全年共分流安置钢铁煤炭行业去产能职工72.6万人。

就业困难人员得到有效帮扶。不断健全就业援助长效机制，坚持做好就业帮扶和就业援助工作，2013—2016年，累计实现城镇失业人员再就业2238万人，就业困难人员实现就业699万人，共帮扶22万户零就业家庭中的24.9万人就业，实现了零就业家庭动态清零。

十八大以来，我国实现了比较充分的就业，保持了就业稳定发展的良好局面，就业工作取得了举世瞩目的辉煌成就。但也要看到，我国就业总量压力依然很大，结构性矛盾持续存在，部分地区部分行业的就业问题仍然突出。因此，我们还需坚定不移地实施就业优先战略和更加积极的就业政策，以发展促就业，以创业带就业，以就业惠民生，确保就业形势稳定。

2016 年中国社会服务事业发展概况

民政部

一　综合

截至 2016 年底，全国共有省级行政区划单位 34 个（其中，直辖市 4 个、省 23 个、自治区 5 个、特别行政区 2 个），地级行政区划单位 334 个（其中，地级市 293 个、地区 8 个，自治州 30 个、盟 3 个），县级行政区划单位 2851 个（其中，市辖区 954 个、县级市 360 个、县 1366 个、自治县 117 个、旗 49 个、自治旗 3 个、特区 1 个、林区 1 个），乡级行政区划单位 39 862 个（其中，区公所 2 个、镇 20 883 个、乡 9731 个、苏木 152 个、民族乡 988 个、民族苏木 1 个、街道 8105 个）。

2016 年，共联合检查省界 13 条，完成了总长度约为 13 629 千米的省界联检任务。

截至 2016 年底，全国共有社会服务机构和设施 174.5 万个，职工总数 1 239.3 万人，固定资产原价 5 393.6 亿元；社会服务事业基本建设在建项目建设规模 3 050.9 万平方米，全年实际完成投资总额 245.8 亿元；全国持证社会工作者共计 28.8 万人，其中，社会工作师 6.9 万人，助理工作师 21.9 万人；全国社会服务事业费支出 5 440.2 亿元，比上年增长 10.4%，占国家财政支出比重为 3.4%，其中，中央财政向各地转移支付社会服务事业费 2 484.0 亿元，比上年增长 9.4%，占社会服务事业费比重为 45.7%，同比下降 0.4 个百分点。

二　社会工作

（一）提供住宿的社会服务

截至 2016 年底，全国办理了注册登记手续的提供住宿的各类社会服务机构 3.2 万个，其中，登记注册为事业单位的机构 1.8 万个，登记注册为民办非企业单位的机构 1.2 万个。机构内床位 414.0 万张，年末收留抚养人员 241.0 万人。

1. 提供住宿的养老服务。全国各类养老服务机构和设施 14.0 万个，比上年增长 20.7%，其中：注册登记的养老服务机构 2.9 万个，社区养老服务机构和设施 3.5 万个，社区互助型养老设施 7.6 万个；各类养老床位合计 730.2 万张，比上年增长 8.6%（每千名老年人拥有养老床位 31.6 张，比上年增长 4.3%），其中，社区留宿和日间照料床位 322.9 万张。

2. 提供住宿的精神卫生服务。全国民政部门管理的智障与精神疾病服务机构共有 244 个，床位 8.4 万张。其中，社会福利医院（精神病院）150 个，床位数 5.3 万张，年末收留抚养各类人员 4.4 万人；复退军人精神病院 94 个，床位数 3.1 万张，年末收留抚养各类人员 2.5 万人。

3. 提供住宿的儿童福利和保护服务。全国共有儿童收养救助服务机构 705 个，床位 10.0 万张，年末收留抚养各类人员 5.4 万人。其中儿童福利机构 465 个，床位 9.0 万张；未成年人救助保护中心 240 个，床位 1.0 万张，全年共救助流浪乞讨未成年人 5.2 万人次。

4. 其他提供住宿的社会服务。全国共有其他提供住宿的社会服务机构 2371 个，床位 16.7 万张。其中，各类救助管理机构 1736 个，床位 10.2 万张，全年救助生活无着流浪乞讨人员 328.3 万人次（在站救助 283.5 万人次，站外救助 44.7 万人次）。军供站 315 个，其他提供住宿的机构 320 个。

（二）不提供住宿的社会服务

1. 老龄服务。截至 2016 年底，全国 60 岁及以上老年人口 23 086 万人，占总人口的 16.7%，其中 65 岁及以上人口 15 003 万人，占总人口的 10.8%。全国共有老龄事业单位 1828 个，老年法律援助中心 1.9 万个，老年维权协调组织 7.0 万个，老年学校 5.4 万个、在校学习人员 710.2 万人，各类老年活动室 35.9 万个；享受高龄补贴的老年人 2 355.4 万人，比上年增长 9.3%；享受护理补贴的老年人 40.5 万人，比上年增长 52.8%；享受养老服务补贴的老年人 282.9 万人，比上年增长 9.7%。

2. 儿童福利和收养登记。截至 2016 年底，全国共有孤儿 46.0 万人，其中，集中供养孤儿 8.8 万人，社会散居孤儿 37.3 万人。2016 年全国办理家庭收养登记 1.9 万件，其中，内地居民收养登记 1.6 万件，港澳台、华侨收养登记 131 件，外国人收养登记 2771 件。

3. 残疾人服务。2016 年，享受困难残疾人生活补贴人数 521.3 万人，享受重度残疾人护理补贴人数 500.1 万人。截至 2016 年底，民政部门直属康复辅具机构 25 个，固定资产原价 4.5 亿元。

4. 社会救助。

最低生活保障。截至 2016 年底，全国有城市低保对象 855.3 万户、1 480.2 万人。全年各级财政共支出城市低保资金 687.9 亿元。2016 年全国城市低保平均标准 494.6 元/人·月，比上年增长 9.6%。全国有农村低保对象 2 635.3 万户、4 586.5 万人。全年各级财政共支出农村低保资金 1 014.5 亿元。2016 年全国农村低保平均标准 3 744.0 元/人·年，比上年增长 17.8%。

特困人员救助供养。截至 2016 年底，全国农村特困人员救助供养 496.9 万人，比上年减少 3.9%。全年各级财政共支出农村特困人员救助供养资金 228.9 亿元，比上年增长 9.0%。

临时救助。2016 年临时救助累计救助 850.7 万人次，支出救助资金 87.7 亿元，平均救助水平 1 031.3 元/人次，其中，救助非本地户籍对象 24.4 万人次。

医疗救助。2016 年资助参加基本医疗保险 5 560.4 万人，支出资助参加基本医疗保险资金 63.4 亿元，资助参加基本医疗保险人均补助水平 113.9 元。2016 年实施住院和门诊医疗救助 2 696.1 万人次，支出资金 232.7 亿元，住院和门诊人次均救助水平分别为 1 709.1 元和 190.0 元。2016 年全年累计资助优抚对象 409.2 万人次，优抚医疗补助资金 36.2 亿元，人均补助水平 885.5 元。

5. 防灾减灾救灾。2016 年全国各类自然灾害共造成 1.9 亿人次不同程度受灾，因灾死亡失踪 1706 人，紧急转移安置 910.1 万人次；农作物受灾面积 26 220.7 千公顷，其中，绝收面积 2 902.2 千公顷；倒塌房屋 52.1 万间，损坏房屋 334.0 万间；因灾直接经济损失 5 032.9 亿元。国家减灾委、民政部共启动国家救灾应急响应 22 次，向各受灾省份累计下拨中央自然灾害生活补助资金 79.1 亿元（含中央冬春救灾资金 57.1 亿元），紧急调拨 4.1 万顶救灾帐篷、15 万床棉被、1.6 万件棉大衣、2.5 万个睡袋、2.3 万张折叠床等生活类中央救灾物资。

6. 慈善事业。

慈善捐赠。截至 2016 年底，全国共建立经常性社会捐助工作站、点和慈善超市 2.9 万个（其中，慈善超市 8966 个）。全年共接收社会捐款 827.0 亿元，比上年增长 26.4%，其中，民政部门直接接收社会各界捐款 40.3 亿元，各类社会组织接收捐款 786.7 亿元。全年各地民政部门直接接收捐赠物资价值折合人民币 7.4 亿元，捐赠衣被 6 638.3 万件。间接接收其他部门转入的捐赠物资折款 1.4 亿元，社会捐款 5.9 亿元，衣被 488.0 万件。全年有 1 165.8 万人次困难群众受益。全年有 931.0 万人次在社会服务领域提供了 2 522.6 万小时的志愿服务。

福利彩票。2016 年中国福利彩票销售 2 064.9 亿元，比上年增加 49.8 亿元，增长 2.5%。全年筹集福利彩票公益金 591.5 亿元，比上年增长 4.9%。全年民政系统共支出彩票公益金 268.3 亿元，比上年减少 20.6 亿元，下降 7.1%，其中，用于抚恤 7.1 亿元，退役安置 0.8 亿元，社会福利 172.9 亿元，社会救助 30.0 亿元，自然灾害救助 2.7 亿元。

7. 优抚安置。截至 2016 年底，国家抚恤、补助各类重点优抚对象 874.8 万人。各级财政共支出抚恤事业费 769.8 亿元，比上年增长 12.1%。全国共有注册登记的烈士纪念设施管理机构 1109 个，占地面积 4 167.4 公顷，机构内烈士纪念设施 0.9 万处；零散烈士纪念设施 1.2 万处。2016 年新增 150 人享受烈士待遇。全国共有军队离退休人员管理中心、活动中心 293 个，年末职工 0.5 万人，服务军队离退休人员 37.5 万人。

8. 社区服务。截至 2016 年底，全国共有各类社区服务机构和设施 38.6 万个，其中，社区服务指导中心 809 个（其中农村 27 个），社区服务中心 2.3 万个（其中农村 0.8 万个），社区服务站 13.8 万个（其中农村 7.2 万个），社区养老服务机构和设施 3.5 万个，比上年增长 34.6%，互助型养老服务设施 7.6 万个，比上年增长 22.6%，其他社区服务设施 11.3 万个，社区服务中心（站）覆盖率 24.4%，其中，城市社区服务中心（站）覆盖率 79.3%，农村社区服务中心（站）覆盖率 14.3%。城镇便民、利民服务网点 8.7 万个。社区志愿服务组织 11.6 万个。

三 成员组织和其他社会服务

（一）成员组织

1. 社会组织。截至 2016 年底，全国共有社会组织 70.2 万个，比上年增长 6.0%；吸纳社会各类人员就业 763.7 万人，比上年增长 3.9%。接收各类社会捐赠 786.7 亿元。全年共查处社会组织违法违规案件 2363 起，其中，取缔非法社会组织 16 起，行政处罚 2347 起。

全国共有社会团体 33.6 万个，比上年增长 2.3%。其中，工商服务业类 3.8 万个，科技研究类 1.6 万个，教育类 1.0 万个，卫生类 0.9 万个，社会服务类 4.8 万个，文化类 3.5 万个，体育类 2.5 万个，生态环境类 0.6 万个，法律类 0.3 万个，宗教类 0.5 万个，农业及农村发展类 6.1 万个，职业及从业组织类 2.0 万个，其他 5.8 万个。全年共查处社会团体违法违规案件 1565 起，其中取缔非法社会团体 9 起，行政处罚 1556 起。

全国共有各类基金会 5559 个，比上年增长 16.2%。其中，公募基金会 1730 个，非公募基金会 3791 个；民政部登记的基金会 245 个（其中，涉外基金会 9 个、境外基金会代表机构 29 个）。公募基金会和非公募基金会共接收社会各界捐赠 625.5 亿元。全年对基金会作出行政处罚 15 起。

全国共有民办非企业单位 36.1 万个，比上年增长 9.7%。其中，科技服务类 1.8 万个，生态环境类 444 个，教育类 19.9 万个，卫生类 2.5 万个，社会服务类 5.4 万个，文化类 1.8 万个，体育类 1.7 万个，法律类 617 个，工商业服务类 3459 个，宗教类 102 个，国际及其他涉外组织类 9 个，其他 2.4 万个。全年共查处民办非企业单位违法违纪案件 783 起，其中，取缔非法民办非企业单位 7 起，行政处罚 776 起。

2. 自治组织。截至 2016 年底，基层群众自治组织共计 66.2 万个。其中，村委会 55.9 万个，比上年下降 3.8%，村民小组 447.8 万个，村委会成员 225.3 万人，比上年下降 1.9%；居委会 10.3 万个，比上年增长 3.3%，居民小组 142.0 万个，居委会成员 54.0 万人，比上年增长 5.4%。全年共有 9.7 万个村（居）委会完成选举，参与选举的村（居）民登记数为 1.7 亿人，参与投票人数为 0.9 亿人。

（二）其他社会服务

1. 婚姻登记服务。2016 年全国共有事业单位性质的婚姻登记机构 1393 个，办理婚姻登记场所 4863 处。各级民政部门和婚姻登记机构共依法办理结婚登记 1 142.8 万对，比上年下降 6.7%，其中，涉外及华侨、港澳台居民登记结婚 4.2 万对。结婚率为 8.3‰。2016 年 25—29 岁办理结婚登记占结婚总人口比重最大，占 38.2%。

2016 年依法办理离婚手续的共有 415.8 万对，比上年增长 8.3%，其中，民政部门登记离婚 348.6 万对，法院判决、调解离婚 67.2 万对。离婚率为 3.0‰，比上年增加 0.2 个千分点。

2. 殡葬服务。截至 2016 年底，全国共有殡葬服务机构 4166 个，其中，殡仪馆 1775 个，殡葬管理机构 1005 个，民政部门管理的公墓 1386 个。殡葬服务机构职工 8.1 万人，其中殡仪馆职工 4.7 万人。火化炉 6206 台，火化遗体 471.8 万具，火化率 48.3%，比上年增加 1.2 个百分点。

2016年中国残疾人事业发展概况

中国残疾人联合会

2016年，各级残联认真贯彻党中央、国务院关于残疾人工作的决策部署，推动残疾人事业在"十三五"开局之年取得了新的进步。

一 康复

通过实施精准康复服务，279.9万残疾儿童及持证残疾人得到基本康复服务，其中，视力残疾人40.0万人，听力残疾人18.5万人，肢体残疾人135.7万人，智力残疾人23.1万人，精神残疾人62.6万人。全年有15.0万0—6岁残疾儿童得到基本康复服务，有132.2万人次得到盲杖、助视器、假肢、矫形器、人工耳蜗、助听器等各类辅助器具适配服务。

在接受精准康复服务的40.0万视力残疾人中，有21.5万盲人得到白内障复明手术、辅助器具适配、定向行走及支持性服务，18.5万低视力残疾人得到辅助器具适配及视功能训练服务。接受精准康复服务的18.5万听力残疾人中，2.0万0—6岁残疾儿童得到人工耳蜗植入手术、助听器适配、听觉言语功能训练及家长支持性服务，1.5万7—17岁残疾儿童得到辅助器具适配及家长支持性服务，15.0万成年残疾人得到辅助器具适配及适应性训练服务。接受精准康复服务的135.7万肢体残疾人中，有5.0万0—6岁残疾儿童得到矫治手术、辅助器具适配、运动及适应训练、家长支持性服务，有130.7万7岁及以上残疾人得到辅助器具适配、康复治疗及训练、重度残疾人支持性服务。接受精准康复服务的23.1万智力残疾人中，有5.6万0—6岁残疾儿童、17.5万7—17岁残疾儿童及成人得到认知及适应训练、支持性服务。接受精准康复服务的62.6万精神残疾人中，有1.8万0—6岁孤独症儿童及1.4万7—17岁孤独症儿童得到沟通及适应训练、支持性服务，59.4万成年精神残疾人得到精神疾病治疗、精神障碍作业疗法训练或支持性服务。

截至2016年底，全国已有残疾人康复机构7858个，其中，残联办康复机构3049个。康复机构在岗人员达22.3万人，其中，管理人员3.0万人，业务人员15.0万人，其他人员4.3万人。

在947个市辖区和2015个县（市）开展社区康复工作，配备45.4万名社区康复协调员，为354.9万人次残疾人提供社区康复服务。

二 教育

配合国务院法制办、教育部修订《残疾人教育条例》。继续实施《特殊教育提升计划(2014—2016年)》，配合教育部制定《第二期特殊教育提升计划（2017—2020年)》。与教育部、农业部、共青团中央和全国妇联制定实施《"十三五"残疾青壮年文盲扫盲行动方案》。残疾人受教育权得到了更好保障，进一步提高了残疾人素质和平等参与社会的能力。

残疾人事业专项彩票公益金助学项目的实施，为全国 1.4 万余人次家庭经济困难的残疾儿童享受普惠性学前教育提供资助。各地也多渠道争取资金支持，对 2607 名残疾儿童给予学前教育资助。

全国共有特殊教育普通高中班（部）111 个，在校生 7686 人，其中聋生 6129 人，盲生 1557 人。残疾人中等职业学校（班）118 个，在校生 11 209 人，毕业生 3855 人，其中 2206 人获得职业资格证书。全国有 9592 名残疾人被普通高等院校录取，1941 名残疾人进入高等特殊教育学院学习。

4.3 万名残疾青壮年文盲接受了扫盲教育。

三　就业

2016 年，全国持证残疾人新增就业 31.2 万人，其中城镇新增 9.3 万人，农村新增 21.9 万人。城乡实名培训 60.5 万人，其中城镇 13.7 万人，农村 46.8 万人。城乡持证残疾人就业人数为 896.1 万人，其中按比例就业 66.9 万人，集中就业 29.3 万人，个体就业 63.9 万人，公益性岗位就业 7.9 万人，辅助性就业 13.9 万人，灵活就业 262.9 万人，451.3 万人从事农业种养加。

盲人按摩事业稳定发展，按摩机构迅速增长。2016 年度培训盲人保健按摩人员 18 997 名、盲人医疗按摩人员 5267 名；保健按摩机构达到 18 605 个，医疗按摩机构达到 1211 个；在专业技术职务资格评审中，分别有 481 人和 1018 人通过医疗按摩人员中级和初级职称评审。

四　社会保障

截至 2016 年底，城乡残疾居民参加城乡社会养老保险人数达到 2 370.6 万人，参保率 79.0%；60 岁以下的参保残疾人中有 482.1 万重度残疾人，其中 445.7 万人得到了政府的参保扶助，代缴养老保险费比例达到 92.5%。有 269.4 万非重度残疾人也享受了全额或部分代缴养老保险费的优惠政策。领取养老金待遇的人数达到 936.1 万人。

残疾人托养服务工作稳步推进，残疾人托养服务机构达到 6740 个，共为 20.4 万残疾人提供了托养服务。其中寄宿制托养服务机构 2348 个；日间照料机构 2169 个；综合性托养服务机构 2223 个。接受居家服务的残疾人达到 83.8 万人。全年共有 2 万名托养服务管理和服务人员接受了各级各类专业培训。

五　扶贫开发

残疾人扶贫开发成效显著，贫困残疾人生产生活状况得到进一步改善。贫困残疾人得到有效扶持，其中 87.8 万人通过扶贫开发实际脱贫；接受实用技术培训的残疾人达到 75.6 万人次。

康复扶贫贴息贷款扶持 2.2 万农村残疾人，残疾人扶贫基地达到 7111 个，安置 11.6 万残疾人就业，扶持带动 24.9 万残疾人户。

完成 8.2 万户农村贫困残疾人危房改造，各地投入危房资金 8.9 亿元。

六 宣传文化

以"关爱孤残儿童，让爱洒满人间"为主题组织第二十六次全国助残日活动，开展2016年国际残疾人日系列宣传活动；全年组织记者采访400余人次，共进行20余次专题新闻发布，圆满完成残疾人事业重大工作项目的宣传报道任务。2016年，各大媒体大力宣传残疾人事业，新华社发表文章119篇，中央电视台《新闻联播》播发新闻时讯33条，《焦点访谈》播出一期节目，《人民日报》发表文章79篇，《光明日报》发表文章54篇，中国国际广播电台播发新闻时讯40条。"两微一端"影响力持续提升，至2016年底，关注、订阅人数近357万人，总阅览量约1151万人次。2016年，全国共有省级残疾人专题广播节目26个、电视手语栏目29个，刊播公益广告54个；地市级残疾人专题广播节目197个、电视手语栏目240个，刊播公益广告354个。

残疾人精神文化生活更加丰富，残疾人受到社会广泛关注并更加全面地参与到社会生活当中。2016年残疾人文化工作从供给侧发力，面向基层、服务群众，组织开展了全国残疾人文化周，"共享芬芳"百县百场巡演巡展走进江西活动，与全国政协书画室共同举办"放飞梦想，共奔小康"首届全国残疾人书画展，均取得较好反响。对市县两级公共图书馆盲人阅览室建设、残疾人特殊艺术人才培养基地建设等项目进行专项扶持。截至2016年底，全国省地县三级公共图书馆共设立盲文及盲文有声读物阅览室850个，共开展残疾人文化周活动6142场次；全国省地两级残联共举办残疾人文化艺术类的比赛及展览719次，共有各类残疾人艺术团241个。

七 体育

在里约残奥会上，中国体育代表团夺得107枚金牌、81枚银牌、51枚铜牌，创造了51项世界纪录，连续四届残奥会位列金牌、奖牌榜双第一。308名运动员参加了17个大项、328个小项比赛，是参加境外举行的残奥会中规模最大的一次。其中参赛重度残疾运动员57名，比上届残奥会增加39%。187名运动员在17个大项中的13个大项获得奖牌，占运动员总人数的61%。游泳、田径、乒乓球项目继续保持优势，金牌数占获金牌总数的77%；轮椅击剑、盲人柔道、射箭、自行车等项目表现出色。参赛的6支集体项目队伍全部进入八强，其中坐式排球女队、盲人门球女队获得亚军，盲人足球队打进四强。

推进"十三五"残疾人体育基本公共服务。实施"由西向东""自北向南""先薄弱后发达"的地区引导政策，资助西部6省（区）康复体育进家庭项目8000户，撬动全国服务88 884户；补贴新建社区健身示范点50个，撬动全国新建1842个；培养健身指导员500名，撬动全国新增培养25 790名。全国经常参加体育健身活动的残疾人比例由2015年的6.8%提升为9.6%，残疾人体育的覆盖面和参与率有了较快提升。

落实《冬季残奥项目振兴计划》，积极参与冬残奥会筹办工作。邀请国外技术官员、教练员来华指导训练，填补了国内冰橇冰球、高山滑雪、单板滑雪、冬季两项四个项目的空白，有12个省（自治区、直辖市）开展残奥冬季项目。组织轮椅冰壶、冰橇冰球、越野滑雪、冬季两项、高山滑雪和单板滑雪共350名运动员开展夏季集训。举办了全国残疾人冰壶锦标赛、国际冰壶邀请赛、国际冰橇冰球邀请赛以及首届全国残疾人越野滑雪锦标赛等赛事。选拔并培训了236名运动员、33名教练员、38名分级员。首批20名轮椅冰壶裁判员通过了培训考核。

八　维权

残疾人事业法律法规体系进一步完善，无障碍环境建设呈现新局面，残疾人权益保障取得新突破，残疾人维权工作全面开展。

2016 年，制定或修改关于残疾人的专门法规、规章，其中省级 10 件、地市级 9 件；制定或修改保障残疾人权益的规范性文件省级 23 件、地市级 54 件、县级 208 件。全国县级以上人大进行《残疾人保障法》执法检查和专题调研 392 次；政协进行视察和专题调研 370 次。全国开展省级普法宣传教育活动 447 次，15 938 人参加；举办省级法律培训班 79 个，5562 人参加。

截至 2016 年底，全国成立残疾人法律救助工作协调机构 1921 个，建立残疾人法律救助工作站 1670 个，办理案件 3701 件。

残疾人参政议政工作稳步开展，各地残联协助人大代表、政协委员提出议案、建议、提案 956 件，办理议案、建议、提案 988 件。

无障碍建设法规、标准进一步完善。全国共出台了 451 个省、地市、县级无障碍建设与管理法规、规章和规范性文件；1623 个市、县、区系统开展无障碍建设；全国开展无障碍建设检查 4904 次，无障碍培训 3.2 万人次；为 93 万户残疾人家庭实施了无障碍改造，其中包括 13 万户贫困重度残疾人；为 75 万残疾人发放了残疾人机动轮椅车燃油补贴。

全国各级残联共处理残疾人群众来信 4 万件；接待残疾人群众来访 24.6 万人次，其中集体来访 665 批次，共 0.9 万人次；接听来电 6.5 万通；受理网上投诉 1789 件。

九　组织建设

2016 年，全国省市县乡（除兵团、垦区外）共成立残联 4.3 万个，各省（自治区、直辖市）、市（地、州）全部成立残联，县（市、区）残联已建率达到 95.0%，乡镇（街道）残联已建率达到 99.0%；已建社区（村）残协 58.4 万个，已建率达到 94.6%。

省市县乡残联工作人员达 11.3 万人，乡镇（街道）、村（社区）选聘残疾人专职委员总计 61.3 万人。96.8% 的省级残联配备了残疾人领导干部，69.4% 的地市级残联配备了残疾人领导干部，53.3% 的县级残联配备了残疾人干部。

全国共建立省级及以下各类残疾人专门协会 1.5 万余个，其中省级专门协会已建比例为 100%，市级专门协会已建比例为 95.6%，县级专门协会已建比例为 88.8%。全国助残社会组织 2393 个。

十　服务设施建设

残疾人服务设施建设得到全面发展。截至 2016 年底，全国已竣工并投入使用的各级残疾人综合服务设施 2294 个，总建设规模 504.7 万平方米，总投资 143.9 亿元；已竣工并投入使用的各级残疾人康复设施 762 个，总建设规模 213.4 万平方米，总投资 65.7 亿元；已竣工并投入使用的各级残疾人托养服务设施 566 个，总建设规模 129.6 万平方米，总投资 34.1 亿元。

十一　信息化建设

中国残联门户网站共计发布稿件约 3 万篇，围绕中国残联重大活动和重点工作制作"2016里约残奥会专题"等网上专题。截至 2016 年底，全国 32 个省（自治区、直辖市）、280 个地市、1322 个县级残联开通网站。

截至 2016 年底，全国残疾人人口基础数据库入库持证残疾人 3 219.4 万人。基于残疾人人口基础数据库，中国残联围绕重点业务领域开发了残疾人精准康复服务等业务应用，为业务工作的开展、残疾人精准服务提供了有效数据支撑。向 13 个省级残联提供残疾人数据每日推送服务，与横向部门开展数据共享与交换，保障地方个性化业务服务的顺利开展。

第三篇

专　　论

新经济环境下的中国就业发展研究

向 晶 赵 文

以互联网、信息科技、人工智能等为技术基础的新兴经济，正在中国迅猛发展，既加快了中国经济的转型升级，也给中国经济增长提供了新动能。当前，驱动中国经济增长的传统动能正在减弱，新的增长动能正在不断聚集和形成。虽然中国的新动能还处于发育期，但其对经济增长的贡献已不容忽视，表现为对经济增长的促进和劳动力市场的改善。

在新经济的发展驱动下，中国就业市场迎来了新一轮调整。一方面，传统经济增长驱动下的就业增长已基本结束。新经济下的产业融合，导致传统部门就业岗位收缩，甚至部分就业岗位正在消失。另一方面，新经济的发展正带动新兴产业部门进行就业创造，新型就业岗位开始增加。同时，新动能正加速中国传统就业部门的改造。在新一轮经济增长下，数字技术发展导致产业融合进一步加速，新型业态发展对劳动者素质和技能提出更高的要求。综合来看，传统就业岗位的消失和新就业的创造并存，成为中国经济转型升级不可避免的问题。虽然新经济有助于繁荣中国新就业的发展，但新经济下的新型劳动关系以及商业模式，会加大劳动力市场弱势群体与高素质劳动者、技术密集型地区与劳动密集型地区等之间的差距，加剧地区发展的不平衡；同时给社会治理和政府管理制度提出新的挑战。因此，分析中国新经济的基本特征和发展规模，以及其对中国就业发展的影响具有重要意义。

一 新经济的兴起与发展

中国经济增长正从跟随模仿发达经济向自主增长转型，创新经济成为推动经济增长的重要动力。以习近平同志为核心的党中央正确地把握我国经济增长的阶段性特征，在经济增长仍然处于高位运行的时期，预见到传统增长模式的不可持续性，提出中国经济进入新常态，中国经济必须实现增长动能转换和结构转型升级，并把推动新经济发展作为经济发展新动能的重要抓手。

(一) 新经济的兴起

历史经验表明，人类社会每个时代的发展和进步都是创新活动所驱动。从这个意义上说，任何一个时代都有属于自己时代的新经济。它们有些开拓了新的经济领域，如葡萄牙、西班牙开辟的大航海时代和荷兰主导下的全球贸易；有些则是对传统产业的深度升级，如以机械化为特征的第一次工业革命。每一次新经济的发展，都带来了经济形态和产业结构的历史性变化。第一次工业革命之后，手工操作向大机器生产过渡，手工工场被新兴的生产组织形式——工厂所取代，纺织业、冶金业、采煤业、机器制造业和交通运输业成为资本主义工业的五大支柱。

第二次工业革命之后，生产的社会化大大加强，垄断组织应运而生，世界由"蒸汽时代"进入"电气时代"，在这一时期，一些国家的工业总产值超过了农业总产值，工业重心由轻纺工业转为重工业，出现了电气、化学、石油等新兴工业部门。

新经济这一概念真正被广泛使用开始于 20 世纪 90 年代。当时，西方发达国家的经济和政治环境空前良好，新经济概念的提出，最初是为了概括美国经济乃至世界经济一些前所未有的特点和回答一些疑问（刘树成、李实，2000）。新经济是否改写了生产率和经济周期的规则？是否可以避免工资推进型的通货膨胀？国际经济危机是否更容易化解？经济增长是否破除了上限约束或者有了更高的极限速度？新经济是否代表了新的增长源泉？张瑞敏（2000）认为，新经济是以数码知识、网络技术为基础，以创新为核心，由新科技所驱动，可持续发展的经济。樊纲（2001）认为，新经济开始是人们用来指美国经济在 20 世纪 90 年代所表现出的一种状态：在科技进步和经济全球化、全球市场化的基础上长期高增长、低通胀、低失业；传统意义上描述失业与通胀反向相关关系的所谓"菲利浦斯曲线"不再适用。近些年，诸多人把以信息、网络业为代表的所谓"新科技产业"或"科技板块"称为"新经济"。

目前，新经济经过多年发展，其增长路径和发展规律已呈现出来。首先，在经济增长规模和速度上，20 世纪 70 年代以来，世界经济增长率呈现出新一轮加快增长的趋势。如图 1 所示，1973—1998 年世界人均 GDP 增长率达到 1.33%，超过了第一次和第二次工业革命时期。1998—2014 年世界人均 GDP 增长率更是高达 1.44%，是人类历史上除了第二次世界大战后重建以来最高的增长率。这是新一轮科技成果集中释放的结果。

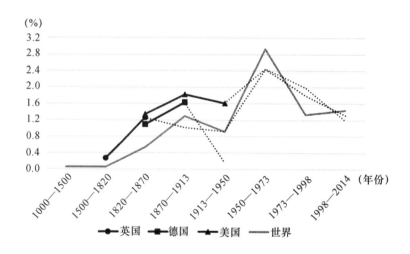

图 1 人均 GDP 增长率：1000—2014 年

资料来源：〔英〕安格斯·麦迪森：《世界经济千年史》，伍晓鹰、许宪春、叶燕斐、施发启译，北京大学出版社 2003 年版，第 263 页。

其次，在经济增长的地理范围上，新经济不同于以前两次工业革命，是一轮"遍地开花"的全球范围的经济增长。比如，英国在 1500—1820 年的人均 GDP 增长率远远超出世界其他国家，这是第一次工业革命的结果。1870—1913 年，德国和美国的人均 GDP 增长率远远超出世界其他国家，这是第二次工业革命的结果。此轮科技革命的引领者，一般认为是美国。但美国的人均 GDP 增长率要低于同期世界的增长率。新经济的广泛性，是由新一轮科技革命的强传播性决定的。如图 2 所示，各国高技术产业出口占制造业出口的比重都保持了较高的水平。这有利于新技术在全球范围内的快速传播。

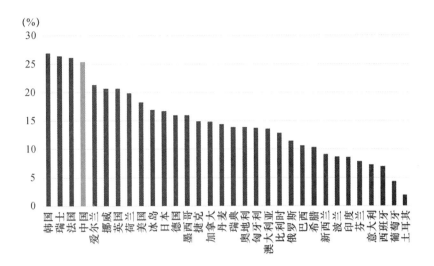

图 2　2014 年高技术产业出口占制造业出口的比重

资料来源：世界银行：《世界发展指标 2016》。

最后，新经济使得经济周期长波化，从而改变了宏观经济政策和商业运行模式。以美国为例，从 1991 年到 2007 年出现了一轮强有力的经济增长周期，经济增长率平均为 3.23%。整个美国的经济呈现低膨胀与高增长并存的局势，经济繁荣期的长度超过了战后任何一个时期。人们对互联网、光纤以及生物技术等新技术持非常积极的态度，社会各界都对经济发展前景保持乐观态度，进而带动了对新技术的大量投资。即便遇到了 1998 年亚洲金融危机和 2001 年"9·11"恐怖袭击等重大外部冲击，也没有改变美国经济的走向。2008 年金融危机之后，美国经济迅速恢复，尤其是失业率保持低位。从繁荣期延长、萧条期缩短两个方面来看，新经济的确在某种程度上改变了经济周期，并且改变了宏观经济政策和商业运行模式（见图 3）。比如，新经济出现后，金融创新力度加大，美国货币政策从之前的控制货币总量的手段，改为通过利率手段来实现宏观经济目标。

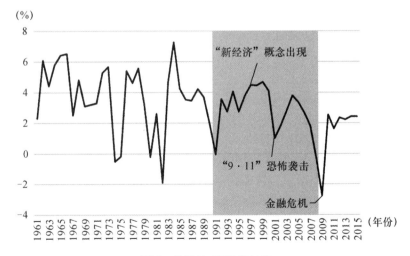

图 3　美国的 GDP 增长率

资料来源：世界银行：《世界发展指标 2016》。

习近平总书记指出，从社会发展史看，人类经历了农业革命、工业革命，正在经历信息革命。农业革命增强了人类生存能力，使人类从采食捕猎走向栽种畜养，从野蛮时代走向文明社会。工业革命拓展了人类体力，以机器取代了人力，以大规模工厂化生产取代了个体工场手工生产。而信息革命则增强了人类脑力，带来了生产力又一次质的飞跃，对国际政治、经济、文化、社会、生态、军事等领域发展产生了深刻影响。综上所述，当今时代的新经济是人类文明史上继蒸汽技术革命和电力技术革命之后科技领域里的又一次重大飞跃。新经济本身的特性，使得它与传统经济相比，对人们的衣、食、住、行、用等日常生活的各个方面的影响方式大不相同。

按照熊彼特的创新概念以及我们对创新经济的理解，提出对中国新经济的定义：以创新为基础所形成的新产业和新业态经济活动。具体来看，新经济包括两类活动：一类是研发及应用新科技成果、新兴技术而形成一定规模的新产业经济活动，例如高新技术产业、战略新兴产业以及国际上最近提出的知识产权密集型产业等；另一类是顺应多元化、差异化、个性化的产品或服务需求，在互联网和大数据基础之上，对内外要素整合重组，以业态融合为特征的新业态经济活动，例如，"互联网＋"产业。新经济对经济社会全局和长远发展具有重大引领带动作用，是知识技术密集、物质资源消耗少、成长潜力大、综合效益好的新经济活动。

（二）中国的"新经济"

习近平总书记指出，世界正在进入以信息产业为主导的新经济发展时期，要推动科技和经济社会发展深度融合，打通从科技强到产业强、经济强、国家强的通道，以改革释放创新活力，加快建立健全国家创新体系，让一切创新源泉充分涌流。十八大以来，为了推动经济结构快速转型升级，党中央、国务院提出把创新驱动发展战略作为国家重大战略，把创新摆在国家发展全局的核心位置，着力推动工程科技创新，实现从以要素驱动、投资规模驱动发展为主转向以创新驱动发展为主。十八届五中全会公报中提出：不断推进理论创新、制度创新、科技创新、文化创新等各方面创新，让创新在全社会蔚然成风……必须把发展基点放在创新上，形成促进创新的体制架构，塑造更多依靠创新驱动、更多发挥先发优势的引领型发展。新经济作为中国经济转型升级的抓手，体现了党中央对经济发展的新思维。

近年来，"新经济"一词频繁出现在相关政策文件和政府工作报告中。2014年10月出台的《国务院关于加快科技服务业发展的若干意见》中首次使用了"新经济"一词，《意见》提出"加快科技服务业发展……是调整优化产业结构、培育新经济增长点的重要举措……"。2015年7月出台的《国务院关于积极推进"互联网＋"行动的指导意见》提出"到2025年，网络化、智能化、服务化、协同化的'互联网＋'产业生态体系基本完善，'互联网＋'新经济形态初步形成，'互联网＋'成为经济社会创新发展的重要驱动力量"。在《国务院办公厅关于对全国第二次大督查发现的典型经验做法给予表扬的通报》中，新经济被具体地表述为新技术、新产业、新模式、新业态。2016年国务院总理李克强在会见采访十二届全国人大四次会议的中外记者时指出，"新经济"的覆盖面和内涵是很广泛的，它涉及一、二、三产业，不仅仅是指三产中的"互联网＋"、物联网、云计算、电子商务等新兴产业和业态，也包括工业制造当中的智能制造、大规模的定制化生产等，还涉及一产当中像有利于推进适度规模经营的家庭农场、股份合作制，农村一、二、三产融合发展，等等。发展"新经济"，小微企业可以大有作为，大企业可以有更大作为。2015年的政府工作报告指出：（我国）新产业、新业态、新商业模式不断涌现。2016年的政府工作报告指出：当前我国发展正处于这样一个关键时期①，必须培育壮大新动能，加快发展新经济。2017 年的政府工作报告指出：以新技术新业态新模式，推动传统产业生产、管理和营销模式变革。除了直接推进新经济工作的文件之外，"新经济"一词还频繁出现在其他相关领域。例如，2016 年出台的《国务院办公厅关于建设大众创业万众创新示范基地的实施意见》提出"加快发展新经济、培育发展新动能、打造发展新引擎"；2017 年出台的《全国国土规划纲要（2016—2030 年）》提出"形成以点带线、由线到面的新经济增长极和增长带"；《"十三五"促进就业规划》提出"加快发展平台经济等新经济形态"。

时至今日，虽然各界仍对"什么是新经济"抱有不同的看法，但也都认为新经济是产业变革的方向，因此，世界各国都对新经济的发展给予了高度的重视和大力的推动。在我国，新经济最初是以信息技术为载体进入经济社会生活的。早在 1998 年，我国就在邮电部和电子工业部的基础上组建了信息产业部，其主要职能是研究拟定国家信息产业发展战略、方针政策和总体规划，振兴电子信息产品制造业、通信业和软件业，推进国民经济与社会服务信息化。2008 年，成立了工业和信息化部，在信息化方面的主要职责是管理通信业，指导推进信息化建设。2015 年，工信部的职责有所调整，更加突出了推进"信息化和工业化融合发展"的相关职责。

除了行政机构改革之外，近年来国务院下发的一系列文件，也越来越突出新经济的重要性。据不完全统计，自 2014 年以来，公开发布的国务院文件中，有 24 个文件出现了"新经济"一词。这些文件覆盖了科技服务业、"互联网＋"行动、大众创业万众创新、制造业深化、城市群发展规划、简政放权、高技术产业开发园区建设、科技创新规划、战略性新兴产业规划、国土规划、促进就业规划等诸多方面。

其实，"新经济"一词并非新的发明，它最早被用来概括美国在 20 世纪 90 年代的经济繁荣。当时，《商业周刊》杂志主编 Shepard 和美国经济分析局局长 Landefild 分别撰文，认为全球化和信息技术是新经济不可或缺的内容。从今天来看，这些观点是具有前瞻性的，因为全球化的推进和信息技术的普及是过去几十年世界经济格局发生的一系列重要变化中最为耀眼的两个方面，同时也是科技成果能够转化为商业活动的重要条件：全球化的推进和信息技术的普及都对新技术、新业态和新商业模式的扩散提供了前所未有的便利。在此之前，美国未来学家阿尔文·托夫勒说，新经济时代发端于 1956 年的美国，那一年白领人数首次超过蓝领。这一转变意味着支撑美国经济增长的不再是人的体力，而是知识。

美国当时的新经济和我国目前的新经济并不相同。西方学者最早提出新经济概念，主要关注于信息技术产业化。最近三十年的实践大大拓展了新经济的内涵，已经不能用信息技术产业化或互联网产业化来概括。中国当前的新经济其实就是创新经济，新经济就是创新经济在特定阶段的具体表现。当创新经济在整个经济活动中还没有占据主导地位的情况下，创新经济就表现为新经济。

（三）新经济在中国的发展

目前，我国尚未系统地公布新经济的统计数据，与之最为相关的是高技术产业和专利密集型产业。2015 年，我国高技术产业和专利密集型产业占国民经济的比重分别为 4.8% 和12.2%。按照目前的国民经济行业分类（GB/T 4754-2011），高技术产业覆盖了医药制造业，航空、航天器及设备制造业，电子及通信设备制造业，计算机及办公设备制造业，医疗仪器设

---

① 关键时期是指"十三五"时期，经济发展必然会有新旧动能迭代更替的过程，当传统动能由强变弱时，需要新动能异军突起和传统动能转型，形成新的"双引擎"，才能推动经济持续增长、跃上新台阶。

备及仪器仪表制造业，信息化学品制造业，包括了6大类62个小类产业。专利密集型产业覆盖了信息基础产业、软件和信息技术服务业、现代交通装备产业、智能制造装备产业、生物医药产业、新型功能材料产业、高效节能环保产业、资源循环利用产业，包括了8大类48个中类产业。国家统计局在2016年制定了《新产业、新业态、新商业模式专项统计报表制度》，不仅包括了高技术产业和专利密集型产业的主要部分，还包括战略性新兴产业、科技企业孵化器、四众平台企业（众创、众包、众扶、众筹）、电子商务（企业电子商务、电子商务交易平台、网上零售）、互联网金融业务、城市商业综合体、开发园区的情况，是更为宽泛的新经济的统计口径。

基于前文对新经济的定义，参考目前的统计资料，我们测算了我国新经济的规模、结构和贡献。新经济的规模和结构，是指新经济本身的增加值和增加值结构。新经济的贡献，则不仅是新经济本身的贡献（直接贡献），还包括了新经济带动的其他产业的发展，这类经济活动产生的增加值是新经济的间接贡献。首先，把《投入产出表》中的每一个行业赋予一个权重，以此来代表新经济在这个行业中的比重。其次，利用产业间投入产出关系，推算新经济的规模、结构以及直接和间接贡献。

在《投入产出表》的行业目录中，很多行业尽管属于新经济，但并没有单独的经济统计；《投入产出表》的行业目录中一些行业可能仅有一部分属于新经济，这就需要赋予这些行业一个新经济的权重。我们参考《高技术产业（制造业）分类》《高技术产业（服务业）分类》《战略性新兴产业分类（2012）》和《专利密集型产业目录（2016）》，对《投入产出表》中的每一个细分行业赋予一个权重，以确定每个细分行业中有多大成分属于新经济，这就得到了这些"部分属于新经济"的行业的总体增加值及该行业中新经济的增加值份额的信息（见图4）。

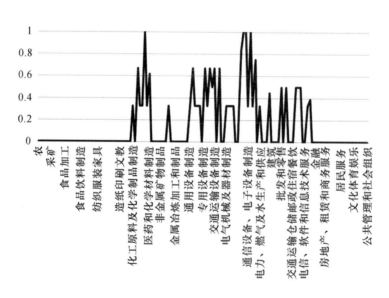

图4 新经济在各行业的权重

最后，利用《投入产出表》提供的行业关联关系，推算新经济对经济增长的直接贡献和间接贡献。直接贡献是指新经济本身的增加值，间接贡献是指新经济产业为向其提供商品和服务的其他产业带来了需求，从而拉动的增加值总量。例如，如果甲类行业包含20%的新经济（即权重为20%），则乙类行业对甲类行业的总投入的20%是新经济拉动的结果，被视为甲类行业中新经济的间接贡献。计算结果如表 1 所示。

表 1　　　　　　　　　　　我国新经济的增加值规模和占全部 GDP 的比重

年份	新经济	直接贡献	间接贡献	合计
2007	规模（亿元）	21 222	15 379	36 602
	占 GDP 的比重（％）	8.0	5.8	13.8
2012	规模（亿元）	66 027	39 268	105 295
	占 GDP 的比重（％）	12.3	7.3	19.6
2016	规模（亿元）	108 587	60 088	168 675
	占 GDP 的比重（％）	14.6	8.1	22.7

2007 年我国新经济的总规模为 21 222 亿元，占 GDP 的比重为 8%。新新经济带动其他行业增加值 15 379 亿元，占 GDP 的比重为 5.8%。两者合计占国民经济的比重约为 13.8%。2012 年我国新经济的总规模为 66 027 亿元，占 GDP 的比重为 12.3%。新经济带动其他行业增加值 39 268 亿元，占 GDP 的比重为 7.3%。两者合计占国民经济的比重约为 19.6%。2016 年我国新经济的规模为 108 587 亿元，占国民经济的比重为 14.6%，新经济带动其他行业增加值 60 088 亿元，占 GDP 的比重为 8.1%。两者合计占国民经济的比重约为 22.7%。

按照之前我们的定义，可以将新经济划分为"新技术经济"和"新业态经济"两大门类。新技术经济是以创造新技术为目的所发生的经济活动，即高技术产业。我国新技术经济长期保持高于国民经济的发展速度。1996—2006 年，高技术产业增加值实际年均增长 20%，2007—2016 年年均实际增长 10%。2007 年高技术产业增加值占国民经济的比重为 4.3%，2012 年达到 4.6%，2016 年进一步提高到 5.4%。高技术产业是新经济的基础和先导，如此快的发展速度无疑为新经济的发展提供了强大助力。

新业态经济是指顺应多元化、多样化、个性化的产品或服务需求，依托新的技术来创新生产要素的组织方式，从现有产业中衍生的新环节、新链条、新商业运行模式。我国是经济大国，产业门类齐全，能够为新经济下的业态融合提供广阔的舞台。因此，新业态经济在我国层出不穷。乡村休闲旅游产业、农村电商、科技企业孵化器、四众平台企业（众创、众包、众扶、众筹）、电子商务（企业电子商务、电子商务交易平台、网上零售）、互联网金融业务、城市商业综合体、开发园区等新兴经济活动正在蓬勃兴起。2007 年，新业态经济增加值占国民经济的比重为 3.6%，2012 年达到 7.6%，2016 年进一步提高到 9.2%。

整体来看，我国新经济增长速度较快。如图 5 所示，2007—2012 年新经济产业增加值年均实际增长 19.6%，2012—2016 年年均实际增长 12.5%。其中，新技术经济增长稳定，2007—2012 年年均增长 11.2%，2012—2016 年年均增长 10.9%。新业态经济快速成长，2007—2012 年年均增长 27.5%，2012—2016 年年均增长 12.5%。新经济带动其他产业增长较快，2007—2012 年年均实际增长 14.9%，2012—2016 年年均实际增长 10%。从占新经济的比重来看，新技术经济不断下降，新业态经济不断上升。2007 年，新技术经济占新经济的比重为 55%，新业态经济为 45%；2012 年这一比例分别为 38% 和 62%；2016 年分别为 36.5% 和 63.5%（见表 2）。

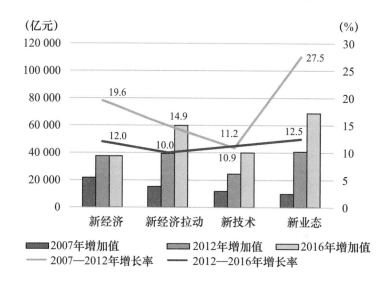

图5 新经济的增加值规模、结构和贡献

注：新经济的增加值按照当年价计算，增长速度按照不变价计算。

表2   新技术经济和新业态经济的经济规模

年份		新经济	新技术经济	新业态经济
2007	增加值（亿元）	21 222	11 621	9 602
	占新经济的比重（%）	100	55	45
2012	增加值（亿元）	66 027	24 784	41 243
	占新经济的比重（%）	100	38	62
2016	增加值（亿元）	108 587	39 634	68 953
	占新经济的比重（%）	100	36.5	63.5

　　我国新经济发展取得的喜人成绩，主要源于以下几点：

　　首先，我国高技术储备较为雄厚，高技术产业发展迅速。工业社会是建立在传统的工业技术基础之上的，而新经济则是建立在高新技术基础之上。

　　其次是政策层面的积极推动。早在2007年，我国就着手制定了《高技术产业发展"十一五"规划》，为新经济的发展指明了方向。2010年，我国制定了《国务院关于加快培育和发展战略性新兴产业的决定》，明确战略性新兴产业的内涵和发展重点，将节能环保、信息、生物、高端装备制造、新能源、新材料、新能源汽车等作为战略性新兴产业。2012年编制了《"十二五"国家战略性新兴产业发展规划》，确定了战略性新兴产业在"十二五"期间的发展目标、重点发展方向以及主要任务，并且编制了《战略性新兴产业重点产品和服务指导目录》，将产业和产品目录精细化。2016年制定的《"十三五"国家战略性新兴产业发展规划》进一步指出，战略性新兴产业代表新一轮科技革命和产业变革的方向，是培育发展新动能、获取未来竞争新优势的关键领域。"十三五"时期，要把战略性新兴产业摆在经济社会发展更加突出的位置，大力构建现代产业新体系，推动经济社会持续健康发展。

最后，我国发展新经济的传统优势明显、独特优势巨大。国内市场庞大，且居民消费能力提升很快；人力资本积累迅速，创新争优意识不断增强；传统产业基础雄厚，制造能力无可替代。除了这些传统优势之外，我国还具有一些发展新经济的独特优势。我国正处于经济结构调整时期，经济形态复杂，消费需求多样，发展机会良多。比如，就新经济的几大特点来说，我国经历过长期的计划经济时期，人们对经济计划行的认识更为深入和具体，对新经济下市场性和计划性相融合的属性能够客观看待。我国的经济成分，不仅有先进的雇员经济成分，还有大量的传统自雇经济成分。如果以工业化的标尺来看待传统自雇经济，其标准化不足的缺陷就是要被时代淘汰的"叫号牌"。如果从新经济的角度来看，自雇经济所提供的差异化产品和服务，可能恰恰是这个时代所需要的。

二　新经济引领下的新就业

新经济在中国高速的发展，不仅推动了中国的经济增长，也加速了产业融合。技术创新有效地提高了劳动生产效率，并通过经济规模扩张，进一步扩大新经济、新业态的就业岗位。同时，由于技术发展对传统产业的改造升级，传统就业岗位对员工技能需求等方面也将出现调整。因此，中国新时代、新经济的高速发展将促使"十三五"成为中国就业转型的关键时期。

（一）"十三五"时期我国就业率增幅稳定，就业结构面临调整

"九五"到"十二五"时期，我国就业率整体变化趋势大致可以分为三个发展阶段：第一阶段，"九五"期间的高水平就业率阶段。虽然"九五"期间我国就业率呈下滑趋势，从1996年的76.54%下滑到1999年的76.08%，减幅为0.46个百分点，但始终保持在较高水平。第二阶段，"十五"至"十一五"期间的快速下滑阶段。在2000—2010年，我国就业率从73.76%下降到68.05%，下降了5.72个百分点。第三阶段，"十二五"期间的就业率下滑趋势式微阶段。这一期间我国就业率从67.89%下降到67.50%，仅下降0.39个百分点。当前，我国就业率持续下降的趋势逐渐式微，在人口结构老龄化日益加重的情况下，要进一步提高就业率非常困难。

"十三五"及未来中长期，我国就业很可能将面临转型的阵痛。首先，想要保持当前68%左右的就业率目标较为困难。这一点从我国劳动参与率和就业率之间不断扩大的差距得到印证。"九五"至"十一五"期间，我国就业率比劳动力参与率约低出1%；2010—2015年，两者的差距扩大到1.9%—2.3%的水平，且呈扩大趋势。劳动参与率和就业率之间的差距主要由有工作意向却未就业的劳动年龄人口造成。有研究指出，这些早退的劳动群体主要集中在"4050"，这一群体的人力资本水平较低，且缺乏学习和适应新技术、新科技的能力。在适应中国新一轮科技革命推动经济发展的过程中，"4050"群体很容易败下阵来。因此，要保持当前的就业率水平面临着巨大挑战。其次，从历史发展趋势来看，我国就业面临着能否成功迈入新一轮增长的挑战。每一次技术革新，在带来人类科技进步、生活便捷、社会福利大幅度提升的同时，也带来传统产业和就业部门的消失。事实上，无论是从时间序列数据，还是从全球截面数据来看，就业率与经济发展之间存在都明显的倒"U"形关系。据测算，在低收入阶段，就业的收入增长弹性为负，即收入每提高1个百分点，就业率将下降0.13个百分点；在中等收入阶段，就业的收入增长弹性为0.037%，但统计不显著；在高收入阶段，就业的收入增长弹性为正，约为0.088%。如果中国跨越中等收入陷阱，且经济增速在5%的水平，那么中国的就业率增幅在0.44%的水平。结合我国人口结构变化趋势，其中劳动年龄人口将进一步下降，新一轮经济增长带动的劳动力需求增量将非常可观。

当前，我国还处于中等收入阶段，就业也处于转型的关键时期，如果能够顺应技术进步带

来的就业结构调整，那么，随着经济增长，中国的就业率也将出现新一轮增长。然而，以信息通信为主的数字技术革新正在向各行各业渗透，传统的就业模式、就业方式以及就业群体都在逐渐发生改变。新技术带来的岗位增加，也对劳动者提出新的要求。

（二）新经济下的产业融合对就业的改造

高速新经济发展带动其他经济部门增长，主要体现为推动产业融合。产业融合是指通过和其他产业的关联度的不断提高，带动其他产业发展，进而导致就业岗位因为产业融合进行改造升级。在融合过程中，产业间相关联程度的提升，不断缩小相关产业链直接的就业岗位差异，加快对劳动者综合能力需求的提升。与发达国家相比，我国的产业门类非常齐全，新经济广泛地分布在各个产业之中，这就使得新经济发挥融合作用的空间很大，产业拉动作用十分明显。因此，我们利用响应新经济的产业活动所带来的就业占各产业就业的比重来测度产业融合所带来的就业改造。

表 3 和表 4 列出了 2007 年和 2012 年与新经济的就业融合度最高和最低的 10 个产业名称。将 2007 年和 2012 年融合度相减可以得到就业融合度的变化。由于固有属性的原因，一些产业与新经济的就业融合度较低，这类产业主要集中于公共服务类产业，如教育、体育、社会工作、公共管理和社会组织。另外一些产业迅速地响应了新经济带来的发展机会，提高了与新经济的就业融合度，比如仓储业、电子元器件制造业、汽车制造业、燃气生产和供应业等。

表 3	2007 年一些产业与新经济的融合度		单位：%
产业名称	融合度	产业名称	融合度
电子元器件制造	54.4	船舶及浮动装置制造	0.02
基础化学原料制造	40.5	渔	0.01
电线、电缆、光缆及电工器材制造	29.1	公共管理和社会组织	0.01
航空运输	25.0	液体乳及乳制品制造	0.00
废品废料	23.8	农、林、牧、渔服务	0.00
钢压延加工	22.2	方便食品制造	0.00
有色金属压延加工	22.1	农林牧渔专用机械制造	0.00
有色金属冶炼及合金制造	19.2	公共设施管理	0.00
其他电气机械及器材制造	19.1	社会福利	0.00
研究与试验发展	18.3	体育	0.00

注：根据我国《国民经济行业》（GB/T 4754-2017）最新分类标准，大类行业名尾缀为"业"，中类以及小类则以具体行业类型或产品为行业名。如"方便食品制造""汽车整车制造"等。

表 4	2012 年一些产业与新经济的融合度		单位：%
产业名称	融合度	产业名称	融合度
电子元器件制造	98.4	教育	0.07
仓储	73.0	饲料加工品	0.06
基础化学原料制造	51.1	乳制品	0.05
有色金属压延加工品	41.4	公共管理和社会组织	0.04
汽车整车制造	40.2	船舶及相关装置	0.01

续表

产业名称	融合度	产业名称	融合度
燃气生产和供应	34.0	渔业	0.01
专用化学产品和炸药、火工、焰火产品	33.4	农、林、牧、渔服务	0.00
管道运输	29.8	方便食品	0.00
其他电子设备	29.5	社会工作	0.00
橡胶制品	23.3	体育	0.00

注：根据我国《国民经济行业》（GB/T 4754-2017）最新分类标准，大类行业名尾缀为"业"，中类以及小类则以具体行业类型或产品为行业名。如"方便食品制造""汽车整车制造"等。

如图 6 所示，如果把就业融合度的变化由高到低排序，再与各个产业的增加值增长率进行比较，就会发现规律性的现象：就业融合度提高越大的产业，其产业规模增长得越快。就业融合度的提高程度高于 10% 的产业群，其增加值增长率平均为 15%。就业融合度的提高程度在 5% 到 10% 的产业群，其增加值增长率平均为 8%。就业融合度的提高程度低于 −5% 的产业群，其增加值增长率平均为 2%。这说明新经济下的产业融合，尤其是就业形态的融合是促进经济增长的重要方面。

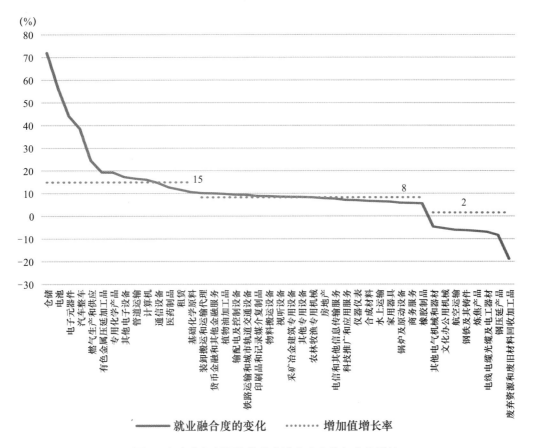

图 6　各产业与新经济的就业融合度变化与产业增长

注：为了便于展示，图中略去了就业融合度在 −5% 到 5% 的共 80 个产业。

就业融合度实际上表现的是新经济带来的就业形态的变化。未来5—10年，是全球新一轮科技革命和产业变革从蓄势待发到群体迸发的关键时期。虽然一些劳动密集型产业或将迁离中国，但众多创新型经济的涌现，最终会带来新的工作机会，从而弥补劳动密集型产业调减后的就业机会空缺。2007—2012年，一些产业的就业融合度快速提高，拉动就业的效果明显。

在共享经济、电子商务等新就业领域，利用互联网平台大幅度地降低了交易成本，实现了供求双方的迅速对接，这样的就业形态使得就业者与某种具体形态的经济组织的关系弱化，就业的灵活性大幅度提高。这类就业者的就业观念往往更新颖，他们或是正在创业的就业者，或是撰稿人、艺人、网络主播、教练、美容师、翻译员等自由职业者，或是外卖平台送餐员等多重职业者。他们的自雇与他雇的边界已经模糊化，且不论是强势群体还是弱势群体，都可以借助新经济获得收入。因此，即便传统意义上的工作机会很少，人们仍会找到工作，这就是新就业形态的核心意义。它是一种跨企业的组织经济。当然，去组织化的就业模式打破了雇主与就业者的传统雇佣关系，新就业形态也面临着就业安全性的风险。这一问题的解决还有赖于法律层面对新就业形态中就业人员的保护。

（三）新经济对中国新就业的创造

新经济对就业的影响不仅体现为产业链发展的就业改造，还体现为其对新就业的创造。根据滴滴媒体研究院和第一财经商业数据中心发布的《2016智能出行大数据报告》，2016年滴滴平台为全社会创造了1 750.9万个灵活就业机会，其中，238.4万来自去产能行业，87.5万来自退伍军人。中国人民大学劳动人事学院《阿里零售平台带动就业问题研究》课题组的研究结果显示，2015年阿里平台总体为社会创造3083万个就业机会，其中交易型就业1176万个、支撑型就业418万个（电商物流203万个，电商服务业215万个）、带动（衍生型）就业1489万个，主要包括上下游制造业、批发业、金融、物流、服务商等行业和岗位。那么，从全局来看，在新旧动能转换期，新经济带来的就业机会能否弥补其他一些行业的就业岗位损失呢？这是我们所关注的问题。

利用上文计算的行业权重和《投入产出表》，我们计算了新经济的就业规模和拉动其他行业就业的规模。新经济的就业规模是指新经济本身的就业人数，是新经济对就业的直接贡献；新经济为向其提供商品和服务的其他产业带来了需求，从而拉动的就业数量，这是新经济对就业的间接贡献。例如，如果甲类行业包含20%的新经济（即权重为20%），则乙行业对甲行业的总投入的20%是新经济拉动的结果，这20%的总投入所对应的就业人数即被视为甲行业中新经济的就业间接贡献。同时，还需要计算《投入产出表》中每个行业的就业人数。国家统计局发布了分行业的城镇单位雇员（职工）和其他类型就业人员的平均工资水平和劳动报酬总额，基于此，可以推算出《投入产出表》中每个行业的就业人数。再结合行业权重和投入产出关系，就可以计算出我国新经济对就业的直接贡献、间接贡献和占总就业的比重。

2007年，我国新经济的总就业规模为4191万人，占总就业的比重为5.4%；新经济带动其他行业的就业规模3293万人，占总就业的比重为4.3%，两者合计占总就业的比重约为9.7%。2012年我国新经济的总就业规模为6506万人，占总就业的比重为8.5%；新经济带动其他行业的就业规模为4145万人，占总就业的比重为5.4%，两者合计占国民经济的比重约为13.9%。参考高技术产业和战略性新兴产业的就业增长率，假设新经济在2013年到2016年的实际增长率为4.7%，2016年新经济的就业规模为7819万人，占总就业的比重为10.1%；新经济带动其他行业的就业规模为5001万人，占总就业的比重为6.4%，两者合计占总就业的比重约为 16.5%（见表 5）。

表 5 我国新经济的就业规模和占总就业的比重

年份	新经济	直接贡献	间接贡献	合计
2007	规模（万人）	4 191	3 293	7 484
	占总就业的比重（%）	5.4	4.3	9.7
2012	规模（万人）	6 506	4 145	10 652
	占总就业的比重（%）	8.5	5.4	13.9
2016	规模（万人）	7 819	5 001	12 820
	占总就业的比重（%）	10.1	6.4	16.5

2007—2012 年新技术经济和新业态经济的就业占总就业的比重都逐步提高。2007 年、2012 年、2016 年新技术经济的就业占总就业的比重分别为 1.1%、1.5% 和 1.7%。2007 年、2012 年、2016 年新业态经济的就业占总就业的比重分别为 4.4%、7.0% 和 8.4%。在新经济中，新技术经济的就业占比 2007 年为 20%，2012 年降为 18%，2016 年为 16%。新业态经济的就业占比 2007 年为 80%，2012 年升高到 82%，2016 年为 84%。这说明，新业态经济相对于新技术经济，更加能够带动就业增长（见表 6）。

表 6 新技术经济和新业态经济的就业规模

年份		新经济	新技术经济	新业态经济
2007	就业（万人）	4 191	843	3 348
	占新经济的比重（%）	100	20	80
2012	就业（万人）	6 506	1 144	5 362
	占新经济的比重（%）	100	18	82
2016	就业（万人）	7 819	1 278	6 540
	占新经济的比重（%）	100	16	84

从增长态势来看，2007—2012 年新经济的就业年均增长率为 9.2%，拉动其他行业的就业年均增长率为 4.7%。其中，新技术经济的就业年均增长率为 6.3%，新业态经济的就业年均增长率为 9.9%。2012—2016 年，随着整体经济增长的趋缓，新经济的就业增长也较上一阶段有所下降，年均增长率为 4.7%。其中，拉动其他行业的就业年均增长率为 4.8%，新技术经济的就业年均增长率为 2.8%，新业态经济的就业年均增长率为 5.1%（见图 7）。对比同时期整体就业的增长（2007—2012 年为 0.4%，2012—2016 年为 0.3%），尤其是传统经济的就业增长（2007—2012 年为 -0.5%，2012—2016 年为 -0.5%），可以说，新经济已经成为支撑我国就业增长的重要力量。

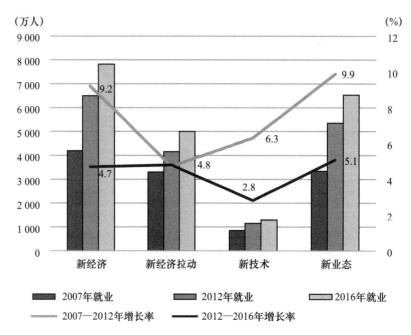

图7 新经济的就业规模、结构和贡献

三 新就业的基本特征与挑战

（一）新就业的基本特征

"十三五"时期，数据经济、共享经济在中国高速发展，为创新创业提供了机遇，加之信息和数字技术的广泛应用，产业融合度大幅度提升。很多学者指出中国在新经济、新业态的发展将产生新就业，就业需要被重新定义。[①] 但是，就"就业"（就业指的是劳动者获取报酬或收益的活动）这一概念本身而言，无论技术如何发展、产业融合度提高到何种程度，就业是不需要被重新定义的。所谓"新就业"中的"新"指的是劳动者参与经济活动并获得报酬或收益的方式和过程较之传统就业发生很大的变化。与传统就业相比，新就业在灵活性、劳动者个人价值、劳动关系、劳动者技能要求等方面具有新的特征。

（1）灵活性。当前，新经济极大地增强了劳动者就业的灵活性，这既表现为就业方式的灵活，还表现为就业时间的灵活。事实上，互联网、数字技术应用在中国催生了大量的"平台"合作模式，如共享单车、京东、淘宝、滴滴等，很多拥有资源（如私家车、小生产商）或是有能力的人都可以通过这些平台获取报酬或收益。无论是淘宝店家、滴滴司机，还是微商，这些就业者都是利用互联网平台以全职或兼职的形式就业。另外，数字技术应用加快了生产、交换和流动等各环节的速度，也自然打破了传统固定工作时间制，就业者可以根据自己的时间安排工作。

（2）劳动者个人价值。新生代劳动力在网络环境下成长，他们充分接触数字技术，也习惯用数字和信息技术进行交流和学习。对于未来劳动力市场的主力军而言，工作更多是成就自我而非谋生。智联招聘发布的《2016年春季90后职场肖像调查》结果显示，2016年应届毕业生

---

① 郝建彬：《数字经济"就业再定义"与新就业4大观点》，http://www.aliresearch.com/blog/article/detail/id/21353.html。

有 71% 的人指出工作要成就自己的事业，因此，"90 后"更倾向于开放、自由、宽松的企业文化。"95 后"倾向于主播、网红等与数字经济相关的新兴职业。在新经济、互联网和数字经济的高速发展下，就业者对传统重视职级秩序和长期雇佣关系等传统方式发起挑战，越来越多的职场新军重视个人价值。

（3）"平台 + 个人"。未来很长一段时间里，依托互联网平台的就业生态与传统就业将并存发展且不断融合促进。事实上，随着物联网的兴起，很多劳动者开始通过第三方共享平台寻求多元化"零工"或自主创业。传统组织也会在技术兴起和应用过程推衍出类似的灵活就业市场。新兴的"零工"拥有较高的技术和技能。为适应市场需要，根据市场临时组建服务平台，个体与平台之间不再是传统的个人和组织式的雇佣关系，而更多是项目合作，根据自身资源、技能获取报酬。新型劳动关系的出现，打破了传统组织中僵化的人事制度关系，但同时也对当前劳动力合同法等相关制度和规定提出挑战。

（4）劳动者技能。科技革命不仅会给产业、商业模式带来深刻变化，也会对劳动者提出新的要求。当前，数字、信息技术已经融入各行各业，数字技术已经成为诸多岗位的必修课，就如从前电脑开始进入办公一样，这是信息数据时代的基本要求。岗位自然在技术进步带动下进行升级，如传统营销转向数字化营销，商业情报分析转为大数据分析，传统媒体运营向复合型娱乐产业经营转变，等等。这意味着市场对劳动者的综合素质和技能需求在不断提高。要实现新一轮经济增长，并在科技变革中占领先机，就需要持续地对劳动者进行培训。新一轮国际竞争也是人才争夺的过程。

（二）新就业面临的挑战

从互联网技术向数字技术的大步迈进，数字经济已经开始成为推动我国经济快速发展的有效力量。数字技术的广泛应用，不仅带来市场规模达 39 450 亿元的"共享经济"[①]，也为女性、残障人士等进入劳动力市场提供便利。然而，随着数字技术在各行业的渗透，正改变着传统的商业思维模式，对中国的就业格局产生全面和深刻的影响。一方面，数字经济以全新的形式创造就业机会，推动就业结构变化；另一方面，它也带来就业市场内不公平程度的加深。新一轮技术变革进一步拉大了体力劳动者与脑力劳动者、技能工人与非技能工人、单一人才和复合型人才之间的差距。新就业趋势对政府提出了新的要求：

（1）数字技术正加剧劳动力市场的不平等，如何稳定劳动力市场，让劳动力结构平稳适应市场发展是当前迫切需要解决的问题。目前，4050 就业人员是劳动力市场的主体，他们还有10—20 年才会进入退休阶段。然而，技术的高速发展更凸显出该群体人力资本积累的脆弱性，体现市场化竞争的残酷。据统计，2014 年 25—39 岁从业人员占全部就业人口的 35.6%，而40—54 岁占 37.0%。相比较前者，后者的人力资本水平较低，40—44 岁、45—49 岁、50—54岁就业人口中，具有专科及以上学历的比重分别为 13.6%、9.7%、8.5%。现阶段，这个群体正处在上有父母需要照料，下有在读子女需要抚养的阶段，失业的危机会加剧社会的不稳定。

同时，劳动力市场对复合型人才的需求还在大幅度提高，健全教育体系、提升教育、培训的契合度，是为未来人才争夺做准备。新就业随传统行业转型而产生，其对从业者的能力要求体现为对新技术的运用能力以及新商业、产业发展模式的理解和运作。这意味着新就业新岗位要求从业者具备数字技术运用的能力，同时也要熟悉行业业务流程和模式。现行的教育在教导基础理论、传播知识上有优势，但是在"从校园到劳动力市场"的最后一公里上，存在明显的不足。要健全培训机制，继续促进部分基础知识的更新，增强知识技术的应用。一方面，可以

---

① 中国电子商务研究中心：《2016 年度中国"共享经济"发展报告》，http：//www.100ec.cn/zt/gxjjbg/。

通过减税或补贴的形式，增强政府支持培训体系建设工作，降低企业新进劳动力市场的员工培训成本。另一方面，健全市场人才评价体系，促进人才有序流动，保障劳动者利益的同时，增强企业对职工培训的投入。

（2）平台经济的兴起，对传统的雇佣关系发起挑战，这意味着灵活用工将很可能是未来的主流，如何平衡保护新兴平台利益的同时也限制临时用工，是发展的难点。同时，在新的就业模式和劳动关系下，社会保障体系是否能有效应对也是我国政府面临的一大挑战。

成长于互联网时代的从业者非常强调个性和独立，数字经济的高速发展引起就业关系从"组织＋雇员"向"平台＋个体"的转变。越来越多的青年人选择自由职业，通过自己拥有的技能、资源或是产品、服务对接到平台。《2015中国自由职业者现状报告》指出，当前我国自由职业者70%是30岁以下的年轻人，预计到2020年我国自由职业者的比重将达到43%（郑勇，2017）。当前，很多保护劳动力的制度，如最低工资制度、《社会保险法》等并不能覆盖新型平台就业下的自由职业者，这意味着很可能会产生潜在的新的劳动关系纠纷。比如，英国Uber司机起诉Uber将他们当作独立的合同工，而不是正常雇佣关系，使得他们无法享受正常员工假日报酬、企业承担部分养老金等员工福利。在中国，滴滴、摩拜等共享经济下很多司机或工人也都是项目制的合同关系，并非正式员工。虽然这种灵活就业增强了社会吸纳劳动力的能力，但是相应的员工福利等都因劳动关系无法确定，存在社会福利缺失的现象。

根据现有的政策，自由职业者社保的缴费基数，最低不得低于社会职工月平均工资的60%，最高不超过社会职工平均工资的300%。而自由职业者的收入差距很大，平均工资较低。社保缴费都由个体全额承担，因此中低收入群体参加社保的意愿很低。从社保的保障水平设计来说，多缴则多保障，但是从社会主义国家制定设计来讲，托底的社会保障制定是要提高全民的社保参与水平，并根据社会经济发展水平，不断提高社保水平。补充现有的社会保障体系，应对劳动力市场新型劳动关系，更要充分体现社会主义国家的性质，增强居民的社会发展获得感。

（3）现有统计口径与市场发展不匹配，亟须统一规范；同时，统计公报中缺乏新就业基本信息，亟须发布官方权威数据。

首先，新就业依新经济、新产业孕育而生，但学术界没有对新经济和新产业给出明确的定义，这使得很多研究分析缺乏一致的统计口径。当前各类媒体、研究中心（如BCG、阿里研究院、智联招聘等）有关互联网产业、电子商务发展的报告有很多。在讨论数字技术相应的产业时，提出的名词也非常多。如数字经济、共享经济、E-GDP，等等，这些都是以数字技术为基础，但是彼此之间有很大的区别。事实上，E-GDP利用支出法，核算与数字创造生产、提供服务和应用等一起关联的活动。换句话说，E-GDP就是传统GDP核算中，涉及数字技术的所有产业增加值。而共享经济从概念上来说是商业模式（Felson & Spaeth，1978），而非产业，这就导致其核算中更倾向于计算商业规模和市值，而非产业增加值。相比之下，数字经济与E-GDP更接近，不仅是其具有相对独立的经济形态，更重要的是其可以基于现行产业分类标准进行核算（康铁祥，2008）。然而，目前我国并没有公布数字经济的官方统计值，而现有的很多平台企业或是咨询公司发布的关于我国数字经济规模、发展趋势数值，大多是基于平台企业市值规模，而非产业增加值的概念。这给数字经济的发展趋势判断带来一定困难。

其次，很多媒体研究报告中的求职行业名称与国民经济行业分类标准不能很好地匹配，影响了直接引用研究报告的准确性。如近两年中国人民大学中国就业研究所和智联招聘公布的劳动力市场求职报告中，排名第一的行业是互联网/电子商务。而我国国民经济行业分类中最接近的是互联网和相关服务行业（两位码为64），其下再细分为三类，具体包括：互联网接入及相关服务、互联网信息服务和其他互联网服务。互联网/电子商务与国民经济行业代码为64的行业之间是包含还是交叉关系都没有明确的说明。这限制了当前研究在我国新兴行业发展评估中的引用价值，也造成不同统计口径的研究结果差距很大。

最后，当前职业分类无法充分体现市场技术需求。职业是随产业和行业的进步和发展不断弃旧更新，同时，同一职业活动的内容和方式也会不断发生变化。数字技术加快了中国职业更新的速度，一个典型的例子就是银行柜面人员。2016年，中国工商银行柜面人员减少1.4万人，但这并不代表银行从业人员的大幅度缩减。事实上，这1.4万人，约3000人做起新兴业务，1.1万人当上客户经理（董希淼，2017）。随着技术革新，自动化、智能化水平的提高，很多行业的低技能岗位在不断被机器替代，与此同时，人际交互的需求在增加，这是机器无法替代的，也是未来职业和岗位兴起的重点。这些职业的内容变化不大，变动的是职业所需的技能程度的提升。然而，当前的职业分析很难将技术革命给职业带来的变化体现出来，造成就业分析预判上的困难。

四　促进中国就业发展的对策建议

从历史的进程来看，每次技术革新对产业改造的结果，都体现为围绕就业岗位的增强和减弱的二元影响之争。当前，我国经济正处在加速换挡、跨越中等收入陷阱的关键时期。与此同时，就业市场紧跟着产业发展进入新的发展阶段。在这个过程中，新一代以数字技术为特征的数字经济在中国蓬勃发展，深刻影响着中国的劳动力市场。一方面，传统就业部门岗位消失在加速；另一方面，人工智能和机器人的出现，引起"人机"之争日益激烈。然而，越是经济结构调整的关键时期，越要正确认识科技进步给劳动力市场带来的正向效应。

新经济正以数据技术为基础，通过互联网、云计算、大数据、物联网以及人工智能等在我国快速发展，在赋予中国经济活动巨大能量的同时，也在不断增强我国创新就业的能力。发展新经济，创造新就业，要积极推动以数字化为基础的新零售、泛娱乐、新金融以及新制造等领域带来就业岗位激增；要努力提升劳动者数字化应用等专业技能，弱化"技术性失业"的恐慌；要完善监管和技术的关联体系，建立公开透明、安全可靠的就业生态；要健全社会保障体系和税收制度，增强社会福利保障能力；要优化职业分类结构，增强技术等级，健全劳动力市场职业匹配度。

第一，以数据技术基础服务领域为着力点，推动就业高速增长。虽然数据技术直接带动就业有限，但是间接支持的就业非常可观。根据BCG测算，2014年我国互联网行业创造了约170万个就业机会[①]。如果将就业拓展放到整个新经济生态圈，那么围绕互联网产生的就业岗位将成倍增加。事实上，电商平台不仅带动了大量的平台企业、卖家、平台管理以及支持服务等衍生就业，还通过数字支付的便捷放大市场需求，通过提升交易效率间接刺激相关领域上下游产业链就业。以阿里巴巴零售电商平台为例，其通过创造淘宝店主、快递、电商服务以及上下游产业链就带来了3083万个就业机会。此外，数据技术改造传统制造业的过程中，也在不断创造新的就业。BCG的研究结果提出，到2020年，因机器人辅助生产、无人驾驶物流工具的应用，将导致61万个组装、包装和生产类岗位消失；但制造业信息和数据技术领域将随之增加96万个新就业，最终净增35万个岗位。[②] 考虑到未来数据技术在各行业、各领域的深度融合，

---

① 波士顿咨询公司（BCG）：《迈向2035：4亿数字经济就业的未来》，http://www.useit.com.cn/thread - 14387 - 1 - 1.html。

② 波士顿咨询公司（BCG）：《工业4.0时代的人机关系——到2025年，技术如何改变工业劳动力结构？》，2016年5月。

要积极地以数据技术基础服务领域为着力点，全面刺激零售业、娱乐文化业、金融业和制造业等领域创新就业的高速增长。

第二，加强数据技术应用的教育和培训，应对"技术性失业"的恐慌。数据技术对就业生态有增强和削弱的二元影响。有研究指出，中国目前55%—77%的就业在未来会因为技能含量低而被机器智能化取代。[①] 然而，数据技术对就业的刺激效应仍将大于削减效应。原因在于，机器智能无法大规模替代具有人际交互性强、创新性等特征的行业领域。比如，电商平台导致传统零售店大面积倒闭，但零售服务员的需求在大幅度增加。新零售不再是传统商店以陈列展示为主，而是重视消费体验和个性化实体服务。传统营销转为数字化营销，商业情报分析转型为大数据分析，集中于IT、硬件、数据科学、工程学、人机交互领域的就业产生，也将弥补大量流水线岗位的消失。所有这些意味着新经济的高速发展将产生对既熟悉行业业务，又掌握数据技术应用的复合型人才的需求激增。复合型人才不仅有更广泛的职业发展空间，还会成为下一轮"人才争夺战"的重点。因此，应从源头上加强数据技术教育，在各教育阶段提高计算、科学、工程等学科内容的比例，加强学校和企业的合作，建立专业和产业相互促进的联动机制，为新经济发展所需人才做准备；同时，加大劳动力市场再培训，提高市场上存量劳动者的数据技术应用能力，以应对"技术性失业"的恐慌。

第三，构建数字化社会治理和数字化信用体系，健全市场监管。数据技术不仅改变了产业形态，还改变了就业方式。就业者对岗位个性化和价值体现的要求正对传统组织的雇佣关系发起挑战。在共享文化与移动支付、云计算以及LBS等技术的深度融合下，就业市场上已经涌现出很多自由个人或创业团队，他们拥有技能、生产资料或是最终产品，随时接入任一平台，根据"按需聚散"的契约制度来实现收益最大化。与传统的雇佣管理关系不同，平台和个人或团队的关系更多地以个体贡献资源、平台支撑服务的契约合作关系展现。这种方式极大地对社会化资源进行整合利用，但也面临着就业欺诈等风险。同时，平台和互联网中介收集大量的可识别的个人信息，也对社会治理提出挑战。因此，应积极构建数字化社会治理和数字化信用体系，加强法规监管与技术的关联，健全新经济下的劳动力市场监管。

第四，健全社会保障体系和税收制度，增强社会福利保障能力。"平台型"就业方式的出现增强了就业的灵活性，对政府进行社会治理提出新的要求。成长于互联网时代的"原住民"无时无刻不在利用信息技术进行交流和人际互动，他们对组织和工作的忠诚度较低。目前，中国自由职业者超过7成是"85后"。对于这些自由职业者而言，税和险的核算和缴纳会因就业方式的灵活更加复杂。应当充分考虑就业方式的调整，对我国税收制度进行改革，建立居民收入登记大数据收集制度，综合家庭结构、就业类型，完善个人所得税申报体系；同时增强税收和社会保障的互通机制建设，建立自由职业者"按税定保"的社会保障制度，提高社会保障覆盖率的同时，提高保障力度。

第五，优化职业分类结构，增强技术等级，健全劳动力市场职业匹配度。目前，最新完成的《中华人民共和国职业分类大典（修订版）》主要对中类和细类职业进行增减，没有改变8大类的职业分类标准。职业分类依然采用工作分析法，其直接反映劳动者能够完成的工作任务的内容，而不直接反映或调控劳动者使用的技术。比如，新增的美甲师和电子商务师，都属于商业、服务业人员，且在中类里也都属于其他商业、服务业人员。但是比较这两类职业的具体工作技能和职业发展前景，后者明显具有更强的专业技能要求，且随着时代发展和产业升级，对该类人才的需求也会大幅度提升。新一轮数据技术推动就业岗位技术含量越来越高，一个显

---

① 波士顿咨询公司（BCG）：《迈向2035：4亿数字经济就业的未来》，http://www.useit.com.cn/thread-14387-1-1.html。

著特征就是体力劳动逐渐被机器替代；就业结构本身也会随之升级。要顺应技术对就业市场的影响，应当在职业分类中体现工作技能水平，可以参照美国职业分类体系，根据行业分类结合职业工作分析法，建立职业数据库。增强职业分类的技术要求，同时结合产业发展规律，这不仅有助于提升职业与市场之间的关联度，也有助于对劳动力市场人力资本技能水平和需求进行测度。

参考文献

Marcus Felson, Joe L. Spaeth, "Community Structure and Collaborative Consumption: A Routine Activity Approach", *American Behavioral Scientist*, 1978, 21, 614 – 624.

董希淼：《中国银行业疯狂地撤机构裁员？数据揭示其中真相》，《中新经纬》2017 年 4 月 10 日。

樊纲：《新经济与传统产业》，《政策》2001 年第 12 期。

康铁祥：《数字经济及其核算研究》，《统计与决策》2008 年第 5 期。

刘树成、李实：《对美国新经济的考察与研究》，《经济研究》2000 年第 8 期。

张瑞敏：《张瑞敏点评新经济时代企业生存关键》，《投资导报》2000 年 2 月 23 日。

郑勇：《2020 年自由职业者人数将占 43%》，《北京晚报》2017 年 3 月 22 日。

（作者单位：中国社会科学院人口与劳动经济研究所）

我国城镇单位就业人员工资水平研究

孟灿文   李珏滢

在经济运行缓中趋稳、稳中向好的背景下，2016 年全国城镇单位就业人员平均工资继续稳步增长。由于政策性增资力度减弱，平均工资增幅有所回落。本文将对 2016 年我国城镇单位就业人员工资水平的变化状况、结构性差异及主要影响因素做深入分析，并提出完善就业人员工资机制的政策建议。

一 就业人员的工资水平状况

2016 年，全国城镇非私营单位就业人员的年平均工资为 67 569 元，与 2015 年的 62 029 元相比，增加 5540 元，同比名义增长 8.9%，增速比 2015 年减少了 1.2 个百分点。扣除物价因素，城镇非私营单位就业人员的年平均工资实际增长了 6.7%，与 2015 年的 8.5% 相比，降低了 1.8 个百分点。

2016 年全国城镇私营单位就业人员的年平均工资为 42 833 元，与 2015 年的 39 589 元相比，增加 3244 元，同比名义增长 8.2%，增速比 2015 年降低 0.6 个百分点。扣除物价因素，城镇私营单位就业人员的年平均工资实际增长 6%，较 2015 年的 7.2% 下降了 1.2 个百分点。

图 1 显示了城镇非私营单位就业人员工资水平变化与经济发展的关系。可以看出，过去十年间非私营单位就业人员的实际工资水平变化与 GDP 增长轨迹大体重合，表明经济增长是工资增长的重要基础。近几年，受经济增长速度逐渐放缓的影响，工资水平的增速有所下降，2013 年、2014 年城镇非私营单位就业人员实际工资增长率低于 GDP 增长率，2015 年受政策调资的影响，实际工资增长率要高于 GDP 增长率，2016 年政策性增资力度减弱，实际工资增长率与 GDP 增长率持平。

二 就业人员的工资结构变化

（一）行业间的工资差距依然显著

随着供给侧结构性改革的持续推进，我国经济结构不断优化，新旧动能转换加快，对相关工资增长产生了明显影响。以城镇非私营单位为例，2016 年就业人员的工资增长呈现出三大变化。一是去产能工作取得进展，部分行业市场价格回升，企业效益改善，工资增长情况有所好转。例如，采矿业由 2015 年下降 3.7% 转为增长 1.9%，黑色金属冶炼和压延加工业由上年微增 0.8% 转为增长 7.4%，增幅达 6.6 个百分点。二是随着创新驱动发展战略的深入实施，一些新材料产业和装备制造业行业的平均工资增长不仅高于全部行业的平均增幅，也超出该行业上年同期增幅。其中，化学纤维制造业、汽车制造业、仪器仪表制造业的平均工资分别比上年增

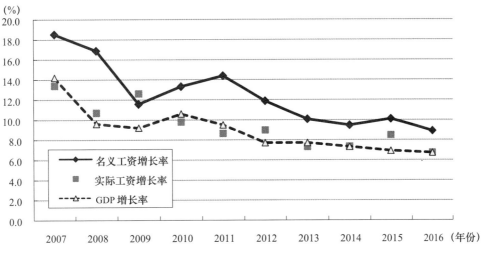

城镇非私营单位就业人员平均工资增长与经济增长

图 1　2007—2016 年城镇非私营单位就业人员的平均工资与经济增长的关系

长 12.3%、9.2% 和 9.7%，增幅分别扩大了 7.4 个、1.0 个和 1.1 个百分点。通用设备制造业和专用设备制造业增幅虽然相对较低，分别比上年增长 7.9% 和 6.1%，但增幅分别扩大 1.8 个和 0.5 个百分点。三是随着现代服务业的蓬勃发展，相关行业工资增幅大多高于平均增幅。其中，信息传输、软件和信息技术服务业增长 9.3%，水利、环境和公共设施管理业增长 9.7%，教育业增长 11.9%，卫生和社会工作业增长 11.7%，文化、体育和娱乐业增长 9.8%，均超过 8.9% 的平均增幅。

随着信息技术产业持续快速发展，信息传输、软件和信息技术服务业的平均工资得以快速增长，2016 年平均工资为 122 478 元，首次超过金融业排名各行业门类首位。金融业工资水平退居次席，主要受银行业高管限薪以及股市低迷等因素影响，2016 年平均工资为 117 418 元，比上年仅增长 2.3%。

按行业门类分组的城镇非私营单位就业人员的年平均工资状况如表 1 所示。总体而言，行业间工资水平的差距依然比较显著，年平均工资最高的信息传输、软件和信息技术服务业（122 478 元），为年平均工资最低的农、林、牧、渔业（33 612 元）的 3.64 倍，二者相减极差达到 88 866 元。相比 2015 年，行业间的相对差距略有扩大，高低收入倍数比 2015 年的 3.59 有所增加，按行业门类计算的工资水平变异系数（即单位平均数对应的标准差）为 0.24，和 2015 年相同。

与 2015 年相比，2016 年行业门类的排名情况有所变动，信息传输、软件和信息技术服务业取代金融业成为第一位，农林牧渔业仍处于最后一位，信息传输、软件和信息技术服务业等 6 个行业排名提高，金融业等 6 个行业排名降低，其他行业处于与上年相同的位次。

表1　　　　　　　　　　　　　分行业城镇非私营单位就业人员的年平均工资状况　　　　　　　单位：元,%

行业名称	2016 年			2015 年			2016 年增长率	2015 年增长率
	平均工资	与全行业平均工资比率	排名	平均工资	与全行业平均工资比率	排名		
信息传输、软件和信息技术服务业	122 478	1.81	1	112 042	1.81	2	9.3	11.1
金融业	117 418	1.74	2	114 777	1.85	1	2.3	6.0
科学研究和技术服务业	96 638	1.43	3	89 410	1.44	3	8.1	8.7
电力、热力、燃气及水生产和供应业	83 863	1.24	4	78 886	1.27	4	6.3	7.6
卫生和社会工作	80 026	1.18	5	68 822	1.11	8	16.3	8.8
文化、体育和娱乐业	79 875	1.18	6	72 489	1.17	6	10.2	12.6
租赁和商务服务业	76 782	1.14	7	72 764	1.17	5	5.5	8.4
教育	74 498	1.10	8	62 323	1.00	10	19.5	10.2
交通运输、仓储和邮政业	73 650	1.09	9	71 624	1.15	7	2.8	12.9
公共管理、社会保障和社会组织	70 959	1.05	10	59 404	0.96	13	19.5	11.9
房地产业	65 497	0.97	11	60 244	0.97	12	8.7	8.4
批发和零售业	65 061	0.96	12	60 328	0.97	11	7.8	8.0
采矿业	60 544	0.90	13	66 592	1.07	9	-9.1	8.0
制造业	59 470	0.88	14	55 324	0.89	14	7.5	7.7
建筑业	52 082	0.77	15	48 886	0.79	15	6.5	6.7
水利、环境和公共设施管理业	47 750	0.71	16	43 528	0.70	17	9.7	11.0
居民服务、修理和其他服务业	47 577	0.70	17	44 802	0.72	16	6.2	7.0
住宿和餐饮业	43 382	0.64	18	40 806	0.66	18	6.3	9.5
农、林、牧、渔业	33 612	0.50	19	31 947	0.52	19	5.2	12.7
全行业平均工资	**67 569**	—	—	**62 029**	—	—	**8.9**	**10.1**

　　行业大类间的工资差距有所缩小（见表2、表3）。2016年资本市场服务业的年平均工资达到264 524元，仍高居第一位，与处于最后一位的农业（29 796元）相比，极差达到234 728元，高低倍数达到8.88倍。与2015年（极差254 409元、高低倍数9.66倍）相比，相对差距和绝对差距均有所缩小。

表2   城镇单位年平均工资最高的十个行业   单位：元

排名	2016 年			2015 年		
	行业	平均工资	与全行业平均工资比率	行业	平均工资	与全行业平均工资比率
1	资本市场服务	264 524	3.91	资本市场服务	283 780	4.57
2	其他金融业	192 432	2.85	其他金融业	191 678	3.09
3	互联网和相关服务	157 982	2.34	互联网和相关服务	146 093	2.36
4	软件和信息技术服务业	149 001	2.21	软件和信息技术服务业	140 406	2.26
5	烟草制品业	142 109	2.10	烟草制品业	134 426	2.17
6	货币金融服务	140 901	2.09	货币金融服务	132 344	2.13
7	航空运输业	137 108	2.03	航空运输业	131 279	2.12
8	研究和试验发展	112 602	1.67	研究和试验发展	100 624	1.62
9	管道运输业	100 996	1.49	管道运输业	95 553	1.54
10	新闻和出版业	96 996	1.44	新闻和出版业	90 192	1.45

表3   城镇单位年平均工资最低的十个行业   单位：元

排名	2016 年			2015 年		
	行业	平均工资	与全行业平均工资比率	行业	平均工资	与全行业平均工资比率
1	农业	29 796	0.44	农业	29 371	0.47
2	畜牧业	32 250	0.48	畜牧业	30 423	0.49
3	林业	35 234	0.52	林业	31 887	0.51
4	餐饮业	40 509	0.60	餐饮业	38 517	0.62
5	其他服务业	42 145	0.62	公共设施管理业	40 156	0.65
6	木材加工和木、竹、藤、棕、草制品业	43 576	0.64	渔业	40 318	0.65
7	公共设施管理业	43 763	0.65	其他服务业	40 426	0.65
8	皮革、毛皮、羽毛及其制品和制鞋业	44 525	0.66	木材加工和木、竹、藤、棕、草制品业	40 731	0.66
9	渔业	45 016	0.67	皮革、毛皮、羽毛及其制品和制鞋业	41 663	0.67
10	住宿业	46 002	0.68	住宿业	42 836	0.69

　　表2列出了城镇单位年平均工资行业大类排名的前十位。2015 年和 2016 年的行业排名完全一致。资本市场服务业仍处于第一位，紧随其后的分别是其他金融业、互联网和相关服务、

软件和信息技术服务业、烟草制品业、货币金融服务、航空运输业、研究和试验发展、管道运输业以及新闻和出版业。这十个行业中，属于垄断性行业的有资本市场服务、其他金融业、烟草制品业、货币金融服务、航空运输业、管道运输业；其余四个行业即互联网和相关服务、软件和信息技术服务业、研究和试验发展、新闻和出版业，都对就业人员的受教育水平和专业水平有较高要求。可见，行业垄断和人力资本是影响行业工资水平的重要因素。

表3列出了城镇单位年平均工资排名在最后十位的行业大类。与2015年相比，排名后十位的行业仅在位次上有小幅改变，类别上并无任何变化。平均工资最低的仍是农业、畜牧业、林业、餐饮业，排位与上年相同；公共设施管理业和渔业的排名均有所提高，其他服务业，木材加工和木、竹、藤、棕、草制品业与皮革、毛皮、羽毛及其制品和制鞋业的排名均有所下降。整体上看，排名后十位的行业其共同特征是都属于劳动密集型行业，市场竞争非常充分且在产业结构变迁中处于不利位置，对从业人员专业水平要求也比较低，这进一步反映了行业特点和人力资本对就业人员工资水平的影响。

（二）地区间工资相对差距呈下降趋势，东西部地区工资增速较快

城镇非私营单位就业人员工资水平的地区差距仍然比较显著。2016年，上海市的年平均工资超过北京市，排名跃居第一位。年平均工资最高的上海市（119 935元）与最低的河南省（49 505元）相比，极差达到70 430元，高低倍数达到2.42倍，各地区的年平均工资的总体变异系数为0.2577。与2015年比较（最高与最低工资的极差为66 347元，高低倍数2.47倍，各地区的总体变异系数0.2560），相对差距和绝对差距都在继续扩大。图2显示了2005—2016年地区平均工资的变异系数，总体呈下降趋势，说明地区之间的平均工资的相对差异在逐渐减小；近几年，变异系数波动较小，说明近几年地区间平均工资的相对差异渐趋稳定。

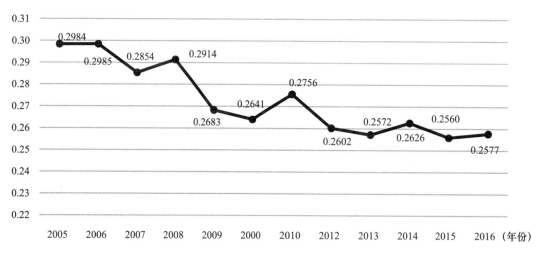

图2 2005—2016年分地区城镇非私营单位就业人员的平均工资变异系数

分四大区域看，2016年城镇非私营单位就业人员的年平均工资由高到低依次是东部、西部、中部和东北地区，分别为77 013元、62 453元、55 299元和54 872元，东部地区明显高于其他地区。同比名义增长率由高到低依次为东部9.07%、西部8.96%、中部8.76%和东北地区7.46%。东部和西部地区增幅高于全国平均水平；而东北地区平均工资及增长率最低，增速低于全国平均水平1.47个百分点（见表4）。

表4		分区域城镇非私营单位的年平均工资情况	单位：元,%
地区	2015 年	2016 年	增长率（%）
年平均工资			
合计	**62 029**	**67 569**	**8.93**
东部地区	70 611	77 013	9.07
中部地区	50 842	55 299	8.76
西部地区	57 319	62 453	8.96
东北地区	51 064	54 872	7.46
地区间比率			
东部/中部	1.39	1.39	—
东部/西部	1.23	1.23	—
东部/东北	1.38	1.40	—

按工资水平对各个地区进行排序，可以看到：处于 45 000—50 000 元的有 1 个地区，处于 50 000—55 000 元的有 2 个地区，处于 55 000—60 000 元的有 10 个地区，处于 60 000—70 000 元的有 11 个地区（见表 5）。特别值得关注的是，西藏因为 2015 年的工资改革政策力度大，机关事业单位人员的工资大幅度上涨，平均工资水平依旧保持在第三位，北京、上海两个直辖市已经偏离相邻的组，以接近 12 万元的水平远离其他地区，这种分布状态正是当前工资水平地区差异的突出反映。

2016 年多数地区工资水平的增长速度与上年相比有所减缓。表 5 数据显示，平均工资增长速度最高的是云南，为 15.00%，最低的是山西，只增长 3.67%。与全国平均增长速度 8.93% 相比，有 12 个地区高于全国平均水平，19 个地区低于全国平均水平。从两年的排序比较看：一方面，上海、北京、西藏、天津、浙江仍排列第一到第五位，上海从第二位跃升至第一位，北京降至第二位；河南、黑龙江仍然位列最后两位。另一方面，各省区的相对位置变化较小。云南排位上升速度最快，上升了 5 位，贵州、江西均上升 3 位；其他地区位次也有变化，山西、安徽均下降 3 位。

表5			分地区城镇非私营单位年平均工资情况				单位：元,%
地　区	2016 年平均工资	2015 年平均工资	2016 年较 2015 年增加额	2016 年较 2015 年增长速度	2015 年位次	2016 年位次	位次变化
上　海	119 935	109 174	10 761	9.86	2	1	升 1
北　京	119 928	111 390	8 538	7.66	1	2	降 1
西　藏	103 232	97 849	5 383	5.50	3	3	不变
天　津	86 305	80 090	6 215	7.76	4	4	不变
浙　江	73 326	66 668	6 658	9.99	5	5	不变
广　东	72 326	65 788	6 538	9.94	7	6	升 1
江　苏	71 574	66 196	5 378	8.12	6	7	降 1

续表

地　区	2016 年平均工资	2015 年平均工资	2016 年较2015 年增加额	2016 年较2015 年增长速度	2015 年位次	2016 年位次	位次变化
青　海	66 589	61 090	5 499	9.00	8	8	不变
贵　州	66 279	59 701	6 578	11.02	12	9	升 3
宁　夏	65 570	60 380	5 190	8.60	10	10	不变
重　庆	65 545	60 543	5 002	8.26	9	11	降 2
四　川	63 926	58 915	5 011	8.51	13	12	升 1
新　疆	63 739	60 117	3 622	6.02	11	13	降 2
山　东	62 539	57 270	5 269	9.20	16	14	升 2
福　建	61 973	57 628	4 345	7.54	14	15	降 1
海　南	61 663	57 600	4 063	7.05	15	16	降 1
内蒙古	61 067	57 135	3 932	6.88	17	17	不变
云　南	60 450	52 564	7 886	15.00	23	18	升 5
湖　北	59 831	54 367	5 464	10.05	20	19	升 1
陕　西	59 637	54 994	4 643	8.44	19	20	降 1
安　徽	59 102	55 139	3 963	7.19	18	21	降 3
湖　南	58 241	52 357	5 884	11.24	24	22	升 2
广　西	57 878	52 982	4 896	9.24	21	23	降 2
甘　肃	57 575	52 942	4 633	8.75	22	24	降 2
江　西	56 136	50 932	5 204	10.22	28	25	升 3
吉　林	56 098	51 558	4 540	8.81	27	26	升 1
辽　宁	56 015	52 332	3 683	7.04	25	27	降 2
河　北	55 334	50 921	4 413	8.67	29	28	升 1
山　西	53 705	51 803	1 902	3.67	26	29	降 3
黑龙江	52 435	48 881	3 554	7.27	30	30	不变
河　南	49 505	45 403	4 102	9.03	31	31	不变

（三）国有单位平均工资增速较快，各经济类型单位间工资差异不显著

2016 年，年平均工资最高的三个单位类型分别是外商投资企业（82 902 元）、股份有限公司（78 285 元）、国有单位（72 538 元），分别为全国平均水平的 1.23 倍、1.16 倍和 1.07 倍。与 2015 年相比，各经济类型单位的平均工资都有增长，但增长速度差别较大。只有国有单位、股份合作公司的增长速度超过全国平均水平，其他类型单位都低于全国平均水平。其中，国有单位增长速度最高，达 11.09%，主要原因是进行工资改革的机关事业单位大多是国有单位。联营公司平均工资增速最低，为 5.37%。城镇集体单位虽然增长速度较快，受原来基数影响，仍是工资水平最低的类型（50 527 元），但与其他类型单位之间的差距略有缩小（见表 6）。

表6			分经济类型城镇单位的年平均工资情况			单位：元,%
经济类型	单位从业人员平均工资		名义增长率	水平比较（以国有单位为基准）		从业人数占比
	2015 年	2016 年		2015 年	2016 年	
合计	**62 029**	**67 569**	8.93	—	—	100
国有单位	65 296	72 538	11.09	100.00	100.00	34.25
城镇集体单位	46 607	50 527	8.41	71.38	74.78	2.66
股份合作公司	60 369	65 962	9.26	92.45	97.62	0.51
联营公司	50 733	53 455	5.37	77.70	79.11	0.11
有限责任公司	54 481	58 490	7.36	83.44	86.56	35.33
股份有限公司	72 644	78 285	7.77	111.25	115.86	11.46
港澳台商投资企业	62 017	67 506	8.85	94.98	99.91	7.54
外商投资企业	76 302	82 902	8.65	116.86	122.69	8.14

　　各种经济类型单位之间的工资水平差异不像行业和地区间那样大。数据显示，不同经济类型高低工资倍数仅有 1.64 倍，远低于行业、地区间的倍数。如果考虑不同经济类型单位就业分布状况，剔除就业人数占比很小的城镇集体单位、股份合作公司、联营公司，余下经济类型之间的差异会进一步缩小。

　　从近十年数据变化可以看到（见图3），外商投资企业的平均工资水平一段时间下降后，在近几年又有明显回升，与股份有限公司的平均工资水平交替领先，与国有单位间的差距有所拉大。随着城镇集体单位和股份合作公司平均工资水平的持续提高，各种经济类型单位的平均工资差异明显缩小。

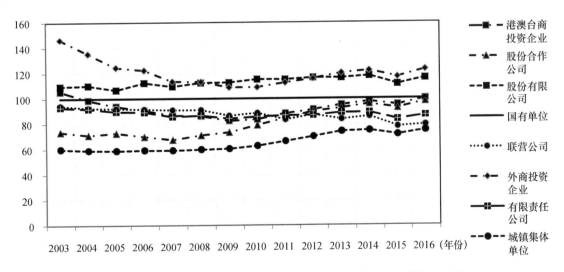

图3　各种经济类型城镇单位平均工资相对变化趋势（国有单位 = 100）

（四）不同性质单位的平均工资相对差距在缩小，工资差距不显著

按照经济活动性质可以将单位划分为企业、事业、机关、民间非营利组织和其他五类。由于民间非营利组织和其他单位的从业人员人数较少，本文只分析企业、事业和机关单位的工资状况。从表 7 数据可以看出，近年来企业、事业、机关单位的平均工资水平一直呈现上升态势，但总体相差不大，基本在全行业平均工资的边缘徘徊。从单位间比例来看，机关和事业单位的平均工资要高于企业的平均工资，2012 年以来，事业单位的平均工资高于机关的平均工资。2016 年，机关、事业单位对企业的比例有所上升，源于工资政策的改革，将机关事业单位纳入养老保险制度，同时进行工资结构改革，使得机关事业单位的平均工资水平有所提高。

表 7　　　　2006—2016 年全国企、事业机关单位平均工资及单位间平均工资比例　　单位：元

年份	平均工资			机关、企业、事业单位间比率		
	企业	事业	机关	机关/企业	机关/事业	事业/企业
2006	20 495	20 988	23 039	1.12	1.1	1.02
2007	23 943	25 461	28 340	1.18	1.11	1.06
2008	28 165	29 251	33 209	1.18	1.14	1.04
2009	31 302	33 352	36 468	1.17	1.09	1.07
2010	35 837	37 521	39 440	1.1	1.05	1.05
2011	41 545	42 265	43 137	1.04	1.02	1.02
2012	46 637	47 238	47 146	1.01	0.99	1.01
2013	51 533	51 916	50 409	0.98	0.97	1.01
2014	56 557	56 546	54 291	0.96	0.96	1.00
2015	60 993	65 814	63 691	1.04	0.97	1.08
2016	65 515	73 881	72 716	1.11	0.98	1.13

（五）私营单位与非私营单位平均工资的绝对差距仍在扩大

表 8 显示了私营单位与非私营单位各年的平均工资及其名义增速。可以看到，2016 年私营单位就业人员工资水平与非私营单位仍有较大差距，二者绝对差距达到 24 736 元，较上年的 22 440 元扩大了 2296 元。2016 年城镇私营单位平均工资相当于城镇非私营单位平均工资的 63.4%。与此同时，虽然近几年私营单位平均工资的增长速度高于非私营单位，二者间的相对差距呈缩小趋势，但受到工资政策的影响，2016 年非私营单位平均工资与私营单位平均工资之比由上一年的 1.57 倍扩大到 1.58 倍。

表8   城镇私营单位与非私营单位平均工资对比   单位：元,%

年份	非私营单位		私营单位		非私营单位/私营单位
	平均工资	名义增速	平均工资	名义增速	
2009	32 244	11.6	18 199	6.6	1.77
2010	36 539	13.3	20 759	14.1	1.76
2011	41 799	14.4	24 556	18.3	1.70
2012	46 769	11.9	28 752	17.1	1.63
2013	51 483	10.1	32 706	13.8	1.57
2014	56 360	9.5	36 390	11.3	1.55
2015	62 029	10.1	39 589	8.8	1.57
2016	67 569	8.9	42 833	8.2	1.58

进一步分析这两类单位在不同行业间的平均工资差异情况（见图4）。在19个行业门类中，私营单位就业人员平均工资普遍低于非私营单位。相对差距较小的是农、林、牧、渔业，建筑业，住宿餐饮业，水利、环境和公共设施管理业等，这些基本都属于传统劳动密集型行业；相对差距较大的则是金融业，电力、热力、燃气及水生产和供应业，信息软件和信息技术服务业，公共管理和文化体育娱乐业，这些行业具有较高垄断性或属于技术密集型行业。值得注意的是，私营单位工资水平在行业间的差距远远小于非私营单位，这说明当前城镇就业人员行业间工资水平差异主要来自非私营单位，仅仅以非私营单位为对象进行行业分析，可能夸大了行业间的工资差距。

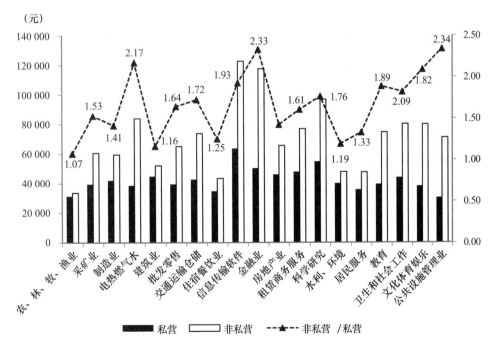

图4　分行业城镇私营单位和非私营单位平均工资对比（行业名称从简）

分地区看，无论在哪个区域，私营单位与非私营单位之间的工资水平差距都比较显著（见表9）。

表9	分地区城镇私营单位和非私营单位平均工资对比						单位：元,%	
地区	私营单位平均工资			非私营单位平均工资			非私营单位/私营单位	
	2015 年	2016 年	名义增长率	2015 年	2016 年	名义增长率	2015 年	2016 年
合计	39 589	42 833	8.2	62 029	67 569	8.9	1.57	1.58
东部	43 439	47 347	9.0	70 611	77 013	9.1	1.63	1.63
中部	32 773	35 000	6.8	50 842	55 299	8.8	1.55	1.58
西部	36 478	39 047	7.0	57 319	62 453	9.0	1.57	1.60
东北	32 176	33 184	3.1	51 064	54 872	7.5	1.59	1.65

（六）不同岗位之间工资差异显著，行业和地区分布特征尤为明显

对各单位就业人员岗位分组的工资水平及其差异状况进行考察时，分析范围仅限于目前统计中的"四上单位"，即规模以上工业、有资质的建筑业、限额以上批发零售业、限额以上住宿餐饮业、全部房地产开发经营业、规模以上服务业法人单位，主要考察 2016 年各类岗位人员平均工资的基本情况。

表 10 显示了 2016 年"四上单位"不同岗位平均工资水平及其对应的就业人员分布情况。第一，岗位平均工资水平从高到低依次为：中层及以上管理人员（123 926 元），专业技术人员（76 325 元），办事人员和有关人员（54 258 元），生产、运输设备操作人员及其相关人员（48 005元），商业、服务业人员（46 742 元）。第二，此排序与各个岗位就业人员的分布正好相反：工资水平最高的中层及以上管理人员占比只有6.17%，而工资水平最低的两组就业者占比则接近2/3。第三，中层及以上管理人员工资水平比其他各类岗位明显高出一个"台阶"，一般生产人员的工资水平仅及其1/3，专业技术人员的工资水平也仅为中层及以上管理人员的62%。

表 10	2016 年各类岗位平均工资及人员分布情况		单位：元,%
	平均工资	岗位平均工资比	就业人员数占比
中层及以上管理人员	123 926	1.00	6.17
专业技术人员	76 325	0.62	13.90
办事人员和有关人员	54 258	0.44	14.41
商业、服务业人员	46 742	0.38	10.23
生产、运输设备操作人员及其相关人员	48 005	0.39	55.29
合计/平均	69 851	—	100

为了更详细分析岗位人员工资水平差异及其分布情况，以下分别就行业和地区两个维度做

进一步分析。首先从行业维度看各岗位的工资差异状况，表现出如下特征：

第一，不同岗位平均工资的行业差异具有工资越高，差距越大的特点。比如，中层及以上管理人员在行业间的平均工资从 8.1 万元到 23.6 万元，相差 2.92 倍；而生产、运输设备操作人员及有关人员平均工资从 3.9 万元到 7.6 万元，工资倍数只有 1.96 倍。基于行业数据计算的差异程度及离散程度指标可以看到（见表11），无论按极差还是变异系数衡量，都显示出统一的结果：中层及以上管理人员平均工资行业差距最大，专业技术人员次之，生产运输设备操作人员及有关人员的行业差距最小。可以判断，岗位工资的行业差异在一定程度上可能与人力资本积累、岗位竞争程度、可替代性大小有关。

表11 　　　　　　　　　行业门类间各岗位平均工资统计特征描述

	中层及以上 管理人员	专业技术 人员	办事人员和 有关人员	商业、 服务业人员	生产、运输设备 操作人员及 有关人员
平均值（元）	135 878.31	82 251.00	57 018.88	48 288.38	49 781.50
标准差（元）	45 843.47	26 049.31	11 650.39	12 000.60	9 908.71
变异系数	0.34	0.32	0.20	0.25	0.20
按就业人员数加权 的变异系数	0.27	0.29	0.17	0.22	0.11
极差（元）	155 476	92 692	46 742	48 763	40 180
高低倍数	2.92	3.01	2.18	2.40	2.10

注：统计中不包括农、林、牧、渔业，金融业以及公共管理、社会保障和社会组织。

第二，每一行业内部也基本呈现出行业平均工资水平越高，各类岗位之间的工资差异越大的特点。信息传输、软件和信息技术服务业、租赁和商务服务业、科学研究和技术服务业属于平均工资较高的行业，这三个行业中层及以上管理人员的平均工资分别为 236 476 元、225 793 元和 198 308 元，在所有行业中排在前三位，同时，三个行业内部岗位工资的差距分别达到 3.76 倍、4.73 倍和 3.77 倍（见表12）。

表12 　　　　　　2016 年分行业各类岗位就业人员的平均工资情况　　　　单位：元

行　业	全部 就业人员	中层及以上 管理人员	专业技术 人员	办事人员和 有关人员	商业、 服务业人员	生产、运输设备 操作人员及 有关人员
平均	**57 394**	**123 926**	**76 325**	**54 258**	**46 742**	**48 005**
采矿业	57 444	112 451	69 330	59 677	41 419	53 300
制造业	54 338	115 924	74 549	53 650	58 823	46 713
电力、热力、燃气 及水生产和供应业	84 073	155 850	97 973	67 590	59 463	76 780
建筑业	49 573	93 288	56 139	43 841	42 964	45 958
批发和零售业	59 044	124 728	74 589	58 608	43 687	46 371

续表

行 业	全部就业人员	中层及以上管理人员	专业技术人员	办事人员和有关人员	商业、服务业人员	生产、运输设备操作人员及有关人员
交通运输、仓储和邮政业	68 058	132 143	104 306	59 879	57 940	61 380
住宿和餐饮业	40 573	81 000	46 044	39 692	35 337	36 600
信息传输、软件和信息技术服务业	120 864	236 476	138 736	86 434	83 547	62 913
房地产业	62 428	131 164	75 053	54 014	42 099	39 756
租赁和商务服务业	72 855	225 793	110 697	66 109	47 742	48 839
科学研究和技术服务业	99 599	198 308	108 416	70 181	52 540	55 377
水利、环境和公共设施管理业	49 397	107 405	69 276	48 702	35 887	44 087
居民服务、修理和其他服务业	41 815	89 634	52 645	44 456	34 784	39 093
教育	58 516	108 070	59 073	50 275	51 220	46 976
卫生和社会工作	62 798	104 263	62 953	46 153	43 295	46 013
文化、体育和娱乐业	80 207	157 556	116 237	63 041	41 867	46 348

注：统计中不包括农、林、牧、渔业，金融业以及公共管理、社会保障和社会组织。

分四大区域看，东部地区岗位间平均工资差距最大，岗位平均工资最高与最低之比为 2.87，比上年上升 0.06；中部地区岗位间平均工资差距最小，最高与最低之比为 2.36，比上年上升 0.02（见表 13）。

表 13　　　　　　　　　2016 年分地区分岗位就业人员平均工资情况　　　　　　　单位：元

地 区	全部就业人员	中层及以上管理人员	专业技术人员	办事人员和有关人员	商业、服务业人员	生产、运输设备操作人员及有关人员
合 计	**57 394**	**123 926**	**76 325**	**54 258**	**46 742**	**48 005**
东 部	62 875	144 045	87 708	60 379	52 750	50 119
中 部	47 538	88 500	57 790	43 599	37 480	43 385
西 部	52 976	104 414	65 274	49 119	39 372	47 770
东 北	49 868	98 886	59 448	47 403	37 964	44 140

  各地区不同岗位间工资差距情况与行业的分析结果类似。第一，各类岗位的地区差异程度有所不同，各项指标都显示出，中层及以上管理人员工资的地区差异远大于其他岗位，专业技术人员次之，其排列顺序与岗位工资水平排列顺序完全一致（见表14）。这说明岗位工资的地区差异水平与岗位工资的高低有关。第二，不同地区岗位间工资差异程度有所不同，北京、上海两地不同岗位间平均工资差距远远超过其他地区，天津、江苏、广东等省市次之。总体来说，各个地区的岗位间工资差异程度与地区总体工资水平具有一定关联，但更与中层及以上管理人员岗位工资的巨大差异有关（见表15）。

表 14   地区间各岗位平均工资统计特征描述

	中层及以上管理人员	专业技术人员	办事人员和有关人员	商业、服务业人员	生产、运输设备操作人员及有关人员
平均值（元）	116 194.26	70 029.48	52 325.35	42 543.81	49 244.13
标准差（元）	45 607.6	21 540.2	13 453.5	7 978.0	6 844.0
变异系数	0.39	0.31	0.26	0.19	0.14
按就业人员数加权的变异系数	0.44	0.38	0.28	0.26	0.11
极差（元）	203 153	95 309	62 866	37 628	28 253
高低倍数	3.59	2.93	2.60	2.14	1.70

表 15   2016 年分地区各类岗位就业人员的平均工资情况   单位：元

地 区	全部就业人员	中层及以上管理人员	专业技术人员	办事人员和有关人员	商业、服务业人员	生产、运输设备操作人员及有关人员
平 均	**57 394**	**123 926**	**76 325**	**54 258**	**46 742**	**48 005**
北 京	105 945	269 760	144 758	94 658	62 770	68 385
天 津	72 896	166 560	91 570	66 540	47 915	60 971
河 北	46 633	89 025	56 793	42 442	37 876	42 493
山 西	47 528	86 783	49 449	39 320	33 128	47 534
内蒙古	52 426	103 710	60 337	49 319	37 619	48 424
辽 宁	50 965	105 332	60 479	47 724	39 425	44 017
吉 林	49 739	92 635	61 598	44 061	36 075	45 143
黑龙江	47 529	89 005	53 632	50 843	36 333	43 194
上 海	103 071	281 463	139 321	102 186	70 756	64 412
江 苏	60 069	122 332	76 105	54 491	51 245	52 831
浙 江	53 938	119 207	69 454	52 378	45 512	46 236
安 徽	49 502	88 543	62 538	45 385	37 705	44 114

续表

地 区	全部就业人员	中层及以上管理人员	专业技术人员	办事人员和有关人员	商业、服务业人员	生产、运输设备操作人员及有关人员
福 建	53 891	108 441	65 555	49 771	43 089	49 038
江 西	48 634	91 055	55 028	44 877	40 364	45 139
山 东	50 242	93 196	59 814	47 129	41 423	46 170
河 南	43 091	78 310	50 646	40 046	36 348	40 132
湖 北	51 917	99 116	68 090	47 928	39 219	45 767
湖 南	48 213	92 700	58 564	43 717	38 305	43 104
广 东	63 720	139 010	97 118	61 262	51 199	50 280
广 西	47 627	97 223	61 502	43 729	36 823	43 023
海 南	59 438	129 768	77 491	54 839	43 605	47 028
重 庆	54 899	116 777	68 458	50 367	40 558	49 304
四 川	52 040	105 426	67 263	49 546	40 660	44 991
贵 州	54 176	102 779	62 887	49 095	38 532	50 107
云 南	48 535	95 376	57 808	46 201	36 345	41 927
西 藏	65 438	132 502	73 848	54 537	50 958	58 149
陕 西	55 724	103 984	72 154	51 105	38 632	50 248
甘 肃	48 015	86 074	54 577	43 320	35 249	45 229
青 海	57 293	99 991	63 442	49 621	45 044	55 141
宁 夏	56 017	102 878	60 971	47 246	40 259	54 609
新 疆	62 266	113 061	69 664	58 403	45 887	59 428

分登记注册类型看，外商投资企业岗位工资差距最大，岗位平均工资最高与最低之比为4.32；其次是港澳台商投资企业，最高与最低之比为3.45；第三是国有单位，最高与最低之比为2.91。私营单位和其他内资单位岗位工资差距最小，最高与最低之比分别为2.27和2.29（见表16）。

表16　　　　　　　　**2016 年分登记注册类型分岗位就业人员平均工资情况**

登记注册类型	全部就业人员	中层及以上管理人员	专业技术人员	办事人员和有关人员	商业、服务业人员	生产、运输设备操作人员及有关人员
平均	**57 394**	**123 926**	**76 325**	**54 258**	**46 742**	**48 005**
国有单位	71 707	146 344	88 777	65 991	50 235	64 620
城镇集体单位	43 009	81 824	49 678	42 005	34 490	39 934
股份合作公司	48 444	85 904	55 441	44 345	36 220	44 620

续表

登记注册类型	全部就业人员	中层及以上管理人员	专业技术人员	办事人员和有关人员	商业、服务业人员	生产、运输设备操作人员及有关人员
联营公司	48 987	108 459	64 376	39 984	41 867	42 607
有限责任公司	57 784	123 035	77 296	52 765	44 719	48 836
股份有限公司	66 399	154 651	88 985	60 823	56 088	54 022
私营单位	47 477	88 740	56 998	44 640	39 036	42 683
其他内资单位	50 853	93 769	59 195	44 572	40 957	42 370
港澳台商投资企业	66 621	172 327	108 892	69 695	59 420	49 994
外商投资企业	80 964	242 992	124 970	87 074	71 089	56 244

三　影响因素分析

影响平均工资水平差距的因素很多，既有政策因素，也有经济和文化因素。上述分析表明，工资水平以行业间差异最为显著，远大于地区和经济类型间的差异（以高低工资倍数衡量，各行业门类为 3.64 倍，各省区为 2.42 倍，各经济类型为 1.64 倍）。因此，本文除了对政策因素进行分析之外，主要以行业为对象，对产生工资差距的原因进行分解分析，并利用泰尔指数分解方法对各个因素的影响程度进行量化。

（一）政策因素：非私营单位平均工资增长的主要因素

2016 年，为进一步理顺工资结构，各地相继出台了一系列政策：一是各地区普遍对职务工资、级别工资及津贴补贴进行了调整；二是部分地区增发了年终目标绩效考核奖；还有一些地区落实并补发了上年未兑现的政策性调资，多重因素促进了机关事业单位平均工资保持较快增长。但 2016 年政策性调资力度低于上年，机关事业单位平均工资增速有所回落。2016 年，全国有 9 个省（自治区、直辖市）上调最低工资标准，平均增幅 10.7%。尽管调整的地区和幅度都低于上年，但对企业工资增长仍有一定促进作用。

（二）劳动生产率：对行业工资差异的影响力持续下降

从各个行业劳动生产率分布状况可以看到（见图 5），劳动生产率呈现较明显的阶梯状分布，大体可以分为四组。第一组是处于阶梯最高层的金融业、房地产业和居民服务业，尤其是金融业，劳动生产率显著高于其他行业；第二组包括住宿和餐饮业、电力热力燃气与水生产供应业、交通运输业，主要为生产性服务业；第三组包括信息传输软件和信息技术服务业、采矿业、文化体育和娱乐业、科学研究和技术服务业、批发和零售业、制造业等；最后一组中公共服务行业较为集中，包括租赁和商务服务业，公共管理、社会保障和社会组织，卫生和社会工作，教育，水利、环境和公共设施管理业，建筑业等。

各行业劳动生产率呈现台阶式分布，根据此分布可以对各行业进行分组，进一步计算 2016年按劳动生产率分组的行业工资组内与组间的泰尔指数，以解释劳动生产率差异对工资水平差异的影响，即根据劳动生产率高低对行业的分组，就平均工资分别计算组内差异和组间差异，以组间差异测度劳动生产率因素对行业间平均工资差距的影响。表 17 列示了 2015 年和 2016 年

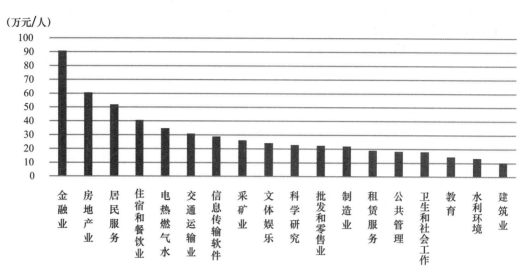

图5　各行业劳动生产率情况

的泰尔指数计算结果。可以看到：第一，组间贡献率在17%以上，说明劳动生产率对于工资差距的影响较大；第二，组间泰尔指数和组间贡献率都呈下降趋势，特别是组间贡献率从2015年的30.18%下降至2016年的17.27%，说明劳动生产率对于行业之间工资差距的解释力在不断减小。

表17	不同劳动生产率的行业门类泰尔指数分解	
	2015年泰尔指数	**2016年泰尔指数**
全部行业	**0.0263**	**0.0267**
高劳动生产率行业	0.0542	0.0454
中上劳动生产率行业	0.0232	0.0202
中下劳动生产率行业	0.0127	0.0243
低劳动生产率行业	0.0128	0.0155
组内泰尔指数	0.0183	0.0221
组间泰尔指数	0.0079	0.0046
组内贡献率	69.82%	82.73%
组间贡献率	30.18%	17.27%

（三）竞争充分性：对行业间工资差异的影响仍然显著

表18列出了竞争不充分的18个行业大类2015年和2016年的平均工资状况。可以看到，2016年除水的生产和供应业、保险业低于全行业平均工资水平外，其他行业均高于全行业平均水平。其中资本市场服务业、其他金融业、货币金融服务业、烟草制品业以及航空运输业明显高出行业平均水平，表明竞争不充分对行业间平均差异的影响十分显著。

表 18   竞争不充分行业大类就业人员的平均工资情况

行业门类	2015 年		2016 年		2016 年增长速度（%）
	平均工资（元）	与行业平均工资之比	平均工资（元）	与行业平均工资之比	
石油和天然气开采业	83 702	1.35	87 400	1.29	4.42
烟草制品业	134 426	2.17	142 109	2.10	5.72
石油加工炼焦和核燃料加工业	67 867	1.09	71 710	1.06	5.66
电力热力生产和供应业	84 435	1.36	89 576	1.33	6.09
燃气生产和供应业	66 549	1.07	72 095	1.07	8.33
水的生产和供应业	54 256	0.87	59 595	0.88	9.84
铁路运输业	84 678	1.37	89 532	1.33	5.73
水上运输业	88 649	1.43	90 229	1.34	1.78
航空运输业	131 279	2.12	137 108	2.03	4.44
管道运输业	95 553	1.54	100 996	1.49	5.70
邮政业	65 661	1.06	71 943	1.06	9.57
电信广播电视和卫星传输服务	84 749	1.37	91 724	1.36	8.23
货币金融服务业	132 344	2.13	140 901	2.09	6.47
资本市场服务业	283 780	4.57	264 524	3.91	-6.79
保险业	63 189	1.02	65 957	0.98	4.38
其他金融业	191 678	3.09	192 432	2.85	0.39
新闻和出版业	90 192	1.45	96 996	1.44	7.54
广播电视电影和影视录音制作业	77 752	1.25	84 605	1.25	8.81

    对竞争不充分行业和充分竞争行业平均工资进行比较（见表 19），可以看出，2005—2016 年，竞争不充分行业的平均工资水平始终高于竞争充分行业，但二者间的相对差距在近几年呈缩小趋势。

表 19   2005—2016 年竞争不充分行业与充分竞争行业平均工资对比

年份	竞争不充分行业（元）	竞争充分行业（元）	两者之比
2005	27 812	16 969	1.64
2006	32 357	19 402	1.67
2007	40 058	23 011	1.74
2008	44 695	26 862	1.66
2009	49 585	30 009	1.65
2010	56 998	33 978	1.68

续表

年份	竞争不充分行业（元）	竞争充分行业（元）	两者之比
2011	65 349	38 960	1.68
2012	76 986	43 674	1.76
2013	80 058	48 424	1.65
2014	87 096	53 046	1.64
2015	93 483	58 533	1.60
2016	98 913	63 970	1.55

　　利用泰尔指数分解方法分析竞争因素对行业间平均工资差距的影响（见表20），可以看到：第一，竞争不充分因素对行业间工资差异的贡献率为23.64%，虽然有所下降，但对于行业工资差异的影响依然比较显著；第二，2016年的充分竞争行业泰尔指数高于2015年的泰尔指数，竞争不充分行业泰尔指数则有所下降，说明充分竞争行业内部工资水平的差距扩大，而竞争不充分行业内部工资水平的差距有所缩小；第三，2016年的组间贡献率比2015年略有下降，说明破除竞争不充分性以降低工资差异有一定成效。

表 20　　　　　　　　竞争不充分行业和充分竞争行业泰尔指数分解

	2015 年泰尔指数	2016 年泰尔指数
全部行业泰尔指数	0.0457	0.0467
竞争不充分行业泰尔指数	0.0534	0.0514
充分竞争行业泰尔指数	0.0293	0.0329
组内泰尔指数	0.0330	0.0357
组间泰尔指数	0.0127	0.0110
组内贡献率	72.26%	76.36%
组间贡献率	27.74%	23.64%

（四）人力资本：对工资差异的解释力有所增强

　　如前所述，各行业不同的人力资本水平对工资水平具有重要影响。以下采用各行业大专及以上学历的就业人员比重作为表征指标，据此分析人力资本对于行业工资水平差异的影响。图6是按照2016年《中国劳动统计年鉴》中给出的城镇就业人员中大学专科以上学历者所占比例进行排序的结果。可以看出该结果有两个分段点：一是从公共管理到文体娱乐业，二是从交通运输业到居民服务业。由此将所有行业分为以下三组：高于60%的行业有6个，视为高人力资本行业，以教育业为最高（79.13%），其中科学研究行业跃升至第二位，说明科研行业对于学历水平的要求提高；低于20%的行业有4个，视为低人力资本行业，以农林牧渔业为最低（2.54%），居民服务业、住宿和餐饮业、建筑业等吸纳就业较大的传统产业均包含在这一组；处于20%—60%的行业有9个，视为中等人力资本行业。

　　基于上述分组计算泰尔指数，结果如表21所示。可以看到，第一，组间贡献率从2015年的42.7%上升至2016年的57.17%，上升幅度很大，贡献率达到50%以上，说明人力资本对

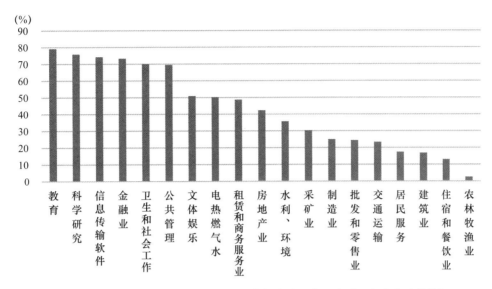

图6　2016年各行业门类大专以上学历人数占就业人员比重（行业名称从简）

于行业间工资差距的解释力大大增加；第二，不同人力资本行业的泰尔指数和组内贡献率都有所下降，说明同一人力资本行业内部的工资差距在缩小，但是差距仍然存在。

表21　　　　　　　　　　不同人力资本行业门类泰尔指数分解

	2015 年泰尔指数	2016 年泰尔指数
全部单位	0.0282	0.0288
高人力资本行业	0.0271	0.0206
中人力资本行业	0.0173	0.0071
低人力资本行业	0.0082	0.0063
组内泰尔指数	0.0162	0.0123
组间泰尔指数	0.012	0.0165
组内贡献率	57.30%	42.83%
组间贡献率	42.70%	57.17%

四　政策建议

通过对2016年城镇单位就业人员工资状况的分析，可以得出以下基本结论：第一，城镇单位就业人员工资水平仍然在不断提高，受到经济下行压力的影响，非私营单位和私营单位的增长速度均有所下降。第二，工资水平在行业和地区层面都存在明显差距。第三，不同岗位的工资差异在各行业、地区间具有相似特点，工资水平越高的岗位（中层及以上管理人员），其在行业和地区间差异特征最为明显。第四，劳动生产率对行业差异的解释力在下降，行业竞争不充分因素对行业工资水平差异依然有明显影响，人力资本对工资差异的解释性持续增强。

为缩小不同行业、不同地区、不同岗位间就业人员的工资差距，提出如下对策建议：

（一）继续深化改革，促进劳动报酬增长与劳动生产率提高同步

近几年来，重要领域和关键环节改革取得突破性进展。但从上述分析看，尽管平均工资增长与 GDP 增长基本保持同步，劳动生产率对行业差异的解释力在下降，说明工资增长与劳动生产率有一定偏离。因此，要继续深化改革，完善工资的初次分配和再分配机制，深化企事业单位的工资制度改革，继续完善劳动、资本、技术、管理等要素按贡献参与分配的初次分配机制，健全以税收、社会保障、转移支付为主要手段的再分配调节机制，以促进经济结构转型升级，通过提高全社会的劳动生产率为工资增长提供保障，实现劳动报酬增长和劳动生产率提高同步。

（二）通过休制改革和政策扶持缩小行业和地区之间的工资差距

行业间和地区间差异系数近几年处于相对稳定的状态，表明收入分配政策对缩小行业间、地区间工资差距起到了积极作用。但在这方面仍要加强调控力度，主要是打破行业和部门对资源的垄断，加快混合所有制改革的步伐，消除不合理的行业差距，降低垄断行业的门槛，提高竞争性水平，让企业进行公平有序的市场竞争，从而减少行业间的工资水平差距。加快国企改革步伐，加强国有企业人员工资的调控机制，促进国有及国有控股企业劳动生产率提高，减少企业工资分配制度不健全、秩序不规范的问题。应通过政策扶持解决地区间工资差异问题，促进中西部地区的产业结构调整，加快产业转型和升级，实现产业创新，形成合理的经济布局。

（三）在工资结构调整中继续提高人力资本的影响力

近年来，国家在完善劳动、资本、技术、管理等要素按贡献参与分配的初次分配机制方面出台了一系列政策措施，收到了实效，人力资本对工资水平差异的解释力度大大增强。因此，要继续加大对于教育领域的财政投入和教育观念的宣传力度，推动教育的市场化进程，引导民间资本进入教育领域，为不同层次的劳动者提供学习和培训机会，提高各行各业、各个岗位就业人员的人力资本水平和劳动生产率水平。继续将人力资本落实到工资水平上，设计合理的工资结构，从而调动高人力资本的工作积极性，促进产业转型和升级，加快经济发展。

（作者单位：国家统计局人口和就业统计司）

日本人口老龄化的现状、实践经验及
对我国的启示

胡　澎

老年人口占总人口达到或超过一定比例的人口结构模型被称为老龄社会。目前，按照联合国的标准，老龄化率（即 65 岁及以上人口占该国/地区总人口的比重）超过 7% 但不满 14% 的称为"老龄化社会"，老龄化率超过 14% 但尚未达到 21% 的称为"老龄社会"，老龄化率超过21% 的称为"超老龄社会"。日本是世界公认的长寿国家，也是世界上人口老龄化最严重的国家之一。日本的《国势调查》显示，1970 年日本的老龄化率达到 7.1%，开始进入老龄化社会，1995 年达到 14.5%，正式进入老龄社会，2007 年老龄化率达到 21.5%，进入超老龄社会。与其他西方发达国家相比，日本的老龄化率在 20 世纪 80 年代处于低位，90 年代上升到中位，2005 年跃居世界高位。当今，日本的老龄化现象究竟严峻到何种程度？对日本的社会经济发展产生了哪些影响？日本政府在解决老龄化问题上有哪些实践经验值得我们借鉴？这些都是本文要探讨的问题。

一　日本人口问题的几个突出表现

当今日本面临着总人口减少、出生人口减少、平均寿命延长、老龄化率不断增高等人口结构的变化。据《朝日新闻》2017 年 12 月 22 日的报道，日本厚生劳动省公布的人口动态年度统计数据显示，2017 年在日本国内出生的新生儿数量为 94.1 万人，比上年减少 3.6 万人。连续两年新生儿数量不足 100 万人，这也是自 1989 年该统计实施以来的最低值。日本人口在这一年中自然减员 40.3 万人，少子老龄化的负面影响正在显现，最直接的影响是日本总人口和劳动年龄人口的减少。如果人口问题不能得到有效解决，将给日本的综合国力、社会结构、经济发展、产业竞争以及科学技术人才储备等方面带来诸多负面影响。

（一）日本人口老龄化现状

1. 老龄化现象日益严峻

日本是一个长寿之国，人均寿命不断延长。2015 年，日本男性的平均预期寿命为 80.75岁，女性为 86.99 岁[①]，预计到 2065 年男女平均预期寿命将分别上升至 84.95 岁和 91.35 岁。日本也是一个超老龄化社会。据日本总务省统计局 2017 年 2 月公布的数据，截至 2016 年 10 月1 日，日本总人口为 1.2693 亿人，65 岁及以上老年人口达到 3459 万人，占总人口的 27.3%，居世界第一位。其中，65—74 岁的低龄老年人口为 1768 万人，占总人口的 13.9%；75 岁及以

---

① 厚生劳働省：「完全生命表」，http：//www.mhlw.go.jp/toukei/saikin/hw/life，2017 年 12 月 8 日。

上高龄老年人口为 1691 万人，占总人口的 13.3%。① 据日本官方预测，到 2020 年，日本 75 岁及以上老年人口数量将占到老年人口比重的一半以上，并且逐年增加。预计到 2065 年，日本老龄化率将达到 38.4%，意味着约 2.6 个人中就有一个是 65 岁及以上的老年人。

伴随着日本老年人口的增加，日本有老年人的家庭数量也在增长。2015 年，有 65 岁及以上老年人的家庭达 2372 万户，占全部家庭总数的 47.1%。其中夫妇二人的家庭最多，占 30%。与此同时，老年人与子女同居现象日益减少，65 岁及以上的老年人与子女共同生活的比例在 1980 年为 70%，到 2015 年下降为 39%。② 65 岁及以上独居老年人明显增加，相当一部分独居老年人得不到应有的照顾和陪伴。近十年来，独居老年人因无人照护，在居所内突发疾病导致死亡的"孤独死"事件频频发生。

众所周知，平均寿命与健康寿命之间存在着时间差。2010 年，日本男女两性的平均寿命与健康寿命的时间差分别是 9.13 年和 12.68 年。③ 平均寿命与健康寿命之间的时间差越大，意味着患慢性疾病、失能或半失能、患认知症（即"阿尔兹海默症"）等需要护理的老年人口比例越高，这些群体必须依靠他人的援助来维持正常生活。截至 2013 年末，符合护理保险制度的需要护理者和需要支援者达 569.1 万人，与 2003 年末相比增加了 198.7 万人。④ 2012 年患认知症的老年人达到 462 万人。⑤ 因此，家庭成员对患病老人特别是失能老人、认知症老人的照料和护理负担十分沉重。与被护理者共同生活的护理者中有 69.0% 的男性和 68.5% 的女性年龄在 60 岁以上⑥，低龄老年人看护高龄老年人现象十分普遍。因照顾和护理家人导致辞职的现象也十分严重。2011 年 10 月至 2012 年 9 月，有 10.1 万人以家庭成员的护理、看护为由辞去工作。⑦

由于少子老龄化日益严峻，日本社会呈现活力不足、邻里关系疏远、社区功能减弱等现象，老年人的社会孤立现象越来越引发关注。⑧ 有相当数量的老年人对日常生活感到孤独，特别是一些老年人在配偶死亡后，跟家人、亲属、朋友的联系变少，缺乏社会关怀。另外，随着地方社会的人口空洞化，附近商店、店铺纷纷倒闭和撤出，老年人出行不便，购买生活用品、享受生活必要的服务很困难。

2. 护理人才短缺

随着日本老年人家庭、单身家庭、夫妇二人家庭数量的不断增加，有子女家庭数量的大幅

---

① 内閣府：「平成 29 年版高齢社会白書」，http：//www8. cao. go. jp/kourei/whitepaper/w－2017/gaiyou/29pdf_indexg. html，2018 年 2 月 13 日。

② 内閣府：「平成 29 年版高齢社会白書」，http：//www8. cao. go. jp/kourei/whitepaper/w－2017/gaiyou/29pdf_indexg. html，2018 年 2 月 13 日。

③ 厚生労働省：「平成 26 年厚生労働白書」，http：//101. 96. 8. 164/www. mhlw. go. jp/wp/hakusyo/kousei/14/dl/1－03. pdf，2017 年 11 月 17 日。

④ 内閣府：「平成 28 年版高齢社会白書」，http：//www8. cao. go. jp/kourei/whitepaper/w－2016/gaiyou/28pdf_indexg. html，2018 年 1 月 22 日。

⑤ 内閣府：「平成 29 年版高齢社会白書」，http：//www8. cao. go. jp/kourei/whitepaper/w－2017/gaiyou/29pdf_indexg. html，2018 年 2 月 13 日。

⑥ 内閣府：「平成 27 年版高齢社会白書」，http：//www8. cao. go. jp/kourei/whitepaper/w－2015/gaiyou/27pdf_indexg. html，2017 年 12 月 5 日。

⑦ 一億総活躍国民会議：「一億総活躍社会の実現に向けて緊急に実施すべき対策——成長と分配の好循環の形成に向けて」，https：//www. kantei. go. jp/jp/singi/ichiokusoukatsuyaku/kinkyu_taisaku/hontai. pdf，2017 年 11 月 16 日。

⑧ 岡田浩一、藤江昌嗣、塚本一郎：『地域再生と戦略的協働』，ぎょうせい，2006 年。

减少，单纯依靠家庭成员对老年人的护理、特别是对长年卧床不起老人的照料和护理已不现实。同时，由于地域社会、社区功能的弱化，社区邻里关系疏远，很难对老年人的护理有所帮助。

目前，日本的养老护理机构中从事护理工作的人员十分匮乏。由于护理工作强度大，地位和待遇不高，导致护理人才流失和短缺现象较为普遍。厚生劳动省调查显示，护理人员的数量预计在"团块世代"① 达到 75 岁及以上时的 2025 年将出现 30 万人的缺口。2015 年，安倍内阁提出了"一亿总活跃社会"的发展蓝图，希望通过"孕育希望强大经济""构筑梦想的育儿支援""安心的社会保障"这"新三支箭"迈向"一亿总活跃社会"。具体目标是将国内生产总值扩大到 600 万亿日元②，总和生育率提升到 1.8，护理离职率降低为零等。其中"护理辞职率为零"的目标就是针对那些因为护理家庭成员而辞职的现象。日本政府希望通过减轻劳动者的负担，提高养老护理从业人员的社会地位，改善其待遇，来确保日本拥有 25 万护理人才。

3. 低生育加重老龄化程度

日本老龄化的困境还在于少子化与老龄化相生相伴。日本不仅仅是超老龄化社会，还是世界上少子化现象最严重的国家之一。少子化的表现有出生率不断下降、每年新出生人口不断减少、低年龄人口持续减少等。

日本少子化现象的出现可追溯到 20 世纪 70 年代，1975 年，日本总和生育率从 1950 年的 3.65 下降到 1.91，开始低于人口替代水平。之后，日本总和生育率一路下滑，1989 年下降到 1.57，被称为"1.57 冲击"，为日本社会敲响了人口危机的警钟。也就是在这一年，少子化成为一个社会问题被广泛认知，日本政府也开始出台少子化的对策。进入 21 世纪以来，日本的总和生育率继续下降。2000 年下降到 1.47，2005 年下降到 1.26。③ 近两年，日本总和生育率有些许缓和，2016 年上升到 1.44，但距离维持人口平衡所需的 2.1 还有较大距离，与欧美国家相比仍然处于较低水准。

晚婚、晚育、不结婚是少子化产生的直接原因。日本男女的平均初婚年龄逐年上升，2015 年男性和女性的平均初婚年龄分别为 31.3 岁和 29.4 岁。晚婚直接造成了晚育，2011 年女性初次生育的平均年龄为 30.1 岁。一些夫妻因为结婚太晚而放弃生育，更加剧了少子化现象。

与此同时，相当数量的日本年轻人对婚姻持不积极态度，单身年轻人逐渐增多。2017 年日本全国的结婚对数为 60.7 万对，比上一年减少 1.4 万对。而且，日本年轻人对恋爱也不积极。婚恋适龄期不结婚，很容易导致终身未婚。20 世纪 90 年代以来，日本人终身未婚比率迅速上升，2015 年男女终身未婚的比例分别为 23% 和 14%。对婚姻持不积极态度直接影响了日本人口的增长。另外，双职工家庭育儿与工作难以兼顾、养育子女费用高、企业劳动时间过长等都是少子化产生的重要原因。2012 年就业结构基本调查显示，25—44 岁边工作边育儿的女性占到了 52.4%，同时，有工作意愿但由于生产和育儿而无法工作的女性高达 113.4 万人。④ 沉重的育儿负担阻碍了日本妇女地位的提升，不利于男女共同参与社会的实现，同时，为了职业而选择不生孩子或少生孩子又势必会加剧少子化现象。少子化现象将让日本日趋严峻的老龄化雪

---

① 指日本在 1947 年到 1949 年之间出生的一代人，约 700 万人，是日本二战后出现的第一次婴儿潮人口，被看作是 20 世纪 60 年代中期推动经济腾飞的主力，2007 年开始陆续退休。

② 2014 年为 490 万亿日元。

③ 厚生労働省：「平成 27 年版人口動態統計の年間推計」，http：//www.mhlw.go.jp/toukei/saikin/hw/jinkou/suikei15/，2017 年 7 月 16 日。

④ 総務省統計局：「平成 24 年就業構造基本調査」，http：//www.stat.go.jp/data/shugyou/2012/index.htm，2017 年 10 月 15 日。

上加霜。

4. "2025 年问题"

到 2025 年，"团块世代"群体都将年逾 75 岁，成为高龄老年人。这一年，预计 65 岁及以上老年人口将达到 3500 万，占总人口的 30%；75 岁及以上老年人口将达到 2179 万。65 岁及以上患有认知症的老年人（日常生活自立度Ⅱ①）将达到 470 万人，占 65 岁及以上老年人总数的 12.8%。② 2025 年之前，独居老年人家庭和夫妇均为老年人的家庭数量仍处于增加态势。从护理保险制度来看，日本社会保障费用也在不断上升，预计 2025 年将上升至 148.9 万亿日元，占 GDP 的 24.4%。③ 2025 年日本国民医疗费预计将达到 52.3 万亿日元，老年人医疗费用将增加到 24.1 万亿日元。④ 另外，日本还将面临护理人才严重不足的问题，护理行业需要再增加 80 万护理人员。这一系列问题被统称为"2025 年问题"。

2015 年 6 月，日本民间团体"日本创成会议"在厚生劳动省的统计基础上，估算出到 2025 年，东京圈（包括东京都、埼玉县、千叶县、神奈川县）75 岁及以上的老年人约为 572 万人，比 2015 年增加了 175 万人。到 2025 年，东京圈所需看护床位数为 46 万张，但 2015 年仅为 33 万张，存在 13 万张床位缺口。75 岁及以上有看护需求却进不了看护机构的老年人将会成为"看护难民"。因此，该团体建议这一老年人群体搬离东京圈，去异地养老。

（二）人口老龄化的影响

日本的老龄化现象令人担忧，特别是一些中小城市、山村、农村、渔村，老龄化现象愈加严峻。人口老龄化对日本的经济、社会乃至国家未来发展都将产生不可忽视的影响。归纳起来，其负面影响主要有以下几个方面。

一是人口老龄化对劳动力供给的影响。老龄化导致老年人口规模扩大，总人口的年龄构成老化，劳动人口年龄结构趋于老化，进而出现劳动力资源短缺。从长期看，随着人口老龄化程度的加深，劳动力的供给将进一步紧缺。因此，为了应对劳动力减少，日本希望构建一个可持续的"全民参与型社会"，让年轻人、女性、老年人、残障人士等全体日本人拥有劳动和就业的愿望，并保障他们能实现这一愿望。

二是人口老龄化对就业和雇用的影响。近年来，日本普遍出现了对 60 岁及以上员工的继续雇用现象。另外，相当一部分日本人以 60 岁退休为契机，从正式员工转为契约工、合同工、计时工等，拉大了老年人之间的贫富差距。

三是人口老龄化对企业创新和产业结构的影响。从 2007 年开始，"团块世代"陆续退休，企业内这批具有丰富经验的人才退出生产第一线，引发劳动力不足、技术工人短缺等问题。同时，大量非正式员工的雇用，导致先进制造业和服务业所需的技术娴熟员工无法得到保证，势必会带来日本企业创新性和积极进取精神的匮乏，有可能会对科学技术创新、科技立国产生负面影响。

四是人口老龄化导致国民社会负担加重。劳动年龄人口的减少以及老年人口的增加导致社

---

① 日常生活自立度Ⅱ，指在生活和表达上有一定困难，但稍加关照便可生活自理。

② 厚生労働省：「厚生労働省における高齢者施策について」，http://www.moj.go.jp/content/000123298.pdf，2017 年 12 月 17 日。

③ 厚生労働省：「社会保障に係る費用の将来推計の改訂について」，http://www.mhlw.go.jp/seisakunitsuite/bunya/.../shouraisuikei.pdf，2017 年 12 月 11 日。

④ 総務省：「超高齢社会がもたらす課題」，http://www.soumu.go.jp/johotsusintokei/whitepaper/ja/h25/html/nc123120.html，2018 年 3 月 12 日。

会抚养负担不断加重。

五是人口老龄化对社会保障制度的影响。20 世纪 60 年代建立的社会保障制度主要包括养老保险制度、医疗保险制度、失业保险制度和工伤事故保险制度等。养老保险制度主要由"国民年金""厚生年金"和"共济年金"等组成。随着日本老龄化程度的加深，社会保障费急剧膨胀。2014 年社会保障费用为 112.102 万亿日元，比前一年增加了 1.3%，达到历史最高水平。社会保障费用中，与老年人相关的费用占到了 48.6%。① 随着社会保障费用支出的增加，养老保险制度呈现入不敷出、难以为继的局面。由于在养老金、医疗护理方面的支付水准水涨船高，导致工作群体的社会负担日益加重。这些负担最终是要由下一代人来承担，势必会影响年青一代加入养老金、医疗保险和护理保险的积极性。因此，构筑可持续的社会保障制度是日本政府面临的极为重要的问题。另外，人口的老龄化还导致医疗费用不断上升。老人医疗费包含诊疗费、药剂费、饮食疗养和生活疗养费、老人保健设施疗养费、老人访问看护及医疗费支出等。日本每年的医疗费用包括患者自己负担的和医疗保险机构支付的在内，呈逐年上升趋势。

六是人口老龄化对储蓄和消费的影响。随着老年人口比重不断提高，劳动年龄人口所占比重不断下降，退休人口增加，储蓄率将降低。从长远的趋势看，随着老龄化进程加快，储蓄率还将继续下降，将对经济供给方产生影响，进而制约经济的发展。

七是人口老龄化对日本的地方社会影响较大，进一步加剧了城市与农村的两极分化。人口急剧减少的地区产生了诸多问题，如：当地传统活动的继承问题、学童人数减少导致学校关闭问题、农林水产业的衰退问题、农地的荒芜问题、商业和商店街的衰退问题以及医疗、护理、福祉等服务减少的问题……与之形成强烈反差的是，一些大城市或都市圈凭借便利的交通、产业的集中、高科技行业和制造业的不断繁荣、较多的就业机会等吸引了大量年轻人而获得发展。由此，大城市与偏远地区、农村之间的差距越来越明显。据民间研究机构"日本创生会议"2014 年 5 月发表的数据，到 2040 年日本全国 1800 个自治体（市区町村等各级地方政府）中的 49.8%，即 896 个市区町村的 20—39 岁女性人数将减少一半以上，523 个市区町村的人口将不到 1 万。如果这些自治体的总和生育率得不到提高，那么这些自治体或因人口减少而面临消失。②

二　日本应对人口老龄化的实践与经验

健康长寿是每个人、每个国家共同的理想和追求。健康长寿社会不仅仅意味着平均寿命的延长，还意味着健康寿命的延长，意味着老年人能积极参与社会活动，能在自己熟悉的环境获得照料和看护。近年来，日本各级政府依据各自不同的地域特点，结合当地老龄化现状，出台了诸多应对人口老龄化的对策和措施。一些大学、研究机构、非营利组织、居民志愿者也积极行动起来，与政府密切配合，为应对老龄化问题和构建健康长寿社会做了许多有益的尝试。

（一）完善的老龄化战略

20 世纪 60 年代初期，日本政府开始关注老龄化问题，并不断出台保障老年人生活和养老的法律。例如，1963 年颁布了被称为"老年人宪章"的《老人福利法》。1982 年的《老人保

---

① 国立社会保障人口問題研究所：「平成 26 年度社会保障費用統計」，http://www.ipss.go.jp/ss-cost/j/fsss-h26/H26.pdf，2018 年 2 月 1 日。

② 『日本経済新聞』，http://www.nikkei.com/article/DGXNASFS0802O_Y4A500C1EE8000/，2015 年 11 月 23 日。

健法》明确规定了国家、家庭和社区在养老护理服务中的职责。20 世纪 80 年代后半期，日本社会从单纯依靠家庭成员养老转向寻求地区、社区的支持，从机构养老向居家养老转变。1986 年颁布的《长寿社会对策大纲》强调了居家护理服务的重要性。1989 年颁布的《推进高龄者保健福利十年战略》（简称"黄金计划"）和《地区老人保健福利计划》旨在推进居家养老服务，明确写入了在市町村建设特别养护老人院、托老所、疗养型护理设施等设施，培养家庭助手等内容。1990 年修订了《老人福利法》等社会福利相关的法律，1992 年修改了《社会福利事业法》。1993—1994 年全日本都道府县和市町村完成了《地方高龄者保健福利计划》的制定。1994 年成立了老年人护理对策本部，在厚生省内设置事务局。1994 年《新高龄者保健福祉推进十年战略》（"新黄金计划"）出台，居家养老护理成为养老服务的工作重心。1995 年出台的《高龄社会对策基本法》、1996 年颁布的《高龄社会对策大纲》成为日本政府应对老龄社会的纲领性文件。1998 年 12 月出台的《特定非营利活动促进法》（即 NPO 法）为特定非营利组织（NPO 法人）介入护理保险事业打开了大门。1999 年出台了"黄金计划 21"，2000 年修改了《社会福利法》。

值得一提的是，2000 年 4 月实施的《护理保险法》① 改变了过多依赖政府的传统，由政府、社会保险和个人三者共同承担费用，将护理制度从一种社会福利制度转变为一种社会保险制度。该法律规定年满 40 岁的公民必须加入并缴纳护理保险费，以解决年老后的看护问题。参保对象分为第一号参保人与第二号参保人，第一号参保人为 65 岁及以上的老年人；第二号参保人为 40—65 岁者。享受护理保险服务须等到 65 岁以后，但对于不满 65 岁且加入护理保险的中老年人，如患有早期痴呆、脑血管疾患、肌肉萎缩性硬化症等 15 种疾病，可享受护理保险服务。当参保人希望得到社会护理时，首先要向所在市町村提出书面申请，在主治医生（社区医生）意见的基础上，调查员会前往参保人家中了解健康状况，然后将调查结果提交护理认定审查委员会，委员会再依照国家的标准对身体状况以及日常生活自理能力予以认定。30 个工作日内判定意见和护理等级会以书面形式通过市町村转告申请人。在得到认定之后，会有护理援助专业人员根据老人的情况制订护理计划，为不同认定级别的参保人提供访问护理服务、日托服务、短期入住护理机构服务、入住特别养护老人院服务、入住老人福利院等不同服务。对认定有护理必要的参保人，以护理保险给付的形式服务，参保人承担 1 成，保险负担 9 成。

日本政府为应对日益严重的老龄化问题，不仅仅出台了一系列政策和措施，同时还在实践中不断修订、完善法律，从制度层面保障老年人在社会福利、医疗保健、就业等方面的权益。

（二）可供选择的多种养老护理方式

日本有多种可供选择的老年护理服务，主要分以下几种方式。

居家护理。家庭访问护理员到服务对象家中，提供身体和生活上的护理及康复指导。如为老年人提供洗浴、如厕、进食等日常生活方面的基本护理服务，以及从事咨询、看护、康复训练等服务。访问护理服务对延缓老年人的衰老进程、减轻家庭成员护理负担起到了很大帮助。

在日间照护服务中心接受服务。日间照护服务中心的服务对象主要针对 65 岁及以上行动不便、具有某种身体障碍或者精神障碍、难以进行日常生活的老年人。如：需要护士观察的疑

---

① 日语名称为"介护保险法"。"介护"有两层意思，一是指对因病卧床不起、认知症老人或身体障碍、精神障碍者进行身体护理，二是指对有需要的老年人在家务、日常生活、心理咨询等方面予以支援，使之尽可能自立地生活。国内有人直接使用"介护"一词，也有人使用"照护"，本文使用"护理"。2005 年《护理保险法》修改，并于 2006 年 4 月实施。修改后的《护理保险法》对地区性护理预防更为重视，强调开展地区援助业务，以减少需要援助或需要护理的人数，减轻或者防止护理状态的进一步恶化。

难病症、患认知症的老年人、有脑血管病等后遗症的老人、癌症晚期患者等。日间照护中心配有可升降轮椅装置的汽车，负责早上将老人从家中接来，傍晚再送回去。白天老人在机构接受日常的生活服务、护理服务及护理预防服务，在专业人员的帮助下进行康复训练，有效减轻了家庭成员的护理负担。

入住养老机构护理。日本的养老护理机构包括特别养护老人院、老人康复医院、养护老年公寓、认知症共同生活护理机构等。既有市场化运营，也有政府运营。由社会福利法人运营的养老护理设施占据相当比例。近年来，政府还鼓励民间资本和社会力量参与养老服务，越来越多的非营利组织开始介入养老护理领域。

短期入住机构的护理服务。让老人短期入住接受护理的机构，以使老人的家庭成员能有一段休息和放松心情的时间。

值得一提的是，日本政府积极倡导的嵌入社区的小规模多功能养老机构类型，这是 2006 年 4 月《护理保险法》修改后诞生的一种新型养老护理模式。目的是让有护理需求的老年人在自己住惯的家和社区养老。这类养老机构大多建在老年人日常的生活圈内，规模不大，一般在 150—300 平方米，多为普通民宅改建而成。每天的利用者人数不超 25 人，日间照料的老人不超过 15 人，夜间住宿的老人不超过 9 人，为社区老年人提供 24 小时 365 天的服务。老年利用者通常可以根据自己的身体状况，以一项服务为中心（多数情况下是以日间照护为中心）配合短期入住、上门护理等，进行自由组合，也被称为复合型养老护理服务。当老年人身心状况发生变化时，能够顺利地实现不同类型养老服务的转换，保证了对同一位老人使用不同护理服务时的连贯性，减少由于环境改变而给老人带来的不适。这种贴近社区的小规模多功能养老护理机构，支持了老年人居家养老，消除了老年人的孤独感、维持并恢复其身心机能，同时也减轻了其家族成员的照料和护理负担。由于贴近社区、立足社区，受到老年人的家庭成员和社区居民的欢迎。

日本老年人的养老意愿以选择居家养老为多。据对"团块世代"出生人群所做的调查，当步入需要接受护理的阶段，选择"家"的最多，占 38.2%；其次是"特别养护老人院"，占 16.1%；"医院等医疗机构"占 12.4%。[①] 为此，日本政府积极推进社区养老护理事业，在医疗、护理、预防、居住、生活支援服务等方面全面提供支持。开展社区服务，送餐、上门护理、体检和安全确认等服务，让老年人以力所能及的方式在社区实现居家养老。养老护理机构对老年人进行护理服务时，不仅针对性强，还能够悉心观察老年人的困难，设身处地为老年人考虑，了解他们的真正需求。

针对那些健康的、生活可以自理的老年人，日本开展了"护理预防事业"。他们以 65 岁及以上老年人为对象，普及健康知识、宣传如何预防疾病，进行老年保健咨询和指导服务。对于生活自理能力尚未下降的高龄老人，尽可能维护并增强其生活能力。对于那些生活自理能力已下降、有可能成为需要援助或需要护理的高龄老人尽可能及早发现，根据其身体状况，对其进行日间服务、访问护理等，延长其自立和自理能力阶段，延缓其进入护理状态，使老年人在不脱离家庭和社区的情况下安度晚年。

（三）构建地域综合关怀体系[②]的尝试

大多数日本老年人希望能在自己熟悉的环境安心生活、养老、接受医疗和护理直至生命最

---

① 厚生労働省：「都市部の高齢化対策に関する検討会報告書」，http：//www. mhlw. go. jp/file/05 – Shin-gikai. . . /0000024323. pdf，2017 年 11 月 3 日。

② 日文为"地域包括ケアシステム"，"ケア"也被译作"护理"或"照护"，本文译为"关怀"。

后一刻。为了回应老年人的养老意愿，日本尝试建立地域综合关怀体系，该体系以2025年为目标，旨在让老年人、特别是患认知症的老年人在保有尊严的前提下，最大限度地在自己习惯的环境中，自立、安心、自在地度过自己想过的每一天，即便处于需要护理的状态，也能在社区得到护理和关怀，直至生命的最后一刻。

地域综合关怀体系有五方面构成，即：护理、医疗和预防、住居与住居方式、生活支援与福祉服务、本人和家庭成员的选择与心情。这五方面相互支持，构成了对老年人居家养老生活体系的支撑。在都道府县、保健所的支援下，以市町村为主，把当地医疗和护理机构联合起来，通过跨行业专业人士的共同协作，构建提供整体性的、可持续的居家医疗和护理一体化的体系。例如：统筹当地的诊所、居家疗养支援诊所、齿科诊所等医疗机构，对生病的老年人实施定期上门诊疗；统筹当地的医院、居家疗养支援医院、有床位的诊所等开展急诊、临时住院诊疗；统筹上门看护的事务所、药店等对老年人进行服药管理、点滴注射、褥疮处置等医疗处理和看护护理；统筹从事护理的机构对有需求的老年人进行入浴、排泄、饮食等的护理等。另外，还包括针对老年人的各类养老护理设施进行整备，对老年人的住宅进行适老化改造，确保老年人有与其经济能力相适应的居住场所。

地域综合关怀体系是通过自助、共助、互助、公助四种形式相互统筹实现的，自助表现为自我选择、自我健康管理、自行选择市场服务；共助表现为以护理保险为代表的社会保障制度；互助表现为志愿者活动、居民组织的活动；公助表现为老年人的福祉事业、对老年人的生活保护制度、老年人的人权权益的保障等。

地域综合关怀体系需要市町村及都道府县发挥本地区的自主性和主体性，根据本地区的特点来构建，护理、医疗、预防等专业服务以及住居整备、生活支援和福利缺一不可。在地域综合关怀体系中，"地域综合支援中心"和"地域护理会议"发挥着重要作用。前者是在2005年修改的《护理保险法》基础上，以提高老年人保健医疗、增进老年人福祉为目的，在各区市町村设立的，原则上每2万—3万人设置一处。该中心设有保健师、主任护理支援员①、社会福祉师等专业人才，为老年人及其家庭提供关于护理服务、护理预防、权益保护、防止虐待、消费者维权等方面的咨询服务。"地域护理会议"是由自治体职员、地域综合支援中心职员、护理支援员、护理事业者、民生委员、医生、药剂师、看护士、管理营养师、牙科卫生师等构成的，旨在探讨如何构筑地域支援网络、如何对老年人自立和护理予以支援的问题。

（四）针对认知症老年人的多样化应对措施

近年来，患认知症的老年人数量持续增加。日本政府为此出台了诸多措施来支援患认知症老年人的日常生活。2012年出台了《推进认知症措施的五年计划》。2015年制定了《推进认知症对策的综合战略——针对认知症老年人的地域营造》②，该战略有以下一些内容：通过普及和宣传来加深大家对认知症的了解；为认知症患者提供适时、适宜的医疗和护理；强化针对低龄认知患者的措施；对认知症患者的护理者的支援；推进有认知症老年人地区的地域营造；推进对认知症的预防、诊断、治疗、康复和护理成功案例等的研究开发以及成果普及；重视认知症患者和家属的视角等。

厚生劳动省网站特设专门的链接，公开各地走失的认知症老年人的信息。社区相关机构和

---

① 日文为"主任ケアマネジャー"，是护理保险制度之下实施护理管理的有资格的专业人员，职责是接受要支援和要护理认定者及其家属的咨询，制作护理服务的给付计划，与其他护理服务业者进行联络和协调。

② 厚生劳働省：「認知症施策推進総合戦略（新オレンジプラン）」，http：//www.mhlw.go.jp/stf/sei-sakunitsuite/bunya/nop_1/，2018－03－13。

非营利组织经常普及认知症常识和应对办法，宣传对老年人的尊重和老年人的权益保护，防止歧视和虐待老年人现象的发生。他们还开设咨询窗口，解答关于认知症的问题，普及认知症常识和应对办法，对认知症老年人和其家庭成员提供帮助。

日本各级政府和民间组织积极推行对认知症老年人在生活层面上的支援体制。例如，购物、做饭、清扫等家务支援服务以及配餐送餐到家服务、送货到家服务、租借轮椅、为老年人外出提供支援服务等。积极推进为患认知症老年人提供日托服务、上门护理服务、短期寄宿型护理服务，大力推进嵌入社区的"特别养护老人之家"和专为认知症患者打造的"家庭小组"（认知症老年人群居公寓）。"家庭小组"主要接收需要援助级别为 2 级、65 岁及以上、认知症状较明显、缺乏必要的独立生活能力的老人。一般由 5—9 名老人和数名专业工作人员组成，居住环境与家庭较接近，有普通民宅、公寓、小型养老院等各种形式。机构中包括个人卧室、起居室、厨房、饮茶室等，提供入浴、排泄、就餐等日常生活的帮助。患认知症的老年人可在专业工作人员的陪同下，通过训练和接受指导等方式减缓病情的发展。

针对患认知症的低龄老年人，根据他们的身心状况帮助他们在一些残障福祉型岗位就业，从事简单生产劳动。对老年人开展在合同、财产等方面的咨询，帮助认知症老年人管理财产，并采取各种手段防止老年人遭遇消费诈骗。针对老年人交通事故发生率高（死亡数约占全部交通事故死亡人数的一半）且逐年增加的趋势，社区相关机构和团体联合起来，对老年人进行交通安全教育。同时，改善道路、信号、道路标识等，使其更为醒目，方便老年人识别。

（五）鼓励健康老年人再就业和发挥自身价值

随着平均寿命的延长，退休后的时间也相应拉长。据统计，日本老年人的就业率远高于其他发达国家。20% 的老年人仍有劳动收入，其中一半集中在第一产业；60 岁及以上的老年人家庭储蓄比一般在职者家庭高，占日本金融总资产的 60%；日本老年人的家庭收入维持在较高水平。特别是"团块世代"的老年人在经济高速增长期大都在生产一线，多为有技术、有专长的人。退休后有时间、有稳定的收入、有技能和经验，希望发挥自身价值。内阁府《老年人地域社会参与的意识调查》表明，老年人参与地域活动和关心 NPO 活动的比例逐年上升，他们希望把自由时间用于志愿者活动或是再就业，让自己的人生更有价值。为此，日本政府采取了多项措施，鼓励健康老年人再就业和在社区发挥价值，归纳起来，大致有以下几点：

一是制定一系列法规和制度鼓励老年人再就业。如《雇佣对策法》保障了劳动者的均等劳动机会，在劳动者录用时禁止年龄的限制。1986 年将《中老年人就业促进法》修改后更名为《高龄者雇用安定法》。之后，为应对老龄化的进展以及劳动年龄人口下降，不断修改相关法律。2012 年修改后的《高龄者雇用安定法》[①] 规定，企业要取消员工到退休年龄后继续被雇用的限制，并有义务继续雇用有工作意愿的员工至 65 岁。这项规定将退休年龄延由 60 岁推迟到 65 岁，老年员工可以以正式员工的身份从事工作，避免了退休后以临时工身份工作而待遇大幅下降，提高了老年人的工作热情。2013 年制定了《继续雇佣制度》，规定：如本人愿意，企业有义务保证老年人就业。政府对雇用延迟至 70 岁的企业给予补贴；企业有义务废除对招聘年龄的限制。设立老年人才中心，为老年人提供临时、短期就业机会。2017 年制定的《工作方式改革实施计划》其主题之一就是"促进老年人就业"。还创设了"促进超 65 岁雇用推进补助金"，旨在促进 65 岁及以上员工的继续雇用，支援改善高龄老年人就业环境，确保多种形式的就业。各都道府县设置了老年人就业的支援窗口，提供就业咨询。在一系列政策和措施的促进下，各企业和用人单位纷纷为老年人提供各种就业机会。近年来，也涌现了不少老年人创业、

---

① 2012 年 8 月修改后通过，2013 年 4 月 1 日实施。

开设店铺、成立非营利组织的新生事物。

二是提供老年人之间以及老年人和其他年龄段人之间交往的场所。一些社区利用公民馆、图书馆、儿童福祉中心等公共空间或闲置店铺，为老年人和其他年龄层提供交流场所。在地理位置较好的商业区，利用写字楼或商场的部分空间设立老年人沙龙、社区活动沙龙，举办各种培训班和讲座。

三是鼓励健康老年人积极参与社区活动，在"社区营造"、社会非营利组织中发挥作用。让他们凭借自己的愿望和能力、知识、经验为地域社会服务，如让健康老年人参加减轻社区年轻人育儿负担的活动等。社区活动内容涉及健康管理、计算机使用、料理方法、护理知识等，深受老年人欢迎。对于一些身体不太好的老年人，鼓励其在家庭成员的陪伴下参加活动。一些社区导入积分制度，凡是参与社区志愿者活动、公民馆讲座、老年沙龙、老年俱乐部活动的老年人，都可以得到积分，积满一定的积分后可到指定店铺换取商品券。

四是开展居民自我教育和互助活动。通过各种宣传途径，让老年人养成"我的健康我做主"的意识，每天多做有益于身心健康的事情，预防认知症的发生。

实践证明，老年人在参加社区活动后比以往更加健康，在参与中，与他人交往，体会到自身价值，获得了满足感，成为社区建设的直接参与者和推动者。

三　日本人口老龄化战略对我国的启示

按照中国国家统计局的统计，截至 2000 年 11 月 1 日，中国大陆 65 岁及以上人口占总人口比重达到 6.96%，2002 年老龄化率达到 7%，进入老龄化社会。2018 年 2 月 28 日国家统计局颁布了《中华人民共和国 2017 年国民经济和社会发展统计公报》，数据显示，2017 年末 65 岁及以上人口达 1.58 亿人，占总人口的比重为 11.4%。[①] 可见，我国人口老龄化问题日趋严重，其主要表现在：老龄人口发展迅猛，失能失智老人、空巢老人、高龄老人不断增多，质优价廉、口碑好的养老护理机构数量不能满足需求，社区居家养老服务有待发展，从事养老护理工作的人员社会地位低、学历水平低、待遇低、劳动强度高、平均年龄高、流动性大等。养老护理供给与日益增长的养老服务需求不相适应。今后，我国人口老龄化将会加速发展，人口红利逐渐消失，养老问题的严重性和必要性浮出水面。那么，如何对自立老年人予以支援？如何对生活不能完全自立或需要他人照顾的老年人进行养老护理？如何推进养老服务的发展？如何培养养老服务人才？这些都是我国政府和民间组织积极探讨并谋求解决的课题。

（一）适时出台应对老龄化的对策

我们应借鉴日本的一些成功的老龄化对策。例如，出台专门针对老龄社会的法律体系以及实施纲要，为各地养老政策和措施的出台打下基础；借鉴日本的《护理保险法》，根据我国国情尽快研究制定养老保险制度改革总体方案；完善现有社保体系，将公务员、事业单位、企业的社保以及农村社保逐步统一等。

《中华人民共和国老年人权益保障法》规定了老年人仍然拥有就业的权利，可从事法律规定的经营和生产活动。但在现实中，由于年轻人就业压力大，老年人再就业与年轻人的就业存在矛盾，就业市场上年龄限制比较普遍。可借鉴日本鼓励老年人再就业的措施，研究制定渐进式退休年龄方案以及鼓励老年人退休晚领取养老金多的激励制度。同时，各级政府要重视对老

---

① 国家统计局：《中华人民共和国 2017 年国民经济和社会发展统计公报》，http://www.stats.gov.cn/tjsj/zxfb/201802/t20180228_1585631.html，2018 - 03 - 06。

年人再就业的培训，为老年人寻找就业渠道、搭建就业平台，更新老年人再就业的观念意识。加强政策扶持力度，为老年人参与经济社会活动提供法律保障。此外，需不断完善鼓励老年人参与社区建设和公益的政策，使老年人发挥一技之长，参与社会，老有所为；利用电视、广播、报纸、网络等媒体广泛宣传对老年人的关爱，宣传老年人的合法权益，提倡尊老敬老的优良文化传统。

为了积极应对人口老龄化，2016 年中国开始全面实施一对夫妇可生育两个孩子的政策，但结果并不乐观。汲取日本鼓励生育政策没能扭转低生育率的教训，需要综合考量我国现有人口政策、育龄人群的生育意愿和生育行为等因素，考虑是否全面放开生育政策，并出台家庭与工作平衡政策，减轻年轻人的工作负担和育儿压力。

（二）构建关爱老年人的温馨社区

《"十三五"国家老龄事业发展和养老体系建设规划》提出"到 2020 年，老龄事业发展整体水平明显提升，养老体系更加健全完善，及时应对、科学应对、综合应对人口老龄化的社会基础更加牢固。多支柱、全覆盖、更加公平、更可持续的社会保障体系更加完善；居家为基础、社区为依托、机构为补充、医养相结合的养老服务体系更加健全"的目标，强调了居家养老、社区养老的重要性，特别是居家养老，既能充分利用社区资源提供为老服务又不需耗费过高成本，将成为未来中国老年人养老的主要方式。

居家养老不仅需要国家各种政策的支持，还需要构建一个温情的、能满足老年人日常生活需求的、在生病或年迈体衰时能得到及时医治和护理的温馨社区环境。参照日本社区对老年人的综合关怀体系，可试点摸索和实践我国的社区综合关怀体系。该体系应包含社区环境、居住环境、出行环境的改善，以及面向老年人的通畅的咨询渠道等。同时，整合城区的医疗和养老护理资源，针对社区老年人提供多样化的日常生活支援服务，包括上门理发、打扫房间、出行服务、送餐上门、送货上门、宠物照顾，以及对独居老年人的安全管理等。

此外，社区还要为老年人举办丰富多彩的交流活动。例如，召开社区老人家属护理交流会，开设健身体操班、各种讲座等。这些活动不仅扩展了社区老年人的生活空间，排遣了孤独，减少了老年人智能弱化情况的发生，还加强了邻里之间的联系，增强了社区凝聚力，对于社区的和谐发展产生积极作用。

（三）"多元协作"助推养老服务

日本政府对老龄化问题十分重视，成立了以内阁总理大臣为会长、相关阁僚担任委员的高龄社会对策会议。该会议负责高龄社会对策大纲的制定、对策的出台、必要的行政管理的调整和协调，以及对老龄化社会对策的重要事项进行审议和推进。在应对老龄化问题上，日本靠的是中央政府、地方自治体、企业、非营利组织、市民共同参与的"多元协作"。参与者有自治会、町内会、社会福利法人、财团法人等福利公社、生活协会、农业协会、福利 NPO、青年团、妇女组织、志愿者组织、居民组织、福利企业、大学、研究机构，还有社区居民、老年人等。特别是日本的养老护理 NPO（非营利组织）在相关法律和政策的框架下，针对本地区的老年人开展了访问护理、日托护理、入住设施护理等灵活、细致的护理服务，使老年人在不脱离家庭和社区的情况下得以安度晚年，有效缓解了家庭和社区的养老困境。

长期以来，我国养老服务市场的主要供给者是公办养老机构，然而，面对老龄化的进展以及养老服务市场上越来越突出的供求矛盾，公办养老机构显然越来越不能很好地满足养老市场的需求。20 世纪 90 年代中期以后，我国养老院、敬老院、福利院、老年公寓、托老所和老年康复医院等民办养老机构增长迅速。然而，时至今日我国民营养老机构仍普遍存在资金不足、服务质量偏低、生存困难的问题，相当一部分还处于亏损状态。另外，公办养老机构和民营养老机构还存在着一定程度的不公平竞争。

为扭转这一局面，我国政府应构建以民政部门为主，以医疗机构、大学、企业、NPO等为辅的"多元协作"养老服务体系。各级政府应大力推动社会资本发展养老产业，对非营利民营养老机构给予大力引导、扶植和支持，完善各级政府对民营养老机构的各类投入、补贴以及优惠政策，鼓励利用闲置地产发展综合功能的养老社区。

在构建适合老年人生活和养老的社区环境过程中，不仅仅是行政主导，还要发挥居民的主体性。首先要掌握地区、居民的老龄化现状和问题，摸清老年人的养老需求，挖掘社会资源，包括护理、医疗、居住、预防、生活支援的课题。其次要了解社区志愿者现状，包括具有专业职称的人数、资质。在此基础上，制定养老护理相关政策和措施。此外，在制定老年人相关政策时，要充分听取公众意见，并与儿童、残障等方面的政策进行协调，实现区域内资源共享。一个健康长寿社会的建构绝不是仅仅为了老年人，而是包括儿童、老年人、残疾人等所有人在内，是一种舒适、安全、安心的社会，需要政府、社会、市民等各自承担责任，通过"协动"构建适合老年人生活和养老的"宜老社区"和"为老社区"。

（四）加快养老护理人才的培养

加强养老服务人才队伍建设对于缓解养老服务人才短缺、提高养老管理服务水平、加快养老服务业发展具有重要意义。目前，相对于我国失能、半失能老年人的数量，现有养老护理员难以满足社会养老方面的需求，表现为养老护理人才的缺乏，护理人才整体水平低下，年龄偏大，工资待遇不高，缺乏必要的培训等。另外，社会上对于护理工作有一定的歧视和偏见，年轻人不愿意从事该项工作。因此，不断提高养老服务人才素质，建设一支高技能、专业化的养老护理人才队伍，是养老服务业发展的关键。

日本在培养护理人才队伍方面有很多成功经验值得借鉴。日本的养老护理人才有不同的等级和资格认定，包括社会福祉士、护理福祉士、访问护理员、护理支援专门员、医疗机构社会工作者等。"护理福祉士"的资格分初级、中级和高级三种，需要参加国家资格考试。针对一般社会人员，只要有在养老福利机构工作3年以上的经历，就可以参加"护理福祉士"资格的考试。这使得从事护理工作也有了职业的上升空间。日本的一些大学还开设了社会福祉、护理福利专业，有专门的护理学校，都在培养该领域的专门人才。

我国应探索一条基于国情的养老护理人才培养之路。例如，在一些高校开设养老护理专业，促进养老护理职业学校的创办；鼓励民间机构与国外机构和护理学校建立合作关系，成立专门的培训学校；鼓励各类养老机构、日间照料中心等培养和吸引老年服务管理、医疗保健、康复护理、营养调配、心理咨询等方面的人才；对公办和民营养老机构负责人进行培训，在理论学习的基础上，可实施海外教学及参观，培养一批高水平、懂运营的养老护理管理人才。此外，政府要在全社会进行宣传，形成尊重养老护理工作的社会风气，切实提高养老护理人员的社会地位，改善他们的工资待遇，并依法保障他们的劳动权益。

党的十九大为老龄事业和产业发展描绘了一幅宏伟蓝图，报告中提出了"积极应对人口老龄化，构建养老、孝老、敬老政策体系和社会环境，推进医养结合，加快老龄事业和产业发展"的要求。从目前来看，我国要实现一个老有所养、老有所依、老有所乐的社会还有很长的路要走，应积极借鉴国外的先进经验，未雨绸缪，出台有针对性的对策和措施，让老年人更有获得感、幸福感和安全感。

（作者单位：中国社会科学院日本研究所）

我国农民工的就业结构及其变化趋势研究[①]

朱明宝　杨云彦

一　引言

我国城镇化的核心是人的城镇化，而人的城镇化关键在于农民工市民化。由于就业直接关系到农民工的市民化意愿与市民化能力，进而影响到城镇化建设的质量和速度，因此，要想让农民工真正成为市民，就业则是重要的保障基础。农民工就业问题一直受到政府和学术界的关注，李克强总理在 2017 年《政府工作报告》中指出：“要把农民工就业工作放在更加重要的位置，采取综合措施，保障农民工就业增收。”随着我国经济进入新常态，经济社会环境发生了一些变化，这可能对农民工就业产生一定的影响。学术界对农民工就业已经进行了较为深入的研究，涉及农民工的就业流动性（白南生、李靖，2008；寇恩惠、刘柏惠，2013）、就业地选择（刘家强等，2011）、就业分层（杨云彦、陈金永，2000）、就业质量（明娟、曾湘泉，2015）等方面，但现有的研究对农民工近些年来就业结构的分析还不够完善（例如，尚缺乏因就业而产生借贷投资结构的分析），同时对他们近年来就业结构的变化重视还不够。本文利用 CHIP 2007 年、2013 年数据对我国农民工近年来的就业结构及其变化趋势进行探讨。

中国家庭收入项目调查（CHIPS）由国内外研究者共同组织，并在国家统计局的协助下完成，目前由北京师范大学中国收入分配研究院执行管理。该调查在全国范围内针对农村居民、城镇居民和流动人口展开微观调查，样本具有一定的全国代表性。CHIPS 目前对外公开了 1988 年、1995 年、2002 年、2007 年和 2013 年的调查数据，从 2002 年开始增加了流动人口的调查。本文选择了 CHIP 2007 年、2013 年针对流动人口的调查数据，筛选出农业户口的外来务工样本，得到 CHIP 2007 年农民工样本 7006 个、CHIP 2013 年样本 1168 个[②]。

关于农民工就业结构及变化的研究，已有少量文献对此进行了分析。从就业职业结构和就业单位性质结构来说，贺霞旭、孙中伟（2013）利用珠江三角洲的农民工数据发现，1988—2010 年，普工从业者和在私营企业工作的农民工仍占多数，但比例逐年下降。从工作获得途径结构来说，研究发现，未使用亲友网络找工作的农民工比例逐年增加（贺霞旭、孙中伟，2013）。在就业身份结构上，宁光杰（2012）利用 2008 年乡城移民数据发现，22.48% 的劳动者是自我雇佣者，72.04% 是获取工资的劳动者，5.48% 是无酬的家庭劳动者。对在英国的中国移民的研究发现，中国男性移民从事自我雇佣的比例为 23.2%，女性为 16.4%（Clark K.，

---

①　本文大部分内容刊登于《人口研究》2017 年第 5 期。

②　CHIP2013 为目前能够获得的最新的公开数据；没有选择比 2007 年更早年份的数据进行对比分析，是因为 2013 年调查的部分问题在更早年份的调查中没有，不便进行对比分析。文中分析使用的数据均来自这两年的调查数据。

Drinkwater S. et al., 2017)。此外，在就业行业上，葛晓巍、叶俊涛（2014）发现农民工就业主要集中在建筑业、批发零售贸易业、餐饮服务业和制造业等行业，有从第一、第二产业向第三产业转移的趋势。在第二产业中，农民工的就业更加集中于制造业。相对已有的研究，本文的边际贡献在于：虽然已有少量文献对农民工就业结构进行了分析，但大多研究没有将其归纳在就业结构的分析框架下，而且对涉及就业结构的分析也不够全面。本文进一步从投资借贷等多个方面拓展了农民工就业结构的内涵，使得现有关于农民工就业结构的研究更加丰富和系统化，有助于更好地认识近年来农民工的就业状况；同时对农民工就业结构趋势的分析也有助于更好地认识我国农民工就业的发展态势，为城镇化建设提供经验参考。

二 农民工的就业结构及其变化趋势

按照就业前后或正式营业前后的时间先后顺序划分，农民工的就业结构可以分为农民工就业前的工作获得途径结构、正式营业前的投资借贷结构、就业后或正式营业后的就业身份结构、就业职业结构、就业行业结构、就业单位所有制结构、就业时间结构和就业收入结构等方面。

（一）就业前或正式营业前：就业结构及变化趋势

从农民工就业选择来说，他们可能是受雇农民工，也可能是自雇[①]农民工。无论是受雇农民工还是自雇农民工，他们就业或营业前往往需要通过某种途径获得工作。此外，对于自雇农民工来说，他们正式营业前还可能需要为营业做一定的准备，例如，可能要进行前期投资以及必要的借贷，分析他们的工作获得途径结构或者投资借贷结构对认识其就业具有重要现实意义。

1. 受雇农民工[②]：工作获得途径结构

（1）"朋友或熟人介绍""雇主招工""亲戚介绍"是当前农民工获得工作的三大主要途径

表1显示，2013年，"朋友或熟人介绍""雇主招工""亲戚介绍"是当前农民工获取工作的三大主要途径，分别占总样本的32.14%、30.22%和14.08%。另外，依赖于"强关系"[③]这种同质社会资本（家人、亲人、朋友或熟人）获得工作的比例超过一半，占50.82%，这也与钱芳、陈东有（2014）研究发现的大多数农民工都是通过强关系实现就业的结论一致。

表1 农民工工作获得途径结构及变化趋势

工作获得途径	2007年（%）			2013年（%）		
	老一代	新生代	合计	老一代	新生代	合计
政府安排、职介	1.78	1.06	1.40	3.22	1.74	2.56
社区就业服务站	0.65	0.80	0.73	0.69	0.29	0.51

---

① 按照问卷其包括雇主和自营劳动者。雇主是指自负盈亏或与合伙人共负盈亏，具有经营决策权，并且雇用了他人的经营者；自营劳动者是指自负盈亏或与合伙人共负盈亏，具有经营决策权，并且未雇用他人的经营者。

② 由于 CHIP 2013 年调查数据仅仅提供了就业身份为雇员的农民工工作获得途径，没有提供就业身份为自营劳动者的工作获得途径，虽然 CHIP 2007 年调查数据还提供了自营劳动者的工作获得途径，但为了便于对比分析，这里只报告了就业身份为雇员的工作获得途径。

③ 参考边燕杰、张文宏、程诚（2012）的研究，强关系是指关系密切、交往频繁、相互熟悉的人际关系。

续表

工作获得途径	2007 年（%）			2013 年（%）		
	老一代	新生代	合计	老一代	新生代	合计
商业职介	5.20	7.28	6.30	1.38	3.76	2.43
看到广告后申请	7.07	8.73	7.94	2.53	5.20	3.71
直接申请	8.45	9.83	9.18	7.59	9.25	8.32
家人联系	6.33	5.26	5.79	4.60	4.62	4.61
亲戚介绍	23.71	20.73	22.10	15.40	12.43	14.08
朋友或熟人介绍	38.27	35.41	36.74	35.63	27.75	32.14
雇主招工	8.02	9.68	8.93	28.05	32.95	30.22
其他	0.52	1.22	0.89	0.91	2.01	1.42
样本数（个）	2 307	2 624	4 937	435	346	781

（2）"雇主招工""政府安排、职介①"在农民工获得工作中的作用增强，而依赖"强关系"获得工作的作用在减弱

表1显示，2007—2013年，"雇主招工"在农民工就业中的作用明显增强，通过这一途径获得工作的农民工比例由2007年的8.93%上升到2013年的30.22%；"政府安排、职介"在农民工工作获得中的作用略微增强，通过该途径获得工作的比例由2007年的1.40%上升到2013年的2.56%，而依赖于"强关系"获得工作的比例有所减弱。具体来说，2007—2013年，通过"家人联系""亲戚介绍""朋友或熟人介绍"的比例分别下降了1.18个、8.02个和4.60个百分点，共降低13.80个百分点。

（3）与新生代相比，老一代农民工依赖"强关系"获得工作的比例较高，依赖"市场信息"获得工作的比例较低

表1显示，农民工获取工作途径存在代际差异。不管是在2007年还是2013年，老一代农民工依靠"强关系"获取工作的比例都要比新生代高，而通过"市场信息"方式获取工作的比例都比新生代低。具体而言，以2013年为例，通过"家人联系""亲戚介绍""朋友或熟人介绍"这种"强关系"获得工作的比例（55.63%）高于新生代10.83个百分点；依赖于"商业职介""看到广告后申请"和"雇主招工"这种"市场信息"方式获取工作的比例（31.96%）低于新生代9.95个百分点，这也说明新生代农民工更善于利用市场信息寻找工作。

2.自雇农民工：投资借贷结构

（1）营业前发生投资和借贷的比例分别约为90%和30%，民间借贷是借贷的主要方式和主要资金来源

表2数据显示，2013年，自雇农民工中90.86%②在正式营业之前进行了投资，32.13%进行了借贷。如果把借贷分为正规借贷和民间借贷，在发生借贷的农民工中，发生正规借贷的占23.81%，民间借贷的占67.95%；正规借贷额占借贷额的20.92%，民间借贷额占借贷额的60.86%。可以看到，民间借贷是农民工借贷的主要方式和主要资金来源。从借贷金额上看，

---

① 指政府安排工作和政府职业介绍。

② 少部分农民工在经营前没有进行投资，可能是因为他们经营需要的经营场所、经营资产来自家人亲属的无偿转让。

正规借贷、民间借贷的均值分别为 12 万元和 6 万元左右，中位数分别为 6 万元和 3 万元，前者约是后者的 2 倍，可以看到正规借贷的额度明显高于民间借贷。

（2）正规借贷的发生比以及其占借贷额的比例虽呈上升趋势，但民间借贷依然是主导

表 2 数据显示，2007—2013 年，自我雇佣的农民工进行投资的比例有所下降，由 2007 年的 95.56% 下降到 2013 年的 90.86%；进行借贷的比例略微上升，由 2007 年的 31.43% 上升到 2013 年的 32.13%，但总体来说借贷比例和投资比例变化幅度都较小。

表 2	自雇农民工投资借贷结构及变化趋势							
	2007 年				**2013 年**			
	均值（元）	中位数（元）	发生比（%）	百分比（%）	均值（元）	中位数（元）	发生比（%）	百分比（%）
投资①（N = 1 505 个）	32 337	12 050	95.56	—	52 680（N = 308 个）	15 000	90.86	—
借贷（N = 495 个）	24 776	12 050	31.43	67.56	63 982（N = 89 个）	20 000	32.13	55.75
正规借贷（N = 60 个）	25 632	12 050	12.12	9.50	124 533（N = 15 个）	60 000	23.81②	20.92
民间借贷（N = 438 个）	25 656	12 050	88.48	85.13	57 987（N = 54 个）	30 000	67.95	60.86

注：（1）对投资额、借贷额、正规借贷额和民间借贷额进行了上、下各 1% 水平的缩尾处理；（2）2007 年投资额、借贷额、正规借贷额和民间借贷额都按照 CPI（1.205）折算成了 2013 年的价格水平。

从正规借贷和民间借贷的发生比来看，这两者有着较大幅度的变化。正规借贷从 2007 年的 12.12% 上升到 2013 年的 23.81%，民间借贷从 2007 年的 88.48% 下降到 2013 年的 67.95%。这说明在借贷方式上，民间借贷的依赖度在降低，正规信贷的依赖度在提升，但民间借贷依然是借贷的主要方式。

从正规借贷额和民间借贷额占借贷额的比例上，正规借贷由 2007 年的 9.50% 上升到 2013 年的 20.92%，民间借贷由 2007 年的 85.13% 下降到 2013 年的 60.86%。这说明从借贷额占比的角度来说，民间借贷的贡献度在降低，正规信贷的贡献度在提升，但民间借贷依然是借贷资金的主要来源。

从正规信贷和民间信贷的借贷金额上看，这两者均有较大幅度的提高。正规借贷的均值从 2007 年的 2.6 万元左右上升到 2013 年的 12.5 万元左右，增长了 385.84%；民间借贷从 2007 年的 2.6 万元左右上升到 2013 年的 5.8 万元左右，增长了 126.02%。此外，民间借贷和正规借贷额度的差额在变大；如表 2 中所示，2007 年两者都在 2.6 万元左右，金额相当，但到 2013 年，民间借贷（5.8 万元左右）约为正规借贷（12.5 万元左右）的一半。

---

① 这里的投资是指只发生了投资样本的统计值，不包括没有发生投资的样本；表中报告的借贷、正规借贷和民间借贷也是只发生了正规借贷和民间借贷样本的统计值。

② 正规借贷变量存在缺失值，因此不是 15/89；同理，下行中的民间借贷也存在缺失值。

（二）就业后或正式营业后：就业结构及变化趋势

在就业后或正式营业后，农民工的就业结构涉及就业身份结构、就业职业结构、就业行业结构、就业单位所有制结构、就业时间结构和就业收入结构等。本文尝试从这些不同角度回答近年来的就业结构状况以及呈现了怎样的变化趋势。

1. 就业身份结构

（1）接近70%的农民工就业身份为雇员

表3显示，如果把农民工就业身份划分为雇员、雇主、自营劳动者和家庭帮工，那么，2013年约67.04%的农民工就业身份为雇员，而自营劳动者和雇主的比例依次为22.86%和6.85%，家庭帮工的比例占3.25%。

（2）不管是男性还是女性，自我雇佣（包括雇主和自营劳动者）的比例都在上升

表3显示，农民工中雇主的比例由2007年的5.47%上升到2013年的6.85%，自营劳动者的比例由2007年的16.99%上升到2013年的22.86%。参考现有的研究，农民工的自我雇佣可以看作是一种创业行为（Djankov et al.，2006；Li & Wu，2014；陈刚，2015），这说明2007—2013年，农民工创业的比例在增加。另外，就业身份为雇员和家庭帮工的比例均有所下降。

在自我雇佣的比例上，女性低于男性且和男性差距在拉大。具体而言，2007年，男性农民工为雇主和自营劳动者的比例依次为5.90%和17.63%，高于女性相应比例1.05个和1.55个百分点；2013年，男性农民工为雇主和自营劳动者的比例依次为8.01%和24.31%，高于女性相应比例2.81个和3.52个百分点。

表3　　　　　　　　　　　农民工就业身份结构及变化趋势

就业身份结构	2007年（%）			2013年（%）		
	男性	女性	合计	男性	女性	合计
雇员	74.52	68.61	72.07	67.25	66.74	67.04
雇主	5.90	4.85	5.47	8.01	5.20	6.85
自营劳动者	17.63	16.08	16.99	24.31	20.79	22.86
家庭帮工	1.95	10.46	5.48	0.44	7.28	3.25
样本数（个）	4 101	2 905	7 006	687	481	1 168

2. 就业职业结构

（1）商业服务业人员、个体工商户和生产运输人员是当前农民工三大主要职业，约占农民工总体的70%

表4显示，2013年，农民工职业分布人数处于前3位的依次是商业服务业人员、个体工商户和生产运输人员，分别占总样本量的26.89%、22.54%和20.50%，这三大职业约占总样本量的70%。而从事农林牧渔业的农民工较少，仅占总样本量的1.51%。

（2）农民工职业分布总体上有所改善，专业技术人员、私营企业主等相对高端职业从业比例有所上升，商业服务业人员和生产运输人员的从业比例有所下降

参考现有的研究，如果把农民工职业中的"国家机关、企事业单位负责人""专业技术人员""私营企业主""个体工商户"视为相对高端职业（符平、唐有才等，2012），从表4可知，2007—2013年，这4类职业所占比重分别上升了2.36个、6.45个、3.63个和11.63个百

分点，这4类职业总比重由2007年的16.31%上升到2013年的40.38%，由此可见农民工职业分布整体有所改善。而商业服务业人员和生产运输人员的比重都有所下降，分别由2007年的51.23%和24.90%降低到2013年的26.89%和20.50%。

（3）男性农民工中专业技术人员、私营企业主、生产运输人员等职业的比例高于女性，而办事人员、商业服务业人员的比例低于女性

农民工在职业分布上存在性别差异。表4显示，以2013年为例，在专业技术人员、私营企业主、个体工商户以及生产运输人员的比例上，男性都要高于女性，分别高于后者0.49个、3.34个、3.12个和8.1个百分点；而在办事人员和有关人员、商业服务业人员的比例上都低于女性，分别低于后者2.56个、7.05个百分点。2007年也具有类似的分布特点。

表4   农民工就业职业结构及变化趋势

职业	2007 年（%）			2013 年（%）		
	男性	女性	合计	男性	女性	合计
国家机关、企事业单位负责人	1.54	1.14	1.37	3.77	3.66	3.73
专业技术人员	0.46	1.14	0.74	7.39	6.90	7.19
私营企业主①	3.52	2.97	3.29	8.30	4.96	6.92
个体工商户	10.97	10.83	10.91	23.83	20.69	22.54
办事人员和有关人员	3.20	5.93	4.33	3.47	6.03	4.53
商业服务业人员	49.44	53.76	51.23	23.98	31.03	26.89
农林牧渔人员	0.05	0.07	0.06	1.66	1.29	1.51
生产运输人员	29.64	18.21	24.90	23.83	15.73	20.50
其他从业人员	1.17	5.97	3.16	3.77	9.70	6.21
样本数（个）	4 092	2 900	6 992	663	464	1 127

3. 就业行业结构②

（1）批发零售业、制造业和居民服务、修理和其他服务业是当前农民工就业的三大主要行业，2013年占农民工总体的55.77%

表5显示，农民工就业在行业分布上存在较大的差异。2013年农民工就业分布人数处于前3位的是批发和零售业、制造业和居民服务、修理和其他服务业，分别占比25.22%、16.87%和13.68%，这三大行业占总体的55.77%。此外，建筑业和交通运输、仓储和邮政业分布人数也较多，分别占比8.86%和7.31%。而房地产业，科学研究和技术服务业，水利、环境和公共设施管理业行业从业人员的比例都不到1%，行业分布差异大。

---

    ① 表4中的私营企业主和个体工商户在2007年和2013年的比例不同于表3中的雇主和自营劳动者的相应比例，这可能是样本缺失导致的两个表中样本数不同造成的不一致；但在数值大小上比较接近。

    ② 行业的划分是依据国家统计局对行业的划分方法。

表5　　　　　　　　　　　农民工就业行业结构及变化趋势

行业	2007 年（%）					2013 年（%）				
	男性	女性	老一代	新一代	合计	男性	女性	老一代	新一代	合计
农、林、牧、渔业	0.02	0.03	0.05	0.00	0.03	2.49	1.88	3.39	0.44	2.24
采矿业	0.02	0.00	0.03	0.00	0.01	3.37	0.42	2.12	2.20	2.15
制造业	19.47	17.61	16.53	21.34	18.70	14.64	20.04	14.41	20.70	16.87
电力、热力、燃气及水生产和供应业	0.20	0.00	0.13	0.09	0.11	0.59	0.21	0.56	0.22	0.43
建筑业	14.78	3.83	13.59	6.26	10.24	12.74	3.34	11.02	5.51	8.86
批发和零售业	23.79	34.26	31.67	23.73	28.13	21.23	30.90	22.74	29.07	25.22
交通运输、仓储和邮政业	4.27	1.07	3.49	2.30	2.94	10.83	2.30	8.33	5.73	7.31
住宿和餐饮业	15.61	22.58	15.48	22.16	18.50	9.66	13.57	11.02	11.67	11.27
信息传输、软件和信息技术服务业	0.76	0.55	0.39	1.01	0.67	1.76	1.25	1.13	2.20	1.55
金融业	0.27	0.10	0.13	0.28	0.20	1.32	0.84	0.71	1.76	1.12
房地产业	3.81	1.69	2.52	3.43	2.93	1.17	0.21	0.56	1.10	0.77
租赁和商务服务业	0.46	1.03	0.60	0.82	0.70	1.61	3.76	2.26	2.86	2.50
科学研究和技术服务业	4.00	1.69	2.83	3.31	3.04	0.15	0.42	0.14	0.44	0.26
水利、环境和公共设施管理业	0.41	0.24	0.50	0.16	0.34	0.29	0.21	0.28	0.22	0.26
居民服务、修理和其他服务业	9.03	9.96	7.58	11.61	9.41	13.76	13.57	16.67	9.03	13.68
教育	0.51	0.83	0.66	0.63	0.64	0.88	1.25	0.71	1.54	1.03
卫生和社会工作	1.00	2.86	2.68	0.66	1.77	1.02	1.88	1.13	1.76	1.38
文化、体育和娱乐业	1.24	1.41	0.79	1.95	1.31	0.88	2.71	1.27	2.20	1.64
公共管理、社会保障和社会组织	0.34	0.24	0.34	0.25	0.30	1.61	1.25	1.55	1.32	1.46
国际组织	—	—	—	—	—	—	—	—	—	—
样本数（个）	4 099	2 901	3 811	3 177	7 000	683	479	708	454	1 162

注：表中2007年老一代和新一代农民工样本数之和小于合计数，是因为代际变量存在缺失值，但在报告样本数时仍按照最大值来统计。

（2）农民工从事住宿和餐饮业、批发和零售业、建筑业、制造业的比例有所下降，而从事交通运输、仓储和邮政业，居民服务、修理和其他服务业的比例有所上升

表5显示，2007—2013年，农民工就业行业的分布比例存在较为明显的变化。行业就业比例降幅最大的是住宿和餐饮业，由2007年的18.50%降低到2013年的11.27%，下降了7.23个百分点；其次是批发和零售业，由2007年的28.13%降低到2013年25.22%，下降了2.91个百分点。制造业和建筑业也分别由2007年的18.70%和10.24%降低到2013年的16.87%和8.86%，分别降低了1.83个和1.38个百分点。而农民工从事交通运输、仓储和邮政业，居民服务、修理和其他服务业的比例在上升，分别由2007年的2.94%和9.41%上升到2013年的7.31%和13.68%。

（3）男性在建筑业、交通运输仓储邮政业就业的比例明显高于女性，新生代在制造业、批发和零售业就业的比例明显高于老一代

表5显示，农民工在就业行业上存在性别和代际差异。2013年，男性从事建筑业的比例（12.74%）高于女性9.40个百分点，在交通运输、仓储和邮政业就业的比例（10.83%）高于女性8.53个百分点。而在制造业（14.64%）、批发和零售业（21.23%）及住宿和餐饮业（9.66%）的比例都要低于女性。此外，行业分布上也存在代际差异。新一代农民工在制造业（20.70%）、批发和零售业（29.07%）的比例分别高于老一代农民工6.29个和6.33个百分点，而在建筑业（5.51%），交通运输、仓储和邮政业（5.73%），居民服务、修理和其他服务业（9.03%）都低于老一代。

4. 就业单位所有制结构

（1）农民工就业单位以个体或私营企业为主；就业在国有部门和个体的比例在上升，私营和外资企业的比例在下降

表6显示，2013年，农民工就业单位所有制性质主要为个体或私营企业，分别占农民工样本的46.09%和32.67%，共占农民工样本的约80%。此外，国有及国有控股企业占农民工样本的4.47%，中外合资或外商独资企业占2.15%。

如果把农民工就业单位按照国有部门和非国有部门来划分，借鉴张车伟、薛欣欣（2008）对国有部门的划分方法，国有部门包括了党政机关及事业单位、国有及国有控股企业。那么2007—2013年，农民工在国有部门就业的比例从2007年的6.53%上升到2013年的7.39%，就业单位性质为个体的比例也有所上升，从2007年的39.63%增加到2013年的46.09%。而在私营和外资企业就业的比例有所下降，分别从2007年的40.98%和8.94%下降到2013年的32.67%和2.15%。

表6	农民工就业单位所有制结构及变化趋势					
单位所有制	2007 年（%）			2013 年（%）		
	男性	女性	合计	男性	女性	合计
党政机关及事业单位	2.81	2.31	2.60	2.78	3.13	2.92
国有及国有控股企业	4.92	2.52	3.93	6.14	2.09	4.47
集体及集体控股企业	4.03	3.29	3.72	2.92	3.13	3.01
私营企业	41.63	40.07	40.98	31.87	33.82	32.67
中外合资或外商独资企业	9.23	8.55	8.94	2.19	2.09	2.15

单位所有制	2007 年（%）			2013 年（%）		
	男性	女性	合计	男性	女性	合计
个体①	37.23	43.01	39.63	44.01	49.06	46.09
其他	0.15	0.25	0.19	10.09	6.68	8.68
样本数（个）	4 021	2 855	6 876	684	479	1 163

（2）男性农民工在国有及国有控股企业就业的比例高于女性农民工，在就业单位为个体的比例低于女性

表6显示，农民工在就业单位性质上存在性别差异。2013年，男性农民工在国有及国有控股企业的比例（6.14%）高于女性农民工4.05个百分点，而就业单位性质为个体的比例（44.01%）低于女性农民工5.05个百分点。其他几种就业单位性质性别差异较小。

5.就业时间结构

（1）农民工平均每天工作在8小时以上的比例在降低，工作时间超时的状况有所改善

表7显示，根据《国务院关于职工工作时间的规定》中每天工作8小时的规定，我们把农民工每天工作时间划分为8小时及以下和8小时以上，那么2007年农民工每天工作时间这两个组的比例分别为45.84%和54.16%，2013年这两组的比例分别为55.94%和44.06%。可以看出，2007—2013年，8小时以上组别的比例下降了10.10个百分点。每天工作时间的均值也由2007年的9.12小时下降到2013年的8.97小时。这说明农民工工作时间超时的状况有所改善。

（2）就业时间存在行业差异，批发和零售业、建筑业、住宿和餐饮业的农民工平均每天工作时间相对较长

表7显示，从事批发零售业、建筑业、住宿和餐饮业的农民工每天工作时间相对较长。具体而言，2013年，批发和零售业平均每天工作时间在8小时以上的比例为59.73%，平均每天工作时间为9.48小时；建筑业的农民工平均每天工作时间在8小时以上的比例为51.56%，平均每天工作时间为9.12小时；住宿和餐饮业的农民工平均每天工作时间在8小时以上的比例为51.91%，平均每天工作时间为9.06小时。此外，交通运输、仓储和邮政业，制造业的农民工工作时间也较长。

6.就业收入结构

（1）农民工年收入处于相对高收入段的比例增加显著，同时相对低收入段的比例减少明显

表8显示，2007—2013年，农民工年收入高收入段的比例增加显著，同时相对低收入段的比例也减少明显。具体来说，2013年，年收入在3万—4万元、4万—5万元、5万元及以上的比例分别为25.59%、10.88%和19.93%，分别比2007年增加了20.32个、6.40个和15.93个百分点。而处于相对低位的0—1万元、1万—2万元和2万—3万元的比例分别为6.18%、15.40%和22.02%，分别为2007年下降了4.32个、27.56个和10.47个百分点。

---

① 个体是指资产归个人所有、以个体劳动为基础，劳动成果归劳动者个人占有和支配的一种经济组织。既包括在各级工商行政管理机关登记注册、领取《营业执照》的个体工商户，也包括没有领取《营业执照》，但实际从事个体经营活动的人。另外，不从属于某一固定的单位或雇主，以个体劳动为基础，劳动成果归劳动者个人占有和支配的自由职业者或灵活就业者，也属于此项。因此，统计上个体的比例要高于个体工商户的比例。

表 7　　　　　　　　　　　　　　农民工就业时间结构①及变化趋势

行业	2007 年				2013 年			
	< =8 h (%)	>8 h (%)	均值 (h)	样本数 (个)	< =8 h (%)	>8 h (%)	均值 (h)	样本数 (个)
农林牧渔业	0.00	100.0	12	2	61.54	38.46	7.96	26
采矿业	100.0	0.00	5.71	1	60.00	40.00	8.64	25
制造业	64.52	35.48	7.95	1 305	65.31	34.69	8.97	196
建筑业	36.04	63.96	8.97	713	48.54	51.56	9.12	103
批发和零售业	33.84	66.16	10.08	1 956	40.27	59.73	9.48	293
交通运输、仓储和邮政业	43.56	56.44	8.98	202	55.29	44.71	9.04	85
住宿和餐饮业	40.98	59.02	9.40	1 291	48.09	51.91	9.06	131
租赁和商务服务业	79.59	20.41	7.09	49	68.97	31.03	8.72	29
居民服务、修理和其他服务业	45.36	54.64	9.16	657	65.41	34.59	8.64	159
总体	**45.84**	**54.16**	**9.12**	**6 964**	**55.94**	**44.06**	**8.97**	**1 162**

注：（1）由于部分行业样本量少，因此未在表中报告；（2）已对每天工作时间进行了 1% 水平的缩尾处理。

表 8　　　　　　　　　　　　　　农民工年收入结构及变化趋势

年收入 (万元)	2007 年		2013 年	
	样本数（个）	百分比（%）	样本数（个）	百分比（%）
0—1	735	10.50	71	6.18
1—2	3 008	42.96	177	15.40
2—3	2 275	32.49	253	22.02
3—4	369	5.27	294	25.59
4—5	335	4.48	125	10.88
5 +	280	4.00	229	19.93
合计	**7 002**	**100**	**1 149**	**100**

注：（1）已对年收入进行了 1% 水平的缩尾处理；（2）2007 年收入水平已经按照 CPI（1.205）折算成了 2013 年的收入水平。下表 9 同。

---

① 2007 年关于工作时间的调查问题是"您平均每周工作多少小时？"我们根据问题除以 7 得到每天工作时间；2013 年中调查的问题是"平均每天工作多少小时？"

表 9 农民工收入类别结构及变化趋势

收入类别	2007 年		2013 年		收入增长率（%）
	年收入（元）	样本数（个）	年收入（元）	样本数（个）	
工资性收入	20 296	5 047	32 366	778	59. 47
经营性收入①	29 257	1 570	41 827	338	42. 96
雇主	36 387	382	52 129	79	43. 26
自营劳动者	26 964	1 188	38 685	259	43. 47
总体	**21 191**	**7 002**	**35 177**	**1 149**	**66. 00**

（2）经营性收入约是工资性收入的 1. 3 倍；但在增长速度上，工资性收入约是经营性收入的 1. 4 倍

如果把雇主或自营劳动者的农民工收入称为经营性收入，雇员身份的农民工收入称为工资性收入，从表 9 可以看到，经营性收入明显要高于工资性收入。以 2013 年为例，经营性收入和工资性收入分别为 41 827 元和 32 366 元，前者约为后者的 1. 3 倍。如果把经营性收入的主体进一步细分为雇主和自营劳动者，那么雇主和自营劳动者收入分别约是工资性收入的 1. 6 倍和 1. 2 倍。但在收入的增长速度上，工资性收入增长更快。具体来说，2007—2013 年，工资性收入增长了 59. 47%，经营性收入增长了 42. 96%，前者约是后者的 1. 4 倍。此外，2013 年，农民工年收入均值为 3. 5 万元左右，相对 2007 年增长了 66%。

三　影响农民工就业及变化的因素

从上文可以看到，农民工在就业身份、就业职业、就业行业、就业单位性质等方面存在不同并在近年来发生了一定程度的变化，本文接下来利用 CHIP 2013 年数据②着重讨论农民工在就业身份以及就业职业上的差异及变化的原因③。

考虑到被解释变量都为二元变量，我们在回归分析时采用了二元 Probit 模型，同时还采用二元 Logit 模型作为稳健性检验。在控制变量的选择上，本文参考以往的研究（符平等，2012；宁光杰，2012；刘万霞，2013；刘鹏程等，2013），引入了受访者的性别、民族、婚姻、党员、受教育年限、健康状况、是否为独生子女、是否为新生代、是否参加新农合、是否参加新农保、工作转换次数、老家是否有耕地④等变量；此外考虑到父母对子代就业的影响，还控制了

---

① 这里是指经营性净收入。

② 之所以没有和 CHIP 2007 年组成混合横截面数据进行分析，是因为有必要纳入回归分析的变量在 2013 年没有，如果同时利用这两年的数据进行分析，在样本量本来不是很多的情况下由于变量的缺失进一步造成样本量大大减少。

③ 我们既可以把它理解为农民工就业状况差异的原因，也可以理解为是就业变化的原因。

④ 变量取值或说明如下：男性 =1，女性 =0；汉族 =1，其他 =0；已婚 =1，其他 =0；中共党员 =1，非中共党员 =0；受教育年限按照我国现行基本学制取值；健康状况：非常好 =1，好 =2，一般 =3，不好 =4，非常不好 =5；独生子女 =1，非独生子女 =0；新生代 =1，老一代 =0；参加新农合 =1，否 =0；参加新农保 =1，否 =0；工作转换次数是用问卷"这份工作是您自参加工作以来第几个工作？"的回答值减去 1 所得；老家有耕地 =1，否 =0。由于年龄和新生代变量存在明显的共线性，回归中没有再控制年龄，下表同。

受访者父亲的受教育年限以及就业状况①；考虑到一些未被观测到的潜在影响因素，文章进一步控制了省级固定效应。

（一）什么因素促进了农民工自我雇佣的选择？

农民工的自我雇佣包括了农民工成为雇主和成为自营劳动者，表 10 报告了影响农民工自我雇佣选择的回归结果。在第 1—2 列成为雇主的模型中，回归结果表明，和老一代农民工相比，新生代农民工成为雇主的可能性降低，这可能是因为成为雇主存在一定的门槛，需要一定的创业资金、机会识别能力以及风险管控能力，而作为新生代的农民工，他们在这方面还存在劣势（王戴黎，2014）。此外，新农合显著促进了农民工成为雇主，而新农保显著阻碍了农民工成为雇主。这可能是因为新农合作为一种即期医疗保险能够帮助农民工增强应对疾病风险的能力，有利于农民工成为雇主；而新农保作为一种远期养老保险，可能不会对当前的生活状况起到明显的积极作用，反而可能给当前经济状况带来一定的负担，因此在一定程度上阻碍了农民工成为雇主。此外，老家有耕地也显著阻碍了农民工成为雇主，一种可能的解释是农村土地牵制了农民工从事非农活动，使他们更有可能从事农业生产，阻碍了他们的创业。这也说明，促进农村土地流转有助于农民工成为雇主。同时，父亲的教育程度越高也越有利于农民工成为雇主。

在第 3—4 列成为自营劳动者的模型中，已婚的农民工更有可能成为自营劳动者；而自身的教育程度越高，成为自营劳动者的可能性越小。这可能是因为教育程度高的农民工，他们在劳动力市场上竞争力较大，更有可能找到满意的工作从而不愿意选择成为经营风险较高的自营劳动者。在第 5—6 列自我雇佣的模型中，也可以发现，已婚的农民工更可能成为自我雇佣劳动者，而自身的教育程度越高，成为自我雇佣者的可能性越小。此外，工作转换次数起着显著的阻碍作用，这说明频繁的职业流动不利于农民工成为自我雇佣者，这与明娟（2016）的研究结论类似，这可能是因为就业的不稳定性不利于农民工成为自我雇佣时所需的资金和经验上的积累。因此，农民工前期的就业稳定性有助于提高其后期从事创业的概率。父亲的教育程度依然显著促进了农民工成为自我雇佣者，这可能是因为父亲教育程度越高，越有能力为农民工选择自我雇佣创造有利条件。

表 10   农民工自我雇佣选择影响因素分析

解释变量	雇主		自营劳动者		自我雇佣	
	(1) Probit	(2) Logit	(3) Probit	(4) Logit	(5) Probit	(6) Logit
性别	0.0018	0.0048	0.0494	0.0433	0.0568	0.0495
	(0.0312)	(0.0377)	(0.0492)	(0.0523)	(0.0505)	(0.0514)
民族			0.1352	0.1344	0.1783	0.1830
			(0.0986)	(0.1047)	(0.1110)	(0.1226)
婚姻			0.1697**	0.1697**	0.2528***	0.2680***
			(0.0685)	(0.0760)	(0.0749)	(0.0849)

---

① 考虑到共线性问题可能造成的估计偏误，回归模型没有再控制母亲的受教育年限以及就业状况。

续表

解释变量	雇主		自营劳动者		自我雇佣	
	(1) Probit	(2) Logit	(3) Probit	(4) Logit	(5) Probit	(6) Logit
党员	-0.0123	-0.0191	0.0359	0.0391	0.0289	0.0319
	(0.0530)	(0.0646)	(0.0703)	(0.0654)	(0.0774)	(0.0732)
受教育年限	-0.0006	-0.0010	-0.0164**	-0.0156**	-0.0173**	-0.0162**
	(0.0045)	(0.0051)	(0.0068)	(0.0068)	(0.0079)	(0.0081)
健康	0.0185	0.0171	0.0079	0.0050	0.0221	0.0188
	(0.0150)	(0.0162)	(0.0225)	(0.0227)	(0.0248)	(0.0249)
独生子女	0.0162	0.0107	-0.0709	-0.0843	-0.0508	-0.0463
	(0.0504)	(0.0585)	(0.0814)	(0.0906)	(0.0772)	(0.0822)
新年代	-0.0510*	-0.0492*	-0.0461	-0.0525	-0.0865	-0.0906
	(0.0261)	(0.0290)	(0.0543)	(0.0575)	(0.0612)	(0.0636)
新农合	0.0742**	0.0841*	-0.0113	-0.0018	0.0489	0.0557
	(0.0370)	(0.0444)	(0.0478)	(0.0487)	(0.0530)	(0.0540)
新农保	-0.0723**	-0.0739***	0.0852*	0.0858*	0.0312	0.0316
	(0.0283)	(0.0285)	(0.0495)	(0.0487)	(0.0523)	(0.0524)
工作转换次数	0.0191	-0.0164	-0.0178	-0.0195	-0.0294*	-0.0320**
	(0.0125)	(0.0137)	(0.0126)	(0.0130)	(0.0153)	(0.0158)
老家是否有耕地	-0.0700***	-0.0663**	0.0535	0.0577	3.08e-06	0.0000
	(0.0252)	(0.0268)	(0.0407)	(0.0417)	(0.0436)	(0.0441)
受访者父亲变量						
受教育程度	0.0120***	0.0122***	0.0015	0.0018	0.0100*	0.0102*
	(0.0035)	(0.0041)	(0.0046)	(0.0047)	(0.0051)	(0.0052)
在国有部门工作	0.0472	0.0428	-0.0457	-0.0442	-0.0168	-0.0085
	(0.0429)	(0.0562)	(0.1012)	(0.1020)	(0.0872)	(0.0868)
在私有部门工作	0.0579*	0.0499	-0.0216	-0.0202	0.0210	0.0312
	(0.0358)	(0.0373)	(0.0658)	(0.0674)	(0.0722)	(0.0734)
从事农业工作	0.0295	0.0264	-0.0318	-0.0304	-0.0189	-0.0142
	(0.0245)	(0.0264)	(0.0365)	(0.0362)	(0.0417)	(0.0417)
省份固定效应	控制	控制	控制	控制	控制	控制
Pseudo R^2	0.1820	0.1785	0.1268	0.1281	0.1258	0.1264
样本数	454	454	565	565	565	565

注：（1）＊、＊＊、＊＊＊分别表示在10%、5%、1%的水平上显著；（2）回归中汇报的是边际效应，括号内是经过在省级层面聚类调整的稳健标准误；（3）表中空格处Stata回归时没有汇报。以下各表同。

（二）什么因素促进了农民工职业向上流动？

关于农民工职业向上流动的界定，本文是根据在问卷中的两个问题：第一是"您自参加工作以来第一份职业是什么？"第二是"您现在的职业是什么？"如果第一个问题回答的是"办事人员和有关人员、商业服务业人员、农林牧渔人员、生产运输人员或其他从业人员"，而第二个问题回答为"机关事业单位负责人、专业技术人员、私营企业主或个体工商户"，我们则认为实现了职业向上流动；如果依然回答为"办事人员和有关人员、商业服务业人员、农林牧渔人员、生产运输人员或其他从业人员"，我们认为没有实现职业向上流动。这样定义的依据在于：农民工总体上就业层次低、社会保障状况差，大多维持着劳动力的简单再生产，自我积累困难，向上流动困难；而国家机关、企事业单位负责人或技术岗位进入壁垒较高，具有较高的职业声望；私营企业主反映了其人力资本、社会资本、经济资本等方面的优势地位；个体工商户作为自营劳动者群体，收入一般比受雇农民工高（叶静怡、王琼，2013），会逐渐形成积累，更有希望获得一定的发展（万向东，2008）。因此，这样定义存在一定的合理性。表11报告了影响农民工职业向上流动的决定因素。

在第1列机关及事业单位负责人模型中，新农合显著阻碍了农民工向上流动成为机关及事业单位负责人，而新农保则起着显著的积极作用。工作转换次数越多，越不利于农民工向上流动到该职业，这与明娟（2016）的研究结论一致。第2列专业技术人员模型中，回归结果表明，男性更有可能向上流动成为专业技术人员，受教育年限对农民工成为专业技术人员也起着显著的促进作用，说明一定的教育年限对农民工成为专业技术人员至关重要。独生子女的身份也更有可能向上流动成为专业技术人员，这可能是因为独生子女家庭更有能力为其提供教育，进而有利于其成为技术人员。在第3列私营企业主的决定模型中，健康状况对农民工向上流动进入该职业起着显著的积极作用，而老家有耕地则产生了显著的阻碍作用。父亲的受教育程度对农民工成为私营企业主也至关重要，父亲受教育程度越高，越有利于农民工向上流动成为私营企业主。在第4列个体工商户的决定模型中，已婚的农民工更有可能成为个体工商户；受教育年限越长，反而阻碍了农民工向上流动成为个体户。在最后一列总样本回归中，结果显示，独生子女更有可能实现职业向上流动，而新生代的身份阻碍了他们向上流动，这可能是因为新生代农民工相较于老一代农民工还缺乏资金、经验等积累。

表11　　　　　　　　　　　农民工职业向上流动影响因素分析

变量	（1）机关事业单位负责人	（2）专业技术人员	（3）私营企业主	（4）个体工商户	（5）总体
性别	0.0047 (0.0370)	0.0527** (0.0251)	0.1116 (0.0846)	−0.0032 (0.0440)	0.0611 (0.0516)
民族				0.0399 (0.0992)	0.0873 (0.1384)
婚姻	−0.0735 (0.0623)	−0.0181 (0.0389)		0.1079* (0.0619)	0.1032* (0.0612)

续表

变量	（1）机关事业单位负责人	（2）专业技术人员	（3）私营企业主	（4）个体工商户	（5）总体
党员		0.0510	0.0329	0.0743	0.1081
		（0.0704）	（0.0819）	（0.0743）	（0.1145）
受教育年限	0.0003	0.0158***	−0.0086	−0.0120*	−0.0080
	（0.0097）	（0.0042）	（0.0064）	（0.0069）	（0.0086）
健康	0.0012	0.0231	0.0454**	0.0071	0.0182
	（0.0221）	（0.0218）	（0.0224）	（0.0299）	（0.0346）
独生子女	0.0130	0.1145***	0.0454	−0.0691	0.1198*
	（0.0348）	（0.0397）	（0.0509）	（0.0914）	（0.0654）
新年代	−0.0895	−0.0248	−0.0444	−0.0928	−0.1419**
	（0.0839）	（0.0292）	（0.0355）	（0.0650）	（0.0591）
新农合	−0.5572***	−0.0539	0.0202	−0.0156	−0.0334
	（0.1465）	（0.0328）	（0.0435）	（0.0436）	（0.0643）
新农保	0.4907***	0.0267	−0.0745*	0.0977**	0.0467
	（0.1435）	（0.0340）	（0.0407）	（0.0455）	（0.0588）
工作转换次数	−0.0238**	−0.0096	−0.0090	0.0034	−0.0154
	（0.0096）	（0.0129）	（0.0108）	（0.0125）	（0.0156）
老家是否有耕地	0.0331	0.0114	−0.1117***	0.0439	0.0122
	（0.0428）	（0.0366）	（0.0328）	（0.0499）	（0.0523）
受访者父亲变量					
受教育程度	0.0034	0.0001	0.0145***	0.0012	0.0086
	（0.0075）	（0.0050）	（0.0047）	（0.0046）	（0.0062）
在国有部门工作	0.0737		0.0533	−0.1401	−0.0952
	（0.0493）		（0.0652）	（0.0975）	（0.1145）
在私有部门工作	0.0681***	−0.1424	0.0336	0.0182	0.0255
	（0.0210）	（0.0901）	（0.0380）	（0.0610）	（0.0800）
从事农业工作	−0.0021	−0.0352	0.0262	−0.0043	−0.0091
	（0.0277）	（0.0383）	（0.0304）	（0.0419）	（0.0545）
省份固定效应	控制	控制	控制	控制	控制
Pseudo R^2	0.2355	0.2638	0.3236	0.1561	0.0899
样本数	91	277	252	381	399

注：我们对上述各模型也做了二元 Logit 回归，发现回归结果基本一致，限于表格篇幅，未在表中汇报。

四 结论与启示

农民工就业直接关系到他们在城市能否安居乐业，进而影响到我国城镇化建设，因此探讨近年来我国农民工的就业问题对我国城镇化建设具有重要现实意义。本文利用 CHIP 2007 年和 2013 年调查数据，分析了我国农民工近年来的就业结构及其变化趋势。

研究主要有以下发现：（1）从受雇农民工工作获得途径来看，"朋友或熟人介绍""雇主招工""亲戚介绍"是当前农民工获得工作的三大主要途径；"雇主招工"和"政府安排或职介"在农民工工作获取中的作用增强，而依赖"强关系"获取工作途径在减弱。（2）从自雇农民工正式经营前的投资借贷来看，90% 左右进行了投资，30% 左右进行了借贷；民间借贷是借贷的主要方式，但在借贷金额上约是正规借贷的一半。自雇农民工经营前进行投资的比例有所下降，进行借贷的比例略微上升；在借贷方式上，民间借贷是借贷的主要方式，但正规借贷的比重在增加；在借贷贡献度大小上，民间借贷是借贷资金的主要来源，但正规借贷的贡献度在提升；在借贷额度上，民间借贷和正规借贷的差额在增大。（3）从就业身份、职业、行业、单位性质结构来看，农民工就业身份为雇员的接近 70%，但自雇的比例呈上升趋势。农民工就业职业主要集中于商业服务业人员、个体工商户和生产运输人员，约占农民工总体的 70%；专业技术人员、私营企业主等从业人员比例有所上升。农民工就业行业主要集中于批发零售业、制造业和居民服务修理业，占农民工的 55.77%；从事住宿餐饮业、批发零售业、建筑业、制造业就业的农民工比例在下降，而从事交通运输仓储邮政业、居民服务修理业就业的农民工比例在上升。农民工就业单位以个体或私营企业为主，就业于国有部门和个体的比例在上升。（4）就业时间结构上，农民工平均每天工作时间在 8 小时以上的比例有所降低，工作时间超时的状况有所改善。（5）就业收入上，年收入在 3 万元及以上的比例增加明显；2013 年农民工年收入均值为 3.5 万元，较 2007 年总体增长了 66%；经营性收入约是工资性收入的 1.3 倍。

本文最后进一步讨论了影响农民工成为自我雇佣者以及职业向上流动的决定因素，得到了一些有益的结果。总体来看，我国农民工的就业结构有所优化，这对于促进农民工市民化、促进城镇化无疑具有积极意义。当然这些结论还需要更多的学者进行更深入细致的研究。中国农民工近些年来就业发生了深刻的变化，对农民工就业的深入挖掘可以帮助我们更好地认识中国农民工就业的发展态势。

参考文献

Clark K. Drinkwater, S. & Robinson C., "Self – Employment amongst Migrant Groups: New Evidence from England and Wales", *Small Business Economics*, 2017, 4: 1047 – 1069.

Djankov S. Qian Y. Roland G. & Zhuravskaya E., "Who are China's Entrepreneurs?" *American Economic Review*, 2006, 2: 348 – 352.

Li L. & Wu X., "Housing Price and Entrepreneurship in China", *Journal of Comparative Economics*, 2014, 2: 436 – 449.

边燕杰、张文宏、程诚：《求职过程的社会网络模型：检验关系效应假设》，《社会》2012 年第 3 期。

白南生、李靖：《农民工就业流动性研究》，《管理世界》2008 年第 7 期。

陈刚：《管制与创业——来自中国的微观证据》，《管理世界》2015 年第 5 期。

符平、唐有财、江立华：《农民工的职业分割与向上流动》，《中国人口科学》2012 年第 6 期。

葛晓巍、叶俊涛：《刘易斯拐点下农民工就业结构及产业结构变化——基于苏、浙、粤的调查》，《经济学家》2014 年第 2 期。

贺霞旭、孙中伟：《1988—2010 年间珠江三角洲农民工就业结构的变化分析》，《西北人口》2013 年第 2 期。

寇恩惠、刘柏惠：《城镇化进程中农民工就业稳定性及工资差距——基于分位数回归的分析》，《数量经济技术经济研究》2013 年第 7 期。

刘家强、王春蕊、刘嘉汉：《农民工就业地选择决策的影响因素分析》，《人口研究》2011 年第 3 期。

刘鹏程、李磊、王小洁：《企业家精神的性别差异——基于创业动机视角的研究》，《管理世界》2013 年第 8 期。

刘万霞：《职业教育对农民工就业的影响——基于对全国农民工调查的实证分析》，《管理世界》2013 年第 5 期。

明娟：《工作转换对农民工职业流动的影响效应》，《人口与经济》2016 年第 4 期。

明娟、曾湘泉：《工作转换与受雇农民工就业质量：影响效应及传导机制》，《经济学动态》2015 年第 12 期。

宁光杰：《自我雇佣还是成为工资获得者？中国农村外出劳动力的就业选择和收入差异》，《管理世界》2012 年第 7 期。

钱芳、陈东有：《强关系型和弱关系型社会资本对农民工就业质量的影响》，《甘肃社会科学》2014 年第 1 期。

王戴黎：《外资企业工作经验与企业家创业活动：中国家户调查证据》，《管理世界》2014 年第 10 期。

万向东：《农民工非正式就业的进入条件与效果》，《管理世界》2008 年第 1 期。

叶静怡、周晔馨：《社会资本转换与农民工收入——来自北京农民工调查的证据》，《管理世界》2010 年第 10 期。

杨云彦、陈金永：《转型劳动力市场的分层与竞争——结合武汉的实证分析》，《中国社会科学》2000 年第 5 期。

张车伟、薛欣欣：《国有部门和非国有部门工资差异及人力资本贡献》，《经济研究》2008 年第 4 期。

（作者单位：中南财经政法大学公共管理学院）

我国留守妻子的生存和发展状况研究[①]

段成荣　秦　敏　郭　倩　程梦瑶　赖妙华

一　研究背景

随着社会发展和城镇化进程加速，人口流动日趋频繁。但我国的人口流动明显属于不完整的形态，在一部分家庭成员流动的同时，另一部分家庭成员在户籍所在地留守下来，成为留守人口。其中很多男性劳动力囿于现实条件选择单独外出，把妻子留在老家，留守妻子现象随之产生。进入 2000 年以来人们逐渐开始关注这一群体。

政府高度重视包括留守妻子在内的留守群体的生存和发展。2011 年 4 月胡锦涛同志指出，要"建立健全家庭发展政策，加大对留守人口等困难家庭的扶助力度"；2012 年 3 月温家宝同志提到"关爱留守儿童、留守妇女和留守老人"；2014 年 3 月党的十八届三中全会提出"健全农村留守儿童、妇女、老年人关爱服务体系"；2015 年 10 月党的十八届五中全会再次明确提出"要建立、健全农村留守儿童和妇女、老人关爱服务体系"；2016 年 3 月 5 日，国务院总理李克强在政府工作报告中再次强调要加强对农村留守儿童和妇女、老人的关爱服务。同时近年来在全国妇联的推动下，各地妇联组织积极探索建立留守妇女互助组。2014 年底，全国农村留守妇女互助组总数已超 30 万个，在帮助留守妇女应对生产、生活、情感等方面存在的问题上起到了不可忽视的作用。

建立健全留守妻子的关爱服务体系要求留守妻子的基础信息一定要健全。近几年来，民政、老龄、统计等部门在获取留守儿童和留守老人信息上进展迅速，但有关留守妇女的信息获取却进展甚微，涉及留守妇女的基本信息明显短缺。到目前为止，官方并没有关于全国留守妻子规模的准确数字，学术界也仅见周福林依据 2000 年普查 0.95‰抽样数据、白南生利用 2005 年农村外出务工人员数据进行的估算。然而，两位学者使用的数据距今已有 10—15 年之久，流动人口的规模在这十几年间已经发生了翻天覆地的变化，从 2000 年的 1.08 亿增加到 2015 年的 2.47 亿，增加了 129%。与规模如此庞大的流动人口相对应的，我国留守妻子目前究竟有多大规模？这十几年呈现了怎样的变化？她们又处于怎样的生活状况？这些问题至今没有得到明确的答案。因此，本文试图依靠相关信息对留守妻子的基本情况进行梳理，分析她们面临的主要问题和挑战，进而提出对策建议，为建立健全留守妻子关爱服务体系提供参考依据。

二　主要相关文献回顾

（一）我国留守妻子规模的研究

周福林（2006）依据 2000 年普查 0.95‰人口抽样数据对留守妻子的规模分布和基本特征

---

① 本文部分内容刊登于《人口学刊》2017 年第 1 期。

进行了详细的阐述，得出 2000 年我国留守妻子数量为 1085 万。白南生利用 2005 年 1.3 亿农村外出劳动力数据，按照 80% 已婚、除去举家迁移的 3900 万、70% 男性的方法计算，得出 2005 年我国农村留守妇女 4700 万。[①] 后来"5000 万"这一数字作为留守妻子的基础数据被大量引用。白南生的方法至少有两方面值得商榷：首先，外出劳动力 80% 的已婚比例过高，国家统计局公布的 2008 年以来的已婚比例均在 60% 以下；其次，70% 为男性这个比例也偏高，在历年农民工监测报告中该比例在 65%—67% 且变化幅度很小。其中 2008 年到 2014 年连续增加，从 65% 增加到 67%，即达到历史最高，没有确凿证据证明 2005 年男性比例高于这个区间。因此，本文认为以上方法过高地估计了我国留守妻子的数量。

（二）针对我国留守妻子展开的实地调研

叶敬忠（2008）对安徽、河南、湖南、江西、四川 5 个人口流出大省的 10 个行政村进行实地调研，认为农村留守妇女负担最重，对农村发展影响最大，但受到的关注却最少。吕芳（2012）基于 16 省对农村留守妇女的社会支持网络进行分析和构建。吴亦明（2011）对苏、鄂、甘地区进行调研，得出在乡村治理中留守妻子发挥了较大积极作用。诸多学者分别在河南、湖南、甘肃、江西等地的调查也表明丈夫外出打工后留守妻子生产生活不堪重负（石芳等，2007；邱凤莲，2011；刘晓，2010；王俊文，2011）。此外，还有一些学者从留守妻子的成因、现状、问题、对策等方面进行了广泛探究。

综观现有研究，局部的、少数地方的调研结果能否概括、代表全国留守妻子的普遍情况还需要进一步探讨；一些没有确凿数据支持下的推断尚缺乏科学性，如提出"留守妇女缺乏理想和追求"（鲍常勇、孙金华，2009）；全国的估算数据也存在不足，尤其是至今学界对我国留守妻子的规模分布等最新的基本现状还一无所知。因此，本文的尝试可以说既具有极大的挑战性又具有重要的战略意义。

三　概念、数据与方法

（一）留守妻子的概念

首先需要指出的是，无论是政府文件还是学术文献乃至媒体报道，迄今通常使用的是"留守妇女"概念。但我们认为，该概念存在歧义，其与外出流动人员的关系不明确、不唯一。当一个家庭有外出流动人口时，其余的家庭成员都是留守人员，而留守人员中的成年女性即可以称为留守妇女，其中包括外出人员的母亲、姐妹、嫂子、弟媳等。在关注留守现象和留守妇女时，我们真正关心的是丈夫外出流动后，作为妻子的女性的生存和发展问题。那么，前述姐妹等女性人员显然与我们关注的初衷没有直接的关系，留守中的母亲则属于留守老人的范畴，这些情况，应该予以区别。为此，我们需要一个有更加明确指向的概念来界定我们的研究对象。我们认为，"留守妻子"概念符合这一要求。本文以下将使用"留守妻子"概念，以替代目前常用的"留守妇女"概念。本文所称留守妻子，是指丈夫外出流动后作为妻子留守在户籍所在地的女性。

本文主要关注 18—59 岁留守妻子。之所以进行年龄限定，原因有三个方面：一是为了和留守儿童（现通常指 0—17 岁）和留守老人（60 岁及以上）的研究相衔接。二是希望更符合实际情况。虽然根据我国婚姻法，女性结婚年龄不得早于 20 周岁，但在一些偏远农村地区还

[①]　中国人民大学白南生教授在 2006 年接受《中国经济周刊》记者张俊才采访时，依据 2005 年农村外出务工人员的相关数据推算出 2005 年农村留守妇女的规模。

存在早婚早育的现象，年龄下限为 18 岁能更全面地涵盖留守妻子；年龄上限为 59 岁，主要是为了在研究中区分劳动年龄留守妻子和留守老年女性，后者更需要考虑其子女是否外出，是涉及养老的话题。三是 18—59 岁的留守妻子其丈夫也正好处于劳动年龄，流动性更强。根据 2010 年"六普"数据计算，18—59 岁流动人口占全部流动人口的 79%，60 岁及以上老年流动人口仅占全部流动人口的 4.8%。因此，18—59 岁的年龄限定更能准确地把握留守妻子的规模和社会经济特征。

（二）数据与基本研究思路

从可利用的数据来看，对于留守妻子的规模等基本信息只能依赖人口普查、小普查数据；统计局农民工监测数据可以用来大致估算农村留守妻子规模，尽管统计口径会带来一定误差；而一些留守妻子的基本特征还需要使用全国妇女地位调查数据进行研究。因此，本文有多个数据来源，然而每个来源或数据体系都只能是或多或少提供一些零散的侧面信息。在尽量挖掘、整合现有零散的、残缺不全的数据的情况下，本文透过各种直接、间接的办法，在现有的条件下力争勾画出我国留守妻子的一幅相对完整的画像。

本文需要同时做以下四方面的工作：一是对 2000 年第五次全国人口普查（以下简称"五普"）、2005 年全国 1% 人口抽样调查（以下简称 2005 年小普查）、2010 年第六次全国人口普查（以下简称"六普"）和 2015 年全国 1% 人口抽样调查（以下简称 2015 年小普查）的抽样数据，以家庭户为单位，通过夫妻匹配筛选出留守妻子数据；二是通过已知的 2000 年和 2005 年留守儿童规模来估算留守妻子规模；三是通过国家统计局 2008—2013 年农民工监测数据，计算出农村外出劳动力中独自流动的男性人口数来大致了解我国农村留守妻子的发展趋势；四是在掌握了留守妻子的基本规模和大致分布、趋势的基础上，结合 2010 年全国妇女地位调查数据，对我国留守妻子的结构性特征和社会经济状况做一概览。

四　留守妻子规模分析

本文使用严格和宽松的两种口径分别计算了我国留守妻子的规模。严格口径即丈夫外出后，留在老家的妻子须满足户口所在地和现在居住地一致，表明该妇女当前没有流动。宽口径的计算，即不考虑妇女的户籍和居住情况只考虑丈夫是否外出。已有研究都没有考虑留守妻子的户籍和现住地情况，在某种意义上说，统计口径并不严格。两种口径的计算有利于数据间的对比分析。

（一）直接计算留守妻子的规模

第一，以 2000 年普查数据和 2005 年的小普查为例，2000 年普查项目 H4 和 H5、2005 年小普查项目 H3 分别判断一个家庭是否有男性人口外出。凡 2000 年数据（H41 + H51）≥1、2005 年数据 H302≥1 的家庭即为有流动男性人口的家庭。由于无法判断集体户中居住的妇女与户主间关系，本文删除了在集体户中居住的妇女样本，在总体中占比分别为 3.44%（2000 年）和 2.99%（2005 年），只分析生活在家庭户中的妇女的留守情况。

第二，在有流动男性人口的家庭中，筛选出有居住在本地、户口也在本地的 18—59 岁已婚妇女的家庭。

第三，根据普查项目与户主的关系（R2）、性别、婚姻状况和结婚年月等进行夫妻配对，一个家庭中与该已婚妇女之间为夫妻关系且其配偶又没有在本户登记的，该已婚妇女即为留守妻子。R2 为 0—8 的情况都可以识别留守妻子，而当 R2 =9 该妇女是户主的其他家庭成员，这种情况由于无法通过 R2 判别其丈夫的信息，且在已婚 18—59 岁女性人口中所占比例较小（2000 年为 1.1%、2005 年为 1.7%），本文都予以舍弃。

当前我国家庭户规模在逐渐缩小，根据第五次和第六次人口普查数据，一代户和二代户已成为家庭户的主流。在 2000 年抽样数据中，已婚 18—59 岁妇女与户主的关系为户主（0）、配偶（1）、子女（2）、媳婿（6）四种情况占到了全部关系种类的 97.7%，2005 年这一比例是 96.4%。因此抓住了这几个主要方面，就了解了留守妻子的绝大部分。具体来讲，一个家庭中妇女与户主之间的关系及其甄别留守妻子的思路详述如下：

1. 当 R2 = 0 时，该妇女本身就是户主，需要辨别作为户主配偶的男性是否在户中。通过夫妻配对，如果丈夫不在户中该妇女就是留守妻子。

2. R2 = 1，该妇女是户主的配偶，只需判断作为户主的男性是否在户中。不在户中该妇女就是留守妻子。

3. R2 = 3，即该妇女是户主的父母，对该妇女进行夫妻配对，同为户主父母的男性不在户中即可判定该妇女为留守妻子。

4. R2 = 4，该妇女是户主的公婆或岳父母，判别方式同 R2 = 3 的情况。

5. R2 = 2，即该妇女是户主的子女，找出该户中与户主关系为媳婿的男性人口，与该妇女进行夫妻匹配。如果没有与户主关系为媳婿的男性在户中登记；或者有但初婚年月不能匹配，说明这个男性人口是该户主其他子女的配偶，那么该妇女都判定为留守妻子。

6. R2 = 6，该妇女是户主的媳婿，首先找出该户中与户主关系为子女的男性人口，接下来判别留守妻子的方法与 R2 = 2 相同。

7. R2 = 5，该妇女是户主的祖父母，把该户中同为户主祖父母的男性人口与该妇女进行夫妻配对，无法配对的即为留守妻子。

8. R2 = 7，该妇女是户主的孙子女、孙媳婿，与户主关系同样为"7"并与该妇女初婚年月匹配的男性视为其配偶，在户中就不为留守妻子，反之就是留守妻子。R2 = 5、R2 = 7 这两种情况较少，2000 年和 2005 年数据中占比均不足 0.1%。

9. R2 = 8，该妇女为户主的兄弟姐妹，如果户中有其配偶，他与户主的关系也将登记为兄弟姐妹。因此可以通过夫妻匹配，如果其丈夫不在户中则判定其为留守妻子。2010 年"六普"和 2015 年小普查数据的分析处理方法大致与前述 2000 年"五普"和 2005 年小普查数据的处理方法相同，在此不再赘述。留守妻子的直接计算结果如表 1 所示。

表1			2000—2010 年我国留守妻子规模					单位：万人
年份	直接计算		间接估算					
	LBW1	LBW2	LBW	LBC	R1（%）	Pa（个）	R2（%）	R3（%）
2000	1 029	1 100	911	2 290	33.33	1.30	22.5	83.2
2005	2 815	3 045	2 988	7 326	33.39	1.55	35.9	82.4
2010	3 647	—	3 776	6 973	36.93	1.33	37.0	81.4
2015	3 044	—	—	—	—	—	—	—

注：LBW1 为严格口径下的留守妻子数量，即该已婚妇女人户一致，LBW2 是宽松口径下的留守妻子数量。R1 三个年份的比例分别参见段成荣、周福林：《我国留守儿童状况研究》，《人口研究》2005 年第 1 期；段成荣、杨舸：《我国农村留守儿童状况研究》，《人口研究》2008 年第 3 期；段成荣、吕利丹、郭静等：《我国农村留守儿童生存和发展基本状况——基于第六次人口普查数据的分析》，《人口学刊》2013 年第 3 期。2010 年 R3 的比例不可得，此处用重庆市 2010 年第六次人口普查抽样数据中计算的 81.4% 近似地代替。

（二）间接估计留守妻子的规模

1. 用留守儿童估算留守妻子

间接估计留守妻子数量的一种思路是凭借普查中甄别出的留守儿童来估计。根据普查筛选留守儿童，在留守儿童的居住方式中，"和母亲一起留守""和母亲与祖父母一起留守"两者都可视为和母亲留守，父亲外出，这部分留守儿童的母亲就是留守妻子。由于一个母亲可能对应不止一个孩子，还需要考虑孩次的因素，这样就可以通过留守儿童得到留守妈妈的数量。当然这并不是留守妻子的全貌。经计算，2000 年 83.2% 的留守妻子和子女一起留守；2005 年 82.4% 的留守妻子和子女一起留守。粗略估计的思路是，找到了留守儿童，就找到了大约八成的留守妻子。当然，随着留守妻子年龄的增长，一些留守妻子的子女年龄已经超过了 17 周岁不再被称为留守儿童，但她们仍和子女一起留守，基于上述方法这部分留守妻子并没有被统计在内。因此，还需要考虑孩子已经长大不再被统计为留守儿童的留守妻子，这部分人的年龄大致在 45—59 岁。

因此，留守妻子的估算公式为：$LBW = LBC \times R1/Pa/（1 - R2）/R3$。

LBW 表示间接估算的留守妻子，LBC 代表留守儿童。R1 是与母亲一起生活的留守儿童占全部留守儿童的比例；R2 为 45—59 岁留守妻子在全部留守妻子中所占比重；R3 为与子女一起留守的妇女占全部留守妻子的比例；Pa 是留守妻子的平均孩次，限于数据，计算时用普查中育龄妇女平均孩次近似地代替 Pa。

要注意的是，甄别留守儿童时并没有考虑其母亲是否人户一致，因此对留守妻子的估算结果要与 LBW2 计算结果进行对照。可以看出，利用留守儿童来估算留守妻子和直接计算的结果有少量的误差，但大体上是相吻合的。误差主要是低龄组人口漏报所致。根据已有研究，人口普查中低年龄组普遍存在人口漏报现象。对于 2000 年"五普"低龄组漏报，不同学者分别进行了计算，翟振武（2010）指出 0—3 岁平均每个年龄组漏报了近 340 万；李树茁等（2006）研究发现，0—9 岁人口漏报了 3743 万人；李若建（2013）得出 0—4 岁人口漏报 800 万—1000 万人。可见，低龄组漏报是确实存在的现象，而这个漏报结果的显现则要 5 年、10 年，甚至更长的时间，透过一些特殊生活事件漏报人口才可能进入人口登记系统。

根据大致估算，2010 年严格口径下的留守妻子在 3600 万左右。2000—2010 年，前 5 年我国留守妻子的数量大幅增加，后 5 年增速明显减缓。2000—2005 年全国留守妻子数量增加了 1.7 倍，而 2005—2010 年则增加了 0.3 倍左右，增速大大减缓。2005—2010 年流动人口增长了 49.99%，而这期间留守在家的妇女数量仅增长了 28%，并没有呈现出和流动人口相同的急剧增加趋势。

2. 利用外出农民工信息了解农村留守妻子的规模

根据国家统计局公布的农民工动态监测数据可粗略了解 2008—2013 年农村留守妻子的规模。该数据在流出地的农村调查劳动力外出情况，所以只能估计农村地区的留守妻子，但由于农村留守妻子占全国留守妻子的比例超过 70%，因此这个估计方法在现有条件下也具有一定的说服力。

农村留守妻子的估算公式如下：

农村留守妻子 =（外出农民工数量 × 已婚比例 – 举家外出的农民工数量）× 外出农民工中男性所占比例

表2			2005年以来中国农村留守妻子的规模			单位：万人，%
年份	外出农民工	举家外出数量	已婚比例	男性所占比例	农村留守妻子	增长速度
2000	—	—	—	—	892	—
2005	—	—	—	—	2 156	—
2008	14 041	2 859	56	65	3 253	—
2009	14 533	2 966	56	65.1	3 367	3.5
2010	15 335	3 071	57.5	65.9	3 787	12.5
2011	15 863	3 279	58.2	65.9	3 923	3.6
2012	16 336	3 375	58.5	66.4	4 105	4.6
2013	16 610	3 525	58.9	65.7	4 112	0.2

注：2013年外出农民工中男性所占比例未知，但因前面各年份间比例变化幅度不大，故采用了历年的平均水平；2012年、2013年农民工已婚比例缺失，从规律上判断，该已婚比例可能是逐年增加的，尽管增加幅度并不会很大。因为外出农民工数量一直递增，举家外出的数量也在逐年递增，可以推断正是已婚的外出农民工越来越多才会导致举家外出数量不断增加。但通常，举家外出数量的增加幅度大于已婚比例的增加，因为举家外出的人口里面还包含了非劳动年龄段的老人和孩子。因此，按照2010年、2011年举家外出和已婚比例增加情况对2012年和2013年的已婚比例进行了推算。考虑2008年和2009年的已婚比例相等，基于这个推算得出的结果可能接近真实情况，也可能略偏大，但不会偏小。

资料来源：2000年、2005年数据根据直接计算宽口径全国留守妻子数据乘以农村留守妻子所占比例而得，2008—2013年数据经国家统计局发布的《农民工监测调查报告》数据整理而得。

农村留守妻子的计算结果如表2所示。鉴于该数据没有严格的年龄限制，也无法考虑外出农民工妻子的户籍地、现居地是否一致，可能会高估农村留守妻子的数量。但我们仍然可以从中看出农村留守妻子规模的大致增长规律。在2010年以前农村留守妻子经历了快速增长，之后增长速度越来越缓慢。2000—2005年农村留守妻子总量增加了142%，2008—2010年仅增加了16.4%，而2010—2013年增幅更是一路下滑，2013年较之上年仅增加了0.2%。

（三）2000年以来我国留守妻子特征变化

通过以上对我国留守妻子规模的估算可以看出，2000年以来我国留守妻子的规模呈现出先增长后下降的趋势。同时，留守妻子还体现出城乡分布"城镇化"、地区分布"分散化"、年龄结构"高龄化"等特征，这和当前我国人口流动的特征密不可分。

1. 我国留守妻子正在经历规模上从急剧膨胀到快速下降的转变

进入21世纪以来，我国留守妻子在规模上经历了先期急剧增长，随后增速趋缓，近期开始快速下降的过程。2000—2005年，我国留守妻子数量急剧增加，增速高达174%；2005—2010年其增速明显放缓，五年间只增长了29.6%，增速大大低于上一个五年；2010年以后，留守妻子更是出现了负增长，2010—2015年共减少16.5%（见表3）。这一变化源于我国人口流动的家庭化进程。近年来，女性人口越来越广泛地参与到流动大军当中，流动人口举家迁移的比例逐渐增加。当前，我国人口流动正处在夫妻共同流动阶段向核心家庭化阶段过渡的进程中，还会有源源不断的留守人口将转化为流动人口，女性也是如此。当农村已婚女性越来越多地通过流动进入到城市成为流动人口时，留守妻子就必然会减少。这是城市化进程的大势所趋。因此，留守妻子的整体规模未来可能会继续呈缩减的态势。

表 3	2000—2015 年我国留守妻子的规模及其增长速度			单位：元
	2000 年	2005 年	2010 年	2015 年
全国留守妻子规模/万人	1 029	2 815	3 647	3 044
其中农村留守妻子/万人	892	2 156	2 148	1 717
全国留守妻子增长速度/%		174. 0	29. 6	− 16. 5
其中农村留守妻子增速/%		141. 7	− 0. 4	− 20. 1

2. 留守妻子的城乡分布体现"城镇化"趋势

从来源地的城乡构成看，我国留守妻子正处在快速的城镇化进程中。2000 年，全国留守妻子中 81% 来自农村，只有 19% 来自城镇（见表 4）。此后短短 15 年间，来自城镇的留守妻子所占比例大幅度提高。2000—2005 年，城镇留守妻子在全部留守妻子中的占比提高了 10 个百分点，2005—2010 年城镇留守妻子所占比重有了更大幅度（12 个百分点）的增加。到 2015 年，城镇留守妻子在全部留守妻子中所占比例高达 43. 72%，全国接近半数的留守妻子居住、生活在城镇。这一变化主要源于两个方面：一方面是我国城镇化进程的快速推进，人口的城乡结构在进入 21 世纪后发生了根本变化，2016 年底我国城镇人口占总人口的比例已达 57%。人口城乡结构的变化必然带来留守人口包括留守妻子城乡结构的变化，只是这种变化在此之前没有得到足够重视而已。另一方面是我国流动人口的来源地城乡结构也在悄然发生变化，进入 21 世纪以来，来自城镇的流动人口在全部流动人口中所占比例越来越高（段成荣等，2013），意味着除了乡—城流动日趋频繁，城—城人口流动也进一步增加，预计今后一段时期会更高（国家卫生和计划生育委员会流动人口司，2016）。

表 4	2000—2015 年我国农村留守妻子居住方式类型构成		单位:%
年份	农村	城镇	
2000	81. 08	18. 92	
2005	70. 82	29. 18	
2010	58. 90	41. 10	
2015	56. 28	43. 72	

3. 我国农村留守妻子的规模减少起始更早、速度更快

和全部留守妻子的数量变化趋势基本一致，进入 21 世纪以来，农村留守妻子也经历了先期急剧增长，随后增速趋缓，近期开始快速下降的数量变动过程（见表 3）。但与全部留守妻子的变动过程不同的是，农村留守妻子的规模减小在时间上启动更早，始于 2005—2010 年，比全部留守妻子由增加到减少的转折早五年发生。在 2005—2010 年，农村留守妻子的规模由之前的大幅度增加转而为轻微减少（五年间减少 0. 4%），虽然这五年间减少的幅度十分有限，但从大幅度增加到出现减少，这个变化的方向是十分重要的。2010—2015 年，当全部留守妻子也开始进入减少阶段（五年间减少 16. 5%）后，农村留守妻子减速更快（五年间减少 20. 1%）。农村留守妻子数量变化的这一过程，完全符合人口流动家庭化的基本趋势，即越来越多的人口流动将由单个个体的流动转变为举家流动。在这一过程中，我们可以预判到越来越多的留守人口（包括留守妻子、留守儿童以及留守老人）将从留守状态转变为流动状态。

4. 留守妻子的地区分布呈分散化趋势

留守妻子的地区分布从2000年到2005年有更加分散的趋势。2000年有近一半的留守妻子分布在四川、安徽、江西、江苏和广东5个人口流出大省，而2005年则是广东、四川、陕西、江苏、湖北、安徽、云南和甘肃8个省份占据了留守妻子的半壁江山，留守妻子呈现出的这种分散化趋势正是人口流动愈加频繁、流出地更加多元的体现（见表5）。由于不同省份的人口基数和抽样情况不同，仅仅关注留守妻子绝对规模的地区分布容易发生误判。如广东省2005年留守妻子占全国留守妻子的13.1%，位居第一。但由于抽样数据中广东省占全国人口的比重为14.6%，因此13.1%的留守妻子比例并不高。

表5		留守妻子地区分布		单位:%
	2000 年		2005 年	
地 区	抽样数据中各地区人口所占比重	各地区留守妻子占留守妻子总量的比重	抽样数据中各地区人口所占比重	各地区留守妻子占留守妻子总量的比重
北 京	1.0	0.4	1.7	0.7
天 津	0.8	0.4	2.9	1.1
河 北	5.6	1.7	3.3	2.3
山 西	2.7	0.9	4.5	2.3
内蒙古	1.9	0.9	1.9	1.5
辽 宁	3.5	1.0	2.5	1.9
吉 林	2.1	0.5	2.7	1.3
黑龙江	2.9	0.9	2.5	1.4
上 海	1.3	0.6	3.0	0.9
江 苏	6.0	8.2	3.3	5.3
浙 江	3.7	2.8	2.6	2.1
安 徽	4.9	11.0	3.3	4.8
福 建	2.6	3.5	2.0	2.7
江 西	3.0	9.0	2.5	4.0
山 东	7.6	2.5	4.7	4.2
河 南	7.8	4.7	3.6	4.2
湖 北	4.4	5.4	3.5	5.4
湖 南	4.9	5.8	3.6	4.0
广 东	6.0	7.2	14.6	13.1
广 西	3.6	4.5	2.6	3.8
海 南	0.6	0.2	1.4	0.9
重 庆	2.3	4.7	2.3	3.8

续表

地　区	2000 年		2005 年	
	抽样数据中各地区 人口所占比重	各地区留守妻子占 留守妻子总量的比重	抽样数据中各地区 人口所占比重	各地区留守妻子占 留守妻子总量的比重
四　川	6.4	12.4	3.8	6.6
贵　州	3.0	3.3	2.6	3.7
云　南	3.5	2.2	6.0	4.7
西　藏	0.2	0.1	0.8	0.5
陕　西	2.9	2.3	4.5	6.0
甘　肃	2.1	2.0	3.7	4.5
青　海	0.4	0.5	1.2	0.9
宁　夏	0.5	0.2	1.0	0.7
新　疆	1.6	0.6	1.7	1.0
全　国	100.0	100.0	100.0	100.0

资料来源：2000 年数据来自全国第五次人口普查 0.95‰人口抽样调查；2005 年数据来自全国 1% 人口抽样调查。

为了增强研究的关联性，本文通过计算各地农村留守妻子在当地适龄已婚妇女中的相对比重来更全面地了解留守妻子现象的严重程度（见图1）。2000 年农村留守妻子在本地农村已婚适龄妇女中所占比例最高的前 5 个省份分别是江西、重庆、安徽、广东和四川，其中江西农村已婚妇女的留守比例（12%）是全国平均水平的近 3 倍，有 13 个省份农村已婚妇女的留守比例高出全国平均水平。2005 年农村留守妻子的比例大幅增加，重庆成为农村留守妻子比例最高的省份（25.1%），比 2000 年高出 2.7 倍。2005 年农村已婚妇女留守比例排在前五位的分别是重庆、四川、江苏、江西和广西，有 14 个省、直辖市的农村留守妻子比例远高出全国平均水平。其中 2000 年留守比例最高的江西省是最低的天津市的 17 倍；而到了 2005 年留守比例最高的重庆市是最低的天津市的 5 倍。

综合来看，从 2000 年到 2005 年，我国留守妻子的规模有了全面、大幅增长，各省农村留守妻子在本省农村适龄已婚妇女中所占比重的增长尤为迅速。在整体规模剧增的同时，各地区之间的差距正在相对缩减。我国留守妻子的绝对规模显示，大部分留守妻子集中在东南沿海和中部地区；但从相对水平看，中西部留守妻子现象尤其是农村日趋严重，除了重庆、四川、江西、安徽、广东等几个流出大省，在西部地区，包括贵州、陕西、甘肃等地的留守妻子比例增加也非常显著。如陕西 2005 年农村留守妻子在本地农村适龄已婚妇女中所占比例为 17.8%，是 2000 年这一比例的 5.2 倍，远高于全国 3.4 倍的平均增长速度。

5. 留守妻子的年龄结构高龄化

我国留守妻子年龄结构呈现出"大龄化"的特征。2000 年 25—44 岁青壮年阶段留守妻子占到全部留守妻子的近七成，而 2005 年这一比例下降到 58%；相反 2000 年 45 岁及以上的留守妻子占全部留守妻子的比例为 22.5%，2005 年则上升为 35.9%。根据 2013 年中国劳动力动态调查报告，45 岁及以上高龄劳动力的流动率最高，占流动劳动力的 35.3%（中山大学社会科学调查中心，2013）。这个结论和 2005 年留守妻子的年龄结构也是高度吻合，正是因为 45

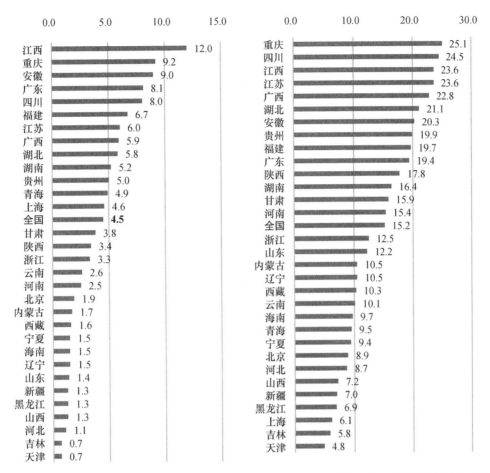

图1 2000年（左）、2005年（右）各地区农村留守妻子占本地农村已婚适龄妇女比例（%）

岁及以上劳动力流动更频繁，才会在这一年龄段产生相对较多的留守妻子。

留守妻子之所以呈现高龄化趋势，一方面是因为条件好的年轻妇女更多地加入流动中了，所以年轻妇女留守比例下降；另一方面，留守妻子成年化也是家庭拉力作用的结果。中年阶段更可能面临上有老下有小的局面，这一阶段老人的照料和子女的学业辅导变得更为迫切。男性成年流动人口需要更多地外出挣钱养家，而女性留在老家照料老人和孩子，由此产生了一批相对大龄的留守妻子。如表6所示，低龄组外出农民工所占比例逐渐下降，而40岁以上的农民工所占比例在增加，尤其是50岁以上的农民工增长速度很快，2015年比2008年增长了57%。外出农民工大龄化且六成以上是男性，因此农村留守妻子的高龄化就不可避免。

五 留守妻子的社会生活状况

为了更详细地了解留守妻子的人口特征和社会生活状况，以下分析将均基于2000年、2005年、2010年普查抽样数据人户一致的严格口径下直接计算的留守妻子数据，同时结合2010年第三期妇女地位调查数据进行。根据妇女地位调查中"受流动影响人员"调查板块，通过甄别出本调查中丈夫外出超过半年的已婚未流动妇女（18—64岁）即得到留守妻子，具体特征如下。

表6			2008—2015 年全国农民工年龄构成					单位:%
年龄	2008 年	2009 年	2010 年	2011 年	2012 年	2013 年	2014 年	2015 年
16—20 岁	10.7	8.5	6.5	6.3	4.9	4.7	3.5	3.7
21—30 岁	35.3	35.8	35.9	32.7	31.9	30.8	30.2	29.2
31—40 岁	24.0	23.6	23.5	22.7	22.5	22.9	22.8	22.3
41—50 岁	18.6	19.9	21.2	24.0	25.6	26.4	26.4	26.9
50 岁以上	11.4	12.2	12.9	14.3	15.1	15.2	17.1	17.9

资料来源:根据国家统计局发布的 2009—2015 年《农民工监测调查报告》数据整理而得。

(一)留守妻子的受教育程度较低,以小学和初中为主

2000 年、2005 年和 2010 年留守妻子的受教育程度为小学和初中的分别占 82.5%、77.9% 和 71.9%;接受过高中及以上教育的比例在三个年份分别为 8.9%、9.0% 和 10.8%。2010 年农村女性受教育程度在高中以上的比例是 11.6%。留守妻子高中及以上的受教育程度所占比例甚至低于农村女性的平均水平。

(二)留守妻子的就业比例高

留守妻子的在业比例较高。就业对她们的生活非常重要,既是家庭物质生活的重要组成部分,也有利于留守妻子生活安全感的提升。2000 年留守妻子在业的比例为 86.3%,高于农村妇女 84.6% 的平均水平;2005 年在业比例有所下降,为 79.9%,但仍高于农村女性 78.7% 的在业水平。对于没有工作的留守妻子,究其未工作的原因来看,料理家务是最主要的原因,2000 年和 2005 年分别占 68.4% 和 66.2%,离退休和失业是第二大原因,2005 年离退休和丧失劳动能力的比例高于 2000 年,这是和 2005 年留守妻子年龄结构相对老化相关联的。从未工作者的主要生活来源看,2000 年 80% 来源于家庭成员的供养,12% 靠领取养老金和基本生活费生活,4.4% 以保险、财产性收入和其他收入作为收入来源;2005 年未工作留守妻子靠家庭成员供养的比例有所下降,为 79.7%,离退养老金占到 11.7%,最低生活保障金、下岗及内退生活费、失业保险金共计 3.4%,另有财产性收入和其他收入 5.2%。可见,2005 年留守妻子的经济来源较之 2000 年更加多元化,财产收入和其他收入所占比重也有所增加。

(三)留守妻子的社会保障较为缺乏

根据 2010 年妇女地位调查数据,76.4% 的留守妻子没有社会养老保障。首要原因是"本地没有开展城乡居民养老保险",其次是"自己没钱";只有 23.3% 的人有社会养老保障,主要是农村社会养老保险。农村留守妻子中 96.4% 的人参加了新型农村合作医疗。在农村留守妻子的养老意愿方面,是否有养老保险的人选择不同,没有养老保险的留守妻子打算靠家人供养的比例高达 38%,20.5% 的人打算靠个人积蓄和劳动;而有养老保险的留守妻子 47% 能够依靠自己养老,仅 20.6% 的打算依靠家人供养。

（四）留守妻子的居住方式主要集中在与子女留守和与老人、子女一起留守两种，并呈现"直系化"趋势。

进入21世纪以来，农村留守妻子以"单独和子女留守"及"和老人、子女一起留守"两种类型构成主体的模式没有发生变化。2000年，上述两种类型合计占全部农村留守妻子家庭的84.11%，2005年、2010年、2015年，该比例分别为86.12%、82.6%和83.71%，虽有起伏，但基本稳定在85%左右。我国农村留守妻子的居住方式中"独自留守""单独和老人留守"等其他类型所占比例较小（见表7）。

表7	2000—2015年我国农村留守妻子居住方式类型构成			单位:%
居住方式类型＼年份	2000	2005	2010	2015
单独和子女留守	52.70	62.69	38.57	28.40
单独和老人留守	2.82	1.82	3.23	4.83
和老人、子女一起留守	31.41	23.43	44.03	55.31
独自留守	5.60	1.27	4.19	3.09
其他	7.49	10.78	9.98	8.37
合计	100.00	100.00	100.00	100.00

但进一步细分"单独和子女留守"与"和老人、子女一起留守"两种类型的构成比例，可以看到，进入21世纪以来，农村留守妻子"和老人、子女一起留守"这一类型的占比有了很大幅度的提升，由2000年的31.41%提高到2015年的55.31%，提高了24个百分点；而"单独和子女留守"这一类型的占比则明显下降，由2000年的52.7%下降到2015年的28.4%，下降了24个百分点。两种居住方式类型此消彼长的反向变动关系十分明显。

从家庭类别上讲，"单独和子女留守"属于核心家庭，虽然它不是完整意义上的核心家庭；"和老人、子女一起留守"则属于直系家庭，虽然它不是完整意义上的直系家庭。我国农村留守妻子居住方式类型构成的上述变动趋势，可以归结为快速的"直系化"过程：核心家庭迅速让位于直系家庭，后者成为主导。这一直系化趋势，与我国人口年龄结构的快速老龄化和少子化进程密切相关。越来越多的老人需要与子女共同生活，而能够与兄弟姐妹"分担"与父母同住责任的年轻人相对地越来越少。这从根本上决定了"和老人、子女一起留守"必然成为留守妻子居住安排中越来越重要的主导方式。这一点从分年龄的农村留守妻子的居住方式类型构成对比中可以得到非常清楚的印证（见表8）。表8数据显示，越是年轻的农村留守妻子，其"和老人、子女一起留守"的比例越高，20—24岁和25—29岁两个年龄组，这一比例分别高达82.25%和81.68%，占据绝对主导地位。

家庭结构的"直系化"直接导致相当一部分留守妻子面临"上有老下有小"的生活压力。丈夫外出期间家庭的生产活动和日常家务劳动重任无疑落到了留守妻子身上，包括子女教育等问题，都需要留守妻子做出统筹安排和考虑。然而，配偶父母起到的作用还有一些不可量化的重要方面，比如家务方面的帮扶、照料孙辈、增强留守妻子的安全感等。

表 8　　　　　　　　　2015 年我国农村留守妻子分年龄居住方式类型构成　　　　　　单位:%

年龄	和子女留守	和老人留守	独自留守	和老人、子女一起留守	其他	合计
20—24 岁	6.67	8.20	0.40	82.25	2.48	100.00
25—29 岁	10.83	5.39	0.55	81.68	1.55	100.00
30—34 岁	21.38	5.04	1.01	71.18	1.39	100.00
35—39 岁	35.34	5.18	2.63	54.58	2.27	100.00
40—44 岁	52.58	3.56	2.94	36.99	3.93	100.00
45—49 岁	53.90	3.23	5.51	19.46	17.90	100.00
50—54 岁	41.22	3.35	9.60	9.81	36.02	100.00
55—59 岁	32.59	2.01	16.59	2.54	46.27	100.00

（五）留守妻子的身心健康状况堪忧

我国留守妻子的健康水平低于女性健康的总体水平。根据 2010 年妇女地位调查数据，60% 的留守妻子健康自评"良好"，低于已婚育龄妇女的总体水平（64.2%）；17% 的留守妻子受到慢性病困扰，24.7% 的留守妻子有妇科疾病，高于已婚育龄妇女 19.3% 的总体水平；54.9% 的已婚育龄妇女近三年做过妇科检查，而留守妻子的这一比例为 49%。近三年，有 17.5% 的农村留守妻子有病拖着没去看医生，主要原因依次为"病情不重没必要"（40.8%）、"付不起医药费"（36.7%）、"家务、工作忙，脱不开身"（20.4%）。因为生产生活压力过大，没时间看病，积劳成疾，又加剧了生产和生活挑战的严峻性，形成了累积性的身体健康水平下降和家庭负担加重效应，使得农村留守妻子更难走出困境。留守妻子不仅要承担繁重的体力劳动，还要面临极大的心理煎熬。据 2010 年调查数据，农村留守妻子担心的主要问题依次是："丈夫在外的安全"（91.7%）、"家里有事没人商量"（61.5%）、"老人生病没人帮忙"（60.1%）、农忙时没人帮忙（56.0%）。而这些问题又通常是丈夫外出后必然要面对和想尽办法去克服的困难，焦虑、不安全感和无助感极大地影响着留守妻子的心理健康。

（六）丈夫外出后给留守家庭带来的变化喜忧参半

丈夫外出打工通常会给家庭带来一系列变化，既有积极的方面，也有令人担忧的一面。

首先，在家庭收入、居住条件和留守妻子自主权方面都有较好的改善。从外出务工带来的经济变化看，配偶外出务工经商收入占留守家庭总收入的比重为一半左右的占 1/5，66% 的留守家庭的大部分收入都来自外出打工，还有 8.7% 的留守家庭全部收入都要寄望于外出打工。93.2% 的农村留守妻子认为配偶外出打工改善了家庭收入状况。可见，外出务工经商所得的收入是大部分农村留守家庭的物质基础。53.4% 的农村留守妻子认为家庭居住条件在配偶外出打工后得到了改善；30% 的农村留守妻子感到丈夫外出以后个人自主权加大了。

其次，在劳动负担、健康等方面，外出务工又给留守家庭带来了困难和挑战。丈夫外出后，8.7% 的留守妻子表示个人健康状况变差，50.5% 的人表示劳动负担加重了很多。丈夫外出期间生产活动和日常家务劳动主要是留守妻子负责，分别占到 72% 和 87%，其中配偶的父母相比其他人也起到了较为主要的辅助作用，分别占比为 21% 和 11%。在家庭负担方面，有 36% 的留守妻子的最后一个孩子在 3 岁后没有上幼儿园，主要原因是附近没有幼儿园，因此又产生了繁重的照料任务，而这个任务 79% 是由留守妻子自己完成，13% 由配偶的父母照料。如前所述，生产生活劳动负担过重和身体健康状况不佳是一种相互加剧的恶性循环。

再次，在夫妻感情方面，大多数情况下，丈夫外出期间都经常和留守妻子联系，传递了较强的情感支持。超过六成的丈夫每周至少和留守妻子联系一次，93.5%的外出丈夫至少每月联系一次。83%的外出丈夫会至少半年回家探亲一次，绝大多数（97.8%）外出丈夫每年都能保证至少回家一次。调查显示，3.6%的留守妻子认为丈夫外出后夫妻感情变差，8.7%的留守妻子认为丈夫外出反而改善了夫妻关系，86.3%的留守妻子感觉夫妻感情没有变化。

六 结论和对策建议

（一）基本结论

通过大致估算，2015年我国留守妻子数量在3044万左右。2000—2015年，留守妻子并没有和流动人口一样急剧增加，反而有缩减的趋势。留守妻子的城乡分布呈现城镇化特点；地区分布呈分散化趋势，中西部留守妻子规模增长较快；留守妻子年龄呈现高龄化趋势；留守妻子的身心健康状况、就业和保障等问题不容乐观。

（二）对策建议

1. 健全国家统计调查体系，强化针对有关留守人口特别是留守妻子的统计调查

建立留守人口的调查体系，加强留守家庭尤其是留守妻子的基础信息采集。国家高度重视农民工工作，在2006年、2014年分别出台了《关于进一步做好为农民工服务工作的意见》，随之关于农民工、流动人口的统计调查有了很大的进展，统计数据也越来越丰富。然而，与流动人口不可分割的留守人口群体，在现有的国家统计体系当中却是缺失的。目前，已有的数据根本无法满足对留守妻子的信息搜集和对其基本情况的把握的需要，自然无法在此基础上进行有针对性的帮扶，更谈不上建立留守妻子的关爱长效机制。因此，在未来的全国人口普查、人口抽样调查、流动人口动态监测、中国妇女地位调查等全国性的调查中应进一步加强流出地调查，把对留守妻子的信息搜集纳入常规调查，自觉顺应留守人口将会长期存在的新常态。

2. 流入地搭建平台接纳更多留守妻子，实现流动人口家庭化

2014年7月《国务院关于进一步推进户籍制度改革的意见》规定，全面实施居住证制度，稳步推进城镇基本公共服务覆盖全部常住人口。到2020年，努力实现1亿左右农业转移人口和其他常住人口在城镇落户。这对流动人口和留守家庭意义重大。流动人口为各大城市的经济社会发展做出了不可磨灭的贡献，他们及其家庭成员都理应享受一个公民应享有的各种基本权利。伴随着人口流动长期化、家庭化的趋势，流入地政府要把流动人口及其家庭的需求纳入城市规划的长期考虑。长期的背井离乡不仅不利于流动人口家庭稳定，也不利于社会稳定和发展。因此，为流动人口创造条件，让他们能够在城市中实现家庭团聚、安居乐业，这也是关爱和扶助留守妻子的应有之义，更是实现高质量的城镇化的必要条件。

3. 改善流出地整体环境，营造留守妻子关爱扶助氛围

当前城市化的背景下，从长期的角度来看，农村人口还会源源不断地进城，在现有的城乡差距下留守人口更多地转化为流动人口仍然是大势所趋。但并不意味着我们对当前留守人口的处境只能听之任之。把农村的整体发展作为留守妻子所处的环境去考量，缩小城乡差距，发展农村经济，创造更多的机会和平台，着力为农村留守妻子寻求更多的社会支持，才能建立起一个关爱和扶助农村留守妻子及其家庭的社会支持体系。充分发挥留守妻子互助组织的作用，在农业生产、职业技能、家庭生活、身心健康、文化娱乐等多方面发挥其应有的功能，整合农村优势资源，积极构建留守妻子的关爱服务体系。

4. 凝聚多方力量，形成关爱和服务留守妻子的合力

政府是关爱留守妻子的责任主体，只有政府牵头，凝聚非政府组织、媒体、社区、家庭等广泛的力量积极参与，才能扭转当前留守妻子所处的不利地位。一是政府应加大理论层面对留守妻子问题的研究力度。二是政府出台回乡创业优惠政策，降低银行贷款的门槛，举办季节性招聘会，鼓励农民回乡创业。三是加大对农村妇女的培训力度，增强农村留守妻子运用科学技术增收致富的能力。四是当地妇联应及时了解她们的困难和疾苦，通过正式、非正式的组织安排、社区互助为她们排忧解难。五是相关部门做好协调工作，如交通运输部门在传统节日等探亲高峰期增加运输量等。

参考文献

鲍常勇、孙金华：《河南农村"留守妇女"的思想问题及对策研究》，《河南社会科学》2011 年第 7 期。

段成荣、吕利丹、邹湘江：《当前我国流动人口面临的主要问题和对策》，《人口研究》2013 年第 2 期。

国家卫生和计划生育委员会流动人口司：《中国流动人口发展报告 2016》，中国人口出版社 2016 年版。

李树茁、姜全保、孙福滨：《"五普"人口总量和结构的分析与调整》，《人口学刊》2006 年第 5 期。

李若建：《历次人口普查中低年龄组人口漏报研究》，《中山大学学报（社会科学版）》2013 年第 2 期。

吕芳：《农村留守妇女的社会支持网构成研究——基于 16 省 66 县 2414 名留守妇女的调查》，《妇女研究论丛》2012 年第 9 期。

刘晓：《留守妇女生存状况研究——基于甘肃省四地的调查分析》，硕士学位论文，兰州大学，2010 年。

邱凤莲：《农村留守妇女的社会支持网络研究——基于湖南省浏阳市的实证调查》，硕士学位论文，湖南师范大学，2011 年。

石芳、黄羽翼、韩淑静等：《河南农村留守妇女状况调查研究》，《西北人口》2007 年第 6 期。

王俊文：《新农村建设视野下的"留守妇女"问题研究——以江西省井冈山市 A 镇为例》，《社会科学辑刊》2011 年第 1 期。

吴亦明：《留守妇女在乡村治理中的公共参与及其影响——来自苏、鄂、甘地区的一项研究报告》，《南京师范大学学报（社会科学版）》2011 年第 3 期。

叶敬忠、吴慧芳：《阡陌独舞——中国农村留守妇女》，社会科学文献出版社 2008 年版。

翟振武、陶涛：《低年龄人口数据质量的分析与评价》，《中国人口科学》2010 年第 1 期。

周福林：《我国留守家庭研究》，中国农业大学出版社 2006 年版。

中山大学社会科学调查中心：《中国劳动力动态调查：2013 年报告》，社会科学文献出版社 2013 年版。

（作者单位：中国人民大学人口与发展研究中心）

2016:中国人口学研究综述及其展望

陆杰华　张　莉

进入 21 世纪以来，特别是"十二五"时期以来，我国人口发展格局发生了新的变化，主要特征表现在：人口总量增长势头明显减弱，劳动年龄人口和育龄妇女开始减少，老龄化程度不断加深；群众生育观念发生重大转变，少生优生已成为生育观念的主流；家庭规模趋向小型化，养老抚幼功能弱化；人口红利减弱，以人力资本为核心的国际竞争优势有待进一步加强。上述人口变化新形势给我国经济社会发展带来新的挑战。2015 年 10 月，十八届五中全会提出全面放开"两孩"政策。2016 年初，中共中央和国务院正式公布了《关于实施全面两孩政策　改革完善计划生育服务管理的决定》，对生育政策调整做出了全面部署，标志着独生子女政策的彻底终结和全面两孩时代的来临。当前，我国正处于人口大国向人力资本强国转变的关键时期，需要从全局和战略高度出发，立足国情，遵循规律，正确处理当前与长远、总量与结构、人口与资源环境的关系，逐步调整完善生育政策，促进人口长期均衡发展。人口均衡发展包括两方面的含义：一是人口内部均衡，即人口数量、素质、结构、分布各要素间的协调和可持续发展；二是人口外部均衡，即人口与经济、社会、资源、环境各要素间的协调和可持续发展。实施全面两孩政策、改革完善计划生育服务管理，是促进人口长期均衡发展的重大举措，有利于优化人口结构，适当增加劳动力供给，减缓人口老龄化压力，并为全面建成小康社会战略目标创造良好的人口环境。

在全面两孩的政策背景下，2016 年人口学研究重点围绕全面两孩政策实施效果及配套措施、老龄化背景下老年健康、新型城镇化背景下人口迁移流动以及人口与经济发展关系等方面进行了深入研究，从不同视角解读当前我国人口发展的新格局。

一　聚焦全面两孩实施效果及其相关配套措施

全面两孩政策实施后，未来生育水平走势和人口发展态势成为社会各界关注的焦点。人口学界不仅讨论了全面两孩政策的目标人群和年度新增出生人口，更对未来劳动力数量、老龄化发展趋势及人口长期均衡发展进行了前瞻性预测。一种观点认为，全面两孩政策并没有产生预期的生育高峰，人们的生育行为已经改变，即使放开计划生育政策，育龄妇女的生育水平也很难回升到更替水平，并建议进一步放开生育限制。另一种观点则认为，调整完善生育政策效果逐步显现，基本符合预期，生育政策的效果是一个逐渐显现的过程，2016 年的出生人数主要是受单独两孩政策影响，全面两孩政策的效果要在 2017 年才可以评价。对未来中国人口长期均衡发展，人口学界争论也很激烈。一部分学者认为，全面两孩政策实施后生育率将经历提高、下降、稳定，再逐步平稳下降的趋势；另一部分学者则认为，实施全面两孩政策，并择机进一步调整人口及相关经济社会政策，将妇女生育水平提高到 1.8 左右并逐步回归到更替水平上下，那么，未来三四十年，我国人口将趋于稳定。

生育水平取决于人们的实际生育行为，而生育行为又受到生育意愿的影响。全面两孩政策实施后，影响城市中已育一孩家庭生育两孩的因素中，个体家庭居住状况和成长环境因素，如与父母同住、有兄弟姐妹的女性更可能生两个孩子；男孩偏好也有可能是一种现实促进因素；经济压力和照料压力是两大主要限制因素。夫妇双方都是独生子女的双独家庭更主要从一个孩子的风险性方面考虑两孩生育，"单独两孩"政策家庭则更多从自身养老和精神需求的角度做出两孩生育选择。

全面两孩政策下，针对存在"生不出、生不起、养不好"的思想顾虑和实际困难，一系列配套措施加紧制定，包括修订各地方的人口和计划生育条例及配套法规，对产假、配偶护产假等政策进行修改；加强医生尤其是妇产科和儿科医生培养；加快普惠性幼儿园建设，完善学前教育公共服务体系；推进在公共场所和用人单位建设母婴设施，支持母乳喂养，保障母婴权益；统一城乡特别扶助金标准并建立动态调整机制；鼓励各地区和用人单位制定有利于职工平衡工作与家庭关系的措施，保障女性就业和休假等合法权益；提供及时有效的专业咨询和技术服务，帮助育龄夫妇在其希望的时间孕育健康的孩子等。在制定各类公共政策时，提倡从性别平等的角度出发，促进男女两性公平地承担社会建设责任和家庭发展责任。

二　关注老龄化背景下的新特点及其顶层制度设计

老龄化是 21 世纪人类发展不可逆转的趋势。目前，我国人口老龄化速度呈加速增长的态势。到 21 世纪中叶，我国还将迎来三次老年人口增长高峰，65 岁及以上老年人口总量将约 4 亿人。对于人口老龄化对经济社会的影响，一种观点认为，人口老龄化会带来消极影响，包括影响劳动人力资本积累、降低劳动参与率、抑制创新活力、加大企业用工成本、增加国家养老支出以及阻碍技术进步；另一种观点则认为人口老龄化对劳动生产率和创新的影响很小，对资产价格也不会有大的影响，对生活水平的影响是有限的，对于整个宏观经济的影响是温和的。未来二三十年即将步入老年的"新一代"老年人具有文化程度高、有一定财富积累、空巢独居人数庞大等新特点，其养老模式和服务需求同过去相比发生了重大的改变。

随着老年人口比重增多及其寿命延长，学术界对老年健康问题越来越关注，不仅关注老年群体的身体健康，而且更多地关注心理健康。最新的研究成果显示，生育行为会影响老年女性健康，初育年龄太大或太小都将不利于女性老年时期的健康水平，但较长的生育期会显著提升女性老年时期的健康水平；留守老人因隔代照料负担增加，主观健康和客观健康状况都较差；失能老人的孤独感问题和农村老年人的认知问题比较突出；陪伴关爱支持对老年人生活满意度的积极作用最大，社会支持通过影响心理健康对生活满意度产生影响。重大生命事件对老年人健康的影响是巨大的，如退休、丧偶等。关于退休对老年人健康的影响，产生了两种观点：一种观点认为，老年人退休并没有显著影响个体的生理健康，但对其心理健康有显著的正向效应，退休后个体压力减少，认知功能、记忆力以及对生活满意程度提升是健康尤其是心理健康改善的主要原因；另一种观点认为，退休事件对个体的健康存在着显著的负向影响，退休会在一定程度上导致健康水平的降低并且退休对男性健康的负向影响更大。

老年社会的政策研究也成为学术界探讨的热点问题。目前，我国老年人的照料负担仍处于较轻阶段，在 21 世纪 30 年代将进入重负阶段，40 年代进入超重负阶段，80 年代可能成为全世界老年人照料负担最重的国家。"十三五"时期，我国处于老龄化速度明显放缓期，需加快做好应对老龄社会的制度设计、养老基础设施建设、养老服务体系构建等方面的战略部署和政策储备。比如，及时跟进社会养老政策，积极探索医养结合、智慧社区养老、金融养老等顺应未来新一代老年人特点的政策储备和顶层制度建设；大力发展和扶持涉老服务业满足老龄社会的服务需求。同时，对传统的家庭养老、社会养老、社区养老服务等模式的特征、发展困境和服务质量评价也在继续研究。随着老龄化的发展和人口预期寿命的延长，高龄老人和失能老人不断增多，长期护理保险是养老保障的理性选择，但目前城市老年人购买长期照护保险的意愿并不高，人口社会因素、经济因素、替代因素、健康因素及意识因素显著影响着城市老年人购买长期护理保险的意愿。

三　重视新型城镇化背景下人口迁移流动的新趋向

按照《国家新型城镇化规划（2014—2020年）》确定的目标，到2020年我国常住人口城镇化率达到60%左右，户籍人口城镇化率为45%左右。同时，2014年国务院公布的《关于进一步推进户籍制度改革的意见》提出"建立城乡统一的户口登记制度"，开启了我国流动人口的"居住证时代"。当前，我国经济发展进入新常态，流动人口增速放缓，城镇化进程也处于快速发展的中后期，人口迁移流动出现了新趋向。我国人口在区域和乡城间迁移流动规模减缓，分析原因发现，除了全国经济增速变缓之外，农村经济效益好，进城的机会成本增加也是重要原因之一。随着城—城、城市内部迁移趋于上升，农业劳动效率的继续提高，流动人口整体规模和强度还有着相当大的上升空间。人口迁移流动是否打破了人口空间分布的"胡焕庸线"？新中国成立以来，以省界相连的准胡焕庸线两侧的人口分布总体呈西北部上升、东南部下降，变动幅度下降、两侧占比趋稳的态势。改革开放30多年持续频繁的人口迁移未能改变中国人口分布的基本格局。从少数民族人口空间分布来看，虽然民族人口向东部地区乃至全国范围迁移扩散的态势显著，但总体分布格局具有非凡的稳定性，可以说"胡焕庸线"也是中国少数民族人口的突变线。

流动人口社会融入方面，重点关注少数民族流动人口的社会融入，并提出流动群体"内卷化"特征。对影响流动人口社会融入的因素中，除了个体特征、流动距离、流入地层面的基础教育、医疗卫生、公共就业及基本社会保障等影响因素外，提升流入前的人力资本，强化工作经验积累，对于流动人口的全面融入至关重要。随着人口流动规模的扩大，我国人口的大规模流动正在改变农村育龄妇女的生育观念，传统生育观念中的男孩偏好逐步弱化，延迟了初婚年龄和生育年龄，延长了生育间隔。同时，对流动儿童来说，其自身的流动会改善部分儿童的心理健康，但并不适用于全部儿童，而父母亲的流动在某种意义上并不会影响留守儿童的心理健康。

四　研判经济新常态下人口与经济发展关系

经济新常态下，人口发展是经济增长的内生动力，人口因素通过资本、劳动和外部性途径对经济增长起推动作用，加强教育、健康、就业保障等措施提升人力资本，是实现经济发展动力转换的必然要求。未来我国劳动年龄人口的变动特征是规模下降、结构趋老，新增劳动力供给规模稳中略降，劳动供求呈现基本平衡，新增劳动力素质提升快。人口年龄结构老化带来的人口红利逐渐消失对经济增长的负面影响可以通过人口受教育程度的提高得到补偿。另外，当前中国人口转变迅速发展，人口红利的测算不应仅仅从劳动年龄人口比重和人口抚养比的角度分析，需要将正处于深刻变革的社会经济结构和体制纳入人口红利的经济学分析框架。人口受教育程度的提高是中国未来保持经济中高速增长的有利因素。在中国产业结构调整的背景下，产业结构和经济需求对就业人口的作用仍占主导，高等教育的人才供给结构与产业结构人才需求偏离较大，造成高等教育劳动力市场内部挤压式就业困难；专业结构与岗位技能需求还存在矛盾，引致结构性就业困难。在开放经济条件下，部分人口跨国外流成为人力资本积累的重要途径。人才外流与中低收入国家和地区的人力资本积累呈倒"U"形关系，但与高收入国家和地区的人力资本积累线性负相关。

人口城镇化对经济增长产生较大影响，在其他条件不变的情况下，在城镇化水平较低的地区，农村劳动力转移对于经济增长的促进作用会更加明显。面对农民城镇化困境，绝大多数农民选择折中的办法，青壮年进城打工，老人和孩子留守农村。在人口城镇化的过程中，新生代农民工为了更好地实现城市融合，不断强化自身的职业转换能力。

此外，更加关注贫困人口问题。"十三五"时期我国将解决现行标准下的农村集中连片贫困和绝对贫困问题。贫困与患病、残疾、性别不平等等问题交织，使得残疾群体、老年妇女、留守儿童、大龄剩男等问题突出。人口流动使得"贫困的城市化"现象日渐凸显，农民工特别是离土又离乡农民工已成为城市贫困人口的新主体。继续推进精准扶贫通过发展农村经济、发挥"新乡贤"带动作用、培育农村人才、健全完善农村公共服务，促进劳动力就地就业，实现就地脱贫。加大健康卫生投入，改善农民的健康福利状况。减贫需要注重贫困边缘人群权利和发展机会的保护，防止社会阶层固化和贫困的代际传递。

2016年婚姻领域的研究仍然关注婚姻挤压问题。从时期角度分析，主要表现为农村地区男性的超低初婚水平的挤压模式，男性婚姻挤压区域分布相对集中并已出现扩散趋势。从队列角度分析，农村地区实际婚姻挤压程度比时期指标所反映的更加严重。总体来看，对婚姻的研究比较单一，还需进一步加强对同居、跨性别婚姻等方面的研究。

随着人口发展变化，家庭在结构、关系、功能等方面经历着深刻变化，2016年侧重对家庭代际关系的讨论。社会转型之下，亲代对子代的教育义务增大，子代赡养亲代义务减轻但高龄和生活不能自理父母对子女尚有照料依赖，女儿在代际功能关系中的作用提高。整体来看，受社会福利制度的替代、客观条件制约、主观意识弱化和约束性制度环境欠缺的影响，子代"回馈"亲代的功能下降，政府和社会组织应推动建立适应现代社会要求的新的代际功能关系。

五 人口学研究议题的总结与展望

2016年的人口学研究，紧扣全面两孩政策调整后的人口变化展开，研究主题鲜明，研究方法多元，研究视野开阔。首先，保持了高度的前瞻性。生育政策调整后，人口学界紧密结合人口发展形势，对未来中国人口趋势及人口与经济社会、资源环境的关系进行预测，为国家战略决策和相关领域发展提供了人口基础。其次，紧密围绕当下人口发展的重大问题展开研究，包括应对老龄化和老年健康，劳动力数量和素质，流动人口社会融合和新型城镇化的关系，性别平等，家庭发展等问题，为促进人口长期均衡发展贡献智慧。最后，注重国际视野，借鉴国际经验，促进新形势下我国人口发展政策体系建设，如人口老龄化下，老年人长期照护的可行性及全面两孩政策下国际上的家庭发展政策，鼓励生育的政策措施和实施效果等方面的借鉴吸收，对我国相关领域的制度建设具有重要意义。

我国人口在过去半个多世纪走过了三峰两谷、大起大落的发展轨迹，人口发展的长周期性决定了21世纪中叶之前我国的人口变化十分剧烈，需要人口学对当前及今后一段时期的人口变动进行密切观察，深入研究。要加强人口学的基础理论研究，包括对中国低生育水平和人口均衡发展的再认识、新时期人口死亡情况变动等的研究。同时，计划生育政策评估，全面两孩的影响，家庭发展能力、健康老龄化和新型城镇化及人口分析方法的应用等也将成为研究重点。未来人口学研究应继续吸收学习其他学科优势，加强与国外交流，不断提升学科理论创新、方法创新，真正把人口问题和人口科学研究放在世界和我国发展的大历史中去看。

（作者单位：陆杰华，北京大学社会学系；张莉，中国人口与发展研究中心）

劳动经济学学科研究进展

吴要武　陈梦玖

目前，中国正处于由中等偏上收入阶段向高等收入阶段发展的关键时期，同时伴随着新增劳动力的减少以及老龄化现象的加剧，支撑我国经济增长奇迹的人口红利因素正在逐渐消失。"十三五"期间，劳动力供给不足将成为我国经济发展的新常态。在这样的背景下，如何保持经济的稳步增长，保障就业这一最根本的民生，成为劳动经济学关注的重点。

一　就业与经济增长

2017 年度，国内外学者对于就业的研究更加深化和细致，从不同的视角探讨女性、大学生、流动人口等特定群体的就业问题，并且研究老龄化以及技术进步等对于劳动力市场的影响。同时，随着"双创"的不断推进，创业也成为 2017 年度劳动经济学研究的热点。

就业是最大的民生问题，经济发展能够创造更多的就业岗位，同时就业人数的增加和就业质量的提高也能够带来更大的社会财富，进一步促进经济发展。就业与经济增长二者相互促进，相辅相成。目前中国正处于经济发展新旧动能转换阶段，人口结构的变化使得推动经济高速发展的人口红利逐渐消失，促进劳动力这一生产要素的合理配置是提高劳动生产率，进而促进经济增长的重点所在。蔡昉（2017）从劳动力配置的角度，梳理了相关领域的改革过程，并从定量的角度分析改革开放以来劳动生产率提高的源泉，揭示了三个产业的总贡献、分别贡献以及劳动力在其间进行重新配置的贡献，并指出在资源禀赋发生变化的情况下，合理配置资源，特别是劳动力资源，有助于中国经济未来的增长。同时，应进一步改善劳动力转移的政策环境，克服劳动生产率提高中的不利因素，比如过度依赖第二产业，以及该产业过度依赖资本劳动比的提高等。经济状况对就业会产生怎样的影响呢？Hall（2017）通过理论模型的推算，认为失业率与贴现率的高低有一定关系。他认为股票市场中贴现率的上升会带来其他商业活动中贴现率的上升，较高的贴现率就意味着较低的现值，那么多雇用一个工人所带来的收益的现值也会降低，因而企业不愿意多雇用工人，这就是为什么较高贴现率一般会带来较高失业率的原因。针对所谓的"无就业经济复苏"情形，Graetz 等（2017）通过采用国别工作数据，研究除美国外的其他发达国家，是否存在无就业的经济复苏状况。结果发现，不同于美国，其他发达国家的经济复苏都伴随着就业的增加，并且中等技能就业岗位在经济复苏期间也有着正常的增长，说明技术进步并不是造成无就业经济复苏状况的元凶。

劳动力的灵活流动形成了一个庞大的群体——流动人口。流动人口问题的核心依然是户籍制度，随着户籍制度改革的不断推进，流动人口的就业情况以及工资福利待遇也在逐渐提高。孙婧芳（2017）利用中国城市劳动力调查数据，对 2001—2010 年的城市劳动力市场中户籍歧视问题进行了研究，发现农民工的教育回报率大幅度提高，与同等学历的城市本地劳动力的教育回报率相似，并且农民工的工资决定机制与城市本地劳动力趋同。虽然 2010 年农民工面临的就业隔离比 2001 年大幅下降，但是当农民工进入公有单位时依然受到较强歧视，城市劳动力市场仍有待进一步健全。陈昊等（2017）的研究则从收入补偿的角度解释了普遍存在的户籍所在地"反向歧视之谜"，发现中国劳动力市场普遍存在户籍所在地"反向歧视"，也就是说当其他条件相同时，外地户籍劳动力收入更高或者说更受雇主青睐，这个可以理解为"收入补偿"或者"福利替代性工资上涨"，因为外地户籍雇员在五险一金等福利上要明显低于本地户籍雇员。因此，缩小本地户籍与外地户籍的隐形福利，促使城市公共服务向外来人口开放，是消除"反向歧视"的关键所在。针对毕业生的流动问题，孔高文等（2017）从家庭社会资本、性别和个人能力等方面考察了毕业生就业的地域倾向以及对工作回报的影响，发现家庭社会成本较高的毕业生，倾向于留在户籍所在地工作，这一点在能力较低以及女性毕业生身上表现得更为明显；另一方面，前往外地工作的毕业生有着更高的工资收入，并且家庭社会资本、性别以及个人能力对其工资水平有着显著的影响。持续增长的房价是否会影响劳动力的流动呢？张莉等（2017）认为房价对于外来劳动力具有拉力和阻力两方面的作用，一方面房价越高的城市经济发展越好，因而房价作为备择城市的城市特征信号对外来劳动力流入具有拉力，另一方面房价作为居住成本压缩可支配收入所产生的阻力，两种作用最终对劳动力流动产生先吸引后抑制的倒"U"形影响，这一观点在实证分析中得到了验证，高技能劳动力的倒"U"形拐点更小，对房价更敏感，原因在于其购房需求更强；倒"U"形影响主要作用在大城市，且沿海城市劳动力流动的倒"U"形拐点更大。

女性劳动力的供给以及劳动力市场表现受到多方面的影响，包括家庭禀赋、社会认知、婚育状态、幼儿抚育等。从家庭结构禀赋来看，如果配偶工作稳定，女性更愿意参加社会劳动；受教育年限越长，女性劳动参与率越高；家庭同住人口越多，需要女性照料的人越多，女性越难有机会参与到社会劳动中来（程璆等，2017）。熊瑞祥等（2017）利用中国家庭追踪调查数据发现，儿童照管对农村已婚女性非农就业具有一定的阻碍作用，而村里存在的可以部分替代已婚女性来照管儿童的小学或幼儿园等公共服务则有助于缓解这一阻碍作用。这意味着现阶段中国农村仍然存在大量因为需要自己照管儿童而从事农业就业的女性劳动力，而提供儿童照管的公共服务则有助于将这些劳动力从农业部门中释放出来。Lundborg 等（2017）利用人工授精这一工具变量，探讨了生育对于女性职业的影响，研究发现生育对女性的收入而言具有长期负面的影响，但是对于女性劳动力的供给影响并不大。Babocock 等（2017）通过实验数据，发现在团队工作中，女性更容易被安排一些服务型工作，譬如安排会议、撰写会议纪要等。这些工作并不能为个人能力的提升起到太大作用，仅为团队的正常运转做出奉献。该项研究是从微观个体以及具体细分任务的角度进行的实验研究，为劳动力市场中的性别分工研究起到了一定的补充。

人口老龄化往往作为经济增长的负面因素出现，然而许多学者在进行深入研究后得出了不同的结论。Acemoglu 等（2017）的研究发现，人口老龄化与经济增长之间并不呈现负相关关系，一个可能的原因是人口老龄化严重的国家更多地采用技术来替代劳动力，虽然二者之间并不存在因果关系。同时指出，人口结构和经济增长之间的关系，以及它们之间的影响因素仍然有待更系统地研究。Ameriks 等（2017）采用 VRI 的调查数据发现，美国的老年人有着强烈的工作欲望，特别是那些弹性制的工作更是他们的首选。对于许多临近退休年龄或者已经退休的老年人来说，不是他们不愿意继续工作，而是缺乏适合的就业机会，因此要想增加老年人的劳动力供给，需要更多地考虑如何改善劳动力市场需求侧的因素，进而给老年人提供适合的工作岗位。针对国内逐渐推进的延迟退休政策，张熠等（2017）利用叠代分析模型模拟发现，延迟退休对就业而言是有益的，其对就业岗位的创造效应超过了岗位的占用效应，并且延迟退休的就业效应在东部与中西部地区之间存在着显著的差异性；如果将延迟退休改革和消除劳动力流动障碍相结合，无论劳动力流入地还是流出地都有望获得更高的就业率。汪伟（2017）探讨了人口老龄化如何影响中国家庭的储蓄、人力资本投资决策与经济增长，并对当前生育政策调整的经济影响进行了模拟与政策评价。研究发现，在当今中国的现实情况下，人口老龄化已经对家庭储蓄、人力资本投资与经济增长产生负面影响；提高向老年一代的代际转移比率不但无法应对人口老龄化，反而会使家庭储蓄率、教育投资率以及经济增长率大幅下降；放松计划生育政策后，如果生育率能够上升到［1.5, 1.9］的区间内，将有利于经济增长，如果生育率过度反弹，则不利于经济增长。当前的生育政策调整能够在一定程度上减缓但无法根本扭转人口老龄化对经济增长的不利冲击，要应对人口老龄化的挑战，行之有效的办法是提高人力资本的积累速度和人力资本在生产中的效率。

创新与创业是近年来国家大力推动的方向，那么什么样的人更容易选择创业呢？李涛等（2017）利用中国家庭追踪调查数据分析了个人的认知能力对其是否创业的影响。结果显示，从总体上看认知能力越强的人并没有更愿意创业；从行业角度来看，认知能力较强的人更愿意在管制水平较低的行业中创业。因此，政府应当更加积极有效地推进简政放权，减少各行业中不必要和不合理的行政干预，将中国人的聪明才智更好地吸引到创业中来。周广肃等（2017）关注了农民工的创业问题，通过2007年中国家庭住户收入调查的农村数据，从物质资本、人力资本和社会资本三个机制的角度探讨了外出务工对于创业的影响。结果显示，外来务工经历将显著提高农村居民的创业活动，外出务工经历会通过增加返乡农民工创业的融资比例和人力资本促进创业，但是外出务工经历会在一定程度上损害农民工在家乡的社会资本。因此，应破除农民进城务工的政策壁垒，鼓励农民进城务工，以增加其物质和人力资本的积累，并为返乡农民工创造良好的就业创业环境，使其积累的物质和人力资本能够转化为创业优势，以推动农村经济的发展。宁光杰等（2017）利用2011年全国流动人口动态监测广东和浙江两省数据，从户籍的角度探讨流动人口的创业问题。发现户籍改革中的城镇落户政策改革有利于提高流动人口选择自我雇佣的概率，并提高创业者的收入；建议继续深化户籍制度的改革，建立适用于更大区域范围内的统一户籍。针对企业创新问题，诸竹君等（2017）利用工业企业数据，证明了劳动力成本的上升会倒逼企业进行工艺技术上的创新，同时行业技术水平和省份制度因素会影响企业创新行为。

二 工资与收入分配

（一）影响工资的因素

影响工资的因素有很多，从宏观上来看包括地区经济发展、劳动力的供给与需求等。近年来对影响工资因素的研究逐渐加入微观个体层面的特征，探讨非经济因素对于个体工资收入的影响。程虹等（2017）利用中国企业—员工匹配调查数据，研究人格特征因素对于劳动力工资的影响，发现开放、严谨等积极的人格特征对于劳动力工资具有显著的促进作用，特别是在当前中国开放型人才较为缺乏的情况下，以开放为代表的创新型人格特征对工资上升的边际收益更为明显。詹宇波等（2017）基于中国制造业企业调查数据，就外资企业中工人的议价地位是否与其他内资企业之间存在差异进行研究，发现外资企业工人签订集体合同和被允许与企业进行集体议价的概率显著低于内资企业，并且显著低于内资中的私营企业，同时外资企业中的工会在签署集体合同和促成集体议价等方面并未发挥应有作用，且地方政府的劳动监管对外资企业工人的集体议价地位也无显著影响。甄小鹏等（2017）利用中国家庭追踪调查数据，将年龄、性别和教育所导致的劳动力异质性引入传统家庭收入决定方程，重新探讨了农村劳动力流动对农村家庭收入的影响，发现不同特征对家庭收入贡献差异极大。郭继强等（2017）研究了外貌对于收入的影响，发现虽然外貌优秀对于收入有一定的正向作用，但最美的那一类人的美貌溢价没有次美的高，因此应理性对待职场中的"审美观"，智慧地塑造自我形象。此外，Cornelissen 等（2017）探讨了同伴效应对于工资的影响，发现在工作中同伴效应对于工资的影响较小，但是对于工作效率影响较大。

（二）最低工资标准

最低工资标准的存在一直被认为是增加了企业的用人成本，但不可忽视的是最低工资标准能够提高劳动参与率以及劳动生产率，并对就业正规化起到一定促进作用，有利于劳动力市场的健康持续发展。Riley 等（2017）研究了英国国家最低工资标准对于生产率的影响，发现企业通过提高劳动生产率的方法应对最低工资标准提高所带来的劳动力成本上涨，这种提高劳动生产率的方法并不是通过减少员工数量或者采用资本替代劳动，而是通过提高全要素生产率的方式实现的。刘贯春等（2017）则从资源错配的角度，认为最低工资标准的提升能够通过促进低效率企业退出市场，以及对企业生产率的非对称提升这两种途径使得资源错配得以改善，对出口企业和非出口企业而言，第一种途径占主导地位；对国有企业以及非国有企业而言，第二种途径占主导地位，结论表明尽管最低工资标准在短期内可能会增加劳动力成本而降低社会就业，但从长期来看有助于通过"倒逼机制"实现资源在企业间的合理配置，实现经济增长与结构转型。张军等（2017）的研究发现，最低工资政策在执行过程中能够有利于更高工资、更高消费和就业正规化的实现，具体表现为最低工资标准对正规部门就业者工资收入的提升弹性大于非正规部门就业者，最低工资标准的提升对消费支出刺激作用明显，且随着本地最低工资标准的提高，批发和零售业、住宿和餐饮业中的正规部门出现扩张，非正规部门出现收缩，制造业和房地产业则呈现出"逆正规化"的趋势。此外，最低工资标准还能增加已婚女性的劳动参与率，特别是对于中年、低教育水平或来自西部的已婚女性影响更加明显（马双等，2017）。

（三）收入分配问题

对于收入分配问题的研究集中在两个方面，一方面是研究中国劳动收入份额下降的原因，另一方面则是研究劳动者中的收入分配问题。

Autor 等（2017）对劳动收入占 GDP 份额不断降低这一现象进行了研究，认为可能的原因是在技术创新等因素的作用下，市场份额高度向优秀的公司集中，这些公司中劳动收入份额占总收入的比例较低，也就拉低了国民收入总体中的劳动收入份额。最近二十年中国劳动力收入份额持续下降，已有学者从经济发展阶段、产业结构调整、劳动力市场变迁、技术偏向性进步等方面加以解释。魏下海等（2017）从性别比失衡的角度对此进行探讨，认为男女比例失衡加剧婚配竞争压力，导致地区储蓄率偏高，更高的储蓄率降低了企业的融资成本，带来资本集约度的提高，由于资本与劳动通常是替代关系，因而最终导致企业劳动收入份额的下降。邵文波等（2017）从信息化的角度对劳动收入占比和企业就业吸纳问题进行了解释，发现信息化的发展会导致劳动收入占比的普遍下降，但未必会导致企业就业吸纳能力的下降，在发展信息化的过程中，需要放开市场竞争，以避免劳动收入占比和企业就业吸纳双双下降的现象。王雄元等（2017）则利用沪深两市 A 股上市公司的数据，从微观层面探讨外商直接投资对于上市公司劳动收入份额的影响。研究发现，外商直接投资虽然抑制了普通劳动力劳动收入份额的提升，但是通过技术进步即增加公司专利数量和提高全要素生产率增加了在职员工的劳动收入份额，这对我国收入分配改革以及劳动保护具有一定的启示意义。

收入分配方面，数字创新（digital innovation）可能是导致近年来 OECD 国家收入不平等持续扩大的重要原因，数字创新极大地降低了创新成本，使得创造性破坏的速度不断加快，导致只有很少一部分优势产品占领了整个市场，通过这种方式，数字创新催生了"赢家通吃"的市场格局，财富集聚在赢家手中，使得贫富差距不断扩大（Guellec et al.，2017）。卢晶亮（2017）采用省级设备资本存量数据与中国家庭收入调查数据的研究也得到了类似结果，发现技能偏向性技术进步对我国城镇劳动者的技能工资差距有显著的正向影响。那么如何应对技术进步以及创新带来的低收入者愈发贫困的问题呢？Aizenman 等（2017）通过比较国别数据，认为对于那些低收入者而言，向他们提供更好的职业教育，比正规大学教育更有利于其工资的提高，并以越南和泰国的案例进行了说明。

三　福利与社会保障

随着经济社会的不断发展，我国劳动者的福利与社会保障不断得以完善。2008 年，中国开始实施《劳动合同法》，2011 年《社会保障法》又正式实施，除此之外，最低工资标准在不断提高，五险一金的缴纳人数也在迅速攀升。福利与社会保障的完善有利于促进就业的正规化，但是对于劳动力供给以及就业质量等是否会有提高呢？中外学者对此展开了深入探讨。失业保险对于就业质量的影响一直是充满争议的话题，虽然从理论上来说失业保险有利于失业者寻找到一份更适合他们的工作，但是这种积极的影响却始终没有在实证研究中得以证实。Nekoei 等（2017）通过对奥地利不连续的失业保险系统的研究，证明了失业保险对于再就业工资的正向影响。同时，梳理了一直以来学术界对失业保险影响的争论，认为双方忽视了失业保险对于工作匹配的影响，失业保险对于工作匹配的影响存在搜寻边际效应和选择边际效应，当失业者的搜寻边际效应大于选择边际效应时，失业者可能迅速找到一份其可能应该拒绝的工作，从而降低失业率；而当选择边际效应大于搜寻边际效应时，失业者的失业周期将延长直至其找到一份与其技能相匹配的工作，二者的作用使得失业保险对于再就业产生不同的效果。以上探讨的失业保险都默认是国家提供的失业保险，Hendren（2017）则是从保险公司提供保险的角度探讨了为何没有私人公司提供失业保险，因为那些会购买失业保险的人对于未来失业具有一定的预期，这些人失业的可能性更高，如果私人公司提供这种失业保险，将面临亏损的可能，这也间接证明了国家承担社会保障的必要性。

国内学者也从不同的角度进行了探讨。潘红波等（2017）分析了《劳动合同法》对于企业投资以及宏观经济增长的影响。研究发现，《劳动合同法》对于国有企业投资的影响较弱，但是会显著降低民营企业的投资水平，特别是对劳动密集型行业而言这种影响更为明显。相对于具有雇员软约束的国有企业，以强化员工保护为目的的《劳动合同法》会降低民营企业的投资水平，进而拖累我国经济增长。要保持我国经济的持续快速增长，政府需要制定一些替代性的政策，以对冲《劳动合同法》给企业增加的雇员负担。刘欢（2017）则基于中国健康与养老追踪调查数据，探讨了社会保障对老年人劳动参与以及劳动供给时间的影响，发现参加养老保险对农村老人总劳动时间和农业劳动时间有显著正向作用；提高养老金水平对总劳动时间和农业劳动时间有显著削弱效应；参加医疗保险与农村老年人总劳动时间和农业劳动时间显著正相关，而与非农劳动时间显著负相关，这为我国完善社保体系，实现"老有所为""老有所乐"的健康养老提供了一定依据。

四　人力资本

人力资本的积累和人力资本的代际传递对经济社会的发展具有深远的影响。在老龄化问题日益突出的今天，学者们将老龄化和人力资本联系起来进行研究，试图破解老龄化对人力资本存量减少的困境。与此同时，人力资本的错配也被认为是阻碍经济可持续发展的樊篱，受到学者们的关注。

李长洪等（2017）探讨了父母政治资本对孩子入学的影响，发现"官二代"就读优质初中的概率显著高于"非官二代"，并且这一现象无法用"以分择校""素质领先"等因素加以解释，但是能够用父母的政治资本相关的特征变量进行解释。李长洪等认为，这一结论意味着政治资本影响了中国义务教育资源的公平分配。面对老龄化问题，姚东旻等（2017）提出老龄化对人力资本的积累有负面影响，因而对科技创新水平产生了显著的负效应，并且这种负效应在经济发展水平高的地方表现得更加显著，要想解决中国未富先老的问题，必须减弱老龄化对科技创新的负面作用，增加老龄化社会的人力资本积累。人力资本的积累固然关键，但是人力资本的合理配置也是充分发挥人力资本优势的重要环节。李静等（2017）探讨了经济稳增长中的人力资本错配问题，指出经济转型发展阶段，人力资本市场化配置可能失灵，容易引发错配，导致创新动力不足。如果政府加以干预，促技术型企业转型为创新型企业，虽完美解决了人力资本的错配问题，但经济增长将面临下行压力，且经济受到人力资本供给的波动而不稳定。在无法完美解决人力资本错配的情况下，提升社会的信息共享和知识传递水平，为人力资本外溢提供有效渠道，有利于实现人力资本在部门间的适宜匹配，为推动整个社会创新和经济稳增长提供有利条件。我国经济正处于资本积累效果和人口红利逐渐消失的时期，需要在保障人力资本形成的激励条件下，允许一定的人力资本错配，同时扩大人力资本外溢渠道，释放更多的教育和知识红利，从而推动创新并实现跨越式增长。

五 劳动经济学研究的总结与展望

经济社会的不断发展与进步为劳动经济学研究提供了大量的研究素材与相关数据，劳动经济学研究领域逐步扩展，研究方法也在持续精进。目前，国际上劳动经济学的研究主要从以下几个方面加以展开：从宏观上来看，经济全球化以及新技术的发展与应用对劳动力市场以及就业的影响是劳动经济学者持续关注的重点，并由此引出对劳动力市场与资本市场以及产品市场之间互动的研究，以及就业与经济繁荣、经济周期之间的研究；从微观角度出发，劳工关系以及劳工组织，人力资源管理，以及人力资本投资等对于劳动力市场乃至经济绩效的影响，都是劳动经济学者研究的重点领域。此外，对于特定人群的就业与权利保障研究，包括女性、老人、青年、低收入者等，也是国际劳动经济学研究的重点。

我国劳动经济学的研究紧跟国际学者的步伐，同时紧密结合我国国情，重点关注劳动力市场的发展，就业与创业，收入分配与收入差距，社会福利与社会保障，以及人力资本等问题。目前我国劳动经济学的研究主要集中在劳动力市场和政府方面，对于微观企业层面的劳动绩效研究较少，随着相关企业员工层面数据的不断丰富，在不久的将来此领域的研究也将取得长足的发展。

未来，我国劳动经济学的发展仍然集中在劳动力市场、就业、收入分配、社会福利与保障、人力资本等领域，但会随着社会的不断发展而衍生出新的问题：譬如随着人口红利的消失，劳动力供需状态发生变化，就业质量将取代就业数量成为劳动经济学关注的重点；新技术革命，特别是人工智能的发展，将会对劳动力市场产生怎样的影响；目前国家大力推动创新创业，这些将如何影响就业以及收入分配问题；土地城镇化推动人口的城镇化，人口城镇化过程中伴随的子女教育，老人养老问题等仍然需要更为详细的研究。新问题的出现也将带来新的研究热点，同时二胎政策、环境规制政策、双创政策等的执行，将为劳动经济学提供一个良好自然实验背景，丰富劳动经济学的研究。与此同时，随着微观数据的不断丰富，经济计量方法在劳动经济学中将发挥更大的作用，研究领域也将会有进一步的拓展，劳动经济学与环境经济学、发展经济学等学科的交叉研究，以及微观层面的研究，将得到不断推进与深化。

参考文献

Acemoglu, Daron and Pascual Restrepo, "Secular Stagnation? The Effect of Aging on Economic Growth in the Age of Automation", *American Economic Review*, 2017, Vol. 107, No. 5, pp. 174 – 179.

Aizenman Joshua, Jinjarak Yothin, Ngo Nam et al., "Vocational Education, Manufacturing, and Income Distribution: International Evidence and Case Studies", National Bureau of Economic Research Working Paper Series, 2017, No. 23950.

Ameriks John, Briggs Joseph S., Caplin Andrew et al., "Older Americans would Work Longer if Jobs were Flexible", National Bureau of Economic Research Working Paper Series, 2017, No. 24008.

Autor David, David Dorn, Lawrence F. Katz et al., "Concentrating on the Fall of the Labor Share", *American Economic Review*, 2017, Vol. 107, No. 5, pp. 180 – 185.

Babcock Linda, Maria P. Recalde, Lise Vesterlund et al., "Gender Differences in Accepting and Receiving Requests for Tasks with Low Promotability", *American Economic Review*, 2017, Vol. 107, No. 3, pp. 714 – 747.

Cornelissen Thomas, Christian Dustmann et al., "Peer Effects in the Workplace", *American Economic Review*, 2017, Vol. 107, No. 2, pp. 425 – 456.

Graetz Georg, and Guy Michaels, "Is Modern Technology Responsible for Jobless Recoveries?", *American Economic Review*, 2017, Vol. 107, No. 5, pp. 168 – 173.

Guellec Dominique and Paunov Caroline, "Digital Innovation and the Distribution of Income", National Bureau of Economic Research Working Paper Series, 2017, No. 23987。

Hall Robert E., "High Discounts and High Unemployment", *American Economic Review*, 2017, Vol. 107, No. 2, pp. 305 – 330.

Hendren Nathaniel, "Knowledge of Future Job Loss and Implications for Unemployment Insurance", *American Economic Review*, 2017, Vol. 107, No. 7, pp. 1778 – 1823.

Lundborg Petter, Erik Plug et al., "Can Women Have Children and a Career? IV Evidence from IVF Treatments", *American Economic Review*, 2017, Vol. 107, No. 6, pp. 1611 – 1637.

Nekoei Arash and Andrea Weber, "Does Extending Unemployment Benefits Improve Job Quality?", *American Economic Review*, 2017, Vol. 107, No. 2, pp. 527 – 561.

Riley Rebecca andRosazza Bondibene, Chiara, "Raising the Standard: Minimum Wages and Firm Productivity", *Labour Economics*, 2017, No. 44, pp. 27 – 50.

蔡昉：《中国经济改革效应分析——劳动力重新配置的视角》，《经济研究》2017年第7期。

陈昊、赵春明、杨立强：《户籍所在地"反向歧视之谜"：基于收入补偿的一个解释》，《世界经济》2017年第5期。

程虹、李唐：《人格特征对于劳动力工资的影响效应——基于中国企业—员工匹配调查（CEES）的实证研究》，《经济研究》2017年第2期。

程璆、郑逸芳、许佳贤：《家庭禀赋、结构制约与已婚女性劳动供给——基于2010年中国综合社会调查数据的分析》，《劳动经济研究》2017年第2期。

郭继强、费舒澜、林平：《越漂亮，收入越高吗？——兼论相貌与收入的"高跟鞋曲线"》，《经济学（季刊）》2017年第1期。

孔高文、刘莎莎、孔东民：《我们为何离开故乡？家庭社会资本、性别、能力与毕业生就业选择》，《经济学（季刊）》2017年第2期。

李静、楠玉、刘霞辉：《中国经济稳增长难题：人力资本错配及其解决途径》，《经济研究》2017年第3期。

李涛、朱俊兵、伏霖：《聪明人更愿意创业吗？——来自中国的经验发现》，《经济研究》2017 年第 3 期。

李长洪、王智波：《父母的政治资本对子女入读优质初中的影响——基于中国教育追踪调查数据的经验研究》，《劳动经济研究》2017 年第 1 期。

刘贯春、陈登科、丰超：《最低工资标准的资源错配效应及其作用机制分析》，《中国工业经济》2017 年第 7 期。

刘欢：《社会保障与农村老年人劳动供给——基于中国健康与养老追踪调查数据的研究》，《劳动经济研究》2017 年第 2 期。

卢晶亮：《资本积累与技能工资差距——来自中国的经验证据》，《经济学（季刊）》2017 年第 2 期。

马双、李雪莲、蔡栋梁：《最低工资与已婚女性劳动参与》，《经济研究》2017 年第 6 期。

宁光杰、段乐乐：《流动人口的创业选择与收入——户籍的作用及改革启示》，《经济学（季刊）》2017 年第 2 期。

潘红波、陈世来：《〈劳动合同法〉、企业投资与经济增长》，《经济研究》2017 年第 4 期。

邵文波、盛丹：《信息化与中国企业就业吸纳下降之谜》，《经济研究》2017 年第 6 期。

孙婧芳：《城市劳动力市场中户籍歧视的变化：农民工的就业与工资》，《经济研究》2017 年第 8 期。

汪伟：《人口老龄化、生育政策调整与中国经济增长》，《经济学（季刊）》2017 年第 1 期。

王雄元、黄玉菁：《外商直接投资与上市公司职工劳动收入份额：趁火打劫抑或锦上添花》，《中国工业经济》2017 年第 4 期。

魏下海、董志强、蓝嘉俊：《地区性别失衡对企业劳动收入份额的影响：理论与经验研究》，《世界经济》2017 年第 4 期。

熊瑞祥、李辉文：《儿童照管、公共服务与农村已婚女性非农就业——来自 CFPS 数据的证据》，《经济学（季刊）》2017 年第 1 期。

姚东旻、宁静、韦诗言：《老龄化如何影响科技创新》，《世界经济》2017 年第 4 期。

詹宇波、张军：《外企工人是否有更高的议价地位：来自中国制造业企业的证据》，《世界经济》2017 年第 1 期。

张军、赵达、周龙飞：《最低工资标准提高对就业正规化的影响》，《中国工业经济》2017 年第 1 期。

张莉、何晶、马润泓：《房价如何影响劳动力流动》，《经济研究》2017 年第 8 期。

张熠、汪伟、刘玉飞：《延迟退休年龄、就业率与劳动力流动：岗位占用还是创造?》，《经济学（季刊）》2017 年第 3 期。

甄小鹏、凌晨：《农村劳动力流动对农村收入及收入差距的影响——基于劳动异质性的视角》，《经济学（季刊）》2017 年第 3 期。

周广肃、谭华清、李力行：《外出务工经历有益于返乡农民工创业吗?》，《经济学（季刊）》2017 年第 2 期。

诸竹君、黄先海、宋学印等：《劳动力成本上升、倒逼式创新与中国企业加成率动态》，《世界经济》2017 年第 8 期。

新时代中国劳动关系的特征和发展趋势

王永洁

解决好劳动关系问题是贯彻落实十九大关于"实现更高质量和更充分就业"战略部署的关键内容。十九大报告指出，应当高度重视提高就业质量和人民收入水平，大规模开展职业技能培训，提供全方位公共就业服务，破除妨碍劳动力、人才社会性流动的体制机制弊端，完善政府、工会、企业共同参与的协调机制，构建和谐劳动关系。伴随着中国特色社会主义和经济发展进入新时代，在经济增长速度平稳放缓、经济结构优化升级、共享经济发展、科技进步和劳动力市场技能需求变化等背景下，用工形式日益多样化、灵活化，劳动关系呈现出一系列新的特征和变化。构建和谐劳动关系、有效应对劳动关系中的新问题和新挑战对中国劳动力市场改革具有重要意义。近年来，国内外学术界关于中国劳动关系的研究取得了丰硕成果，丰富了我们对于当前中国劳动关系的特点、发展趋势，劳动关系法律法规建设，劳动力市场改革，新型劳动关系的形成及管理，劳动争议的产生与处理，以农民工为主体的产业工人劳动关系的调整，劳动收入及劳动力市场歧视，劳动者的健康及劳动关系满意度等一系列问题的认识。本文围绕以上主题梳理了当前国内外劳动关系学科发展动态及主要观点，并探讨中国构建和谐劳动关系取得的进展、面临的挑战和问题。

一 国内劳动关系学科发展动态及主要观点

（一）中国特色劳动关系的特点和趋势

十九大报告指出，当前中国经济正处在转变发展方式、优化经济结构、转换增长动力的攻关期，必须坚持质量第一、效益优先，推动经济发展质量变革、效率变革、动力变革，提高全要素生产率。中国经济的增长和发展效率的提高将更多地依托要素变革和技术进步，这一系列变化都深刻地影响着人民的就业和劳动关系的变化。

中国特色劳动关系的根本定位是国家主导的市场经济下的劳动关系，但是关于当前劳动关系是以集体主义还是以个人主义特征为主的问题，并没有形成共识。常凯（2017）指出，在发展阶段上，中国的劳动关系正在经历从个别劳动关系的构成和调整，向集体劳动关系的构成和调整转型，政府通过法律手段和行政方式等干预手段介入劳资关系，这表现在，在个别劳动关系上，政府规制并直接救济，在集体劳动关系上，政府控制工人和工会的集体力量，以防止劳工运动对于经济发展的冲击和干扰。同时，他提出当前中国劳动关系呈现出以下特征：第一，中国的市场化劳动关系由政府主导，通过自上而下改革实现转型；第二，劳资双方不仅在经济上力量对比悬殊，而且资方在政治权力和组织权利上也具有绝对优势，劳动者处于无组织或自组织状态；第三，中国劳动关系的调整包括法律化调整、政治化调整、行政化调整和社会化调整等多途径多方式调整的综合治理方式。

郭志刚和刘昌宇（2017）则认为，中国的劳动关系正在经历从集体主义向个人主义的转型，中国劳动关系变革的趋势是更加个人主义，随着"90"后员工在工作场所影响力的提高，这种趋势更加明显，劳资之间的个性化、差异化契约方式未来将会更为普及，并会导致中国工会职能定位的再调整。该研究进一步指出，当前中国的劳动关系还呈现出两个新的发展趋势：一是从外部规制走向内部治理，过去中国劳动关系更多是多元主义下的治理结构，强调法制化和工会化等外部的规制手段，而随着知识经济和创意价值的提升，生产方式变得更加具有内隐性和团队性，中国劳动关系将会体现出一元主义的治理特征，呈现出劳资之间的民主协商与群体互动；二是劳动关系边界模糊，从一而终的职业生涯模式日渐式微，人员流动频繁，互联网经济下劳动关系短期化、职业化、多元化趋势明显，劳动用工表现出自我雇佣、社会合作的特征，劳务派遣和产线外包也导致工作场所用工身份的多元化。

（二）劳动关系法律、法规建设

近年来，中国的劳动力市场制度建设日趋完善，自 1994 年颁布实施《劳动法》以来，正式引入了劳动力市场机制，逐步形成以《劳动合同法》《劳动争议调解仲裁法》《最低工资条例》《就业促进法》、社会保障制度以及积极的就业政策和其他劳动力市场政策为基石，司法手段、劳动监察、公共财政投入为干预手段的劳动力市场制度框架（都阳，2014）。现有的劳动力市场制度对于规范劳动关系、监督劳动力市场歧视具有重要意义。然而，在执法和监督检查方面仍有待加强，需要进一步建立相关配套机制，加强法律知识宣传，增强劳动者权利意识。相关法律法规的有效性和实施效果值得关注。屈小博（2017）使用中国企业—员工匹配调查数据分析了《劳动合同法》的实施是否有效，研究发现，随着经济发展水平的提高，企业执行《劳动合同法》的主动性增强，劳动合同签订率显著提升；签订劳动合同能显著提升劳动者获得养老、医疗、失业、工伤及生育等各类社会保险的概率，对劳动者工资也具有显著的正向效应；签订劳动合同的年限越长，劳动者得到的就业保护也越强，并且这一作用具有较强的稳健性；规模越大、资本劳动比越高的企业执行《劳动合同法》的效果相对更优，私营企业、劳动密集型企业的劳动者获得的就业和社会保护相对较差，这类企业应作为《劳动合同法》实施的主要关注对象。因此，政策调整的重点应从关注《劳动合同法》是否增加了企业劳动力成本转向如何根据企业与劳动者的异质性特征分类完善实施细则。

伴随着用工形式的多样化和复杂化，现行劳动法及其相关法律、法规的适用性引起越来越多的讨论。谢增毅（2017）指出，当前中国的劳动法对所有劳动者"一体适用、同等对待"。按照现行劳动关系的认定标准，判断某类务工群体是否是劳动法中界定的"劳动者"，如是，则受劳动法保护，劳动法所有规则均对其适用；反之，则不受劳动法保护，劳动法中的所有规则均对其不适用。这导致在立法和实践中对劳动者和劳动关系的认定十分谨慎，将许多务工人员排除在劳动法之外，不利于对相关劳动者群体的权益保护。由于用工形式的多样化和不断发展、雇员类型的多样性和劳动关系的复杂化，单一调整模式带来诸多问题，需要更新劳动法的立法理念，由传统的针对所有劳动者的综合立法模式，向针对特定类型主体和特定事项的专门立法模式转变。通过对比中国和德国的劳动法，王倩（2017）发现，在劳动关系的认定问题上，德国劳动关系的认定等同于雇员的身份认定，雇员的合同相对方是雇主，雇主可以是自然人、法人，也可以是商事合伙，没有资质上的要求；中国则强调劳动关系双方主体的"适格"，任何一方主体不适格，都不能认定劳动关系，劳动关系的一方主体必须是"劳动者"。换句话说，中国的现行制度缺乏过渡安排和缓冲地带，要么是劳动者，要么不是，劳动法保护或者全有，或者全无，而认定劳动关系对于双方主体的资质都有要求，门槛设定较高。由于缺乏缓冲地带，不能被认定为劳动关系，劳动者就完全不在劳动法甚至社会保险法的保护范围之内，这带来一系列问题，由劳动关系认定引起的矛盾纠纷尤为尖锐。

关于劳动法律法规的相关研究揭示了当前法律和制度建设中存在的问题，并提出了一些亟待解决的问题。当前中国经济转型发展和用工形式多元化的背景下，对现行劳动关系法律法规进行调整的呼声日盛。然而，在关注法律法规适用性的前提下，也应当认识到现行法律法规产生的时代背景和注重改革的稳健性。

（三）新时代的劳动力市场改革

劳动力市场改革是供给侧结构性改革的重要组成部分，对于中国的人口、经济和社会发展均具有重大意义。都阳（2016a）指出，要坚持"实现充分就业"和"优化劳动力资源配置"两大劳动力市场改革目标，为此，需要加快推进户籍制度改革、基本养老制度和基本医疗制度改革、劳动力市场制度改革以及企业的微观机制改革等。"岗位创造"和"劳动力区域流动"是就业工作的重点领域，提升生产率是未来经济发展的核心，因此，产业政策和就业政策的重点应该放在经济结构和就业结构的调整，以及由此推动的生产率提升，这是未来劳动力市场政策改革的方向（都阳，2016b）。

新时代的宏观经济发展趋势正深刻地影响着中国的劳动力市场结构、工作任务与技能需求变化，对劳动者的技能和人力资本水平提出了更高和更为多元化的要求。都阳等（2017）利用工作任务法和中国城市劳动力调查数据分析了中国劳动力市场的结构变迁。研究发现，尽管当前中国就业两极化的倾向尚不明确，但是非常规型任务在劳动力市场上日益普遍，常规型任务的变化也出现分化，常规认知型任务被资本替代的趋势初露端倪。即便在控制受教育水平后，工作任务的安排和技能的使用仍会影响劳动力市场的回报，且不同类型工作任务的劳动力市场回报存在明显差异，即劳动者执行"非常规、认知型的分析型任务"的回报最高，而"常规认知型"任务由于替代可能性最高，劳动力市场回报已经为负。因此，构建与技能需求相适应的人力资本积累体系非常重要，这应成为中国劳动力市场改革的一个重要领域。

在劳动力供给方面，学界持续关注中国劳动力短缺以及如何通过改革扩大劳动力供给。严善平（2016）发现，就业率的快速下降源于三个方面的变化：一是城镇居民，特别是城镇女性过早退出劳动力市场；二是中高等教育的迅速扩展推延了年轻人进入劳动力市场的年龄；三是城镇离退休人员比例的迅速上升和城镇人口的老龄化加快了就业率下降的趋势。为发掘潜在劳动力资源，需要改革退休制度，逐步提高法定退休年龄，特别是女性的退休年龄，实现男女退休年龄并轨；消除对女性的就业、晋升和待遇等方面的制度性歧视，提高女性的就业概率；大力发展教育，增加人力资本积累，以促进就业率水平的提高。

（四）新型劳动关系的形成、特点及管理

新时代的经济发展和经济结构优化催生了"新型劳动关系"和"非典型劳动关系"。所谓"新型劳动关系"是围绕工作任务、基于就业能力的交易契约，雇佣双方更加关注工作关系而非情感关系；组织获得了用工弹性以应对环境的变化，从而失去了对员工的绝对控制力；员工获得了对等的权利和选择的自由，也相应承担了自我管理发展的责任（郭志刚、刘昌宇，2017）。"新型劳动关系"包括注册型劳动关系、间或型劳动关系和一次性劳动关系，呈现出碎片化、隐蔽性、劳动者议价能力的提高以及劳资合作性等特征，劳动关系主体、客体、权利义务内容均发生了一定变化，劳动者和用人单位之间的关系呈现出自主化、灵活化和创新化的特点（朱海龙、唐辰明，2017）。此外，网络平台让更多的人参与就业，创造了新的经济增长点，带来了新的就业岗位，形成网络平台劳动力市场，并对劳动关系有积极促进作用，降低了就业歧视（纪雯雯、赖德胜，2016）。在共享经济背景下，人力资本所有者与物质资本所有者的关系趋于平等，人力资本专用性下降，人力资本收益得到提升，空间得到拓展；未来合作型劳动

关系模式将占主导地位，劳动关系模式趋于弹性化、多重化、开放性，并呈现出一定的虚拟化特征（陈微波，2016）。

"非典型劳动关系"更多的是通过市场机制利用企业外部劳动力的结果，相对于传统的劳动关系和雇佣形式，"非典型劳动关系"在劳动时间、地点和方式上更加灵活多样，使用从属关系弱化或模糊，劳动者身份不明确，就业状态不稳定，权益保障不充分。"非典型劳动关系"包括非全日制用工、灵活就业、临时雇佣、合同用工、派遣劳动、外包劳动、委托劳动、远程劳动、兼职劳动、自雇型劳动、家庭工、轮班工、个体经营、合伙经营等多种表现形态。因此，我们不能要求外部劳动力市场去适应内部劳动力市场，要求"非典型劳动关系"向"典型劳动关系"看齐；而是相反，要发挥"非典型劳动关系"的市场机制，突破内部劳动力市场的垄断和僵化。"非典型劳动关系"以灵活性为其存在的基础，保护而非限制这种灵活性是其基本的价值功能；法律的制定和调整需以市场为导向，只有当灵活性过度、对劳动者就业安定性造成破坏时，才需要法律加以限制（田思路，2017）。

"平台经济"和"共享经济"正在成为中国经济的重要组成部分，对就业、劳动关系和社会保障产生了全方位的影响和挑战。王文珍和李文静（2017）认为，平台经济发展加剧了用人单位的小微化、非正规化，提高了灵活用工的使用频率；扩大了兼职劳动、非全日制用工等灵活就业形式的应用；一定程度上带来了劳动关系的"碎片化"和"去劳动关系化"；平台经济在充分利用闲置资源、扩大就业乃至促进经济发展方面发挥积极作用的同时，也剥夺了部分灵活就业人员的劳动权利和职业安全感，灵活就业人员的劳动权益保障问题日渐凸显；平台经济发展降低了劳动关系的稳定性，呈现出一定程度上的泡沫现象。因此，面对平台经济发展对劳动关系认定标准的冲击，立法和政策层面应当谋定而后动，加快制定《劳动基准法》，为各种形式下从事劳动交换的劳动者提供基本的劳动保障；要充分发挥互联网平台在协调劳动关系中的作用，利用平台经济，推动社会信用体系发展；创新工会的工作方式。

唐镳和徐景昀（2016）选取了 Uber 公司和滴滴公司在中国的发展情况作为案例进行比较分析，提出应当规范专车司机与 Uber、滴滴等共享经济型企业的劳动用工关系。同时，建议政府应当发挥引导作用，政府政策应具有包容性，加快步伐对企业用工问题进行规范，清晰界定企业员工之间的新型用工关系；企业应当采取弹性用工策略；建立与之配套的政府监管模式，以及行之有效的行业自治制度；加强行业自律规范。

邓洲（2016）分析了近年来世界工业机器人的普及对于制造业生产效率和转型升级的影响。研究发现，机器人的普及不仅推动了制造业生产效率的提升和转型升级，也对制造业的就业需求和就业结构产生影响。工业机器人的使用虽然替代部分人类劳动者岗位，但也填补了部分人类无法胜任的岗位空缺，同时创造了大量新的岗位。工业机器人对人类就业岗位是促进的，必须积极利用工业机器人的大发展促进制造业的转型升级，同时也要推进产业结构调整，促进劳动者向新的岗位转移。

（五）劳动争议的产生与处理

劳动争议是劳动关系的传统研究领域，近年来也持续受到学者们的关注。明娟等（2016）利用 2012 年中国雇主—雇员匹配追踪调查数据，研究了劳动争议处理模式的影响因素。研究发现，企业内部工会和劳动争议调解委员会的成立有助于推动劳资争议通过制度化途径解决，个体在个别劳动关系中处于弱势地位，集体谈判机制是劳动争议处理的有效手段。企业归属感强的员工更倾向于选择协商、调解和工会维权等制度化途径来解决劳资争议；建立基层工会参与的第三方调解机制有利于推动劳动争议的制度化处理。

孔令明（2016）研究了某市近十年 3110 宗集体性劳动争议事件，总结出集体性劳动争议产生的主要原因,包括企业老板欠薪逃匿、权利争议、拖欠工资、雇员要求改善劳动条件、员工打架、企业招用员工争议以及劳动合同签订等。其中,一些更深层次的原因包括经济环境不佳和企业经营不善、企业侵权与劳动者"非理性维权"、实施新法和劳动法律不完善、劳资双方利益有对立性、劳工收入偏低等。同时,该研究指出集体劳动争议事件有以下特征:以集体权利争议为主,集体利益争议为辅;具有突发性、自发性、煽动性和无序性的特点;劳工行动较激进,罢工堵路比例高;大量采用罢工行动解决权利争议;争议发生集中于中小型加工制造业,且向公共服务部门扩散。因此,集体性劳动争议应采取分类应对路径加以解决,如集体欠薪事件应通过行政执法和给付行政解决;集体权利争议应通过调解仲裁和诉讼解决;集体利益争议应通过劳资自治和调解解决。

在劳动关系治理中,大众媒体应当发挥更加显性和积极的作用。吴麟(2016)指出,由于劳动关系议题的敏感性,大众媒体通常呈现出"制度性沉默";自媒体的"边缘发声"充满不确定性。因此,唯有以宽容与法治为方向,降低新闻生产风险,媒体才有可能作为劳动关系多元治理主体之一,积极参与构建和谐劳动关系。

韩喜平和周颖(2016)指出,中国经济发展进入新常态对国有企业的劳动关系产生了直接而深刻的影响。为构建国有企业和谐劳动关系,政府应当完善相关法律、健全工资决定和正常增长机制、完善劳动关系协调机制;劳资力量均衡是构建和谐劳动关系的基础条件,企业需要承担劳资和谐的社会道德责任、政府要创造条件促进劳资力量均衡、工会应切实发挥维护职工群众合法权益的职能;集体协商是重要机制,应完善相关法律法规、解决国有企业集体协商中工会与谁协商的问题、政府应当在集体协商制度中发挥指导与服务作用。

(六) 以农民工为主体的产业工人的劳动关系调整

张翼和汪建华(2017)发现,以新生代农民工为主体的产业工人在谈判能力、权益意识和发展诉求等方面的提升,进一步加剧了经济新常态背景下劳动关系的紧张,当前劳动关系主要体现为农民工就业"短工化"、劳动纠纷"频发化"和劳动者行动诉求"短期化"。第一,农民工尤其是年龄小的农民工,就业趋于"短工化"、劳动密集型企业出现了"高离职率"与"招工难"并存的局面。农民工离职最主要的原因是薪酬待遇低,其次是工作环境差、晋升空间小、工作太无聊等。过高的离职率,给企业造成了招工难问题,其中,处于产业链末端、高度依赖订单的中小代工企业,工人就业的"短工化"趋势更为明显。第二,劳动纠纷趋于"频发化",引发劳动纠纷的主要原因包括企业经营不善、效益下滑或关停并转迁。第三,劳动者行动诉求趋于"短期化"。第四,沿海部分地区劳工团结网络"跨阶层化",如何通过团结行动并运用法律武器,有效追讨薪资、离职补偿、社保、公积金等是摆在劳动者面前的重要难题。影响劳动关系变化的新因素包括以下几个方面:实体经济发展面临的困境、欠薪治理体系不完善、工人群体结构的变化、农民工的工业化、城市化和信息化经历、制度设计与农民工"短工化"趋势不匹配。鉴于这些问题,他们提出如下应对策略:从经济保障、制度惩戒、舆情监测等方面完善劳动纠纷治理体系;降低企业成本;完善工会基层组织网络,回应新生代农民工的发展诉求和维权诉求;根据农民工的"短工化"趋势,改进养老保险制度,简化司法维权程序;深入细致地做好产能过剩企业职工的下岗分流工作;对劳工组织分类治理。

梁伟军(2017)对农民工与私营企业劳动关系问题的研究发现,在劳动关系确立方面,劳动合同签订比例及参保比例整体偏低,形成了高效率、低公平的非均衡劳动关系,阻碍了经济社会的稳定协调发展。为提高劳动关系的公平性,应从以下几方面入手:深化户籍制度改革;强化政府治理职能,切实保障农民工劳动权益;促使农民工组织规范发展,提升组织化维权能力;推动企业发展转型升级,培育市场核心竞争优势,尤其是进一步发挥私营企业吸纳社会就业、促进经济发展的作用。

潘光辉和赵小仕（2016）认为，农民工维权行为是在当前维权环境下理性选择的结果，但由于极易带来负面的社会影响，过激维权具有高风险的特征，应当采取干预措施以减少过激维权行为。为此，政府可以成立农民工合法权益保障基金，承担维权的最终责任，提高侵权者的侵权代价，降低稳健维权的成本，增加农民工组织维权的途径。

（七）劳动收入及劳动力市场歧视

刘昌平和花亚州（2016）测算了中国乡城劳动力迁移对城镇平均劳动工资的影响，并基于劳动力异质性假定，运用固定替代弹性函数分别对城镇高技能劳动力、低技能劳动力以及退休人员的收入水平受迁移的影响进行分析。研究发现，劳动力迁移对城镇各类劳动者的收入水平都存在负效应，其中低技能劳动者工资和退休人员基础养老金受到的冲击最大，而高技能劳动者工资仅有小幅度下滑，由此，助长了不同劳动群体的收入差距。同时提出，提高劳动者整体受教育水平是缓解收入差距的有效途径，应当积极推进就地城镇化，为社会资本在乡镇投资创造条件并鼓励农民自主创业，进而在发挥迁移人口劳动力价值的同时避免对城镇劳动工资造成负效应。此外，还需要加大农村基础教育投入力度，缩小城乡收入差距。

魏下海等（2016）基于对 2005 年全国 1% 人口抽样调查数据的分析发现，中国城市外来移民对本地劳动者工资的影响显著为负，外来劳动者每增加 10%，本地劳动者工资下降 2.8%；移民流入对于城市本地低端劳动者（低技能者、受雇者等）的影响是负的，但对城市本地高端劳动者（高技能者、创业者等）的影响不显著；高端移民（高技能者、创业者等）的流入会促进本地劳动者工资水平率的提升，而低端移民的流入将会降低本地劳动者工资率水平。此外，不同户籍、不同迁移时期、不同迁移原因的移民，对本地劳动者工资率的影响也存在显著差异。

梅新想和刘渝琳（2016）利用 2003—2013 年 31 个地区的省级面板数据，从产业结构、总体和相对劳动力供给方面对地区分行业平均工资指标进行分析，并建立联立方程模型进行实证检验。研究发现，劳动力流入在引起低附加值产业就业人数比重提高的同时，显著降低了该地区相对于全国的劳动力供给，对本地工资具有积极作用，但是临近地区劳动力流入量的增加会恶化本地的行业工资水平。此外，劳动力流入会增强本地劳动保护而弱化邻近地区的劳动保护，政府保护会通过劳动力流动对行业工资产生显著的间接影响。劳动力是否流入与劳动保护无关，能否导致过剩供给则在于劳动保护强度，低附加值产业对地区经济的绑架效应并不能随着经济水平的提高而减少。

劳动力市场歧视包括户籍歧视、性别歧视、种族歧视等，受歧视群体在工资收入、就业机会和晋升机会等方面受到不公正待遇。李云森（2016）基于 2008 年中国社会综合调查的城镇数据，应用 Oaxaca-Blinder 分解方法分析了城镇居民的收入差异问题。研究发现，农村居民全年职业内收入比城镇居民低 31.9%，其中有 27.7% 是由市场歧视导致的，在本地户口样本中，收入差异有 28.3%，其中市场歧视贡献 13.4%，农村居民收入较低主要由于其教育以及工作经验的回报较低。魏东霞和谌新民（2016）利用 2012 年广东南海产业工人微观调查数据，从企业用工双轨制的角度解释劳动力市场歧视。研究发现，在控制个人特征和企业特征后，在工资报酬方面，临时工和派遣工工资显著低于正式工；在保险福利方面，临时工在获取养老保险、医疗保险上比正式工处于显著劣势，但在失业保险、工伤保险和住房公积金上差异不显著；派遣工在获取"四险一金"上比正式工处于显著劣势。这项研究从"企业用工双轨制"的角度为识别劳动力市场歧视的经济动因提供了新证据。

（八）劳动者的健康及劳动关系满意度

劳动者的健康和劳动关系满意度在一定程度上反映了就业的质量以及劳动者对于就业质量的主观认知和评估。郭凤鸣和曲俊雪（2016）利用 2000—2010 年中国健康与营养调查数据，对中国劳动者过度劳动的变化趋势及其影响因素进行了分析。研究结果表明，2000—2010 年中国劳动者过度劳动的比例不断上升；其中，男性、低技能和私营企业劳动者过度劳动的概率较高。因此，政府应当分别从劳动者和企业两方面积极施策，一方面，通过正规教育和职业培训提高低技能劳动者的知识和技能水平，提高其劳动生产率；另一方面，监督企业对劳动法规中关于劳动时间及加班报酬方面规定的执行，并对私营企业等劳动者过度劳动严重的部门进行重点监管，这些措施将有助于抑制中国劳动者过度劳动现象的加剧。

孙瑜等（2017）以苏州某经济开发区 50 家企业为例，对新老两代农民工的劳动关系满意度进行调查。研究发现，除新生代农民工对人际关系，老一代农民工对企业成长达到比较满意的水平外，两代农民工对其他要素的满意度均处于一般或较低水平。新生代农民工存在多因素、多层次的需要与利益诉求，在总体劳动关系满意度方面低于老一代农民工。具体而言，老一代农民工对劳动报酬不满意，而新生代农民工对劳动报酬、劳动负荷、组织关系与个人成长均不满意，其对劳动负荷的关注度高于老一代农民工。基于扎根理论，通过访谈资料的三级编码分析，孙瑜和梁潇杰（2017）又构建了劳动关系满意度的理论模型。研究表明，员工对劳动关系满意与否，很大程度上取决于员工实际权益诉求的满足程度，而员工满足程度的高低，又受企业满足能力的制约。企业满足能力由企业发展和雇主投入意愿两个要素决定，企业发展越好，雇主投入意愿越强，企业对员工实际权益诉求的满足能力则会越高。

同样基于扎根理论，肖静和陈维政（2016）通过开放式问卷对企业农民工进行深度访谈，研究了其工作幸福感的影响因素，并构建了影响因素模型。研究发现，生存需要、人际氛围和成长发展是影响农民工工作幸福感的三个主范畴，其中，生存需要包括工作时间、物理环境、员工薪酬和食宿条件四个子范畴；人际氛围包括老板关心、同事关系、客户认可和业余活动四个子范畴；成长发展包括工作内容、发展前景、上升空间和学习机会四个子范畴。为提升农民工的工作幸福感，应尽力满足农民工基本的生存需要，在企业中营造良好的人际关系氛围，为农民工的成长发展创造机会和条件。

二 国外学科发展动态及主要观点

（一）对国外劳动关系的研究发现

Kretsos 和 Livanos（2016）利用欧盟劳动力调查微观数据，对欧洲的非正式、不安定就业情况进行了分析，并研究了劳动者对其就业状态的自我评估。研究发现，约 1/10 的欧洲劳动力处于一种就业不安定状况。这种不安定首先体现在缺乏就业选择而造成的非自愿的、非全日制或临时就业，调查中约 7% 的人处于非全日制就业状态，4.5% 的劳动者是临时就业；其次是与害怕失去工作相关的工作不安全感。缺乏工作经历和劳动力市场的不稳定大大提升了劳动者不安定就业的风险。同时，研究者倡议对于就业的考察不应当只以国家为单位，而应更多地关注地区和全球范围内以经济和社会地位界定的弱势群体的就业状况，因为这些弱势群体更有可能经历就业不安定。

Charles 等（2016）利用美国人口调查年度数据，对美国制造业企业中的就业情况进行了研究。结果表明，由房地产泡沫带来的就业增加掩盖了近年来美国制造业企业的衰退对就业造成的不利影响。2000 年起，美国 25—54 岁的就业人口比例明显降低，其中，女性和不具备大学经历和学历的人群下降幅度尤为明显，推动劳动力市场性别平等和普及大学教育是缓解美国就业矛盾的根本。

Molloy 等（2016）利用美国从 1967 年第二季度到 2015 年第三季度的人口调查季度序列数据，研究美国劳动力市场的流动性。研究发现，始于 20 世纪 80 年代早期，美国劳动力市场的流动性呈现出明显降低的趋势，与人口老龄化和女性劳动参与的增加这两大趋势相关联。劳动力市场流动性的下降致使工人与现有雇用者讨价还价的能力下降。这一变化形势一方面由于工人和公司之间更加匹配，流动性减少，另一方面也反映了更换工作的成本在增加。

Strauss 和 McGrath（2017）以在加拿大务工的国外临时工为例，论述了"非正规就业""缺乏社会保护的政治身份"和"不自由的劳动关系"这三者是如何相互交错，影响和塑造这些工人的生存状况的，以及这些工人是如何谈判协商和抗议挣扎的，并指出一些政府设计和政策本身是对国外弱势劳动力剥削的重要根源。

Legree 等（2017）研究了加拿大劳动关系法律对于劳动者参加工会的影响。通过分析省一级的工会化率数据，发现劳动关系法律改革对减少劳动力市场不平等的影响较小，劳动关系立法对于工会建设的影响并不显著。其中，有利于工会建设的立法对工会建设的影响在长远来看不足 3%，仅仅通过法律建设不足以改变当前脱离工会的趋势。建构工会友好型的法律环境对不同就业群体有不同的影响，相比于在私有部门就业的蓝领工人和管理工人而言，工会友好型的法律环境对于在公职部门从事专业工作的人员更加有益，且对于在私有工业部门就业的受教育水平较低的工人群体而言较为有益。

基于访谈和小组讨论数据，Fanelli 等（2017）研究了加拿大中型城市非营利就业部门的就业情况。研究发现，由于与投资者自上而下的、中央集权式的关系，以及脱离一线员工的决策机制，在非营利就业部门的就业不稳定性日益明显。因此，需要与工人的不稳定抗争，加强组织和工作场所的工作环境建设，建构较为稳定的就业环境。

Trung 和 Oostendorp（2017）以 1993—2010 年的工资变化为依据，发现越南的劳动力市场分割仍然较为明显，尤其体现在农业生产（自雇）和单位就业群体之间的工资差异中；越南的劳动力市场不平等不是由工资的地区差异造成的，而是由自雇和单位就业的工资差异带来的。同时，该研究提出关于劳动力市场一体化的研究不应只关注能观测到的市场工资，还应当关注影子工资。然而，值得注意的是，从 1993 年至 2008 年，基于自雇和单位就业的劳动力市场分割状况有所改善，收入低的工人的工资回报主要依赖提高农业部门收入，而不是最低工资政策。

Epure（2017）在欧洲国家和欧盟层面，关注如何使课程设置和教育适应劳动力市场需求。研究发现，大学—企业之间的结构性合作能够使得大学更好地调整其课程设置来满足劳动力市场需求。

（二）对中国劳动关系问题的研究发现

Dong 和 Zhang（2016）以中国为例，论证了社会资本的积累对经济发展的影响。该研究以 1847—1949 年从中国不同省份出国留学精英（ESA）的比例作为社会资本积累的代理变量（假设 ESA 比例与社会信任、开放程度和契约精神相关），发现在一些 ESA 比例较高的省份，其社会资本积累的程度更高。在考虑了地理位置、气候、自然禀赋和经济政策等影响因素后，以 ESA 衡量的社会资本的积累对当今经济发展有重要影响。

Panet 等（2016）利用 2002 年和 2007 年中国家庭收入调查数据，考察了城市规模和个人收入差距之间的关联性，以及城市和迁移人口之间、高技术和低技术工人之间的收入差距。研究发现，城市规模是影响工资收入的一个重要因素，但是在中国这种关联性不如西方国家明显。城市大小和工资之间的关联性在不同技能层次的工人之间有较大差距，这种关联性在高技能工人中间更加明显，比低技能工人高出约50%。此外，由于劳动力市场的分割，农民工本身收入普遍较低，因此，收入和城市大小的关联性在农民工群体中体现并不明显。

Wang（2016）利用在广东省2006—2015年开展的两年一度的企业调查数据，研究了工人解决劳动争议的经历和工人对待工会改革的态度。研究发现，中国集体争议事件的增加导致了劳工抗议行为的增加，尤其是突发性的罢工事件。集体抗议行为加深了工人之间的连带和集体意识，工人也更加关注自身的权利和利益。有更多抗议经历的工人对于工会改革的诉求相对中立，而只有部分抗议经历的工人通常诉求较为激进的改革，希望工会发挥更大的作用。该调查中大多数受访者在电子制造业、纺织和服装加工业企业就业，因此具有一定的行业偏向性，并不代表其他行业的情况。

Meng（2017）研究了中国的《劳动合同法》、中国农民工的工作环境和劳动力市场结果。研究发现，2008年《劳动合同法》的实施对工人有积极的影响和效应，且促使劳动力市场也发生了一些有利于劳动者的变化，即劳动力市场的紧缩。劳动力市场紧缩以及工人自主选择工作与《劳动合同法》的实施同时开展，如果控制其他因素，仅仅观察《劳动合同法》的影响，《劳动合同法》的实施对劳动力市场的结果有多元的影响，对于工资和工作时间有消极的影响，对于劳动合同的签署影响不明显，对于社会保障有积极的影响。此外，《劳动合同法》在不同类型的城市发挥的作用存在差异，在沿海城市，《劳动合同法》的影响更为显著，尤其体现在参与社会保障方面。《劳动合同法》的影响也受到宏观和个人层面因素的影响。从宏观劳动力市场的变化看，劳动力的短缺对劳动者的劳动力市场表现有积极影响；在微观个人层面上，个人选择对于签署劳动合同和劳动者的其他劳动力市场表现都有显著的积极效应。在控制了微观个人层面的因素后，《劳动合同法》对迁移劳动力的劳动力市场表现的积极影响明显降低。

Wang和Cooke（2017）通过研究2008—2015年期间的897起罢工案件，发现罢工在中国成效有限，而且审判结果往往对工人不利。大多数法庭的决议支持雇佣者的解雇决定，只有少数的裁判决定兼顾雇员的需求以及其行为的合法性和合理性，并将其界定为与雇主的协调而非停工斗争。

三　对劳动关系研究的展望：构建和谐劳动关系

"构建和谐劳动关系"既是十九大关于就业民生战略部署的关键一环，也是中国经济和社会发展进程中一项不可忽视的任务。近年来，中国的劳动力市场制度日趋完善，为界定、管理和规范劳动关系提供了一个制度框架。地方政府也纷纷出台了一系列旨在促进就业、提升劳动者人力资本水平和保障劳动者权益的法律实施细则和劳动力市场政策。然而，不论在全国还是在地方层面，当前的劳动力市场制度建设存在一个共同的问题，即制度建设和改革更多的是被动的、问题解决型和应对型的。也就是说，为应对某一具体的挑战或负面效应，如劳动供给不足、就业结构性矛盾、就业歧视和人力资本水平低等问题进行制度设计，通过法律手段、行政方式和公共财政投入进行干预。可见，当前的劳动力市场制度建设并没有真正践行"构建"，在"构建和谐劳动关系"方面依然任重道远。

所谓"构建"是指在传统的劳动力市场制度建设的基础上，既要积极应对传统的就业和劳动关系问题，也要充分认识当前中国特色劳动关系的特点和发展趋势，要坚持以人民为中心的发展思想，以就业优先战略和积极就业政策为依托，以实现更高质量和更充分就业为目标，在促进就业的过程中解决好劳动关系问题，提高相关政策保护的包容性、灵活性和覆盖率。在这一进程中，要从多个方面着手。第一，既要充分发挥市场调解作用，也要结合中国劳动关系的特征，即国家主导的市场经济下的劳动关系，充分发挥政府的调解作用，加大法律和行政方式等干预手段介入劳资关系。第二，在法律和制度建设方面，要加强执法和监督检查，建立相关配套机制，明确监督和惩治机制，加强法律知识宣传，增强劳动者权利意识。第三，随着经济结构的优化升级和新旧增长动能的转换，用工形式多样化、灵活化和复杂化特征更为明显，劳动者的诉求、劳动争议的形式也将更为复杂和多元化，出现一些不同于传统用工形式的非典型劳动关系和新型劳动关系，由于劳动时间、地点和方式的灵活多样，雇佣从属关系弱化，劳动者身份不明确，这些变化会导致现有法律制度建设框架存在覆盖不足的现象。在劳动关系的界定上应当适应"新型劳动关系"和"非典型劳动关系"，加强对传统劳动关系之外的劳动者群体的保护，注重就业形式多元化和信息化这两大因素对传统劳动关系带来的冲击。在经济发展的新时代，应当以包容性、灵活性、高覆盖为原则，积极探索新型劳动关系制度建设。第四，农民工群体劳动纠纷频发，应是劳动关系领域治理中需要重点关注的群体。要根据农民工利益和发展诉求的多样化、多层次化的特征，区别不同年龄、不同性别和不同迁移经历群体的差异化诉求。当前对于外来务工群体的劳动权益保障仍然是一个弱项，这需要推进户籍制度改革，推进以人为核心的新型城镇化，促进农民工市民化，破除妨碍劳动力、人才社会性流动的体制机制弊端，增补对于外来务工劳动者合法权益的保护。第五，关注劳动者的健康和劳动关系满意度，尤其关注传统的劳动密集型企业的员工的健康和工作环境建设。例如，在地方工业园和高新区，可成立健康、卫生和生产安全监督委员会，制定一些基本的安全和卫生标准，提供相对安全和健康的工作环境和相应的培训或心理辅导，监督工厂提供基本的卫生设施，逐步改变不公平的工作规定和工作纪律，增强工作管理制度的灵活性和人性化，建设健康、安全和体面的工作环境（王永洁，2017）。

参考文献

Charles, Kerwin K., Erik Hurst and Matthew J. Notowidigdo, "The Masking of the Decline in Manufacturing Employment by the Housing Bubble", *Journal of Economic Perspectives*, 2016, Vol. 30, No. 2, pp. 179 – 200.

Dong, Zhiqiang and Yongjing Zhang, "Accumulated Social Capital, Institutional Quality, and Economic Performance: Evidence from China", *Economic Systems*, 2016, No. 40, pp. 206 – 219.

Epure, Manuela, "University – Business Cooperation: Adapting the Curriculum and Educational Package to Labor Market Requirements", De Gruyter, Proceedings of the 11th International Conference on Business Excellence, 2017, pp. 339 – 349.

Fanelli, Carlo, Debbie Laliberte Rudman and Rebecca Aldrich, "Precarity in the Nonprofit Employment Services Sector", *Canadian Review of Sociology*, 2017, Vol. 54, No. 3, pp. 331 – 352.

Kretsos, Lefteris and Ilias Livanos, "The Extent and Determinants of Precarious Employment in Europe", *International Journal of Manpower*, 2016, Vol. 37, No. 1, pp. 25 – 43.

Legree, Scott, Tammy Schirle and Mikal Skuterud, "The Effect of Labor Relations Laws on Unionization Rates within the Labor Force: Evidence from the Canadain Provinces", *Industrial Relations: A Journal of Economy and Society*, 2017, Vol. 56, No. 4, pp. 605 – 639.

Meng, Xin, "The Labor Contract Law, Macro Conditions, Self-Selection, and Labor Market Outcomes for Migrants in China", *Asian Economic Policy Review*, 2017, No. 12, pp. 45 – 65.

Molloy, Raven S., Christopher L. Smith, Riccardo Trezzi and Abigail Wozniak, "Understanding Declining Fluidity in the U. S. Labor Market", *Brookings Papers on Economic Activity*, 2016, pp. 183 – 237.

Pan, Liqun, Pundarik Mukhopadhaya and Jing Li, "City Size and Wage Disparity in Segmented Labor Market in China", *Australian Economic Papers*, 2016, Vol. 55, No. 2, pp. 128 – 148.

Strauss, Kendra and Siobhan McGrath, "Temporary Migration, Precarious Employment and Unfree Labour Relations: Exploring the 'Continuum of Exploitation' in Canada's Temporary Foreign Worker Program", *Geoforum*, 2017, No. 78, pp. 1 – 10.

Trung, Le Dang and Remco Oostendorp, "Regional Labor Market Integration, Shadow Wages and Poverty in Vietnam", *World Development*, 2017, No. 89, pp. 34 – 56.

Wang, Kan, "Labour Resistance and Worker Attitudes Towards Trade Union Reform in China", *Employee Relations*, 2016, Vol. 38, No. 5, pp. 724 – 740.

Wang, Yianyu and Fang Lee Cooke, "Striking the Balance in Industrial Relations in China? An Analysis of Court Decisions of 897 Strike Cases (2008 – 2015)", *Journal of Industrial Relations*, 2017. Vol. 59, No. 1, pp. 22 – 43.

常凯：《中国特色劳动关系的阶段、特点和趋势——基于国际比较劳动关系研究的视野》，《武汉大学学报（哲学社会科学版）》2017 年第 5 期。

陈微波：《共享经济背景下劳动关系模式的发展演变》，《现代经济探讨》2016 年第 9 期。

邓洲：《工业机器人发展及其对就业影响》，《地方财政研究》2016 年第 6 期。

都阳：《劳动力市场制度的国际比较及其对中国的启示》，《劳动经济研究》2014 年第 4 期。

都阳：《论劳动力市场改革的两个目标》，《中共中央党校学报》2016（a）年第 5 期。

都阳：《就业政策的阶段特征与调整方向》，《劳动经济研究》2016（b）年第 4 期。

都阳、贾朋、程杰：《劳动力市场结构变迁、工作任务与技能需求》，《劳动经济研究》2017 年第 3 期。

郭凤鸣、曲俊雪：《中国劳动者过度劳动的变动趋势及影响因素分析》，《劳动经济研究》2016 年第 1 期。

郭志刚、刘昌宇：《国外劳动关系发展变革及其对我国的启示》，《理论与改革》2017 年第 1 期。

韩喜平、周颖：《新常态下国有企业和谐劳动关系的构建》，《理论探索》2016 年第 1 期。

纪雯雯、赖德胜：《网络平台就业对劳动关系的影响机制与实践分析》，《中国劳动关系学院学报》2016 年第 4 期。

孔令明：《集体性劳动争议实证研究——基于某省 D 市近十年 3110 宗争议原始资料》，《社会科学论坛》2016 年第 10 期。

李云森：《统一户口、劳动力市场歧视与城镇居民收入差异——基于 Oaxaca-Blinder 分解的实证研究》，《中国经济问题》2016 年第 3 期。

梁伟军：《农民工与私营企业劳动关系：发展目标、实践特征与规制路径》，《华中农业大学学报（社会科学版）》2017 年第 4 期。

刘昌平、花亚州：《"乡—城"人口迁移对城镇劳动工资的影响研究》，《中国人口科学》2016 年第 2 期。

梅新想、刘渝琳：《劳动力流动和政府保护的工资上涨效应》，《经济科学》2016 年第 1 期。

明娟、王明亮、曾湘泉：《劳动争议处理模式：制度化还是非制度化?》，《劳动关系》2015 年第 23 期。

潘光辉、赵小仕：《理性、维权环境与农民工过激维权行为》，《当代经济管理》2016 年第 1 期。

屈小博：《〈劳动合同法〉的实施有效吗?——来自"中国企业—员工匹配调查（CEES）"的微观证据》，《劳动经济研究》2017 年第 5 期。

孙瑜、梁潇杰：《基于扎根理论的员工劳动关系满意度质性研究》，《社会科学战线》2017 年第 2 期。

孙瑜、梁潇杰、于桂兰：《新老两代农民工劳动关系满意度代际差异比较研究》，《经济纵横》2017 年第 2 期。

唐镳、徐景昀：《共享经济中的企业劳动用工管理研究——以专车服务企业为例》，《中国工人》2016 年第 15 期。

田思路：《劳动关系非典型化的演变及法律回应》，《法学》2017 年第 6 期。

王倩：《德国法中劳动关系的认定》，《暨南学报（哲学社会科学版）》2017 年第 6 期。

王文珍、李文静：《平台经济发展对我国劳动关系的影响》，《中国劳动》2017 年第 1 期。

王永洁：《农村女性本地就业与家庭照料的新变化及其含义——基于山东省三地企业的田野调查研究》，《社会发展研究》2017 年第 4 期。

魏东霞、谌新民：《企业用工双轨制与劳动力市场歧视——来自广东南海产业工人的证据》，《世界经济文汇》2016 年第 2 期。

魏下海、董志强、林文炼：《外来移民是否真的损害本地人工资报酬？——移民及其异质性影响的理论与实证研究》，《劳动经济研究》2016 年第 1 期。

吴麟：《沉默与边缘发声：当前中国劳动关系治理中的媒体境况》，《南昌大学学报》2016 年第 1 期。

肖静、陈维政：《农民工工作幸福感的影响因素及提升策略——基于扎根理论的探索性研究》，《重庆理工大学学报》2016 年第 5 期。

谢增毅：《我国劳动关系法律调整模式的转变》，《中国社会科学》2017 年第 2 期。

严善平：《中国城乡就业率的变化与决定因素——基于 1988—2010 年中国城镇收入调查数据的实证分析》，《劳动经济研究》2016 年第 3 期。

张翼、汪建华：《经济下行背景下劳动关系的变化趋势与政策建议》，《中国特色社会主义研究》2017 年第 1 期。

朱海龙、唐辰明：《互联网环境下的劳动关系法律问题研究》，《社会科学》2017 年第 8 期。

（作者单位：中国社会科学院人口与劳动经济研究所）

第四篇

大 事 记

2016年中国人口活动大事记

一月

- 我国全面实施一对夫妻可生育两个孩子政策。

- 中国政府网公布《中共中央国务院关于实施全面两孩政策改革完善计划生育服务管理的决定》。《决定》明确：到2020年，计划生育服务管理制度和家庭发展支持体系较为完善，政府依法履行职责、社会广泛参与、群众诚信自律的多元共治格局基本形成，计划生育治理能力全面提高；覆盖城乡、布局合理、功能完备、便捷高效的妇幼保健计划生育服务体系更加完善，基本实现人人享有计划生育优质服务，推动联合国2030年可持续发展议程的落实；保持适度生育水平，人口总量控制在规划目标之内。

19 日

- 国家统计局公布数据，2015年末，我国60周岁及以上人口近2.22亿人，占总人口的16.1%；65周岁及以上人口1.4亿多人，占总人口的10.5%。全年出生人口为1655万人，比上年减少32万人，说明低生育率形势比之前的普遍估算更低，验证了单独二孩政策的实施效果远低于国家卫生计生委之前的估算。

二月

19 日

- 由妇幼健康研究会、中国妇女发展基金会共同主办的第一届中国妇幼健康科技大会暨"首届妇幼健康科学技术奖"颁奖会在北京人民大会堂举行，98项妇幼健康科技成果获表彰。中国关心下一代工作委员会主任顾秀莲，妇幼健康研究会名誉会长桑国卫，国家中医药管理局局长王国强等为获奖代表颁发证书。北京大学第一医院名誉院长严仁英，北京协和医院原产科主任边旭明获得妇幼健康杰出贡献奖。该奖项是我国妇幼健康和计生服务领域的最高荣誉之一，每两年评选一次。同时，会上启动了中国首家互联网妇儿医院。

22 日

- 国家卫生计生委邀请部分全国人大代表、政协委员和民主党派人士召开座谈会，听取关于推进健康中国建设、深化医药卫生体制改革和计划生育服务管理改革、统筹推进卫生计生事业发展的意见建议。国家卫生计生委主任李斌主持会议并讲话，副主任崔丽出席会议。

中国农工民主党中央专职副主席何维、中国致公党中央秘书长曹鸿鸣、九三学社中央副主席丛斌做专题发言，就医改、人口计生工作制度完善、卫生计生立法、基层卫生建设和卫生人才队伍培养等提出了建议。

三月

• 3 日是第十七次"全国爱耳日",今年的宣传主题是"关注儿童听力健康"。在北京儿童医院组织的"爱耳日"宣传活动中,专家表示,儿童听力障碍不仅会造成其言语发育迟缓或聋哑,还会影响儿童智力发展,带来情感、心理和社会交往等方面的问题,预防和治疗听障,关键在于"早",如果能早期发现、早期采取适当的方法治疗,98%以上有听障问题的婴幼儿长大后是可以和普通人一样正常生活和学习的。

• 十二届全国人大四次会议在人民大会堂开幕,国务院总理李克强作政府工作报告。报告中列出了 2016 年的八项重点工作。第一,稳定和完善宏观经济政策,保持经济运行在合理区间。第二,加强供给侧结构性改革,增强持续增长动力。第三,深挖国内需求潜力,开拓发展更大空间。第四,加快发展现代农业,促进农民持续增收。第五,推进新一轮高水平对外开放,着力实现合作共赢。第六,加大环境治理力度,推动绿色发展取得新突破。第七,切实保障改善民生,加强社会建设。第八,加强政府自身建设,提高施政能力和服务水平。

• 十二届全国人大四次会议在北京梅地亚中心举行专题记者会,国家卫生计生委主任李斌,副主任马晓伟、王培安就实施全面两孩政策的相关问题回答了中外记者的提问。在提到如何解决好全面实施两孩政策的配套政策时,李斌表示将从四个方面着力推进:一是依法保障女性就业权益;二是增加相关基本公共服务;三是要完善家庭支持发展政策,研究完善生育保障、住房、税收等相关经济社会政策和家庭发展政策,为生育、幼儿养育、青少年的发展提供支持;四是要加强妇幼保健服务能力,健全服务网络,增加妇产科和儿科床位,特别是完善职责分工,推广母子保健手册,在妇幼保健机构开展一条龙保健服务,加强危重孕产妇和新生儿救治能力,保证母婴安全。

• 国务院副总理刘延东在中南海会见联合国副秘书长、联合国人口基金执行主任巴巴通德·奥索蒂梅欣。刘延东积极评价联合国人口基金与中国政府开展的长期务实合作,感谢基金在中国人口发展以及南南合作中提供的有力支持。刘延东表示,中方愿意加强双方合作,积极实施联合国 2030 年可持续发展议程中关于卫生、人口等相关目标,并继续推动在妇幼卫生、青少年健康和健康老龄化等人口领域的南南合作。巴巴通德表示,联合国人口基金愿继续加强与中方在人口和计划生育领域的合作,并支持中国实现可持续发展目标和加强南南合作。

• 2016 年"健康中国行"主题宣传活动启动会在北京召开。国家卫生计生委副主任崔丽出席会议并讲话,她强调,今年"健康中国行"主题宣传活动持续时间长,覆盖范围广,必须抓住重点,稳步推进。要进一步打造"健康中国行"活动品牌,使群众更加了解、认可和参与;要进一步传播健康促进先进理念,倡导健康生活方式;要进一步提升健康促进宣传实效,使群众更加快捷、便利地获得最新的健康信息;要进一步加强健康促进队伍建设,全面提升健康促进工作水平。活动向首站——黑龙江省授予"健康中国行"旗帜,标志着历时近 9 个月的主题宣传活动正式拉开帷幕。

● 中国国家卫生和计划生育委员会、联合国人口基金、人口与发展南南合作伙伴组织在北京联合举行人口与发展南南合作部长级战略对话。来自 24 个国家负责人口与卫生事务的部长、政府高级官员以及相关国际组织参加会议。中国国家卫生计生委主任李斌、联合国人口基金执行主任巴巴通德·奥索蒂梅欣出席会议并致辞。会议通过了旨在促进人口与发展南南合作的《北京行动计划》，提出了未来五年进一步推动人口、生殖健康和计划生育领域南南合作的主要行动计划。

19 日

● 人口与发展南南合作伙伴组织第 28 届执委会会议在北京举行。人口与发展南南合作伙伴组织主席李斌出席会议，中国国家卫生计生委副主任王培安主持会议。出席会议的还有来自印度、南非等国的伙伴组织执委会成员等。会议期间，李斌和执委会成员见证了中国国家卫生计生委向伙伴组织办公楼建设捐资 200 万美元的谅解备忘录签署。

24 日

● 24 日是第 21 个世界防治结核病日。今年世界防治结核病日的主题是"联合起来消除结核病"，中国的宣传主题是"社会共同努力，消除结核危害"。世界卫生组织驻华代表施贺德博士发表评论文章《彻底消除结核病迫在眉睫》，对中国防治结核病的成就和现状进行了详细论述，期盼中国采取坚定、实用和创新的手段，彻底消除结核病，并表示这在中国是完全可以实现的。

28 日

● 《禁止非医学需要的胎儿性别鉴定和选择性别人工终止妊娠的规定》已经国家卫生计生委委主任会议讨论通过，并经国家工商行政管理总局、国家食品药品监督管理总局同意予以公布，自 5 月 1 日起施行。《规定》共 25 条，与原《规定》比较，在建立部门配合、共同治理出生人口性别比偏高问题的工作机制，将禁止"两非"工作纳入计划生育目标管理责任制，明确组织、介绍实施"两非"行为的法律责任，建立涵盖相关医疗广告、医疗器械和药品的监管制度以及有奖举报制度等方面取得突破。

30 日

● 国家卫生计生委在北京召开 2016 年全国基层卫生工作会议。会议提出，"十三五"期间，将通过完善补偿机制、深化人事制度改革、健全激励约束机制等方法增强基层活力，完善基层运行新机制。针对基层医保的保障水平，会议强调要变"撒芝麻盐"为"雪中送炭"，首先要进一步提高筹资和保障水平；其次国家卫生计生委已经下发了《关于做好新农合跨省就医费用核查和结报工作的指导意见》，要求各地加快推进信息化建设，尽快实现省级新农合信息平台与国家平台的互联互通和信息共享，为开展跨省就医费用核查提供技术支撑。

四月

7 日

● 国家卫生计生委在北京召开加强孕产妇管理救治工作视频会议，以高龄孕产妇为重点，全面部署加强孕产妇管理服务和临床救治工作。国家卫生计生委副主任王国强出席会议并讲话。他指出，各级卫生计生行政部门和医疗卫生机构要围绕"生得好、生得健康、生得安全"，为群众提供优质的妇幼健康服务，把中央的惠民政策落实到千家万户。会议要求，各地要将保障母婴安全放在卫生计生工作的突出位置，作为妇幼健康工作的重中之重。各省（区、市）卫生计生行政部门要将妇幼健康服务保障措施纳入全面两孩政策实施方案，尽快研究制定专项工作方案。将孕产妇死亡率、婴儿死亡率等母婴安全核心指标纳入计划生育目标责任考核。

8 日

• 民政部、国家卫生计生委联合印发《关于做好医养结合服务机构许可工作的通知》。《通知》要求，申办人拟举办医养结合服务机构的，民政、卫生计生部门应当在接到申请后，按照首接责任制原则，及时根据各自职责办理审批，不得将彼此审批事项互为审批前置条件，不得互相推诿。此举有望推动"医养结合"更好更快落地生根。

13 日

• 国家卫生计生委、国家食品药品监督管理总局新闻发言人表示，为贯彻落实国务院第129 次常务会议精神，两部委正在会同相关部门，按照国务院关于修改《疫苗流通和预防接种管理条例》的决定，研究建立进一步加强疫苗流通和预防接种管理的长效机制。一是改革完善第二类疫苗集中采购机制。二是加强疫苗冷链管理。三是推进疫苗全程追溯体系建设。四是严格禁止非法疫苗销售行为。五是加强接种单位规范化建设。六是完善并落实政策保障机制。七是建立国家免疫规划疫苗动态调整机制。

14 日

• 人力资源社会保障部、财政部联合发布《人力资源社会保障部 财政部关于阶段性降低社会保险费率的通知》。《通知》要求，各地要继续贯彻落实国务院 2015 年关于降低工伤保险平均费率 0.25 个百分点和生育保险费率 0.5 个百分点的决定和有关政策规定，确保政策实施到位。生育保险和基本医疗保险合并实施工作，待国务院制定出台相关规定后统一组织实施。

15 日

• 财政部、国家卫生计生委联合印发《关于进一步完善计划生育投入机制的意见》，完善计划生育家庭特别扶助制度，统一城乡独生子女伤残、死亡家庭扶助标准，将农村独生子女伤残、死亡家庭扶助标准提高到与城镇水平一致，即分别为每人每月 270 元和 340 元，并根据经济社会发展水平等因素，实行特别扶助制度扶助标准的动态调整。

• 国家卫生计生委召开全国卫生计生系统党风廉政建设工作视频会议，贯彻落实十八届中央纪委六次全会和国务院第四次廉政工作会议精神。国家卫生计生委主任李斌出席会议并讲话。李斌要求，2016 年要重点抓好以下几项工作：一是严明党的纪律，夯实管党治党责任；二是推进巡视和巡查整改工作，切实加强党内监督；三是深化作风建设，让中央八项规定精神落地生根；四是突出惩治重点，持续保持遏制腐败的高压态势；五是整肃行业纪律，打造过硬的卫生计生干部队伍。

• 2016 年"全国肿瘤防治宣传周"主题活动——中国癌症防控高峰访谈在北京搜狐媒体大厦举行。此次活动由国家癌症中心、中国医学科学院肿瘤医院、中国癌症基金会共同主办。会上多位肿瘤防治专家表示，肿瘤防治亟须更新旧有的观念，提升公众对癌症的认知和重视。

20 日

• 国家统计局发布《2015 年全国 1% 人口抽样调查主要数据公报》。《公报》显示，全国大陆 31 个省（区、市）和现役军人的人口为 137 349 万人。同第六次全国人口普查 2010 年 11 月 1 日零时的 133 972 万人相比，五年共增加 3 377 万人，增长 2.52%，年平均增长率为 0.50%。总人口性别比由 2010 年第六次全国人口普查的 105.20 下降为 105.02。人口老龄化呈上升趋势，60 岁及以上人口比重上升 2.89 个百分点，65 岁及以上人口比重上升 1.60 个百分点。

21 日

• 国家卫生计生委出台《关于切实做好高龄孕产妇管理服务和临床救治的意见》，对做好高龄孕产妇管理服务和临床救治提出明确要求。《意见》提出，各地要以科学备孕、孕产期保健、安全分娩为重点，制订高龄孕产妇专项健康教育工作计划，开发针对性健康教育材料。充分利用电视、广播、报刊、微信、微博等媒体，广泛开展健康教育活动，提高群众健康素养。坚持"主动服务、服务到家、落实到人"的服务特色，组织群众做好孕前优生健康检查，精确掌握高龄妇女孕情底数，动员怀孕妇女及时建立孕产期保健手册，定期进行产前检查、住院分娩及产后健康检查。要将流动人口纳入当地社区卫生服务对象，保障流动人口孕产妇均等享有基本公共卫生服务。

23—25 日

• 国家卫生计生委副主任王培安赴贵州省调研指导健康扶贫工作，了解全面两孩政策落实和医养结合工作进展情况。王培安一行深入赫章县水塘堡乡马圈岩村，了解村卫生计生服务室运行及健康扶贫情况，看望慰问了贫困户。调研期间，听取了贵州省卫生计生委和贵阳市、毕节市、赫章县、大方县及大方县羊场镇政府加强卫生计生工作特别是健康扶贫、全面两孩政策实施、医养结合工作等情况汇报。

25 日

• 25 日是第 30 个全国儿童预防接种日，今年宣传主题是"依法预防接种，享受健康生活"。国家卫生计生委副主任王国强赴北京市西城区德胜社区卫生服务中心参与专场宣传活动，考察预防接种工作，看望基层预防接种人员。世界卫生组织驻华代表处派代表一同参加。

• 国务院总理李克强签署第 668 号国务院令，公布《国务院关于修改〈疫苗流通和预防接种管理条例〉的决定》，自公布之日起施行。

26 日

• 国务院办公厅印发了《深化医药卫生体制改革 2016 年重点工作任务》。明确了 2016 年在深化公立医院改革、推进分级诊疗制度建设、巩固完善全民医保体系等方面的医改重点工作。

27 日

• 第 4 期全国流动人口卫生计生动态监测调查师资培训班在江苏省南京市举办。国家卫生计生委副主任王培安在开班式上要求，各地要在历年工作的基础上，认真研判可能出现的新情况、新问题，确保 2016 年监测调查工作顺利实施。同时，指出全面两孩政策实施后，计划生育工作的重点由控制人口数量增长向促进人口长期均衡发展转变，由管理为主向服务为主转变。随着新型城镇化的深入推进，卫生计生系统必须更好地落实针对流动人口的基本公共卫生服务和计划生育服务，不断满足群众的多样化需求。

- 国家卫生计生委在京召开儿童重大公共卫生服务项目工作推进会，会议要求把项目作为党和政府关注民生、改善民生的重大民生工程来抓，建立政府主导、部门协作、社会参与的工作机制。及时落实项目资金，制订项目实施方案，实行目标管理、责任落实到人。结合贫困地区儿童营养改善项目和新生儿疾病筛查项目各自的特点，力争在每个项目的重点和关键点上有所突破，确保项目顺利实施。

28 日

- 国家卫生计生委在京召开 2016 年全国卫生计生法治建设工作会议，国家卫生计生委副主任刘谦出席会议并讲话，指出 2016 年要集中精力抓好六项工作。一是进一步完善卫生计生法治工作机制，夯实法治工作制度基础，不断提升工作能力和水平；二是坚持立法先行，健全完善卫生计生法律体系，用法治引领、推动和保障卫生计生事业改革发展；三是深化行政审批制度改革，持续推进政府职能转变和简政放权；四是深入开展前瞻性、综合性、制度性政策研究，推动重大政策研究成果转化；五是推进卫生标准化工作改革；六是创新行政复议与应诉工作模式，全面部署系统"七五"普法工作。

五月

1 日

- 我国开始实施新的脊髓灰质炎（脊灰）疫苗免疫策略，停用三价脊灰减毒活疫苗（TOPV），用二价脊灰减毒活疫苗（BOPV）替代，并将脊灰灭活疫苗（IPV）纳入国家免疫规划。

13 日

- 国家卫生计生委发布《中国居民膳食指南（2016）》。《指南》由一般人群膳食指南、特定人群膳食指南和中国居民平衡膳食实践三个部分组成，针对 2 岁以上所有健康人群提出 6 条核心推荐。

14 日

- 由国家卫生计生委主办的国际家庭日主题宣传活动在京举办。全国政协副主席齐续春出席并启动"健康家庭行动"，中国关心下一代工作委员会主任顾秀莲、中国人口福利基金会会长王忠禹、全国政协副秘书长刘家强、国家卫生计生委副主任崔丽出席并共同启动"幸福家庭推选活动"。

15 日

- 今天是国际家庭日，联合国确定今年国际家庭日主题为"家庭、健康生活和可持续发展"。中国宣传活动的主题为"健康家庭·幸福家庭"。

18 日

- 中国计划生育协会第八次全国会员代表大会暨先进表彰会在北京召开。会前，习近平总书记做出重要指示，强调多年来中国计生协进行了卓有成效的工作，为我国计划生育事业做出了积极贡献。李克强总理做出批示强调，30多年来，中国计生协认真贯彻党中央、国务院部署，紧紧围绕大局，发挥独特优势，为做好计划生育工作、服务经济社会发展做出了积极贡献。刘延东副总理出席会议并讲话，她充分肯定中国计生协在坚持计划生育基本国策、促进人口与资源环境协调发展方面发挥的重要作用。全国计生协系统的1576个先进单位和1518名先进个人受到表彰。

19 日

• 国家卫生计生委印发《关于做好农村留守儿童健康关爱工作的通知》。《通知》要求各地增强责任感和使命感，加强统筹协调，切实履职尽责，做好农村留守儿童健康关爱工作。并提出五项主要任务：一要加强农村留守儿童保健服务和疾病防治；二要做好农村留守儿童强制报告、医疗救治、评估帮扶等工作；三要强化农村留守儿童健康教育工作；四要提升农村留守儿童家庭发展能力；五要加强农村留守儿童信息采集和健康状况监测评估。

• 国家卫生计生委、国家发展改革委、教育部、财政部、人力资源社会保障部和国家中医药管理局联合制定《关于加强儿童医疗卫生服务改革与发展的意见》，提出到2020年，建立健全功能明确、布局合理、规模适当、富有效率的儿童医疗卫生服务体系，每千名儿童床位数增加到2.2张，每千名儿童儿科执业（助理）医师数达到0.69名，每个乡镇卫生院和社区卫生服务机构至少有1名全科医生提供规范的儿童基本医疗服务，基本满足儿童医疗卫生需求。

23 日

• 国家卫生计生委制定出台《计划生育特殊家庭信息档案标准和规范》。要求各地应当为符合条件的计生特殊家庭建立包括家庭基本情况、扶助关怀情况和联系人情况的基本信息档案。各地应建立计生特殊家庭联系人制度。

23—25 日

• 国家卫生计生委计划生育基层指导司、计划生育家庭发展司、流动人口计划生育服务管理司在四川省成都市联合举办全国县级卫生计生委主任学习贯彻中共中央、国务院《关于实施全面两孩政策改革完善计划生育服务管理的决定》培训班（第一期）。国家卫生计生委副主任王培安出席培训班并作开班报告。培训班举办9期，对全国所有县级卫生计生委主任轮训一遍。

28 日

• 2016健康中国微视频大赛揭晓仪式暨健康中国创新发展论坛在北京举行。大赛以"用健康传递爱"为主题，内容涉及健康中国、进一步改善医疗服务行动、和谐医患关系、关注特殊病人群、生命关爱等几大方面。揭晓仪式颁发了"新媒体人气"作品、"优秀创意"作品、"优秀创作团队""优秀组织单位"和"2016健康中国微视频大赛十佳微视频作品"等奖项。

31 日

• 在第29个世界无烟日，由国家卫生计生委、北京市政府共同主办的"无烟北京 健康中国"2016年世界无烟日暨《北京市控制吸烟条例》实施一周年宣传活动在北京国家体育场举行。国家卫生计生委副主任崔丽出席活动并讲话，世界卫生组织驻华代表施贺德等参加了活动。活动表彰了为控烟工作做出贡献的先进集体和先进个人。

六月

6 日

●由国家卫生计生委、中国光彩事业促进会联合举办的 2016 年"光彩·西藏和四省藏区母婴健康行动"启动仪式在京举行，标志着这项惠及西藏自治区和四省藏区 10 个项目县的民心工程正式进入实施阶段。此次行动将在原有工作基础上，聚焦服务对象，提高孕产妇住院分娩率、基层卫生计生服务机构和人员妇幼健康服务能力，降低孕产妇死亡率、婴儿死亡率，通过项目实施，探索政府主导、部门合作、企业支持、群众参与的健康促进工作模式。

8 日

●国家卫生计生委在北京发布第五次全国儿童体格发育调查结果。调查显示，我国儿童体格发育水平已超过世界卫生组织颁布的儿童生长标准。以 5—5.5 岁年龄组为例，男童体重、身高较 10 年前分别增长 0.99 千克和 1.7 厘米；女童体重、身高较 10 年前分别增长 0.89 千克和 1.8 厘米。

19—20 日

●国家卫生计生委在苏州举办第二届中国—中东欧国家卫生部长论坛，主题为"深化卫生务实合作，促进健康可持续发展"。国务院副总理刘延东、捷克共和国总理博胡斯拉夫·索博特卡、匈牙利人力资源部部长本奇·里特瓦瑞、江苏省省长石泰峰和世界卫生组织驻华代表施贺德出席论坛开幕式。会议发表了《第二届中国—中东欧国家卫生部长论坛苏州联合公报》。中国—中东欧国家卫生合作促进联合会旨在共享各国在卫生发展领域的有益经验，推进"16＋1卫生合作平台"建设。

21 日

●国家卫生计生委、国务院扶贫办等 15 个部门联合印发《关于实施健康扶贫工程的指导意见》，《意见》提出了明确的工作目标：到 2020 年，贫困地区人人享有基本医疗卫生服务，农村贫困人口大病得到及时有效救治保障，个人就医费用负担大幅减轻；贫困地区重大传染病和地方病得到有效控制，基本公共卫生指标接近全国平均水平，人均预期寿命进一步提高，孕产妇死亡率、婴儿死亡率、传染病发病率显著下降；连片特困地区县和国家扶贫开发工作重点县至少有一所医院达到二级医疗机构服务水平，服务条件明显改善，服务能力和可及性显著提升；区域间医疗卫生资源配置和人民健康水平差距进一步缩小，因病致贫、因病返贫问题得到有效解决。

24 日

●2015 年中国家庭幸福感热点问题调查成果在京发布。调查显示，大多数家庭感觉幸福，感觉幸福的家庭比例从 2014 年的 76.37% 上升到 2015 年的 76.89%，提高了 0.52 个百分点；健康与幸福感紧密相关，超过 80% 的受访者认为"家人健康"是决定个人幸福和家庭幸福最重要的四个因素之一；环境的改善有利于居民家庭幸福感的提升，居民幸福感随着总体环境评分的提高而增长。

27 日

●国家卫生计生委下发《关于在全国卫生计生系统开展向先进典型学习的决定》，号召全系统开展向屠呦呦、姚尚龙、郭璐萍、范天勇、万少华等先进个人和中国援非抗击埃博拉队伍、白求恩奖章获得者、南丁格尔奖章获得者、"时代楷模"荣誉称号获得者等先进集体学习的活动。同时，在百姓健康频道举行"先进典型发布厅"第一期发布活动，向全社会发布医疗卫生战线楷模的光荣事迹。

七月

5 日

● 国家卫生计生委、国务院扶贫办、中央军委后勤保障部卫生局在甘肃省兰州市召开全国健康扶贫工作会议。国务院副总理刘延东、汪洋做出重要批示。国家卫生计生委主任李斌、国务院扶贫办主任刘永富、中央军委后勤保障部卫生局局长李清杰出席会议并讲话。会议提出，要加大贫困地区传染病、地方病、慢性病防控力度，全面实施免费孕前优生健康检查、农村妇女增补叶酸预防神经管缺陷、农村妇女"两癌"筛查、儿童营养改善、新生儿疾病筛查等项目，推进出生缺陷综合防治。

6 日

● 为深入学习贯彻落实中国计生协第八次全国会员代表大会精神，中国计生协将在南京连续举办4期全国计生协系统领导干部培训班。国家卫生计生委副主任王培安出席第一期培训班并做报告。王培安要求各级计生协始终牢牢把握计生协发展的正确方向，团结带领广大育龄群众和计生家庭坚定不移跟党走；坚定不移做实做强计生服务工作主业，不断提高服务能力和水平；加强与政府部门的协同协作，完善计划生育多元共治机制；提高计生协组织的科学化水平，着力夯实发展根基。

7 日

● 第十五届中国人口文化奖文学美术摄影类组委会经过审议，一致通过获奖建议名单，共评出文学美术摄影类作品一等奖6个、二等奖18个、三等奖30个、优秀奖54个和组织工作奖18个。中国人口文化促进会会长李金华指出，要加大中国人口文化奖的历史承载力和使命感，真正发挥中国人口文化奖在宣传卫生计生民生事业中不可替代的独特作用，力争推出有思想高度、有责任感、有艺术魅力、有影响力的优秀卫生计生文化艺术作品。

8 日

● 国家卫生计生委、中央综治办、公安部、司法部4部门联合召开严厉打击涉医违法犯罪专项行动视频会议，部署落实9部门联合印发的《关于严厉打击涉医违法犯罪专项行动方案》，自2016年7月起开展为期1年的打击涉医违法犯罪专项行动，促进医疗秩序根本好转，保护医务人员和患者合法权益，助力深化医药卫生体制改革和健康中国、平安中国建设。

11 日

● 11日是第27个世界人口日，国家卫生计生委、全国妇联在北京举行2016年世界人口日宣传活动暨"健康中国行"北京宣传周启动仪式。活动揭晓了2016年度"最美在基层——十佳计生工作者"和"群众满意的十佳计生机构"推选结果并为获奖者颁奖。国家卫生计生委将"健康中国行"红色大旗交给北京市卫生计生委，正式拉开了北京市"健康中国行"主题宣传周帷幕。中国活动主题是"关心女性幸福，关爱妇幼健康"。

14 日

● 国家卫生计生委在贵阳市举办 2016 年卫生计生政策落实专题研讨班，深入贯彻党中央、国务院关于切实抓好政策落实的要求，总结全国卫生计生系统上半年工作，部署下半年重点任务，围绕推动落实重大决策部署和卫生计生重点政策措施进行了深入研讨。国家卫生计生委主任李斌出席会议并讲话，贵州省省长孙志刚出席会议并致辞。李斌要求，要把抓落实作为极为重要的环节，脚踏实地，埋头苦干，进一步增强责任感、使命感，以"勇于担当""钉钉子"和"啃硬骨头"精神抓落实，完善长效机制，强化督促检查，加强党的建设，强化宣传引导，塑造行业清风正气，为事业改革发展提供有力保障。

18 日

● "圆梦女孩志愿行动武陵行"出发仪式在北京举行。中国关心下一代工作委员会主任顾秀莲，国家卫生计生委副主任王培安出席。顾秀莲为志愿者队伍授旗，宣布 2016 年"圆梦女孩志愿行动武陵行"正式启程。志愿者将与女孩建立一对一长期帮扶关系，并开设青春期健康课、梦想课、心灵成长课等特色课程，捐建"圆梦书屋"、捐赠"数字图书借阅机"等。

20 日

● 国家卫生计生委发布《2015 年我国卫生和计划生育事业发展统计公报》。《公报》显示，2015 年计生惠民力度进一步加大，为 1205 万名夫妇提供免费孕前优生健康检查，计生家庭奖励和扶助"三项制度"共投入 112.5 亿元。婴儿死亡率由 2014 年的 8.9‰下降到 2015 年的8.1‰，孕产妇死亡率由 21.7/10 万下降到 20.1/10 万，均提前实现了"十二五"规划和联合国千年发展目标。

21 日

● 主题为"新形势　新挑战　新机遇"的中国人口学会 2016 年年会在厦门市召开。国家卫生计生委副主任王培安出席并讲话，中国人口学会会长翟振武致辞。与会者认为，会议的召开对研讨全面二孩政策下人口发展的理论和现实问题，非常及时重要。会议围绕人口与经济、二孩生育政策与社会支持、计生服务管理改革、人口与健康、家庭发展及公共政策、人口老龄化、人口迁移流动与城市化等议题展开深入研讨。

22 日

● 世界银行、世界卫生组织和中国财政部、国家卫生计生委、人力资源和社会保障部"三方五家"共同在北京召开中国医药卫生体制改革联合研究报告发布会。这项题为《深化中国医药卫生体制改革，建设基于价值的优质服务提供体系》的研究结果表明，中国亟须通过改革建立"以人为本"的一体化卫生服务体系来应对新的挑战。报告建议，中国应当坚持医改方向和目标，进一步从目前以医院为中心、侧重服务数量和药品销售的模式，转向以健康结果为重点、更加注重提升基层卫生服务质量和建立高价值的医疗卫生服务体系。

● 国家卫生计生委办公厅下发《关于建立和完善计划生育特殊家庭联系人制度的通知》，要求建立和完善政府主导、社会参与的计生特殊家庭联系人制度，切实落实扶助关怀各项政策措施，做到应扶尽扶、精准扶助、责任到人。《通知》明确，建立"双岗"联系制度，为每户计生特殊家庭确定一名乡镇（街道）领导干部和一名村（居）委会干部作为帮扶"双岗"联系人。《通知》要求，乡镇（街道）要为每户计生特殊家庭建立基本信息档案。

23 日

● 2016 年世界肝炎日主题日主会场活动在北京奥林匹克森林公园启动，国家卫生计生委副主任王国强出席启动仪式。28 日是第六个世界肝炎日，中华预防医学会、中国疾控中心和国家卫生计生委医药卫生科技发展中心围绕"爱肝护肝 享受健康"主题联合开展了系列宣传活动。

八月

1 日

● 由国家卫生计生委主办的 2016 年世界母乳喂养周主题宣传活动在京启动。此次活动主题为"母乳喂养是社会可持续发展的关键"，旨在强调母乳喂养是保障出生人口健康，提高民族素质，推动国民经济和社会发展的基础和重要措施之一。

18 日

● 全国爱国卫生运动委员会印发《关于开展健康城市健康村镇建设的指导意见》。《意见》指出，要实施综合干预措施，提高出生人口素质和妇女儿童健康水平。倡导社会性别平等，实施好全面两孩政策，促进人口长期均衡发展。在健康村镇建设的重点任务中，要强化农村妇幼保健等公共卫生工作，强化乡镇卫生院基本医疗卫生服务能力，提升正常分娩、高危孕产妇筛查、儿科等医疗服务能力。统筹城市和农村养老资源，促进基本养老服务均衡发展。建设以居家为基础、社区为依托、机构为补充的多层次养老服务体系。

19—20 日

● 全国卫生与健康大会在北京召开。中共中央总书记习近平出席会议并发表重要讲话。他强调，没有全民健康，就没有全面小康。要把人民健康放在优先发展的战略地位，以普及健康生活、优化健康服务、完善健康保障、建设健康环境、发展健康产业为重点，加快推进健康中国建设，努力全方位、全周期保障人民健康，为实现"两个一百年"奋斗目标、实现中华民族伟大复兴的中国梦打下坚实健康基础。国务院总理李克强在会上发表讲话。中共中央政治局常委张德江、俞正声、刘云山、王岐山、张高丽出席会议。

25 日

● 由中国老年保健医学研究会、吉林大学、中国人口学会、中国人口老龄化与经济社会发展研究中心共同举办的"中日韩人口老龄化暨老年保健医学国际论坛"在吉林大学举行。中国老年保健医学研究会总顾问李金华致辞。国家卫生计生委主任李斌给论坛发来贺信。论坛分为"中日韩人口老龄化与保健医学""中日韩人口老龄化与老龄政策""中日韩老年健康与保健"三个议题，就应对老龄化的社会政策、卫生与健康政策、老年保健医学发展等议题展开讨论和交流。

九月

2 日

● 第三届全国卫生计生优秀广播影视作品征集评选活动圆满结束，获奖作品名单揭晓。最终评选出优秀作品 100 件，正面宣传展示各地推动深化医改、贯彻落实全面二孩生育政策的医务工作者和计划生育工作者的良好形象。

3 日

● 国家卫生计生委、国家中医药管理局和中央军委后勤保障部卫生局正式启动"服务百姓健康行动"全国大型义诊活动周。活动周主题为"传承长征精神，义诊服务百姓"。全国启动仪式在江西省瑞金市举行，国家卫生计生委主任李斌出席启动仪式并讲话。活动周于 9 月 10 日结束，有 2 万余家医疗机构参与，惠及群众近 1500 万人次。

4 日

● 国务院副总理刘延东一行来到江西省瑞金市人民医院，视察在这里参加全国大型义诊活动周的中南大学湘雅二医院国家紧急医学救援队，慰问参加义诊的医务人员，并对这种"把医院送到群众中去"的好形式给予了充分肯定，希望大家贯彻落实习近平总书记系列重要讲话精神和全国卫生与健康大会精神，发扬长征精神，为健康中国建设做出更大的贡献。

12 日

● 国家卫生计生委、中国残联、中国出生缺陷干预救助基金会在北京共同举办 2016 年预防出生缺陷日主题宣传活动，并在全国开展以"防治出生缺陷，生命健康启航"为主题的宣传周活动。旨在宣传普及出生缺陷防治知识，在全社会形成重视和支持出生缺陷防治工作的良好氛围，加大防控力度，着力提高出生人口素质，努力推进健康中国建设。蒋正华、马晓伟、孙先德共同启动了出生缺陷预防宣传周。

20 日

● 20 日是第 28 个"全国爱牙日"，今年的宣传主题是：口腔健康 全身健康。

21 日

● 国家卫生计生委在成都召开全国流动人口卫生计生服务管理工作座谈会。国家卫生计生委副主任王培安出席会议并讲话。会议要求，各地要牢固树立服务为先的理念，让改革发展成果惠及亿万流动人口。加强人口流动迁移趋势研判，将流动人口医疗卫生服务纳入流入地整体规划，为流动人口提供系统连续的健康服务，保障流动人口的健康权益。要不断创新服务模式，提高服务的可及性。加强流动人口聚集的工业园区、集贸市场、城乡接合部服务网络建设。探索服务进学校、进厂矿、进市场、进社区的途径，主动上门提供服务。

23 日

● 全国卫生计生系统对口支援西藏工作会议在西藏自治区林芝市召开。会议提出，要坚持以新形势下党的卫生与健康工作方针为统领，将卫生与健康援藏工作摆到更加突出的位置，紧紧围绕"两降、一升、三不出"，降低孕产妇死亡率、婴幼儿死亡率，提高人均预期寿命，大病不出藏、中病不出地市、小病不出县的目标，统筹中央支持、对口支援和地方投入，统筹资金、项目、人才、技术和管理，科学制定帮扶计划，确定实施路径，明确责任，扎实推进卫生与健康援藏工作。国家卫生计生委主任李斌、西藏自治区政府主席洛桑江村出席会议并讲话。

26 日

● 国家卫生计生委和中国计划生育协会在北京联合举办 2016 年世界避孕日主题宣传活动。此次活动主题为"知性智行——爱要有一套"，倡导全社会加强对青少年生殖健康的关注，提高青少年安全避孕意识，减少非意愿妊娠发生，提高生殖健康水平。国家卫生计生委副主任马晓伟、中国计生协副会长勾清明出席现场活动。活动中，中国计生协发布了《大学生性与生殖健康现状调查报告》，呼吁政府、家庭和社会重视青年性与生殖健康问题。

● 全国计划生育监督工作现场会在湖南省长沙市召开。会议重点讨论了如何加强完善综合监管制度，建立适应经济社会发展的监督执法体系，按照健康中国战略的需要，建立强大的公共管理、技术服务、行政执法和群众工作体系的网络支撑。会议还对如何整合卫生计生部门资源、提升监督工作水平、破解卫生计生执法监督难题等问题进行了深入探讨。

● 世界避孕日主题宣传及公益健走活动在河北秦皇岛市北戴河区举行。此次活动由中国计生协、河北省计生协主办。出席此次健走活动的领导、青年代表、区直机关代表纷纷在宣传展板上签字，通过号召广大青年男女洁身自爱，科学避孕，呼吁全社会关注青少年性与生殖健康问题。

26—28 日

● 全国 334 名地市级卫生计生委主任齐聚海南省海口市，参加国家卫生计生委举办的"学习贯彻中央《决定》实施全面两孩政策培训班"。国家卫生计生委副主任王培安出席开班仪式并作开班报告。王培安指出，全面两孩政策是中央把握大局、审时度势做出的科学正确决策，未来十几年全国总人口还将继续增长，人口众多的基本国情不会根本改变，人口对经济社会发展的压力不会根本改变，人口与资源环境的紧张关系不会根本改变。提倡每一个家庭有计划、负责任地生育，推进计生服务管理改革，完善家庭发展政策，做好优生优育全程服务。

27 日

● 国家卫生计生委召开加强生育全程基本医疗保健服务工作视频会议，国家卫生计生委副主任马晓伟出席会议并讲话。会议强调，要坚持问题导向，加强供给侧改革与发展。针对社会广泛关注的部分地区产科"一床难求"问题，迅速摸清现有产科服务资源底数，从供给侧发力，想方设法调整存量、做优增量、补齐短板、提升能力，尽快配齐资源，满足群众需求。做好生育全程基本医疗保健服务，要坚持政府主导，突出地方主体责任，加强部门协作，强化督促检查，全面落实各项保障措施。

29 日

● 全国卫生计生系统援疆工作会议在乌鲁木齐市召开。会议传达了全国卫生与健康大会精神，对卫生计生系统援疆工作进行了安排部署。国家卫生计生委副主任王培安出席会议并讲话。王培安强调，要准确把握"十三五"卫生计生援疆工作的着力点，提高卫生计生援疆工作的精准度。深入开展医疗人才"组团式"援疆工作。全面提升新疆医疗卫生服务能力。加强新疆公共卫生和疾病预防控制工作。切实加强新疆计划生育工作。会议要求，各级卫生计生系统要增强大局意识和责任意识，加强组织实施，做好项目对接，密切沟通协调，全力推动卫生计生援疆工作各项任务落到实处。

十月

9 日

● 国家卫生计生委、中央综治办、民政部、公安部和中国残联在深圳市民爱残疾人综合服务中心共同举办以"平等、参与、共享"为主题的"我们一起来过节"迎接世界精神卫生日宣传活动。国家卫生计生委副主任王国强出席现场活动。

• 全国老龄办发布第四次中国城乡老年人生活状况抽样调查成果。调查显示，老年人口年龄结构相对年轻。2015 年，低龄（60—69 岁）老年人口占 56.1%，中龄（70—79 岁）老年人口占 30.0%，高龄（80 岁及以上）老年人口占 13.9%。当前我国老年人口仍以低龄老年人口为主，老年人口年龄结构相对年轻。"十三五"时期，我国仍处于积极应对老龄化的战略机遇期。调查发现，我国老龄工作仍然面临一些问题和短板，还难以完全适应人口老龄化快速发展的客观需要。

10 日

• 在第五个"国际女童日"前夕，"女童与可持续发展"研讨会在北京召开。全国妇联主席沈跃跃出席并讲话。研讨会上，全国妇联发起，并联合中国儿童少年基金会、北京师范大学中国公益研究院、宋庆龄基金会等 10 家公益机构，从营造男女平等良好社会氛围、创造亲情和谐家庭环境、铺实贫困女童就学之路、护航女童健康成长、关心女童未来职业发展 5 个方面，向全社会提出了"女童与可持续发展"倡议。

11 日

• 11 日是第五个"国际女童日"，联合国将今年的主题确定为"女童的进步 = （可持续发展）目标的进展：全球女童数据运动"。国家卫生计生委在北京召开纪念"国际女童日"暨"圆梦女孩志愿行动"报告会。

13—14 日

• 全国卫生与健康科技创新工作会议在北京召开。国家卫生计生委主任李斌和科技部副部长王志刚出席会议并讲话。会前，国务院副总理刘延东对会议做出重要批示，强调要把科技创新放在卫生与健康事业的核心位置。李斌对"十三五"时期卫生与健康科技创新工作做出"六个加强"的系统部署：加强重大创新工程项目建设，加强创新成果转移转化，加强科技创新平台建设，加强协同创新体系建设，加强创新人才队伍建设，加强健康科普教育。王志刚系统介绍了国家科技创新的顶层设计和重大部署。

14 日

• 国家卫生计生委、国家发展改革委、教育部、财政部、人力资源社会保障部联合下发了《关于加强生育全程基本医疗保健服务的若干意见》。《意见》包括 4 个方面内容：一是优化妇幼健康服务资源配置，二是加强生育全程优质服务，三是完善妇幼健康服务模式，四是落实政策保障措施。《意见》围绕保障母婴安全，以加强供给侧改革、提高服务能力为重点，为母婴安全提供全方位保障。

17—19 日

• 2016 发展中国家健康老龄化国际研讨会在杭州市举行。国家卫生计生委副主任王培安出席会议开幕式并讲话。王培安对发展中国家推进健康老龄化提出以下建议：一要科学研判形势，积极做好政策储备；二要加强科学研究，将理论成果充分运用于实践探索；三要促进社会各界共同参与，联合发力，共促健康；四要充分重视老年人自身参与的积极作用；五要鼓励试点先行，探索可推广的实践经验。人口与发展南南合作伙伴组织执行主任乔·托马斯博士、联合国人口基金区域南南合作伙伴高级官员金秀丽女士等参加会议。

● 2016 中国—国际器官捐献大会暨国际器官捐献与移植高级研讨会议在北京召开。这是首次在中国大陆举办的国际性器官捐献与移植会议，国务院副总理刘延东向大会发表书面致辞，全国人大常委会副委员长、中国红十字会会长陈竺，国家卫生计生委主任李斌，中国人体器官捐献与移植委员会主任委员黄洁夫出席大会开幕式并讲话，世界卫生组织总干事陈冯富珍发表视频讲话。此次会议以"生命接力 大爱延续"为主题，向世界全面展示我国器官移植发展成就，就器官捐献与移植政策法规、组织建设、宣传动员、死亡判定、器官分配等有关问题开展广泛深入的国际交流和探讨，并进行高级别业务培训和政策解读。

19 日

● 国家卫生计生委发布《中国流动人口发展报告 2016》。报告显示，2015 年末，我国流动人口规模达 2.47 亿人，占总人口的 18%。新生代流动人口占比持续提高，流动人口的平均年龄明显上升。东部地区流动人口比重有所下降，西部地区人口流动渐趋活跃。流动人口流向中心城市比例下降，流向非中心城市地区比例上升。家庭化流动趋势加强，流入人口的家庭规模有所扩大。流动人口居留稳定性持续增强，在流入地生育的比例快速提高。流动老人规模不断增长，以低龄为主，照顾晚辈、养老与就业是老人流动的三大原因。基本公共卫生服务、计划生育服务和社会医疗保险的流动人口覆盖面不断扩大。

● 国家卫生计生委在北京召开全国卫生计生系统法治宣传教育工作视频会议。会议强调，"七五"普法期间，各地卫生计生部门要坚持以习近平总书记系列重要讲话精神特别是关于全面依法治国重要论述为指导，扎实推进法治宣传教育；要坚持把学习宣传宪法摆在突出位置，加强重点内容、重点人群法治宣传教育；要坚持创新形式、丰富载体，提高法治宣传教育实效性；要坚持普治并举，不断提高卫生计生系统法治化水平。为把"七五"普法规划确定的各项任务落到实处，各地要加强对普法工作的领导，健全工作机制，重视普法工作队伍建设。

21 日

● 国家卫生计生委在京召开健康医疗大数据中心与产业园建设国家试点工程启动推进电视电话会议。会议围绕贯彻落实全国卫生与健康大会精神和《国务院办公厅关于促进和规范健康医疗大数据应用发展的指导意见》，统一思想认识，明确试点思路，加大推进力度，部署、推进和规范健康医疗大数据的应用发展，确定福建省、江苏省及福州、厦门、南京、常州为第一批试点省市，启动第一批健康医疗大数据中心与产业园建设国家试点工程，切实提高人民群众获得感，为卫生与健康事业发展增添新的活力，为国民经济发展注入新的动能。国家卫生计生委主任李斌出席会议并讲话。

25 日

● 中共中央、国务院印发《"健康中国 2030"规划纲要》，对我国进一步深化医药卫生体制改革提出了新的要求。《纲要》提出：2030 年，人均预期寿命达到 79 岁。婴儿死亡率、5 岁以下儿童死亡率、孕产妇死亡率分别从目前的 8.1‰、10.7‰和 20.1/10 万，下降至 5.0‰、6.0‰和 12/10 万。重大慢性病过早死亡率较 2015 年下降 30%；个人卫生支出占卫生总费用的比重从目前的 29.3%降至 25% 左右。

28 日

●国家卫生计生委、中国计生协联合主办的"新市民健康城市行——全国流动人口健康促进宣传活动"暨"北京在行动"宣传周活动在北京正式启动。国家卫生计生委副主任王培安出席启动仪式并讲话。2016 年"新市民健康城市行"活动的主题是"关注流动人口健康，人人参与共建共享"。北京是这项活动的首站。

十一月

3 日

●农村贫困人口大病专项救治工作启动会议在贵阳市召开。国家卫生计生委主任李斌对会议做出批示，国家卫生计生委副主任王贺胜出席会议并讲话，贵州省副省长何力出席会议并致辞。会议强调，要准确把握农村贫困人口大病专项救治工作的重点任务，做好专项救治组织工作，保障医疗质量和安全，降低患者医疗费用负担。王贺胜对扎实推进相关工作，确保取得实效做出工作部署。一是加强部门协作，形成合力；二是落实部门责任，完善分工机制；三是加大宣传力度，营造良好氛围。

4 日

●全国计划生育信息化工作会议在江西省南昌市召开。国家卫生计生委副主任王培安指出，要牢牢把握新时期计划生育信息化工作的重点任务，统筹推进人口健康信息化工作，着力加强计划生育信息化顶层设计，力争到 2016 年底全面实现国家与省级计划生育业务信息互联互通。各地要把上报数据质量摆在更加突出的位置，进一步扩大数据规模，大幅提高个案数据入库率。力争到"十三五"末全国计生信息化工作再上一个新台阶。

8 日

●中共中央办公厅、国务院办公厅转发《国务院深化医药卫生体制改革领导小组关于进一步推广深化医药卫生体制改革经验的若干意见》。《意见》包括三个部分。第一部分总结了新一轮医改启动，特别是党的十八大以来深化医改取得的重大进展和成效，强调了总结推广医改经验的必要性。第二部分从加强医改领导体制机制、公立医院改革、发挥医保基础性作用、建立现代医院管理制度、调动医务人员积极性、加快分级诊疗制度建设、改善群众就医体验、发展社会办医等方面入手，深入总结了 8 个方面 24 条成熟经验和做法。第三部分主要从高度重视推广工作、因地制宜探索创新、加强对推广工作的督查指导、切实做好宣传工作等方面，对经验推广工作提出了具体要求。

8—9 日

●为贯彻落实中共中央办公厅、国务院办公厅转发的《国务院深化医药卫生体制改革领导小组关于进一步推广深化医药卫生体制改革经验的若干意见》，国务院医改办、国家卫生计生委在北京举办进一步推广深化医改经验培训班。国家卫生计生委主任李斌专门做出指示。国务院医改办主任王贺胜出席培训班并指出，要坚决贯彻落实文件中的 8 个方面 24 条经验，着力在加强医改组织领导、建立现代医院管理制度、发挥医保基础性作用、提高医务人员积极性、提升群众获得感和推进分级诊疗形成等 6 个方面取得突破。

9 日

●全国卫生计生新闻发布工作交流会在湖北省武汉市召开。会议要求，把全国卫生与健康大会精神贯彻到新闻宣传工作中，上接"天线"下接"地气"，在健康中国的大理念下，让群众的获得感更加明显。围绕《"健康中国2030"规划纲要》进行宣传，宣传文件内涵，抓好健康促进宣传。加大改善医疗服务、科技创新、先进人物宣传，讲好卫生计生人物故事、讲好医患故事、讲好援外医疗队故事。开展婚育新风进万家活动宣传，特别是计生服务管理和妇幼健康服务工作的宣传。

10 日

● 国家卫生计生委家庭司在深圳市召开2016年新家庭计划项目全国经验交流会暨2016年中国计划生育家庭发展追踪调查启动会。新家庭计划项目是家庭发展工作的重要组成部分，项目围绕家庭保健、科学育儿、养老照护、家庭文化4个领域开展两级培训。会议强调，中国计生家庭发展追踪调查是我国首次由政府组织的全国性家庭追踪调查，获得了覆盖全国、全面权威的家庭数据。

12 日

● "大数据时代精准预防与健康促进高峰论坛"系列活动之"全民控糖"在上海开幕。此次大会旨在提升居民健康素养教育，提倡精准预防对于精准医学的重要意义，分享和交流糖尿病预防领域的实践经验和成果，研究和探索大数据时代，糖尿病预防及控制的价值及意义。大会宣布，由美年大健康联合多家深耕糖尿病领域的优秀企业一起成立产业联盟，共同启动和推进为期十年的"全民控糖登月计划"。

15 日

● 国家卫生计生委等10部门联合下发《关于加快推进母婴设施建设的指导意见》，落实相关法律法规，满足群众对母婴设施建设的需求。《意见》提出，到2016年底，全国省会城市应配置母婴设施的机场、主要火车站（包括高铁站）均按要求设置母婴设施；其他地区公共场所应配置母婴设施的，配置率不低于50%。到2018年底，应配置母婴设施的公共场所，配置率达到80%以上。到2020年底，所有应配置母婴设施的公共场所和用人单位基本建成标准化的母婴设施。《意见》还明确了母婴设施配备推荐标准。

16 日

● 国家卫生计生委、教育部、财政部等10个部门联合印发了《关于加强健康促进与教育的指导意见》，明确了"十三五"时期健康促进与教育工作的主要目标。《意见》针对普及健康生活方式提出了量化指标，到2020年，健康的生活方式和行为基本普及并实现对贫困地区的全覆盖，全国居民健康素养水平达到20%，重大慢性病过早死亡率比2015年降低10%，减少残疾和失能的发生。《意见》从五个方面提出了工作要求：一是推进"把健康融入所有政策"；二是创造健康支持性环境；三是培养自主自律的健康行为；四是营造健康社会氛围；五是加强健康促进与教育体系建设。

21 日

● 第九届全球健康促进大会国际健康城市市长论坛在上海举行。国务院副总理刘延东出席论坛并指出，树立"大健康"理念，把健康融入所有政策，建设可持续发展的健康城市，让人民共享公平可及的健康服务。刘延东说，中国政府把保障国民健康作为国家战略，推进全民医保，大力发展医疗卫生事业，提前实现了联合国千年发展目标。论坛通过了《健康城市上海共识》。

- 第九届全球健康促进大会在上海召开，国务院总理李克强出席开幕式并致辞。李克强表示，健康是人全面发展、生活幸福的基石，也是国家繁荣昌盛、社会文明进步的重要标志。该届大会以"可持续发展中的健康促进"为主题，对于国际社会全面实现可持续发展议程的目标将产生重要影响。会议指出，中国积极倡导和促进全球卫生合作，努力承担应尽的国际责任和义务。健康是人类的永恒追求，健康促进是国际社会的共同责任。

24 日

- 第九届全球健康促进大会在上海闭幕。国家卫生计生委副主任崔丽在讲话中指出，这次盛会把健康促进放到可持续发展议程中，将其提升为各国政府的政治承诺，是健康促进领域的新起点。全球健康促进事业是一项神圣、伟大而永恒的事业，中国愿与世界各国继续携手努力，共同开启全球健康促进新时代，共同为世界人民健康而努力奋斗。大会发布了成果文件《2030 可持续发展中的健康促进上海宣言》和《健康城市上海共识》。

26 日

- 以"聚焦流动人口，共享健康发展"为主题的全国第一届"流动人口健康与发展论坛"在北京举办。国家卫生计生委副主任王培安出席论坛并发表主旨演讲。王培安强调，要抓住关键环节，有针对性地做好流动人口健康服务。一是强化流动人口健康教育和促进，提升其健康意识和健康素养水平；二是推进流动人口基本公共卫生计生服务均等化，促进流动人口社会融合；三是推进新农合跨省就医费用核查和结报等工作，提升流动人口医疗保障服务水平；四是加强人口流动迁移政策研究，为决策提供支撑。

十二月

1 日

- 由中国人口学会、联合国人口基金、中国人民大学人口与发展研究中心和中国人民大学老年学研究所联合举办的"人口老龄化与可持续发展"国际研讨会在北京举行。会议发布了《老年公平在中国》研究报告。报告指出，在制定健康促进计划时，决策者应注意关注农村、女性和中西部高龄老年人口，尤其是具有多种不利因素的亚群体。应更加关注为中西部地区或农村空巢老年人提供医疗卫生服务。建议为高龄失能女性老年人的长期照护服务提供特别支持，应制定相应政策，满足老年人口越来越高的医疗和长期照护需求。

- 在第 29 个世界艾滋病日之际，国务院防治艾滋病工作委员会主任刘延东深入基层考察艾滋病防治工作并召开座谈会。她强调，要落实党中央国务院决策部署，围绕健康中国目标，实施遏制和防治艾滋病"十三五"行动计划，预防为主、防治结合、综合治理，努力打赢防艾抗艾攻坚战，筑牢群众健康屏障。防治艾滋病是世界性难题，要深化国际合作，与各国协力实现联合国 2030 年可持续发展议程提出的终结艾滋病流行的目标。

6 日

- 婚育新风进万家活动第五阶段启动会在北京召开。国家卫生计生委副主任王贺胜出席会议并讲话，他指出，婚育新风进万家活动已逐步成为具有鲜明健康人口文化特色的群众性精神文明建设"品牌工程"。他要求，紧贴中央精神，准确把握活动特点，深入开展第五阶段婚育新风进万家活动。要广泛宣传现行生育政策，建设新型婚育文明；推广妇幼健康服务，增强广大群众获得感；树立"大健康"理念，将健康融入婚育新风进万家活动全程；重视家庭家风，强化生育伦理和传统美德；创新宣传形式载体，拥抱"互联网＋"时代。

11 日

● 国家卫生计生委、中国计生协联合在陕西省西安市举办了 2017 年全国流动人口卫生计生关怀关爱专项行动启动仪式，"新市民健康城市行"西安宣传周活动同期启动。"新市民健康城市行"活动启动仪式上，上一站苏州市与西安市进行了"新市民健康城市行"活动旗帜的传递，向流动人口贫困家庭代表、贫困留守儿童代表发放了健康服务包和慰问品等。

12 日

● 全国卫生计生系统思想政治工作经验交流电视电话会议在京召开。会议强调，全系统各级党组织必须加强和改进思想政治工作，教育引导广大干部职工坚持正确的政治方向，坚守崇高的理想信念，不断增强"四个意识"，自觉向党的理论和路线方针政策看齐，向党中央、习近平总书记看齐，增强思想自觉和行动自觉，扎实推进健康中国建设，全方位、全周期维护人民群众健康。

13 日

● 全国计划生育协会省级会长座谈会在京召开。中国计划生育协会会长王刚，国家卫生计生委主任李斌出席会议并讲话。王刚指出，新一届协会理事会要把全面深化改革作为推进协会长远发展的关键之举，以强烈的责任担当和自我革新勇气，全面推进中国计生协改革。要本着有利于我国人口计生事业和计生协长远发展的原则，把提交本次座谈会研究讨论的《中国计生协改革方案（征求意见稿）》和《中国计生协"十三五"发展规划纲要（征求意见稿）》修改好、完善好，切实制定出贯彻中央精神、符合协会实际、顺应群众期盼的改革发展规划。

22 日

● 国家卫生计生委、国务院医改办在安徽省天长市召开全国县级公立医院综合改革示范工作现场会，总结交流示范县（市）建设成果，推广典型经验，对全国县级公立医院综合改革进行再动员、再部署。国家卫生计生委副主任王贺胜出席会议并讲话。他要求，2017 年各地要以建机制为重点，围绕重点领域和关键环节，进一步加强党对公立医院的领导，进一步健全科学补偿机制，进一步落实政府投入责任，进一步完善政府办医体制，进一步推进人事薪酬制度改革，进一步深化医保支付方式改革，加快建立异地就医直接结算机制，进一步加强医共体建设，提升县域医疗服务能力，力争在基础性、关联性、标志性改革上取得新突破，将县级公立医院综合改革向纵深推进。

27 日

● 国家卫生计生委办公厅下发《关于 2016 年度妇幼健康优质服务示范工程情况的通报》，对北京市朝阳区、通州区等表现突出的 100 个县（市、区）予以表扬，确定为"国家级妇幼健康优质服务示范县（市、区）"，要求相关县（市、区）巩固示范工程实施成果，推进示范工程深入发展，切实发挥好典型示范作用。

●据《解放军报》报道，由中央军委后勤保障部卫生局组织开展的"生殖健康军营行"巡回服务活动，行程遍及新疆、青海、内蒙古、云南等 9 个省（区），服务官兵及家属 3 万多人次。

●为进一步促进创建幸福家庭活动深入开展，总结近 6 年来取得的成功经验，国家卫生计生委、中国人口福利基金会在北京举办 2016 年全国创建幸福家庭活动专题研修班。中国人口福利基金会会长王忠禹，国家卫生计生委副主任王培安出席研修班活动。王培安在讲话中指出，创建幸福家庭活动从无到有，从"星星之火"成为"燎原之势"，形成了很好的框架体系和发展态势。

●中共中央办公厅、国务院办公厅下发《关于领导干部带头在公共场所禁烟有关事项的通知》三周年，由国家卫生计生委主办、中国健康教育中心承办的贯彻落实两办通知精神暨中国烟草控制大众传播活动 2017 年启动会在京召开。国家卫生计生委副主任王贺胜出席会议并讲话。会上，国家卫生计生委宣传司发布了中国烟草控制大众传播活动 2016 年度优秀媒体作品获奖名单，中国健康教育中心介绍了 2016 年活动的开展情况。

第五篇

附　　　录

● 会议综述

"建立更加公平可持续社会保障制度"
学术研讨会综述

薛新东　程翔宇

由中国社会科学院人口与劳动经济研究所中国人口科学杂志社主办、城乡社区社会管理湖北省协同创新中心和中南财经政法大学公共管理学院承办的"建立更加公平可持续社会保障制度"学术研讨会于 2016 年 10 月 15 日在湖北武汉召开。会议共收到论文 80 余篇，来自全国 40 余所高等院校、社科院系统等科研机构的百余位专家、学者出席了会议。与会者围绕"社会保障制度改革""医疗保险的制度设计与地方实践""养老保险、养老资源与养老服务"和"养老保险相关制度的测算和评估"4 个主题进行了研讨。现将其中主要观点综述如下。

一　经济新常态与社会保障制度改革

目前，中国经济发展已步入新常态，正在从高速增长转向中高速增长。伴随着经济增速放缓、经济结构转型和经济增长动力转换，中国社会保障制度面临严峻的挑战。一方面，社会保障基金收入减少。经济结构转型在较长一段时期内会减弱传统制造企业的盈利能力，而偏高的统筹账户缴费率进一步加重了这些企业的缴费负担。较高的社会保障费率也导致企业参保缴费的稳定性和积极性持续下降。人力资源和社会保障部公布的数据显示，2013 年职工基本养老保险中断缴费人数达 3064 万人，比 2012 年增长 127%，中断缴费人数的增速高出参保人数增速 71 个百分点。另一方面，经济新常态带来财政收入减少，社会保障基金的财政补贴部分也可能减少。国家"十三五"规划纲要提出，要建立更加公平可持续的社会保障制度。在新常态背景下，如何在制度设计和制度实施两个层面做到更加公平、更加可持续，使社会保障制度走向定型与成熟，成为与会者关注的热点问题。

郑秉文认为，经济新常态下，供给侧改革意味着降费。降费将增加社会保障收支平衡的压力和财政补贴的压力，并且降费不能从根本上解决制度的收入能力问题和制度目标的实现问题。因此，要缓解降费所带来的基金压力，可以通过全国统筹、国资划转社保和名义账户制（NDC）等路径实施改革。何文炯指出，在经济新常态下，要从国家治理体系和治理能力现代化的高度研究医疗保障治理，完善治理机制。

二　社会保障制度公平性分析

（一）关于养老保险制度公平性的讨论

中国基本养老保险制度包括城镇职工基本养老保险和城乡居民养老保险。据国家有关部门统计，到 2013 年底，城镇职工基本养老保险、城乡居民养老保险的参保人数达到 8.2 亿，全国已有超过 2 亿人在按月领取养老金。与会学者围绕养老保险制度的公平性展开了讨论。

关于养老保险制度的公平性不足，何文炯认为，现在的养老保险制度扩大了收入差距，其公平性比医疗保险制度的公平性还要差。李珍认为，中国养老保险制度的公平性不足主要表现在 3 个方面：（1）参与权不公平。目前有 2.2 亿农民工没有参保。（2）负担不公平。职工费率 28%、灵活就业人员费率 20%。（3）受益不公平。个人账户基金的实际收益率及对个人的计息率都远低于生物回报率。张车伟指出，城镇职工养老保险制度设计的一个初衷就是要保障劳动力市场中正规就业者或者说工薪劳动者的社会保障问题。2014 年底，中国养老保险对工薪劳动者的覆盖率为 56.21%，还有大量雇员未进入城镇职工基本养老保险制度覆盖范围内，导致养老保险制度的参与不公平。但与此同时，中国劳动力市场目前一个重要趋势是就业人员雇员化，即领工资的人员所占的比例越来越大。中国城镇职工基本养老保险的目标群体主要是工薪劳动者。随着雇员化的深化，中国城镇职工基本养老保险的覆盖群体将会不断扩大，从而有助于降低养老保险制度的不公平性。

关于养老保险制度公平性不足的原因，李珍认为，分割化、"碎片化"的制度设计本身存在问题。在现行试图用一个制度覆盖全体城镇就业人员的框架下，基本养老保险的 3 个目标（广覆盖、保基本、可持续）很难同时实现。要想实现全覆盖和保基本制度，财务难免不可持续，要想实现财务可持续和全覆盖，就难以保基本，而要想保住基本和财务可持续，就必须放弃全覆盖。

（二）关于医疗保险制度公平性的讨论

中国基本医疗保险主要包括城镇职工基本医疗保险、城镇居民基本医疗保险和新型农村合作医疗，覆盖全国约 95% 的人口。在医保管理上，城镇职工基本医疗保险和城镇居民基本医疗保险由社保部门负责，新型农村合作医疗则由卫计委负责。制度的"碎片化"、管理分割化导致制度公平性不足。不少学者指出，基本医疗保险制度"碎片化"严重，管理分割，筹资标准、保险待遇、报销比例、报销医院级别、统筹层次等存在较大差异，极大地影响了制度的公平性。

医疗保险制度的横向未统筹并轨导致公平性的缺失。城镇职工、城镇居民与农村居民，就业人群、未就业人群和关闭破产集体企业职工在缴费标准和待遇水平之间都不能公平地体现权利与义务的对等。以基本医疗保险为例，新农合的报销比例为 50% 左右，居民医保的报销比例为 60% 左右，职工医保的报销比例为 85% 左右。

制度公平性不足的一个体现是，医疗保险制度的收入再分配作用不大。作为社会保障制度的重要组成部分，医疗保险制度是调节收入再分配的主要手段。金双华分析陕西省数据后发现，陕西省城乡居民医疗保险对收入再分配的作用不大；高收入阶层的样本缴费负担相对较低，而低收入阶层相对较高。何文炯也指出，基本医疗保险公平性不足，地位越高的人收入越高、保障越好，地位越低的人收入越低、保障越差。此外，大病保险本应是对基本医疗保险之外的疾病风险给予补充保险，体现制度的公平性。但大病保险保障对象精准化不足，对困难人群的政策倾斜和细致测算不够到位，反而损害了制度的公平性。

三　社会保障制度的可持续性探讨

（一）关于养老保险制度可持续性的讨论

养老保险分散的是一个人退出劳动年龄之后收入减少的风险。养老保险制度的可持续性可以分为3个维度：缴费一代的可负担性、退休一代的待遇充足性和财务长期内收支平衡。李珍认为，中国职工基本养老保险制度财务短、中、长期存在3个缺口：一是个人账户空账规模越来越大，2014年底已达35 973亿元；二是当期征缴收入和基金支出之间的缺口越来越大，2015年度差额高达2797亿元；三是未来累计收支缺口大，据财政部和浙江大学联合课题组（2015）预测，到2050年，累计收支缺口将达到219.77万亿元，占当年GDP的31.21%。郑秉文指出，目前中国有25个省份的养老保险收不抵支。

养老保险制度可持续性较差有以下几个原因。一是转制成本由养老保险制度承担，养老保险制度历史债务沉重。吕天阳用某地大数据测算后指出，城镇职工基本养老保险支出中85%—90%被用于偿付历史债务，而且这一显著影响将持续到2050年。二是政府管理能力较低，基金的征缴、发放、管理等各个环节都存在诸多不足。三是遵缴率较低。制度激励性不足，尤其是最低缴费年限太低，导致大量劳动者（尤其是灵活就业人员）不参加保险或断保、退保，职工养老保险遵缴率快速下降，基金收入减少。四是养老保险统筹层次较低，地区间赡养率差异较大，造成一些省份收不抵支，另一些省份基金结余。

（二）关于医疗保险制度可持续性的讨论

与会学者认为，中国基本医疗保险制度的可持续性较低，主要有以下几方面原因：（1）基本医疗保险待遇上涨太快。在福利刚性下，医疗保险待遇很难下调，逐年上涨的待遇消耗了大量的医保基金，导致医保基金收支难以平衡。何文炯指出，个别人和部门错误地认为职工基本医疗保险基金存在大量结余，并基于这一错误认识提高医保待遇。居民医保待遇不断提升，财政补贴已提高到每人380元，而人均缴费却只有90—120元不等，财政负担了72.2%—78.0%的筹资。（2）制度运行效率低下。制度"碎片化"、管理分散化，导致一些项目重复建设和基金浪费严重。（3）医保基金乱用。医疗保险是一种财务型的风险管理手段，目的在于使看不起病的人能够有钱看病。在现实中，医疗保险承担了本不应该承担的项目（如疾病预防和医疗救助），导致基金支出压力增大。（4）医疗费用快速增长。随着医疗技术进步，一些原来无法治愈的疾病，如癌症，有了靶向药物，可以治愈疾病或推迟病亡。公众对医保的需求也快速发展，很多公众要求将流行药物和最新治疗药、大病靶向药物纳入医保目录。大病保险自2012年试点至今，待遇不断提升。这给医保基金的可持续性带来严重隐患。（5）医疗保险与养老保险边界不清。目前，退休职工不用缴纳医疗保险费即可享受医疗保险待遇。医疗保险承担了养老保险的职能，造成医疗保险基金被过度利用。（6）制度体系激励性不足。柏培文基于安庆的调查分析发现，多种医疗保险制度并存，导致大量的逆向选择行为。很多年轻人觉得自己身体健康不需要医疗保险，本应参加职工医保但却参加新农合或居民医保。逆向选择损害了医疗保险基金的可持续性。

四　关于养老服务与长期照护的讨论

目前中国养老体系面临的一个挑战是养老服务的供不应求。养老服务有着巨大的市场需求，但缺乏有效的供给，存在严重的供需错位和供需失衡问题。有学者指出，中国养老服务人员严重缺乏，由此导致养老服务供给数量不足、质量不高。且现有的养老服务供给存在区域结构失调和供给主体结构失衡问题。武萍认为，中国养老服务的供给水平在区域分布方面存在显著差异，受当地经济发展水平、老龄化程度等多重因素的影响。社会养老服务供给水平较高的省份主要集中在华北、华中一带，而东北、西北地区的社会养老服务供给水平明显低于全国平均水平。政府在养老服务的供给中占主导地位，政府投资非常大，而养老市场在中国起步比较晚。因此，政府养老对市场养老存在一定程度的"挤出"效应。

当前，中国养老服务需求主要集中于失能老人及其家庭。据全国老龄办统计数据显示，中国目前失能老人接近4000万人。失能老人迫切需要照护服务，但相当一部分人的经济条件有限，没有能力购买服务，无法形成有效需求。为了帮助这部分老年人，使他们得到生活照料、护理康复、精神关怀等服务，应尽快建立针对失能老人的长期护理保险制度。长期护理保险制度可以提升有需求老年人购买服务的能力，促进养老服务市场的健康发展。

在具体实践中，山东省青岛市的长期护理保险制度和北京市海淀区的失能护理互助险是中国目前较为典型的两类长期护理保险实践。青岛长期护理保险以政府投入为主。而海淀失能护理互助保险本质上是商业保险的运作模式。保险资金由社会统筹基金账户和个人账户两部分构成，统筹账户基金来源于政府补贴和照护服务机构缴纳的互助基金，个人账户由个人缴费构成。个人缴费按年龄段不同实行差别化缴费，政府按不同年龄段缴费额度20%的比例予以补贴。其中个人缴费不少于15年，政府补贴不超过15年。海淀失能护理互助险是一种新型养老服务模式与服务给付的有机结合。海淀区失能护理互助保险项目采取保障基本服务、兜住养老底线，服务实行社会化运作的新型养老服务模式，通过保险公司的运作，不仅可以发挥金融杠杆效应，放大资金，节省政府成本，还可以通过这一制度建立多项保障措施，满足不同经济收入群体的个性化需求；该项目采用服务给付的新模式，参保人在享受护理服务的前提下，保险以"实物给付"形式向老人提供——由服务商向投保老人提供有需要的服务，这在一定程度上能够确保参保人享受到真正需要的服务，降低服务交易成本。基于两种模式的比较分析，辜胜阻指出，北京市海淀区的失能护理互助险可以实现共担风险、同舟共济，能够有效破解失能老人的养老困局。

五　促进制度公平可持续的对策建议

与会学者普遍认为，要提高社会保障制度的公平性和可持续性，需要从国家治理体系和治理能力现代化的高度，深化改革、完善治理机制。

第一，清晰界定不同制度中不同主体的责任和职能。在社会保障制度中，强调政府的"兜底"责任，但要认识到政府不是无限职能的，政府、用人单位、个人和家庭都要承担起各自的责任。在养老保险中，要发挥政府基本养老保险制度托底作用，鼓励职业年金制度、重点人群专项养老金制度叠加，并结合个人储蓄、商业养老保险的作用。分离基础养老金与个人账户，基础养老金回归政府津贴的零支柱形式。对主要由政府承担责任的基本养老保险，要控制和缩小不同人群的待遇差别，加快城乡制度整合，通过科学合理的养老金机制设计，使费基、费率与缴费年限、工作年限、退休年龄等关键要素相互协调、相互匹配，实现养老金机制的平衡。对主要由雇主承担责任的职业年金，充分调动雇主积极性为其雇员建立补充养老保险计划。对主要由个人承担责任的商业养老保险和个人储蓄养老保险，通过创设政策条件和管理条件，鼓励公民个人对自己未来的养老事务承担责任，形成形式多样、品种齐全、富有活力的保险市场。

在构建养老服务体系时，要发挥不同主体在提供养老服务方面的优势，促进各主体之间优势互补。明确政府制定制度、兜住底线的职能定位，到位不缺位、有为不无为、"兜底"但不能"大包大揽"；明确家庭第一支柱的职能定位，优先发展居家养老，优化城乡公共服务，推进老年农民工在就地城镇化中养老；明确机构养老的补充作用，完善政策支持体系，缓解民办养老机构用地、融资、用人、运营等困境；建立政府主导设计的长期护理互助保险制度，提升有需要的老年人的服务购买能力。

在医疗保险中，要划清商业保险和社会保险的界限，医疗费用支出不可能全部由社会医疗保险承担。发挥市场，或者说商业保险机构在经办管理、保险精算等方面的优势。朱铭来强调，商业保险机构需要有一个完整的产业链，独立于公立医疗体系、服务于商保特殊人群的医疗体系，来控制医疗费用和道德风险。商业医疗保险将通过剥离中高端需求，减轻公共医疗资源的压力，实现商保和社保的共赢。

第二，准确界定不同项目的边界和功能，防止成本转嫁。养老保险、医疗保险、工伤保险、失业保险各有其设立的目标功能和边界，各险种要回归本位，不缺位不越位。吕国营指出，尤其要谨防医疗保险的缺位和越位，退休职工不缴纳医疗保险费，其实是在让医疗保险承担养老保险的功能，是医疗保险的越位表现。长期护理保险和医疗保险中的慢性病保险要界定清楚边界，避免"公地悲剧"。

第三，提高统筹层次。有学者指出，实现全国统筹，是解决基金压力、提高社会保障制度可持续性的有效方法。养老保险基金压力在各地区间的不平衡问题非常突出，但是从全国层面来看，排除各地抚养比不同的影响后，全国养老保险基金收支基本平衡、略有缺口。郑秉文认为，提高统筹层次的最优路径是"断崖式"统筹，即规定某年某月某日起，存量留在地方不管，所有的增量一步交到中央政府。实现全国统筹后就意味着养老保险制度的财权和事权都划归中央，财权和事权完整统一，有利于基本养老保险基金实行统一投资管理。柏培文指出，在医疗保险统筹上，要横向上城乡统筹和纵向上提升统筹层次并重。

第四，提高制度的激励性。让年轻的、有收入的人尽可能地参加进来，对自己的养老履行义务，既可提高制度的参与公平，又可提高制度的可持续性。要完善职工基本养老保险，强调职工保险保职工，高缴费高保障。郑秉文指出，现行制度下，政府和缴费人之间存在博弈，政府希望多缴费、缴费人希望少缴费，双方都存在道德风险，应优化制度设计、提高制度的激励性，弱化甚至消除这种博弈。在具体的措施上，席恒认为，养老保险应该全职业生涯缴费，缴费年限应将相对较低的缴费率和全职业生涯过程缴费相结合，既能积累必要的养老金规模，又能对缴费者当期生活产生最小的影响。李锐通过实证研究发现，公积金制度下养老金收益率随着退休年龄的推迟而增加，延迟退休激励作用明显。

第五，建立长期护理保险制度。一个有效的长期护理保险制度可以实现多方共赢。参保者得到实惠、医疗养老机构实现发展、医疗资源得到合理利用，既能缓解大医院床位压力，又能缓解城镇失能人员及其家庭的医疗和护理负担，提高医保资金的使用效益，实现医疗护理与养老服务的完美结合。辜胜阻指出，中国老龄化严重且未富先老、未备先老，养老保险、医疗保险基金支付压力较大。如果社会保险制度引入长期护理保险，必将给财政带来压力，并将这一压力通过代际传递转移给下一代。因此，长期护理保险应该走市场化之路，政府只应负担既没钱也无照顾能力的完全失能老人的照护服务。

第六，优化社会养老服务供给。具体措施包括，提升社会养老服务总体水平、改进中国社会养老服务供给结构、注重社会养老服务人才队伍建设和加强财政资金投资精准度。在提供养老服务时，要与当地老龄化水平相结合，缩小服务供给的区域性差距。尤其要注重社会养老服务人才队伍建设，积极扩大基层社区养老服务人才队伍数量，提升基层社区养老服务的专业化水平，加强专业技术人员的引进或既有人员的培训。

此外，延迟退休年龄、优化社会保障基金投资结构、加强健康投资等也是学者们公认能够提高社会保障制度公平性和可持续性的有效对策。

（作者单位：中南财经政法大学、城乡社区社会管理湖北省协同创新中心

本文原载《中国人口科学》2016 年第 6 期）

认识新形势　迎接新挑战　把握新机遇

——中国人口学会 2016 年年会综述

陆杰华　廖梦莎　孙倩璐

2016 年 7 月 21—22 日，中国人口学会 2016 年年会在厦门召开，全国从事人口学研究的专家学者和诸多人口与计划生育战线第一线的工作者近 500 人参加本年度的学术盛会，分享人口理论与实践的前沿成果，为我国人口发展新格局建言献策。2016 年年会以"新形势、新挑战、新机遇"为主题，在"十三五"开局之年与全面启动两孩政策的新形势下，重点围绕人口与经济、人口与社会、人口与健康、两孩生育政策与社会支持、人口老龄化、人口迁移流动与城镇化、家庭发展及公共政策、计生服务管理改革等专题展开深入研讨，从不同视角解读当前我国人口发展所面临的新形势、新挑战和新机遇，以及现阶段人口发展呈现出的重大转折性变化对我国经济社会发展产生的影响。

大会开幕式的主旨发言选题丰富、意旨深刻。在人口发展与人口战略领域，南开大学的原新教授针对稳定人口情景下不同世代达到更替水平生育率的中国人口长期发展进行推演，得出未来人口过程以"后人口转变"时的低出生、低死亡为特点的结论并揭示人口发展惯性的基本规律。吉林大学的于潇教授阐述了东北经济下行后人口经济塌陷问题，对其特征和原因进行描述后提出关于东北地区经济衰退引发的中国经济新一轮空间再配置、人口流动与老龄化等一系列问题的思考。国家卫计委计划生育基层工作指导司杨文庄司长阐释了进一步完善人口发展研究战略的宏观背景，强调把握促进人口长期均衡发展的主线、立足两个基本点与抓住三个着力点的政策思路。在人口迁移与流动领域，华东师范大学的高向东教授基于"胡焕庸线"，采用 ArcGIS 的空间分析技术并结合标志划分、圈层距离等方法对我国少数民族人口分布和变动进行分析，得出中国的少数民族人口重心继续向西移动以及"胡焕庸线"两侧的少数民族人口迁移日益频繁等结论。福建师范大学的朱宇教授比照国际经验，结合人口迁移流动家庭化和长期化等趋势，从宏观和微观两个层面对我国人口迁移流动的演变趋势做了前瞻性的思考。北京大学社会学系的周皓副教授针对流动人口提出谁在流动、选择性是否存在以及健康的选择性能否被替代这三个问题展开论述，并得出流动人口内部年龄结构发生变化、新增流动人口存在健康选择性以及健康选择性与年龄选择性同时存在的结论。在生育政策完善与婚姻变化领域，来自中国人民大学的翟振武教授为大家展示了全面二孩政策后人口变化的特点与趋势，介绍了全面二孩政策后老龄化将呈现的阶段性特征，分享了生育政策调整对老龄化的缓解有限等重要启示。西安交通大学的杨雪燕教授探讨了在婚姻挤压背景下非正式社会支持对农村男性生命质量的影响，发现 28 岁及以上未婚农村男性的生命质量水平最低，同时在非正式社会支持上，工具支持、情感支持和社交支持与农村男性的生命质量均显著相关。来自江夏学院的叶文振教授从女性学角度分享了对生育新政的思考，提出传统人口学应增加女性人口学视野，并对当前政府放宽计划生育约束，允许全面生育二孩的政策动机和性别后果作出女性学理论的诠释。此外，原北京军区计生办张敏才主任在党中央提出推进健康中国建设新目标的背景下提出在人口健康文化支撑下打造健康中国的初步设想。

11 个分论坛汇集了人口学领域的专家学者、在校学生和基层工作者，通过主题汇报和自由讨论进行全面、深入的交流和探讨。

一　人口与经济

人口与经济分论坛呈现了精彩纷呈的研究和广泛热烈的讨论。发言人基于人口普查数据以及专题调查数据，采用定量和定性的分析，从不同的学科和不同的社会视角，围绕流动人口对大城市的贡献、经济结构与服务业发展、居民消费、劳动参与和就业等议题展开深入交流。

李庄园运用量化的分析方法探讨了流动人口的经济产出及其对城市经济发展的贡献，提出应当发挥产业筛选的功能，调节流动人口，增加对流动人口基本公共服务的投入。陈卫民探讨了人口结构的变化对服务业发展的影响机理，提出未来服务业将迎来快速发展时期，发展服务业一定要适应和把握经济新常态的要求。吴世英、王欢等学者，就人口老龄化与社会发展、居民消费等方面进行了深入的研究。在劳动参与、劳动供给与就业等方面，南菁、戈艳霞、邹华康、卿石松、聂倩等学者从非劳动收入、财产性收入、社会保障、保险制度、商品贸易等经济因素变量入手，对老年人劳动参与、女性就业、劳动供给以及人口红利的影响进行了规范研究。此外，朱晓的研究论证了"延迟退休"的合理性和必要性。蔡弘从性别视角探讨了农村妇女农业生产参与现状以及农村妇女务农意愿。安和平则重点讨论了贵州贵安新区人口集聚发展面临的问题，并提出对策和建议。包梦梅提出，在经济新常态和人口新常态条件下，分析城乡居民人口年龄结构和消费差距的内在联系和作用机理是必要的，并提出扩大城乡居民消费需求和缩小城乡居民消费差距的政策建议。王承强的报告通过回归分析对"十三五"山东省劳动力供需进行预测，并基于存在的问题提出了相应对策。

二　人口与社会

人口与社会分论坛重点探讨了婚姻匹配与婚姻状况、迁移者的家庭及社会融合、老年幸福以及教育问题、特殊家庭等议题。

在婚姻匹配与婚姻状况方面，范文婷的研究发现随着城市化的发展，男性和女性倾向于选择相同教育程度的个体匹配。王伊文提出女高男低，或者女强男弱的婚姻模式会降低男性和女性的幸福感。对于老年人群体，周建芳发现丧偶老人再婚的意愿比较强，但是子女的反对成为最大阻碍。而对于农村大龄青年群体，孟阳、张群林和王珺都研究了城市化进程中的婚姻挤压和农村大龄青年问题，提出性别失衡和婚姻挤压对农村婚姻市场的冲击非常严重，大龄未婚男性的规模快速增长，是不可忽视的弱势群体，其主观幸福感非常低。阮韵晨则探究了中国大龄适婚群体的婚姻状况与情感健康状况。

在城市化及其带来的迁移对个体及家庭的影响方面，石智雷的研究发现人口迁移会导致离婚率上升。刘利鸽提出外出务工明显降低农村劳动力的初婚时间。杨婷从夫妻、家庭和社区层面分析了流动农民工实施婚姻暴力的影响因素。谢娅婷从性别差异的视角分析了农民工群体公共安全感现状及影响因素。刘巨分析了北京外溢人口的生活现状。孙倩璐以虚弱指数为视角探究人口流出地老年人健康与养老状况。陈志的研究发现城中村居民的市民化意愿更强。林存贞的研究表明流动人口在流入地的主观幸福感的水平较强，但存在代际差异。白萌发现儿童期是否有留守经历对农民工社会融合存在显著的长期影响。郭华从移民搬迁案主模式的视角探究陕南移民搬迁农户生计恢复力现状及影响因素。

在老年人生活与幸福感研究方面，鲁志敬发现不同类型的生计资本对城乡老年人的生活幸福感产生的影响各有不同。李成波则从性别差异视角比较了城市老年人互联网使用情况及其影响因素。赵玉峰对老年人自杀趋势的研究发现城市自杀率高于农村，且老年自杀队列普遍呈现先下降后上升的"V"型趋势。

在教育方面，陈洁对中国的教育过度状况进行了测算。石红梅发现人力资本和社会资本对大学生就业质量有促进作用，但对于其满意度有显著负向影响。

此外，该分论坛还有学者关注特殊家庭、群体性事件以及计生专干群体的研究。潘颖总结并分析现有的关于失独家庭社会保障政策的制定、执行和完善过程。邹磊研究了我国环境群体性事件的演化机制和治理机制，通过得出的一般规律总结出应对环境群体性事件的一般方法。舒施妙重点分析了村（居）计生专干离职意愿及其影响因素。王宇发现市场经济有助于提升农村女性家庭权力与地位。周俊山介绍了浙江省湖州市户籍改革制度的相关政策和实施情况。车蕾着重观察了在城市生活的独生子女和流动人口与非独生子女和非流动人口在住房产权方面的差异。

三　人口与健康

人口与健康分论坛主要围绕老年人健康、流动人口健康与医疗保险三个方面进行了探讨。老年人健康方面的研究内容广泛，视角不一。李晓敏的研究从婚姻匹配角度探讨老年人心理健康，认为夫妻年龄差对老年人抑郁有影响。张韵则探讨了生活方式和社会经济状况对老年健康的影响，发现社会经济地位比较高的老年人生活方式、其身体健康状况都比较好。杨素雯认为农村留守老人经济状况对健康有一定影响。宗占红从微观角度对农村更年期妇女生殖健康状况进行了调查。在老年人照料方面，胡雯的研究表明老年人长期照护服务存在使用不均等性。陈璐则提出家庭长期照料对女性照料者的健康有影响。杨淑彩对老年人自理预期寿命的变化分析进行了研究，发现城市老年人预期寿命在增长，但自理的预期寿命变化不大，农村老年人自理预期寿命降低。唐天源的研究运用1959—1961年饥荒年代的数据，研究了胎儿期和婴儿期的营养状况对老年人心血管病的影响。流动人口的健康问题也是研究关注的焦点。孔白雪研究了流动人口社会支持对其就医行为的影响。俞林伟探讨了居住条件、工作环境对新生代农民工健康的影响。赵如婧对流动人口子女的健康进行研究，从健康概念、身心健康和社会适应三个方面对城市儿童、流动儿童、留守儿童和农村本地儿童进行了对比分析。此外，骆为祥还对全民医保状况进行了分析，认为医保的实际使用率或覆盖率并没有达到预期的高度。

四　两孩生育政策与社会支持

全面二孩政策的推进实施给人口学领域带来新机遇和新挑战。在全面二孩政策背景下，该分论坛对中国生育政策及其配套的社会保障进行讨论，所涉及议题广泛。既包括全面二孩生育政策的生育成本、生育意愿、生育间隔、生育水平估算、生育群体的特征分析，又包括生育行为与主观幸福感关系探究、生育需求与婚姻年龄匹配关系探究，还有对中国生育政策的全面回顾及对未来生育政策的建议。

在生育成本和生育意愿方面，石智雷采用支出法，估计了生育的直接和间接成本。宋健分析了国家、用人单位以及家庭在生育成本分担中的关系，对如何解决女性生育困境、用人单位生育压力、人口均衡发展，提出完善生育保障制度、加强平衡劳动者与用人单位利益制度设计的设想。生育意愿方面，柳江华研究了亲子在生育意愿上的冲突，探究了第一个孩子的生育意愿对父母生育意愿的影响。顾宝昌对此认为不应将削弱妇女生育意愿的责任推到子女身上，因为父母的家庭培养和教育才是本源。张梦元则从成本—效应的视角探究了未婚女大学生生育意愿的影响因素。

在生育间隔、生育率和生育群体特征方面，张翠林对二孩出生队列、妇女初育队列、妇女出生队列的二孩间隔结构进行了分析，展示了二孩生育间隔的生存曲线。曹丽娜应用广义人口模型方法，估算中国近十年来的总和生育率，并对其影响因素进行了探究。祁静利用 2015 年北京市育龄妇女数据对二孩生育群体的人口社会经济特征和生育特征进行了人群分析。

在生育对主观幸福感和婚姻匹配的影响方面，李婷使用 APC 分析方法，分析了生育对父母幸福感在不同年龄、时期和队列上的变化趋势，发现生育对父母幸福感的影响存在一定的性别和城乡差异，并受宏观因素影响。周兴则从理论层面建立双时期婚姻搜寻模型来分析婚姻匹配模式，并应用差分的方法，从实证角度研究了生育对婚姻匹配造成的影响。

在生育政策方面，于长永分析中国计划生育政策的硬性和软性约束，并建议未来全面鼓励二孩生育政策。唐诗萌则从生育水平、生育决策和生育保障等角度回顾了以往生育方面的研究。

五　人口老龄化

人口老龄化分论坛不仅从整体视角探究了中国社会人口老龄化的新趋势和新特点，还从微观研究视角出发探究了老年人照料、代际支持、农村养老、少数民族和农民工养老等问题。

人口老龄化发展趋势方面，莫龙以定量研究和国际比较为基础，从总体上论证提出关于中国应对人口老龄化的三个战略判断。陈佳鞠也从社会整体的视角，研究了中国人口老龄化的大趋势、新特点及相应的养老政策。

老年人照料和养老方式方面，郭月青从家庭和社区资源及利用情况，研究了城乡老年人照料方式的差异及成因，发现由于资源差异，城市养老方式趋于多元化，而农村选择自我养老的比例升高较快。萨支红关注高龄体弱老人对不同种类的社区居家养老服务的需求与其服务利用之间的落差，发现家庭养老是最主要的养老方式，而社区服务的满足程度不高。曾卫红探索老龄化形势严峻的农村地区老年人的长期照护人员的可及性问题。赵贯玲着眼于我国老年失能群体长期护理问题，介绍发达国家长期护理保险的发展经验，为我国相关体制的完善提供借鉴。

代际支持方面，李春平研究代际支持及健康对老年人生活质量的影响，发现代际经济支持和健康水平是影响老年人生活质量的最重要的因素。丁瑶琳通过对城市独居老人代际支持与养老服务体系的关系研究，发现由于我国的家庭观念和养老服务体系不完善，我国养老服务体系还未对代际支持产生挤出效应。

农村养老问题是很多学者关注的焦点。覃琴关注农村独居老人的养老问题，并建议关注农村独居女性老年人的经济能力，以及在农村等基层层面发展辅助性的社区医疗和养老服务体系。刘二鹏从敏感性和应对能力两个维度构建了农村养老脆弱性评价指标体系，并在此基础上对我国农村养老脆弱性的影响因素进行了实证分析。徐宏关注农村老年残疾人群体的养老问题，发现农村老年残疾人的"医养结合"养老服务供求缺口大、矛盾突出。朱明宝研究了农村家庭养老模式变迁对育龄妇女生育意愿的影响，发现儿女共同养老模式会显著降低育龄妇女的二孩生育意愿，且会显著弱化人们对男孩的性别偏好。

此外，一些学者关注少数民族和农民工养老问题。如高矗群和张开宁关注云南少数民族地区家庭养老的现状，建议针对民族地区特点设置不同的养老服务体系以及养老政策。郭秋菊则研究了代次视角下农民工养老地的选择，发现城乡二元的社会保障制度对农民工养老地选择的影响存在代次差异。

六　人口迁移流动与城镇化

人口迁移流动与城镇化分论坛重点涉及流动人口留城与市民化、城市社会融合、流动人口返乡就业创业、流动人口未来走势变化等议题。

流动人口居留意愿和社会融入问题受到广泛的关注。夏贵芳关注城市流动人口的社会融入问题，探讨了京津冀、长三角和珠三角三大经济区城市流动人口融入程度的相似性、差异性及其影响因素。周映伶对农民工的城市融入度及其影响因素进行研究。林李月、黄晨熹、盛亦男均考察了流动人口的居留意愿及其影响因素。

一些学者从地理空间视角切入进行研究。李晶晶研究了环首都经济圈地区的基本现状与区域特征、外来人口的规模与空间分布特征以及外来人口的聚集模式与发展方式，并就解决存在的主要问题提出相关的政策与建议。柴剑锋研究了川甘藏毗邻藏区人口转移问题，提出人口流动黏性的概念。姜玉探讨人口流动对东北地区人口变迁的影响，引起与会学者关于东北人口问题的广泛讨论。

流动人口劳动参与、收入与社会保障方面，孟兆敏分析不同户籍人口收入差异的影响因素，发现流动人口经验的积累对收入回报具有十分的优势。余运江考察了集聚经济的技术外部性与流动人口工资之间的差异，回答了人口为什么流向大城市的问题。彭璐、齐瑶娣都研究了回流劳动力的再就业的意愿及其影响因素。宋全成发现流动人口参加城镇职工基本养老保险的整体参保率较低，且其参保受到流动经历和就业状况的显著影响。江鸿泽对比了不同户口类型的流动女性，考察了生育对流动女性劳动参与率的影响。王记文的研究发现流动人口孕产期保健服务存在地区间、城乡间和不同城市等级间的机会不均等。

人口分布与流动趋势方面，曾永明将人口数据置于大数据的背景下，通过建立概率密度分布函数，发现中国人口对数正态分布的统计规律。吴瑞君基于"胡焕庸线"探究了人口空间分布的均衡性问题。吕利丹从宏观上构造了流动人口规模变动的动态模型，在此基础上对未来流动人口的增长趋势进行了判断。马肖曼研究发现新生代流动家庭户主个人教育水平会影响父母的迁移决策，代际关系网决定了亲属关系带动是未来家属随迁的最重要因素。

此外，在城市化过程及发展策略方面，李通屏探究城市化的持续发展的驱动因素，发现城市收入差距的扩大和流动人口率的提高对于城市化有正向的作用。罗淳在研究大城市人口规模时，强调创新发展理念，提出昆明等大城市的人口战略应当做到以调代控、变堵为疏、简政顺市、内强外扩。李敏丽研究"迁村并居"在农村新型城镇化发展中的问题，并以此探寻农村建设的新型发展道路。

七　家庭发展及公共政策

该分论坛关注的主题包括国外家庭政策对我国的启示、代际研究以及特殊家庭研究。国外的家庭政策能为我国现阶段的家庭政策发展提供借鉴意义。杨菊华的研究选取了八个国家，从这些国家的家庭机构建设、法律保障、项目支持和家庭友好氛围四个方面进行了介绍。胡梦芸通过比较低生育水平国家的家庭政策背景、政策体制、具体内容以及政策实施效果，从更微观的角度探讨了如何鼓励家庭进行生育的问题。王磊研究发现生育需求得到满足的父母的家庭幸福感显著更高，独生子女父母的家庭幸福感明显更高。胡仕勇运用倾向值的方法分析了代际投入对农村老人代际支持的作用，验证了家庭代际合作对家庭效用的影响。于倩倩调查发现特殊计生家庭面临家庭贫困化风险、家庭破碎风险、家庭隔离风险、家庭养老风险和社会稳定风险。吴盛华则通过基层工作经验分享了实施"六大工程"、关爱失独家庭的一些体会。

八　社会性别平等与出生性别比

该分论坛关注的重点包括女性地位与就业、性别比失衡现象、择偶与家庭等方面。

女性就业与劳动参与方面，韦艳探究双重照料对城市已婚女性就业的影响，发现家庭照料与女性就业存在此消彼长的关系。郝娟在行为视角下分析了性别工资差距与城镇女性劳动参与，指出女性劳动参与率以超男性的幅度迅速下降受到了性别歧视因素的影响。一些研究关注女大学生就业不平等问题，如宁嘉慧运用内容分析方法讨论一般性政策及保护性政策在缓解女大学生就业歧视状况时失效的作用机制。王慧和叶文振从社会性别视角对女大学生就业质量的影响进行了研究，发现性别意识对人力资本与社会资本的影响与作用导致女大学生的就业质量低于男大学生。郭俊艳则从性别不平等观念、独立自主程度与社会地位的性别差异及其对幸福感的影响进行了中、美、日、德的国际比较。

性别比失衡会影响人口再生产，进而扰乱社会稳定并制约经济发展。尚子娟等人的研究都指出，出生性别比偏高与性别失衡后果严重的地区男孩偏好程度都较高。代瀚锋从整体性治理的视角分析了韩国性别失衡治理经验。袁卫国从政府的角度出发介绍了江西省九江市的二孩政策对出生人口性别比的影响，指出出生性别比偏高的形势依旧严峻。

择偶与家庭方面，杨博在性别失衡的背景下分析了家庭发展面临的风险和挑战，并提出应对失衡后果的家庭发展分析框架。周伟文从性别公平的视角分析了乡村的婚姻困境及扭曲与畸形的乡村婚姻家庭关系。张荣富比较了台湾与香港男女择偶机会的差异及其对择偶年龄偏好的影响，认为处于婚姻市场上相对劣势性别，将会有较宽松的择偶偏好以扩张择偶机会。杨晶的调查发现，西部农村地区依旧存在女童童婚现象，且显著高于男童童婚。

随着社会转型的加快，人口发展也势必面临着前所未有的社会环境，性别失衡社会的出现对全社会都提出了严峻的考验，需要有前瞻性与整体性的认识。

九　民族人口与国防人口

民族人口与国防人口一直是人口学领域研究较少的议题。民族人口关系到社会稳定和社会发展，在当下社会新形势中肩负去贫困化和去极端化的核心任务。

一些研究从少数民族总体视角切入，如郑嘉研究我国少数民族人口老龄化现状，指出少数民族人口已进入老龄化，并表现出结构、足迹和空间的差异性。王平则分析了民族地区省际流动人口流入地的变化。

另一些研究着眼于具体的、特定的少数民族群体，如徐世英研究国内穆斯林人口的规模、结构、生育、职业等方面的问题，并与国际上的穆斯林进行了比较分析。赵尚威分析和比较了西北地区十个穆斯林人口的受教育状况，并指出受教育状况和城市化程度的相关关系。马正亮研究新疆维吾尔族青年的职业构成和就业问题。雷军对全面二孩政策下的新疆人口进行预测。杨帆研究了西藏人口数量、结构、分布、迁移等六个方面的特征。张开宁研究了云南三江并流峡谷地区藏族农村的养老现状。沈思的研究讨论了新世纪以来我国俄罗斯族人口负增长的主要原因。

国防人口作为新兴交叉边缘学科，地位作用特殊，但现有研究较少，仍有待更多的研究者参与其中，将国防人口研究推向新台阶。军人家庭发展一直是国防人口研究重点。孙军红研究了实施全面二孩政策对于军人家庭的影响。丁学洲发现驻边远地区部队士官的婚恋家庭存在着"三难一高"的问题，分别是择偶找对象难、子女教育难、经济困难、离婚比例高。孙红军的研究聚焦军人家庭发展，致力于在深化服务中提升人口和计划生育工作质量。

另外，在国防人口安全方面，陈振认为必须冷静、全面、客观地从国防人口安全角度审视普遍二孩的政策效应，不可过于乐观。

女性国防人口也是国防人口研究关注的对象，孟凡荣重点分析全面二孩政策对女性国防人口发展的影响。姜咏梅调查了全面二孩政策在某部队基地落实的情况和问题。

十　计划生育服务管理改革

该分论坛的内容包括来自基层工作者的总结、具有思辨性的发言以及各类实证研究。宦峰总结了基层医院的计划生育工作情况。杨成钢思辨性地探讨了人口服务管理制度如何全面转型。韦艳将顶层设计和基层创新两个层面结合起来探讨计划生育服务管理改革。舒星宇则梳理了 7 县 20 年来的计划生育和生殖健康服务情况，为我国新时期计划生育和生殖健康服务的进一步转型提出建议和意见。李巾通过对现有人口与计划生育法律法规中综合治理有关规定进行梳理，分析当前计划生育综合治理存在的问题，并提出对策和建议。温勇对部分省的计生责任制状况进行长期的质性调查，发现问题并提出针对性政策建议。

十一　人口分析方法

该分论坛的专题既涵盖人口分析方法的经典论题，也有一些新方法的介绍和使用。一方面具有国际视野、前沿的特性，另一方面针对中国特殊国情做到了具体问题具体分析。

很多学者在创新模型的建立方面取得成就。王广州通过计算机仿真方法对中国失独妇女总量、结构及变动趋势进行研究。李婷以新发展的生命力死亡模型为例，介绍了 Agent-based model（ABM）的应用思路、应用过程中的挑战及在人口学中的应用前景。戴志杰考察了二维死亡率模型在中国人口死亡率调整中的适用性，发现其效果较好，具有推广性。王婷基于社会净收益动态最优下的短板模型测量中国城市化进程中城市适度人口。李强借助随机误差标度模型，采用中国人口数据和瑞典人口数据验证预测误差的相关性对预测结果的影响。

一些学者应用新的人口预测软件进行辅助研究。李龙对比了三种人口预测的软件，肯定了 PADIS-INT 软件的优势。蔡宝新提出建立一个人口均衡小模型，并运用 PADIS-INT 软件，研究在当今人口预期寿命不断延长条件下，人口均衡型社会的主要指标变化情况。

还有一些研究对传统研究问题提出新思路和新方向。黄匡时基于年龄结构均衡的中国人口长期均衡发展情景研究指出，由于育龄妇女规模总量在下降，未来尽管我国出生人口总量在下降，但是我国总和生育率有可能呈现逐渐增加的趋势。周皓关于教育回报率的研究发现高等教育对中产阶级非常有效，而对于高层次的人来说意义并不大。

此外，吕昭河从理论层面思考人口学中个人理性与集体理性的辩证关系，强调人口学研究需要厘清其基本研究对象中具体的人的属性。

中国人口学会 2016 年年会紧扣时代主题，认识新形势，迎接新挑战，把握新机遇，在理论和实践方面都取得了积极的进展，并联系一线的人口工作者，着力使研究问题更加具有本土化、操作化。此次年会集中体现了如下鲜明的特点：一是学术争鸣气氛浓厚，参会者从理论到方法再到实践，从不同的学科背景和角色立场上展开讨论和交流，充分体现了不同学术观点的自由碰撞；二是重点关注现实问题，在问题选择上，重点聚焦社会敏感问题，并从专业的角度对问题展开研究并引发思考，关注历史、现实与未来的人口发展趋势，高度切合当前政策；三是注重分析方法的创新，在方法尝试上，把握问题的不同侧面，对于同一问题采用不同的分析方法进行研究，应用方法更加科学化、规范化；四是高水平研究团队的初步形成，在科研团队的构建上，形成了以高校为基础的多个高水平研究团队，既保证了对人口学相关问题的持续关注，也为人口学后继人才的培养与储备发挥了极为重要的作用。

当前，中国已进入全面建成小康社会的决定性阶段，中国人口也正值结构转型的关键时期，实施全面两孩政策是从我国战略全局出发作出的重大战略部署，是一项关系全局的重大改革，有利于平衡人口结构性矛盾、拉动消费、扩大投资、促进经济社会持续健康发展。时代对人口学研究提出了更高的要求，人口学研究者须在充分肯定几十年人口发展取得重大成就的同时，继续发现新问题，寻找新方法，适应新处境，提出新观点。发挥优势，促进交流，勇敢面对时代向我们提出的挑战。我们生逢其时，更应勉力，以此次年会为契机，广泛交流，敢于尝试，不断推动人口学科的繁荣发展，不断提高人口学的生命力，让理论之树常青，实践之花不败。

（作者单位：北京大学社会学系

本文原载《人口研究》2016 年第 5 期）

2016 中国劳动关系领域十大热点回眸

刘军胜　邓　晓

一　二十国集团劳工就业部长会议助力全球视角解决就业问题

2016 年 7 月，二十国集团（G20）劳工就业部长会议在北京召开。会议围绕"创新：让就业机会更加充分、就业能力更加适应、就业质量更高"这一主题，就扩大就业机会、增强就业能力、提高就业质量等议题进行了深入讨论。会议倡导 G20 成员通过采取集体行动和国家行动应对全球化、新技术进步、人口老龄化带来的机遇和挑战。会议通过了一系列政策建议，供 G20 各国根据国情选择实施。《二十国集团创业行动计划》是此次会议的核心成果，明确提出创业是推动体面就业、创造力、创新和经济增长的重要引擎。

评析：二十国集团劳工就业部长会议，围绕全球劳动力市场环境的变化，对于就业、工资、社会保障和工作条件等方面面临的问题和挑战，讨论并提出了一系列政策建议和行动计划，为 G20 乃至全球各国解决相应问题提供了重要参考和借鉴。中国作为此次会议的东道主，不仅在会议讨论和达成许多高质量会议成果上发挥了建设性引领作用，更是在会议过程中积极交流，分享中国劳工管理智慧和经验，充分体现了国际责任和大国担当。

二　通过就业扶贫，强化扶贫效果

2016 年 4 月，人社部与国务院扶贫办正式启动了广东、湖南、湖北劳务协作脱贫试点工作，试点时间 3 个月，范围涵盖当地几十万贫困劳动者。试点省市县各级政府以"政府推动、市场主导、有限目标、逐步拓展"为原则，以"实现精准对接、促进稳定就业"为目标，最终实现近 20 万贫困劳动者稳定就业，约 3 万贫困劳动者转移就业。基于试点地区的经验，及试点过程中行之有效的机制、政策、措施，我国各地围绕就业增收脱贫逐步开展了一系列工作。部分地方政府还积极开展农村技能培训，为就业增收脱贫提供基础；提供创业担保贷款等业务，为贫困户就业创业做好服务。2016 年全国共有 428 个县开展电商扶贫试点，2.2 万多个贫困村开展旅游扶贫试点。

评析：坚持"扶贫先扶志""扶贫必扶智"，通过就业扶贫，将扶贫从被动扶贫转向了主动脱贫，从区域扶贫转向了精准扶贫，将从根本上解决贫困人口脱贫积极性不高、持续收入能力差的问题。相信在这一系列的政策推行之下，我国今后的扶贫工作会更有针对性、更有成效地展开。与此同时，不同于过去的扶贫工作，就业扶贫更是充分发挥了人社部门在扶贫攻坚工作中承担的重要职能作用，真正落地改革了扶贫思路和方式，为实现农村贫困人口全部如期脱贫的目标提供了保证。

三　人社部、财政部开展"三支一扶"人员能力提升专项计划

　　"三支一扶"是指大学生在毕业后到农村基层从事支农、支教、支医和扶贫工作。2016 年 9 月，人社部、财政部印发《"三支一扶"人员能力提升专项计划实施方案》，提出到 2020 年实现"三支一扶"人员每年接受岗前培训或在岗脱产培训不少于 5 天，国家组织示范培训覆盖 2.5 万人次以上，切实帮助"三支一扶"人员不断增强政治思想水平，提高为基层群众办实事的能力素质，提升服务基层的效率。计划的实施以服务基层发展为核心，以提高"三支一扶"人员能力素质为重点，进而加快构建"三支一扶"人员教育培训体系，完善"三支一扶"人员教育培训制度。

　　评析："三支一扶"人员能力提升专项计划既是扶贫计划，也是就业计划，是将两者有机结合的国家宏观层面的人才开发计划。此次专项计划的提出，将更好地保障"三支一扶"人员与基层工作的精准对接，提升其基层适应能力和工作能力，从而真正意义上实现为基层输送和培养人才，推动基层社会经济事业发展。健全"三支一扶"人员到基层工作的服务保障机制也将有利于进一步树立青年人才在基层一线勇于实践、奉献社会的精神风貌，更好地发挥高校毕业生到基层就业创业的引领示范作用，吸引更多的青年人才服务基层，实现人力资源的优化配置。

四　推进落实化解过剩产能企业职工特别职业培训计划

　　2016 年 6 月 15 日，人力资源和社会保障部下发了《化解过剩产能企业职工特别职业培训计划》，从 2016 年至 2020 年，利用 5 年左右时间，组织化解过剩产能中企业失业人员和转岗职工参加培训，力争使有培训愿望和需求的企业失业人员和转岗职工都能接受一次相应的政府补贴性职业培训。《计划》要求，有针对性地组织三类培训：对失业人员重点开展就业技能培训，对企业转岗职工重点开展岗位技能提升培训，对有创业意愿的失业人员和转岗职工重点开展创业培训。《计划》强调，围绕特别职业培训，还要落实好培训补贴政策，包括按规定给予参培人员培训费补贴，针对其中零就业家庭人员和就业困难人员，在培训期间可按规定给予一定的生活费补贴。

　　评析：在化解过剩产能工作中，做好职业培训工作，促进失业人员再就业和转岗职工适应新岗位以及创业，是劳动部门配合做好化解过剩产能企业职工安置工作的关键。《计划》的提出为转岗工人的职业培训和去向安置提供了政策保障和指导，对于促进分流人员顺利就业创业、确保产能过剩企业顺利实施改革具有重要意义。此外，《计划》还强调了对有职业培训需求的化解过剩产能企业失业人员和转岗职工，按照就近就地、本人自愿的原则，指导其报名参加培训，对实施细节进行严格的要求和把控，尽可能减少摩擦出现。

五　阶段性降低社会保险费率

　　2016 年 4 月，人力资源和社会保障部与财政部发出《关于阶段性降低社会保险费率的通知》，提出阶段性降低养老保险、失业保险。此外还明确生育保险和基本医疗保险合并实施工作，待国务院制定出台相关规定后统一组织实施。通知规定从 2016 年 5 月 1 日起，企业职工基本养老保险单位缴费比例超过 20% 的省（区、市），将单位缴费比例降至 20%；单位缴费比例为 20%，且 2015 年底企业职工基本养老保险基金累计结余可支付月数高于 9 个月的省（区、

市），可以阶段性将单位缴费比例降低至19％，降低费率的期限暂按两年执行。失业保险总费率在2015年已降低1个百分点基础上可以阶段性降至1％—1.5％，其中个人费率不超过0.5％，降低费率的期限暂按两年执行。

评析：在确保参保人员各项社会保险待遇标准不降低和待遇按时足额支付的前提下，降低社会保险费率不但能够降低企业成本，增强企业活力，而且能在当前宏观经济承压、市场需求萎缩的形势下，推进供给侧结构性改革，激发实体经济活力。同时，阶段性降低社会保险费率是健全基本养老保险激励约束机制的重要举措，有利于确保基金应收尽收，实现可持续发展和长期精算平衡，推动经济持续健康发展。

六　国务院下发三大方案调整机关事业单位工资

2016年8月，国务院下发《关于调整机关工作人员基本工资标准的实施方案》《关于增加机关事业单位离退休人员离退休费的实施方案》和《关于调整事业单位工作人员基本工资标准的实施方案》三大方案，明确从2016年10月1日起，调整机关、事业单位工作人员基本工资标准、增加机关事业单位离退休人员离退休费。此外三大方案还提出要提高基本工资所占比重，严格规范补贴发放制度；同时将建立基本工资标准的正常调整机制，今后公务员基本工资标准将每年或每两年调整一次，主要依据公务员和企业相当人员工资水平的调查比较结果，并综合考虑国民经济发展、财政状况和物价变动等因素，来确定公务员基本工资标准的调整幅度。

评析：三大方案的出台，一是明确提出增加基本工资所占比例，完善了机关事业单位工作人员的工资结构；二是明确指出今后将根据薪酬调查结果，定期调整基本工资，促进了机关事业单位工作人员工资正常调整机制的形成；三是增加离退休人员退休费，有利于提高离退休人员的保障水平，体现了政府对离退休人员的人文关怀。健全机关事业单位工资分配机制不仅有利于调动机关事业单位工作人员的积极性、提高政府工作效率和推进反腐倡廉工作，对于健全完善全社会工资分配体系也有着重要的指导和示范意义。

七　健全科研人员工资分配机制，助推创新型国家构建

2016年11月，中共中央办公厅、国务院办公厅印发了《关于实行以增加知识价值为导向分配政策的若干意见》。《意见》指出，要实行以增加知识价值为导向的分配政策，推动形成体现增加知识价值的收入分配机制。具体来说，一是进一步发挥科研项目资金的激励引导作用；二是探索强化科研人员实施股权、期权和分红激励，加大专利权、著作权等知识产权转换的激励力度，加强科技成果产权对科研人员的长期激励；三是在履行好岗位职责、完成本职工作的前提下，可以允许科研人员和教师依法依规适度兼职兼薪。《意见》强调充分发挥市场机制的作用，注意不同学科门类、不同研究环节、不同岗位的统筹性。

评析：发展创新驱动型的经济发展模式，其本质上是人才驱动，而人力资本则是实现人才驱动的根本要素。《意见》的出台，强调了知识价值在劳动收入分配中的重要地位，有助于我国科学工作者的收入分配机制再造，合理提升科研人员的收入水平，激发广大科研人员的积极性、主动性和创造性，有效鼓励科学工作者多出成果、快出成果、出好成果，推动科技成果加快向现实生产力的转化。其次，《意见》的出台还将有助于形成和提升我国尊重知识、尊重人才、尊重创新的整体社会风气和价值导向，提升知识、创新型人才在各行各业中的地位和收入水平，通过更高质量的劳动力队伍，为我国建设创新型国家和世界科技强国提供重要的驱动力。

八　贯彻落实国务院办公厅关于全面治理拖欠农民工工资问题的意见

2016 年 1 月 19 日，国务院办公厅发布了《关于全面治理拖欠农民工工资问题的意见》。《意见》提出，到 2020 年，要形成制度完备、责任落实、监管有力的治理格局，使拖欠农民工工资问题得到根本遏制，努力实现基本无拖欠的目标。围绕着保护农民工合法所得的目标，《意见》从用工管理、工资发放、资金拨付、保障制度、项目管理等环节提出了有针对性的政策措施，尤其是以工程建设领域、劳动密集型加工制造业的行业为重点，提出了健全源头预防、动态监管、失信惩戒相结合的一系列制度安排。

评析：拖欠农民工工资问题，不仅事关广大农民工切身利益，事关社会公平正义，同时也关系到我国劳动关系稳定，关系到社会的和谐发展。《意见》的出台，不仅体现了治理的必要性、严重性，也体现了党中央、国务院对这一问题的高度重视。拖欠农民工工资问题，根本原因不在于制度层面，而在于立法层面；不在建章层面，而在执行层面；不是劳动保障部门单一责任，而是涉及建设等多个部门的共同责任，为此《意见》提出了全面治理拖欠农民工工资问题部际联席会议制度，也提出了加快工资支付保障立法等一系列政策建议，对于提高治理拖欠农民工工资问题的针对性、有效性，将起到承上启下的重要作用。

九　强化人力资源社会保障信用体系建设

2016 年 9 月，人社部利用持卡人员数据库、就业和社保等联网监测数据，建立了人社信用评价体系。这一体系利用个人特征、能力、行为、资本和环境共 5 个方面的评价指标确定了人社信用评价建模方法，并依据评价模型建立了人社信用综合评价个人信用评分卡，分值越高，表明个人就业和参保的稳定性越强，在人社相关领域的信用程度也就相应越好。针对用人单位，人社部公布了《重大劳动保障违法行为社会公布办法》，该办法将于 2017 年 1 月 1 日起实施。《办法》规定，严重违反工作时间和休息休假规定等 7 种重大劳动保障违法行为将被曝光，人保部门每半年向社会公布一次重大劳动保障违法行为，如工作需要，也可随时公布重大劳动保障违法行为。同时，人保部门将重大劳动保障违法行为及其社会公布情况记入用人单位劳动保障守法诚信档案，纳入人力资源社会保障信用体系，并与其他部门和社会组织依法依规实施信息共享和联合惩戒。

评析：人社信用评价体系和《重大劳动保障违法行为社会公布办法》两项政策是当前人社工作应对社会发展新需求，利用自身优势不断创新人力资源社会保障工作方式的体现。人社信用评价体系充分发挥了人社数据数量大、质量高和时效性强的优势；重大劳动保障违法行为社会公布充分利用了社会舆论监督优势。两项政策通过对劳动市场双方信用评价和监督，对规范劳动关系双方行为将起到良好的促进效果。

十　沃尔玛门店停工事件

从 2016 年 7 月 1 日开始，沃尔玛中国区推行综合工时制，替代此前每周工作 5 天、每天工作 8 小时的标准工时制，引发成都、南昌、哈尔滨、深圳等地一线员工停工抗议。针对停工事件，沃尔玛方面表示"实在不能理解，我们的好意为何会被曲解"，并解释标准工时下员工的工作时间虽然固定，却可能导致公司假期等高峰时间缺乏人手，反之使用灵活周期的综合工时制，对零售商而言可以平衡高峰和平常日工作时间，利于企业发展，同时，新推综合工时制可以更好地灵活化员工的工作时间，也可以提升部分员工的收入，并指出沃尔玛在以美国为例的海外市场已经使用综合工时制，并受到员工的欢迎。

评析：沃尔玛中国推行综合工时制，的确会因为更灵活的用人方式，缓解企业人力成本压力，但在我国劳动力市场，劳动者更加习惯固定的工作与收益，沃尔玛显然没有充分考虑本土文化背景和员工的独特诉求。从程序上看，沃尔玛中国还应遵守我国劳动法，但其推行综合工时制不仅在是否通过有关部门审批方面让人存疑，同时在新的工时制度实施前期与员工及工会的沟通工作更是存在明显不足。当然，员工通过停工来表达诉求，反映出我国劳资谈判中对话机制的缺失和工会角色的偏离。因此，对于企业而言，不仅需要注意公司劳动制度的本土性、适应性，更需要对本土劳动法律、民主程序更加熟练熟悉；对于员工而言还需要更加广泛地普及劳动法律，建立且真正利用劳动双方对话机制，最终构建更加良好的劳动关系，实现劳资双方和谐共赢的局面。

（作者单位：刘军胜，人力资源和社会保障部劳动工资研究所；
邓晓，北京大学光华管理学院
本文原载《企业管理》2017 年第 1 期）

● 会议动态

【第一届中国妇幼健康科技大会】

2016 年 2 月 19 日，由妇幼健康研究会、中国妇女发展基金会共同主办的第一届中国妇幼健康科技大会暨"首届妇幼健康科学技术奖"颁奖会在北京人民大会堂举行，98 项妇幼健康科技成果获表彰。随着妇女儿童健康水平的不断提升，我国妇幼健康领域的科学技术研究正在从挽救妇女儿童生命向更加关爱妇女儿童身心健康、努力提高出生人口素质等方面迈进。新科技手段的应用帮助无数家庭实现计划生育、优生优育的愿望，辅助生殖技术帮助解除了不孕家庭的烦恼，科学技术干预手段的应用使艾滋病等传染病母婴传播率迅速下降，适宜技术的推广应用实现了孕产妇死亡率、婴儿死亡率和 5 岁以下儿童死亡率的持续下降。"妇幼健康科学技术奖"是我国妇幼健康和计生服务领域的最高荣誉之一，每两年评选一次，由妇幼健康研究会在全国范围内组织申报和评选。首届评奖主要涉及妇女保健、儿童保健、计划生育、出生缺陷防治、围产保健、生殖健康、中医药基础及应用等研究领域，共评出科技成果奖 63 项，自然科学奖 33 项。此次大会上，被誉为"中国围产保健之母"的北京大学第一医院名誉院长、终身教授严仁英，北京协和医院教授、原产科主任边旭明获得妇幼健康杰出贡献奖。

会上，启动了中国首家互联网妇儿医院。互联网妇儿医院将依托乌镇互联网医院的技术和资源平台，积极探索为母婴家庭提供先进、及时、更加个性化的专业医疗保健与健康教育服务，是互联网妇幼健康的实践和创新。

【中国社会保障学会首届第二次理事会】

2016 年 2 月 20 日，中国社会保障学会首届第二次理事会在北京友谊宾馆召开。会议听取并审议了郑功成会长所作的《中国社会保障学会工作报告》《关于增补理事、常务理事、副会长情况的说明》报告，林义副会长所作的《关于吸收第四批会员的说明》报告，何文炯副会长所作的《关于建立理事退出机制的说明》报告。童星副会长主持会议，90 位学会理事出席了这次会议。

会议决定吸收丁学娜等为第四批正式会员，决定增补中国社会科学院人口与劳动经济研究所所长张车伟、中国人力资源和社会保障出版集团董事长张梦欣、南开大学教授朱铭来为理事，增补复旦大学教授丁纯、民政部政策研究中心主任王杰秀、中国农业大学教授左停、中国社会科学院人口与劳动经济研究所所长张车伟、浙江大学教授林卡、江苏省民政厅厅长侯学元为常务理事，增补民政部政策研究中心主任王杰秀、华中科技大学教授丁建定为副会长。会议通过了《关于建立理事退出机制的决议》，首次明确规定了理事退出的制度，以确保理事会能够充满活力。

会上，郑功成在报告中回顾、总结了中国社会保障学会在 2015 年的工作情况，提出了 2016 年的工作计划。他在报告中指出，2015 年是中国社会保障学会成立的第一年，在主管部门和有关各方的大力支持下，在常务理事会和各委员会成员的积极参与下，在各位副会长的紧密配合和秘书处工作人员的辛勤努力下，学会自身建设得以稳步推进、搭建了高端专业的学术交流平台、组织开展多项专题调研活动、开展智库建设、注重信息与宣传工作，在创会第一年各方面工作就取得了令人振奋的成果，产生了良好的社会影响、学术影响与政策影响力。2016 年，学会将按照"全面启动各项工作，全面发展各项业务"的方针，积极开展学术活动与学术交流，加强学科建设与人才培养，强化智库建设，完善内部治理，进一步扩大内外交流与社会影响力。

【人口与发展南南合作部长级战略对话】

2016年3月18日，为积极响应并认真落实习近平主席2015年9月在中国政府和联合国联合召开的南南合作圆桌会议上宣布的一系列南南合作举措，以及联合国2030年可持续发展议程，国家卫计委和联合国人口基金、人口与发展南南合作伙伴组织于3月18日在京联合举行人口与发展南南合作部长级战略对话。来自24个国家负责人口与卫生事务的部长、政府高级官员以及相关国际组织的代表100余人齐聚一堂，研讨人口与发展南南合作的未来战略和行动计划。对话会围绕人口与发展南南合作的机遇与伙伴关系、需求与期望、生殖健康产品安全、妇幼健康服务体系建设、能力建设与经验共享、人口信息收集与研究等议题，积极务实地展开了讨论。与会代表对中国政府近年来在人口与卫生领域南南合作的贡献，特别是援助西非国家抗击埃博拉的斗争中给予的无私支持表示深深的感谢。

会议通过了旨在促进人口与发展南南合作的《北京行动计划》，提出了未来五年进一步推动人口、生殖健康和计划生育领域南南合作的主要行动计划，其中包括：建立人口与发展南南合作国际论坛、成立协调委员会、加强伙伴关系、促进妇幼健康、确保生殖健康产品安全、加强能力建设以及建立人口与发展南南合作卓越中心等。

【劳动经济学会成立大会】

2016年5月15日，经民政部批准，由中国社会科学院主管的我国首个劳动经济领域的全国性学术团体——劳动经济学会正式成立。中国社会科学院副院长蔡昉，代表中国社会科学院党组讲话。民政部党组成员、民间组织管理局局长詹成付，宣布民政部同意劳动经济学会成立。来自中国社会科学院、中国劳动保障科学研究院、全国总工会劳动关系研究中心等研究机构与中国人民大学、北京大学、清华大学、浙江大学、北京师范大学等近百所高校约400位嘉宾和会员代表出席了会议。会议通过了学会章程，选举了劳动经济学会首届会长、副会长和秘书长等。中国社会科学院原副院长高全立当选会长，张车伟、姚先国、赖德胜、杨伟国等21人当选副会长。劳动经济学会常务副会长、中国社会科学院人口与劳动经济研究所所长张车伟主持了成立大会。

劳动经济学会的业务范围包括：组织和协调有关劳动经济重大理论和现实问题的研究；组织和开展我国劳动经济方面的社会调查；组织和协调劳动经济的综合或专题性学术会议；依照有关规定编辑和出版学会刊物，编选和出版有关研究成果；组织和开展与劳动经济相关的培训和咨询活动；开展劳动经济学研究成果的普及推广工作；代表中国劳动经济学界组织和参加国内、国际学术研讨会或其他形式的学术交流活动。作为全国性学术团体，劳动经济学会囊括了劳动经济领域的老、中、青精英，涵盖了国内最主要的劳动经济科研院所，具有广泛的代表性和权威性。劳动经济学会的成立，必将更好发挥思想库、智囊团的积极作用，引领中国劳动经济学科快速发展。

【第五次全国儿童体格发育调查结果发布会】

2016年6月8日，国家卫生计生委召开新闻发布会，发布第五次全国儿童体格发育调查结果。我国自1975年开始，由首都儿科研究所（原中国医学科学院儿科研究所）每隔10年组织对北京市、黑龙江省哈尔滨市、陕西省西安市等9个城市及其郊区农村的儿童开展一次定时间、定地点、定人群的大样本连续性体格发育专项调查。此项调查不仅掌握了我国儿童生长发育和营养状况的变化规律及长期发展趋势，也为制定国家相关政策、标准提供了重要的科学依据。2015年，国家卫生计生委继续委托首都儿科研究所开展第五次儿童体格发育调查，共调查9市7岁以下健康儿童161 774人。

调查结果显示，我国儿童体格发育水平已超过世界卫生组织颁布的儿童生长标准，各项指标较 10 年前均有不同程度的提高。以 5—5.5 岁年龄组为例，2015 年男童体重、身高分别为 20.17 千克、113.6 厘米，较 10 年前分别增长 0.99 千克、1.7 厘米；女童体重、身高分别为 19.29 千克、112.5 厘米，较 10 年前分别增长 0.89 千克、1.8 厘米。四十年间我国儿童体格发育水平显著提高。除出生组和 1 个月龄组外，其他各年龄组身高体重均有明显增长，且男童、女童趋势一致。以 5—5.5 岁年龄组为例，男童和女童体重分别增长了 3.70 千克和 3.28 千克，身高分别增长了 8.0 厘米和 8.2 厘米。城乡儿童身高体重差别逐渐缩小。以 4—5 岁年龄组为例，1975—2015 年，男童身高的城乡差由 4.0 厘米缩小到 0.6 厘米，女童身高的城乡差由 4.3 厘米缩小到 0.4 厘米。

国家卫生计生委妇幼健康服务司司长秦耕表示，下一步将继续贯彻《中华人民共和国母婴保健法》《中国妇女发展纲要（2011—2020 年）》和《中国儿童发展纲要（2011—2020 年）》，落实国家卫生计生委等 6 部委《关于印发加强儿童医疗卫生服务改革与发展意见的通知》要求，着力做好相关工作。一是提升妇幼健康服务能力。围绕保障全面两孩政策实施，强化妇幼健康服务体系建设，推进生育全程基本医疗保健服务。二是改善贫困地区儿童健康状况。落实《国家贫困地区儿童发展规划（2014—2020 年）》，继续组织实施儿童营养改善项目，预防和治疗儿童营养性疾病，推动贫困地区儿童健康发展，阻断贫困的代际传递。三是积极倡导合理营养膳食。关注儿童营养不良以及超重和肥胖问题，开展儿童单纯性肥胖调查，倡导合理营养、健康饮食，促进儿童体格均衡发育。四是推进儿童早期发展。从国家战略高度强化儿童优先意识，重视和促进儿童早期发展，逐步建立健全服务网络，加强专业队伍建设，为后期健康成长打下坚实基础。五是建立完善相关标准体系。结合此次调查结果，建立完善我国儿童生长发育评价指标体系，为儿童生长监测和生长评价的规范化和标准化提供参考依据。

【第二届中国—中东欧国家卫生部长论坛】

2016 年 6 月 19 日至 20 日，国家卫生计生委在江苏省苏州市举办第二届中国—中东欧国家卫生部长论坛，主题为"深化卫生务实合作，促进健康可持续发展"。国务院副总理刘延东、捷克共和国总理博胡斯拉夫·索博特卡、匈牙利人力资源部部长本奇·里特瓦瑞、江苏省省长石泰峰和世界卫生组织驻华代表施贺德出席论坛开幕式并致辞。开幕式由国家卫生计生委主任李斌主持。

刘延东在致辞中说，"16 + 1 合作"开辟了中国同传统友好国家关系发展的新途径，目前已步入成熟期和早期收获期。今年是中国—中东欧人文交流年，卫生合作势头强劲，为"16 + 1 合作"注入了新动力。要把卫生部长论坛打造成合作亮点，提升卫生合作的机制化水平，在抗生素耐药防控、先进医疗技术和药物研发等方面联合科研攻关，加大传统医学的推介力度，促进专业人员互学互鉴，共同造福中国和中东欧国家人民。

会上宣布成立中国—中东欧国家卫生合作促进联合会、中国—中东欧国家医院合作联盟、中国—中东欧国家公共卫生合作机制，同时发表了《第二届中国—中东欧国家卫生部长论坛苏州联合公报》。中方还与匈牙利、立陶宛、斯洛文尼亚、捷克等中东欧国家签署了 9 项卫生领域双边合作协议。

中国—中东欧国家卫生合作促进联合会旨在共享各国在卫生发展领域的有益经验，推进"16 + 1 卫生合作平台"建设。会议认为，中国与中东欧国家之间应加强医疗机构之间的直接联系，推动在医院管理、学科建设、旅游医疗等方面的合作。中国和中东欧国家共同面临着老龄化、慢性病以及新发和再发传染病等威胁，建议加强在公共卫生领域的国际合作。中国愿为中国传统医药在中东欧地区的发展提供必要的技术和人才保障。会议鼓励医药企业界人士共同深入探讨双方医药市场、投融资、技术合作的发展现状和潜在发展机遇。

会议重申，中国与中东欧国家将继续支持世界卫生组织在全球卫生治理中发挥重要作用并推动其改革进程。各国代表支持匈牙利于 2017 年在布达佩斯举办第三届中国—中东欧国家卫生部长论坛。

【第三届新型城镇化与流动人口社会融合论坛】

2016 年 7 月 2 日，国家卫生计生委流动人口计划生育服务管理司与北京大学国家发展研究院在京联合举办第三届新型城镇化与流动人口社会融合论坛。该届论坛是国家卫生计生委继与中国人民大学、复旦大学合作后举办的第三届新型城镇化与流动人口社会融合论坛，是政府与高校、科研机构合作的又一次有益尝试。北京大学国家发展研究院名誉院长、世界银行前副行长兼首席经济学家林毅夫，全国人大财政经济委员会副主任委员辜胜阻等近 30 位国内外专家学者在论坛上发言。与会专家和代表 200 余人围绕"流动人口卫生计生政策与均等化服务""人口流动迁移及经济社会影响""流动人口健康与养老保障"等议题展开讨论，认为论坛搭建了开放的交流合作平台，对促进大数据在社会治理领域的深化应用，提高全社会对流动人口的关注，起到了积极的作用。在该届论坛上，国家卫生计生委流动人口计划生育服务管理司与北京大学国家发展研究院签订合作协议，将在数据共享、相关研究、人才培养等方面展开合作。

【中国首届劳动经济学者论坛年会】

2016 年 7 月 4 日至 5 日，中国首届劳动经济学者论坛年会在长沙召开。来自美国南加州大学、澳大利亚国立大学、香港科技大学、香港中文大学、北京大学、北京师范大学、复旦大学等国内外知名高校的 100 余位权威专家与学者齐聚湖南大学，共同探讨海内外劳动经济学领域最新研究成果。劳动经济学者论坛年会主要分为两场主题演讲、两场数据介绍和四场平行会议。为期两天的会议中，学者们围绕劳动力市场、城乡移民、城镇化与发展、城市与区域经济、教育与人力资本、健康与医疗服务、人口与婚姻、老龄化、人口政策的转变、性别失衡、留守儿童等主题展开了深入探讨。

【中国人口学会 2016 年年会】

2016 年 7 月 21 日，中国人口学会 2016 年年会在福建省厦门市召开，这次会议的主题为"新形势　新挑战　新机遇"。国家卫生计生委副主任王培安出席并讲话，中国人口学会会长翟振武致辞。会议指出，习近平总书记在哲学社会科学工作座谈会上的讲话中列举了 11 门对哲学社会科学具有支撑作用的学科，人口学名列其中。广大人口理论和实际工作者，要抓住机遇，识变、应变、求变，扎实努力，不断探索，繁荣人口科学研究，促进人口长期均衡发展与家庭和谐幸福。人口学界要坚持理论创新，积极回应人口发展面临的重大现实问题。当前我国人口发展需要关注的重大问题有：人口总量调控的相关影响、应对老龄化和老年健康、劳动年龄人口与劳动力问题、人口结构变化对消费的影响、流动人口社会融合与新型城镇化的关系、性别平衡问题、投资于人的发展与经济发展的关系、特大城市人口规模调控、少数民族人口问题、边境地区人口问题，等等。在新的历史时期，尤其要重视分析人口与经济社会、资源环境关系变化的机理和规律，完善人口长期均衡发展理论框架，研究提出实现"两个百年"奋斗目标的人口发展战略思路、目标和措施。

在"十三五"开局之年与全面启动两孩政策的新形势下，该届年会重点围绕人口与经济、人口与社会、人口与健康、两孩生育政策与社会支持、人口老龄化、人口迁移流动与城镇化、家庭发展及公共政策、计生服务管理改革等专题展开深入研讨，从不同视角解读当前我国人口发展所面临的新形势、新挑战和新机遇，以及现阶段人口发展呈现出的重大转折性变化对我国经济社会发展产生的影响。来自全国各地的人口学领域的专家学者、在校学生和基层工作者等 200 余人参加了会议。

【中日韩人口老龄化暨老年保健医学国际论坛】

2016年8月25日，由中国老年保健医学研究会、吉林大学、中国人口学会、中国人口老龄化与经济社会发展研究中心共同举办的"中日韩人口老龄化暨老年保健医学国际论坛"在吉林大学举行。人口老龄化是21世纪中日韩三国共同面临的严峻挑战，对东亚社会和全世界的经济社会发展产生着重要影响。积极应对人口老龄化，推动老年人健康已经成为中日韩三国的共同目标。论坛分为"中日韩人口老龄化与保健医学""中日韩人口老龄化与老龄政策""中日韩老年健康与保健"三个议题，就应对老龄化的社会政策、卫生与健康政策、老年保健医学发展等议题展开讨论和交流。中国工程院院士、中国老年保健医学研究会名誉会长王陇德，中国人口学会会长、中国人民大学教授翟振武，日本国立研究开发法人科学技术振兴机构社会技术研究开发中心主任岩濑公一，韩国老年健康协会会长、韩国高丽大学教授赵庸焕分别作了题为"中国应对老龄化的重点行动——慢病防控关口前移""全面两孩政策后老龄化的新趋势与新特点""老龄社会社区重新设计的研究与开发""韩国的老年人健康照料体系"的主题报告。

【全国流动人口卫生计生服务管理工作座谈会】

2016年9月21日，国家卫生计生委在成都市召开全国流动人口卫生计生服务管理工作座谈会。会议强调，要以全国卫生与健康大会精神为指导，以改革创新为动力，以落实基本公共服务为重点，加强流入地和流出地的信息互通、服务互补、管理互动，推进服务均等和信息共享，完善流动人口统计监测制度，实现人人享有基本公共卫生服务和计划生育优质服务，促进流动人口市民化和社会融合。

会议要求，各地要牢固树立服务为先的理念，让改革发展成果惠及亿万流动人口。加强人口流动迁移趋势研判，将流动人口医疗卫生服务纳入流入地整体规划，为流动人口提供系统连续的健康服务，保障流动人口的健康权益。要深化调查研究，加强针对性分析，制定更接地气、更符合流动人口需求、更具可持续性的政策，提升流动人口的满意度和获得感。要加强信息化应用，完善信息采集机制，推动形成流动人口信息一次性采集、多部门使用的机制。加快推进流动人口卫生计生信息共享，做好流动人口相关信息通报和反馈等工作。要不断创新服务模式，提高服务的可及性。加强流动人口聚集的工业园区、集贸市场、城乡接合部服务网络建设。探索服务进学校、进厂矿、进市场、进社区的途径，主动上门提供服务。充分发挥计生协等社会组织作用，积极探索建立多种形式的流动人口计生协组织，开展流动人口计生协示范创建活动，加强流入地流出地协同配合。要大力开展流动人口健康教育和促进，针对新生代农民工、流动育龄妇女、青少年的不同需求，进行重大传染病防治、职业病防治、妇幼健康、计划生育、心理健康等知识的宣传教育，提升流动人口健康素养。

【2016年国际就业形势研讨会】

为深入研讨国际就业形势、挑战、影响和面临的关键问题，2016年9月26日，人力资源和社会保障部国际劳动保障研究所、国际劳工组织研究司、中国人民大学劳动人事学院联合举办的2016年国际就业形势研讨会在中国人民大学逸夫会议中心召开。来自国际劳工组织、人力资源和社会保障部、中国劳动保障科学研究院、中国人民大学、北京师范大学、首都经济贸易大学、广州红海人力资源集团股份有限公司、阿里巴巴集团研究院、中国劳动杂志社、中国劳动社会保障出版社等政府、学界、企业、国际组织的代表70余人参加研讨会。开幕式由国际劳动保障研究所所长莫荣主持。会议设立了"转变就业模式，终结贫困状况""2016年国际人力资源社会保障状况""转变就业模式和提高收入的政策"和"新就业形态"四个单元研讨国际就业形势。与会嘉宾表示，此次会议着眼于全球劳动力市场和人力资源领域的重大问题，多元化角度启发了国际视野，期望今后持续展开深入探讨和自由交流，为中国乃至世界经济发展和社会进步提供智力支持。

【第四次中国城乡老年人生活状况抽样调查成果发布会】

2016 年 10 月 9 日，全国老龄办发布第四次中国城乡老年人生活状况抽样调查成果。调查显示，当前我国老年人口仍以低龄老年人口为主，老年人口年龄结构相对年轻。2015 年，低龄老年人口（60—69 岁）占 56.1%，中龄老年人口（70—79 岁）占 30.0%，高龄老年人口（80 岁及以上）占 13.9%。"十三五"时期，我国仍处于积极应对老龄化的战略机遇期。中高龄老年人子女数高于低龄老年人。2015 年，低龄老年人子女数平均为 2.5 人，中龄老年人为 3.4 人，高龄老年人为 4.1 人，说明当前我国中高龄老年人的家庭养老资源仍然比较丰富，但长期看，家庭养老基础面临挑战。老年人的经济状况得到显著改善。随着农村社会保障制度的加快建立和完善，以及扶贫工作的强力推进，农村老年人收入水平得到明显提高，收入增长速度快于城镇。2014 年，农村老年人保障性收入比例为 36.0%，比 2000 年提高了 21.7 个百分点。城乡老年人消费行为正在逐步由生存型向文化休闲型转变。2014 年，城乡老年人人均消费支出为 14 764 元，从支出结构来看，与 2010 年相比，日常生活支出、医疗费支出、其他支出占比降低，非经常性支出、文化活动支出、家庭转移支出占比提高。老年人预防保健服务取得积极进展。2015 年，56.9% 的城乡老年人享受过免费体检。医疗保障制度基本实现老年人全覆盖。2015 年，城乡享有医疗保障的老年人比例分别达到 98.9% 和 98.6%，9.1% 的老年人享受过普通门诊挂号费减免。老年人健康状况整体改善。2015 年，32.8% 的城乡老年人自评健康状况"好"，比 2000 年提升了 5.5 个百分点。

然而，我国老龄工作仍然面临一些问题和短板，还难以完全适应人口老龄化快速发展的客观需要。具体表现为：老年人口数量持续增加，人口老龄化程度持续加深；老年人收入水平总体不高，贫困和低收入老年人口数量依然较多；老年人健康状况不容乐观，失能、半失能老年人口数量较大，在老年人口中的占比为 18.3%，总量约为 4063 万人；老龄服务业发展不平衡，供求矛盾依然严峻；老年居住环境建设滞后，农村老年人住所和城镇公共设施不适老问题突出；老年人精神慰藉服务严重不足，农村老年人精神孤独问题尤为突出，空巢老年人（老年夫妇户、独居老人）占老年人口的比例为 51.3%，其中农村为 51.7%。

【女童与可持续发展研讨会】

2016 年 10 月 12 日由全国妇联主办，中国儿童少年基金会、北京师范大学中国公益研究院等承办的"女童与可持续发展"研讨会在北京举行。研讨会上，全国妇联发起，并联合中国儿童少年基金会、北京师范大学中国公益研究院、宋庆龄基金会、中国妇女发展基金会、中国扶贫基金会、中国社会福利基金会、中国残疾人福利基金会等 10 家公益机构，从营造男女平等良好社会氛围、创造亲情和谐家庭环境、铺实贫困女童就学之路、护航女童健康成长、关心女童未来职业发展 5 个方面，向全社会提出了"女童与可持续发展"倡议。据中国儿童少年基金会负责人介绍，中国儿童少年基金会将以"春蕾计划"为主体，把促进女童受教育权的实现放在更加重要的位置，计划在未来每年直接帮扶 20 万名女童；突出儿童公益项目的性别视角，推出针对女童的成才激励计划，为优秀女童成长提供包括资金支持、教育、社会实践、就业等在内的系列服务；加强女童发展现状调研，计划每两年形成一份专题报告，为社会各界参与支持提供实践指引；加大女童保护宣传倡导力度，结合和运用"互联网＋"模式，不断激发社会各界参与支持女童发展事业的热情；联合社会力量，以筹资联合、项目联合、宣传联合以及委托执行等多种方式，做到资源共享、责任共担、力量整合。

【《"健康中国2030"规划纲要》专家座谈会】

2016年11月2日，国家卫生计生委召开《"健康中国2030"规划纲要》专家座谈会，畅谈学习《纲要》的体会，听取有关专家对贯彻实施工作的意见和建议。来自公共卫生、医疗、体育等领域的有关专家和有关医院、社区卫生服务中心负责人参加了座谈会，重点就树立健康优先的发展理念、建立健康影响评价评估制度、推进全民健身、加强基层人才建设、推动健康领域科学发展、强化法制和财政保障等方面提出了意见和建议。中华医学会副会长兼秘书长饶克勤提出，健康中国的重点在如何落地，从组织机构、法律保障和社会活动等方面都应做出相应的改革，确保与健康中国发展目标相适应。华南师范大学体育科学学院教授卢元镇表示，健康不能只靠医药，体育运动能有效提升人民群众的健康水平，降低高血压、糖尿病等慢性病发病率，但目前我国运动场地还不能满足群众的健身需求，需要加大建设力度。北京市丰台区方庄社区卫生服务中心主任吴浩表示，健康中国离不开分级诊疗，应该努力发挥基层全科医生守门人的作用，但目前基层缺乏岗位吸引力，应加以重视并解决；中医药在基层有天然的发展优势，深受群众欢迎，群众需求很大，建议适当加大发展力度。

【2016年高校毕业生就业创业研讨会】

2016年11月2日至3日，2016年高校毕业生就业创业研讨会在西安交通大学隆重举行。会议由教育部全国高等学校学生信息咨询与就业指导中心主办，西安交通大学承办。此次研讨会搭建了各省市教育部门、高校就业指导部门、海峡两岸及香港、澳门地区专家学者、高校毕业生就业创业教师开放交流的平台，共同分享了大学生就业创业指导服务领域的前沿理论、前瞻技术与最新经验成果。从"十三五"时期经济新常态下大学生就业创业形势研判出发，研讨大学生就业创业服务面临的新机遇、新挑战；从趋势分析、理论前沿、指导方法及工作实践等多角度切入，分析新变化、适应新挑战，引领新常态，进一步探讨如何推动全国高校毕业生就业创业指导服务工作水平整体提升。此外，专家学者们还分享了华人文化视角下的职业生涯发展理论在教学中的实际应用。教育部有关领导，省市教育部门、高校等的30余位专家学者，以及澳门大学教授金树人等5位港澳台知名学者，与600余位省市就业创业有关部门负责同志、各高校就业中心负责同志、青年骨干教师代表共同交流探讨。

作为高校就业创业领域参与人数多、影响力大的研讨会，该届会议注重创新性和互动性，倾力打造了"大学生创新创业教育与指导服务""职业咨询与个性化就业指导""就业质量评价探索与精准化就业服务""就业创业指导课程与专业化队伍建设""省级就业指导部门工作创新发展"5个主题讨论和"'因与缘'：中华文化与生涯咨询""创新创业基础课程3333设计理念和7P教学模式""变与不变生涯咨商"三个工作坊，让与会代表与嘉宾进行深度交流与讨论，为进一步系统推进高校毕业生就业创业服务水平的升级，促进毕业生高质量就业创业献言献策。

【中国劳动力市场技能供需研讨会】

2016年11月3日，由清华大学社会科学学院、复旦大学就业与社会保障研究中心和摩根大通共同主办的"中国劳动力市场技能供需研讨会"在北京召开，并于当日正式发布了由清华和复旦两所顶尖大学共同完成的《中国劳动力市场技能缺口研究》报告。

报告指出，中国劳动力市场存在着严重的技能供需错配，高技能劳动力供求缺口日益增加，带来劳动力市场技能回报不断上升；企业普遍存在人才短缺的问题，国际化管理人才和战略设计人才尤难获得，且不同产权类型、不同规模企业在人才竞争上存在差异，导致人才短缺情况的不同；制造业对人才需求呈现区域聚集效应，且由于不同地区的人才需求存在差异，人才短缺也因此呈现区域异质性；随着制造业升级和产品附加值提升，劳动力市场对现代服务业中专业人才的需求将呈现上升趋势。要破解我国劳动技能缺口的难题，必须对中国现有的教育体系、职业培训和认证体制，包括诸多影响劳动力市场资源配置的宏观政策进行反思和改革。报告中提出了五大解决方案：第一，以市场需求为导向，赋予高校更大的办学自主权，教育机构加强与企业的对接，校企联合培养技术性高层次人才；第二，职业培训平民化，国家给予补贴，扶助农民工尤其是年轻一代农民工的技能提升；第三，逐渐建立以企业为主体的职业技能培训供给模式；第四，弘扬工匠精神，完善职业化教育链条，打通入学、求学、求职、发展等全链条，建设多元的现代职业教育体系；第五，宏观层面，变总量控制性人口政策为服务型人口政策，从强调总量控制转为关注结构性的服务，从控制家庭与个人转变为支持家庭与个人。打破行政性和行业性垄断，促进人力资源的合理配置和流动，以机会公平为原则推动户籍、社会保障、教育等制度的改革，创造更好的人才流动、就业创业的环境。

与会学者对中国劳动力市场技能缺口问题进行了热烈的探讨，一致认为我国劳动力市场正面临较为严峻的劳动技能缺口难题，需要社会各界共同努力。此次研究报告的发布对唤起社会各界对我国技能缺口问题的关注、破解劳动力技能供需错配的困局具有重要意义。

【贫困地区农村留守儿童健康教育项目启动会】

2016 年 11 月 4 日，国家卫生计生委流动人口司在湖北省黄冈市召开贫困地区农村留守儿童健康教育项目启动会。会议交流了农村留守儿童在营养、心理行为等方面存在的主要问题及留守儿童健康关爱的国内外经验，明确了项目的主要目标和重点任务，部署安排了下一阶段工作。会议强调，各地要充分

认识做好农村留守儿童健康关爱工作的重要意义。农村留守儿童普遍存在体格发育落后、营养不良等问题，因长期与父母分离，易出现心理失衡、行为失范等问题，遭受意外伤害、不法侵害，做出极端行为的可能性加大。做好农村留守儿童健康关爱工作，不仅关系到未成年人的健康成长，也关系到社会和谐稳定，关系到健康扶贫工程实施和健康中国建设。会议要求，要明确项目的指导思想，围绕农村留守儿童"健康"做文章。在农村留守儿童关爱保护整体工作中，发挥卫生计生部门优势，突出健康关爱，完善政策措施，增强农村留守儿童家长的监护意识和健康意识，促进留守儿童身心健康和全面发展。要突出问题导向，针对重点人群和场所，开展形式多样、喜闻乐见的科学喂养、营养膳食、卫生习惯与健康行为、伤害预防与自我防护、青春期性与生殖健康、心理健康等方面的系列健康教育活动。要充分借鉴儿童早期发展、健康教育与健康促进的国际先进理念和策略，注重发挥社会组织的优势。要明确任务分工，加强部门协作，把此项工作与健康扶贫、全民健康素养促进行动等工作有机结合。

贫困地区农村留守儿童健康教育项目将在河北、山西、安徽、江西、河南、湖北、湖南、广西、重庆、四川、贵州、陕西等 12 个省（自治区、直辖市）的 27 个县（区）实施，其中 6 个县同步启动实施国家卫生计生委和联合国儿童基金会合作开展的农村留守儿童健康与发展促进项目。

【中国人口转型与经济发展学术研讨会（2016）】

2016 年 11 月 5 日至 6 日，由中国人口学会和南开大学人口与发展研究所共同主办，南开大学经济学院和南开大学中国特色社会主义经济建设协同创新中心协办的"中国人口转型与经济发展学术研讨会（2016）"在南开大学隆重举行。来自中国社会科学院、北京大学、清华大学、中国人民大学、复旦大学、浙江大学、吉林大学、河北大学、南开大学等二十多所高校的 120 余名专家学者参加了此次会议。与会的专家学者就"人口

转型""城镇化和人口流动""健康与社会保障""劳动力供给和经济增长""人口转型对经济和社会发展的影响"等主题展开了深入探讨。

【大数据时代精准预防与健康促进高峰论坛】

2016 年 11 月 12 日，为迎接第九届全球健康促进大会和"联合国糖尿病日"，"大数据时代精准预防与健康促进高峰论坛"在上海盛大开幕。此次大会旨在提升居民健康素养教育，提倡精准预防对于精准医学的重要意义，分享和交流糖尿病预防领域的实践经验和成果，研究和探索大数据时代，糖尿病预防及控制的价值及意义。此次活动由国家卫生和计划生育委员会宣传司指导，中华医学会内分泌学分会、中国健康促进与教育协会、健康报社及美年大健康产业集团联合协办。根据资料统计，2015 年我国糖尿病患者人数约 1.1 亿人，位居世界第一，因糖尿病导致的直接医疗开支占全国医疗总开支的 13%，达到 1734 亿元人民币。预测到 2040 年，中国糖尿病患者将达到 1.51 亿，这一严峻的数字将对国家医保产生巨大的负担。与会的中国工程院宁光院士在发言中指出，中国糖尿病的流行与控制形势非常严峻，防治糖尿病需要建立一个全面的疾病防治体系，开展新药研发、疑难杂症研究、标本库的建立、常见病人群的研究等工作。这项工程需要借助并充分利用互联网和大数据分析的技术手段，才能切实有效地推进实施。

与会相关专家表示，此次大会提出的健康大数据对于"精准预防"的推行，对于加强"精准医学"具有重大意义。"精准预防"是健康人群对于"精准医学"理论的解读和延伸。在亚健康人群中积累的可持续、可获取、低成本、可分析的大数据能够延伸为从诊治转向评估与干预，真正做到未病时预测调理，欲病时有检测、干预，已病时有诊断治疗，在疾病发生之前进行"精准预防"。

【2016 年新家庭计划项目全国经验交流会暨 2016 年中国计划生育家庭发展追踪调查启动会】

2016 年 11 月 14 日国家卫生计生委家庭司在广东省深圳市召开 2016 年新家庭计划项目全国经验交流会暨 2016 年中国计划生育家庭发展追踪调查启动会。新家庭计划项目是家庭发展工作的重要组成部分，项目通过开展两级培训，围绕家庭保健、科学育儿、养老照护、家庭文化 4 个领域，来增强家庭发展能力，弘扬中华民族传统美德，促进家庭和谐幸福、健康发展。项目自 2014 年启动以来，扎实推进，成效显著，增强了家庭的发展能力，提升了家庭的健康水平，弘扬了家庭的优秀文化，创新了卫生计生服务管理方式。目前项目试点已达 84 个，实现了全国各省（区、市）全覆盖。

会议指出，中国计生家庭发展追踪调查是我国首次由政府组织的全国性家庭追踪调查，取得了丰硕的成果，建立了家庭发展追踪调查的工作体系，获得了覆盖全国、全面权威的家庭数据，为制定家庭发展政策提供了科学依据。

【劳动经济学会首届年会】

2016 年 11 月 19 日至 20 日，由劳动经济学会、中国人民大学主办，中国社会科学院人口与劳动经济研究所、北京师范大学经济与工商管理学院、首都经济贸易大学劳动经济学院、中国劳动关系学院科研处协办的劳动经济学会首届年会在中国人民大学隆重召开。此次年会内容丰富，分为开幕式、主论坛和九个分论坛，分别围绕结构调整、流动与城市化、收入分配、劳动力市场与教育，人力资源管理与组织行为学，职业开发与管理，社会保障，劳动关系等不同主题开展了主题报告、评论交流和研讨。来自全国各地劳动经济领域的专家学者、政府部门和知名企业代表近 800 人参加此次大会。会议设立了论文评审委员会，经过严格的评审，委员会从提交的数百篇论文中筛选出十篇优秀论文。

年会期间还召开了第一届常务理事会第二次会议，审议和通过了学会的一些制度和管理办法，讨论增选学会理事、常务理事、副秘书长等事宜，并对学会未来工作做出了发展规划。

【第九届全球健康促进大会】

2016 年 11 月 21 日，国务院总理李克强在上海国际会议中心出席第九届全球健康促进大会开幕式并致辞。李克强表示，健康是人全面发展、生活幸福的基石，也是国家繁荣昌盛、社会文明进步的重要标志。本届大会以"可持续发展中的健康促进"为主题，对于国际社会全面实现可持续发展议程的目标将产生重要影响。希望各国加强政策对话，搭建健康治理合作平台，提高发展中国家参与的代表性和发言权；促进包容联动，构建全球公共卫生安全防控体系，进一步提高全球应对突发公共卫生事件的能力；推动创新合作，增强健康供给和服务能力，集中力量攻克人类健康面临的共同难题；倡导互学互鉴，促进传统医学和现代医学融合发展，发挥人文交流在推动健康合作中的独特作用。

李克强指出，中国是健康促进的积极倡导者和坚定践行者，走出了一条符合中国国情的卫生与健康发展道路。2009 年中国启动实施新一轮医药卫生体制改革，确立了把基本医疗卫生制度作为公共产品向全民提供的基本原则。我们织起了覆盖 13 亿多人的全民基本医保网，为"人人病有所医"提供了制度保障。大力推进公共卫生服务均等化，为所有城乡居民免费提供基本公共卫生服务。在中国这个最大发展中国家，取得这样的成就实属不易。当前，中国正处于全面建成小康社会的决胜阶段。我们颁布了《"健康中国 2030"规划纲要》，力争到 2030 年人人享有全方位、全生命周期的健康服务，人均预期寿命达到 79 岁，主要健康指标进入高收入国家行列。为此，我们将在以下方面做出不懈努力。一是切实把卫生与健康放在优先发展的战略地位，促进人民健康与经济社会协调发展，努力为全体人民提供基本卫生与健康

服务。二是构建全程健康促进体系，全周期维护和保障人民健康。着力抓好预防保健，大力加强健康教育，深入开展全民健身，加强环境污染治理和重大疾病防控。三是着力强基层、补短板，促进健康公平可及。统筹城乡区域发展和新型城镇化建设，加大对基层卫生与健康事业的投入，积极发挥中医药作用，加大对贫困地区大病保险、医疗救助支持力度，逐步缩小城乡、地区、人群基本卫生健康服务差距。四是进一步深化医药卫生体制改革，建立健全覆盖城乡的基本医疗卫生制度。深化公立医院改革，完善全民基本医保制度，改革药品供应保障体系，更加注重医疗、医保、医药的三医联动改革。五是大力发展健康产业，不断满足群众多样化健康需求。充分发挥市场机制作用，调动社会力量增加健康产品和服务供给的积极性，使人民群众看病贵、看病难的问题不断得到缓解。促进健康与养老、旅游、互联网、健身休闲、食品等产业的融合发展，推动健康领域的大众创业、万众创新。

【流动人口健康与发展论坛】

2016 年 11 月 26 日，以"聚焦流动人口，共享健康发展"为主题的全国第一届"流动人口健康与发展论坛"在北京举办。国家卫生计生委副主任王培安出席论坛并发表主旨演讲。王培安指出，人口的流动给公共卫生服务带来挑战，增加了传染性疾病的传播机会。流动人口往往缺乏职业保护，职业相关疾病和伤害发生的风险较大，心理健康缺乏社会支持，新生代流动人口的生殖健康问题突出。从经济发展视角看，做好流动人口健康服务，有助于我国人力资本的积累，有助于推动经济中高速增长。提升流动人口的健康水平，有利于提高劳动生产率，缓解劳动力增量下降对经济增长的影响；有利于降低疾病发生率，节约医疗费用，形成社会进步、经济发展的良性循环。从社会发展视角看，做好流动人口健康服务，有助于改善健康的公平性，有助于增加群众获得感。王培安强调，要抓住关键环节，有针对性地做好流动

人口健康服务。一是强化流动人口健康教育和促进，提升其健康意识和健康素养水平。针对新生代农民工、流动育龄妇女、青少年的不同需求，进行重大传染病防治、职业病防治、妇幼健康、生殖健康、心理健康等相关知识和政策的宣传教育。二是推进流动人口基本公共卫生计生服务均等化，促进流动人口社会融合。继续推进基本公共卫生计生服务均等化和流动人口社会融合示范试点工作，推动更多人口融入城镇，提高流动人口家庭发展能力，率先在卫生计生领域推动社会融合。支持社会组织和研究机构建立流动人口社会融合状况评估机制。三是推进新农合跨省就医费用核查和结报等工作，提升流动人口医疗保障服务水平。四是加强人口流动迁移政策研究，为决策提供支撑。构建多层级数据开发应用和成果发布机制，形成以《中国流动人口发展报告》为核心的系列研究成果。

此次论坛设有"流动人口就业与家庭发展"和"流动人口健康服务"两个分论坛。相关专家、学者就流动人口呼吸疾病防控、意外伤害预防、心理健康、生殖健康服务、大数据信息管理、公共卫生与社区服务、医保统筹与补偿等相关问题进行了广泛深入讨论。

【2016 两岸社会保障学术研讨会】

2016 年 11 月 26 日至 27 日，由中国社会保障学会、两岸关系和平发展协同创新中心联合举办的"2016 两岸社会保障学术研讨会"在厦门市举行，来自海峡两岸 70 多所高校和社会保障机构的约 170 名代表出席了此次会议。中国人民大学郑功成教授、西南财经大学林义教授、台湾铭传大学杨开煌教授、北京化工大学薛长礼教授、台湾中正大学陈孝平教授、南京大学童星教授分别做了主旨演讲。

此次会议以"共享·和谐"为主题，以"跨界"对话为主线，就"两岸养老保障""两岸医疗保障""两岸社会保障比较""社会福利与社会救助""医疗保障与健康中国"等多个专题展开了深入研讨。会议强调，学术界的平等对话，有利于推动社会保障理论研究，探索制度建设路径，促进学术交流和繁荣。与会专家认为，这次会议有利于为两岸交流寻找新的契机，增进双方相互了解和认同，构建整合共享的社会保障制度，使会议成果惠及两岸人民。参与此次学术"跨界"会议的两岸学者不仅跨越了地域，更跨越了制度、思维、研究成果上的差异，秉持"共享"核心理念而共同寻求两岸社会保障制度发展的中国道路。

【"人口老龄化与可持续发展"国际研讨会】

2016 年 12 月 1 日，由中国人口学会、联合国人口基金、中国人民大学人口与发展研究中心和中国人民大学老年学研究所联合举办的"人口老龄化与可持续发展"国际研讨会在北京举行。此次国际研讨会分设主论坛和六个分论坛，分论坛主题包括老年公平、健康老龄化、智慧养老、人口老龄化及其经济影响、老龄化与城镇化、老龄政策。来自联合国人口基金和世界卫生组织等国际机构的专家与美国、法国、英国、德国、日本、韩国等国的学者和中国人民大学、北京大学、中国社会科学院、复旦大学、西安交通大学、吉林大学等国内知名高校及研究机构的专家学者参加了研讨会。会议发布了《老年公平在中国》研究报告。报告的分析使用了世界卫生组织的积极老龄化框架以及国际助老会开发的全球老龄观察指数，从健康、参与和社会保障三个方面探究中国老年人所面临的差异。报告指出我国农村、女性和中西部高龄老年人口更有可能在健康方面处于劣势地位，在制定健康促进计划时，应特别关注这些群体。减少老年人口健康差异的政策措施应从整个生命周期着眼，如提高城乡基本医疗保险报销比例，继续向所有年龄段人群提供基本公共卫生服务，完善对孕产妇、青少年、老年人、慢病患者的健康管理。要制定专门政策，关注影响健康的社会决定因素，如提供平等的受教育机会和就业机会，强化职业健康管理等。目前，中国医疗体系和长期照护体系相互独立，由多部门管理。应建立有效的部际合作机制，整合碎片化的医疗服务和长期照护服务；制定相应政策，满足老年人的医疗需求和长期照护需求；修改医务人员执业地点的相关法律规定，向社区医生提供更多的激励措施，鼓励其为老年人提供上门医疗服务；针对社区老年人，促进社区医养结合。

【"一带一路"人口与发展学术研讨会】

2016 年 12 月 15 日至 19 日，"一带一路"人口与发展学术研讨会在有"一带一路"桥头堡之称的云南省蒙自市举行。来自中国社会科学院、复旦大学、河北大学、南开大学、云南大学、西南财经大学、中国测绘科学研究院、中国人口与发展研究中心等 8 家高校及研究机构的 30 余位专家学者与博士研究生参加了此次研讨会，15 位专家学者在会议上发言，红河学院的部分师生也参加了研讨会。

此次学术研讨会由中国区域科学协会区域人口发展专业委员会、复旦大学人口研究所、河北大学经济学院、云南大学人口研究所联合举办，以国家"一带一路"战略为契机，共同探讨"一带一路"沿途国家和地区的人口与发展问题，为国家实施"一带一路"战略提供基础依据。此次会议主要由复旦大学人口研究所所长王桂新教授和河北大学经济学院院长王金营教授共同组织。

此次会议共分四个单元，分别对"一带一路"的人口发展现状、人口宗教与暴恐风险、经济发展与产业布局、国际劳动力流动与企业跨国雇佣等人口与发展问题进行了深入探讨。参会代表们认为，"一带一路"的人口与发展问题，是事关整个"一带一路"战略能否顺利推进的重大基础性问题，但目前仍缺乏深入扎实的研究，此次会议将是开展这一研究的良好开端。

第六篇

数　据

● 说明

1. 本栏目数据均来自国家有关部委。其中主要人口和社会经济数据源于国家统计局,其他则为国家卫生和计划生育委员会、民政部、教育部、中国残疾人联合会等相关部门进行的常规统计和专项调查所获得的数据。由于统计口径和统计时点的不同,可能会在比较时产生偏差,请在使用时注意,并以国家统计局正式公布的数据为准。

2. 除特殊注明外,本栏目统计数据均不含中国人民解放军、中国人民武装警察部队现役军人数和台湾省、香港特别行政区、澳门特别行政区人口数。

3. 国家统计局每年在全国各省、自治区、直辖市进行的抽样调查,以及各相关部委进行的专项调查的汇总数据,除特殊注明外,均未推算总体,请在使用时加以注意。

4. 每张数据表下均有数据出处。有些数据表下有与该表内容相关的注释,请在使用时注意。

5. "世界人口数据"部分的数据来自美国人口资料局编《世界人口数据集 2016》(Population Reference Bureau of U. S. A:*2016 World Population Data Sheet*)和联合国开发计划署编《人类发展报告 2016》(UNDP:*Human Development Report 2016*)。

6. 各个国家和地区的统计范围、定义和方法都存在差异。因此,在使用这一部分数据进行直接比较时应谨慎从事,建议认真对比原文后再使用。

7. 本栏目数据表中"—"表示无数据或数据不适用。

● 行政区划

1. 2016 年全国行政区划 单位：个

省级区划名称	地级区划数		县级区划数					乡镇级区划数			
	合计	地级市	合计	市辖区	县级市	县	自治县	合计	镇	乡级	街道
全 国	334	293	2 851	954	360	1 366	117	39 862	20 883	10 872	8 105
北 京	—	—	16	16	—	—	—	331	143	38	150
天 津	—	—	16	16	—	—	—	245	124	3	118
河 北	11	11	168	47	19	96	6	2 255	1 107	845	302
山 西	11	11	119	23	11	85	—	1 398	564	632	202
内蒙古	12	9	103	23	11	17	—	1 014	503	272	239
辽 宁	14	14	100	59	16	17	8	1 531	642	212	677
吉 林	9	8	60	21	20	16	3	910	428	182	300
黑龙江	13	12	128	65	19	43	1	1 197	521	365	311
上 海	—	—	16	16	—	—	—	214	107	2	105
江 苏	13	13	96	55	21	20	—	1 287	763	69	455
浙 江	11	11	89	36	19	33	1	1 378	655	274	449
安 徽	16	16	105	44	6	55	—	1 488	953	289	246
福 建	9	9	85	28	13	44	—	1 105	638	288	179
江 西	11	11	100	24	11	65	—	1 555	824	579	152
山 东	17	17	137	54	27	56	—	1 826	1 106	73	647
河 南	17	17	158	52	21	85	—	2 435	1 120	682	633
湖 北	13	12	103	39	24	37	2	1 234	759	168	307
湖 南	14	13	122	35	16	64	7	1 929	1 135	401	393
广 东	21	21	121	64	20	34	3	1 600	1 128	11	461
广 西	14	14	111	40	7	52	12	1 246	788	330	128
海 南	4	4	23	8	5	4	6	218	175	21	22
重 庆	—	—	38	26	—	8	4	1 028	622	190	216
四 川	21	18	183	52	16	111	4	4 633	2 105	2 182	346
贵 州	9	6	88	15	7	54	11	1 379	832	326	221
云 南	16	8	129	16	15	69	29	1 389	681	545	163
西 藏	7	5	74	6	—	68	—	697	140	545	12
陕 西	10	10	107	29	3	75	—	1 295	988	23	284
甘 肃	14	12	86	17	4	58	7	1 352	741	487	124
青 海	8	2	43	6	3	27	7	399	140	225	34
宁 夏	5	5	22	9	2	11	—	237	102	90	45
新 疆	14	4	105	13	24	62	6	1 057	349	523	184
香 港	—	—	—	—	—	—	—	—	—	—	—
澳 门	—	—	—	—	—	—	—	—	—	—	—
台 湾	—	—	—	—	—	—	—	—	—	—	—

注：乡镇级总数包含河北省、新疆维吾尔自治区的各一个区公所。
数据来源：国家统计局。

● 人口数和户数、人口自然变动

2. 2016 年各省、自治区、直辖市人口数及人口自然变动情况

地　区	出生率（‰）	死亡率（‰）	自然增长率（‰）	年末总人口（万人）
全　国	**12. 95**	**7. 09**	**5. 86**	**138 271**
北　京	9. 32	5. 20	4. 12	2 173
天　津	7. 37	5. 54	1. 83	1 562
河　北	12. 42	6. 36	6. 06	7 470
山　西	10. 29	5. 52	4. 77	3 682
内蒙古	9. 03	5. 69	3. 34	2 520
辽　宁	6. 60	6. 78	− 0. 18	4 378
吉　林	5. 55	5. 60	− 0. 05	2 733
黑龙江	6. 12	6. 61	− 0. 49	3 799
上　海	9. 00	5. 00	4. 00	2 420
江　苏	9. 76	7. 03	2. 73	7 999
浙　江	11. 22	5. 52	5. 70	5 590
安　徽	13. 02	5. 96	7. 06	6 196
福　建	14. 50	6. 20	8. 30	3 874
江　西	13. 45	6. 16	7. 29	4 592
山　东	17. 89	7. 05	10. 84	9 947
河　南	13. 26	7. 11	6. 15	9 532
湖　北	12. 04	6. 97	5. 07	5 885
湖　南	13. 57	7. 01	6. 56	6 822
广　东	11. 85	4. 41	7. 44	10 999
广　西	13. 82	5. 95	7. 87	4 838
海　南	14. 57	6. 00	8. 57	917
重　庆	11. 77	7. 24	4. 53	3 048
四　川	10. 48	6. 99	3. 49	8 262
贵　州	13. 43	6. 93	6. 50	3 555
云　南	13. 16	6. 55	6. 61	4 771
西　藏	15. 79	5. 11	10. 68	331
陕　西	10. 64	6. 23	4. 41	3 813
甘　肃	12. 18	6. 18	6. 00	2 610
青　海	14. 70	6. 18	8. 52	593
宁　夏	13. 69	4. 72	8. 97	675
新　疆	15. 34	4. 26	11. 08	2 398

注：①本表数据根据 2016 年人口变动情况抽样调查数据推算。
　　②全国总人口包括现役军人数，分地区数字中未包括；全国总人口未包括香港、澳门特别行政区和台湾省的人口数据。
　　③全国总人口根据 2016 年人口变动情况抽样误差和调查误差进行了修正，分地区人口未做修正。
数据来源：国家统计局人口和就业统计司。

3. 2016 年全国分年龄、性别的人口数

单位：人，%

年龄（岁）	人口数			占总人口比重			性别比（女=100）
	合计	男	女	合计	男	女	
总计	**1 158 019**	**593 087**	**564 932**	**100.00**	**51.22**	**48.78**	**104.98**
0—4	68 447	36 703	31 744	5.91	3.17	2.74	115.62
0	12 176	6 545	5 631	1.05	0.57	0.49	116.22
1	12 147	6 482	5 664	1.05	0.56	0.49	114.43
2	14 152	7 604	6 547	1.22	0.66	0.57	116.15
3	14 435	7 703	6 732	1.25	0.67	0.58	114.42
4	15 537	8 369	7 168	1.34	0.72	0.62	116.75
5—9	63 831	34 666	29 165	5.51	2.99	2.52	118.86
5	12 250	6 661	5 589	1.06	0.58	0.48	119.18
6	12 901	6 916	5 986	1.11	0.60	0.52	115.53
7	13 284	7 254	6 029	1.15	0.63	0.52	120.31
8	12 965	7 067	5 899	1.12	0.61	0.51	119.80
9	12 431	6 769	5 661	1.07	0.58	0.49	119.57
10—14	60 420	32 773	27 647	5.22	2.83	2.39	118.54
10	12 934	7 000	5 934	1.12	0.60	0.51	117.96
11	12 543	6 853	5 690	1.08	0.59	0.49	120.44
12	12 418	6 731	5 687	1.07	0.58	0.49	118.37
13	11 089	5 972	5 118	0.96	0.52	0.44	116.69
14	11 436	6 217	5 219	0.99	0.54	0.45	119.13
15—19	61 562	33 199	28 363	5.32	2.87	2.45	117.05
15	12 592	6 871	5 721	1.09	0.59	0.49	120.10
16	12 688	6 717	5 971	1.10	0.58	0.52	112.50
17	11 599	6 298	5 301	1.00	0.54	0.46	118.79
18	12 409	6 812	5 597	1.07	0.59	0.48	121.72
19	12 275	6 501	5 773	1.06	0.56	0.50	112.62

续 1

年龄 （岁）	人口数			占总人口比重			性别比 （女=100）
	合计	男	女	合计	男	女	
20—24	79 102	41 366	37 736	6.83	3.57	3.26	109.62
20	14 469	7 432	7 037	1.25	0.64	0.61	105.60
21	15 600	8 103	7 497	1.35	0.70	0.65	108.07
22	15 184	8 107	7 077	1.31	0.70	0.61	114.55
23	16 323	8 503	7 821	1.41	0.73	0.68	108.72
24	17 526	9 222	8 304	1.51	0.80	0.72	111.06
25—29	106 663	54 225	52 439	9.21	4.68	4.53	103.41
25	17 425	8 920	8 506	1.50	0.77	0.73	104.87
26	22 792	11 606	11 186	1.97	1.00	0.97	103.76
27	22 285	11 333	10 952	1.92	0.98	0.95	103.48
28	21 155	10 706	10 449	1.83	0.92	0.90	102.46
29	23 005	11 659	11 346	1.99	1.01	0.98	102.76
30—34	87 573	44 070	43 503	7.56	3.81	3.76	101.30
30	19 238	9 557	9 681	1.66	0.83	0.84	98.72
31	16 747	8 348	8 399	1.45	0.72	0.73	99.39
32	16 360	8 273	8 087	1.41	0.71	0.70	102.30
33	16 261	8 288	7 974	1.40	0.72	0.69	103.94
34	18 967	9 604	9 363	1.64	0.83	0.81	102.58
35—39	80 485	40 992	39 492	6.95	3.54	3.41	103.80
35	16 305	8 330	7 975	1.41	0.72	0.69	104.45
36	15 507	7 928	7 579	1.34	0.68	0.65	104.60
37	16 796	8 541	8 255	1.45	0.74	0.71	103.46
38	16 615	8 399	8 216	1.43	0.73	0.71	102.24
39	15 262	7 794	7 467	1.32	0.67	0.64	104.38

续 2

年龄 （岁）	人口数			占总人口比重			性别比 （女 = 100）
	合计	男	女	合计	男	女	
40—44	94 730	48 342	46 388	8.18	4.17	4.01	104.21
40	17 138	8 816	8 322	1.48	0.76	0.72	105.95
41	17 921	9 247	8 674	1.55	0.80	0.75	106.60
42	18 917	9 584	9 333	1.63	0.83	0.81	102.68
43	20 063	10 206	9 857	1.73	0.88	0.85	103.54
44	20 691	10 489	10 202	1.79	0.91	0.88	102.82
45—49	104 623	53 194	51 429	9.03	4.59	4.44	103.43
45	20 820	10 709	10 111	1.80	0.92	0.87	105.92
46	22 281	11 348	10 933	1.92	0.98	0.94	103.80
47	20 757	10 549	10 208	1.79	0.91	0.88	103.35
48	22 619	11 434	11 185	1.95	0.99	0.97	102.22
49	18 145	9 153	8 992	1.57	0.79	0.78	101.79
50—54	97 608	49 491	48 116	8.43	4.27	4.16	102.86
50	19 623	9 951	9 672	1.69	0.86	0.84	102.88
51	19 909	9 971	9 938	1.72	0.86	0.86	100.33
52	19 395	9 751	9 643	1.67	0.84	0.83	101.12
53	22 319	11 502	10 817	1.93	0.99	0.93	106.33
54	16 362	8 316	8 045	1.41	0.72	0.69	103.37
55—59	59 638	30 264	29 374	5.15	2.61	2.54	103.03
55	9 106	4 490	4 616	0.79	0.39	0.40	97.28
56	11 346	5 777	5 569	0.98	0.50	0.48	103.73
57	10 565	5 420	5 144	0.91	0.47	0.44	105.37
58	13 637	6 958	6 680	1.18	0.60	0.58	104.16
59	14 984	7 619	7 365	1.29	0.66	0.64	103.44
60—64	67 696	33 810	33 887	5.85	2.92	2.93	99.77

续3

年龄 （岁）	人口数			占总人口比重			性别比 （女=100）
	合计	男	女	合计	男	女	
60	13 587	6 708	6 879	1. 17	0. 58	0. 59	97. 52
61	14 348	7 218	7 130	1. 24	0. 62	0. 62	101. 22
62	14 177	7 038	7 139	1. 22	0. 61	0. 62	98. 58
63	12 782	6 374	6 408	1. 10	0. 55	0. 55	99. 48
64	12 802	6 472	6 330	1. 11	0. 56	0. 55	102. 23
65—69	48 454	23 878	24 576	4. 18	2. 06	2. 12	97. 16
65	10 824	5 263	5 561	0. 93	0. 45	0. 48	94. 65
66	10 637	5 167	5 470	0. 92	0. 45	0. 47	94. 45
67	10 181	5 185	4 997	0. 88	0. 45	0. 43	103. 76
68	8 599	4 217	4 382	0. 74	0. 36	0. 38	96. 24
69	8 213	4 047	4 167	0. 71	0. 35	0. 36	97. 12
70—74	31 677	15 545	16 132	2. 74	1. 34	1. 39	96. 36
70	7 546	3 730	3 816	0. 65	0. 32	0. 33	97. 74
71	6 684	3 248	3 435	0. 58	0. 28	0. 30	94. 56
72	6 280	3 096	3 184	0. 54	0. 27	0. 27	97. 22
73	5 819	2 797	3 022	0. 50	0. 24	0. 26	92. 58
74	5 349	2 674	2 675	0. 46	0. 23	0. 23	99. 96
75—79	22 449	10 744	11 705	1. 94	0. 93	1. 01	91. 79
75	5 344	2 532	2 812	0. 46	0. 22	0. 24	90. 04
76	4 988	2 403	2 585	0. 43	0. 21	0. 22	92. 99
77	3 989	1 894	2 095	0. 34	0. 16	0. 18	90. 42
78	4 319	2 062	2 256	0. 37	0. 18	0. 19	91. 41
79	3 809	1 852	1 957	0. 33	0. 16	0. 17	94. 63
80—84	14 331	6 446	7 884	1. 24	0. 56	0. 68	81. 76
80	3 630	1 669	1 962	0. 31	0. 14	0. 17	85. 06

续完

年龄 （岁）	人口数			占总人口比重			性别比 （女=100）
	合计	男	女	合计	男	女	
81	3 096	1 390	1 707	0.27	0.12	0.15	81.43
82	2 882	1 278	1 604	0.25	0.11	0.14	79.64
83	2 602	1 165	1 437	0.22	0.10	0.12	81.07
84	2 121	946	1 175	0.18	0.08	0.10	80.48
85—89	6 416	2 613	3 803	0.55	0.23	0.33	68.73
85	1 735	726	1 010	0.15	0.06	0.09	71.86
86	1 681	718	963	0.15	0.06	0.08	74.57
87	1 132	458	674	0.10	0.04	0.06	67.90
88	1 045	385	661	0.09	0.03	0.06	58.22
89	823	328	495	0.07	0.03	0.04	66.12
90—94	1 902	630	1 271	0.16	0.05	0.11	49.58
90	585	222	363	0.05	0.02	0.03	61.07
91	453	143	310	0.04	0.01	0.03	46.24
92	370	125	245	0.03	0.01	0.02	51.16
93	280	73	207	0.02	0.01	0.02	35.14
94	214	67	147	0.02	0.01	0.01	45.96
95+	413	134	279	0.04	0.01	0.02	48.25

注：由于各地区数据采用加权汇总的方法，全国人口变动情况抽样调查样本数据合计与各分项相加略有误
　　差（以下表同）。

数据来源：国家统计局人口和就业统计司。

4. 2016 年全国分年龄、性别的人口数（城市）

单位：人，%

年龄 （岁）	人口数			占总人口比重			性别比 （女 = 100）
	合计	男	女	合计	男	女	
总计	**398 745**	**203 807**	**194 938**	**100.00**	**51.11**	**48.89**	**104.55**
0—4	21 585	11 469	10 116	5.41	2.88	2.54	113.38
0	3 857	2 038	1 819	0.97	0.51	0.46	112.07
1	3 893	2 074	1 819	0.98	0.52	0.46	114.05
2	4 590	2 409	2 181	1.15	0.60	0.55	110.47
3	4 375	2 319	2 056	1.10	0.58	0.52	112.82
4	4 871	2 629	2 242	1.22	0.66	0.56	117.26
5—9	15 793	8 460	7 333	3.96	2.12	1.84	115.36
5	3 094	1 625	1 468	0.78	0.41	0.37	110.70
6	3 128	1 680	1 448	0.78	0.42	0.36	115.97
7	3 238	1 764	1 474	0.81	0.44	0.37	119.65
8	3 276	1 752	1 523	0.82	0.44	0.38	115.01
9	3 057	1 638	1 419	0.77	0.41	0.36	115.49
10—14	14 813	7 948	6 864	3.71	1.99	1.72	115.80
10	3 075	1 672	1 403	0.77	0.42	0.35	119.18
11	3 138	1 663	1 476	0.79	0.42	0.37	112.67
12	3 013	1 630	1 383	0.76	0.41	0.35	117.81
13	2 624	1 409	1 215	0.66	0.35	0.30	115.98
14	2 963	1 575	1 387	0.74	0.39	0.35	113.54
15—19	17 941	9 442	8 499	4.50	2.37	2.13	111.09
15	3 374	1 768	1 606	0.85	0.44	0.40	110.06
16	3 670	1 872	1 797	0.92	0.47	0.45	104.18
17	3 248	1 796	1 451	0.81	0.45	0.36	123.78
18	3 601	1 945	1 657	0.90	0.49	0.42	117.39
19	4 048	2 060	1 988	1.02	0.52	0.50	103.66

续 1

年龄 （岁）	人口数			占总人口比重			性别比 （女 = 100）
	合计	男	女	合计	男	女	
20—24	31 235	16 427	14 808	7. 83	4. 12	3. 71	110. 94
20	5 627	2 822	2 805	1. 41	0. 71	0. 70	100. 62
21	6 139	3 102	3 037	1. 54	0. 78	0. 76	102. 14
22	6 240	3 436	2 804	1. 56	0. 86	0. 70	122. 56
23	6 530	3 454	3 076	1. 64	0. 87	0. 77	112. 27
24	6 700	3 613	3 086	1. 68	0. 91	0. 77	117. 09
25—29	44 359	22 780	21 578	11. 12	5. 71	5. 41	105. 57
25	6 982	3 613	3 368	1. 75	0. 91	0. 84	107. 26
26	9 070	4 669	4 401	2. 27	1. 17	1. 10	106. 08
27	9 103	4 717	4 386	2. 28	1. 18	1. 10	107. 56
28	9 115	4 628	4 487	2. 29	1. 16	1. 13	103. 14
29	10 090	5 154	4 936	2. 53	1. 29	1. 24	104. 41
30—34	36 785	18 484	18 301	9. 23	4. 64	4. 59	101. 00
30	7 801	3 847	3 954	1. 96	0. 96	0. 99	97. 29
31	6 861	3 404	3 457	1. 72	0. 85	0. 87	98. 47
32	6 803	3 434	3 370	1. 71	0. 86	0. 85	101. 90
33	7 031	3 585	3 445	1. 76	0. 90	0. 86	104. 06
34	8 290	4 214	4 075	2. 08	1. 06	1. 02	103. 41
35—39	33 329	16 948	16 381	8. 36	4. 25	4. 11	103. 46
35	6 880	3 495	3 385	1. 73	0. 88	0. 85	103. 25
36	6 446	3 343	3 103	1. 62	0. 84	0. 78	107. 76
37	7 038	3 568	3 470	1. 77	0. 89	0. 87	102. 84
38	6 820	3 398	3 422	1. 71	0. 85	0. 86	99. 31
39	6 144	3 143	3 002	1. 54	0. 79	0. 75	104. 71

续2

年龄 （岁）	人口数			占总人口比重			性别比 （女＝100）
	合计	男	女	合计	男	女	
40—44	35 848	18 353	17 495	8.99	4.60	4.39	104.90
40	6 851	3 476	3 375	1.72	0.87	0.85	103.01
41	6 941	3 619	3 322	1.74	0.91	0.83	108.96
42	7 059	3 560	3 499	1.77	0.89	0.88	101.72
43	7 457	3 811	3 646	1.87	0.96	0.91	104.53
44	7 539	3 886	3 653	1.89	0.97	0.92	106.38
45—49	35 640	18 339	17 301	8.94	4.60	4.34	106.00
45	7 523	3 878	3 645	1.89	0.97	0.91	106.40
46	7 965	4 141	3 823	2.00	1.04	0.96	108.31
47	7 171	3 651	3 520	1.80	0.92	0.88	103.73
48	7 398	3 794	3 604	1.86	0.95	0.90	105.29
49	5 584	2 875	2 709	1.40	0.72	0.68	106.12
50—54	32 052	16 476	15 577	8.04	4.13	3.91	105.77
50	5 990	3 039	2 951	1.50	0.76	0.74	102.97
51	6 405	3 318	3 087	1.61	0.83	0.77	107.48
52	6 477	3 275	3 202	1.62	0.82	0.80	102.29
53	7 780	4 023	3 757	1.95	1.01	0.94	107.08
54	5 400	2 820	2 579	1.35	0.71	0.65	109.34
55—59	20 086	10 167	9 919	5.04	2.55	2.49	102.50
55	3 012	1 513	1 499	0.76	0.38	0.38	100.92
56	4 041	2 094	1 947	1.01	0.53	0.49	107.58
57	3 615	1 835	1 780	0.91	0.46	0.45	103.09
58	4 610	2 347	2 263	1.16	0.59	0.57	103.70
59	4 809	2 379	2 431	1.21	0.60	0.61	97.86
60—64	21 027	10 384	10 643	5.27	2.60	2.67	97.57

续3

年龄 （岁）	人口数			占总人口比重			性别比 （女=100）
	合计	男	女	合计	男	女	
60	4 251	2 058	2 193	1.07	0.52	0.55	93.83
61	4 520	2 286	2 233	1.13	0.57	0.56	102.37
62	4 407	2 145	2 262	1.11	0.54	0.57	94.83
63	4 018	1 981	2 037	1.01	0.50	0.51	97.24
64	3 832	1 915	1 918	0.96	0.48	0.48	99.83
65—69	14 507	6 994	7 513	3.64	1.75	1.88	93.09
65	3 334	1 613	1 721	0.84	0.40	0.43	93.74
66	3 286	1 571	1 715	0.82	0.39	0.43	91.64
67	3 020	1 461	1 560	0.76	0.37	0.39	93.66
68	2 503	1 237	1 266	0.63	0.31	0.32	97.66
69	2 364	1 112	1 252	0.59	0.28	0.31	88.83
70—74	9 316	4 482	4 834	2.34	1.12	1.21	92.71
70	2 228	1 085	1 143	0.56	0.27	0.29	94.97
71	1 964	924	1 040	0.49	0.23	0.26	88.82
72	1 796	853	942	0.45	0.21	0.24	90.56
73	1 702	823	878	0.43	0.21	0.22	93.72
74	1 627	796	831	0.41	0.20	0.21	95.85
75—79	7 065	3 327	3 738	1.77	0.83	0.94	88.99
75	1 645	742	903	0.41	0.19	0.23	82.17
76	1 545	750	796	0.39	0.19	0.20	94.23
77	1 285	594	692	0.32	0.15	0.17	85.80
78	1 395	631	764	0.35	0.16	0.19	82.53
79	1 194	611	584	0.30	0.15	0.15	104.63
80—84	4 638	2 147	2 491	1.16	0.54	0.62	86.22
80	1 194	572	622	0.30	0.14	0.16	92.00

续完

年龄 （岁）	人口数			占总人口比重			性别比 （女=100）
	合计	男	女	合计	男	女	
81	1 016	459	557	0.25	0.12	0.14	82.44
82	884	396	487	0.22	0.10	0.12	81.40
83	869	400	469	0.22	0.10	0.12	85.26
84	675	320	356	0.17	0.08	0.09	89.86
85—89	1 997	905	1 092	0.50	0.23	0.27	82.87
85	540	252	288	0.14	0.06	0.07	87.39
86	541	252	288	0.14	0.06	0.07	87.47
87	345	150	195	0.09	0.04	0.05	76.77
88	332	141	190	0.08	0.04	0.05	74.15
89	240	110	130	0.06	0.03	0.03	84.53
90—94	588	220	367	0.15	0.06	0.09	60.04
90	182	73	109	0.05	0.02	0.03	67.19
91	152	55	97	0.04	0.01	0.02	56.42
92	116	46	70	0.03	0.01	0.02	65.80
93	79	25	54	0.02	0.01	0.01	47.13
94	59	21	38	0.01	0.01	0.01	56.40
95 +	141	54	87	0.04	0.01	0.02	62.15

数据来源：国家统计局人口和就业统计司。

5. 2016 年全国分年龄、性别的人口数（镇）

单位：人，%

年龄（岁）	人口数			占总人口比重			性别比（女=100）
	合计	男	女	合计	男	女	
总计	265 367	136 227	129 139	100.00	51.34	48.66	105.49
0—4	16 945	9 092	7 853	6.39	3.43	2.96	115.78
0	2 928	1 616	1 312	1.10	0.61	0.49	123.21
1	2 987	1 605	1 381	1.13	0.60	0.52	116.22
2	3 513	1 894	1 619	1.32	0.71	0.61	117.00
3	3 590	1 875	1 715	1.35	0.71	0.65	109.34
4	3 928	2 102	1 826	1.48	0.79	0.69	115.08
5—9	14 350	7 832	6 519	5.41	2.95	2.46	120.14
5	2 717	1 506	1 211	1.02	0.57	0.46	124.41
6	2 897	1 559	1 338	1.09	0.59	0.50	116.50
7	2 993	1 667	1 326	1.13	0.63	0.50	125.71
8	2 914	1 578	1 337	1.10	0.59	0.50	118.03
9	2 829	1 522	1 307	1.07	0.57	0.49	116.41
10—14	13 996	7 689	6 307	5.27	2.90	2.38	121.91
10	3 082	1 661	1 421	1.16	0.63	0.54	116.90
11	2 902	1 653	1 249	1.09	0.62	0.47	132.37
12	2 832	1 535	1 297	1.07	0.58	0.49	118.39
13	2 544	1 387	1 157	0.96	0.52	0.44	119.86
14	2 637	1 453	1 184	0.99	0.55	0.45	122.71
15—19	14 412	8 005	6 407	5.43	3.02	2.41	124.93
15	3 025	1 668	1 357	1.14	0.63	0.51	122.99
16	3 005	1 662	1 343	1.13	0.63	0.51	123.73
17	2 821	1 549	1 272	1.06	0.58	0.48	121.73
18	2 951	1 701	1 250	1.11	0.64	0.47	136.03
19	2 610	1 425	1 185	0.98	0.54	0.45	120.21

续1

年龄	人口数			占总人口比重			性别比
（岁）	合计	男	女	合计	男	女	（女=100）
20—24	18 594	9 403	9 191	7.01	3.54	3.46	102.31
20	3 475	1 680	1 795	1.31	0.63	0.68	93.59
21	3 726	1 862	1 865	1.40	0.70	0.70	99.84
22	3 437	1 743	1 694	1.30	0.66	0.64	102.91
23	3 722	1 918	1 804	1.40	0.72	0.68	106.32
24	4 234	2 201	2 033	1.60	0.83	0.77	108.23
25—29	26 270	13 423	12 847	9.90	5.06	4.84	104.48
25	4 142	2 154	1 988	1.56	0.81	0.75	108.35
26	5 653	2 911	2 742	2.13	1.10	1.03	106.17
27	5 632	2 855	2 776	2.12	1.08	1.05	102.84
28	5 116	2 607	2 509	1.93	0.98	0.95	103.91
29	5 727	2 896	2 832	2.16	1.09	1.07	102.25
30—34	19 449	9 856	9 593	7.33	3.71	3.61	102.74
30	4 274	2 165	2 109	1.61	0.82	0.79	102.67
31	3 793	1 903	1 890	1.43	0.72	0.71	100.67
32	3 629	1 843	1 786	1.37	0.69	0.67	103.22
33	3 540	1 762	1 778	1.33	0.66	0.67	99.10
34	4 213	2 183	2 031	1.59	0.82	0.77	107.50
35—39	18 699	9 440	9 259	7.05	3.56	3.49	101.95
35	3 684	1 877	1 807	1.39	0.71	0.68	103.91
36	3 431	1 690	1 741	1.29	0.64	0.66	97.04
37	3 929	1 978	1 951	1.48	0.75	0.74	101.35
38	3 991	2 041	1 950	1.50	0.77	0.73	104.69
39	3 664	1 854	1 810	1.38	0.70	0.68	102.42

续 2

年龄 （岁）	人口数			占总人口比重			性别比 （女=100）
	合计	男	女	合计	男	女	
40—44	22 844	11 666	11 178	8.61	4.40	4.21	104.36
40	4 137	2 159	1 978	1.56	0.81	0.75	109.16
41	4 447	2 245	2 202	1.68	0.85	0.83	101.98
42	4 555	2 294	2 260	1.72	0.86	0.85	101.49
43	4 798	2 480	2 318	1.81	0.93	0.87	107.03
44	4 907	2 487	2 420	1.85	0.94	0.91	102.74
45—49	25 186	12 831	12 355	9.49	4.84	4.66	103.85
45	5 050	2 637	2 413	1.90	0.99	0.91	109.26
46	5 327	2 751	2 576	2.01	1.04	0.97	106.78
47	4 997	2 483	2 514	1.88	0.94	0.95	98.77
48	5 491	2 784	2 707	2.07	1.05	1.02	102.84
49	4 320	2 176	2 144	1.63	0.82	0.81	101.49
50—54	22 454	11 447	11 007	8.46	4.31	4.15	104.00
50	4 642	2 361	2 281	1.75	0.89	0.86	103.49
51	4 692	2 322	2 371	1.77	0.88	0.89	97.93
52	4 475	2 320	2 155	1.69	0.87	0.81	107.65
53	5 008	2 559	2 449	1.89	0.96	0.92	104.51
54	3 636	1 885	1 751	1.37	0.71	0.66	107.66
55—59	12 683	6 485	6 198	4.78	2.44	2.34	104.63
55	1 924	947	978	0.73	0.36	0.37	96.86
56	2 364	1 195	1 169	0.89	0.45	0.44	102.28
57	2 279	1 185	1 094	0.86	0.45	0.41	108.28
58	2 900	1 480	1 420	1.09	0.56	0.54	104.29
59	3 215	1 677	1 538	1.21	0.63	0.58	109.08
60—64	13 991	6 914	7 076	5.27	2.61	2.67	97.71

续 3

年龄 （岁）	人口数			占总人口比重			性别比 （女＝100）
	合计	男	女	合计	男	女	
60	2 804	1 412	1 392	1.06	0.53	0.52	101.48
61	3 031	1 486	1 546	1.14	0.56	0.58	96.11
62	2 919	1 398	1 521	1.10	0.53	0.57	91.93
63	2 600	1 298	1 302	0.98	0.49	0.49	99.72
64	2 636	1 320	1 316	0.99	0.50	0.50	100.30
65—69	10 092	5 005	5 087	3.80	1.89	1.92	98.38
65	2 301	1 131	1 170	0.87	0.43	0.44	96.69
66	2 205	1 080	1 124	0.83	0.41	0.42	96.06
67	2 137	1 116	1 021	0.81	0.42	0.38	109.34
68	1 707	799	909	0.64	0.30	0.34	87.92
69	1 742	879	864	0.66	0.33	0.33	101.75
70—74	6 589	3 192	3 397	2.48	1.20	1.28	93.99
70	1 538	729	809	0.58	0.27	0.30	90.10
71	1 378	678	700	0.52	0.26	0.26	96.75
72	1 318	667	651	0.50	0.25	0.25	102.53
73	1 213	580	633	0.46	0.22	0.24	91.61
74	1 141	538	603	0.43	0.20	0.23	89.28
75—79	4 383	2 101	2 282	1.65	0.79	0.86	92.03
75	1 021	509	513	0.38	0.19	0.19	99.22
76	998	490	508	0.38	0.18	0.19	96.44
77	749	355	394	0.28	0.13	0.15	90.03
78	835	382	453	0.31	0.14	0.17	84.22
79	780	365	414	0.29	0.14	0.16	88.15
80—84	2 766	1 210	1 556	1.04	0.46	0.59	77.75
80	684	302	382	0.26	0.11	0.14	79.02

续完

年龄	人口数			占总人口比重			性别比
(岁)	合计	男	女	合计	男	女	(女=100)
81	593	260	334	0.22	0.10	0.13	77.82
82	577	251	325	0.22	0.09	0.12	77.25
83	482	217	265	0.18	0.08	0.10	82.09
84	429	179	250	0.16	0.07	0.09	71.76
85—89	1 218	504	714	0.46	0.19	0.27	70.61
85	358	158	200	0.13	0.06	0.08	78.93
86	299	124	175	0.11	0.05	0.07	70.50
87	213	87	126	0.08	0.03	0.05	69.63
88	186	66	120	0.07	0.02	0.05	55.59
89	163	69	94	0.06	0.03	0.04	73.58
90—94	364	108	256	0.14	0.04	0.10	42.01
90	101	27	75	0.04	0.01	0.03	35.73
91	86	23	62	0.03	0.01	0.02	37.52
92	75	26	48	0.03	0.01	0.02	54.13
93	58	13	45	0.02	0.00	0.02	29.48
94	44	18	26	0.02	0.01	0.01	70.10
95+	80	25	56	0.03	0.01	0.02	44.22

数据来源：国家统计局人口和就业统计司。

6. 2016 年全国分年龄、性别的人口数（乡村） 单位：人，%

年龄（岁）	人口数			占总人口比重			性别比（女 = 100）
	合计	男	女	合计	男	女	
总计	493 907	253 052	240 855	100.00	51.23	48.77	105.06
0—4	29 916	16 141	13 775	6.06	3.27	2.79	117.18
0	5 392	2 890	2 501	1.09	0.59	0.51	115.57
1	5 267	2 803	2 465	1.07	0.57	0.50	113.72
2	6 049	3 301	2 748	1.22	0.67	0.56	120.14
3	6 469	3 508	2 961	1.31	0.71	0.60	118.47
4	6 739	3 638	3 100	1.36	0.74	0.63	117.36
5—9	33 688	18 375	15 313	6.82	3.72	3.10	120.00
5	6 439	3 529	2 910	1.30	0.71	0.59	121.28
6	6 876	3 677	3 199	1.39	0.74	0.65	114.93
7	7 052	3 823	3 229	1.43	0.77	0.65	118.39
8	6 776	3 737	3 039	1.37	0.76	0.62	122.97
9	6 545	3 609	2 936	1.33	0.73	0.59	122.94
10—14	31 611	17 136	14 476	6.40	3.47	2.93	118.38
10	6 777	3 667	3 110	1.37	0.74	0.63	117.89
11	6 503	3 538	2 966	1.32	0.72	0.60	119.29
12	6 572	3 566	3 006	1.33	0.72	0.61	118.62
13	5 922	3 176	2 746	1.20	0.64	0.56	115.66
14	5 837	3 189	2 647	1.18	0.65	0.54	120.46
15—19	29 209	15 752	13 456	5.91	3.19	2.72	117.06
15	6 193	3 434	2 758	1.25	0.70	0.56	124.51
16	6 013	3 183	2 830	1.22	0.64	0.57	112.45
17	5 530	2 952	2 578	1.12	0.60	0.52	114.54
18	5 856	3 166	2 690	1.19	0.64	0.54	117.73
19	5 617	3 016	2 600	1.14	0.61	0.53	116.00

续 1

年龄	人口数			占总人口比重			性别比
（岁）	合计	男	女	合计	男	女	（女＝100）
20—24	29 273	15 535	13 738	5.93	3.15	2.78	113.09
20	5 367	2 930	2 438	1.09	0.59	0.49	120.19
21	5 735	3 139	2 596	1.16	0.64	0.53	120.93
22	5 507	2 928	2 580	1.12	0.59	0.52	113.50
23	6 071	3 131	2 941	1.23	0.63	0.60	106.46
24	6 592	3 408	3 184	1.33	0.69	0.64	107.03
25—29	36 035	18 021	18 014	7.30	3.65	3.65	100.04
25	6 302	3 153	3 149	1.28	0.64	0.64	100.11
26	8 070	4 027	4 043	1.63	0.82	0.82	99.60
27	7 551	3 761	3 790	1.53	0.76	0.77	99.22
28	6 924	3 471	3 453	1.40	0.70	0.70	100.51
29	7 188	3 610	3 578	1.46	0.73	0.72	100.90
30—34	31 339	15 730	15 609	6.35	3.18	3.16	100.77
30	7 164	3 545	3 618	1.45	0.72	0.73	97.98
31	6 093	3 041	3 052	1.23	0.62	0.62	99.64
32	5 927	2 996	2 931	1.20	0.61	0.59	102.21
33	5 691	2 940	2 750	1.15	0.60	0.56	106.91
34	6 463	3 207	3 257	1.31	0.65	0.66	98.46
35—39	28 456	14 604	13 852	5.76	2.96	2.80	105.43
35	5 741	2 957	2 783	1.16	0.60	0.56	106.26
36	5 629	2 895	2 735	1.14	0.59	0.55	105.84
37	5 828	2 994	2 834	1.18	0.61	0.57	105.67
38	5 804	2 960	2 844	1.18	0.60	0.58	104.08
39	5 454	2 798	2 656	1.10	0.57	0.54	105.35

续2

年龄 （岁）	人口数			占总人口比重			性别比 （女=100）
	合计	男	女	合计	男	女	
40—44	36 038	18 324	17 714	7.30	3.71	3.59	103.44
40	6 150	3 181	2 969	1.25	0.64	0.60	107.15
41	6 533	3 382	3 151	1.32	0.68	0.64	107.35
42	7 303	3 730	3 573	1.48	0.76	0.72	104.38
43	7 808	3 914	3 893	1.58	0.79	0.79	100.55
44	8 244	4 116	4 128	1.67	0.83	0.84	99.71
45—49	43 797	22 024	21 773	8.87	4.46	4.41	101.15
45	8 246	4 194	4 052	1.67	0.85	0.82	103.50
46	8 990	4 457	4 533	1.82	0.90	0.92	98.31
47	8 590	4 415	4 174	1.74	0.89	0.85	105.77
48	9 730	4 856	4 875	1.97	0.98	0.99	99.61
49	8 241	4 102	4 139	1.67	0.83	0.84	99.12
50—54	43 101	21 569	21 532	8.73	4.37	4.36	100.17
50	8 990	4 551	4 440	1.82	0.92	0.90	102.51
51	8 812	4 332	4 480	1.78	0.88	0.91	96.68
52	8 442	4 156	4 286	1.71	0.84	0.87	96.96
53	9 531	4 919	4 612	1.93	1.00	0.93	106.67
54	7 326	3 611	3 715	1.48	0.73	0.75	97.20
55—59	26 869	13 612	13 257	5.44	2.76	2.68	102.68
55	4 170	2 031	2 139	0.84	0.41	0.43	94.93
56	4 941	2 487	2 454	1.00	0.50	0.50	101.36
57	4 670	2 400	2 270	0.95	0.49	0.46	105.76
58	6 128	3 130	2 997	1.24	0.63	0.61	104.45
59	6 960	3 563	3 397	1.41	0.72	0.69	104.88
60—64	32 678	16 511	16 167	6.62	3.34	3.27	102.13

续 3

年龄 （岁）	人口数			占总人口比重			性别比 （女＝100）
	合计	男	女	合计	男	女	
60	6 533	3 238	3 294	1.32	0.66	0.67	98.30
61	6 797	3 446	3 351	1.38	0.70	0.68	102.82
62	6 851	3 494	3 356	1.39	0.71	0.68	104.12
63	6 165	3 096	3 069	1.25	0.63	0.62	100.86
64	6 333	3 237	3 096	1.28	0.66	0.63	104.53
65—69	23 855	11 879	11 976	4.83	2.41	2.42	99.19
65	5 189	2 519	2 670	1.05	0.51	0.54	94.34
66	5 146	2 515	2 631	1.04	0.51	0.53	95.60
67	5 025	2 608	2 417	1.02	0.53	0.49	107.92
68	4 389	2 182	2 207	0.89	0.44	0.45	98.85
69	4 107	2 056	2 051	0.83	0.42	0.42	100.22
70—74	15 772	7 871	7 901	3.19	1.59	1.60	99.62
70	3 780	1 916	1 864	0.77	0.39	0.38	102.75
71	3 342	1 647	1 695	0.68	0.33	0.34	97.18
72	3 166	1 575	1 591	0.64	0.32	0.32	98.98
73	2 904	1 394	1 510	0.59	0.28	0.31	92.33
74	2 580	13 39	1 241	0.52	0.27	0.25	107.91
75—79	11 001	5 317	5 684	2.23	1.08	1.15	93.54
75	2 678	1 281	1 396	0.54	0.26	0.28	91.77
76	2 444	1 164	1 281	0.49	0.24	0.26	90.85
77	1 955	946	1 009	0.40	0.19	0.20	93.73
78	2 088	1 050	1 039	0.42	0.21	0.21	101.09
79	1 835	876	959	0.37	0.18	0.19	91.35
80—84	6 927	3 089	3 838	1.40	0.63	0.78	80.50
80	1 752	794	958	0.35	0.16	0.19	82.96

续完

年龄	人口数			占总人口比重			性别比
（岁）	合计	男	女	合计	男	女	（女=100）
81	1 487	671	816	0.30	0.14	0.17	82.21
82	1 422	630	792	0.29	0.13	0.16	79.55
83	1 250	547	703	0.25	0.11	0.14	77.88
84	1 016	447	570	0.21	0.09	0.12	78.45
85—89	3 201	1 204	1 996	0.65	0.24	0.40	60.32
85	838	316	522	0.17	0.06	0.11	60.58
86	841	342	499	0.17	0.07	0.10	68.54
87	574	221	354	0.12	0.04	0.07	62.39
88	527	177	351	0.11	0.04	0.07	50.47
89	420	149	272	0.09	0.03	0.06	54.73
90—94	950	302	648	0.19	0.06	0.13	46.65
90	301	122	179	0.06	0.02	0.04	67.92
91	215	65	150	0.04	0.01	0.03	43.31
92	180	53	127	0.04	0.01	0.03	41.94
93	143	34	109	0.03	0.01	0.02	31.56
94	111	28	83	0.02	0.01	0.02	33.64
95 +	191	56	136	0.04	0.01	0.03	40.97

数据来源：国家统计局人口和就业统计司。

7. 2016 年各省、自治区、直辖市户数、人口数、性别比和平均家庭户规模

地　区	户数（户）			人口数（人）			性别比
	合计	家庭户	集体户	合计	男	女	（女＝100）
全　国	371 070	364 431	6 638	1 158 019	593 087	564 932	104.98
北　京	6 793	6 372	421	18 132	9 324	8 808	105.85
天　津	4 497	4 145	352	13 046	6 961	6 085	114.39
河　北	19 210	19 130	80	62 750	32 082	30 668	104.61
山　西	9 835	9 768	67	30 910	15 909	15 002	106.04
内蒙古	7 654	7 467	187	21 136	10 675	10 461	102.05
辽　宁	13 389	13 344	45	36 668	18 503	18 165	101.86
吉　林	8 038	8 016	22	22 945	11 665	11 280	103.41
黑龙江	11 521	11 460	61	31 874	16 104	15 770	102.11
上　海	8 127	7 801	325	20 188	10 382	9 806	105.87
江　苏	20 935	20 355	580	66 998	33 738	33 260	101.44
浙　江	17 378	16 889	489	46 831	24 377	22 454	108.56
安　徽	15 687	15 635	52	52 056	26 727	25 329	105.52
福　建	10 591	10 310	281	32 474	16 540	15 934	103.80
江　西	10 585	10 482	102	38 576	20 069	18 506	108.45
山　东	28 939	28 783	156	83 464	42 579	40 886	104.14
河　南	22 955	22 834	120	80 140	40 834	39 306	103.89
湖　北	15 757	15 304	453	49 384	25 352	24 032	105.49
湖　南	17 503	17 414	89	57 310	29 286	28 024	104.51
广　东	29 620	27 857	1 763	92 107	48 869	43 238	113.02
广　西	11 484	11 410	74	40 677	21 161	19 516	108.43
海　南	2 037	2 020	17	7 698	4 058	3 641	111.46
重　庆	9 209	9 132	77	25 560	12 992	12 568	103.37
四　川	22 929	22 751	178	69 457	34 682	34 775	99.73
贵　州	8 986	8 940	46	29 915	15 438	14 476	106.65
云　南	11 282	11 002	279	40 141	20 285	19 855	102.16
西　藏	686	675	10	2 789	1 410	1 380	102.18
陕　西	9 758	9 510	248	32 014	16 160	15 854	101.93
甘　肃	6 374	6 353	21	21 960	11 134	10 826	102.85
青　海	1 482	1 471	11	4 987	2 564	2 423	105.80
宁　夏	1 783	1 776	8	5 666	2 925	2 741	106.70
新　疆	6 046	6 025	22	20 165	10 303	9 861	104.48

数据来源：国家统计局人口和就业统计司。

家庭户人口数（人）			性别比	集体户人口数（人）			平均家庭户规模
合计	男	女	（女＝100）	合计	男	女	（人／户）
1 132 138	**578 632**	**553 506**	**104. 54**	**25 881**	**14 455**	**11 426**	**3. 11**
16 695	8 334	8 361	99. 68	1 437	990	447	2. 62
11 472	5 759	5 714	100. 79	1 574	1 202	371	2. 77
62 372	31 900	30 472	104. 68	378	182	196	3. 26
30 383	15 674	14 709	106. 56	528	235	293	3. 11
20 376	10 431	9 945	104. 89	760	244	516	2. 73
36 513	18 415	18 099	101. 75	155	88	66	2. 74
22 881	11 632	11 249	103. 41	64	33	31	2. 85
31 496	16 026	15 470	103. 59	378	78	300	2. 75
19 303	9 799	9 505	103. 09	885	583	302	2. 47
64 769	32 742	32 027	102. 23	2 229	997	1 233	3. 18
45 228	23 147	22 081	104. 83	1 603	1 230	373	2. 68
51 868	26 628	25 240	105. 50	188	99	88	3. 32
31 399	15 935	15 464	103. 04	1 075	605	470	3. 05
38 169	19 714	18 455	106. 82	406	355	51	3. 64
82 708	42 383	40 325	105. 10	757	196	561	2. 87
79 392	40 566	38 826	104. 48	748	268	480	3. 48
47 625	24 326	23 299	104. 41	1 759	1 026	733	3. 11
56 440	28 711	27 729	103. 54	870	575	295	3. 24
86 392	45 364	41 028	110. 57	5 715	3 504	2 210	3. 10
40 474	21 028	19 446	108. 13	203	133	70	3. 55
7 626	4 021	3 605	111. 53	72	37	35	3. 78
25 129	12 700	12 430	102. 17	430	292	138	2. 75
68 636	34 421	34 215	100. 60	821	261	560	3. 02
29 753	15 332	14 421	106. 32	161	106	55	3. 33
39 058	19 907	19 152	103. 94	1 082	378	704	3. 55
2 721	1 363	1 357	100. 46	69	46	22	4. 03
30 710	15 580	15 130	102. 98	1 304	580	725	3. 23
21 887	11 097	10 791	102. 84	73	38	35	3. 45
4 945	2 534	2 411	105. 09	42	30	12	3. 36
5 634	2 907	2 727	106. 63	32	17	14	3. 17
20 082	10 257	9 824	104. 41	83	46	37	3. 33

8. 2016 年各省、自治区、直辖市户数、人口数、性别比和平均家庭户规模（城市）

地 区	户数（户）			人口数（人）			性别比（女＝100）
	合计	家庭户	集体户	合计	男	女	
全 国	**141 259**	**136 579**	**4 680**	**398 745**	**203 807**	**194 938**	**104.55**
北 京	5 667	5 281	386	14 964	7 680	7 284	105.45
天 津	3 546	3 226	320	9 929	5 304	4 625	114.69
河 北	5 059	5 002	57	15 572	7 901	7 671	102.99
山 西	2 914	2 896	18	8 654	4 439	4 215	105.30
内蒙古	2 755	2 697	58	7 355	3 606	3 749	96.17
辽 宁	8 148	8 110	38	20 614	10 260	10 353	99.10
吉 林	3 535	3 519	16	8 761	4 401	4 360	100.93
黑龙江	5 222	5 174	48	12 925	6 404	6 521	98.20
上 海	6 333	6 067	267	15 931	8 123	7 808	104.04
江 苏	9 418	9 036	382	28 741	14 359	14 383	99.83
浙 江	7 926	7 617	309	20 771	10 841	9 931	109.16
安 徽	4 067	4 034	33	11 980	6 087	5 893	103.30
福 建	4 851	4 661	191	14 113	7 233	6 879	105.15
江 西	2 523	2 438	85	8 545	4 609	3 937	117.07
山 东	9 059	9 020	39	24 719	12 649	12 071	104.79
河 南	5 854	5 768	86	18 947	9 439	9 508	99.27
湖 北	5 882	5 539	342	17 403	9 027	8 376	107.77
湖 南	4 625	4 575	50	13 189	6 600	6 589	100.18
广 东	18 655	17 348	1 307	51 294	27 653	23 642	116.97
广 西	3 095	3 049	46	9 775	5 036	4 739	106.25
海 南	723	709	14	2 549	1 321	1 228	107.55
重 庆	3 479	3 447	31	9 338	4 669	4 669	100.01
四 川	5 251	5 108	142	14 919	7 210	7 709	93.53
贵 州	2 018	1 989	29	6 316	3 174	3 142	101.02
云 南	2 603	2 424	180	7 986	3 823	4 163	91.84
西 藏	126	118	8	404	208	196	106.26
陕 西	2 657	2 494	163	8 388	4 334	4 054	106.90
甘 肃	1 810	1 798	12	5 082	2 545	2 537	100.32
青 海	515	508	8	1 313	678	635	106.81
宁 夏	746	744	2	2 071	1 063	1 008	105.41
新 疆	2 196	2 184	12	6 197	3 133	3 064	102.23

数据来源：国家统计局人口和就业统计司。

家庭户人口数（人）			性别比	集体户人口数（人）			平均家庭户规模
合计	男	女	（女=100）	合计	男	女	（人／户）
381 323	**194 022**	**187 302**	**103.59**	**17 421**	**9 785**	**7 636**	**2.79**
13 638	6 777	6 861	98.77	1 326	903	422	2.58
8 547	4 272	4 275	99.94	1 382	1 032	350	2.65
15 284	7 767	7 516	103.34	288	133	155	3.06
8 414	4 310	4 104	105.02	240	129	112	2.90
7 092	3 575	3 518	101.61	262	31	231	2.63
20 500	10 204	10 296	99.10	114	57	57	2.53
8 722	4 379	4 343	100.84	39	21	18	2.48
12 663	6 394	6 269	101.99	262	10	252	2.45
15 207	7 663	7 544	101.58	724	460	264	2.51
27 222	13 854	13 368	103.64	1 519	504	1 015	3.01
19 823	10 149	9 674	104.91	948	692	257	2.60
11 888	6 046	5 842	103.49	92	42	51	2.95
13 402	6 834	6 568	104.06	711	399	312	2.88
8 226	4 295	3 931	109.28	319	313	6	3.37
24 557	12 546	12 011	104.45	162	103	60	2.72
18 447	9 409	9 038	104.10	500	30	470	3.20
16 231	8 235	7 997	102.98	1 172	792	379	2.93
13 026	6 539	6 487	100.79	163	62	101	2.85
46 963	24 837	22 125	112.26	4 332	2 816	1 516	2.71
9 646	4 960	4 686	105.83	129	76	53	3.16
2 489	1 291	1 198	107.83	60	29	30	3.51
9 178	4 585	4 593	99.83	160	84	76	2.66
14 298	7 077	7 220	98.02	621	133	489	2.80
6 223	3 112	3 111	100.03	93	62	31	3.13
7 248	3 587	3 661	97.99	738	236	502	2.99
347	169	179	94.50	57	39	17	2.94
7 499	3 800	3 699	102.72	889	534	355	3.01
5 043	2 529	2 514	100.58	38	16	23	2.80
1 291	662	629	105.31	22	16	6	2.54
2 065	1 060	1 004	105.59	6	2	4	2.78
6 144	3 104	3 040	102.12	53	28	24	2.81

9. 2016 年各省、自治区、直辖市户数、人口数、性别比和平均家庭户规模（镇）

地　区	户数（户）			人口数（人）			性别比（女 =100）
	合计	家庭户	集体户	合计	男	女	
全　国	**81 702**	**80 284**	**1 418**	**265 367**	**136 227**	**129 139**	**105.49**
北　京	261	253	8	678	368	311	118.44
天　津	254	222	32	853	517	336	153.62
河　北	5 341	5 333	8	17 583	8 982	8 601	104.43
山　西	2 636	2 593	44	8 571	4 389	4 182	104.96
内蒙古	2 016	1 945	71	5 481	2 893	2 588	111.77
辽　宁	1 331	1 331		3 931	2 011	1 920	104.70
吉　林	1 457	1 455	2	3 970	2 023	1 947	103.93
黑龙江	2 269	2 265	4	5 793	2 922	2 871	101.78
上　海	676	627	50	1 772	968	804	120.51
江　苏	4 911	4 820	91	16 343	8 354	7 989	104.57
浙　江	3 762	3 598	164	10 402	5 504	4 898	112.38
安　徽	4 438	4 426	11	14 830	7 665	7 164	106.99
福　建	1 836	1 821	15	6 392	3 283	3 109	105.59
江　西	3 156	3 145	12	11 751	5 990	5 761	103.98
山　东	8 201	8 098	104	24 145	12 348	11 796	104.68
河　南	5 099	5 071	28	19 529	10 145	9 383	108.12
湖　北	3 380	3 302	78	11 053	5 579	5 474	101.92
湖　南	4 872	4 844	28	16 764	8 655	8 110	106.72
广　东	3 466	3 070	396	12 059	6 266	5 793	108.18
广　西	2 679	2 657	21	9 585	5 041	4 544	110.95
海　南	463	462	1	1 785	933	852	109.51
重　庆	2 144	2 110	34	6 546	3 355	3 191	105.15
四　川	6 147	6 128	20	18 918	9 479	9 440	100.41
贵　州	2 043	2 034	10	6 747	3 507	3 241	108.20
云　南	2 768	2 675	93	9 893	4 990	4 903	101.77
西　藏	137	136	1	409	202	207	97.55
陕　西	2 802	2 717	84	9 174	4 536	4 637	97.82
甘　肃	1 345	1 342	4	4 627	2 341	2 286	102.39
青　海	355	353	2	1 237	649	588	110.31
宁　夏	357	355	2	1 091	568	523	108.49
新　疆	1 100	1 098	2	3 454	1 764	1 690	104.40

数据来源：国家统计局人口和就业统计司。

家庭户人口数（人）			性别比	集体户人口数（人）			平均家庭户规模
合计	男	女	（女＝100）	合计	男	女	（人／户）
259 003	**132 818**	**126 184**	**105. 26**	**6 364**	**3 409**	**2 955**	**3. 23**
659	350	309	113. 30	19	17	1	2. 61
663	347	316	110. 07	190	169	21	2. 99
17 546	8 960	8 585	104. 36	38	22	16	3. 29
8 306	4 294	4 012	107. 03	266	96	170	3. 20
5 227	2 685	2 542	105. 64	254	208	46	2. 69
3 931	2 011	1 920	104. 70	—	—	—	2. 95
3 964	2 021	1 943	104. 01	6	2	4	2. 72
5 781	2 920	2 861	102. 03	12	2	9	2. 55
1 634	861	773	111. 41	138	107	31	2. 61
15 894	8 059	7 834	102. 87	449	295	154	3. 30
9 832	5 026	4 806	104. 56	570	478	92	2. 73
14 794	7 646	7 148	106. 98	36	19	17	3. 34
6 316	3 250	3 066	105. 98	76	33	43	3. 47
11 693	5 963	5 730	104. 08	58	27	31	3. 72
23 632	12 313	11 318	108. 79	513	35	478	2. 92
19 301	9 917	9 383	105. 69	228	228	—	3. 81
10 572	5 430	5 141	105. 62	481	149	333	3. 20
16 098	8 159	7 940	102. 76	666	496	170	3. 32
10 856	5 712	5 144	111. 04	1 203	554	649	3. 54
9 534	4 997	4 536	110. 15	51	44	7	3. 59
1 782	931	851	109. 39	3	2	1	3. 86
6 340	3 200	3 139	101. 95	206	155	52	3. 01
18 832	9 438	9 394	100. 48	86	40	46	3. 07
6 705	3 479	3 226	107. 86	43	28	15	3. 30
9 575	4 858	4 716	103. 01	318	131	187	3. 58
406	200	206	97. 01	3	2	1	2. 99
8 760	4 492	4 269	105. 22	414	45	369	3. 22
4 612	2 331	2 282	102. 14	15	10	4	3. 44
1 224	641	584	109. 72	13	8	5	3. 47
1 086	564	523	107. 90	5	4	1	3. 06
3 449	1 763	1 686	104. 52	5	2	4	3. 14

10. 2016 年各省、自治区、直辖市户数、人口数、性别比和平均家庭户规模（乡村）

地　区	户数（户）			人口数（人）			性别比（女＝100）
	合计	家庭户	集体户	合计	男	女	
全　国	**148 108**	**147 568**	**540**	**493 907**	**253 052**	**240 855**	**105. 06**
北　京	865	838	27	2 490	1 276	1 214	105. 09
天　津	698	697		2 263	1 140	1 124	101. 43
河　北	8 810	8 795	15	29 596	15 200	14 396	105. 58
山　西	4 285	4 279	6	13 685	7 081	6 604	107. 21
内蒙古	2 883	2 825	58	8 301	4 177	4 124	101. 29
辽　宁	3 910	3 903	7	12 123	6 232	5 892	105. 78
吉　林	3 046	3 042	4	10 214	5 241	4 973	105. 39
黑龙江	4 031	4 022	9	13 157	6 778	6 379	106. 26
上　海	1 117	1 108	9	2 485	1 290	1 195	107. 97
江　苏	6 606	6 499	107	21 914	11 026	10 888	101. 27
浙　江	5 690	5 674	16	15 657	8 032	7 625	105. 34
安　徽	7 183	7 175	8	25 246	12 974	12 272	105. 73
福　建	3 904	3 828	76	11 969	6 023	5 946	101. 30
江　西	4 906	4 900	5	18 279	9 471	8 809	107. 51
山　东	11 678	11 665	13	34 600	17 582	17 019	103. 31
河　南	12 002	11 995	6	41 664	21 250	20 414	104. 09
湖　北	6 495	6 463	33	20 929	10 746	10 182	105. 54
湖　南	8 006	7 995	11	27 357	14 031	13 325	105. 30
广　东	7 499	7 439	60	28 753	14 949	13 804	108. 30
广　西	5 710	5 703	7	21 318	11 085	10 233	108. 32
海　南	852	850	2	3 364	1 804	1 560	115. 59
重　庆	3 586	3 575	11	9 676	4 967	4 708	105. 50
四　川	11 531	11 515	16	35 620	17 993	17 627	102. 08
贵　州	4 924	4 917	7	16 852	8 758	8 094	108. 20
云　南	5 910	5 903	7	22 262	11 472	10 789	106. 33
西　藏	423	421	1	1 976	1 000	977	102. 35
陕　西	4 299	4 298	1	14 453	7 290	7 163	101. 78
甘　肃	3 218	3 213	5	12 252	6 249	6 003	104. 09
青　海	612	611	1	2 436	1 237	1 200	103. 06
宁　夏	680	677	3	2 504	1 294	1 210	106. 99
新　疆	2 751	2 743	7	10 513	5 406	5 107	105. 86

数据来源：国家统计局人口和就业统计司。

家庭户人口数（人）			性别比	集体户人口数（人）			平均家庭户规模
合计	男	女	（女＝100）	合计	男	女	（人／户）
491 812	**251 792**	**240 020**	**104.90**	**2 095**	**1 260**	**835**	**3.33**
2 398	1 207	1 191	101.39	92	69	23	2.86
2 262	1 139	1 123	101.38	1	1	—	3.24
29 543	15 172	14 371	105.58	53	27	25	3.36
13 663	7 070	6 593	107.23	22	11	11	3.19
8 057	4 171	3 885	107.36	244	6	239	2.85
12 083	6 200	5 882	105.41	41	31	9	3.10
10 194	5 231	4 963	105.42	20	9	10	3.35
13 052	6 713	6 339	105.89	105	66	39	3.25
2 462	1 275	1 188	107.32	23	15	7	2.22
21 653	10 828	10 824	100.04	261	197	64	3.33
15 573	7 973	7 600	104.90	84	59	25	2.74
25 186	12 935	12 251	105.59	60	39	21	3.51
11 682	5 851	5 830	100.36	288	172	115	3.05
18 250	9 456	8 795	107.51	29	15	14	3.72
34 519	17 523	16 996	103.10	81	58	23	2.96
41 644	21 240	20 404	104.09	20	10	10	3.47
20 822	10 661	10 161	104.93	106	85	21	3.22
27 316	14 014	13 302	105.35	41	17	23	3.42
28 573	14 815	13 758	107.68	180	134	46	3.84
21 295	11 071	10 223	108.29	23	14	10	3.73
3 355	1 799	1 556	115.56	9	5	4	3.95
9 612	4 914	4 698	104.61	64	53	11	2.69
35 507	17 905	17 602	101.73	113	88	25	3.08
16 826	8 741	8 085	108.12	26	17	9	3.42
22 235	11 461	10 774	106.37	26	11	15	3.77
1 967	995	973	102.28	9	5	4	4.67
14 451	7 289	7 162	101.78	2	1	1	3.36
12 232	6 237	5 995	104.04	20	12	9	3.81
2 429	1 231	1 198	102.71	7	6	1	3.98
2 483	1 283	1 200	106.94	21	11	10	3.67
10 489	5 390	5 098	105.73	25	16	9	3.82

11. 2016 年各省、自治区、直辖市分性别、受教育程度的人口数

地　区	6 岁及以上人口			未上过学			小学		
	合计	男	女	合计	男	女	合计	男	女
全　国	1 077 322	549 723	527 599	61 448	18 267	43 181	275 939	131 541	144 398
北　京	17 001	8 721	8 279	313	74	238	1 631	741	890
天　津	12 401	6 619	5 781	333	96	239	1 902	962	941
河　北	57 884	29 438	28 446	2 752	783	1 968	14 776	6 989	7 787
山　西	29 052	14 883	14 169	909	300	609	5 620	2 607	3 014
内蒙古	19 913	10 053	9 860	1 013	332	681	4 312	2 011	2 301
辽　宁	35 135	17 741	17 395	782	244	537	6 838	3 131	3 708
吉　林	21 860	11 076	10 784	675	234	441	5 106	2 436	2 670
黑龙江	30 868	15 574	15 294	1 295	482	813	6 952	3 302	3 649
上　海	19 274	9 910	9 364	651	152	500	2 528	1 165	1 363
江　苏	62 953	31 572	31 381	3 908	1 055	2 853	14 012	6 325	7 687
浙　江	44 145	22 940	21 204	2 916	764	2 153	12 079	5 864	6 215
安　徽	48 183	24 636	23 547	3 549	1 059	2 491	13 091	6 056	7 035
福　建	29 688	14 977	14 710	1 953	453	1 500	9 407	4 307	5 100
江　西	35 394	18 318	17 076	1 830	524	1 306	10 875	5 118	5 756
山　东	77 354	39 172	38 183	5 230	1 404	3 824	18 766	8 764	10 002
河　南	73 743	37 393	36 351	4 323	1 455	2 868	17 933	8 781	9 151
湖　北	46 004	23 522	22 482	2 690	704	1 986	10 885	5 115	5 770
湖　南	53 099	27 041	26 057	1 984	618	1 366	13 315	6 310	7 004
广　东	85 168	45 148	40 020	3 194	908	2 286	18 686	8 842	9 844
广　西	36 994	19 136	17 857	1 697	468	1 228	10 350	4 895	5 455
海　南	7 037	3 708	3 329	332	106	227	1 570	751	820
重　庆	24 087	12 182	11 906	1 070	287	783	7 581	3 667	3 914
四　川	65 259	32 466	32 793	5 508	1 674	3 835	21 287	10 482	10 805
贵　州	27 172	13 928	13 244	3 117	924	2 192	9 233	4 698	4 535
云　南	36 930	18 655	18 276	3 219	1 032	2 186	14 306	7 186	7 120
西　藏	2 512	1 272	1 240	982	410	571	786	448	338
陕　西	29 889	15 052	14 837	1 685	542	1 143	6 847	3 172	3 674
甘　肃	20 445	10 322	10 122	1 793	550	1 244	6 813	3 264	3 549
青　海	4 581	2 359	2 223	605	219	386	1 602	790	812
宁　夏	5 210	2 681	2 529	350	99	251	1 394	672	722
新　疆	18 087	9 230	8 857	790	315	475	5 455	2 692	2 763

数据来源：国家统计局人口和就业统计司。

单位：人

初中			高中			大专及以上		
合计	男	女	合计	男	女	合计	男	女
418 395	**225 166**	**193 229**	**182 171**	**101 326**	**80 845**	**139 370**	**73 423**	**65 946**
4 070	2 156	1 914	3 258	1 650	1 608	7 729	4 099	3 630
4 169	2 393	1 776	2 821	1 564	1 256	3 176	1 604	1 571
25 765	13 774	11 991	8 625	4 793	3 832	5 966	3 098	2 867
12 675	6 648	6 027	5 907	3 251	2 657	3 941	2 077	1 864
7 552	4 194	3 359	3 395	1 715	1 681	3 640	1 801	1 839
15 399	8 081	7 318	5 787	3 040	2 745	6 331	3 244	3 087
9 333	4 861	4 472	3 653	1 949	1 705	3 093	1 597	1 497
13 491	7 074	6 417	4 972	2 681	2 291	4 159	2 034	2 124
6 199	3 304	2 895	4 104	2 260	1 843	5 791	3 028	2 763
22 540	11 931	10 609	12 036	6 753	5 282	10 458	5 508	4 950
15 554	8 711	6 843	6 890	3 910	2 981	6 705	3 692	3 013
20 802	11 277	9 526	6 226	3 639	2 587	4 515	2 606	1 909
10 337	5 799	4 538	4 570	2 573	1 997	3 421	1 845	1 576
13 502	7 243	6 259	6 011	3 455	2 556	3 177	1 977	1 200
30 835	16 546	14 289	13 025	7 394	5 631	9 499	5 064	4 436
32 979	17 355	15 624	12 638	6 914	5 723	5 870	2 886	2 983
17 461	9 295	8 166	8 563	4 890	3 673	6 406	3 518	2 888
20 403	10 477	9 926	11 213	6 199	5 013	6 184	3 438	2 747
33 330	18 439	14 890	18 179	10 484	7 694	11 779	6 474	5 304
16 376	9 019	7 357	5 616	3 155	2 462	2 954	1 600	1 355
3 197	1 715	1 482	1 253	741	512	685	395	288
8 112	4 272	3 839	4 287	2 360	1 927	3 038	1 596	1 442
23 637	12 591	11 046	8 958	4 866	4 093	5 869	2 854	3 015
9 951	5 670	4 281	2 967	1 612	1 354	1 905	1 025	881
12 135	6 834	5 301	4 060	2 147	1 913	3 210	1 456	1 755
466	273	193	146	82	64	132	59	73
11 835	6 364	5 471	5 701	3 218	2 482	3 822	1 755	2 067
6 337	3 461	2 876	3 310	1 863	1 447	2 191	1 184	1 006
1 390	804	585	540	305	235	444	241	204
1 821	1 013	807	844	468	375	801	428	374
6 743	3 591	3 151	2 618	1 391	1 226	2 483	1 240	1 241

12. 2016 年各省、自治区、直辖市分性别、受教育程度的人口数（城市）

地 区	6 岁及以上人口			未上过学			小学		
	合计	男	女	合计	男	女	合计	男	女
全 国	374 066	190 712	183 354	8 985	2 436	6 549	57 425	26 466	30 958
北 京	14 009	7 170	6 839	161	36	125	1 129	492	637
天 津	9 450	5 057	4 393	178	54	122	1 123	592	531
河 北	14 486	7 323	7 162	304	89	216	2 200	1 017	1 183
山 西	8 172	4 168	4 005	142	44	100	1 024	476	548
内蒙古	6 847	3 342	3 504	87	24	63	738	312	427
辽 宁	19 714	9 796	9 917	203	48	156	2 163	931	1 232
吉 林	8 341	4 182	4 160	138	50	89	1 054	461	593
黑龙江	12 494	6 192	6 302	221	68	153	1 416	635	781
上 海	15 200	7 744	7 457	391	90	302	1 674	757	918
江 苏	27 121	13 493	13 628	801	179	622	4 436	1 968	2 468
浙 江	19 468	10 147	9 321	694	166	528	4 309	2 088	2 221
安 徽	11 252	5 710	5 543	341	86	254	1 994	839	1 155
福 建	12 983	6 614	6 368	464	80	384	2 802	1 290	1 512
江 西	7 976	4 284	3 692	205	67	137	1 488	709	779
山 东	22 965	11 701	11 264	740	192	549	3 372	1 547	1 824
河 南	17 609	8 751	8 857	380	144	236	2 683	1 269	1 414
湖 北	16 382	8 470	7 913	540	144	396	2 275	1 022	1 252
湖 南	12 364	6 189	6 175	140	49	91	1 999	893	1 105
广 东	47 829	25 770	22 059	1 130	331	799	7 483	3 575	3 909
广 西	8 998	4 610	4 388	166	46	121	1 441	678	763
海 南	2 337	1 212	1 125	52	18	35	340	166	175
重 庆	8 807	4 386	4 421	154	45	108	1 542	690	852
四 川	14 115	6 816	7 299	409	124	285	2 629	1 197	1 432
贵 州	5 805	2 897	2 908	170	50	120	1 135	519	616
云 南	7 344	3 496	3 848	211	56	156	1 530	748	781
西 藏	382	197	185	86	34	53	107	57	50
陕 西	7 897	4 089	3 809	116	32	85	909	398	511
甘 肃	4 828	2 403	2 426	150	36	114	773	353	420
青 海	1 246	643	603	34	9	25	242	114	128
宁 夏	1 936	990	946	50	11	39	264	126	138
新 疆	5 707	2 871	2 836	125	34	91	1 150	546	604

数据来源：国家统计局人口和就业统计司。

单位：人

初中			高中			大专及以上		
合计	男	女	合计	男	女	合计	男	女
118 897	**61 922**	**56 974**	**90 190**	**48 253**	**41 937**	**98 568**	**51 635**	**46 934**
2 711	1 403	1 308	2 678	1 331	1 346	7 330	3 907	3 423
2 717	1 552	1 165	2 508	1 386	1 122	2 925	1 473	1 452
4 611	2 380	2 231	3 397	1 776	1 621	3 974	2 061	1 911
2 625	1 333	1 292	2 273	1 188	1 084	2 108	1 128	980
1 838	934	904	1 717	897	820	2 467	1 176	1 291
7 057	3 535	3 522	4 561	2 355	2 205	5 729	2 928	2 802
2 831	1 420	1 411	2 244	1 179	1 066	2 073	1 073	1 001
4 333	2 192	2 141	3 166	1 643	1 524	3 358	1 654	1 704
4 356	2 255	2 101	3 471	1 890	1 582	5 307	2 753	2 553
7 930	4 080	3 851	6 499	3 388	3 111	7 455	3 878	3 576
6 619	3 624	2 996	3 464	1 939	1 525	4 381	2 329	2 052
4 109	2 084	2 025	2 381	1 310	1 071	2 428	1 391	1 038
4 312	2 341	1 971	2 755	1 516	1 239	2 650	1 387	1 262
2 512	1 262	1 250	1 928	1 054	874	1 843	1 191	652
6 705	3 402	3 304	5 609	2 907	2 702	6 537	3 652	2 886
5 530	2 862	2 668	4 780	2 441	2 338	4 235	2 035	2 201
4 821	2 424	2 397	4 410	2 422	1 988	4 337	2 457	1 880
3 717	1 832	1 885	3 519	1 836	1 683	2 989	1 579	1 410
17 630	9 789	7 841	11 870	6 817	5 053	9 716	5 258	4 458
3 292	1 703	1 589	2 361	1 257	1 104	1 738	927	811
816	397	418	645	357	287	484	273	211
2 525	1 258	1 266	2 292	1 192	1 099	2 296	1 201	1 095
4 410	2 215	2 194	3 237	1 673	1 564	3 430	1 607	1 824
2 055	1 047	1 008	1 339	683	657	1 105	597	507
2 339	1 202	1 136	1 254	655	600	2 010	836	1 175
89	48	40	52	33	18	48	24	24
2 488	1 335	1 154	2 398	1 358	1 040	1 985	966	1 019
1 307	634	673	1 370	710	660	1 228	670	558
416	223	194	291	154	136	263	143	120
615	320	295	436	231	205	572	302	269
1 583	838	745	1 282	673	609	1 567	781	786

13. 2016 年各省、自治区、直辖市分性别、受教育程度的人口数（镇）

地 区	6 岁及以上人口			未上过学			小学		
	合计	男	女	合 计	男	女	合计	男	女
全 国	245 704	125 629	120 076	12 166	3 456	8 709	59 744	27 999	31 744
北 京	626	339	288	27	6	20	98	49	48
天 津	811	493	318	18	7	11	198	103	94
河 北	16 138	8 196	7 942	663	184	479	3 802	1 774	2 028
山 西	7 984	4 063	3 922	200	65	135	1 280	622	658
内蒙古	5 165	2 732	2 432	173	50	123	1 062	501	561
辽 宁	3 767	1 938	1 829	69	15	54	828	376	452
吉 林	3 745	1 899	1 846	74	26	48	631	288	344
黑龙江	5 639	2 837	2 802	177	73	105	1 143	538	605
上 海	1 693	926	767	94	26	68	305	151	153
江 苏	15 209	7 764	7 445	1 197	375	822	3 160	1 430	1 730
浙 江	9 835	5 200	4 635	474	101	373	2 595	1 214	1 381
安 徽	13 772	7 082	6 690	686	195	490	3 385	1 490	1 894
福 建	5 755	2 898	2 857	338	70	268	1 964	859	1 105
江 西	10 746	5 448	5 298	431	109	320	3 070	1 412	1 657
山 东	22 195	11 223	10 972	1 561	419	1 143	5 356	2 532	2 824
河 南	17 932	9 289	8 643	699	183	516	3 635	1 788	1 847
湖 北	10 266	5 149	5 117	430	126	304	2 098	935	1 163
湖 南	15 543	8 037	7 506	529	160	369	3 226	1 491	1 735
广 东	11 079	5 753	5 325	423	122	302	2 497	1 118	1 379
广 西	8 694	4 557	4 137	331	96	236	2 210	1 070	1 140
海 南	1 627	851	775	67	19	48	360	159	201
重 庆	6 129	3 123	3 006	236	65	171	1 891	916	976
四 川	17 699	8 829	8 871	913	225	688	5 065	2 427	2 638
贵 州	6 133	3 164	2 969	619	177	442	1 945	974	971
云 南	9 112	4 590	4 522	604	169	435	3 166	1 551	1 615
西 藏	368	181	186	127	54	72	92	47	45
陕 西	8 535	4 211	4 324	467	153	315	1 997	916	1 080
甘 肃	4 284	2 155	2 129	256	88	169	1 230	576	654
青 海	1 126	594	533	148	56	92	400	194	205
宁 夏	990	514	476	36	8	28	253	113	140
新 疆	3 107	1 594	1 513	95	35	60	804	382	422

数据来源：国家统计局人口和就业统计司。

单位：人

初中			高中			大专及以上		
合计	男	女	合计	男	女	合计	男	女
102 759	**54 680**	**48 079**	**44 441**	**25 235**	**19 205**	**26 594**	**14 257**	**12 337**
257	146	110	130	76	54	116	60	56
403	266	137	75	44	30	117	72	45
7 656	4 061	3 594	2 596	1 432	1 164	1 421	745	676
3 448	1 726	1 722	1 751	959	790	1 305	690	616
2 243	1 267	976	834	457	377	854	458	395
2 162	1 176	986	430	231	200	277	140	137
1 524	784	740	773	417	355	743	385	358
2 715	1 380	1 335	1 051	583	467	553	262	290
698	402	295	292	177	115	305	169	136
6 307	3 340	2 966	2 696	1 621	1 076	1 849	997	851
3 661	2 041	1 620	1 536	844	693	1 569	1 000	568
6 502	3 470	3 032	1 875	1 157	718	1 324	770	555
2 190	1 242	948	833	460	373	429	266	162
4 153	2 124	2 029	2 203	1 273	930	890	529	360
9 661	5 259	4 402	3 492	2 082	1 410	2 124	931	1 192
8 780	4 573	4 207	3 896	2 241	1 656	922	504	417
4 213	2 192	2 021	2 097	1 192	905	1 427	703	724
5 524	2 800	2 724	3 904	2 178	1 726	2 361	1 408	953
4 210	2 261	1 949	2 740	1 520	1 220	1 207	732	475
3 702	2 005	1 697	1 613	921	692	837	465	372
864	468	396	234	144	90	102	62	40
2 371	1 206	1 164	1 178	699	478	453	235	217
7 279	3 801	3 478	2 848	1 561	1 287	1 596	816	781
2 456	1 386	1 070	677	382	294	437	245	193
3 193	1 741	1 452	1 422	753	670	727	376	351
118	64	54	9	5	4	22	10	12
3 196	1 735	1 461	1 657	927	730	1 218	479	739
1 462	769	693	805	438	367	530	285	246
365	218	147	108	68	40	105	57	48
406	229	176	156	90	67	139	75	64
1 040	543	497	531	302	229	637	331	306

14. 2016 年各省、自治区、直辖市分性别、受教育程度的人口数（乡村）

地　区	6 岁及以上人口			未上过学			小学		
	合计	男	女	合计	男	女	合计	男	女
全　国	457 552	233 382	224 170	40 296	12 375	27 921	158 770	77 075	81 695
北　京	2 365	1 212	1 153	125	32	92	405	200	205
天　津	2 139	1 069	1 071	137	35	104	582	266	316
河　北	27 260	13 918	13 342	1 784	510	1 274	8 774	4 199	4 575
山　西	12 895	6 653	6 242	566	192	374	3 316	1 509	1 807
内蒙古	7 901	3 978	3 923	754	258	495	2 512	1 198	1 314
辽　宁	11 655	6 006	5 648	508	181	328	3 847	1 824	2 024
吉　林	9 774	4 995	4 779	461	158	303	3 421	1 687	1 734
黑龙江	12 736	6 546	6 190	896	342	555	4 393	2 129	2 264
上　海	2 380	1 240	1 141	167	36	130	549	257	292
江　苏	20 623	10 315	10 308	1 910	502	1 408	6 416	2 926	3 490
浙　江	14 842	7 594	7 248	1 748	497	1 251	5 175	2 562	2 613
安　徽	23 158	11 844	11 315	2 523	777	1 746	7 712	3 727	3 985
福　建	10 950	5 465	5 485	1 151	303	849	4 641	2 158	2 483
江　西	16 672	8 587	8 086	1 196	347	848	6 317	2 997	3 320
山　东	32 195	16 248	15 946	2 927	794	2 133	10 038	4 684	5 354
河　南	38 203	19 353	18 850	3 244	1 129	2 116	11 615	5 724	5 891
湖　北	19 356	9 903	9 453	1 719	435	1 286	6 512	3 157	3 355
湖　南	25 191	12 815	12 376	1 314	408	907	8 090	3 926	4 164
广　东	26 260	13 625	12 635	1 641	456	1 185	8 705	4 149	4 557
广　西	19 302	9 969	9 332	1 199	327	872	6 699	3 147	3 552
海　南	3 073	1 645	1 428	213	69	143	870	426	444
重　庆	9 151	4 673	4 479	680	175	505	4 148	2 061	2 086
四　川	33 444	16 821	16 623	4 186	1 325	2 861	13 592	6 857	6 735
贵　州	15 234	7 867	7 367	2 328	696	1 631	6 153	3 204	2 949
云　南	20 474	10 568	9 906	2 403	808	1 595	9 611	4 887	4 724
西　藏	1 763	894	869	768	322	446	587	343	244
陕　西	13 456	6 752	6 704	1 101	358	743	3 941	1 858	2 083
甘　肃	11 332	5 765	5 568	1 388	427	961	4 810	2 335	2 475
青　海	2 209	1 122	1 086	424	154	270	960	482	478
宁　夏	2 284	1 177	1 107	264	80	185	877	433	444
新　疆	9 274	4 765	4 509	570	246	324	3 501	1 763	1 738

数据来源：国家统计局人口和就业统计司。

单位：人

初中			高中			大专及以上		
合计	男	女	合计	男	女	合计	男	女
196 739	**108 564**	**88 176**	**47 539**	**27 836**	**19 703**	**14 207**	**7 531**	**6 675**
1 102	607	495	451	242	209	283	132	151
1 048	575	473	238	135	104	133	59	74
13 499	7 333	6 166	2 632	1 584	1 047	572	292	279
6 601	3 589	3 012	1 884	1 104	781	528	260	268
3 472	1 993	1 479	845	362	483	319	167	152
6 180	3 371	2 810	795	456	340	324	176	148
4 977	2 657	2 321	638	353	284	276	140	137
6 443	3 502	2 941	755	454	299	248	118	130
1 146	647	499	340	192	147	180	107	73
8 303	4 511	3 792	2 839	1 745	1 095	1 155	631	523
5 273	3 046	2 227	1 889	1 127	763	757	363	394
10 191	5 723	4 468	1 970	1 171	800	761	446	315
3 834	2 216	1 618	981	597	384	343	191	152
6 838	3 857	2 981	1 878	1 128	750	443	258	186
14 469	7 886	6 583	3 922	2 405	1 518	838	480	359
18 670	9 921	8 749	3 962	2 232	1 730	712	348	365
8 427	4 679	3 748	2 056	1 276	780	642	358	285
11 162	5 844	5 318	3 790	2 185	1 604	834	452	384
11 489	6 389	5 100	3 569	2 147	1 422	856	484	372
9 383	5 311	4 071	1 641	976	665	380	208	171
1 517	849	667	375	239	135	99	61	37
3 216	1 808	1 409	818	468	350	290	160	129
11 949	6 575	5 374	2 874	1 631	1 243	843	433	410
5 439	3 236	2 203	951	547	403	363	183	180
6 604	3 890	2 713	1 384	741	643	472	243	229
260	161	99	86	43	42	62	25	37
6 150	3 294	2 857	1 646	933	712	618	309	309
3 568	2 058	1 510	1 134	715	419	432	229	203
609	363	245	141	83	58	74	40	35
800	464	337	252	147	103	90	52	39
4 120	2 210	1 910	804	416	387	279	130	150

15. 2016 年各省、自治区、直辖市分性别、婚姻状况的人口数

地　区	15 岁及以上人口			未婚			有配偶		
	合计	男	女	合计	男	女	合计	男	女
全　国	965 321	488 944	476 376	182 568	107 984	74 584	710 768	354 610	356 158
北　京	16 160	8 275	7 885	3 434	2 038	1 396	11 730	5 933	5 798
天　津	11 624	6 217	5 407	2 224	1 281	943	8 625	4 679	3 947
河　北	51 166	25 832	25 334	7 397	4 459	2 938	40 290	19 972	20 317
山　西	26 163	13 383	12 780	5 328	3 095	2 233	19 253	9 684	9 569
内蒙古	18 431	9 303	9 128	3 415	1 799	1 615	13 801	7 055	6 746
辽　宁	32 768	16 513	16 254	5 355	3 132	2 223	242 69	12 147	12 123
吉　林	20 043	10 116	9 927	2 940	1 712	1 228	15 254	7 668	7 586
黑龙江	28 670	14 444	14 226	4 791	2 688	2 104	21 042	10 579	10 463
上　海	18 236	9 347	8 889	3 103	1 761	1 343	14 057	7 260	6 796
江　苏	57 799	28 713	29 085	9 063	5 070	3 993	44 561	22 214	22 347
浙　江	40 768	21 118	19 650	6 981	4 361	2 620	30 912	15 820	15 092
安　徽	42 927	21 710	21 218	7 570	4 603	2 966	32 254	15 933	16 321
福　建	26 534	13 292	13 241	4 207	2 537	1 670	20 412	10 164	10 248
江　西	30 389	15 452	14 937	5 829	3 626	2 203	22 395	11 104	11 290
山　东	69 325	34 752	34 573	10 634	6 207	4 426	53 971	26 796	27 175
河　南	63 480	31 520	31 960	12 159	6 931	5 228	47 045	22 823	24 221
湖　北	41 739	21 236	20 503	7 885	4 886	2 999	30 667	15 152	15 516
湖　南	46 880	23 678	23 201	8 152	5 002	3 150	34 753	17 226	17 527
广　东	76 689	40 344	36 345	21 475	12 922	8 553	51 226	26 207	25 019
广　西	31 991	16 441	15 550	7 430	4 632	2 798	22 134	11 003	11 131
海　南	6 178	3 228	2 950	1 645	1 042	602	4 159	2 063	2 096
重　庆	21 611	10 852	10 759	3 699	2 205	1 494	15 938	7 880	8 059
四　川	58 371	28 868	29 503	10 583	6 132	4 451	42 053	20 548	21 505
贵　州	23 252	11 848	11 404	5 120	3 084	2 036	16 077	7 938	8 138
云　南	32 301	16 265	16 036	7 063	4 071	2 992	22 774	11 309	11 465
西　藏	2 119	1 076	1 043	649	344	304	1 306	679	628
陕　西	27 265	13 659	13 606	5 849	3 278	2 572	19 383	9 618	9 765
甘　肃	18 235	9 127	9 109	3 801	2 202	1 599	13 025	6 411	6 614
青　海	4 004	2 065	1 938	856	523	334	2 772	1 403	1 369
宁　夏	4 581	2 345	2 236	889	534	355	3 402	1 710	1 692
新　疆	15 624	7 925	7 699	3 044	1 828	1 216	11 229	5 633	5 595

　　数据来源：国家统计局人口和就业统计司。

单位：人

离婚			丧偶		
合计	男	女	合计	男	女
18 408	**10 415**	**7 993**	**53 577**	**15 935**	**37 641**
341	151	191	654	153	501
228	109	119	547	148	399
732	470	262	2 748	931	1 817
375	239	136	1 208	366	842
351	202	149	865	247	618
1 221	660	561	1 923	576	1 347
735	410	325	1 114	326	788
1 181	660	520	1 656	517	1 140
366	164	202	709	162	548
890	493	397	3 285	937	2 348
732	429	303	2 143	508	1 634
692	439	253	2 412	734	1 677
409	227	183	1 506	366	1 140
427	245	182	1 739	476	1 263
769	489	281	3 950	1 260	2 691
769	497	272	3 507	1 268	2 239
785	456	329	2 402	742	1 659
965	574	391	3 009	876	2 133
888	438	450	3 100	777	2 324
499	278	221	1 928	528	1 400
73	46	27	301	76	225
620	312	309	1 352	455	897
1 589	890	699	4 145	1 298	2 847
567	339	228	1 489	487	1 002
629	369	260	1 835	515	1 320
46	15	32	117	38	79
404	247	158	1 628	516	1 112
277	165	112	1 132	349	783
149	76	73	226	64	163
93	50	43	197	51	146
604	277	327	747	186	561

16. 2016 年各省、自治区、直辖市分性别、婚姻状况的人口数（城市）

地　区	15 岁及以上人口			未婚			有配偶		
	合计	男	女	合计	男	女	合计	男	女
全　国	346 554	175 930	170 625	70 656	39 975	30 682	253 761	128 683	125 078
北　京	13 329	6 816	6 513	3 053	1 804	1 249	9 493	4 784	4 709
天　津	8 967	4 817	4 151	1 769	1 007	762	6 614	3 627	2 987
河　北	13 313	6 696	6 616	2 112	1 193	919	10 346	5 180	5 165
山　西	7 441	3 795	3 646	1 445	837	608	5 615	2 836	2 778
内蒙古	6 381	3 098	3 283	1 286	623	664	4 720	2 384	2 335
辽　宁	18 634	9 258	9 376	3 215	1 809	1 406	13 577	6 785	6 792
吉　林	7 839	3 928	3 911	1 207	698	509	5 821	2 936	2 885
黑龙江	11 826	5 842	5 984	2 276	1 200	1 076	8 256	4 177	4 079
上　海	14 391	7 309	7 082	2 655	1 465	1 190	10 897	5 593	5 303
江　苏	25 237	12 446	12 791	4 602	2 269	2 333	19 121	9 680	9 442
浙　江	18 102	9 403	8 699	3 208	1 916	1 293	13 934	7 203	6 730
安　徽	10 389	5 232	5 157	1 871	1 069	802	7 813	3 918	3 895
福　建	11 791	5 978	5 813	2 160	1 223	938	8 995	4 568	4 428
江　西	7 227	3 852	3 375	1 617	1 091	526	5 120	2 587	2 533
山　东	21 104	10 695	10 409	3 585	2 088	1 497	16 355	8 223	8 132
河　南	15 824	7 781	8 043	3 006	1 492	1 514	12 071	5 995	6 075
湖　北	15 196	7 864	7 332	3 432	2 168	1 264	10 727	5 331	5 396
湖　南	11 349	5 643	5 705	2 054	1 197	856	8 457	4 198	4 260
广　东	44 407	23 826	20 582	12 651	7 691	4 960	30 047	15 651	14 396
广　西	8 150	4 156	3 994	1 814	1 062	752	5 802	2 933	2 869
海　南	2 082	1 062	1 020	521	304	217	1 470	732	738
重　庆	8 255	4 097	4 158	1 508	831	676	6 082	3 024	3 059
四　川	13 161	6 301	6 860	2 700	1 248	1 452	9 454	4 709	4 744
贵　州	5 272	2 620	2 652	1 145	633	511	3 651	1 835	1 817
云　南	6 642	3 161	3 481	1 533	670	863	4 694	2 353	2 341
西　藏	352	183	170	100	54	46	228	123	105
陕　西	7 318	3 774	3 545	1 821	1 025	796	5 121	2 632	2 489
甘　肃	4 488	2 218	2 270	831	453	378	3 310	1 659	1 651
青　海	1 142	588	554	202	122	80	834	431	403
宁　夏	1 763	894	869	319	187	132	1 342	677	665
新　疆	5 181	2 599	2 582	957	547	410	3 794	1 917	1 877

数据来源：国家统计局人口和就业统计司。

单位：人

离婚			丧偶		
合计	男	女	合计	男	女
8 425	**3 899**	**4 526**	**13 711**	**3 373**	**10 338**
285	118	167	497	110	388
183	79	104	401	103	298
256	123	133	598	200	399
119	61	58	262	61	201
140	54	86	235	37	198
864	408	456	978	257	722
403	193	210	408	101	308
615	301	314	680	164	515
311	132	178	529	118	411
462	232	230	1 051	265	785
339	162	177	621	122	499
240	122	117	465	122	343
191	91	100	445	97	348
183	91	92	307	83	224
281	140	141	883	244	639
258	128	130	490	166	323
394	201	193	644	165	479
306	142	164	532	107	425
562	243	319	1 147	240	907
184	80	104	349	81	269
27	11	16	64	15	49
359	156	203	306	85	220
461	201	260	546	143	403
248	98	150	228	54	174
180	91	89	236	48	188
8	2	6	16	4	12
132	58	73	244	59	186
122	56	66	225	49	176
55	23	31	51	12	40
46	19	27	56	11	45
212	85	127	217	49	168

17. 2016 年各省、自治区、直辖市分性别、婚姻状况的人口数（镇）

地 区	15 岁及以上人口			未婚			有配偶		
	合计	男	女	合计	男	女	合计	男	女
全　国	220 074	111 614	108 460	39 924	23 544	16 379	165 236	82 752	82 484
北　京	598	322	276	76	49	27	479	254	224
天　津	748	455	293	158	106	52	544	328	217
河　北	14 247	7 178	7 069	1 924	1 133	791	11 397	5 688	5 709
山　西	7 126	3 609	3 517	1 515	825	690	5 289	2 673	2 616
内蒙古	4 807	2 553	2 254	801	469	332	3 711	1 973	1 738
辽　宁	3 456	1 770	1 686	500	315	185	2 685	1 345	1 340
吉　林	3 471	1 760	1 711	473	278	195	2 723	1 382	1 341
黑龙江	5 265	2 639	2 625	774	413	360	3 976	2 007	1 968
上　海	1 591	870	722	205	117	88	1 308	727	582
江　苏	13 907	7 046	6 861	2 012	1 269	743	10 968	5 457	5 511
浙　江	9 112	4 811	4 301	1 755	1 183	571	6 820	3 474	3 346
安　徽	12 431	6 341	6 090	2 063	1 284	779	9 566	4 760	4 806
福　建	5 058	2 507	2 550	788	500	288	3 905	1 897	2 007
江　西	9 199	4 579	4 620	1 601	958	643	7 007	3 445	3 562
山　东	19 782	9 856	9 926	3 063	1 615	1 448	15 496	7 753	7 743
河　南	15 647	7 966	7 681	3 060	1 826	1 234	11 719	5 828	5 891
湖　北	9 381	4 663	4 718	1 613	869	745	7 153	3 583	3 569
湖　南	13 892	7 141	6 751	2 319	1 439	880	10 564	5 346	5 218
广　东	9 946	5 121	4 824	2 907	1 648	1 259	6 492	3 317	3 175
广　西	7 630	3 964	3 667	1 704	1 079	625	5 435	2 743	2 693
海　南	1 455	755	700	376	241	135	972	484	488
重　庆	5 431	2 730	2 701	989	612	377	4 000	1 958	2 042
四　川	15 873	7 868	8 005	2 618	1 569	1 049	11 876	5 800	6 076
贵　州	5 320	2 735	2 585	1 186	730	456	3 700	1 834	1 867
云　南	8 148	4 110	4 038	1 830	1 075	756	5 682	2 810	2 872
西　藏	318	157	162	106	53	53	200	100	100
陕　西	7 827	3 827	3 999	1 723	838	885	5 551	2 768	2 782
甘　肃	3 822	1 905	1 917	856	469	387	2 738	1 347	1 391
青　海	993	524	469	217	137	80	693	353	339
宁　夏	873	450	423	153	92	61	671	340	331
新　疆	2 723	1 403	1 320	560	353	207	1 916	976	940

　　数据来源：国家统计局人口和就业统计司。

单位：人

离婚			丧偶		
合计	男	女	合计	男	女
3 759	**2 142**	**1 617**	**11 156**	**3 176**	**7 979**
16	9	6	27	9	18
13	10	4	33	12	21
190	112	78	736	244	491
77	44	33	245	67	178
105	63	42	190	48	142
83	56	27	189	54	135
101	53	48	174	47	127
229	129	100	286	89	196
22	14	8	56	11	44
188	94	94	739	226	513
131	72	59	406	81	325
185	108	77	616	189	427
77	38	39	289	72	217
128	64	64	462	111	351
207	145	61	1 016	343	673
149	99	49	719	213	506
166	88	78	449	123	326
271	150	122	738	207	531
106	53	54	440	103	337
101	47	55	389	95	295
19	13	7	88	17	70
120	64	56	322	97	225
421	242	179	958	257	701
135	86	49	299	86	214
188	108	81	447	117	330
10	4	7	2	0	2
111	74	37	442	147	295
45	30	15	183	58	125
35	20	15	49	14	34
17	9	7	32	8	23
110	45	65	137	29	107

18. 2016 年各省、自治区、直辖市分性别、婚姻状况的人口数（乡村）

地　区	15 岁及以上人口			未婚			有配偶		
	合计	男	女	合计	男	女	合计	男	女
全　国	398 692	201 401	197 292	71 988	44 466	27 523	291 770	143 175	148 595
北　京	2 233	1 137	1 096	304	185	119	1 759	895	864
天　津	1 909	945	964	297	167	129	1 467	724	743
河　北	23 607	11 958	11 649	3 360	2 132	1 227	18 547	9 104	9 443
山　西	11 596	5 980	5 617	2 368	1 433	935	8 349	4 175	4 174
内蒙古	7 244	3 653	3 591	1 328	708	620	5 370	2 697	2 673
辽　宁	10 678	5 485	5 193	1 640	1 008	632	8 008	4 017	3 991
吉　林	8 733	4 428	4 305	1 260	736	524	6 709	3 349	3 361
黑龙江	11 579	5 962	5 617	1 742	1 075	667	8 810	4 395	4 415
上　海	2 253	1 168	1 085	243	178	65	1 852	940	911
江　苏	18 655	9 221	9 434	2 448	1 532	917	14 472	7 077	7 395
浙　江	13 554	6 904	6 650	2 018	1 262	756	10 158	5 142	5 016
安　徽	20 107	10 136	9 971	3 635	2 251	1 385	14 874	7 254	7 620
福　建	9 684	4 807	4 878	1 259	814	445	7 512	3 699	3 813
江　西	13 963	7 021	6 942	2 611	1 577	1 034	10 267	5 072	5 195
山　东	28 439	14 201	14 238	3 986	2 505	1 481	22 120	10 820	11 300
河　南	32 009	15 773	16 236	6 093	3 613	2 480	23 255	11 000	12 255
湖　北	17 162	8 709	8 453	2 840	1 850	991	12 788	6 237	6 550
湖　南	21 639	10 894	10 745	3 780	2 366	1 414	15 732	7 683	8 049
广　东	22 336	11 397	10 939	5 917	3 583	2 334	14 687	7 239	7 448
广　西	16 211	8 322	7 889	3 911	2 491	1 420	10 896	5 327	5 569
海　南	2 641	1 411	1 230	747	497	251	1 717	847	870
重　庆	7 925	4 025	3 900	1 203	762	441	5 856	2 898	2 958
四　川	29 337	14 699	14 638	5 265	3 315	1 950	20 723	10 039	10 685
贵　州	12 659	6 494	6 166	2 789	1 720	1 069	8 725	4 270	4 455
云　南	17 512	8 993	8 518	3 700	2 326	1 374	12 398	6 146	6 252
西　藏	1 448	737	711	443	238	205	879	456	423
陕　西	12 120	6 058	6 062	2 306	1 415	890	8 711	4 218	4 493
甘　肃	9 926	5 004	4 921	2 115	1 280	835	6 977	3 404	3 573
青　海	1 868	953	915	437	264	173	1 246	619	627
宁　夏	1 945	1 002	944	417	255	161	1 388	693	695
新　疆	7 720	3 924	3 796	1 526	928	598	5 518	2 740	2 778

数据来源：国家统计局人口和就业统计司。

单位：人

离婚			丧偶		
合计	男	女	合计	男	女
6 224	**4 374**	**1 850**	**28 709**	**9 385**	**19 324**
41	24	17	130	35	95
32	21	11	114	33	81
286	235	51	1 414	487	927
178	134	44	702	238	464
106	85	20	440	162	278
274	196	78	756	265	491
231	164	67	532	178	354
336	230	106	691	263	428
33	18	16	125	33	93
240	167	73	1 495	446	1 049
262	195	67	1 116	305	811
267	208	59	1 330	423	907
142	98	44	772	197	576
115	90	25	969	282	688
282	204	78	2 051	673	1 378
362	270	93	2 298	889	1 409
226	168	58	1 309	454	854
388	283	105	1 740	563	1 177
219	142	77	1 513	433	1 080
214	152	62	1 190	353	837
27	23	4	149	44	105
141	92	50	725	273	452
708	447	260	2 640	898	1 742
184	156	28	961	347	614
261	171	90	1 152	350	802
28	9	19	99	34	65
162	115	47	941	310	631
109	78	31	725	242	483
59	33	26	126	37	89
30	22	9	110	32	78
282	148	135	393	108	285

• 人口构成

19. 2016 年各省、自治区、直辖市人口城乡构成　　　　　　　　　　　　　单位：万人，%

地　区	总人口（年末）	城镇人口		乡村人口	
		人口数	比重	人口数	比重
全　国	138 271	79 298	57. 35	58 973	42. 65
北　京	2 173	1 880	86. 50	293	13. 50
天　津	1 562	1 295	82. 93	267	17. 07
河　北	7 470	3 983	53. 32	3 487	46. 68
山　西	3 682	2 070	56. 21	1 612	43. 79
内蒙古	2 520	1 542	61. 19	978	38. 81
辽　宁	4 378	2 949	67. 37	1 429	32. 63
吉　林	2 733	1 530	55. 97	1 203	44. 03
黑龙江	3 799	2 249	59. 20	1 550	40. 80
上　海	2 420	2 127	87. 90	293	12. 10
江　苏	7 999	5 417	67. 72	2 582	32. 28
浙　江	5 590	3 745	67. 00	1 845	33. 00
安　徽	6 196	3 221	51. 99	2 975	48. 01
福　建	3 874	2 464	63. 60	1 410	36. 40
江　西	4 592	2 438	53. 10	2 154	46. 90
山　东	9 947	5 871	59. 02	4 067	40. 98
河　南	9 532	4 623	48. 50	4 909	51. 50
湖　北	5 885	3 419	58. 10	2 466	41. 90
湖　南	6 822	3 599	52. 75	3 223	47. 25
广　东	10 999	7 611	69. 20	3 388	30. 80
广　西	4 838	2 326	48. 08	2 512	51. 92
海　南	917	521	56. 78	396	43. 22
重　庆	3 048	1 908	62. 60	1 140	37. 40
四　川	8 262	4 066	49. 21	4 196	50. 79
贵　州	3 555	1 570	44. 15	1 985	55. 85
云　南	4 771	2 148	45. 03	2 623	54. 97
西　藏	331	98	29. 56	233	70. 44
陕　西	3 813	2 110	55. 34	1 703	44. 66
甘　肃	2 610	1 166	44. 69	1 444	55. 31
青　海	593	306	51. 63	287	48. 37
宁　夏	675	380	56. 29	295	43. 71
新　疆	2 398	1 159	48. 35	1 239	51. 65

注：本表数据根据 2016 年人口变动情况抽样调查数据推算。

数据来源：国家统计局人口和就业统计司。

20. 2016 年各省、自治区、直辖市人口年龄构成和抚养比

地　区	人口数（人）				总抚养比（%）		
	合计	0—14 岁	15—64 岁	65 岁及以上	合计	少儿抚养比	老年抚养比
全　国	1 158 019	192 698	839 679	125 642	37.91	22.95	14.96
北　京	18 132	1 973	14 031	2 129	29.23	14.06	15.17
天　津	13 046	1 421	10 142	1 482	28.63	14.01	14.62
河　北	62 750	11 584	44 321	6 845	41.58	26.14	15.44
山　西	30 910	4 747	23 475	2 688	31.67	20.22	11.45
内蒙古	21 136	2 705	16 436	1 995	28.60	16.46	12.14
辽　宁	36 668	3 900	27 919	4 849	31.34	13.97	17.37
吉　林	22 945	2 903	17 552	2 490	30.72	16.54	14.19
黑龙江	31 874	3 204	24 865	3 805	28.19	12.89	15.30
上　海	20 188	1 953	15 618	2 617	29.26	12.50	16.76
江　苏	66 998	9 199	48 750	9 048	37.43	18.87	18.56
浙　江	46 831	6 063	35 319	5 449	32.59	17.17	15.43
安　徽	52 056	9 128	36 958	5 969	40.85	24.70	16.15
福　建	32 474	5 940	23 303	3 231	39.36	25.49	13.87
江　西	38 576	8 187	26 687	3 702	44.55	30.68	13.87
山　东	83 464	14 140	59 599	9 725	40.04	23.72	16.32
河　南	80 140	16 659	55 405	8 075	44.64	30.07	14.57
湖　北	49 384	7 645	36 023	5 716	37.09	21.22	15.87
湖　南	57 310	10 431	40 065	6 814	43.04	26.03	17.01
广　东	92 107	15 417	69 603	7 086	32.33	22.15	10.18
广　西	40 677	8 686	28 048	3 943	45.03	30.97	14.06
海　南	7 698	1 520	5 543	635	38.88	27.43	11.45
重　庆	25 560	3 949	18 041	3 570	41.68	21.89	19.79
四　川	69 457	11 086	48 858	9 513	42.16	22.69	19.47
贵　州	29 915	6 663	20 373	2 879	46.83	32.70	14.13
云　南	40 141	7 839	28 939	3 362	38.71	27.09	11.62
西　藏	2 789	671	1 980	139	40.88	33.87	7.01
陕　西	32 014	4 750	23 826	3 439	34.37	19.93	14.43
甘　肃	21 960	3 725	16 049	2 186	36.83	23.21	13.62
青　海	4 987	983	3 643	360	36.87	26.98	9.89
宁　夏	5 666	1 085	4 140	441	36.85	26.20	10.65
新　疆	20 165	4 541	14 165	1 458	42.35	32.06	10.30

数据来源：国家统计局人口和就业统计司。

21. 2016 年各省、自治区、直辖市人口年龄构成和抚养比（城市）

地 区	人口数（人）				总抚养比（%）		
	合计	0—14 岁	15—64 岁	65 岁及以上	合计	少儿抚养比	老年抚养比
全 国	398 745	52 190	308 302	38 252	29.34	16.93	12.41
北 京	14 964	1 635	11 598	1 731	29.03	14.10	14.92
天 津	9 929	962	7 852	1 116	26.46	12.25	14.21
河 北	15 572	2 259	11 572	1 741	34.56	19.52	15.04
山 西	8 654	1 213	6 780	661	27.64	17.90	9.74
内蒙古	7 355	974	5 780	601	27.25	16.85	10.39
辽 宁	20 614	1 980	16 039	2 595	28.53	12.35	16.18
吉 林	8 761	923	6 851	988	27.89	13.47	14.42
黑龙江	12 925	1 099	10 235	1 592	26.28	10.73	15.55
上 海	15 931	1 540	12 370	2 021	28.79	12.45	16.34
江 苏	28 741	3 504	21 921	3 316	31.11	15.99	15.13
浙 江	20 771	2 670	16 335	1 767	27.16	16.34	10.82
安 徽	11 980	1 591	9 135	1 254	31.14	17.42	13.73
福 建	14 113	2 321	10 741	1 051	31.39	21.61	9.78
江 西	8 545	1 318	6 351	876	34.56	20.76	13.80
山 东	24 719	3 616	18 810	2 293	31.41	19.22	12.19
河 南	18 947	3 123	14 205	1 620	33.39	21.98	11.40
湖 北	17 403	2 207	13 332	1 865	30.54	16.55	13.99
湖 南	13 189	1 841	9 889	1 459	33.37	18.61	14.76
广 东	51 294	6 887	41 330	3 077	24.11	16.66	7.45
广 西	9 775	1 625	7 313	837	33.67	22.22	11.45
海 南	2 549	467	1 917	165	32.95	24.35	8.60
重 庆	9 338	1 083	7 286	969	28.17	14.86	13.30
四 川	14 919	1 758	11 755	1 406	26.91	14.96	11.96
贵 州	6 316	1 043	4 774	499	32.30	21.86	10.45
云 南	7 986	1 344	6 108	534	30.74	22.00	8.74
西 藏	404	52	333	19	21.25	15.52	5.73
陕 西	8 388	1 070	6 559	759	27.87	16.30	11.57
甘 肃	5 082	594	3 919	569	29.67	15.15	14.52
青 海	1 313	171	1 046	96	25.53	16.30	9.22
宁 夏	2 071	307	1 610	153	28.57	19.09	9.48
新 疆	6 197	1 016	4 557	624	35.97	22.29	13.68

数据来源：国家统计局人口和就业统计司。

22. 2016 年各省、自治区、直辖市人口年龄构成和抚养比（镇）

地 区	人口数（人）				总抚养比（％）		
	合计	0—14 岁	15—64 岁	65 岁及以上	合计	少儿抚养比	老年抚养比
全 国	265 367	45 292	194 582	25 493	36.38	23.28	13.10
北 京	678	80	535	63	26.80	15.03	11.76
天 津	853	105	656	92	30.09	16.02	14.07
河 北	17 583	3 336	12 505	1 742	40.61	26.68	13.93
山 西	8 571	1 445	6 547	579	30.91	22.07	8.84
内蒙古	5 481	674	4 404	402	24.44	15.31	9.14
辽 宁	3 931	475	2 983	474	31.79	15.91	15.88
吉 林	3 970	500	3 059	412	29.78	16.33	13.46
黑龙江	5 793	528	4 568	696	26.80	11.56	15.24
上 海	1 772	181	1 387	204	27.78	13.04	14.74
江 苏	16 343	2 436	11 973	1 934	36.50	20.35	16.16
浙 江	10 402	1 290	8 010	1 103	29.87	16.10	13.77
安 徽	14 830	2 398	10 878	1 553	36.32	22.05	14.27
福 建	6 392	1 334	4 520	538	41.42	29.52	11.90
江 西	11 751	2 552	8 244	955	42.55	30.96	11.59
山 东	24 145	4 363	17 312	2 470	39.47	25.20	14.27
河 南	19 529	3 882	14 029	1 618	39.20	27.67	11.54
湖 北	11 053	1 672	8 254	1 127	33.91	20.26	13.65
湖 南	16 764	2 873	12 218	1 673	37.21	23.51	13.70
广 东	12 059	2 113	8 990	956	34.14	23.51	10.63
广 西	9 585	1 954	6 815	816	40.64	28.67	11.97
海 南	1 785	330	12 93	162	38.08	25.54	12.54
重 庆	6 546	1 115	4 666	765	40.28	23.90	16.38
四 川	18 918	3 045	13 736	2 137	37.73	22.17	15.56
贵 州	6 747	1 427	4 741	579	42.31	30.10	12.22
云 南	9 893	1 745	7 332	816	34.93	23.81	11.13
西 藏	409	91	303	15	35.07	30.04	5.03
陕 西	9 174	1 347	6 952	874	31.95	19.38	12.57
甘 肃	4 627	805	3 459	363	33.75	23.27	10.48
青 海	1 237	245	913	79	35.46	26.77	8.69
宁 夏	1 091	219	801	71	36.17	27.27	8.89
新 疆	3 454	732	2 499	224	38.23	29.27	8.96

数据来源：国家统计局人口和就业统计司。

23. 2016 年各省、自治区、直辖市人口年龄构成和抚养比（乡村）

地 区	人口数（人）				总抚养比（%）		
	合计	0—14 岁	15—64 岁	65 岁及以上	合计	少儿抚养比	老年抚养比
全　国	493 907	95 215	336 795	61 897	46.65	28.27	18.38
北　京	2 490	257	1 898	335	31.17	13.52	17.65
天　津	2 263	354	1 635	274	38.46	21.67	16.79
河　北	29 596	5 989	20 244	3 362	46.19	29.58	16.61
山　西	13 685	2 088	10 148	1 449	34.86	20.58	14.28
内蒙古	8 301	1 057	6 252	992	32.77	16.91	15.86
辽　宁	12 123	1 445	8 898	1 780	36.26	16.24	20.01
吉　林	10 214	1 480	7 643	1 090	33.64	19.37	14.27
黑龙江	13 157	1 578	10 062	1 517	30.76	15.68	15.08
上　海	2 485	232	1 861	392	33.50	12.46	21.04
江　苏	21 914	3 259	14 857	3 798	47.50	21.94	25.56
浙　江	15 657	2 104	10 975	2 579	42.67	19.17	23.50
安　徽	25 246	5 139	16 945	3 162	48.99	30.33	18.66
福　建	11 969	2 285	8 042	1 643	48.84	28.41	20.43
江　西	18 279	4 316	12 093	1 870	51.16	35.69	15.47
山　东	34 600	6 161	23 477	4 962	47.38	26.24	21.13
河　南	41 664	9 655	27 172	4 837	53.33	35.53	17.80
湖　北	20 929	3 766	14 437	2 725	44.96	26.09	18.87
湖　南	27 357	5 717	17 958	3 682	52.34	31.84	20.50
广　东	28 753	6 417	19 283	3 053	49.11	33.28	15.83
广　西	21 318	5 107	13 921	2 290	53.14	36.69	16.45
海　南	3 364	723	2 333	308	44.20	31.01	13.20
重　庆	9 676	1 751	6 089	1 836	58.91	28.75	30.16
四　川	35 620	6 283	23 367	5 971	52.44	26.89	25.55
贵　州	16 852	4 193	10 858	1 801	55.20	38.61	16.59
云　南	22 262	4 750	15 499	2 012	43.63	30.65	12.98
西　藏	1 976	528	1 344	104	47.06	39.29	7.77
陕　西	14 453	2 333	10 314	1 806	40.13	22.62	17.51
甘　肃	12 252	2 326	8 671	1 255	41.30	26.83	14.47
青　海	2 436	568	1 684	184	44.68	33.73	10.95
宁　夏	2 504	559	1 728	217	44.89	32.33	12.56
新　疆	10 513	2 794	7 109	611	47.89	39.30	8.60

数据来源：国家统计局人口和就业统计司。

24. 2016 年全国 15 岁及以上人口分年龄、性别的婚姻状况

年龄（岁）	15 岁及以上人口			未婚			有配偶		
	合计	男	女	合计	男	女	合计	男	女
总计	965 321	488 944	476 376	182 568	107 984	74 584	710 768	354 610	356 158
15—19	61 562	33 199	28 363	60 485	32 739	27 746	1 048	449	599
15	12 592	6 871	5 721	12 533	6 824	5 709	54	45	8
16	12 688	6 717	5 971	12 629	6 681	5 948	55	35	21
17	11 599	6 298	5 301	11 442	6 231	5 211	152	66	86
18	12 409	6 812	5 597	12 106	6 678	5 428	295	131	164
19	12 275	6 501	5 773	11 774	6 325	5 449	492	172	320
20—24	79 102	41 366	37 736	63 168	35 441	27 727	15 705	5 829	9 876
20	14 469	7 432	7 037	13 514	7 151	6 363	944	278	666
21	15 600	8 103	7 497	13 848	7 551	6 298	1 714	534	1 180
22	15 184	8 107	7 077	12 521	7 172	5 349	2 634	923	1 711
23	16 323	8 503	7 821	12 051	6 879	5 173	4 207	1 599	2 608
24	17 526	9 222	8 304	11 234	6 690	4 545	6 207	2 496	3 711
25—29	106 663	54 225	52 439	36 751	22 866	13 885	68 467	30 608	37 860
25	17 425	8 920	8 506	9 316	5 599	3 717	7 981	3 266	4 715
26	22 792	11 606	11 186	9 970	6 070	3 900	12 581	5 410	7 171
27	22 285	11 333	10 952	7 296	4 584	2 712	14 690	6 601	8 089
28	21 155	10 706	10 449	5 486	3 526	1 960	15 330	6 984	8 346
29	23 005	11 659	11 346	4 683	3 087	1 596	17 885	8 346	9 539
30—34	87 573	44 070	43 503	9 642	6 482	3 161	75 508	36 235	39 272
30	19 238	9 557	9 681	2 986	1 929	1 056	15 783	7 390	8 393
31	16 747	8 348	8 399	2 176	1 462	714	14 144	6 670	7 474
32	16 360	8 273	8 087	1 711	1 152	559	14 186	6 843	7 343
33	16 261	8 288	7 974	1 456	1 031	425	14 321	6 960	7 361
34	18 967	9 604	9 363	1 314	908	406	17 073	8 372	8 701
35—39	80 485	40 992	39 492	3 657	2 670	988	73 854	36 689	37 165
35	16 305	8 330	7 975	975	689	286	14 794	7 331	7 462
36	15 507	7 928	7 579	837	586	251	14 107	7 028	7 079
37	16 796	8 541	8 255	676	506	171	15 497	7 685	7 812
38	16 615	8 399	8 216	628	470	158	15 335	7 585	7 750
39	15 262	7 794	7 467	541	419	122	14 121	7 060	7 061

单位：人

离婚			丧偶		
合计	男	女	合计	男	女
18 408	10 415	7 993	53 577	15 935	37 641
20	6	14	9	5	4
2	0	2	3	2	1
1	0	1	1	1	1
2	0	2	3	0	2
6	2	4	2	2	0
8	4	4	0	0	0
192	86	106	38	10	28
11	3	8	1	0	1
30	17	12	8	1	7
19	8	10	11	4	6
54	21	33	11	4	7
78	37	42	7	0	6
1 364	719	646	81	33	48
116	45	70	13	9	4
229	124	106	12	3	10
282	139	143	17	9	8
320	189	132	19	8	11
417	222	195	20	4	16
2 238	1 279	959	185	73	112
425	226	199	44	12	32
395	205	190	31	10	21
422	256	166	41	22	19
454	283	171	31	14	17
542	309	233	38	16	22
2 637	1 539	1 097	337	95	242
497	297	201	39	13	26
497	296	200	66	18	48
553	334	219	69	17	53
589	323	266	63	21	41
500	289	211	100	26	73

年龄 （岁）	15 岁及以上人口			未婚			有配偶		
	合计	男	女	合计	男	女	合计	男	女
40—44	94 730	48 342	46 388	2 471	2 028	443	88 295	44 259	44 037
40	17 138	8 816	8 322	520	417	102	15 869	7 994	7 876
41	17 921	9 247	8 674	506	412	94	16 699	8 453	8 246
42	18 917	9 584	9 333	493	416	77	17 705	8 790	8 915
43	20 063	10 206	9 857	495	408	87	18 691	9 367	9 323
44	20 691	10 489	10 202	457	374	83	19 332	9 654	9 677
45—49	104 623	53 194	51 429	1 880	1 638	242	98 028	49 273	48 756
45	20 820	10 709	10 111	448	387	61	19 428	9 851	9 577
46	22 281	11 348	10 933	410	350	60	20 914	10 534	10 380
47	20 757	10 549	10 208	363	323	40	19 451	9 771	9 680
48	22 619	11 434	11 185	383	333	49	21 190	10 604	10 586
49	18 145	9 153	8 992	276	244	32	17 046	8 513	8 533
50—54	97 608	49 491	48 116	1 252	1 114	138	90 858	46 127	44 731
50	19 623	9 951	9 672	295	262	33	18 379	9 251	9 128
51	19 909	9 971	9 938	256	216	40	18 641	9 339	9 303
52	19 395	9 751	9 643	242	217	26	18 008	9 066	8 942
53	22 319	11 502	10 817	270	251	20	20 698	10 723	9 975
54	16 362	8 316	8 045	187	168	19	15 133	7 750	7 383
55—59	59 638	30 264	29 374	719	654	65	54 264	27 800	26 464
55	9 106	4 490	4 616	105	87	19	8 439	4 190	4 249
56	11 346	5 777	5 569	122	112	10	10 343	5 305	5 038
57	10 565	5 420	5 144	108	100	8	9 601	4 997	4 605
58	13 637	6 958	6 680	186	173	13	12 318	6 345	5 973
59	14 984	7 619	7 365	198	183	16	13 562	6 964	6 598
60—64	67 696	33 810	33 887	925	870	55	59 563	30 382	29 181
60	13 587	6 708	6 879	179	169	10	12 174	6 084	6 091
61	14 348	7 218	7 130	191	181	10	12 725	6 530	6 196
62	14 177	7 038	7 139	198	182	16	12 449	6 301	6 147
63	12 782	6 374	6 408	184	175	9	11 128	5 675	5 453
64	12 802	6 472	6 330	174	164	10	11 086	5 792	5 294
65 +	125 642	59 992	65 650	1 618	1 483	135	85 178	46 960	38 218

数据来源：国家统计局人口和就业统计司。

续完

离婚			丧偶		
合计	男	女	合计	男	女
3 168	1 786	1 381	796	270	527
629	362	267	120	43	76
597	339	258	120	44	77
596	335	260	124	42	82
671	366	306	206	64	141
675	385	290	227	76	151
2 972	1 709	1 263	1 743	575	1 168
689	393	296	256	78	178
656	378	278	302	87	215
596	343	252	348	112	236
606	344	262	440	153	288
426	251	175	397	145	252
2 466	1 384	1 082	3 031	867	2 164
483	298	185	465	140	326
465	263	202	547	153	393
540	304	236	604	165	439
545	283	262	805	245	561
433	235	197	609	164	445
1 319	798	521	3 335	1 011	2 325
228	131	97	334	82	251
309	190	119	572	169	402
236	147	89	619	177	442
287	180	107	846	260	585
258	150	108	966	322	643
966	565	401	6 241	1 992	4 249
240	140	100	994	316	678
216	120	95	1 215	387	829
179	110	70	1 351	445	907
184	113	71	1 287	412	874
147	83	65	1 394	433	961
1 066	544	523	37 780	11 005	26 775

25. 2016 年全国 15 岁及以上人口分年龄、性别的婚姻状况（城市）

年龄（岁）	15 岁及以上人口			未婚			有配偶		
	合计	男	女	合计	男	女	合计	男	女
总计	346 554	175 930	170 625	70 656	39 975	30 682	253 761	128 683	125 078
15—19	17 941	9 442	8 499	17 714	9 328	8 386	221	112	109
15	3 374	1 768	1 606	3 356	1 752	1 604	18	16	2
16	3 670	1 872	1 797	3 661	1 866	1 795	9	7	2
17	3 248	1 796	1 451	3 216	1 780	1 435	30	16	14
18	3 601	1 945	1 657	3 527	1 905	1 623	72	40	32
19	4 048	2 060	1 988	3 955	2 025	1 929	92	34	58
20—24	31 235	16 427	14 808	27 011	14 813	12 197	4 186	1 598	2 588
20	5 627	2 822	2 805	5 396	2 746	2 651	228	74	153
21	6 139	3 102	3 037	5 742	2 986	2 756	388	112	276
22	6 240	3 436	2 804	5 606	3 192	2 414	632	243	389
23	6 530	3 454	3 076	5 357	2 992	2 365	1 157	454	702
24	6 700	3 613	3 086	4 909	2 897	2 012	1 782	714	1 068
25—29	44 359	22 780	21 578	17 732	10 644	7 088	26 276	11 976	14 300
25	6 982	3 613	3 368	4 298	2 492	1 806	2 662	1 113	1 548
26	9 070	4 669	4 401	4 680	2 766	1 914	4 344	1 879	2 465
27	9 103	4 717	4 386	3 537	2 169	1 369	5 498	2 523	2 974
28	9 115	4 628	4 487	2 794	1 694	1 100	6 225	2 882	3 343
29	10 090	5 154	4 936	2 422	1 524	899	7 547	3 578	3 969
30—34	36 785	18 484	18 301	4 688	2 864	1 824	31 279	15 261	16 019
30	7 801	3 847	3 954	1 458	872	586	6 217	2 923	3 294
31	6 861	3 404	3 457	1 072	669	403	5 649	2 680	2 970
32	6 803	3 434	3 370	810	498	312	5 846	2 871	2 975
33	7 031	3 585	3 445	725	453	272	6 126	3 041	3 085
34	8 290	4 214	4 075	623	371	251	7 441	3 746	3 695
35—39	33 329	16 948	16 381	1 484	904	581	30 656	15 520	15 136
35	6 880	3 495	3 385	429	257	172	6 247	3 148	3 099
36	6 446	3 343	3 103	373	231	142	5 866	3 017	2 849
37	7 038	3 568	3 470	271	167	104	6 536	3 299	3 237
38	6 820	3 398	3 422	231	132	99	6 304	3 143	3 161
39	6 144	3 143	3 002	181	116	65	5 704	2 914	2 790

单位：人

离婚			丧偶		
合计	男	女	合计	男	女
8 425	3 899	4 526	13 711	3 373	10 338
4	1	2	2	0	1
0	0	0	0	0	0
0	0	0	0	0	0
1	0	1	2	0	1
2	0	2	0	0	0
1	1	0	0	0	0
28	13	15	10	3	7
3	2	1	0	0	0
4	2	2	4	1	3
1	1	0	1	0	1
12	5	7	5	2	2
9	3	6	0	0	0
336	155	181	14	5	9
20	6	14	2	2	0
45	23	22	0	0	0
64	23	41	4	2	1
91	50	41	4	1	3
115	52	63	5	0	5
775	350	425	43	9	33
116	49	66	10	2	8
133	53	80	6	3	3
140	63	76	7	2	6
170	89	81	9	2	7
216	96	120	10	1	9
1 109	509	600	80	15	65
196	88	108	9	2	6
196	94	102	10	0	10
216	101	115	16	1	15
270	117	152	16	6	10
230	108	122	29	5	24

年龄	15 岁及以上人口			未婚			有配偶		
（岁）	合计	男	女	合计	男	女	合计	男	女
40—44	35 848	18 353	17 495	783	521	262	33 442	17 163	16 279
40	6 851	3 476	3 375	179	120	60	6 369	3 226	3 143
41	6 941	3 619	3 322	162	103	59	6 469	3 378	3 091
42	7 059	3 560	3 499	149	108	40	6 641	3 347	3 294
43	7 457	3 811	3 646	163	108	55	6 920	3 555	3 365
44	7 539	3 886	3 653	129	82	47	7 042	3 656	3 386
45—49	35 640	18 339	17 301	498	343	155	33 220	17 218	16 002
45	7 523	3 878	3 645	119	81	38	7 003	3 641	3 362
46	7 965	4 141	3 823	126	92	34	7 420	3 879	3 541
47	7 171	3 651	3 520	88	61	27	6 681	3 421	3 260
48	7 398	3 794	3 604	95	62	33	6 891	3 569	3 323
49	5 584	2 875	2 709	69	47	22	5 224	2 708	2 517
50—54	32 052	16 476	15 577	292	217	75	29 629	15 457	14 172
50	5 990	3 039	2 951	68	52	16	5 577	2 856	2 721
51	6 405	3 318	3 087	64	44	20	5 929	3 117	2 813
52	6 477	3 275	3 202	53	37	15	5 980	3 073	2 906
53	7 780	4 023	3 757	55	42	13	7 203	3 784	3 420
54	5 400	2 820	2 579	51	41	10	4 939	2 627	2 312
55—59	20 086	10 167	9 919	139	104	35	18 266	9 466	8 800
55	3 012	1 513	1 499	26	19	8	2 760	1 402	1 358
56	4 041	2 094	1 947	29	23	6	3 670	1 935	1 735
57	3 615	1 835	1 780	17	12	5	3 276	1 709	1 567
58	4 610	2 347	2 263	40	33	7	4 188	2 187	2 001
59	4 809	2 379	2 431	27	18	9	4 372	2 233	2 138
60—64	21 027	10 384	10 643	126	96	30	18 880	9 642	9 238
60	4 251	2 058	2 193	33	25	8	3 835	1 904	1 931
61	4 520	2 286	2 233	21	18	3	4 083	2 134	1 950
62	4 407	2 145	2 262	29	20	9	3 978	1 991	1 986
63	4 018	1 981	2 037	20	15	5	3 581	1 840	1 741
64	3 832	1 915	1 918	23	19	4	3 403	1 773	1 630
65 +	38 252	18 129	20 123	190	140	49	27 706	15 271	12 436

数据来源：国家统计局人口和就业统计司。

续完

离婚			丧偶		
合计	男	女	合计	男	女
1 442	624	818	182	44	137
269	120	149	33	11	22
292	134	157	18	3	15
242	97	145	27	7	20
322	139	183	53	9	43
318	134	184	51	14	37
1 531	696	835	390	82	308
336	145	190	65	10	55
344	157	187	74	13	61
315	147	167	86	22	65
323	144	179	88	19	69
214	102	112	77	18	58
1 368	657	711	764	145	619
228	110	118	116	21	96
260	131	129	152	27	125
306	143	163	139	22	117
330	154	176	191	43	148
244	119	125	166	33	133
798	395	403	884	202	681
144	75	68	82	17	65
191	99	92	150	37	114
158	82	76	164	32	132
157	75	82	225	52	173
148	62	85	263	65	198
547	276	271	1 474	370	1 104
137	64	73	245	64	181
120	65	55	296	70	226
103	53	50	297	81	216
108	57	51	309	69	240
80	37	43	327	86	241
488	223	265	9 868	2 495	7 373

26. 2016 年全国 15 岁及以上人口分年龄、性别的婚姻状况（镇）

年龄 （岁）	15 岁及以上人口			未婚			有配偶		
	合计	男	女	合计	男	女	合计	男	女
总计	**220 074**	**111 614**	**108 460**	**39 924**	**23 544**	**16 379**	**165 236**	**82 752**	**82 484**
15—19	14 412	8 005	6 407	14 186	7 889	6 297	222	114	108
15	3 025	1 668	1 357	3 014	1 660	1 354	10	8	1
16	3 005	1 662	1 343	2 987	1 647	1 341	17	15	2
17	2 821	1 549	1 272	2 778	1 528	1 250	41	21	21
18	2 951	1 701	1 250	2 900	1 668	1 232	51	33	18
19	2 610	1 425	1 185	2 506	1 386	1 120	103	38	65
20—24	18 594	9 403	9 191	14 337	7 826	6 511	4 195	1 559	2 636
20	3 475	1 680	1 795	3 241	1 621	1 621	231	59	172
21	3 726	1 862	1 865	3 282	1 715	1 566	437	144	292
22	3 437	1 743	1 694	2 732	1 523	1 209	694	215	479
23	3 722	1 918	1 804	2 583	1 489	1 094	1 121	425	696
24	4 234	2 201	2 033	2 499	1 478	1 021	1 712	716	997
25—29	26 270	13 423	12 847	7 728	4 921	2 806	18 147	8 295	9 852
25	4 142	2 154	1 988	2 028	1 240	788	2 073	897	1 176
26	5 653	2 911	2 742	2 189	1 355	835	3 394	1 521	1 872
27	5 632	2 855	2 776	1 527	976	551	4 016	1 839	2 177
28	5 116	2 607	2 509	1 074	743	331	3 957	1 813	2 144
29	5 727	2 896	2 832	908	607	301	4 708	2 226	2 482
30—34	19 449	9 856	9 593	1 618	1 159	459	17 324	8 410	8 914
30	4 274	2 165	2 109	510	360	150	3 675	1 763	1 912
31	3 793	1 903	1 890	374	256	118	3 320	1 597	1 722
32	3 629	1 843	1 786	296	204	92	3 233	1 574	1 659
33	3 540	1 762	1 778	223	168	55	3 219	1 537	1 682
34	4 213	2 183	2 031	214	170	44	3 878	1 940	1 938
35—39	18 699	9 440	9 259	593	460	133	17 466	8 620	8 845
35	3 684	1 877	1 807	150	115	34	3 425	1 692	1 733
36	3 431	1 690	1 741	111	78	33	3 198	1 544	1 654
37	3 929	1 978	1 951	116	91	25	3 673	1 806	1 867
38	3 991	2 041	1 950	121	97	24	3 729	1 869	1 860
39	3 664	1 854	1 810	95	78	17	3 441	1 709	1 732

单位：人

离婚			丧偶		
合计	男	女	合计	男	女
3 759	2 142	1 617	11 156	3 176	7 979
4	1	3	0	0	0
1	0	1	0	0	0
0	0	0	0	0	0
2	0	2	0	0	0
0	0	0	0	0	0
1	1	0	0	0	0
52	14	37	11	4	7
3	0	2	0	0	0
7	2	5	1	0	1
4	1	3	7	4	2
16	4	12	2	0	2
21	7	14	1	0	1
370	195	175	26	12	14
33	12	22	7	5	2
66	35	31	4	0	4
86	39	47	3	2	1
77	47	30	7	4	4
107	62	45	4	1	3
459	268	191	48	19	29
82	40	42	7	2	5
89	47	42	10	2	7
90	61	29	10	4	6
89	55	35	9	3	6
109	66	43	12	7	5
566	337	229	75	23	52
101	66	34	9	4	5
105	63	42	17	5	12
124	74	50	15	6	9
128	74	54	13	1	12
108	61	47	20	6	14

年龄（岁）	15 岁及以上人口			未婚			有配偶		
	合计	男	女	合计	男	女	合计	男	女
40—44	22 844	11 666	11 178	444	374	69	21 487	10 811	10 676
40	4 137	2 159	1 978	89	75	14	3 877	1 995	1 882
41	4 447	2 245	2 202	93	83	10	4 196	2 076	2 119
42	4 555	2 294	2 260	94	78	16	4 269	2 113	2 156
43	4 798	2 480	2 318	85	71	14	4 518	2 308	2 210
44	4 907	2 487	2 420	83	67	17	4 628	2 319	2 309
45—49	25 186	12 831	12 355	318	278	40	23 915	12 103	11 812
45	5 050	2 637	2 413	77	68	9	4 770	2 457	2 313
46	5 327	2 751	2 576	71	61	11	5 073	2 599	2 474
47	4 997	2 483	2 514	52	45	8	4 758	2 358	2 400
48	5 491	2 784	2 707	64	58	6	5 211	2 633	2 578
49	4 320	2 176	2 144	53	46	7	4 103	2 056	2 047
50—54	22 454	11 447	11 007	183	162	21	21 174	10 892	10 282
50	4 642	2 361	2 281	40	36	3	4 418	2 251	2 167
51	4 692	2 322	2 371	49	41	8	4 451	2 205	2 245
52	4 475	2 320	2 155	33	27	6	4 218	2 218	2 000
53	5 008	2 559	2 449	33	31	2	4 683	2 428	2 255
54	3 636	1 885	1 751	28	26	2	3 404	1 789	1 615
55—59	12 683	6 485	6 198	124	113	10	11 618	6 031	5 587
55	1 924	947	978	22	18	4	1 802	898	904
56	2 364	1 195	1 169	25	24	1	2 143	1 104	1 040
57	2 279	1 185	1 094	19	18	2	2 117	1 114	1 003
58	2 900	1 480	1 420	39	36	3	2 633	1 366	1 267
59	3 215	1 677	1 538	18	18	0	2 922	1 549	1 373
60—64	13 991	6 914	7 076	133	126	8	12 403	6 319	6 084
60	2 804	1 412	1 392	21	21	0	2 527	1 306	1 221
61	3 031	1 486	1 546	23	21	1	2 724	1 379	1 345
62	2 919	1 398	1 521	36	34	3	2 576	1 271	1 305
63	2 600	1 298	1 302	27	25	2	2 270	1 172	1 098
64	2 636	1 320	1 316	27	26	1	2 306	1 191	1 115
65 +	25 493	12 144	13 348	261	236	24	17 285	9 597	7 688

数据来源：国家统计局人口和就业统计司。

续完

	离婚			丧偶	
合计	男	女	合计	男	女
726	420	306	187	61	126
154	85	70	17	4	13
123	75	48	36	11	25
160	93	67	32	10	22
154	88	66	41	14	28
134	79	56	62	23	39
599	357	242	353	92	261
159	104	55	44	8	37
123	75	48	60	16	44
114	63	51	72	17	55
125	74	51	90	19	71
78	41	36	87	33	54
434	231	203	663	163	500
91	55	36	94	19	75
81	40	41	112	36	76
80	41	39	145	34	111
107	54	53	184	46	138
75	42	33	129	28	101
197	131	66	744	210	534
34	20	14	67	11	55
48	33	16	147	35	112
28	19	9	116	35	81
47	30	16	182	48	134
41	30	12	233	80	153
158	84	74	1 297	386	911
33	20	13	223	65	158
41	15	25	244	70	174
24	14	10	282	79	203
30	17	12	273	84	189
30	17	13	274	87	187
194	103	91	7 752	2 207	5 545

27. 2016 年全国 15 岁及以上人口分年龄、性别的婚姻状况（乡村）

年龄	15 岁及以上人口			未婚			有配偶		
（岁）	合计	男	女	合计	男	女	合计	男	女
总计	398 692	201 401	197 292	71 988	44 466	27 523	291 770	143 175	148 595
15—19	29 209	15 752	13 456	28 585	15 522	13 063	604	222	382
15	6 193	3 434	2 758	6 163	3 412	2 751	26	21	5
16	6 013	3 183	2 830	5 981	3 168	2 813	29	13	16
17	5 530	2 952	2 578	5 448	2 922	2 526	81	30	51
18	5 856	3 166	2 690	5 679	3 105	2 574	171	58	113
19	5 617	3 016	2 600	5 314	2 914	2 400	298	101	197
20—24	29 273	15 535	13 738	21 821	12 802	9 019	7 323	2 672	4 651
20	5 367	2 930	2 438	4 876	2 785	2 092	484	144	340
21	5 735	3 139	2 596	4 824	2 849	1 975	889	277	612
22	5 507	2 928	2 580	4 183	2 456	1 727	1 308	465	843
23	6 071	3 131	2 941	4 111	2 398	1 714	1 929	719	1 210
24	6 592	3 408	3 184	3 826	2 315	1 511	2 713	1 066	1 646
25—29	36 035	18 021	18 014	11 291	7 300	3 991	24 044	10 337	13 708
25	6 302	3 153	3 149	2 990	1 867	1 123	3 247	1 256	1 990
26	8 070	4 027	4 043	3 100	1 949	1 152	4 843	2 010	2 833
27	7 551	3 761	3 790	2 231	1 439	792	5 176	2 239	2 937
28	6 924	3 471	3 453	1 617	1 088	529	5 148	2 289	2 859
29	7 188	3 610	3 578	1 352	957	396	5 630	2 542	3 088
30—34	31 339	15 730	15 609	3 337	2 459	877	26 904	12 564	14 340
30	7 164	3 545	3 618	1 018	697	321	5 891	2 704	3 187
31	6 093	3 041	3 052	729	537	192	5 175	2 394	2 782
32	5 927	2 996	2 931	604	449	155	5 108	2 399	2 709
33	5 691	2 940	2 750	508	409	98	4 976	2 382	2 594
34	6 463	3 207	3 257	477	367	110	5 754	2 686	3 068
35—39	28 456	14 604	13 852	1 580	1 306	274	25 732	12 548	13 184
35	5 741	2 957	2 783	396	316	80	5 123	2 492	2 630
36	5 629	2 895	2 735	353	277	76	5 043	2 467	2 576
37	5 828	2 994	2 834	289	247	42	5 288	2 579	2 708
38	5 804	2 960	2 844	277	240	36	5 302	2 573	2 729
39	5 454	2 798	2 656	265	225	40	4 976	2 437	2 539

单位：人

离婚			丧偶		
合计	男	女	合计	男	女
6 224	4 374	1 850	28 709	9 385	19 324
13	4	9	7	4	3
1	0	1	3	2	1
1	0	1	1	1	1
0	0	0	1	0	1
4	2	3	2	2	0
5	2	4	0	0	0
112	59	53	17	2	14
6	1	5	1	0	1
19	13	6	3	0	3
13	6	7	3	0	3
26	12	14	5	2	3
48	26	22	6	0	5
659	369	290	41	16	25
62	27	34	4	2	2
118	65	52	8	3	6
133	77	56	10	5	5
152	91	61	7	3	5
195	108	87	11	3	7
1 004	661	343	94	45	49
228	137	90	27	8	20
173	106	68	15	5	11
192	132	60	23	16	7
194	140	55	13	9	4
217	147	70	15	7	9
962	693	269	182	58	125
201	142	58	21	7	15
195	139	56	39	12	27
214	159	55	38	9	29
191	132	59	34	14	19
162	120	41	50	15	35

年龄 （岁）	15 岁及以上人口			未婚			有配偶		
	合计	男	女	合计	男	女	合计	男	女
40—44	36 038	18 324	17 714	1 244	1 132	112	33 366	16 285	17 081
40	6 150	3 181	2 969	251	222	29	5 623	2 773	2 851
41	6 533	3 382	3 151	251	225	25	6 034	2 998	3 035
42	7 303	3 730	3 573	250	229	20	6 795	3 330	3 465
43	7 808	3 914	3 893	247	230	18	7 253	3 505	3 748
44	8 244	4 116	4 128	245	225	20	7 662	3 679	3 982
45—49	43 797	22 024	21 773	1 063	1 017	47	40 893	19 952	20 942
45	8 246	4 194	4 052	251	238	13	7 655	3 753	3 902
46	8 990	4 457	4 533	212	197	15	8 420	4 055	4 365
47	8 590	4 415	4 174	223	217	5	8 011	3 991	4 020
48	9 730	4 856	4 875	223	213	10	9 088	4 403	4 685
49	8 241	4 102	4 139	154	151	3	7 719	3 750	3 969
50—54	43 101	21 569	21 532	777	735	42	40 056	19 779	20 277
50	8 990	4 551	4 440	187	174	13	8 384	4 144	4 240
51	8 812	4 332	4 480	144	132	12	8 261	4 016	4 245
52	8 442	4 156	4 286	157	152	5	7 810	3 774	4 036
53	9 531	4 919	4 612	182	177	4	8 811	4 511	4 301
54	7 326	3 611	3 715	108	100	7	6 790	3 334	3 456
55—59	26 869	13 612	13 257	457	437	20	24 381	12 304	12 077
55	4 170	2 031	2 139	57	50	7	3 878	1 890	1 987
56	4 941	2 487	2 454	68	65	2	4 529	2 266	2 263
57	4 670	2 400	2 270	72	71	1	4 209	2 174	2 034
58	6 128	3 130	2 997	108	104	4	5 497	2 792	2 705
59	6 960	3 563	3 397	153	147	6	6 268	3 181	3 087
60—64	32 678	16 511	16 167	666	648	18	28 280	14 421	13 859
60	6 533	3 238	3 294	125	123	1	5 813	2 874	2 939
61	6 797	3 446	3 351	148	142	6	5 918	3 017	2 901
62	6 851	3 494	3 356	132	128	4	5 895	3 039	2 856
63	6 165	3 096	3 069	137	135	1	5 277	2 663	2 614
64	6 333	3 237	3 096	125	119	6	5 377	2 828	2 549
65 +	61 897	29 719	32 179	1 167	1 107	61	40 186	22 092	18 094

数据来源：国家统计局人口和就业统计司。

续完

	离婚			丧偶	
合计	男	女	合计	男	女
1 000	742	258	428	164	263
205	157	48	69	29	41
182	129	53	67	29	37
194	145	48	65	25	39
195	138	57	112	42	70
223	172	51	114	39	75
841	655	186	999	400	599
194	144	50	146	60	86
189	146	43	168	58	110
166	133	34	190	74	116
157	125	32	262	115	148
134	107	27	233	94	139
664	496	168	1 604	559	1 045
164	133	31	255	100	155
124	93	31	283	91	192
155	120	34	321	109	211
108	75	32	430	156	274
113	74	39	314	102	212
324	273	51	1 707	599	1 109
51	36	15	185	54	131
70	58	11	274	97	177
51	46	5	339	109	230
84	74	9	439	160	279
69	58	11	470	177	293
262	205	56	3 470	1 236	2 234
70	55	15	525	186	339
56	40	15	675	246	429
52	43	9	771	284	487
47	38	8	704	259	446
37	29	9	794	261	533
384	217	167	20 159	6 303	13 857

● 劳动就业

28. 2011—2016 年全国就业基本情况

项目	2011 年	2012 年	2013 年	2014 年	2015 年	2016 年
经济活动人口（万人）	78 579	78 894	79 300	79 690	80 091	80 694
就业人员合计（万人）	76 420	76 704	76 977	77 253	77 451	77 603
第一产业	26 594	25 773	24 171	22 790	21 919	21 496
第二产业	22 544	23 241	23 170	23 099	22 693	22 350
第三产业	27 282	27 690	29 636	31 364	32 839	33 757
就业人员构成（合计 = 100）						
第一产业	34.8	33.6	31.4	29.5	28.3	27.7
第二产业	29.5	30.3	30.1	29.9	29.3	28.8
第三产业	35.7	36.1	38.5	40.6	42.4	43.5
按城乡分就业人员（万人）						
城镇就业人员	35 914	37 102	38 240	39 310	40 410	41 428
国有单位	6 704	6 839	6 365	6 312	6 208	6 170
城镇集体单位	603	589	566	537	481	453
股份合作单位	149	149	108	103	92	86
联营单位	37	39	25	22	20	18
有限责任公司	3 269	3 787	6 069	6 315	6 389	6 381
股份有限公司	1 183	1 243	1 721	1 751	1 798	1 824
私营企业	6 912	7 557	8 242	9 857	11 180	12 083
港澳台商投资单位	932	969	1 397	1 393	1 344	1 305
外商投资单位	1 217	1 246	1 566	1 562	1 446	1 361
个体	5 227	5 643	6 142	7 009	7 800	8 627
乡村就业人员	40 506	39 602	38 737	37 943	37 041	36 175
私营企业	3 442	3 739	4 279	4 533	5 215	5 914
个体	2 718	2 986	3 193	3 575	3 882	4 235
城镇登记失业人数（万人）	922	917	926	952	966	982
城镇登记失业率（%）	4.1	4.1	4.05	4.09	4.05	4.02

数据来源：国家统计局。

29. 全国历年按三次产业分就业人员数

年份	经济活动人口（万人）	就业人员（万人）				构成（合计 = 100）		
		合计	第一产业	第二产业	第三产业	第一产业	第二产业	第三产业
1965	—	28 670	23 396	2 408	2 866	81.6	8.4	10.0
1970	—	34 432	27 811	3 518	3 103	80.8	10.2	9.0
1975	—	38 168	29 456	5 152	3 560	77.2	13.5	9.3
1978	40 682	40 152	28 318	6 945	4 890	70.5	17.3	12.2
1979	41 592	41 024	28 634	7 214	5 177	69.8	17.6	12.6
1980	42 903	42 361	29 122	7 707	5 532	68.7	18.2	13.1
1981	44 165	43 725	29 777	8 003	5 945	68.1	18.3	13.6
1982	45 674	45 295	30 859	8 346	6 090	68.1	18.4	13.5
1983	46 707	46 436	31 151	8 679	6 606	67.1	18.7	14.2
1984	48 433	48 197	30 868	9 590	7 739	64.0	19.9	16.1
1985	50 112	49 873	31 130	10 384	8 359	62.4	20.8	16.8
1986	51 546	51 282	31 254	11 216	8 811	60.9	21.9	17.2
1987	53 060	52 783	31 663	11 726	9 395	60.0	22.2	17.8
1988	54 630	54 334	32 249	12 152	9 933	59.3	22.4	18.3
1989	55 707	55 329	33 225	11 976	10 129	60.1	21.6	18.3
1990	65 323	64 749	38 914	13 856	11 979	60.1	21.4	18.5
1991	66 091	65 491	39 098	14 015	12 378	59.7	21.4	18.9
1992	66 782	66 152	38 699	14 355	13 098	58.5	21.7	19.8
1993	67 468	66 808	37 680	14 965	14 163	56.4	22.4	21.2
1994	68 135	67 455	36 628	15 312	15 515	54.3	22.7	23.0
1995	68 855	68 065	35 530	15 655	16 880	52.2	23.0	24.8
1996	69 765	68 950	34 820	16 203	17 927	50.5	23.5	26.0
1997	70 800	69 820	34 840	16 547	18 432	49.9	23.7	26.4
1998	72 087	70 637	35 177	16 600	18 860	49.8	23.5	26.7
1999	72 791	71 394	35 768	16 421	19 205	50.1	23.0	26.9
2000	73 992	72 085	36 043	16 219	19 823	50.0	22.5	27.5
2001	73 884	72 797	36 399	16 234	20 165	50.0	22.3	27.7
2002	74 492	73 280	36 640	15 682	20 958	50.0	21.4	28.6
2003	74 911	73 736	36 204	15 927	21 605	49.1	21.6	29.3
2004	75 290	74 264	34 830	16 709	22 725	46.9	22.5	30.6
2005	76 120	74 647	33 442	17 766	23 439	44.8	23.8	31.4
2006	76 315	74 978	31 941	18 894	24 143	42.6	25.2	32.2
2007	76 531	75 321	30 731	20 186	24 404	40.8	26.8	32.4
2008	77 046	75 564	29 923	20 553	25 087	39.6	27.2	33.2
2009	77 510	75 828	28 890	21 080	25 857	38.1	27.8	34.1
2010	78 388	76 105	27 931	21 842	26 332	36.7	28.7	34.6
2011	78 579	76 420	26 594	22 544	27 282	34.8	29.5	35.7
2012	78 894	76 704	25 773	23 241	27 690	33.6	30.3	36.1
2013	79 300	76 977	24 171	23 170	29 636	31.4	30.1	38.5
2014	79 690	77 253	22 790	23 099	31 364	29.5	29.9	40.6
2015	80 091	77 451	21 919	22 693	32 839	28.3	29.3	42.4
2016	80 694	77 603	21 496	22 350	33 757	27.7	28.8	43.5

数据来源：国家统计局。

30. 全国历年按城乡分就业人员数

单位：万人

| 年份 | 合计 | 城镇 | | | | | | | | | | | 乡村 | | |
		小计	国有单位	集体单位	股份合作单位	联营单位	有限责任公司	股份有限公司	私营企业	港澳台商投资单位	外商投资单位	个体	小计	私营企业	个体
1985	49 873	12 808	8 990	3 324	—	38	—	—	—	—	6	450	37 065	—	—
1990	64 749	17 041	10 346	3 549	—	96	—	—	57	4	62	614	47 708	113	1 491
1995	68 065	19 040	11 261	3 147	—	53	—	317	485	272	241	1 560	49 025	471	3 054
1996	68 950	19 922	11 244	3 016	—	49	—	363	620	265	275	1 709	49 028	551	3 308
1997	69 820	20 781	11 044	2 883	—	43	—	468	750	281	300	1 919	49 039	600	3 522
1998	70 637	21 616	9 058	1 963	136	48	484	410	973	294	293	2 259	49 021	737	3 855
1999	71 394	22 412	8 572	1 712	144	46	603	420	1 053	306	306	2 414	48 982	969	3 827
2000	72 085	23 151	8 102	1 499	155	42	687	457	1 268	310	332	2 136	48 934	1 139	2 934
2001	72 797	24 123	7 640	1 291	153	45	841	483	1 527	326	345	2 131	48 674	1 187	2 629
2002	73 280	25 159	7 163	1 122	161	45	1 083	538	1 999	367	391	2 269	48 121	1 411	2 474
2003	73 736	26 230	6 876	1 000	173	44	1 261	592	2 545	409	454	2 377	47 506	1 754	2 260
2004	74 264	27 293	6 710	897	192	44	1 436	625	2 994	470	563	2 521	46 971	2 024	2 066
2005	74 647	28 389	6 488	810	188	45	1 750	699	3 458	557	688	2 778	46 258	2 366	2 123
2006	74 978	29 630	6 430	764	178	45	1 920	741	3 954	611	796	3 012	45 348	2 632	2 147
2007	75 321	30 953	6 424	718	170	43	2 075	788	4 581	680	903	3 310	44 368	2 672	2 187
2008	75 564	32 103	6 447	662	164	43	2 194	840	5 124	679	943	3 609	43 461	2 780	2 167
2009	75 828	33 322	6 420	618	160	37	2 433	956	5 544	721	978	4 245	42 506	3 063	2 341
2010	76 105	34 687	6 516	597	156	36	2 613	1 024	6 071	770	1 053	4 467	41 418	3 347	2 540
2011	76 420	35 914	6 704	603	149	37	3 269	1 183	6 912	932	1 217	5 227	40 506	3 442	2 718
2012	76 704	37 102	6 839	589	149	39	3 787	1 243	7 557	969	1 246	5 643	39 602	3 739	2 986
2013	76 977	38 240	6 365	566	108	25	6 069	1 721	8 242	1 397	1 566	6 142	38 737	4 279	3 193
2014	77 253	39 310	6 312	537	103	22	6 315	1 751	9 857	1 393	1 562	7 009	37 943	4 533	3 575
2015	77 451	40 410	6 208	481	92	20	6 389	1 798	11 180	1 344	1 446	7 800	37 041	5 215	3 882
2016	77 603	41 428	6 170	453	86	18	6 381	1 824	12 083	1 305	1 361	8 627	36 175	5 914	4 235

数据来源：国家统计局。

31. 2016 年各省、自治区、直辖市按行业分城镇单位就业人员数

地 区	合计	农、林、牧、渔业	采矿业	制造业	电力、热力、燃气及水生产和供应业	建筑业	批发和零售业	交通运输、仓储和邮政业	住宿和餐饮业	信息传输、软件和信息技术服务业
全 国	17 888.1	263.2	490.9	4 893.8	387.6	2 724.7	875.0	849.5	269.7	364.1
北 京	791.5	3.7	4.5	86.9	9.1	45.9	78.4	58.2	29.4	69.2
天 津	286.0	0.8	4.4	99.4	4.3	28.2	18.2	14.7	5.1	4.8
河 北	639.6	3.9	22.8	136.3	18.8	81.8	26.9	28.7	5.4	8.4
山 西	430.6	1.7	91.1	63.8	12.5	29.4	17.1	23.4	3.9	5.0
内蒙古	293.2	22.9	16.6	43.9	14.5	18.9	8.9	22.8	3.7	4.8
辽 宁	560.4	22.7	24.7	131.7	14.7	64.6	22.6	35.2	6.2	12.6
吉 林	322.1	12.5	13.1	81.9	12.3	27.3	11.6	16.1	2.8	6.4
黑龙江	424.9	66.8	27.9	52.0	17.6	28.4	18.6	27.1	4.0	7.3
上 海	627.8	2.5	0.1	181.0	4.4	32.9	78.4	51.1	24.3	26.8
江 苏	1 497.3	5.6	8.5	567.4	14.5	396.8	56.1	49.6	16.9	27.3
浙 江	1 060.9	0.4	0.6	315.9	12.0	310.1	37.6	31.5	13.5	18.6
安 徽	517.1	4.2	23.1	122.4	10.4	91.8	23.2	22.9	5.9	8.0
福 建	668.8	4.3	2.1	228.3	9.1	168.5	27.8	23.4	9.8	9.1
江 西	471.5	4.5	5.8	141.8	9.3	90.4	17.3	20.3	4.3	5.6
山 东	1 215.5	1.6	57.4	403.2	23.1	160.3	57.1	49.4	14.2	18.2
河 南	1 145.0	2.1	45.2	363.3	26.2	173.4	56.1	45.8	11.0	12.2
湖 北	719.3	10.3	6.5	186.1	16.4	140.4	39.7	35.0	9.4	12.3
湖 南	568.4	2.1	8.1	109.3	16.6	108.7	20.2	24.0	7.4	7.4
广 东	1 957.6	4.8	2.8	959.7	31.3	143.3	102.8	81.1	37.0	43.5
广 西	401.4	7.8	3.1	72.4	13.7	64.9	13.5	19.4	4.6	4.2
海 南	101.2	7.6	0.5	8.1	2.3	7.1	5.8	7.0	6.0	1.6
重 庆	412.9	1.1	5.6	89.3	6.4	100.2	20.7	26.5	6.4	4.6
四 川	787.5	2.8	18.6	148.3	23.2	151.5	30.5	40.4	9.7	18.4
贵 州	310.5	1.1	13.4	40.2	12.2	45.7	12.4	12.0	2.8	3.6
云 南	419.0	6.3	13.6	66.3	10.7	71.7	24.8	17.3	8.2	5.0
西 藏	31.5	0.3	0.5	0.9	0.7	1.5	1.0	0.9	0.5	0.5
陕 西	511.4	2.4	34.9	102.0	13.7	61.1	25.8	28.3	10.6	11.2
甘 肃	261.0	5.0	10.7	33.6	12.2	43.7	8.1	12.8	3.2	2.7
青 海	63.1	1.4	3.5	10.6	2.2	6.7	2.3	4.3	0.6	0.9
宁 夏	70.7	1.3	5.3	12.2	3.5	4.4	2.4	3.7	0.6	0.8
新 疆	320.5	48.8	16.0	35.8	9.6	25.0	8.9	16.6	2.3	2.9

数据来源：国家统计局。

单位：万人

金融业	房地产业	租赁和商务服务业	科学研究和技术服务业	水利、环境和公共设施管理业	居民服务、修理和其他服务业	教育	卫生和社会工作	文化、体育和娱乐业	公共管理、社会保障和社会组织
665.2	**431.7**	**488.4**	**419.6**	**269.6**	**75.4**	**1 729.2**	**867.0**	**150.8**	**1 672.6**
51.4	43.9	80.1	69.0	10.3	8.6	48.6	28.6	18.7	47.0
16.0	8.0	9.3	11.5	4.4	9.4	18.0	10.1	2.1	17.4
32.2	12.1	12.6	16.4	11.9	2.5	88.1	37.7	5.5	87.6
17.9	3.5	9.1	7.2	9.8	0.6	51.3	20.5	4.6	58.2
11.8	5.5	4.2	5.9	8.3	0.8	35.1	15.7	3.5	45.4
27.0	12.0	11.9	13.8	14.4	2.4	53.7	31.3	5.0	53.8
12.1	6.8	5.8	7.6	8.5	2.5	36.2	18.7	3.5	36.3
21.3	6.1	6.9	11.1	11.1	4.0	43.0	22.9	3.9	44.6
35.5	25.4	52.2	23.2	8.6	6.3	29.7	18.9	6.0	20.5
38.1	22.2	29.4	21.8	15.4	3.2	95.0	49.5	7.9	72.0
46.4	20.9	29.0	18.6	10.6	2.3	71.4	44.3	6.8	70.5
22.3	10.5	6.6	9.1	7.8	1.0	64.6	30.5	3.4	49.4
19.6	15.6	14.5	8.7	5.6	2.7	52.1	22.8	4.2	40.5
13.0	6.7	5.4	6.2	7.1	1.0	52.0	24.8	4.2	52.0
45.4	26.8	20.7	17.8	17.6	3.2	117.2	62.5	7.0	112.8
30.0	23.1	18.1	17.8	13.0	3.1	124.6	58.4	7.8	113.8
21.0	14.9	10.5	15.8	11.4	1.4	72.9	43.5	6.5	65.4
25.3	12.2	9.9	11.7	8.2	1.7	67.7	39.4	5.7	82.7
51.8	61.8	71.2	32.3	16.9	7.7	125.6	63.5	11.8	108.7
14.3	8.0	10.0	8.9	8.5	0.7	61.8	31.7	3.2	50.5
4.3	8.4	1.9	2.1	3.1	0.4	13.1	6.3	1.3	14.3
14.0	13.0	12.6	8.1	6.5	1.5	41.8	19.7	2.9	32.0
30.4	19.8	15.6	21.1	13.0	2.2	94.4	48.5	6.1	93.1
9.0	8.8	5.0	7.3	5.2	1.4	54.3	20.5	2.3	53.3
10.4	11.2	10.4	10.1	7.5	1.6	59.8	26.3	3.6	54.3
0.9	0.2	0.4	1.2	0.2	0.2	4.9	1.9	0.7	14.0
20.3	11.5	10.9	18.2	9.6	1.6	58.1	26.7	5.0	59.6
7.6	5.2	3.6	6.9	5.9	0.3	38.7	14.5	2.7	43.5
2.4	0.9	0.9	2.2	1.1	0.1	7.7	4.1	0.8	10.6
4.0	1.5	1.8	1.6	2.3	0.1	8.9	4.6	1.0	10.8
9.4	5.4	8.0	6.4	5.7	0.7	39.1	18.6	3.0	58.1

32. 2016 年各省、自治区、直辖市私营企业和个体就业人员数　　　　　　单位：万户，万人

地 区	私营企业户数	私营企业就业人数			个体就业户数	个体就业人数		
		合计	城镇	乡村		合计	城镇	乡村
全　国	2 309.2	17 997.1	12 083.4	5 913.7	5 930.3	12 862.0	8 627.0	4 235.0
北　京	121.0	951.3	633.8	317.5	60.8	95.4	51.4	44.1
天　津	37.1	133.8	119.1	14.7	40.2	75.9	60.0	15.9
河　北	91.6	300.8	184.6	116.2	292.7	680.9	326.1	354.8
山　西	38.7	247.4	136.4	111.0	140.2	306.0	186.7	119.3
内蒙古	28.5	220.8	176.8	44.0	134.2	304.5	250.6	53.8
辽　宁	59.5	355.5	220.6	134.8	220.7	471.9	301.6	170.4
吉　林	28.4	239.8	182.0	57.8	147.2	375.3	257.9	117.5
黑龙江	30.2	58.5	50.3	8.2	147.6	304.0	263.1	40.9
上　海	149.0	1 139.0	604.0	535.0	42.7	55.2	37.2	18.0
江　苏	222.9	2 312.2	1 680.2	632.0	438.8	801.9	616.3	185.6
浙　江	152.1	1 765.4	1 086.3	679.1	352.6	800.3	519.6	280.7
安　徽	73.3	496.7	386.7	110.0	235.6	559.5	493.1	66.4
福　建	81.0	713.6	565.0	148.6	185.8	435.7	281.6	154.1
江　西	47.9	490.9	279.7	211.1	165.6	407.8	267.8	140.0
山　东	174.9	1 298.2	481.7	816.5	501.8	1 074.4	433.7	640.7
河　南	90.9	529.4	356.8	172.6	307.4	645.4	523.6	121.8
湖　北	81.2	620.8	313.1	307.6	304.9	944.4	516.5	428.0
湖　南	52.6	304.7	105.5	199.1	225.1	430.3	362.9	67.4
广　东	317.2	2 356.6	2 084.8	271.8	541.2	1 281.2	986.5	294.7
广　西	51.5	360.1	247.4	112.8	154.4	343.3	252.4	90.8
海　南	15.8	104.4	83.4	21.0	40.9	73.5	55.9	17.6
重　庆	62.8	786.1	603.4	182.7	144.4	273.4	221.4	52.0
四　川	92.0	817.0	725.2	91.8	314.7	588.9	409.9	178.9
贵　州	40.2	295.6	80.5	215.0	166.2	288.7	113.3	175.4
云　南	48.9	379.7	163.6	216.1	199.1	369.0	147.6	221.4
西　藏	3.5	49.1	45.1	4.0	14.2	42.2	39.8	2.3
陕　西	50.7	183.6	144.8	38.8	149.6	334.8	295.9	38.8
甘　肃	25.1	207.2	109.6	97.6	105.8	208.2	115.4	92.8
青　海	6.4	29.7	18.3	11.4	24.3	52.1	49.4	2.7
宁　夏	11.2	86.1	66.2	20.0	34.3	66.6	40.9	25.7
新　疆	22.9	163.1	148.4	14.8	97.2	171.5	149.0	22.6

数据来源：国家统计局。

33. 2016 年各省、自治区、直辖市按行业分私营企业和个体就业人员数 单位：万人

地　区	合计	制造业	建筑业	批发和零售业	交通运输、仓储和邮政业	住宿和餐饮业	租赁和商务服务业	居民服务、修理和其他服务业
全　国	20 710.4	2 814.7	992.1	8 725.8	464.2	1 673.4	1 815.7	1 306.0
北　京	685.2	17.6	32.2	152.8	12.4	28.1	128.0	13.4
天　津	179.1	35.5	7.6	33.1	4.0	36.8	17.2	8.1
河　北	510.7	62.3	15.3	251.6	15.7	51.2	22.9	40.1
山　西	323.1	30.8	11.8	153.6	10.5	35.3	12.3	29.8
内蒙古	427.5	29.6	13.3	205.9	13.7	47.0	24.6	45.8
辽　宁	522.2	75.3	25.9	217.0	46.6	41.1	21.4	39.4
吉　林	439.9	44.0	34.5	182.3	16.7	49.5	19.4	37.0
黑龙江	313.4	21.9	5.1	138.4	7.5	52.5	10.5	41.5
上　海	641.2	51.5	40.3	222.4	20.4	17.4	138.4	14.3
江　苏	2 296.5	601.5	183.8	685.8	50.9	119.4	263.0	101.2
浙　江	1 605.9	416.4	74.6	544.5	28.3	90.3	190.2	87.3
安　徽	879.8	137.7	37.7	386.9	15.2	71.2	49.6	67.6
福　建	846.6	126.1	40.4	370.6	15.3	52.6	83.7	39.7
江　西	547.5	74.0	27.5	241.6	13.5	44.1	46.5	38.9
山　东	915.4	123.5	41.8	443.7	21.0	66.1	62.6	65.3
河　南	880.4	94.5	27.5	434.7	12.8	90.8	45.3	74.5
湖　北	829.6	93.9	37.3	365.2	19.3	96.0	51.2	63.0
湖　南	468.5	32.9	8.4	241.4	7.8	62.7	26.0	40.5
广　东	3 071.3	425.9	81.6	1 487.2	50.6	174.8	247.5	162.2
广　西	499.8	35.1	15.1	255.0	13.4	38.5	43.7	30.9
海　南	139.3	5.2	11.5	51.6	3.6	14.6	16.1	10.4
重　庆	824.8	59.6	38.1	348.6	16.9	66.5	94.7	49.9
四　川	1 135.1	90.3	98.2	532.3	17.6	90.9	98.1	60.4
贵　州	193.9	17.1	5.2	98.8	3.8	24.9	7.4	15.3
云　南	311.2	24.2	18.1	130.0	6.0	39.6	20.8	23.2
西　藏	84.9	5.1	12.0	29.1	1.0	12.5	7.5	6.0
陕　西	440.7	28.9	16.1	200.7	6.6	71.5	18.4	46.5
甘　肃	225.0	14.1	14.5	110.1	2.9	29.1	11.3	17.1
青　海	67.6	4.1	2.2	29.0	1.0	12.5	2.8	6.5
宁　夏	107.0	5.3	5.0	56.1	1.8	10.8	9.5	7.6
新　疆	297.3	31.0	9.5	125.4	7.5	35.3	25.1	22.8

数据来源：国家统计局。

34. 1990—2016 年各省、自治区、直辖市城镇登记失业人员及失业率

地 区	失业人员（万人）						失业率（%）					
	1990 年	2005 年	2010 年	2014 年	2015 年	2016 年	1990 年	2005 年	2010 年	2014 年	2015 年	2016 年
北 京	1.7	10.6	7.7	7.4	7.8	8.0	0.4	2.1	1.4	1.3	1.4	1.4
天 津	8.1	11.7	16.1	22.5	25.1	25.8	2.7	3.7	3.6	3.5	3.5	3.5
河 北	7.7	27.8	35.1	38.3	39.4	39.7	1.1	3.9	3.9	3.6	3.6	3.7
山 西	5.5	14.3	20.4	24.5	25.6	26.1	1.2	3.0	3.6	3.4	3.5	3.5
内蒙古	15.2	17.7	20.8	24.8	25.9	26.7	3.8	4.3	3.9	3.6	3.7	3.7
辽 宁	23.7	60.4	38.9	41.0	46.2	47.3	2.2	5.6	3.6	3.4	3.4	3.8
吉 林	10.5	27.6	22.7	23.2	23.9	25.7	1.9	4.2	3.8	3.4	3.5	3.5
黑龙江	20.4	31.3	36.2	39.9	41.0	39.6	2.2	4.4	4.3	4.5	4.5	4.2
上 海	7.7	27.5	27.6	25.6	24.8	24.3	1.5	—	4.4	4.1	4.0	4.1
江 苏	22.5	41.6	40.6	36.6	36.0	35.2	2.4	3.6	3.2	3.0	3.0	3.0
浙 江	11.2	29.0	31.1	33.1	33.7	33.9	2.2	3.7	3.2	3.0	2.9	2.9
安 徽	15.2	27.8	26.9	31.5	30.9	30.4	2.8	4.4	3.7	3.2	3.1	3.2
福 建	9.0	14.9	14.5	14.3	15.4	16.3	2.6	4.0	3.8	3.5	3.7	3.9
江 西	10.3	22.8	26.3	29.4	29.9	31.3	2.4	3.5	3.3	3.3	3.4	3.4
山 东	26.2	42.9	44.5	43.1	43.7	45.8	3.2	3.3	3.4	3.3	3.4	3.5
河 南	25.1	33.0	38.2	40.0	42.5	43.6	3.3	3.5	3.4	3.0	3.0	3.0
湖 北	12.7	52.6	55.7	37.9	33.4	32.9	1.7	4.3	4.2	3.1	2.6	2.4
湖 南	15.9	41.9	43.2	47.3	45.1	44.9	2.7	4.3	4.2	4.1	4.1	4.2
广 东	19.2	34.5	39.3	36.8	37.0	38.0	2.2	2.6	2.5	2.4	2.5	2.5
广 西	13.9	18.5	19.1	18.7	18.1	18.1	3.9	4.2	3.7	3.2	2.9	2.9
海 南	3.5	5.1	4.8	4.3	4.8	5.1	3.0	3.6	3.0	2.3	2.3	2.4
重 庆	—	16.9	13.0	13.4	14.3	15.7	—	4.1	3.9	3.5	3.6	3.7
四 川	38.0	34.3	34.6	54.4	54.6	56.3	3.7	4.6	4.1	4.2	4.1	4.2
贵 州	10.7	12.1	12.2	14.1	14.5	14.8	4.1	4.2	3.6	3.3	3.3	3.2
云 南	7.8	13.0	15.7	19.2	19.5	20.1	2.5	4.2	4.2	4.0	4.0	3.6
西 藏	—	—	2.1	1.7	1.8	1.8	—	—	4.0	2.5	2.5	2.6
陕 西	11.2	21.5	21.4	22.3	22.3	22.7	2.8	4.2	3.9	3.3	3.4	3.3
甘 肃	12.5	9.3	10.7	9.7	9.5	9.8	4.9	3.3	3.2	2.2	2.1	2.2
青 海	4.2	3.6	4.2	4.2	4.4	4.6	5.6	3.9	3.8	3.2	3.2	3.1
宁 夏	4.0	4.4	4.8	5.0	4.9	5.1	5.4	4.5	4.4	4.0	4.0	3.9
新 疆	9.6	11.1	11.0	11.2	10.3	9.7	3.0	3.9	3.2	3.2	2.9	2.5

数据来源：国家统计局。

35. 全国历年城市社会救济和城市居民最低生活保障　　　　　　　　单位：万人

年份	城市居民传统救济总人数				
	合计	城市居民传统定救人数	城市精简退职老职工人数	其中：	
				享受40%人数	定量救济人数
1985	30.0	18.2	11.8	6.4	5.4
1986	49.0	35.6	13.4	7.1	6.3
1987	29.8	16.2	13.6	7.2	6.4
1988	32.9	17.6	15.3	7.7	7.6
1989	30.5	16.2	14.3	7.1	7.2
1990	41.8	16.4	25.4	16.4	9.0
1991	33.7	16.1	17.6	8.5	9.0
1992	39.5	19.2	20.3	9.7	10.6
1993	24.6	13.8	10.8	5.0	5.8
1994	23.0	12.4	10.6	4.9	5.7
1995	109.0	55.2	53.8	23.9	29.9
1996	120.1	66.5	53.6	23.6	30.0

年份	城市最低生活保障人数						
	合计	在职人员	下岗人员	退休人员	失业人员	"三无"人员	其他人员
1996	84.9	—	—	—	—		
1997	87.9	—	—	—	—		
1998	184.1	—	—	—	—		
1999	256.9	—	—	—	—		
2000	402.6	—	—	—	—		
2001	1 170.7	—	—	—	—		
2002	2 064.7	186.8	554.5	90.8	358.3	91.9	783.1
2003	2 246.8	179.3	518.4	90.7	409.0	99.9	949.3
2004	2 205.0	141.0	468.9	73.1	423.1	95.4	1 003.5
2005	2 234.2	114.1	430.7	61.3	410.1	95.8	1 122.1
2006	2 240.1	97.6	350.0	53.2	420.8	93.1	1 225.3

年份	城市最低生活保障人数								
	合计	残疾人	"三无"人员	老年人	成年人				未成年人
					在职人员	灵活就业	登记失业	未登记失业	
2007	2 272.1	161.0	125.8	298.4	93.9	343.8	627.2	364.3	544.6
2008	2 334.8	169.1	106.9	316.7	82.2	381.7	564.3	402.2	587.7
2009	2 345.6	181.0	94.1	333.5	79.0	432.2	510.2	410.9	579.8
2010	2 310.5	180.7	89.3	338.6	68.2	432.4	492.8	420.0	558.5
2011	2 276.8	184.1	80.3	346.9	61.5	429.7	472.5	426.7	539.5
2012	2 143.5	174.5	64.9	339.3	49.6	459.3	400.4	422.1	472.8
2013	2 064.2	169.2	58.0	330.3	45.1	462.1	365.5	416.8	444.5
2014	1 877.0	161.1	50.0	315.8	37.5	425.8	312.5	398.7	386.7
2015	1 701.1	165.7	43.8	293.5	31.1	377.3	264.1	394.0	341.0
2016	1 480.2	156.5	—	258.0	22.7	304.4	252.9	370.9	271.4

数据来源：民政部规划财务司。

36. 2016 年各省、自治区、直辖市城市居民最低生活保障及其他社会救济

地　区	城市最低生活保障人数	按人员性质分类			老年人
		女性	残疾人	其中：重度残疾人	
全　国	14 802 422	6 435 570	1 564 792	75 609	2 579 514
北　京	81 882	35 824	18 178	—	13 140
天　津	121 684	61 158	20 050	15 788	18 348
河　北	475 772	214 272	39 551	4 377	77 296
山　西	530 928	232 104	43 901	390	62 590
内蒙古	491 401	242 063	74 495	7 140	68 630
辽　宁	620 121	258 030	107 798	295	81 126
吉　林	678 281	326 550	79 602	—	60 771
黑龙江	111 158	499 790	132 359	563	112 275
上　海	168 225	62 359	29 843	—	5 340
江　苏	248 442	111 469	33 581	410	68 555
浙　江	108 937	39 971	32 221	5 280	25 156
安　徽	544 104	233 187	69 672	1	167 946
福　建	85 879	35 546	17 207	388	20 924
江　西	895 682	351 387	121 355	3 715	182 587
山　东	308 575	130 883	30 181	9 901	53 007
河　南	821 176	323 303	56 154	730	189 625
湖　北	552 887	261 462	41 381	36	104 437
湖　南	1 118 173	460 866	89 999	1 240	269 274
广　东	254 644	94 815	35 458	227	63 130
广　西	226 134	90 303	21 887	8 668	52 706
海　南	75 354	33 211	8 452	105	9 176
重　庆	347 765	158 073	63 206	—	41 601
四　川	1 344 965	507 207	192 133	8 626	301 757
贵　州	358 188	148 790	26 941	2 747	60 137
云　南	896 829	435 193	24 516	28	209 106
西　藏	35 856	15 373	2 378	204	8 299
陕　西	420 888	205 921	21 740	2	35 787
甘　肃	699 949	289 055	34 034	20	64 356
青　海	163 213	85 053	7 367	562	22 547
宁　夏	145 716	63 235	12 426	—	14 859
新　疆	869 614	429 117	76 726	4 166	115 026

数据来源：民政部规划财务司。

单位：人，户

成年人				未成年人	城市最低生活保障家庭数
在职人员	灵活就业	登记失业	无就业条件		
226 764	**3 043 739**	**2 529 273**	**3 708 758**	**2 714 374**	**8 553 041**
4 625	9 851	20 773	12 441	21 052	48 802
3 466	7 134	36 832	28 179	27 725	74 543
7 471	93 843	66 560	129 995	100 607	273 883
10 776	153 561	49 626	112 774	141 601	280 134
1 028	189 375	68 293	122 677	41 398	304 482
5 941	79 487	162 121	152 303	139 143	372 927
290	111 294	459 993	3 956	41 977	454 143
7 400	107 911	182 303	553 914	147 355	674 024
11 408	2 047	51 597	62 013	35 820	118 379
3 400	21 434	30 772	81 957	42 324	141 682
2 545	13 757	19 264	27 576	20 639	75 735
4 967	100 318	50 962	142 985	76 926	344 490
1 087	15 095	10 636	25 400	12 737	54 017
23 212	197 322	159 833	145 906	186 822	431 927
9 124	77 322	73 139	46 804	49 179	172 849
8 378	141 202	136 137	203 943	141 891	512 972
46 357	178 781	66 611	96 845	59 856	340 349
8 738	119 317	192 426	338 298	190 120	662 452
6 478	53 948	22 340	56 776	51 972	132 521
2 741	84 490	27 836	24 566	33 795	121 741
1 128	5 862	4 222	41 481	13 485	36 227
601	105 042	43 177	84 462	72 882	214 749
14 622	261 026	191 949	347 480	228 131	819 361
5 152	75 540	34 565	110 088	72 706	202 678
5 236	452 664	67 810	57 101	104 912	591 769
3 585	5 796	3 581	7 997	6 598	20 590
2 894	103 598	69 050	63 796	145 763	210 320
5 139	126 272	125 925	204 271	173 986	294 272
2 235	19 819	6 637	78 687	33 288	81 027
1 195	37 416	18 674	36 397	37 175	77 071
15 545	93 215	75 629	307 690	262 509	412 925

37. 全国历年农村社会救济和农村居民最低生活保障　　　　　　　　　　　单位：万人，万户

年份	农村社会救济总人数				
	合计	农村定期定量救济人数	农村精简退职老职工人数	其中：享受40％人数	定量救济人数
1981	4 265. 1	4 255. 1	10. 0	—	—
1982	4 270. 7	4 257. 4	13. 3	—	—
1983	3 526. 7	3 502. 2	24. 5	—	—
1984	3 842. 7	3 795. 9	46. 8	25. 3	—
1985	116. 7	75. 1	41. 6	18. 1	23. 5
1986	103. 0	63. 1	39. 9	18. 1	21. 7
1987	92. 2	53. 2	39. 0	17. 7	21. 3
1988	93. 0	54. 1	38. 9	17. 6	21. 4
1989	75. 7	35. 0	40. 7	18. 3	22. 3
1990	100. 2	46. 7	53. 5	23. 6	29. 9
1991	97. 0	43. 8	53. 2	23. 5	29. 8
1992	97. 5	45. 6	51. 9	23. 3	28. 6
1993	80. 1	36. 3	43. 8	19. 5	24. 3
1994	82. 1	38. 5	43. 6	19. 2	24. 3
1995	98. 3	55. 2	43. 1	19. 0	24. 1
1996	109. 2	66. 5	42. 7	18. 6	24. 1
1997	104. 5	51. 4	53. 1	23. 2	29. 8
1998	120. 5	65. 6	54. 9	24. 9	30. 0
1999	107. 1	55. 6	51. 5	22. 5	28. 7
2000	112. 2	62. 5	49. 7	22. 1	27. 6
2001	130. 5	80. 7	49. 8	21. 3	27. 8
2002	138. 7	90. 0	48. 7	20. 9	27. 8

续完

年份	农村困难群众救助总人数			农村困难群众救助总户数							农村特困供养户数	农村传统救济人数
	合计	农村最低生活保障人数	农村特困户救助人数	合计	农村居民最低生活保障户数			农村特困户救助户数				
					户数	其中：困难户	其他	户数	其中：困难户	其他		
2001	385.3	304.6	80.7	—	—	—	—	—	—	—	—	—
2002	497.8	407.8	90.0	156.7	156.7	—	—	—	—	—	—	—
2003	1 160.5	367.1	793.4	632.8	146.5	114.5	32.0	282.1	192.7	89.3	204.2	—
2004	1 402.1	488.0	914.1	780.8	197.9	165.2	33.6	317.1	260.4	56.6	265.8	—
2005	1 891.8	825.0	1 066.8	1 061.0	356.5	298.8	57.7	354.8	290.4	64.4	349.7	—
2006	2 987.8	1 593.1	775.8	1 606.3	777.2	—	—	325.8	—	—	503.3	115.6

年份	农村救助总人数				
	合计	农村最低生活保障人数	农村特困人员集中供养人数	农村特困人员分散供养人数	农村传统救济人数
2007	4 818.6	3 566.3	138.0	393.3	75.0
2008	5 757.3	4 305.5	155.6	393.0	72.2
2009	5 922.0	4 760.0	171.8	381.6	62.2
2010	6 443.5	5 214.0	177.4	378.9	59.5
2011	6 522.2	5 305.7	184.5	366.5	68.7
2012	5 969.7	5 344.5	185.3	360.3	79.6
2013	5 998.3	5 388.0	183.5	353.8	73.0
2014	5 810.8	5 207.2	174.3	354.8	74.5
2015	5 484.1	4 903.6	162.3	354.4	63.8
2016	5 143.6	4 586.5	139.7	357.2	60.2

数据来源：民政部规划财务司。

38. 2016 年各省、自治区、直辖市农村居民最低生活保障情况　　　　　　　　　　　　　　单位：人，户

地　区	农村最低生活保障人数	按人员性质分类			老年人	成年人		未成年人	农村最低生活保障家庭数
		女性	残疾人	其中：重度残疾人		有劳动条件	无劳动条件		
全　国	**45 864 626**	**17 741 561**	**4 902 056**	**380 472**	**18 588 539**	**1 114 429**	**1 051 362**	**5 123 972**	**26 352 666**
北　京	46 779	18 876	16 582	—	19 755	—	1	5 514	28 925
天　津	101 600	41 613	19 202	14 290	29 771	—	—	17 068	49 188
河　北	1 894 573	697 601	192 567	44 366	1 113 577	95 934	118 350	107 805	1 375 141
山　西	1 185 256	456 764	139 339	1 138	694 214	1	2	54 906	913 568
内蒙古	1 127 626	557 109	158 053	17 997	698 157	53 304	56 612	27 385	872 911
辽　宁	778 820	285 120	104 146	1 971	366 160	489	2 861	54 321	533 570
吉　林	786 780	383 496	486 734	—	463 136	—	4 521	29 083	607 785
黑龙江	1 209 362	568 167	77 919	1 247	636 854	—	11 698	53 391	800 027
上　海	33 778	17 219	11 059	—	12 438	—	136	1 677	27 326
江　苏	1 098 910	435 737	114 727	367	436 774	2 391	2 467	127 386	592 108
浙　江	713 704	273 241	203 422	30 345	269 485	615	5 982	76 924	466 070
安　徽	1 498 194	611 985	221 804	264	655 494	447	690	131 508	871 247
福　建	461 493	186 463	78 853	4 736	139 439	—	6	59 365	242 437
江　西	1 800 571	612 152	319 718	11 119	548 391	19 644	16 666	271 894	875 272
山　东	2 176 628	815 103	238 949	102 476	1 273 833	376 481	430 583	131 910	1 608 429
河　南	3 280 238	1 097 961	293 953	2 475	1 780 682	11 172	17 362	222 453	2 629 574
湖　北	1 382 491	625 038	180 139	424	518 664	—	—	131 884	807 755
湖　南	2 902 350	1 021 681	293 870	2 328	1 306 386	1 307	3 629	225 618	1 778 908
广　东	1 451 361	458 198	147 772	55	449 548	1 026	2 579	317 391	606 658
广　西	2 905 689	1 108 178	177 337	91 409	891 821	386 311	192 265	597 954	1 019 010
海　南	182 906	82 224	16 096	—	39 322	—	—	37 113	78 339
重　庆	589 830	266 702	89 820	—	106 133	—	—	89 579	313 426
四　川	3 566 780	1 087 353	592 631	33 055	1 646 309	89 278	156 963	358 976	2 243 946
贵　州	3 048 113	1 093 273	200 060	19 649	1 054 330	69 641	25 959	490 314	1 450 352
云　南	4 229 418	1 897 645	134 303	73	1 460 921	—	1	398 171	2 514 310
西　藏	257 236	107 202	10 855	159	97 880	5 968	1 978	53 387	87 061
陕　西	1 303 725	567 146	119 239	—	435 493	2	4	136 086	585 493
甘　肃	3 247 111	1 237 541	108 131	108	712 729	418	47	482 046	1 082 349
青　海	515 836	228 525	12 904	421	82 550	—	—	125 802	153 834
宁　夏	422 218	146 023	40 949	—	142 259	—	—	28 786	324 065
新　疆	1 665 250	756 225	100 923	—	506 034	—	—	278 275	813 582

数据来源：民政部规划财务司。

39. 2016 年各省、自治区、直辖市医疗救助和临时救助情况

| 地　区 | 民政部门资助参加基本医疗保险人数 | | 民政部门直接救助人次数 | | |
	合计	重点救助对象	合计	住院救助	门诊救助
全　国	**55 604 175**	**5 939 375**	**26 961 185**	**11 949 234**	**15 011 951**
北　京	66 909	—	94 607	23 853	70 754
天　津	236 536	207 731	226 537	61 019	165 518
河　北	1 984 983	281 143	333 674	223 492	110 182
山　西	1 509 982	5 597	236 796	189 632	47 164
内蒙古	1 559 631	188 400	320 896	267 996	52 900
辽　宁	948 462	194	637 412	271 287	366 125
吉　林	630 705	149 134	485 938	332 388	153 550
黑龙江	2 393 574	—	650 948	397 236	253 712
上　海	97 632	18	183 475	51 929	131 546
江　苏	1364 106	134 130	3 498 117	768 623	2 729 494
浙　江	161 378	8 898	2 799 561	650 305	2 149 256
安　徽	3 461 357	169 994	874 851	718 392	156 459
福　建	634 669	9 560	1 544 235	348 123	1 196 112
江　西	2 091 712	105 516	1 816 576	537 913	1 278 663
山　东	2 200 170	731 818	82 8131	361 030	467 101
河　南	3 539 301	72 533	656 877	584 853	72 024
湖　北	2 426 720	2 206 144	982 385	834 386	147 999
湖　南	3 500 700	254 775	1 225 036	918 607	306 429
广　东	2 346 902	15 769	1 191 976	433 454	758 522
广　西	1 727 855	138 222	595 218	258 213	337 005
海　南	232 332	23 915	115 008	42 473	72 535
重　庆	1 555 873	—	3 615 445	686 262	2 929 183
四　川	5 366 451	264 893	1 561 706	1 142 612	419 094
贵　州	2 814 051	778 255	375 514	245 848	129 666
云　南	5 481 548	102 932	736 094	572 883	163 211
西　藏	487 60	—	56 853	51 237	5616
陕　西	739 900	2 204	383 176	320 784	62 392
甘　肃	4 104 566	36 719	291 316	186 081	105 235
青　海	725 426	9 049	163 582	133 938	29 644
宁　夏	328 571	24 235	114 927	105 369	9 558
新　疆	1 323 413	17 597	364 318	229 016	135 302

数据来源：民政部规划财务司。

单位：人，户次，人次

传统救济	临时救助户次			
	合计	低保人员	特困人员	其他
602 181	8 506 993	3 692 111	1 966 602	2 848 280
28	25 085	16 956	1 162	6 967
3	87 291	41 161	7 871	38 259
6 124	595 107	175 658	257 391	162 058
6 751	241 172	63 100	9 0 619	87 453
20 453	305 347	162 155	75 241	67 951
7 699	292 404	241 610	32 922	17 872
1 040	126 130	92 480	26 341	7 309
824	192 208	95 076	37 718	59 414
15	371 434	283 370	9 272	78 792
47 218	405 685	166 043	113 848	125 794
2 353	370 201	107 816	75 121	187 264
43 236	178 588	91 216	47 898	39 474
3 746	110 825	24 198	28 379	58 248
38 402	128 881	84 708	25 885	18 288
520	252 954	100 869	64 698	87 387
23 947	248 430	125 247	72 763	50 420
19 058	427 289	142 046	89 539	195 704
98 087	701 500	335 673	159 155	206 672
1 636	153 380	68 346	40 574	44 460
112 853	89 747	36 697	16 117	36 933
86	29 880	6 373	4 277	19 230
13 156	225 940	99 982	45 572	80 386
58 871	472 661	229 502	82 630	160 529
21 314	165 561	54 723	22 228	88 610
37 429	700 068	170 184	107 832	422 052
—	3 765	1 751	867	1 147
2 679	335 101	107 334	98 621	129 146
29 340	549 076	216 929	193 122	139 025
323	81 758	39 061	27 442	15 255
3 403	305 925	123 908	44 145	137 872
1 587	333 600	187 939	67 352	78 309

40. 2016 年各省、自治区、直辖市特困人员救助供养情况

地　区	城市特困人员救助供养						
	合计	女性	残疾人	老年人	未成年人	集中供养	分散供养
全　国	90 575	15 258	26 486	63 600	5 367	28 147	62 428
北　京	682	182	326	480	11	119	563
天　津	3	1		2	1		3
河　北	284	65	101	204	4	105	179
山　西	259	16	94	166	10	36	223
内蒙古	12 665	1 339	5 700	7 792	121	3 631	9 034
辽　宁	1 973	420	960	1 118	49	892	1 081
吉　林	3 672	447	1 032	1 808	99	531	3 141
黑龙江	5 170	1 034	3 058	2 555	69	1 633	3 537
上　海							
江　苏	2 995	506	401	2 749	5	774	2 221
浙　江	1 987	555	668	1 656	109	1 898	89
安　徽	1 122	189	97	970	76	411	711
福　建	1 301	304	288	952	75	237	1 064
江　西	11 357	2 114	2 400	6 719	2 496	3 818	7 539
山　东	1 831	338	748	1 253	58	442	1 389
河　南	415	87	182	249	3	119	296
湖　北	5 988	1 250	1 428	4 764	49	3 204	2 784
湖　南	3 231	408	290	3 011	6	829	2 402
广　东	4 555	1 016	1 120	3 803	70	601	3 954
广　西	501	100	73	451	32	71	430
海　南	568	133	17	457	19	277	291
重　庆	11 410	971	2 327	9 456	101	3 289	8 121
四　川	3 276	1 101	320	2 218	935	560	2 716
贵　州	1 724	183	211	1 450	151	726	998
云　南	6 957	1 372	2 436	5 526	400	2 601	4 356
西　藏							
陕　西	2 564	410	1 069	1 807	158	299	2 265
甘　肃							
青　海	36	10	19	27			36
宁　夏	145	29	89	51	1	64	81
新　疆	3 904	678	1 032	1 906	259	980	2 924

数据来源：民政部规划财务司。

单位：人

农村特困人员救助供养						
合计	女性	残疾人	老年人	未成年人	集中供养	分散供养
4 968 767	761 561	945 800	4 229 782	141 005	1 396 560	3 572 207
4 474	358	2 430	3 660	19	1 711	2 763
11 578	1 076	2 616	10 075	47	1 073	10 505
234 490	17 248	42 886	205 612	2 373	38 359	196 131
150 494	11 513	44 141	108 967	4 686	19 844	130 650
86 349	5 351	25 319	65 479	470	10 816	75 533
135 624	14 030	28 868	114 937	2 382	27 447	108 177
111 633	17 896	41 364	71 028	1 743	21 193	90 440
122 152	22 153	44 714	87 649	1 695	29 196	92 956
2 496	390	629	2 124	11	1 017	1 479
197 951	27 596	22 383	187 320	2 184	70 762	127 189
32 543	4 485	3 800	30 965	150	31 237	1 306
409 816	59 203	55 079	372 891	5 383	122 079	287 737
75 578	9 888	20 949	58 439	2 167	8 382	67 196
221 412	63 051	33 279	191 622	15 113	125 390	96 022
210 594	32 907	20 470	202 392	1 717	123 262	87 332
479 484	71 208	61 043	438 584	10 195	108 239	371 245
248 538	37 172	54 529	213 630	1 141	51 154	197 384
425 093	74 140	84 918	355 327	14 514	83 699	341 394
231 963	33 965	34 523	209 987	8 435	22 980	208 983
269 142	41 389	37 042	244 696	10 371	22 523	246 619
28 364	7 325	1 972	28 110	468	2 483	25 881
168 798	14 354	29 201	148 565	1 580	58 567	110 231
485 843	57 860	91 882	411 346	12 444	256 150	229 693
104 514	18 244	16 532	81 266	13 175	47 155	57 359
173 528	43 221	56 087	118 211	14 364	28 482	145 046
14 242	3 704	629	5 439	623	9 655	4 587
125 092	18 004	38 064	97 126	3 754	44 045	81 047
116 787	21 021	27 428	96 486	2 304	9 080	107 707
23 906	7 871	4 854	18 275	2 701	5 113	18 793
11 862	2 759	3 621	9 160	237	3 302	8 560
54 427	22 179	14 548	40 414	4 559	12 165	42 262

41. 1999—2016 年全国最低生活保障平均标准和医疗救助情况

年份	城市最低生活保障平均标准（元/人·月）	农村最低生活保障平均标准（元/人·年）	民政部门资助参加城市医疗保险人数（万人）	民政部门资助参加农村合作医疗人数（万人）	民政部门直接医疗救助人次数（万人次）		
					合计	住院救助	门诊救助
1999	149.0	—	—	—	—	—	—
2000	157.0	—	—	—	—	—	—
2001	147.0	—	—	—	—	—	—
2002	148.0	—	—	—	—	—	—
2003	149.0	—	—	—	—	—	—
2004	152.0	—	—	552.6	121.1	—	—
2005	156.0	—	—	654.9	199.6	—	—
2006	169.6	850.8	—	1 317.1	201.3	—	—
2007	182.4	840.0	—	2 517.3	819.1	—	—
2008	205.3	987.6	642.6	3 432.4	1 203.1	—	—
2009	227.8	1 210.1	1 095.9	4 059.1	1 140.4	—	—
2010	251.2	1 404.0	1 461.2	4 615.4	1 479.3	—	—
2011	287.6	1 718.4	1 549.8	4 825.3	2 144.0	—	—
2012	330.1	2 067.8	1 387.1	4 490.4	2 173.7	1 141.4	1 032.3
2013	373.3	2 433.9	1 490.1	4 868.7	2 126.4	1 070.4	1 052.4
2014	410.5	2 776.6	1 702.0	5 021.7	2 395.3	1 106.6	1 288.7

年份	城市最低生活保障平均标准（元/人·月）	农村最低生活保障平均标准（元/人·年）	民政部门资助参加基本医疗保障人数（万人）	民政部门直接医疗救助人次数（万人次）		
				合计	住院救助	门诊救助
2015	451.1	3 177.6	6 213.0	2 515.9	1 204.3	1 311.6
2016	494.6	3 744.0	5 560.4	2 696.1	1 194.9	1 501.2

数据来源：民政部规划财务司。

42. 2016 年各省、自治区、直辖市城市养老服务机构

地　区	机构数	年末床位数		年在院总人天数	年末在院人数		在院人员按性质分		
		合计	光荣间床位		合计	女性	优抚对象	特困人员	自费人员
全　国	8 891	1 359 493	12 901	166 966 909	680 926	237 919	7 189	84 085	515 972
北　京	184	36 305	750	4 532 482	15 371	7 641	202	306	142 16
天　津	210	37 904	70	4 442 224	21 084	11 235	165	498	19 810
河　北	350	65 709	700	8 871 921	29 519	7 286	571	5 840	22 257
山　西	105	12 893	312	920 801	6 977	951	111	855	4 955
内蒙古	307	42 973	86	4 650 676	22 791	5 335	151	1 046	20 823
辽　宁	912	95 754	1 166	10 338 947	49 536	12 359	508	5 030	41 965
吉　林	620	59 548	—	8 851 900	29 685		—	—	—
黑龙江	608	66 529	410	7 680 138	41 507	10 271	935	7 946	26 915
上　海	429	70 538	—	15 685 617	49 511	31 515	67	472	48 764
江　苏	867	163 137	870	17 869 875	73 294	24 676	1 430	10 733	55 416
浙　江	386	100 072	1 063	9 515 502	41 237	16 682	176	4 262	30 858
安　徽	344	46 609	313	5 579 829	20 010	7 721	161	1 948	16 992
福　建	117	24 733	32	3 413 775	11 538	2 983	32	245	11 178
江　西	156	18 050	987	2 704 441	11 771	5 449	327	8 344	2 782
山　东	803	133 391	1 440	17 738 462	64 311	22 824	597	6 999	56 474
河　南	348	40 675	289	4 966 079	23 970	7 384	457	3 109	18 810
湖　北	268	45 483	1 911	5 089 488	19 542	7 304	244	1 988	15 031
湖　南	158	24 360	252	2 853 290	11 878	4 677	216	2 794	7 570
广　东	279	63 747	460	9 095 528	31 614	17 807	37	2 964	26 519
广　西	167	23 902	527	3 464 223	14 021	4 413	116	643	11 871
海　南	15	7 190	11	175 765	4 449	2 349	14	16	4 267
重　庆	293	40 631	232	6 956 270	23 489	7 748	67	1 430	21 775
四　川	345	45 342	158	4 990 867	20 741	6 367	66	7 315	9 887
贵　州	132	17 718	242	1 096 979	5 053	1 636	71	1 411	3 337
云　南	101	16 019	34	903 258	7 046	1 100	89	2 126	2 014
西　藏	2	357	—	96 360	314	117	—	—	—
陕　西	126	26 323	282	1 801 809	12 997	5 159	259	2 344	9 949
甘　肃	47	8 272	—	421 961	3 371	1 031	15	1 019	2 194
青　海	7	1 569	—	41 704	249	90	2	89	158
宁　夏	19	5 682	186	436 391	2 019	538	68	584	271
新　疆	186	18 078	118	1 780 347	12 031	3 271	35	1 729	8 914

数据来源：民政部规划财务司。

单位：个，人，张，人天，人次，平方米

在院人员按年龄分			在院人员按类型分			康复和医疗门诊人次数	机构建筑面积
老人	青壮年	少年儿童	自理（完全自理）	介助（半自理）	介护（不能自理）		
666 167	**11 045**	**3 714**	**377 392**	**163 406**	**140 128**	**1 629 667**	**30 264 173**
14 621	736	14	4 019	4 410	6 942	137 268	695 310
20 252	745	87	5 255	6 634	9 195	122 871	867 282
29 091	235	193	17 599	5 975	5 945	38 693	2 175 622
6 945	11	21	5 253	1 030	694	2 406	361 180
22 297	450	44	14 527	5 700	2 564	6	840 086
49 078	445	13	34 346	9 972	5 218	26 642	1 328 306
29 685	—	—	15 407	8 795	5 483	—	898 647
40 479	925	103	34 108	3 736	3 663	1 189	730 251
48 773	738	—	10 557	14 704	24 250	14 778	1 882 600
71 710	1 245	339	34 538	20 721	18 035	190 081	4 281 223
39 757	1 381	99	25 811	9 441	5 985	115 755	1 586 655
19 796	81	133	10 452	6 576	2 982	22 183	765 204
11 499	21	18	4 965	3 757	2 816	13 681	780 762
11 516	51	204	8 703	2 188	880	5 390	305 826
63 775	494	42	44 157	12 503	7 651	279 711	4 292 538
23 186	452	332	13 583	7 120	3 267	35 250	992 171
18 579	232	731	10 587	5 336	3 619	20 297	1 089 812
11 007	783	88	6 072	3 499	2 307	30 518	553 054
30 365	817	432	9 794	8 095	13 725	259 339	1 440 674
13 760	172	89	5 406	4 142	4 473	29 189	433 290
4 449	—	—	4 005	118	326	—	104 257
23 244	211	34	17 830	3 659	2 000	143 238	925 589
20 204	258	279	13 461	5 524	1 756	16 355	721 861
4 758	105	190	3 089	1 226	738	9 459	233 417
6 977	35	34	5 307	1 091	648	2 327	249 805
314	—	—	294	10	10	—	11 500
12 808	161	28	5 656	4 411	2 930	87 337	631 439
3 307	4	60	2 292	529	550	12 537	222 671
249	—	—	212	28	9	—	42 911
1 950	69	—	1 116	527	376	1 264	246 307
11 736	188	107	8 991	1 949	1 091	11 903	573 923

43. 2016 年各省、自治区、直辖市农村养老服务机构

地　区	机构数	年末床位数		年在院总人天数	年末在院人数		在院人员按性质分		
		合计	光荣间床位		合计	女性	优抚对象	特困人员	自费人员
全　国	15 398	1 799 248	41 119	301 002 373	1 132 253	229 248	30 643	890 498	173 621
北　京	267	53 120	40	5 366 892	17 421	6 525	19	1 904	15 160
天　津	37	7 619	—	308 816	2 147	920	57	81	2 005
河　北	435	71 982	1 664	9 962 830	32 450	4 447	125	17 017	11 795
山　西	293	26 238	434	3 201 459	14 198	1 195	210	11 296	1 476
内蒙古	308	29 825	359	3 923 956	13 903	917	352	10 169	2 364
辽　宁	399	38 345	503	5 466 194	23 586	4 438	1 225	16 384	5 545
吉　林	595	43 343	2	6 233 078	28 467	4 392	2 894	23 328	898
黑龙江	139	36 496	1 182	6 926 318	24 299	4 780	1 402	19 169	2 047
上　海	197	41 326	5	6 202 509	23 429	12 851	52	1 447	20 963
江　苏	1 271	207 779	5 569	32 461 992	115 464	28 523	4 470	87 142	22 631
浙　江	806	116 048	397	11 897 503	49 744	14 287	293	17 272	30 975
安　徽	706	90 141	2 185	14 905 772	53 857	8 630	378	50 282	2 768
福　建	88	5 384	138	633 170	2 248	640	36	880	1 317
江　西	1 048	101 767	7 242	18 870 558	89 800	24 051	2 693	78 671	5 473
山　东	953	155 022	6 106	33 756 519	105 503	25 664	3 095	86 179	16 041
河　南	594	58 214	2 568	10 411 597	43 788	8 087	3 414	36 461	2 068
湖　北	1 128	142 723	3 530	27 381 030	98 902	22 747	3 774	85 234	8 434
湖　南	1 331	85 270	2 469	17 488 226	62 597	12 238	2 069	52 868	2 142
广　东	941	72 633	1 095	7 159 945	25 806	7 554	448	16 962	5 029
广　西	123	4 380	360	737 535	2 704	673	12	1 570	1 034
海　南	19	876	—	76 004	379	102	20	296	63
重　庆	300	31 604	77	6 760 484	23 277	2 088	279	20 868	1 757
四　川	1 925	233 538	2 119	46 780 296	182 818	19 206	2 520	169 605	7 284
贵　州	623	47 613	271	7 920 575	31 595	3 712	48	28 459	829
云　南	224	22 990	888	3 771 034	15 047	2 868	82	13 399	660
西　藏	5	767	—	123 365	552	79	—	278	—
陕　西	323	46 091	1 381	9 441 013	3 2427	3 865	186	29 396	2 266
甘　肃	138	10 065	430	1 020 498	5 326	1 003	204	4 529	292
青　海	18	1 489	—	156 976	764	191	—	719	—
宁　夏	57	6 818	45	949 489	3 954	512	87	3 302	229
新　疆	107	9 742	60	706 740	5 801	2 063	199	5 331	76

数据来源：民政部规划财务司。

单位：个，人，张，人天，人次，平方米

在院人员按年龄分			在院人员按类型分			康复和医疗门诊人次数	机构建筑面积
老人	青壮年	少年儿童	自理（完全自理）	介助（半自理）	介护（不能自理）		
1 089 819	**34 357**	**8 077**	**852 988**	**215 110**	**64 155**	**1 918 357**	**33 309 208**
16 271	1 103	47	6 956	5 305	5 160	37 803	1 002 578
2 137	10	—	1 475	497	175	14 370	183 368
31 684	726	40	22 782	6 422	3 246	4 452	1 458 014
12 839	952	407	11 781	1 711	706	5 001	713 079
12 904	788	211	10 933	2 166	804	—	553 655
21 782	1 755	49	17 632	4 202	1 752	11 152	649 682
25 532	2 580	355	19 251	6 072	3 144	32 537	949 083
22 869	1 399	31	18 195	4 997	1 107	11 538	428 074
22 132	1 229	68	7 653	10 165	5 611	119 899	1 181 128
113 010	1 985	469	82 354	25 408	7 702	363 293	3 422 330
48 595	1 104	45	36 875	9 139	3 730	422 604	1 448 152
52 961	728	168	43 675	8 914	1 268	20 829	1 550 789
2 229	5	14	1 653	439	156	233	129 039
85 524	2 438	1 838	70 896	17 248	1 656	10 349	1 770 813
104 696	708	99	83 840	17 305	4 358	103 255	4 404 922
42 248	1 041	499	38 391	3 953	1 444	46 993	1 069 402
92 118	5 506	1 278	72 807	18 614	7 481	239 913	2 674 058
60 234	1 855	508	46 500	13 365	2 732	53 881	1 900 154
25 198	437	171	15 106	7 903	2 797	95 451	1 380 993
2 601	86	17	1 845	699	160	564	110 518
377	—	2	377	—	2	—	28 100
22 468	749	60	21 260	1 580	437	58 964	430 217
177 139	5 020	659	149 930	27 609	5 279	129 527	3 178 991
30 818	142	635	26 137	5 266	192	9 820	784 712
14 466	481	100	9 027	5 061	959	53 743	442 157
549	3	—	521	12	19	—	10 178
31 403	958	66	23 476	7 616	1 335	21 220	829 432
4 990	211	125	4 217	903	206	41 408	160 143
744	17	3	541	195	28	292	59 004
3 660	285	9	2 195	1 454	305	1 143	179 676
5 641	56	104	4 707	890	204	8 123	226 768

44. 2016 年各省、自治区、直辖市儿童收养机构　　　　　　　单位：个，人，张，人天，平方米

地　区	机构数	年末床位数	年在院总人天数	年末在院人数		家庭寄养儿童数量	机构建筑面积
				合计	其中：女性		
全　国	465	89 624	15 704 985	52 906	19 030	11 553	2 623 734
北　京	10	1 460	426 375	1 190	425	469	96 152
天　津	2	668	17 190	231	129	371	12 712
河　北	5	534	61 870	199	44	98	7 881
山　西	8	1 000	216 615	682	289	60	11 632
内蒙古	8	1 633	300 582	858	293	12	50 625
辽　宁	10	4 174	1 139 755	3 175	1 212	213	104 012
吉　林	10	3 127	220 021	1 655	110	25	228 979
黑龙江	15	3 608	504 884	1 504	537	71	110 616
上　海	3	1 991	398 580	1 818	739	1 059	35 036
江　苏	13	3 265	641 357	2 075	921	285	97 161
浙　江	13	2 575	511 119	1 383	543	507	59 083
安　徽	31	5 453	1 029 215	3 126	1 201	168	174 830
福　建	11	1 504	271 825	756	281	668	27 648
江　西	5	965	88 336	771	38	—	11 180
山　东	13	5 122	909 385	2 509	1 071	444	154 473
河　南	18	3 657	916 496	2 889	1 142	464	235 653
湖　北	24	3 376	625 466	1 803	759	420	59 701
湖　南	19	3 218	606 275	2 124	1 142	997	70 155
广　东	43	5 308	900 129	2 628	1 118	193	154 189
广　西	17	2 220	306 033	1 300	574	273	44 232
海　南	1	40	365	40	23	—	
重　庆	6	2 499	352 367	1 011	417	—	125 400
四　川	50	6 879	867 640	2 904	1 070	262	106 788
贵　州	23	3 627	522 565	1 584	608	271	69 960
云　南	23	3 141	331 491	1 544	237	1 199	102 677
西　藏	5	3 123	822 465	2 902	1 228	2	56 400
陕　西	11	2 903	666 565	1 963	782	121	90 787
甘　肃	12	2 996	423 101	1 757	528	42	105 700
青　海	7	1 800	269 426	1 269	83	—	13 194
宁　夏	5	693	145 085	430	195	112	32 459
新　疆	44	7 065	1 212 407	4 826	1 291	2 747	172 319

　　数据来源：民政部规划财务司。

45. 2016 年各省、自治区、直辖市社会福利院

地　区	机构数	年末床位数		年在院总人天数	年末在院人数		在院人员按性质分		
		合计	其中：光荣间床位		合计	其中：女性	优抚对象	特困人员	自费人员
全　国	1 604	371 193	12 790	55 327 062	199 726	72 288	6 818	94 931	86 496
北　京	8	3 168	69	382 599	2 801	1 371	13	877	1 907
天　津	3	700	—	182 930	460	116	—	396	108
河　北	31	5 671	26	1 070 540	3 460	794	10	2 189	404
山　西	20	3 905	—	880 368	2 431	896	1	1 300	337
内蒙古	49	10 001	109	1 294 170	4 139	1 008	320	2 504	1 368
辽　宁	49	12 809	484	2 263 285	8 043	2 839	211	4 133	3 218
吉　林	59	14 440	92	2 127 970	8 392	1 794	445	2 755	3 127
黑龙江	47	14 078	497	2 824 937	9 445	2 946	269	4 213	4 613
上　海	22	7 095	—	1 666 302	4 780	3 055	22	223	4 414
江　苏	62	26 764	252	2 983 781	10 547	4 547	629	4 491	5 193
浙　江	95	28 957	448	3 905 341	14 209	6 251	66	2 460	11 543
安　徽	53	7 628	403	1 304 491	4 021	1 620	92	2 337	1 412
福　建	65	11 811	755	1 221 048	3 706	1 317	235	2 625	817
江　西	100	16 059	950	2 556 719	12 310	3 064	330	8 191	3 458
山　东	26	8 523	215	1 157 677	3 655	1 140	196	2 337	986
河　南	53	9 977	1 000	1 647 206	5 209	1 470	370	3 996	305
湖　北	123	34 847	2 488	4 510 551	18 583	6 927	979	8 569	8 128
湖　南	84	17 047	812	3 531 151	11 379	4 495	573	5 659	4 811
广　东	149	44 918	1 364	6 267 064	20 949	10 705	344	6 300	12 568
广　西	91	9 769	570	1 556 932	6 131	2 346	45	2 861	2 916
海　南	4	680	—	112 415	391	167	—	391	—
重　庆	29	12 373	299	2 020 344	6 512	2 986	90	1 975	4 293
四　川	134	30 375	449	4 368 748	15 596	4 862	315	8 627	6 141
贵　州	53	6 260	285	860 155	3 242	838	211	2 396	234
云　南	39	7 342	80	825 461	4 449	1 095	33	3 526	829
西　藏									
陕　西	32	6 938	574	1 491 457	4 282	953	592	3 195	293
甘　肃	39	5 521	46	491 942	2 624	624	52	2 112	276
青　海	9	1 835	90	160 550	679	199	33	446	195
宁　夏	8	1 159	50	232 261	945	268	30	380	413
新　疆	68	10 543	383	1 428 667	6 356	1 595	312	3 467	2 189

数据来源：民政部规划财务司。

单位：个，人，张，人天，人次，平方米

在院人员按年龄分			在院人员按类型分			康复和医疗门诊人次数	家庭寄养儿童数量	机构建筑面积
老人	青壮年	少年儿童	自理（完全自理）	介助（半自理）	介护（不能自理）			
150 333	22 979	26 414	97 297	48 510	53 919	1 828 809	6 980	10 744 788
1 723	817	261	716	1 008	1 077	49 643	2	148 303
205	255	—	98	178	184	2 491	118	11 900
1 980	410	1 070	1 288	960	1 212	14 142	325	232 548
600	263	1 568	662	538	1 231	2 072	1 572	154 592
3 406	416	317	2 165	1 138	836	29 692	23	301 789
5 674	1 870	499	3 890	1 863	2 290	22 209	106	370 841
6 785	1 347	260	5 707	1 889	796	25 233	89	449 537
8 765	635	45	6 564	1 551	1 330	24 772	1	387 343
4 628	152	—	706	1 372	2 702	141 101	—	260 892
6 991	1 890	1 666	3 523	2 153	4 871	116 390	253	826 629
12 328	977	904	6 739	3 004	4 466	100 513	260	569 490
3 009	494	518	2 020	755	1 246	14 201	189	305 658
2 249	457	1 000	1 686	766	1 254	58 819	355	352 264
9 120	430	2 760	7 906	3 005	1 399	2 785	431	444 817
2 727	584	344	1 808	1 032	815	39 051	—	294 395
2 218	920	2 071	1 967	1 609	1 633	24 047	167	309 334
16 711	1 484	388	9 459	5 376	3 748	130 863	141	983 240
6 476	1 935	2 968	4 921	2 723	3 735	61 840	1 104	564 762
14 866	1 869	4 214	6 684	5 217	9 048	491 548	408	1 299 906
3 805	593	1 733	1 987	1 597	2 547	70 584	508	384 552
49	85	257	85	94	212	7 314	8	22 427
5 576	706	230	3 167	1 338	2 007	99 768	323	307 767
13 273	1 283	1 040	9 888	3 785	1 923	83 866	103	672 872
1 830	450	962	2 275	647	320	86 691	53	160 638
4 119	179	151	2 459	1 111	879	12 201	20	223 790
2 524	1 259	499	1 935	1 581	766	11 161	86	233 335
1 972	167	485	1 420	803	401	2 314	51	134 151
485	175	19	490	158	31	3 243	—	18 646
634	261	50	479	313	153	7 616	—	43 501
5 605	616	135	4 603	946	807	92 639	284	274 868

46. 2016年各省、自治区、直辖市老龄事业情况发展概况（一）

地 区	机构数	老龄人口情况				
		60岁以上 老年人口数	65岁以上 老年人口数	80岁以上 老年人口数	100岁以上 老年人口数	纯老年人 家庭人口数
全　国	1 828	229 323 177	152 031 382	30 882 234	71 556	31 540 376
北　京	13	3 352 174	2 280 051	593 653	958	556 136
天　津	13	2 438 980	1 567 534	359 359	337	311 591
河　北	26	11 574 182	7 817 782	1 386 671	2 152	957 153
山　西	82	4 702 326	3 127 610	597 807	939	577 628
内蒙古	18	3 919 323	2 506 050	440 344	355	615 067
辽　宁	60	8 306 700	5 397 709	1 039 979	1 598	1 942 267
吉　林	43	5 627 960	3 530 010	665 813	892	939 498
黑龙江	62	5 624 807	3 983 926	672 842	954	1 558 059
上　海	17	4 567 920	2 917 696	792 958	2 833	1 069 984
江　苏	56	16 729 062	11 537 428	2 425 835	5 599	3 124 215
浙　江	55	10 306 111	6 789 316	1 615 523	2 365	2 435 138
安　徽	37	11 470 780	7 938 744	1 671 386	3 817	1 278 620
福　建	51	5 408 168	3 466 237	871 992	1 968	911 609
江　西	101	6 658 610	3 948 042	850 267	1 270	258 582
山　东	124	18 672 379	11 790 148	2 203 924	4 971	3 903 069
河　南	62	14 002 561	9 363 482	2 060 041	6 492	1 165 759
湖　北	56	10 356 388	6 702 973	1 201 039	2 195	869 870
湖　南	37	12 085 047	8 363 782	1 793 224	2 516	2 078 597
广　东	40	12 976 536	8 410 033	2 078 138	7 585	763 320
广　西	45	8 378 261	5 650 986	1 193 234	6 568	580 213
海　南	7	1 019 408	816 358	239 046	2 124	47 922
重　庆	21	7 047 363	4 766 613	1 003 856	1 509	1 282 817
四　川	198	17 922 011	12 257 538	2 195 115	5 256	1 850 117
贵　州	96	5 606 240	3 781 887	592 514	1 227	342 500
云　南	61	6 236 442	3 946 735	847 321	1 596	717 689
西　藏	1	210 109	161 830	29 308	92	1 365
陕　西	96	5 941 462	3 931 005	710 240	1 037	621 788
甘　肃	91	3 979 463	2 567 774	386 039	450	312 935
青　海	14	724 957	508 362	83 241	157	82 612
宁　夏	23	847 588	465 986	52 433	87	46 616
新　疆	222	2 629 859	1 737 755	229 092	1 657	337 640

数据来源：民政部规划财务司。

单位：个，人，次，件

老龄事业发展情况								
老年维权				老年活动设施		老年福利		
老龄系统接待来信来访次数	老年法律援助中心		维权协调组织数	老年活动站/中心/室数		享受高龄补贴的老年人数	享受护理补贴的老年人数	享受养老服务补贴的老年人数
	个数	涉老案件数		个数	老年人参与人数			
406 310	**19 309**	**58 611**	**70 305**	**358 580**	**42 838 649**	**23 553 913**	**404 967**	**2 829 303**
54 819	278	5 209	8 264	6 613	824 498	371 015	11 468	244 698
28 622	176	4 266	1 508	2 033	337 008	20 207	3 551	12 300
4 955	401	514	1 140	13 762	935 317	984 199	3 607	35 566
7 221	596	1 210	2 231	18 497	1 039 920	304 423	160	58 714
3 773	154	567	162	1 981	272 009	370 875	1 373	8 650
14 312	1 913	2 049	1 869	6 182	870 967	102 947	5 078	11 483
831	38	105	672	1 557	84 170	6 667	2 397	6 678
3 747	494	1 204	886	4 187	537 665	174 369	15 646	12 687
41 482	17	3 814	712	6 266	343 234	1 639 401	35 009	176 728
38 599	1 372	3 477	6 116	20 052	4 297 994	2 258 107	83 924	215 220
34 913	333	4 061	3 682	32 615	7 125 670	1 134 141	22 647	171 223
8 457	559	1 525	2 192	8 023	1 358 461	1 489 879	16 391	92 793
5 473	1 375	2 732	2 112	16 301	1 808 201	559 137	19 479	66 492
5 893	343	491	3 515	14 178	1 016 215	477 507	622	548
7 195	2 088	2 343	3 714	55 105	2 714 206	1 346 824	20 618	176 779
5 133	1 023	869	2 785	32 053	1 337 235	417 638	1 900	12 768
11 317	572	1 290	2 659	10 651	1 970 627	1 040 324	5 599	13 755
20 726	314	1 831	899	8 914	1 114 258	240 173	12 636	104 985
10 761	816	588	1 619	14 467	2 309 896	2 696 666	20 621	20 945
11 217	242	971	1 684	6 389	1 096 612	994 775	6 882	2 525
1 974	7	154	93	879	324 398	169 827	1 382	3 149
5 432	404	5 960	2 963	7 573	2 050 252	330 402	7 158	27 849
33 711	1 627	3 768	9 607	29 384	4 244 762	1 774 008	67 760	1 111 176
5 803	913	550	2 533	4 452	694 656	498 793	15 981	185 757
8 409	1 238	5 533	2 755	15 537	2 175 447	863 392	1 361	19 700
560	—	—	—	5	1 831	18 583	3 219	—
12 111	500	1 790	2 088	6 948	894 871	2 589 550	7 023	22 131
7 256	492	345	1 145	3 847	451 730	155 960	4 474	7 525
—	—	—	—	579	90 843	312 348	—	6 061
7 397	67	237	330	794	99 871	21 450	456	71
7 397	957	1 158	370	8 756	415 825	190 326	6 545	347

47. 2016 年各省、自治区、直辖市老龄事业情况发展概况（二）

地　区	老龄事业发展情况								
	老年医疗护理机构					老年人协会个数			
	老年医院数		老年临终关怀医院数			个数	参加人数	村、居老年人协会	
	个数	床位数	个数	床位数	年底在院人数			个数	参加人数
全　国	3 004	138 374	1 660	31 939	15 053	426 112	45 902 065	347 142	35 984 904
北　京	17	2 407	4	307	173	5 612	367 419	5 217	313 518
天　津	32	1 746	1	30	22	3 381	389 080	3 167	343 650
河　北	119	3 044	53	535	30	16 925	740 565	13 420	578 117
山　西	51	1 403	67	4 669	295	14 237	860 444	13 087	725 926
内蒙古	9	720	—	—	—	1 348	178 952	898	99 980
辽　宁	16	627	6	830	100	9 802	1 077 418	7 744	887 982
吉　林	17	262	—	—	—	1 631	61 517	812	47 284
黑龙江	280	4 187	43	1 209	480	6 595	629 316	4 349	424 180
上　海	40	5 406	22	206	123	2 793	272 106	2 618	247 648
江　苏	300	29 904	68	8 290	5 556	18 829	3 794 710	16 623	3 065 750
浙　江	44	6 282	3	466	457	30 682	6 931 056	27 092	6 516 012
安　徽	44	7 126	8	206	112	13 041	1 451 404	11 586	1 171 654
福　建	44	3 165	33	1 798	958	15 551	2 250 262	14 188	2 028 983
江　西	78	1 511	6	287	204	19 295	1 244 624	8 184	831 489
山　东	80	10 401	18	1670	908	68 665	2 174 389	55 537	1 437 495
河　南	165	4 863	16	424	325	17 480	1 140 633	13 001	767 406
湖　北	115	6 052	1 100	492	321	18 496	2 066 101	15 092	1 471 329
湖　南	121	5 741	63	1 729	677	13 061	2 059 511	11 437	1 616 253
广　东	73	6 817	24	2 847	1 080	15 514	2 379 100	12 556	1 973 070
广　西	49	5 432	3	200	146	9 177	1 629 522	7 768	1 184 342
海　南	2	50	—	—	—	693	126 779	532	72 391
重　庆	17	1 752	2	75	30	10 095	2 225 267	8 451	1 345 692
四　川	551	15 881	87	4 200	2 296	44 621	5 874 670	39 913	4 245 472
贵　州	173	3 481	17	82	42	15 183	1 170 174	13 479	849 646
云　南	38	3 112	4	49	36	16 965	2 572 723	9 594	1 633 045
西　藏	—	—	—	—	—	6	1 647	—	—
陕　西	135	3 714	11	1 138	492	20 352	1 404 052	17 220	1 503 252
甘　肃	383	2 157	1	200	190	10 097	515 585	8 898	431 265
青　海	—	—	—	—	—	254	23 605	229	8 459
宁　夏	1	12	—	—	—	839	68 213	709	51 678
新　疆	10	1 119	—	—	—	4 892	221 221	3 741	111 936

数据来源：民政部规划财务司。

单位：个，人，万元，张

老龄事业发展情况									
老年人协会个数				老年基金会		其他老年社团组织		老年学校	
乡、街道老年人协会		县、市老年人协会							
个数	参加人数	个数	参加人数	个数	事业投入经费	个数	参加人数	个数	在校人数
33 519	**6 945 182**	**5 478**	**3 038 491**	**1 274**	**28 190**	**38 482**	**4 202 115**	**53 913**	**7 102 437**
183	38 843	4	1 073	2	4	5 894	531 036	2 203	209 456
193	45 860	6	2 263	—	—	4 103	127 822	641	141 963
1 081	150 691	96	112 629	3	23	159	126 344	229	35 500
613	104 410	96	28 601	2	28	79	28 555	2 362	93 091
299	33 597	131	38 842	—	—	208	8 840	62	14 069
1 129	162 475	169	18 940	17	3	2 760	75 242	1 034	98 948
70	28 145	6	16 400	1	5	131	22 508	329	29 686
1 154	176 431	228	23 033	1	—	133	13 702	285	33 875
164	45 786	10	4 225	14	4 940	9	705	679	502 587
1 266	597 714	227	101 258	7	10 370	8 593	578 019	3 806	1221 964
901	311 129	32	443 148	263	2 132	819	142 557	11 816	877 648
1 085	219 319	176	56 234	1	9	760	83 709	2 858	257 979
771	171 658	73	89 803	216	4 386	773	293 718	11 119	930 784
921	404 554	305	128 227	13	106	1 437	98 008	1 135	231 511
8 216	325 673	431	235 474	6	280	3 001	109 344	1 259	268 277
1 121	135 033	262	28 766	—	—	191	21 578	2 299	157 978
1 284	443 138	948	195 925	3	164	507	219 267	982	214 720
1 122	311 283	147	250 013	6	471	705	277 252	488	81 791
1 336	234 448	388	102 337	493	1 938	2 244	170 710	465	106 625
837	291 756	111	77 468	3	77	882	80 922	586	83 259
127	34 994	26	18 924	1	162	13	4 042	7	3 366
1 152	530 365	302	310 989	5	224	971	505 798	1 761	263 427
4 100	1 346 537	457	397 119	10	227	1 558	398 706	2 561	616 303
1 252	264 206	203	69 606	1	7	1 297	109 440	1 677	172 916
1 390	296 587	457	223 986	96	595	472	65 436	2 284	338 909
—	—	5	713	—	—	—	—	—	—
555	101 418	68	17 474	4	206	438	69 766	275	65 384
616	63 683	37	8 672	2	2	160	34 382	47	12 525
13	13 304	4	3 156	94	1 824	87	1 558	100	891
102	21 459	16	4 213	—	—	26	879	16	1 682
466	40 686	57	28 980	10	7	72	2 270	548	35 323

48. 全国历年结婚登记情况（1980—2016）　　　　　　　　　　　　　　　　单位：万对,‰

年份	结婚登记总数			每千居民之结婚宗数（粗结婚率）
	合计	内地居民登记结婚数	涉外华侨、港澳台登记结婚数	
1980	720.9	719.8	1.1	7.3
1981	1 041.7	1 040.3	1.4	10.4
1982	836.9	835.5	1.4	8.3
1983	765.4	764.2	1.3	7.5
1984	784.8	783.4	1.4	7.5
1985	831.3	829.1	2.2	7.9
1986	884.0	882.3	1.7	8.2
1987	926.7	924.7	2.0	8.6
1988	899.2	897.2	2.0	8.3
1989	937.2	935.2	2.0	8.4
1990	951.1	948.7	2.4	8.2
1991	953.6	951.0	2.6	8.3
1992	957.5	954.5	3.0	8.3
1993	915.4	912.2	3.3	7.8
1994	932.4	929.0	3.4	7.8
1995	934.1	929.7	4.4	7.7
1996	938.7	934.0	4.7	7.7
1997	914.1	909.1	5.1	7.4
1998	891.7	886.7	5.0	7.2
1999	885.3	879.9	5.4	7.1
2000	848.5	842.0	6.5	6.7
2001	805.0	797.1	7.9	6.3
2002	786.0	778.8	7.3	6.1
2003	811.4	803.5	7.8	6.3
2004	867.2	860.8	6.4	6.7
2005	823.1	816.6	6.4	6.3
2006	945.0	938.2	6.8	7.2
2007	991.4	986.3	5.1	7.5
2008	1 098.3	1 093.2	5.1	8.3
2009	1 212.4	1 207.5	4.9	9.1
2010	1 241.0	1 236.1	4.9	9.3
2011	1 302.4	1 297.5	4.9	9.7
2012	1 323.6	1 318.3	5.3	9.8
2013	1 346.9	1 341.4	5.5	9.9
2014	1 306.7	1 302.0	4.7	9.6
2015	1 224.7	1 220.6	4.1	9.0
2016	1 142.8	1 138.6	4.2	8.3

注：每千居民之结婚宗数（粗结婚率）计算方法：

$$每千居民之结婚宗数 = \frac{结婚宗数}{（当年期初人口数 + 当年期末人口数）/2} \times 1000‰。$$

数据来源：民政部规划财务司。

49. 2016年各省、自治区、直辖市结婚登记服务情况（一）　　　　　　　　单位：件，人

地区	登记结婚件数	登记结婚人数	按居住地分类									
			内地居民登记结婚件数	内地居民登记结婚人数	涉外华侨、港澳台居民登记结婚件数							
					合计	内地居民		香港居民	澳门居民	台湾居民	华侨	外国人
						小计	其中：女性					
全　国	11 428 216	22 856 432	11 386 050	22 770 310	42 166	40 809	26 367	5 364	1 305	7 177	5 127	24 550
北　京	166 207	332 414	165 195	330 390	1 012	919	645	57	6	125	18	899
天　津	98 164	196 328	97 848	195 696	316	308	226	10	—	45	5	264
河　北	551 896	1 103 792	550 919	1 101 838	977	976	276	10	7	71	10	880
山　西	300 121	600 242	299 966	599 932	155	154	2 306	45	35	49	17	10
内蒙古	198 392	396 784	198 191	396 382	201	200	124	5	2	32	4	159
辽　宁	312 562	625 124	310 900	621 800	1 662	1 653	1 294	37	12	177	88	1 357
吉　林	221 505	443 010	220 749	441 498	756	747	509	14	14	102	31	604
黑龙江	306 307	612 614	304 778	609 556	1 529	1 527	978	26	14	183	312	996
上　海	125 215	250 430	123 531	247 062	1 684	1 533	1 100	95	16	312	36	1 376
江　苏	716 111	1 432 222	714 705	1 429 410	1 406	1 390	1 056	54	14	420	20	914
浙　江	366 823	733 646	363 896	727 792	2 927	2 071	1 146	39	9	218	2 288	1 229
安　徽	713 361	1 426 722	711 977	1 423 954	1 384	1 383	505	25	7	220	21	1 112
福　建	314 648	629 296	309 569	619 138	5 079	5 023	3 036	1 182	108	1 368	770	1 707
江　西	302 014	604 028	300 907	601 814	1 107	1 107	414	45	13	218	23	808
山　东	670 678	1 341 356	669 587	1 339 174	1 091	1 024	663	82	9	138	24	905
河　南	968 979	1 937 958	968 087	1 936 174	892	891	559	26	18	248	14	587
湖　北	513 823	1 027 646	512 629	1 025 258	1 194	1 193	873	113	31	340	13	698
湖　南	499 373	998 746	497 770	995 540	1 603	1 600	1 211	144	58	625	32	747
广　东	786 123	1 572 246	777 990	1 556 826	8 133	8 077	5 368	2 802	809	780	1 272	2 526
广　西	393 951	787 902	391 762	783 524	2 189	2 189	866	136	40	308	45	1 660
海　南	78 255	156 510	77 730	155 460	525	523	409	167	11	218	12	119
重　庆	278 527	557 054	277 882	555 764	645	643	517	61	16	203	11	356
四　川	727 118	1 454 236	725 628	1 451 256	1 490	1 485	1 057	100	30	402	33	930
贵　州	453 162	906 324	452 777	905 554	385	385	282	34	13	125	11	202
云　南	446 076	892 152	443 130	886 268	2 946	2 944	427	22	4	83	5	2 834
西　藏	30 055	60 110	30 044	57 650	11	11	5	1	1	—	2	7
陕　西	332 406	664 812	331 860	663 720	546	543	310	18	4	116	7	404
甘　肃	219 095	438 190	218 951	437 902	144	143	95	8	2	34	2	99
青　海	61 187	122 374	61 167	122 334	20	20	6	1	—	3	1	15
宁　夏	62 028	124 056	61 983	123 760	45	35	21	3	1	7	—	44
新　疆	214 054	428 108	213 942	427 884	112	112	83	2	1	7	—	102

数据来源：民政部规划财务司。

50. 2016 年各省、自治区、直辖市结婚登记服务情况（二）　　　　　　　　单位：件，人

| 地 区 | 按婚姻状况分类 | | | | 按年龄分类 | | | | |
| | 初婚人数 | 再婚人数 | | 恢复结婚件数 | 20—24 岁 | 25—29 岁 | 30—34 岁 | 35—39 岁 | 40 岁及以上 |
		合计	女性						
全 国	19 132 566	3 723 866	1 950 215	473 905	5 523 560	8 722 990	2 930 063	1 606 326	4 073 493
北 京	200 750	131 664	64 185	22 282	21 823	131 703	71 047	40 945	66 896
天 津	161 474	34 854	17 357	16 023	31 602	78 295	37 983	19 448	29 000
河 北	851 411	252 381	137 026	313	354 407	417 655	125 335	66 690	139 705
山 西	530 845	69 397	37 974	6 943	166 794	233 317	60 024	33 021	107 086
内蒙古	280 929	115 855	63 865	17 159	73 790	162 569	57 319	29 918	73 188
辽 宁	554 958	70 166	35 715	27 482	94 733	241 673	98 548	56 149	134 021
吉 林	395 931	47 079	23 706	20 978	70 461	155 955	65 334	39 863	111 397
黑龙江	522 071	90 543	46 531	28 564	91 744	183 161	85 482	57 385	194 842
上 海	159 162	91 268	45 320	20 340	18 272	90 749	49 426	28 144	63 839
江 苏	1 162 847	269 375	139 073	46 357	312 668	523 310	133 374	83 723	379 147
浙 江	605 781	127 865	65 408	13 195	131 708	318 670	100 190	48 857	134 221
安 徽	1 141 695	285 027	149 119	39 537	408 540	479 682	126 145	89 677	322 678
福 建	539 946	89 350	46 971	501	136 169	281 545	83 570	35 030	92 982
江 西	508 278	95 750	50 732	13 401	175 245	233 559	68 429	40 093	86 702
山 东	995 075	346 281	183 520	1 610	280 593	633 220	179 906	87 953	159 684
河 南	1 850 977	86 981	44 042	41 399	522 989	749 452	210 709	145 827	308 981
湖 北	971 991	55 655	28 727	6 914	230 535	420 687	125 568	62 473	188 383
湖 南	786 720	212 026	114 854	16 702	220 364	436 726	144 355	68 068	129 233
广 东	1 365 312	206 934	99 589	33 170	431 319	655 385	228 708	99 803	157 031
广 西	674 702	113 200	64 054	8 841	191 565	291 790	142 970	63 607	97 970
海 南	140 883	15 627	7 942	1 688	37 945	54 474	23 676	11 063	29 352
重 庆	380 608	176 446	92 677	15 586	157 671	180 705	69 499	34 164	115 015
四 川	1 093 585	360 651	194 176	33 747	406 453	486 418	176 593	100 575	284 197
贵 州	866 973	39 351	19 877	11 368	241 104	268 869	118 078	79 376	198 897
云 南	744 088	148 064	74 314	1 329	230 713	267 523	115 157	74 329	204 430
西 藏	57 556	2 554	757	6	17 326	21 656	10 189	5 546	5 393
陕 西	544 943	119 869	66 039	12 670	157 114	305 958	85 223	35 728	80 789
甘 肃	425 510	12 680	6 541	3 121	131 162	183 729	48 289	20 120	54 890
青 海	108 285	14 089	7 408	32	28 371	46 894	16 325	9 541	21 243
宁 夏	102 977	21 079	11 346	2 453	34 874	43 015	13 550	8 670	23 947
新 疆	406 303	21 805	11 370	10 194	115 506	144 646	59 062	30 540	78 354

数据来源：民政部规划财务司。

51. 全国历年离婚办理情况（1980—2016）

年份	离婚总数（万对）	民政部门登记离婚数			法院部门办理离婚数（万对）	每千居民之离婚宗数（粗离婚率）（‰）
		合计（万对）	内地居民登记离婚数（万对）	涉外华侨、港澳台登记离婚数（对）		
1980	34.1	18.0	18.0	330	16.1	0.35
1981	38.9	18.7	18.7	46	20.2	0.39
1982	42.8	21.1	21.1	116	21.7	0.42
1983	41.8	19.7	19.7	126	22.1	0.42
1984	45.4	19.9	19.9	110	25.5	0.40
1985	45.8	19.6	19.6	108	26.2	0.44
1986	50.6	21.4	21.4	205	29.2	0.47
1987	58.1	23.6	23.6	220	34.5	0.55
1988	65.5	26.4	26.4	310	39.1	0.60
1989	75.3	28.8	28.7	518	46.5	0.68
1990	80.0	30.1	30.0	602	49.9	0.69
1991	83.1	30.1	30.0	588	53.0	0.72
1992	85.0	31.6	31.5	833	53.4	0.74
1993	91.0	33.6	33.5	968	57.4	0.77
1994	98.2	35.5	35.4	737	62.7	0.82
1995	105.6	36.8	36.7	813	68.8	0.88
1996	113.4	39.4	39.3	1175	74.0	0.93
1997	119.9	44.0	43.9	1385	75.9	0.97
1998	119.2	46.6	46.5	948	72.6	0.96
1999	120.2	47.8	47.7	975	72.4	0.96
2000	121.3	48.9	48.8	1 075	72.4	0.96
2001	125.0	52.8	52.5	2 856	72.2	0.98
2002	117.7	57.3	56.8	5 221	60.4	0.90
2003	133.0	69.0	68.7	3 333	64.0	1.05
2004	166.5	104.6	104.0	5 830	61.9	1.28
2005	178.5	118.4	117.5	8 267	60.1	1.37
2006	191.3	129.1	128.3	8 414	62.2	1.46
2007	209.8	145.7	144.8	8 852	64.1	1.59
2008	226.9	161.0	160.0	9 470	65.9	1.71
2009	246.8	180.2	179.6	5 608	66.6	1.85
2010	267.8	201.0	200.4	5 783	66.8	2.00
2011	287.4	220.7	220.2	5 761	66.7	2.13
2012	310.4	242.3	241.7	6 161	68.1	2.29
2013	350.0	281.5	280.9	6 538	68.5	2.58
2014	363.7	295.7	295.1	6 714	67.9	2.67
2015	384.3	314.9	314.3	6 237	69.3	2.79
2016	415.8	348.6	347.9	6 315	67.2	3.01

注：每千居民之离婚宗数（粗离婚率）计算方法：

$$每千居民之离婚宗数 = \frac{离婚宗数}{（当年期初人口数 + 当年期末人口数）/2} \times 1000‰。$$

数据来源：民政部规划财务司。

52. 2016 年各省、自治区、直辖市民政部门离婚办理服务情况

单位：件（对）

地　区	合计	内地居民登记离婚	涉外华侨、港澳台居民登记离婚	
			小计	其中：外国人
全　国	3 486 257	3 479 942	6 315	2 894
北　京	97 583	97 327	256	190
天　津	60 164	60 087	77	60
河　北	179 332	179 260	72	49
山　西	58 962	58 945	17	—
内蒙古	79 024	78 996	28	14
辽　宁	136 114	135 865	249	179
吉　林	116 755	116 648	107	73
黑龙江	164 660	164 468	192	103
上　海	74 350	73 845	505	307
江　苏	219 687	219 427	260	139
浙　江	122 870	122 483	387	192
安　徽	185 039	184 915	124	74
福　建	80 169	79 323	846	244
江　西	86 405	86 290	115	57
山　东	201 101	200 958	143	87
河　南	239 324	239 210	114	48
湖　北	160 236	160 041	195	78
湖　南	164 083	163 844	239	79
广　东	186 406	185 025	1 381	403
广　西	92 691	92 514	177	82
海　南	13 139	13 050	89	15
重　庆	122 072	121 931	141	61
四　川	255 173	254 928	245	107
贵　州	92 896	92 836	60	21
云　南	95 481	95 285	196	168
西　藏	2 848	2 848	—	—
陕　西	78 588	78 526	62	38
甘　肃	33 451	33 433	18	9
青　海	9 939	9 937	2	2
宁　夏	14 641	14 634	7	6
新　疆	63 074	63 063	11	9

数据来源：民政部规划财务司。

53. 全国历年自然灾害情况（1980—2016）

年份	受灾人口 （万人次）	因灾死亡人口 （含失踪）（人）	紧急转移安置人口 （万人）	直接经济损失 （亿元）	倒塌房屋 （万间）	农作物受灾面积 （万公倾）
1980	—	6 821	—	—	137. 3	5 003
1981	26 710. 0	7 422	—	—	261. 5	3 979
1982	22 900. 7	7 935	—	—	320. 3	3 313
1983	22 439. 0	10 952	—	260. 9	345. 4	3 471
1984	20 894. 0	6 927	—	—	274. 7	3 189
1985	26 446. 0	4 394	290. 5	410. 4	224. 9	4 437
1986	29 928. 0	5 410	345. 8	—	209. 7	4 714
1987	23 512. 0	5 495	348. 0	326. 3	180. 0	4 207
1988	36 169. 0	7 306	582. 9	—	258. 0	5 087
1989	34 569. 0	5 952	365. 3	525. 0	194. 1	4 699
1990	29 348. 0	7 338	579. 2	616. 0	247. 4	3 847
1991	41 941. 0	7 315	1 308. 5	1 215. 1	581. 5	5 547
1992	37 174. 0	5 741	303. 6	853. 9	196. 6	5 133
1993	37 541. 0	6 125	307. 7	933. 2	271. 6	4 867
1994	43 799. 0	8 549	1 054. 0	1 876. 0	512. 1	5 504
1995	24 215. 0	5 561	1 064. 0	1 863. 0	439. 3	4 587
1996	32 305. 0	7 273	1 216. 0	2 882. 0	809. 0	5 975
1997	47 886. 0	3 212	511. 3	1 975. 0	288. 0	5 343
1998	35 216. 0	5 511	2 082. 4	3 007. 4	821. 4	2 229
1999	35 319. 0	2 966	664. 8	1 962. 4	174. 5	4 998
2000	45 652. 3	3 014	467. 1	2 045. 3	147. 3	5 469
2001	37 255. 9	2 583	211. 1	1 942. 0	92. 2	5 215
2002	37 841. 8	2 840	471. 8	1 717. 4	175. 7	4 711. 9
2003	49 745. 9	2 259	707. 3	1 884. 2	343. 0	5 438. 6
2004	33 920. 6	2 250	563. 2	1 602. 3	155. 0	3 710. 6
2005	40 653. 7	2 475	1 570. 3	2 042. 1	226. 4	3 881. 8
2006	43 453. 3	3 186	1 384. 5	2 528. 1	193. 3	4 109. 1
2007	39 777. 9	2 325	1 499. 1	2 363. 0	146. 7	4 899. 3
2008	47 795. 0	88 928	2 682. 2	11 752. 4	1 097. 7	3 999. 0
2009	47 933. 5	1 528	709. 9	2 523. 7	83. 8	4 721. 4
2010	42 610. 2	7 844	1 858. 4	5 339. 9	273. 3	3 742. 6
2011	43 290. 0	1 126	939. 4	3 096. 4	93. 5	3 247. 1
2012	29 421. 7	1 530	1 109. 6	4 185. 5	90. 6	2 496. 2
2013	38 818. 7	1 851	1 215. 0	5 808. 4	87. 5	3 135. 0
2014	24 353. 7	1 818	601. 7	3 373. 8	45. 0	2 489. 1
2015	18 620. 3	967	644. 4	2 704. 1	24. 8	2 177. 0
2016	18 911. 7	1 706	910. 1	5 032. 9	52. 1	2 622. 1

数据来源：民政部规划财务司。

54. 2016 年各省、自治区、直辖市自然灾害损失情况

地　区	人口受灾情况				农作物受灾情况		房屋倒损情况			直接经济损失（亿元）
	受灾人口（万人次）	死亡人口（人）	失踪人口（人）	紧急转移安置人口（万人）	受灾面积（千公顷）	绝收面积（千公顷）	倒塌房屋（万间）	严重损坏房屋（万间）	一般损坏房屋（万间）	
全　国	18 911.7	1 432	274	910.1	26 220.7	2 902.2	52.1	77.8	256.2	5 032.9
北　京	24.8	0	0	2.7	34.7	6.6	0.1	0.1	0.6	16.7
天　津	15	0	0	0.1	24.0	0.1	0	0	1.6	3.6
河　北	1 428.2	193	89	46.4	1 447.2	118.3	10.4	12.5	31.0	618.9
山　西	648.8	27	3	6.5	503.7	32.3	3.0	4.3	15.9	109.0
内蒙古	596.2	17	1	1.1	3 629.9	547.5	0	0.3	1.3	179.8
辽　宁	156.5	3	0	7.2	581.9	18.7	0.1	1	4.8	45.9
吉　林	259.9	0	0	5.2	748.2	90.4	0.1	0.9	0.9	98.7
黑龙江	589.1	4	0	0.1	4 223.7	264.1	0	0.1	0.8	160.4
上　海	0.5	1	0	0	3.1	0.6	0	0	0	0.2
江　苏	237.7	101	0	14.0	301.1	7.3	1.9	1.6	5.1	120.9
浙　江	436.9	60	16	53.6	456.0	19.5	0.4	0.6	2.0	167.3
安　徽	1 487.8	35	1	119.3	1 341.2	409.3	5.2	5.9	11.4	564.0
福　建	562.3	181	25	128.9	386.7	51.3	3.1	3.1	12.7	473.5
江　西	805.1	43	2	73.4	786.1	72.5	1.2	0.9	4.4	106.0
山　东	544.2	6	0	0.8	552.2	34.7	0.2	0.6	2.5	72.6
河　南	712.2	44	10	10.2	519.3	63.1	4.2	3.5	6.3	124.6
湖　北	2 331.0	117	16	171.8	2 741.2	368.8	7.9	9.6	17.9	837.7
湖　南	1 660.1	48	4	77.5	1 375.5	96.0	4.2	6.1	22.9	265.5
广　东	618.5	48	4	33.4	630.7	38.9	0.7	0.8	0.7	146.9
广　西	301.6	54	10	9.3	301.0	11.6	0.8	1.1	4.9	28.5
海　南	457.3	13	9	63.9	509.3	30.9	0.2	0.3	0.5	79.3
重　庆	371.8	56	5	8.8	190.4	24.2	1.1	1.5	4.2	47.9
四　川	741.7	68	14	10.9	410.6	60.9	0.8	2.0	10.2	77.5
贵　州	661.7	103	12	30.9	330.7	51.7	1.8	4.6	20.6	173.3
云　南	1 168.7	105	26	6.0	868.5	107.0	0.9	4.2	26.2	141.0
西　藏	45.6	7	17	8.1	14.5	6.7	1.5	2.4	4.9	33.0
陕　西	543.9	25	0	3.7	632.9	70.1	0.2	0.7	3.3	78.4
甘　肃	997.8	7	1	0.7	1 343.3	131.9	0.2	0.7	3.2	91.3
青　海	124.4	15	0	5.0	134.7	9.8	0.2	3.1	17.0	32.1
宁　夏	186.1	3	0	0.6	390.4	62.3	0	0.2	0.9	17.4
新　疆	138.7	47	8	9.1	313.6	55.1	1.6	4.6	16.6	71.4
兵　团	58.1	1	1	0.9	494.4	40.0	0.1	0.2	0.9	49.8

数据来源：民政部规划财务司。

● 社会保险

55. 1994—2016 年全国社会保险基本情况

| 年份 | 失业保险 | | | 城镇基本医疗保险 | | | 工伤保险 | | 生育保险 |
| | 年末参保人数（万人） | 全年发放失业保险金人数（万人） | 全年发放失业保险金（亿元） | 年末参保人数（万人） | 其中： | | 年末参保人数（万人） | 年末享受工伤待遇的人数（万人） | 年末参保人数（万人） |
					年末参保城镇职工（万人）	年末参保城镇居民（万人）			
1994	7 967.8	196.5	5.1	400.3	400.3	—	1 822.1	5.8	915.9
1995	8 237.7	261.3	8.2	745.9	745.9	—	2 614.8	7.1	1 500.2
1996	8 333.1	330.8	13.9	855.7	855.7	—	3 102.6	10.1	2 015.6
1997	7 961.4	319.0	18.7	1 762.0	1 762.0	—	3 507.8	12.5	2 485.9
1998	7 927.9	158.1	20.4	1 877.6	1 877.6	—	3 781.3	15.3	2 776.7
1999	9 852.0	271.4	31.9	2 065.3	2 065.3	—	3 912.3	15.1	2 929.8
2000	10 408.4	329.7	56.2	3 786.9	3 786.9	—	4 350.3	18.8	3 001.6
2001	10 354.6	468.5	83.3	7 285.9	7 285.9	—	4 345.3	18.7	3 455.1
2002	10 181.6	657.0	116.8	9 401.2	9 401.2	—	4 405.6	26.5	3 488.2
2003	10 372.9	741.6	133.4	10 901.7	10 901.7	—	4 574.8	32.9	3 655.4
2004	10 583.9	753.5	137.5	12 403.6	12 403.6	—	6 845.2	51.9	4 383.8
2005	10 647.7	677.8	132.4	13 782.9	13 782.9	—	8 478.0	65.1	5 408.5
2006	11 186.6	598.1	125.8	15 731.8	15 731.8	—	10 268.5	77.8	6 458.9
2007	11 644.6	538.5	129.4	22 311.1	18 020.0	4 291.1	12 173.3	96.0	7 775.3
2008	12 399.8	516.7	139.5	31 821.6	19 995.6	11 826.0	13 787.2	117.8	9 254.1
2009	12 715.5	483.9	145.8	40 147.0	21 937.4	18 209.6	14 895.5	129.6	10 875.7
2010	13 375.6	431.6	140.4	43 262.9	23 734.7	19 528.3	16 160.7	147.5	12 335.9
2011	14 317.1	394.4	159.9	47 343.2	25 227.1	22 116.1	17 695.9	163.0	13 892.0
2012	15 224.7	390.1	181.3	53 641.3	26 485.6	27 155.7	19 010.1	190.5	15 428.7
2013	16 416.8	416.7	203.2	57 072.6	27 443.1	29 629.4	19 917.2	195.2	16 392.0
2014	17 042.6	422.0	233.3	59 746.9	28 296.0	31 450.9	20 639.2	198.2	17 038.7
2015	17 326.0	456.8	269.8	66 581.6	28 893.1	37 688.5	21 432.5	201.9	17 771.0
2016	18 088.8	483.9	309.4	74 391.6	29 531.5	44 860.0	21 889.3	196.0	18 451.0

数据来源：国家统计局。

56. 1990—2016 年全国社会保险基金收支及累计结余情况   单位：亿元

年份	合计	基本养老保险	失业保险	城镇基本医疗保险	工伤保险	生育保险
基金收入						
1990	186.8	178.8	7.2	—	—	—
1995	1 006.0	950.1	35.3	9.7	8.1	2.9
1996	1 252.4	1 171.8	45.2	19.0	10.9	5.5
1997	1 458.2	1 337.9	46.9	52.3	13.6	7.4
1998	1 623.1	1 459.0	68.4	60.6	21.2	9.8
1999	2 211.8	1 965.1	125.2	89.9	20.9	10.7
2000	2 644.9	2 278.5	160.4	170.0	24.8	11.2
2001	3 101.9	2 489.0	187.3	383.6	28.3	13.7
2002	4 048.7	3 171.5	213.4	607.8	32.0	21.8
2003	4 882.9	3 680.0	249.5	890.0	37.6	25.8
2004	5 780.3	4 258.4	290.8	1 140.5	58.3	32.1
2005	6 975.2	5 093.3	340.3	1 405.3	92.5	43.8
2006	8 643.2	6 309.8	402.4	1 747.1	121.8	62.1
2007	10 812.3	7 834.2	471.7	2 257.2	165.6	83.6
2008	13 696.1	9 740.2	585.1	3 040.4	216.7	113.7
2009	16 115.6	11 490.8	580.4	3 671.9	240.1	132.4
2010	19 276.1	13 872.9	649.8	4 308.9	284.9	159.6
2011	25 153.3	18 004.8	923.1	5 539.2	466.4	219.8
2012	30 738.8	21 830.2	1 138.9	6 938.7	526.7	304.2
2013	35 252.9	24 732.6	1 288.9	8 248.3	614.8	368.4
2014	39 827.7	27 619.9	1 379.8	9 687.2	694.8	446.1
2015	46 012.1	32 195.5	1 367.8	11 192.9	754.2	501.7
2016	53 562.7	37 990.8	1 228.9	13 084.3	736.9	521.9
基金支出						
1990	151.9	149.3	2.5	—	—	—
1995	877.1	847.6	18.9	7.3	1.8	1.6
1996	1 082.4	1 031.9	27.3	16.2	3.7	3.3
1997	1 339.2	1 251.3	36.3	40.5	6.1	4.9
1998	1 636.9	1 511.6	51.9	53.3	9.0	6.8
1999	2 108.1	1 924.9	91.6	69.1	15.4	7.1
2000	2 385.6	2 115.5	123.4	124.5	13.8	8.3
2001	2 748.0	2 321.3	156.6	244.1	16.5	9.6
2002	3 471.5	2 842.9	182.6	409.4	19.9	12.8
2003	4 016.4	3 122.1	199.8	653.9	27.1	13.5
2004	4 627.4	3 502.1	211.3	862.2	33.3	18.8
2005	5 400.8	4 040.3	206.9	1 078.7	47.5	27.4

续完

年份	合计	基本养老保险	失业保险	城镇基本医疗保险	工伤保险	生育保险
2006	6 477.4	4 896.7	198.0	1 276.7	68.5	37.5
2007	7 887.8	5 964.9	217.7	1 561.8	87.9	55.6
2008	9 925.1	7 389.6	253.5	2 083.6	126.9	71.5
2009	12 302.6	8 894.4	366.8	2 797.4	155.7	88.3
2010	15 018.9	10 755.3	423.3	3 538.1	192.4	109.9
2011	18 652.9	13 363.2	432.8	4 431.4	286.4	139.2
2012	23 331.3	16 711.5	450.6	5 543.6	406.3	219.3
2013	27 916.3	19 818.7	531.6	6 801.0	482.1	282.8
2014	33 002.7	23 325.8	614.7	8 133.6	560.5	368.1
2015	38 988.1	27 929.4	736.4	9 312.1	598.7	411.5
2016	46 888.4	34 004.3	976.1	10 767.1	610.3	530.6
累计结余						
1990	117.3	97.9	19.5	—	—	—
1995	516.8	429.8	68.4	3.1	12.7	2.7
1996	696.1	578.6	86.4	6.4	19.7	5.0
1997	831.6	682.8	97.0	16.6	27.7	7.5
1998	791.1	587.8	133.4	20.0	39.5	10.3
1999	1 009.8	733.5	159.9	57.6	44.9	13.9
2000	1 327.5	947.1	195.9	109.8	57.9	16.8
2001	1 622.8	1 054.1	226.2	253.0	68.9	20.6
2002	2 423.4	1 608.0	253.8	450.7	81.1	29.7
2003	3 313.8	2 206.5	303.5	670.6	91.2	42.0
2004	4 493.4	2 975.0	385.8	957.9	118.6	55.9
2005	6 073.7	4 041.0	519.0	1 278.1	163.5	72.1
2006	8 255.9	5 488.9	724.8	1 752.4	192.9	96.9
2007	11 236.6	7 391.4	979.1	2 476.9	262.6	126.6
2008	15 176.0	9 931.0	1 310.1	3 431.7	384.6	168.2
2009	19 006.5	12 526.1	1 523.6	4 275.9	468.8	212.1
2010	23 407.5	15 787.8	1 749.8	5 047.1	561.4	261.4
2011	30 233.1	20 727.8	2 240.2	6 180.0	742.6	342.5
2012	38 106.6	26 243.8	2 929.0	7 644.5	861.9	427.6
2013	45 588.1	31 274.8	3 685.9	9 116.5	996.2	514.7
2014	52 462.3	35 644.5	4 451.5	10 644.8	1 128.8	592.7
2015	59 532.5	39 937.1	5 083.0	12 542.8	1 285.3	684.4
2016	66 349.7	43 965.2	5 333.3	14 964.3	1 410.9	675.9

注：①2007年及以后城镇基本医疗保险基金中包括城镇职工基本医疗保险和城镇居民基本医疗保险。

②2010年及以后基本养老保险基金中包括城镇职工基本养老保险和城乡居民基本养老保险。

③工伤保险累计结余中含储备金。

数据来源：国家统计局。

57. 2016 年各省、自治区、直辖市城镇职工基本养老保险情况　　　　　　　单位: 万人, 亿元

地　区	年末参加城镇职工基本养老保险人数			基金收支情况		
	合计	职工	离退休人员	基金收入	基金支出	累计结余
全　国	37 929.7	27 826.3	10 103.4	35 057.5	31 853.8	38 580.0
北　京	1 546.6	1 271.2	275.4	2 249.0	1 479.4	3 566.2
天　津	639.0	430.4	208.6	751.4	750.1	397.7
河　北	1 403.1	1 011.8	391.3	1 221.3	1 269.4	707.6
山　西	760.2	543.6	216.6	788.0	746.9	1 305.6
内蒙古	655.0	418.6	236.5	612.5	627.8	458.9
辽　宁	1 800.3	1 120.5	679.7	1 676.1	1 930.3	916.6
吉　林	706.8	420.1	286.7	636.0	676.3	342.8
黑龙江	1 144.1	655.6	488.5	1 005.7	1 332.7	- 196.1
上　海	1 527.1	1 050.9	476.3	2 579.7	2 158.2	1 872.5
江　苏	2 861.5	2 137.3	724.2	2 324.5	2 085.6	3 402.7
浙　江	2 506.9	1 843.0	663.9	2 358.4	2 157.4	3 293.5
安　徽	892.2	634.3	257.9	815.9	673.1	1 185.2
福　建	979.8	805.7	174.0	689.7	586.0	701.1
江　西	957.3	672.7	284.6	695.9	668.2	526.7
山　东	2 576.4	1 969.0	607.4	2 242.5	2 090.3	2 385.7
河　南	1 848.4	1 398.1	450.3	1 145.2	1 092.2	1 050.5
湖　北	1 355.0	897.1	458.0	1 196.9	1 225.1	822.3
湖　南	1 186.7	823.8	362.9	1 086.7	1 019.0	1 007.0
广　东	5 392.4	4 867.9	524.6	2 818.7	1 678.7	7 652.6
广　西	751.9	511.2	240.7	852.8	849.0	460.4
海　南	224.9	158.5	66.5	198.0	177.8	134.3
重　庆	952.2	605.9	346.3	819.9	740.5	834.8
四　川	2 157.6	1 379.8	777.8	2 739.9	2 679.9	2 226.3
贵　州	423.6	323.9	99.6	331.3	283.9	527.8
云　南	581.8	413.8	168.0	664.3	501.1	813.7
西　藏	21.1	15.1	6.0	79.5	51.8	77.5
陕　西	790.8	577.3	213.6	691.1	678.3	474.5
甘　肃	315.0	200.9	114.1	341.8	331.7	376.0
青　海	132.3	90.9	41.4	174.5	187.8	63.0
宁　夏	189.3	131.5	57.8	205.8	181.9	196.1
新　疆	625.0	428.5	196.5	1 052.4	934.4	979.5
不分地区	25.1	17.4	7.7	11.9	9.2	17.0

　　注: 不分地区合计中, 包括中国人民银行、中国农业发展银行数。
　　数据来源: 国家统计局。

58. 1989—2016 年全国参加城镇职工基本养老保险人数　　　　　单位：万人

年份	合计	职工		离退休人员	
		小计	其中：执行企业制度	小计	其中：企业（含其他）
1989	5 710.3	4 816.9	4 816.9	893.4	893.4
1990	6 166.0	5 200.7	5 200.7	965.3	965.3
1991	6 740.3	5 653.7	5 653.7	1 086.6	1 086.6
1992	9 456.2	7 774.7	7 774.7	1 681.5	1 681.5
1993	9 847.6	8 008.2	8 008.2	1 839.4	1 839.4
1994	10 573.5	8 494.1	8 494.1	2 079.4	2 079.4
1995	10 979.0	8 737.8	8 737.8	2 241.2	2 241.2
1996	11 116.7	8 758.4	8 758.4	2 358.3	2 358.3
1997	11 203.9	8 670.9	8 670.9	2 533.0	2 533.0
1998	11 203.1	8 475.8	8 475.8	2 727.3	2 727.3
1999	12 485.4	9 501.8	8 859.2	2 983.6	2 863.8
2000	13 617.4	10 447.5	9 469.9	3 169.9	3 016.5
2001	14 182.5	10 801.9	9 733.0	3 380.6	3 171.3
2002	14 736.6	11 128.8	9 929.4	3 607.8	3 349.2
2003	15 506.7	11 646.5	10 324.5	3 860.2	3 556.9
2004	16 352.9	12 250.3	10 903.9	4 102.6	3 775.0
2005	17 487.9	13 120.4	11 710.6	4 367.5	4 005.2
2006	18 766.3	14 130.9	12 618.0	4 635.4	4 238.6
2007	20 136.9	15 183.2	13 690.6	4 953.7	4 544.0
2008	21 891.1	16 587.5	15 083.4	5 303.6	4 868.0
2009	23 549.9	17 743.0	16 219.0	5 806.9	5 348.0
2010	25 707.3	19 402.3	17 822.7	6 305.0	5 811.6
2011	28 391.3	21 565.0	19 970.0	6 826.2	6 314.0
2012	30 426.8	22 981.1	21 360.9	7 445.7	6 910.9
2013	32 218.4	24 177.3	22 564.7	8 041.0	7 484.8
2014	34 124.4	25 531.0	23 932.3	8 593.4	8 013.6
2015	35 361.2	26 219.2	24 586.8	9 141.9	8 536.5
2016	37 929.7	27 826.3	25 239.6	10 103.4	9 023.9

数据来源：国家统计局。

59. 2016 年各省、自治区、直辖市城乡居民社会养老保险情况　　　　　单位：万人，亿元

地　区	参保人数		基金收支情况		
	合计	其中：实际领取待遇人数	基金收入	基金支出	累计结余
全　国	**50 847. 1**	**15 270. 3**	**2 933. 3**	**2 150. 5**	**5 385. 2**
北　京	215. 7	85. 4	41. 7	30. 2	139. 0
天　津	134. 5	77. 5	72. 5	30. 7	202. 0
河　北	3 446. 0	969. 4	141. 6	103. 6	249. 2
山　西	1 549. 6	387. 8	66. 9	43. 2	146. 3
内蒙古	736. 1	211. 7	45. 6	37. 7	75. 3
辽　宁	1 039. 6	385. 2	59. 0	53. 5	62. 8
吉　林	667. 2	244. 7	29. 7	26. 4	43. 4
黑龙江	837. 6	270. 3	24. 4	26. 2	52. 5
上　海	79. 5	49. 3	57. 5	54. 2	77. 3
江　苏	2 335. 3	1 045. 8	288. 1	224. 8	504. 4
浙　江	1 233. 1	536. 4	149. 9	143. 4	150. 9
安　徽	3 431. 9	912. 8	140. 6	93. 2	268. 0
福　建	1 489. 1	426. 9	79. 0	57. 9	123. 9
江　西	1 844. 1	457. 2	73. 8	46. 2	137. 3
山　东	4 538. 6	1 430. 9	324. 4	204. 8	683. 6
河　南	4 893. 7	1 343. 8	200. 1	144. 6	350. 7
湖　北	2 219. 7	674. 3	112. 5	76. 2	202. 0
湖　南	3 320. 5	915. 5	134. 9	97. 2	221. 8
广　东	2 543. 2	816. 7	184. 8	157. 1	385. 2
广　西	1 770. 9	555. 3	85. 1	63. 4	110. 5
海　南	284. 0	70. 9	29. 0	13. 0	51. 0
重　庆	1 115. 8	369. 3	57. 0	50. 0	101. 1
四　川	3 052. 4	1 114. 4	190. 4	141. 6	351. 8
贵　州	1 702. 2	442. 3	58. 6	43. 0	91. 4
云　南	2 257. 5	500. 3	83. 6	49. 2	191. 6
西　藏	158. 5	23. 2	7. 7	4. 7	14. 5
陕　西	1 720. 5	460. 1	87. 7	65. 1	171. 1
甘　肃	1 253. 7	304. 5	54. 8	36. 6	114. 2
青　海	235. 2	44. 7	13. 7	8. 5	26. 8
宁　夏	186. 2	38. 4	11. 3	7. 2	23. 4
新　疆	554. 9	105. 6	27. 3	17. 1	62. 4

　　注：2012 年 8 月起，新型农村社会养老保险和城镇居民社会养老保险制度全覆盖工作全面启动，合并为城乡居民社会养老保险。

　　数据来源：国家统计局。

60. 2016 年各省、自治区、直辖市城镇基本医疗保险参保人数

单位：万人

地 区	年末参保人数合计	城镇职工			城镇居民
		小计	在岗职工	退休人员	
全 国	74 391.6	29 531.5	21 720.0	7 811.6	44 860.0
北 京	1 708.8	1 517.6	1 239.9	277.8	191.2
天 津	1 066.8	535.7	340.3	195.4	531.1
河 北	6 672.1	973.7	667.5	306.2	5 698.4
山 西	1 121.2	660.2	474.8	185.4	461.0
内蒙古	1 019.8	488.8	342.7	146.1	531.0
辽 宁	2 376.0	1 635.6	1 022.7	612.9	740.4
吉 林	1 380.9	576.0	371.1	204.8	804.9
黑龙江	1 599.9	879.5	525.5	354.0	720.3
上 海	1 806.7	1 468.6	991.6	477.0	338.0
江 苏	3 984.4	2 490.5	1 849.4	641.2	1 493.9
浙 江	4 993.3	2 017.5	1 634.3	383.2	2 975.8
安 徽	1 621.5	782.0	550.9	231.1	839.6
福 建	1 297.9	792.1	641.9	150.2	505.8
江 西	1 807.0	591.6	388.8	202.8	1 215.4
山 东	9 188.8	1 960.0	1 494.4	465.6	7 228.8
河 南	2 360.7	1 227.3	882.7	344.6	1 133.4
湖 北	1 981.8	961.0	660.5	300.5	1 020.8
湖 南	2 646.1	829.6	557.1	272.5	1 816.6
广 东	10 150.2	3 814.1	3 353.5	460.6	6 336.1
广 西	1 096.4	530.7	375.7	155.0	565.7
海 南	387.2	201.0	143.9	57.1	186.2
重 庆	3 259.3	604.8	425.3	179.5	2 654.5
四 川	5 056.8	1 440.6	1 001.3	439.4	3 616.2
贵 州	973.6	389.8	281.5	108.3	583.8
云 南	1 163.6	479.1	334.7	144.5	684.5
西 藏	65.4	36.8	28.3	8.6	28.5
陕 西	1 248.0	599.6	411.1	188.5	648.4
甘 肃	643.3	314.4	208.5	106.0	328.9
青 海	196.7	97.9	66.0	31.8	98.8
宁 夏	594.0	117.5	84.5	33.0	476.6
新 疆	923.2	517.7	369.7	148.0	405.5

数据来源：国家统计局。

61. 2016 年各省、自治区、直辖市城镇基本医疗保险基金收支情况　　　　单位：亿元

地 区	基金收入			基金支出			累计结余		
	合计	职工	居民	合计	职工	居民	合计	职工	居民
全 国	13 084.3	10 273.7	2 810.5	10 767.1	8 286.7	2 480.4	14 964.3	12 971.7	1 992.6
北 京	937.9	912.1	25.8	793.6	776.6	17.0	463.8	429.5	34.3
天 津	310.8	263.5	47.4	255.2	225.8	29.4	199.2	149.3	49.9
河 北	678.1	351.6	326.6	587.6	272.4	315.2	645.8	512.7	133.1
山 西	211.2	187.0	24.2	190.4	170.1	20.3	289.0	260.4	28.5
内蒙古	205.5	179.9	25.6	170.0	148.0	22.0	231.1	201.2	29.9
辽 宁	440.5	405.0	35.5	410.8	383.4	27.4	425.6	379.8	45.8
吉 林	194.1	163.7	30.4	150.8	123.1	27.7	261.7	219.7	41.9
黑龙江	312.9	258.2	54.6	287.1	237.7	49.4	354.6	294.8	59.8
上 海	903.5	849.7	53.8	609.5	554.0	55.5	1 410.8	1 403.0	7.8
江 苏	990.5	868.0	122.4	843.6	733.9	109.7	1 187.2	1 111.8	75.4
浙 江	1 031.8	755.0	276.8	832.6	565.3	267.3	1 319.9	1 249.3	70.6
安 徽	265.8	218.4	47.3	214.4	177.3	37.1	326.5	267.3	59.2
福 建	330.6	258.8	71.8	273.5	206.6	66.9	498.0	464.1	33.8
江 西	210.2	149.2	61.0	161.9	120.4	41.5	276.1	184.0	92.1
山 东	1 081.3	658.5	422.8	956.5	569.1	387.3	877.6	671.4	206.2
河 南	353.7	296.1	57.6	285.0	239.6	45.4	472.8	397.9	75.0
湖 北	355.1	299.1	56.0	301.9	259.6	42.3	351.0	262.2	88.8
湖 南	368.0	275.8	92.3	296.3	213.8	82.5	390.0	317.5	72.5
广 东	1 375.8	975.8	400.0	1 060.0	717.4	342.6	2 145.3	1 801.3	344.0
广 西	202.4	174.0	28.5	153.9	137.6	16.2	287.1	231.5	55.6
海 南	67.9	57.4	10.5	51.9	42.9	9.0	91.0	77.8	13.2
重 庆	367.9	222.0	145.9	338.4	203.1	135.4	291.1	206.3	84.8
四 川	707.3	493.1	214.3	567.2	386.6	180.6	824.2	689.8	134.4
贵 州	157.8	131.3	26.5	129.7	111.0	18.7	145.4	108.2	37.1
云 南	243.6	204.3	39.3	201.1	167.6	33.4	263.1	240.9	22.1
西 藏	28.0	26.7	1.3	18.7	15.9	2.8	43.7	46.8	− 3.1
陕 西	226.3	190.7	35.6	190.6	159.9	30.8	300.0	262.1	37.9
甘 肃	119.1	103.3	15.8	100.6	88.0	12.6	115.3	97.4	17.9
青 海	57.3	50.9	6.3	49.5	42.4	7.1	69.9	70.1	− 0.2
宁 夏	83.4	53.6	29.7	76.2	48.1	28.2	74.1	56.1	18.0
新 疆	266.0	241.1	24.9	208.7	189.4	19.3	333.7	307.5	26.2

数据来源：国家统计局。

62. 2016 年各省、自治区、直辖市失业保险情况

单位：万人，亿元

地 区	年末参加失业保险人数	年末领取失业保险金人数	基金收支情况		
			基金收入	基金支出	累计结余
全 国	18 088.8	230.4	1 228.9	976.1	5 333.3
北 京	1 115.0	3.7	80.7	61.7	221.5
天 津	302.5	7.4	28.8	27.8	104.2
河 北	515.9	7.9	38.4	49.6	157.9
山 西	415.2	3.0	27.5	11.9	165.6
内 蒙 古	241.1	3.0	24.1	13.8	118.8
辽 宁	665.4	10.7	46.8	35.0	270.3
吉 林	262.0	2.7	22.5	11.7	116.4
黑 龙 江	313.2	3.9	24.7	18.3	165.2
上 海	947.3	10.5	104.5	93.4	181.2
江 苏	1 538.1	34.0	112.4	109.8	440.0
浙 江	1 317.0	9.0	89.8	68.7	401.0
安 徽	448.5	8.8	36.0	26.7	115.6
福 建	575.5	5.2	29.2	16.8	163.9
江 西	282.6	1.6	10.7	3.7	71.4
山 东	1 222.9	22.0	92.4	70.0	297.8
河 南	788.1	7.6	38.6	22.6	175.0
湖 北	541.9	6.9	31.0	23.9	173.3
湖 南	537.5	7.0	27.6	16.8	126.1
广 东	3 020.1	15.4	102.0	95.3	641.2
广 西	283.7	5.9	22.4	19.2	129.6
海 南	170.2	2.2	6.5	4.5	34.5
重 庆	447.1	4.2	20.0	15.8	112.2
四 川	702.0	29.8	95.3	75.6	341.6
贵 州	218.1	2.4	17.0	13.9	77.7
云 南	251.2	5.6	22.2	13.1	127.7
西 藏	15.2	0.003	2.7	0.1	16.4
陕 西	352.2	2.8	23.2	11.8	154.4
甘 肃	164.3	1.1	14.6	8.2	78.5
青 海	40.8	0.4	3.6	3.3	27.5
宁 夏	95.6	1.3	6.8	3.6	34.8
新 疆	298.7	4.5	26.9	29.7	92.1

数据来源：国家统计局。

63. 2016 年各省、自治区、直辖市工伤保险情况

单位：万人，亿元

地 区	年末参加工伤保险人数	享受工伤待遇人数	基金收支情况		
			基金收入	基金支出	累计结余
全 国	21 889. 3	196. 0	736. 9	610. 3	1 410. 9
北 京	1 060. 2	4. 6	30. 5	29. 3	43. 4
天 津	388. 1	3. 4	9. 9	11. 3	15. 0
河 北	840. 0	9. 8	40. 6	36. 0	28. 5
山 西	576. 0	11. 4	30. 8	28. 4	58. 3
内蒙古	303. 2	2. 7	12. 9	10. 2	39. 0
辽 宁	886. 6	13. 8	33. 0	30. 7	34. 4
吉 林	440. 7	4. 9	18. 2	11. 9	33. 4
黑龙江	522. 2	6. 5	23. 2	23. 4	32. 3
上 海	943. 5	6. 5	32. 8	29. 8	60. 2
江 苏	1 633. 9	15. 1	78. 1	55. 2	110. 5
浙 江	1 880. 7	18. 7	52. 8	45. 1	86. 4
安 徽	544. 6	8. 7	20. 7	16. 4	41. 8
福 建	733. 8	4. 2	17. 6	13. 5	58. 1
江 西	502. 1	4. 5	16. 3	12. 2	37. 1
山 东	1 510. 9	11. 1	50. 2	39. 4	83. 9
河 南	877. 0	4. 8	26. 6	19. 6	56. 9
湖 北	651. 1	7. 9	16. 8	12. 5	36. 0
湖 南	773. 3	11. 1	36. 5	27. 7	58. 6
广 东	3 246. 2	14. 5	58. 9	47. 7	252. 6
广 西	374. 1	1. 8	10. 2	5. 2	34. 4
海 南	137. 4	0. 3	3. 8	1. 4	12. 9
重 庆	454. 9	7. 0	17. 9	19. 2	2. 8
四 川	799. 1	7. 6	29. 3	23. 8	60. 9
贵 州	305. 0	2. 5	12. 5	11. 9	20. 0
云 南	372. 8	3. 7	12. 7	11. 8	23. 9
西 藏	26. 9	0. 1	1. 3	0. 5	3. 8
陕 西	441. 6	3. 0	13. 3	11. 9	31. 1
甘 肃	188. 4	2. 5	8. 2	6. 8	13. 5
青 海	59. 8	0. 5	3. 3	2. 6	7. 1
宁 夏	83. 5	0. 5	4. 1	3. 9	9. 6
新 疆	331. 9	2. 4	13. 6	10. 9	24. 5

注：工伤保险累计结余中含储备金。

数据来源：国家统计局。

64. 2016 年各省、自治区、直辖市生育保险情况

地 区	年末参加生育保险人数（万人）	享受待遇人数（万人次）	基金收支情况（亿元）		
			基金收入	基金支出	累计结余
全 国	18 451.0	913.7	521.9	530.6	675.9
北 京	981.0	51.9	56.7	52.7	36.8
天 津	285.0	28.1	9.1	11.4	17.7
河 北	710.3	33.8	12.8	14.2	22.0
山 西	458.5	8.9	7.6	5.6	21.6
内 蒙 古	305.3	8.5	8.4	5.4	17.1
辽 宁	790.1	31.7	20.3	20.0	14.6
吉 林	367.8	17.1	7.4	5.8	13.9
黑 龙 江	358.0	9.4	6.3	6.9	15.0
上 海	956.1	28.2	65.1	50.6	31.6
江 苏	1 510.3	170.3	38.9	60.1	45.6
浙 江	1 294.4	62.1	37.8	36.7	41.4
安 徽	517.6	21.8	12.0	12.9	14.0
福 建	625.8	20.9	13.1	15.4	23.1
江 西	258.9	7.8	4.7	4.4	10.5
山 东	1 139.1	73.4	35.8	45.9	33.8
河 南	646.8	24.5	14.8	14.6	30.5
湖 北	511.9	30.2	11.6	10.6	24.8
湖 南	542.9	27.4	12.6	9.5	26.9
广 东	3 161.9	117.8	73.3	60.8	117.8
广 西	319.6	13.0	8.6	8.1	18.0
海 南	136.5	6.0	2.6	2.4	5.4
重 庆	365.7	24.3	8.3	13.6	2.1
四 川	713.1	31.8	16.2	22.7	19.0
贵 州	286.3	10.8	5.5	4.9	9.1
云 南	295.9	16.2	8.6	12.3	9.3
西 藏	24.9	0.9	1.7	1.0	2.0
陕 西	283.4	9.1	4.4	4.6	15.0
甘 肃	162.7	6.8	4.0	3.6	8.7
青 海	49.7	3.7	1.6	2.0	4.0
宁 夏	76.5	4.4	2.4	2.8	2.4
新 疆	315.0	13.0	9.7	9.0	22.3

数据来源：国家统计局。

人民生活水平

65. 2016 年各省、自治区、直辖市城镇居民人均可支配收入来源　　单位：元

地　区	可支配收入				
	合计	工资性收入	经营净收入	财产净收入	转移净收入
全　国	**33 616. 2**	**20 665. 0**	**3 770. 1**	**3 271. 3**	**5 909. 8**
北　京	57 275. 3	35 701. 1	1 291. 9	9 309. 8	10 972. 5
天　津	37 109. 6	23 206. 8	2 665. 6	3 721. 2	7 516. 0
河　北	28 249. 4	18 031. 9	1 983. 3	2 512. 6	5 721. 6
山　西	27 352. 3	16 954. 4	2 659. 1	2 003. 5	5 735. 4
内蒙古	32 974. 9	20 354. 9	5 465. 9	1 732. 9	5 421. 2
辽　宁	32 876. 1	18 315. 8	3 950. 8	1 832. 6	8 776. 9
吉　林	26 530. 4	15 837. 8	2 518. 9	1 388. 1	6 785. 7
黑龙江	25 736. 4	15 008. 6	2 670. 7	1 305. 3	6 751. 8
上　海	57 691. 7	34 338. 7	1 400. 1	8 487. 0	13 465. 8
江　苏	40 151. 6	24 213. 9	4 411. 1	4 151. 2	7 375. 4
浙　江	47 237. 2	26 655. 9	7 126. 0	6 381. 1	7 074. 2
安　徽	29 156. 0	18 277. 9	4 420. 4	2 079. 9	4 377. 7
福　建	36 014. 3	22 213. 4	4 919. 4	4 199. 4	4 682. 1
江　西	28 673. 3	18 135. 9	2 384. 7	2 619. 3	5 533. 4
山　东	34 012. 1	21 812. 3	4 778. 4	2 740. 2	4 681. 2
河　南	27 232. 9	15 829. 0	3 754. 5	2 411. 8	5 237. 5
湖　北	29 385. 8	16 517. 5	4 150. 2	2 299. 3	6 418. 8
湖　南	31 283. 9	17 274. 9	4 339. 2	3 009. 6	6 660. 2
广　东	37 684. 3	27 965. 3	4 203. 9	4 374. 8	1 140. 3
广　西	28 324. 4	16 492. 8	4 804. 8	2 229. 2	4 797. 7
海　南	28 453. 5	18 891. 9	2 914. 6	2 170. 3	4 476. 7
重　庆	29 610. 0	17 043. 1	3 347. 8	2 221. 5	6 997. 7
四　川	28 335. 3	16 219. 1	3 326. 7	2 363. 5	6 426. 0
贵　州	26 742. 6	15 351. 4	4 282. 1	1 940. 7	5 168. 4
云　南	28 610. 6	15 543. 9	3 490. 5	4 021. 5	5 554. 8
西　藏	27 802. 4	22 398. 0	723. 3	1 706. 0	2 975. 1
陕　西	28 440. 1	16 876. 8	2 013. 9	2 056. 5	7 492. 9
甘　肃	25 693. 5	16 751. 2	1 960. 6	2 355. 8	4 625. 9
青　海	26 757. 4	18 740. 9	2 007. 6	1 451. 0	4 557. 8
宁　夏	27 153. 0	18 032. 9	2 824. 4	1 255. 4	5 040. 3
新　疆	28 463. 4	19 173. 4	2 940. 5	1 279. 3	5 070. 3

数据来源：国家统计局。

66. 2016 年各省、自治区、直辖市农村居民人均可支配收入来源　　　　　单位：元

地　区	可支配收入				
	合计	工资性收入	经营净收入	财产净收入	转移净收入
全　国	**12 363. 4**	**5 021. 8**	**4 741. 3**	**272. 1**	**2 328. 2**
北　京	22 309. 5	16 637. 5	2 061. 9	1 350. 1	2 260. 0
天　津	20 075. 6	12 048. 1	5 309. 4	893. 7	1 824. 4
河　北	11 919. 4	6 263. 2	3 970. 0	257. 5	1 428. 6
山　西	10 082. 5	5 204. 4	2 729. 9	149. 0	1 999. 1
内蒙古	11 609. 0	2 448. 9	6 215. 7	452. 6	2 491. 7
辽　宁	12 880. 7	5 071. 2	5 635. 5	257. 6	1 916. 4
吉　林	12 122. 9	2 363. 1	7 558. 9	231. 8	1 969. 1
黑龙江	11 831. 9	2 430. 5	6 425. 9	572. 7	2 402. 6
上　海	25 520. 4	18 947. 9	1 387. 9	859. 6	4 325. 0
江　苏	17 605. 6	8 731. 7	5 283. 1	606. 0	2 984. 8
浙　江	22 866. 1	14 204. 3	5 621. 9	661. 8	2 378. 1
安　徽	11 720. 5	4 291. 4	4 596. 1	186. 7	2 646. 2
福　建	14 999. 2	6 785. 2	5 821. 5	255. 7	2 136. 9
江　西	12 137. 7	4 954. 7	4 692. 3	204. 4	2 286. 4
山　东	13 954. 1	5 569. 1	6 266. 6	358. 7	1 759. 7
河　南	11 696. 7	4 228. 0	4 643. 2	168. 0	2 657. 6
湖　北	12 725. 0	4 023. 0	5 534. 0	158. 6	3 009. 3
湖　南	11 930. 4	4 946. 2	4 138. 6	143. 1	2 702. 5
广　东	14 512. 2	7 255. 3	3 883. 6	365. 8	3 007. 5
广　西	10 359. 5	2 848. 1	4 759. 2	149. 2	2 603. 0
海　南	11842. 9	4 764. 9	5 315. 7	139. 1	1 623. 1
重　庆	11 548. 8	3 965. 6	4 150. 1	295. 8	3 137. 3
四　川	11 203. 1	3 737. 6	4 525. 2	268. 5	2 671. 8
贵　州	8 090. 4	3 211. 0	3 115. 8	67. 1	1 696. 3
云　南	9 019. 8	2 553. 9	5 043. 7	152. 2	1 270. 1
西　藏	9 093. 8	2 204. 9	5 237. 9	148. 7	1 502. 3
陕　西	9 396. 4	3 916. 0	3 057. 9	159. 0	2 263. 6
甘　肃	7 456. 9	2 125. 0	3 261. 4	128. 4	1 942. 0
青　海	8 664. 4	2 464. 3	3 197. 0	325. 2	2 677. 8
宁　夏	9 851. 6	3 906. 1	3 937. 5	291. 8	1 716. 3
新　疆	10 183. 2	2 527. 1	5 642. 0	222. 8	1 791. 3

数据来源：国家统计局。

67. 2016 年各省、自治区、直辖市城镇居民家庭人均消费支出　　　　单位：元

地　区	消费支出								
	合计	食品烟酒	衣着	居住	生活用品及服务	交通通信	教育文化娱乐	医疗保健	其他用品及服务
全　国	**23 078.9**	**6 762.4**	**1 739.0**	**5 113.7**	**1 426.8**	**3 173.9**	**2 637.6**	**1 630.8**	**594.7**
北　京	38 255.5	8 070.4	2 643.0	12 128.0	2 511.0	5 077.9	4 054.7	2 629.8	1 140.6
天　津	28 344.6	8 679.6	2 114.0	6 187.3	1 663.8	3 991.9	2 643.6	2 172.2	892.2
河　北	19 105.9	4 991.6	1 614.4	4 483.2	1 351.1	2 664.1	1 991.3	1 549.9	460.4
山　西	16 992.8	3 862.8	1 603.0	3 633.8	951.6	2 401.0	2 439.0	1 651.6	450.1
内蒙古	22 744.5	6 445.8	2 543.3	4 006.1	1 565.1	3 045.2	2 598.9	1 840.2	699.9
辽　宁	24 995.9	6 901.6	2 321.3	4 632.8	1 558.2	3 447.0	3 018.5	2 313.6	802.8
吉　林	19 166.4	4 975.7	1 819.0	3 612.0	1 107.1	2 691.0	2 367.5	2 059.2	534.9
黑龙江	18 145.2	5 019.3	1 804.4	3 352.4	1 018.9	2 462.9	2 011.5	2 007.5	468.3
上　海	39 856.8	10 014.8	1 834.8	13 216.0	1 868.2	4 447.5	4 533.5	2 839.9	1 102.1
江　苏	26 432.9	7 389.2	1 809.5	6 140.6	1 616.2	3 952.4	3 163.9	1 624.5	736.6
浙　江	30 067.7	8 467.3	1 903.9	7 385.4	1 420.7	5 100.9	3 452.3	1 691.9	645.3
安　徽	19 606.2	6 381.7	1 491.0	3 931.2	1 118.4	2 748.4	2 233.3	1 269.3	432.9
福　建	25 005.5	8 299.6	1 443.5	6 530.5	1 393.4	3 205.7	2 461.5	1 178.5	492.8
江　西	17 695.6	5 667.5	1 472.2	3 915.9	1 028.6	2 310.6	1 963.9	887.4	449.6
山　东	21 495.3	5 929.4	1 977.7	4 473.1	1 576.5	3 002.5	2 399.3	1 610.0	526.9
河　南	18 087.8	5 067.7	1 746.6	3 753.4	1 430.2	1 993.8	2 078.8	1 524.5	492.8
湖　北	20 040.0	6 294.3	1 557.4	4 176.7	1 163.8	2 391.9	2 228.4	1 792.0	435.6
湖　南	21 420.0	6 407.7	1 666.4	3 918.7	1 384.1	2 837.1	3 406.1	1 362.6	437.4
广　东	28 613.3	9 421.6	1 583.4	6 410.4	1 721.9	4 198.1	3 103.4	1 304.5	870.1
广　西	17 268.5	5 937.2	886.3	3 784.3	1 032.8	2 259.8	2 003.0	1 065.9	299.3
海　南	19 015.5	7 419.7	859.6	3 527.7	954.0	2 582.3	1 931.3	1 399.8	341.0
重　庆	21 030.9	6 883.9	1 939.2	3 801.1	1 466.0	2 573.9	2 232.4	1 700.0	434.4
四　川	20 659.8	7 118.4	1 767.5	3 756.5	1 311.1	2 697.6	2 008.4	1 423.4	577.1
贵　州	19 201.7	6 010.3	1 525.4	3 793.1	1 270.2	2 684.4	2 493.5	1 050.1	374.6
云　南	18 622.4	5 528.2	1 195.5	3 814.4	1 135.1	2 791.2	2 217.0	1 526.7	414.3
西　藏	19 440.5	8 727.8	1 812.5	3 614.5	983.0	2 198.4	922.5	585.3	596.5
陕　西	19 368.9	5 422.0	1 542.2	3 681.5	1 367.7	2 455.7	2 474.0	2 016.7	409.0
甘　肃	19 539.2	5 777.3	1 776.9	3 752.6	1 329.1	2 517.9	2 322.1	1 583.4	479.9
青　海	20 853.2	5 975.7	1 963.5	3 809.4	1 322.1	3 064.3	2 352.9	1 750.4	614.9
宁　夏	20 364.2	4 889.2	1 726.7	3 770.5	1 245.1	3 896.5	2 415.7	1 874.0	546.6
新　疆	21 228.5	6 179.4	1 966.1	3 543.9	1 543.8	3 074.1	2 404.9	1 934.8	581.5

数据来源：国家统计局。

68. 2016 年各省、自治区、直辖市农村居民家庭人均消费支出

单位：元

地　区	消费支出								
	合计	食品烟酒	衣着	居住	生活用品及服务	交通通信	教育文化娱乐	医疗保健	其他用品及服务
全　国	**10 129.8**	**3 266.1**	**575.4**	**2 147.1**	**595.7**	**1 359.9**	**1 070.3**	**929.2**	**186.0**
北　京	17 329.0	4 667.1	1 095.0	5 198.8	1 156.5	2 305.9	1 341.7	1 347.0	217.0
天　津	15 912.1	4 980.9	1 088.4	3 198.3	1 091.0	2 646.6	1 298.9	1 334.5	273.5
河　北	9 798.3	2 745.4	650.2	2 206.9	597.2	1 511.1	952.8	928.2	206.5
山　西	8 028.8	2 272.4	565.3	1 798.3	385.9	961.8	1 132.3	769.6	143.2
内蒙古	11 462.6	3 362.9	814.0	1 995.9	506.8	1 790.3	1 553.0	1 187.7	252.1
辽　宁	9 953.1	2 678.6	636.7	1 906.5	459.2	1 663.9	1 274.2	1 139.2	194.9
吉　林	9 521.4	2 721.9	606.2	1 817.1	375.6	1 334.5	1 231.7	1 230.5	203.9
黑龙江	9 423.8	2 609.1	647.5	1 618.4	386.7	1 468.1	1 249.4	1 269.9	174.7
上　海	17 070.8	5 731.9	877.1	4 170.7	794.9	2 366.6	1 123.1	1 707.1	299.5
江　苏	14 428.2	4 254.7	815.7	3 257.7	910.2	2 333.6	1 352.2	1 148.0	356.0
浙　江	17 358.9	5 520.2	952.8	3 881.8	870.3	3 076.0	1 610.8	1 173.2	273.9
安　徽	10 287.3	3 523.0	538.8	2 248.3	643.2	1 276.3	949.1	931.9	176.8
福　建	12 910.8	4 818.3	567.5	3 203.9	687.9	1 452.1	1 071.3	866.9	242.8
江　西	9 128.3	3 221.7	453.7	2 319.5	519.7	893.9	922.2	650.0	147.5
山　东	9 518.9	2 832.8	576.4	1 766.8	604.4	1 545.1	1 012.9	1 027.3	153.3
河　南	8 586.6	2 447.3	677.4	1 767.8	588.1	1 210.9	948.8	797.8	148.5
湖　北	10 938.3	3 295.3	568.7	2 407.9	669.0	1 381.4	1 156.6	1 213.5	245.9
湖　南	10 629.9	3 370.7	508.3	2 369.4	639.9	1 083.1	1 477.3	986.5	194.6
广　东	12 414.8	5 010.5	412.0	2 761.9	718.6	1 370.5	1 057.8	803.9	279.8
广　西	8 351.2	2 880.4	252.0	1 903.8	455.8	972.0	1 000.8	781.8	104.7
海　南	8 921.2	3 854.3	299.4	1 652.3	422.2	835.7	1 108.5	593.0	155.7
重　庆	9 954.4	3 850.7	591.1	1 660.2	702.5	1 066.6	1 072.5	852.3	158.5
四　川	10 191.6	3 886.6	640.6	1 918.5	692.7	1 174.0	707.2	972.5	199.5
贵　州	7 533.3	2 316.5	378.2	1 746.9	437.4	961.0	1 063.4	527.8	102.1
云　南	7 330.5	2 586.0	302.6	1 396.1	388.7	1 032.2	920.0	620.1	85.0
西　藏	6 070.3	3 183.3	642.6	851.5	346.0	602.1	192.9	152.6	99.4
陕　西	8 567.7	2 307.0	510.9	2 026.5	542.9	879.8	1 102.9	1 044.1	153.5
甘　肃	7 487.0	2 342.6	482.5	1 341.1	458.7	954.6	965.5	821.3	120.9
青　海	9 222.2	2 715.4	635.6	1 486.6	464.4	1 577.0	851.4	1 278.8	212.9
宁　夏	9 138.4	2 419.1	672.9	1 631.4	578.6	1 509.6	1 077.5	1 040.6	208.7
新　疆	8 277.0	2 624.2	710.3	1 643.4	400.6	1 226.5	716.4	846.8	108.8

数据来源：国家统计局。

69. 2016 年各省、自治区、直辖市城镇单位就业人员工资总额和指数

地　区	工资总额（亿元）				指数（上年＝100）			
	合计	国有单位	城镇集体单位	其他单位	合计	国有单位	城镇集体单位	其他单位
全　国	**120 074. 8**	**44 462. 9**	**2 268. 6**	**73 343. 3**	**107. 2**	**110. 1**	**101. 3**	**105. 7**
北　京	9 463. 3	2 350. 7	84. 2	7 028. 3	109. 5	111. 6	98. 3	108. 9
天　津	2 484. 3	741. 2	27. 7	1 715. 3	104. 7	109. 8	84. 5	103. 0
河　北	3 518. 8	1 674. 2	62. 6	1 782. 0	107. 0	110. 4	103. 7	104. 1
山　西	2 303. 3	1 138. 0	75. 1	1 090. 2	100. 8	105. 2	100. 9	96. 5
内蒙古	1 828. 2	1 106. 6	35. 6	686. 0	105. 0	107. 4	105. 4	101. 4
辽　宁	3 173. 3	1 502. 9	92. 1	1 578. 3	95. 9	100. 1	89. 1	92. 5
吉　林	1 824. 8	1 010. 3	27. 4	787. 1	106. 2	109. 3	105. 3	102. 5
黑龙江	2 251. 4	1 394. 8	52. 8	803. 8	104. 0	105. 2	92. 6	103. 0
上　海	7 601. 4	1 152. 4	87. 9	6 361. 1	107. 6	105. 1	103. 0	108. 1
江　苏	10 583. 2	2 570. 5	203. 7	7 809. 0	103. 8	110. 3	106. 1	101. 8
浙　江	7 673. 1	2 371. 4	83. 9	5 217. 8	107. 9	112. 0	98. 1	106. 3
安　徽	3 012. 8	1 255. 0	72. 1	1 685. 7	106. 7	110. 5	103. 5	104. 1
福　建	4 085. 9	1 207. 3	59. 2	2 819. 3	108. 5	111. 3	102. 2	107. 6
江　西	2 611. 2	1 195. 4	61. 6	1 354. 2	107. 7	109. 7	95. 4	106. 5
山　东	7 531. 7	2 940. 3	242. 3	4 349. 0	106. 8	109. 8	102. 9	105. 0
河　南	5 539. 8	2 059. 7	153. 4	3 326. 7	110. 3	113. 4	96. 3	109. 1
湖　北	4 210. 7	1 801. 7	55. 5	2 353. 5	110. 0	111. 8	101. 3	108. 9
湖　南	3 262. 7	1 550. 6	78. 0	1 634. 2	108. 4	114. 3	107. 0	103. 3
广　东	14 156. 8	3 314. 7	234. 6	10 607. 5	109. 6	111. 4	103. 0	109. 2
广　西	2 282. 0	1 276. 6	54. 7	950. 6	107. 9	111. 1	104. 1	104. 1
海　南	616. 2	294. 6	8. 5	313. 1	107. 2	108. 6	100. 2	106. 1
重　庆	2 665. 1	941. 6	42. 5	1 681. 0	106. 9	109. 5	112. 7	105. 4
四　川	4 946. 3	2 458. 2	134. 0	2 354. 1	106. 5	108. 7	106. 8	104. 3
贵　州	2 022. 6	1 230. 1	33. 0	759. 5	112. 1	114. 0	99. 5	109. 7
云　南	2 491. 7	1 387. 0	62. 1	1 042. 7	115. 9	123. 7	99. 3	108. 0
西　藏	320. 9	286. 5	1. 5	32. 9	99. 3	100. 1	126. 4	92. 1
陕　西	3 051. 3	1 460. 8	78. 8	1 511. 7	107. 0	107. 5	108. 0	106. 5
甘　肃	1 495. 7	983. 6	35. 7	476. 4	108. 0	111. 0	91. 5	103. 5
青　海	419. 6	255. 2	6. 4	158. 0	109. 3	113. 4	121. 9	102. 8
宁　夏	468. 3	246. 5	3. 9	217. 9	104. 5	109. 9	91. 7	99. 2
新　疆	2 178. 5	1 304. 5	17. 5	856. 5	104. 2	107. 8	96. 5	99. 2

数据来源：国家统计局。

70. 1995—2016 年全国城镇单位就业人员工资总额和指数

年份	工资总额（亿元）				指数（上年 =100）			
	合计	国有单位	城镇集体单位	其他单位	合计	国有单位	城镇集体单位	其他单位
1995	8 055.8	6 172.6	1 210.6	672.6	119.0	117.4	115.6	142.2
1996	8 964.4	6 893.3	1 269.4	801.7	111.3	111.7	104.9	119.2
1997	9 602.4	7 323.9	1 283.9	994.5	107.1	106.2	101.1	124.0
1998	9 540.2	6 934.6	1 054.9	1 550.7	99.4	94.7	82.2	155.9
1999	10 155.9	7 289.9	995.8	1 870.1	106.5	105.1	94.4	120.6
2000	10 954.7	7 744.9	950.7	2 259.1	107.9	106.2	95.5	120.8
2001	12 205.4	8 515.2	898.5	2 791.7	111.4	109.9	94.5	123.6
2002	13 638.1	9 138.0	863.9	3 636.2	111.7	107.3	96.1	130.3
2003	15 329.6	9 911.9	867.1	4 550.6	112.4	108.5	100.4	125.1
2004	17 615	11 038.2	876.2	5 700.6	114.9	111.4	101.0	125.3
2005	20 627.1	12 291.7	906.4	7 429.0	117.1	111.4	103.4	130.3
2006	24 262.3	13 920.6	983.8	9 357.9	117.6	113.3	108.5	126.0
2007	29 471.5	16 689.1	1 108.1	11 674.3	121.5	119.9	112.6	124.8
2008	35 289.5	19 487.9	1 203.2	14 598.4	119.7	116.8	108.6	125.0
2009	40 288.2	21 862.7	1 273.3	17 152.1	114.2	112.2	105.8	117.5
2010	47 269.9	24 886.4	1 433.7	20 949.7	117.3	113.8	112.6	122.1
2011	59 954.7	28 954.8	1 737.5	29 262.4	126.8	116.3	121.2	139.7
2012	70 914.2	32 950.0	1 990.4	35 973.8	118.3	113.8	114.6	122.9
2013	93 064.3	33 359.6	2 195.8	57 508.9	131.2	101.2	110.3	159.9
2014	102 817.2	36 106.6	2 302.7	64 408.0	110.5	108.2	104.9	112.0
2015	112 007.8	40 387.9	2 239.4	69 380.5	108.9	111.9	97.3	107.7
2016	120 074.8	44 462.9	2 268.6	73 343.3	107.2	110.1	101.3	105.7

注：1995—2008 年的城镇单位就业人员工资总额即为原来的城镇单位就业人员劳动报酬总额。

数据来源：国家统计局。

71. 2016 年各省、自治区、直辖市城镇单位就业人员平均工资和指数

地　区	平均工资（元）					平均货币工资指数（上年＝100）	
	合计	在岗职工	国有单位	城镇集体单位	其他单位	合计	在岗职工
全　国	**67 569**	**68 993**	**72 538**	**50 527**	**65 531**	**108.9**	**109.1**
北　京	119 928	122 749	125 419	59 150	119 650	107.7	108.6
天　津	86 305	87 806	107 720	48 344	80 417	107.8	107.8
河　北	55 334	56 987	58 761	43 767	52 925	108.7	108.7
山　西	53 705	54 975	57 170	44 540	51 192	103.7	103.8
内蒙古	61 067	61 994	66 033	61 533	54 440	106.9	107.1
辽　宁	56 015	57 148	57 247	37 530	56 481	107.0	106.9
吉　林	56 098	57 486	62 007	44 026	50 413	108.8	108.6
黑龙江	52 435	55 299	52 847	41 618	52 621	107.3	107.9
上　海	119 935	120 503	113 370	67 380	122 542	109.9	110.3
江　苏	71 574	72 684	89 222	63 175	67 418	108.1	108.2
浙　江	73 326	74 644	109 064	57 061	64 078	110.0	110.2
安　徽	59 102	61 289	66 210	50 976	55 076	107.2	107.6
福　建	61 973	63 138	76 996	56 550	57 301	107.5	107.5
江　西	56 136	57 470	64 875	50 326	50 408	110.2	110.2
山　东	62 539	63 562	76 903	53 790	55 978	109.2	109.2
河　南	49 505	50 028	56 609	45 608	46 104	109.0	108.9
湖　北	59 831	61 113	66 398	42 845	56 107	110.1	110.6
湖　南	58 241	60 160	64 384	41 624	54 356	111.2	111.6
广　东	72 326	72 848	86 159	49 357	69 552	109.9	109.9
广　西	57 878	60 239	63 751	43 064	52 430	109.2	109.6
海　南	61 663	62 565	67 847	49 896	57 130	107.1	107.1
重　庆	65 545	67 386	79 565	49 748	60 097	108.3	108.5
四　川	63 926	65 781	72 980	52 180	57 243	108.5	108.7
贵　州	66 279	69 678	72 237	69 802	58 355	111.0	111.3
云　南	60 450	63 562	74 562	61 947	48 237	115.0	115.5
西　藏	103 232	110 330	109 839	48 179	70 192	105.5	99.4
陕　西	59 637	61 626	60 749	48 246	59 317	108.4	108.3
甘　肃	57 575	59 549	63 930	38 772	49 255	108.8	109.4
青　海	66 589	67 451	73 971	54 780	57 779	109.0	109.0
宁　夏	65 570	67 830	69 627	52 678	61 768	108.6	108.6
新　疆	63 739	64 630	63 308	65 498	64 371	106.0	106.1

数据来源：国家统计局。

平均货币工资指数（上年＝100）			平均实际工资指数（上年＝100）				
国有单位	城镇集体单位	其他单位	合计	在岗职工	国有单位	城镇集体单位	其他单位
111. 1	**108. 4**	**107. 6**	**106. 7**	**106. 9**	**108. 8**	**106. 2**	**105. 4**
109. 0	119. 0	106. 8	105. 5	106. 3	106. 7	116. 5	104. 6
115. 0	102. 0	104. 9	105. 5	105. 5	112. 7	99. 9	102. 8
111. 5	107. 7	106. 1	106. 4	106. 5	109. 2	105. 5	103. 9
106. 6	104. 4	100. 6	101. 5	101. 7	104. 4	102. 3	98. 6
107. 7	107. 6	105. 1	104. 7	104. 9	105. 5	105. 4	103. 0
106. 7	108. 2	107. 0	104. 8	104. 7	104. 5	106. 0	104. 8
110. 7	107. 5	106. 3	106. 6	106. 4	108. 4	105. 3	104. 1
107. 2	106. 5	107. 3	105. 1	105. 7	105. 0	104. 3	105. 0
107. 4	106. 8	110. 3	107. 6	108. 0	105. 2	104. 6	108. 1
112. 0	109. 8	106. 7	105. 9	105. 9	109. 7	107. 5	104. 5
112. 9	103. 1	108. 6	107. 7	108. 0	110. 5	101. 0	106. 4
109. 6	107. 9	105. 3	105. 0	105. 4	107. 3	105. 6	103. 1
109. 3	107. 7	106. 7	105. 3	105. 3	107. 1	105. 5	104. 5
115. 2	109. 0	106. 5	108. 0	108. 0	112. 9	106. 7	104. 3
111. 4	107. 2	107. 7	107. 0	107. 0	109. 1	105. 0	105. 5
113. 3	109. 9	106. 6	106. 8	106. 7	110. 9	107. 6	104. 4
113. 2	107. 7	107. 8	107. 8	108. 4	110. 9	105. 5	105. 6
115. 5	103. 8	107. 8	109. 0	109. 3	113. 1	101. 6	105. 6
112. 1	109. 6	109. 2	107. 7	107. 6	109. 8	107. 4	107. 0
111. 4	106. 3	106. 5	107. 0	107. 3	109. 1	104. 1	104. 3
107. 4	107. 0	106. 6	104. 9	104. 9	105. 2	104. 8	104. 4
109. 6	115. 5	107. 2	106. 0	106. 3	107. 4	113. 1	105. 0
109. 7	106. 7	107. 2	106. 3	106. 5	107. 4	104. 5	105. 0
111. 9	109. 0	109. 5	108. 7	109. 0	109. 6	106. 7	107. 3
121. 9	113. 8	106. 9	112. 6	113. 1	119. 4	111. 5	104. 7
104. 7	133. 9	106. 2	103. 3	97. 4	102. 6	131. 1	104. 0
108. 8	105. 7	108. 2	106. 2	106. 1	106. 6	103. 5	106. 0
110. 4	103. 5	105. 1	106. 5	107. 1	108. 2	101. 4	102. 9
111. 4	119. 0	104. 6	106. 8	106. 8	109. 1	116. 6	102. 4
109. 3	106. 7	107. 3	106. 4	106. 3	107. 1	104. 5	105. 1
107. 6	103. 7	103. 9	103. 8	103. 9	105. 4	101. 6	101. 8

72. 1995—2016 年全国城镇单位就业人员平均工资和指数

年份	平均工资（元）					平均货币工资指数（上年＝100）		
	合计	在岗职工	国有单位	城镇集体单位	其他单位	合计	在岗职工	国有单位
1995	5 348	5 500	5 553	3 934	7 728	118.9	121.2	117.3
1996	5 980	6 210	6 207	4 312	8 521	111.8	112.9	111.8
1997	6 444	6 470	6 679	4 516	9 092	107.8	104.2	107.6
1998	7 446	7 479	7 579	5 314	9 241	115.5	106.6	113.5
1999	8 319	8 346	8 443	5 758	10 142	111.7	111.6	111.4
2000	9 333	9 371	9 441	6 241	11 238	112.2	112.3	111.8
2001	10 834	10 870	11 045	6 851	12 437	116.1	116.0	117.0
2002	12 373	12 422	12 701	7 636	13 486	114.2	114.3	115.0
2003	13 969	14 040	14 358	8 627	14 843	112.9	113.0	113.0
2004	15 920	16 024	16 445	9 723	16 519	114.0	114.1	114.5
2005	18 200	18 364	18 978	11 176	18 362	114.3	114.6	115.4
2006	20 856	21 001	21 706	12 866	21 004	114.6	114.4	114.4
2007	24 721	24 932	26 100	15 444	24 271	118.5	118.7	120.2
2008	28 898	29 229	30 287	18 103	28 552	116.9	117.2	116.0
2009	32 244	32 736	34 130	20 607	31 350	111.6	112.0	112.7
2010	36 539	37 147	38 359	24 010	35 801	113.3	113.5	112.4
2011	41 799	42 452	43 483	28 791	41 323	114.4	114.3	113.4
2012	46 769	47 593	48 357	33 784	46 360	111.9	112.1	111.2
2013	51 483	52 388	52 657	38 905	51 453	110.1	110.1	108.9
2014	56 360	57 361	57 296	42 742	56 485	109.5	109.5	108.8
2015	62 029	63 241	65 296	46 607	60 906	110.1	110.3	114.0
2016	67 569	68 993	72 538	50 527	65 531	108.9	109.1	111.1

注：1995—2008 年的城镇单位就业人员平均工资即为原来的城镇单位就业人员平均劳动报酬。

数据来源：国家统计局。

平均货币工资指数（上年＝100）		平均实际工资指数（上年＝100）				
城镇集体单位	其他单位	合计	在岗职工	国有单位	城镇集体单位	其他单位
121.1	119.9	101.8	103.8	100.4	103.7	102.6
109.6	110.3	102.8	103.8	102.7	100.7	101.3
104.7	106.7	104.5	101.1	104.4	101.6	103.5
117.7	101.6	116.2	107.2	114.2	118.4	102.3
108.4	109.8	113.2	113.1	112.9	109.8	111.2
108.4	110.8	111.3	111.4	110.9	107.5	109.9
109.8	110.7	115.3	115.2	116.2	109.0	109.9
111.5	108.4	115.4	115.5	116.2	112.6	109.5
113.0	110.1	111.9	112.0	112.0	112.0	109.1
112.7	111.3	110.3	110.5	110.9	109.1	107.7
114.9	111.2	112.5	112.8	113.6	113.1	109.4
115.1	114.4	112.9	112.7	112.7	113.4	112.7
120.0	115.6	113.4	113.6	115.0	114.8	110.6
117.2	117.6	110.7	111.0	109.8	111.0	111.4
113.8	109.8	112.6	113.0	113.7	114.8	110.8
116.5	114.2	109.8	110.0	108.9	112.9	110.7
119.9	115.4	108.6	108.5	107.7	113.9	109.6
117.3	112.2	109.0	109.2	108.3	114.2	109.3
115.2	111.0	107.3	107.3	106.1	112.2	108.2
109.9	109.8	107.2	107.2	106.6	107.6	107.5
109.0	107.8	108.5	108.6	112.3	107.4	106.2
108.4	107.6	106.7	106.9	108.8	106.2	105.4

● 公共卫生、健康与计划生育

73. 2016 年各省、自治区、直辖市医疗卫生机构数

单位：个

地 区	合计	医院	社区服务中心（站）	乡镇卫生院	村卫生室	门诊部（所）	疾病预防控制中心	专科疾病防治机构	妇幼保健机构	卫生监督机构	其他机构
总 计	983 394	29 140	34 327	36 795	638 763	216 187	3 481	1 213	3 063	2 986	2 870
东 部	357 697	11 221	20 033	9 352	215 845	91 721	1 059	518	955	896	1 338
中 部	314 745	8 500	7 751	11 538	222 158	55 537	1 082	508	984	944	965
西 部	310 952	9 419	6 543	15 905	200 760	68 929	1 340	187	1 124	1 146	567
北 京	9 773	638	1 915	0	2 729	4 264	29	25	20	18	115
天 津	5 443	421	585	145	2 528	1 581	24	16	21	19	52
河 北	78 795	1 618	1 197	1 970	60 371	12 465	192	11	191	179	85
山 西	42 204	1 393	929	1 353	29 027	8 713	136	7	134	131	68
内蒙古	24 002	720	1 195	1 321	13 632	6 458	117	54	113	114	76
辽 宁	36 131	1 190	1 165	1 014	20 120	11 612	133	85	110	90	156
吉 林	20 829	662	395	774	10 172	8 247	68	54	71	39	150
黑龙江	20 375	1 031	653	988	11 384	5 220	168	109	139	139	51
上 海	5 016	349	1 039	0	1 218	2 213	20	21	21	18	80
江 苏	32 117	1 678	2 660	1 039	15 475	9 923	117	42	110	106	281
浙 江	31 546	1 130	5 871	1 194	11 677	11 062	101	16	87	101	185
安 徽	24 385	1 039	1 908	1 371	15 276	3 715	121	47	120	112	92
福 建	27 656	587	555	880	18 945	5 810	96	24	87	85	70
江 西	38 272	592	591	1 585	30 394	4 208	147	109	112	110	102
山 东	76 997	2 018	2 310	1 621	53 226	15 743	184	125	156	106	184
河 南	71 271	1 596	1 329	2 059	56 774	7 006	180	21	164	177	278
湖 北	36 354	927	1 231	1 139	24 792	7 510	115	74	105	105	167
湖 南	61 055	1 260	715	2 269	44 339	10 918	147	87	139	131	57
广 东	49 079	1 381	2 566	1 192	26 886	15 380	137	135	128	150	121
广 西	34 253	543	279	1 267	21 011	9 463	115	37	103	110	40
海 南	5 144	211	170	297	2 670	1 668	26	18	24	24	9
重 庆	19 933	699	496	894	11 240	6 401	42	16	42	39	34
四 川	79 513	2 066	951	4 490	55 958	15 217	206	25	202	200	84
贵 州	28 017	1 220	635	1 399	20 652	3 444	100	10	101	95	28
云 南	24 234	1 187	566	1 366	13 432	7 027	152	29	145	142	59
西 藏	6 835	145	10	678	5 360	498	82	0	55	1	2
陕 西	36 598	1 085	623	1 561	25 412	6 412	119	5	116	115	106
甘 肃	28 197	446	581	1 375	16 748	7 086	103	7	100	93	116
青 海	6 291	199	235	405	4 518	750	56	1	34	55	4
宁 夏	4 254	190	142	219	2 365	1 242	25	0	21	24	11
新 疆	18 825	919	830	930	10 432	4 931	223	3	92	158	7

数据来源：国家卫生计生委统计信息中心。

74. 2016 年各省、自治区、直辖市医疗卫生机构床位数　　　　　　　　　　　　单位：张

地　区	床位总数	医院		每千人口医疗卫生机构床位
		合计	其中：综合医院	
总　计	7 410 453	5 688 875	3 927 857	5.37
东　部	2 911 065	2 333 615	1 571 346	5.08
中　部	2 359 616	1 755 906	1 229 740	5.46
西　部	2 139 772	1 599 354	1 126 771	5.71
北　京	117 041	110 073	62 139	5.39
天　津	65 832	57 561	32 780	4.21
河　北	360 485	270 831	200 148	4.83
山　西	189 689	147 011	101 048	5.15
内蒙古	139 236	109 676	73 227	5.53
辽　宁	284 384	239 350	162 043	6.50
吉　林	151 195	124 837	84 997	5.53
黑龙江	220 054	181 514	127 849	5.79
上　海	129 166	110 148	63 311	5.34
江　苏	443 060	356 188	224 794	5.54
浙　江	289 870	254 793	160 871	5.19
安　徽	281 720	216 281	155 242	4.55
福　建	174 767	131 892	91 762	4.51
江　西	209 097	143 049	100 078	4.55
山　东	540 994	399 427	283 560	5.44
河　南	521 546	387 054	280 443	5.47
湖　北	360 558	256 909	184 034	6.13
湖　南	425 757	299 251	196 049	6.24
广　东	465 142	371 685	266 073	4.23
广　西	224 471	148 480	101 035	4.64
海　南	40 324	31 667	23 865	4.40
重　庆	190 850	136 245	92 583	6.26
四　川	519 205	375 378	251 686	6.28
贵　州	210 279	159 098	115 509	5.92
云　南	253 555	194 727	142 587	5.31
西　藏	14 456	10 397	8 098	4.37
陕　西	225 400	180 316	133 884	5.91
甘　肃	134 346	100 638	71 440	5.15
青　海	34 749	29 156	20 307	5.86
宁　夏	36 313	32 027	24 921	5.38
新　疆	156 912	123 216	91 494	6.54

数据来源：国家卫生计生委统计信息中心。

75.　2016 年各省、自治区、直辖市卫生人员数　　　　　　　　　　　　　　　　单位：人

地　区	卫生人员总数	卫生技术人员数			每千人口		
		合计	执业（助理）医师	注册护士	卫生技术人员	执业（助理）医师	注册护士
总　　计	**11 172 945**	**8 454 403**	**3 191 005**	**3 507 166**	**6.1**	**2.3**	**2.5**
东　部	4 793 644	3 711 318	1 440 049	1 546 121	6.5	2.5	2.7
中　部	3 322 701	2 452 631	946 830	1 023 720	5.7	2.2	2.4
西　部	3 046 600	2 280 454	804 126	937 325	6.1	2.1	2.5
北　京	299 460	233 953	89 411	98 082	10.8	4.1	4.5
天　津	122 558	94 952	37 804	36 088	6.1	2.4	2.3
河　北	555 115	393 059	177 140	143 432	5.3	2.4	1.9
山　西	311 250	225 880	91 699	92 112	6.1	2.5	2.5
内蒙古	221 090	170 406	66 391	66 445	6.8	2.6	2.6
辽　宁	365 729	277 494	109 800	119 147	6.3	2.5	2.7
吉　林	223 250	166 605	69 666	65 749	6.1	2.5	2.4
黑龙江	292 297	221 362	84 422	85 418	5.8	2.2	2.2
上　海	217 061	178 196	65 386	79 373	7.4	2.7	3.3
江　苏	654 117	516 986	204 647	221 168	6.5	2.6	2.8
浙　江	523 598	432 641	168 178	174 523	7.7	3.0	3.1
安　徽	388 224	293 732	112 741	126 350	4.7	1.8	2.0
福　建	288 205	219 557	79 685	95 641	5.7	2.1	2.5
江　西	301 651	220 972	79 187	95 519	4.8	1.7	2.1
山　东	874 110	641 701	244 900	268 379	6.5	2.5	2.7
河　南	796 480	547 001	206 747	222 123	5.7	2.2	2.3
湖　北	494 077	384 532	141 741	174 918	6.5	2.4	3.0
湖　南	515 472	392 547	160 627	161 531	5.8	2.4	2.4
广　东	819 106	665 257	243 224	283 793	6.0	2.2	2.6
广　西	390 601	289 872	96 673	122 602	6.0	2.0	2.5
海　南	74 585	57 522	19 874	26 495	6.3	2.2	2.9
重　庆	242 826	179 354	64 709	77 463	5.9	2.1	2.5
四　川	670 444	495 750	185 414	207 633	6.0	2.2	2.5
贵　州	277 380	204 621	69 007	85 993	5.8	1.9	2.4
云　南	329 760	249 677	85 876	105 966	5.2	1.8	2.2
西　藏	29 187	14 829	6 542	3 833	4.5	2.0	1.2
陕　西	372 646	288 607	85 681	116 803	7.6	2.2	3.1
甘　肃	186 756	134 641	52 791	50 530	5.2	2.0	1.9
青　海	49 653	37 010	13 670	14 364	6.2	2.3	2.4
宁　夏	56 218	44 700	17 070	18 069	6.6	2.5	2.7
新　疆	220 039	170 987	60 302	67 624	7.1	2.5	2.8

数据来源：国家卫生计生委统计信息中心。

76. 2016 年各省、自治区、直辖市农村乡镇卫生院及床位、人员数

地　区	机构数（个）	床位数（张）	人员数（人）	每千农业人口	
				床位（张）	人员（人）
总　计	**36 795**	**1 223 891**	**1 320 841**	**1. 27**	**1. 36**
东　部	9 352	365 855	464 289	1. 16	1. 45
中　部	11 538	436 594	438 085	1. 24	1. 24
西　部	15 905	421 442	418 467	1. 44	1. 41
北　京	—	—	—	—	—
天　津	145	4 093	4 915	4. 74	2. 63
河　北	1 970	66 624	56 227	1. 14	0. 93
山　西	1 353	30 068	24 762	1. 19	0. 98
内蒙古	1 321	20 002	21 043	1. 14	1. 21
辽　宁	1 014	30 424	24 886	1. 33	1. 08
吉　林	774	17 429	24 257	0. 97	1. 34
黑龙江	988	22 469	23 625	0. 98	1. 03
上　海	—	—	—	—	—
江　苏	1 039	58 768	79 755	1. 20	1. 57
浙　江	1 194	17 096	54 245	0. 55	1. 68
安　徽	1 371	51 305	50 646	1. 03	1. 02
福　建	880	29 449	35 649	1. 11	1. 37
江　西	1 585	47 672	46 432	1. 18	1. 14
山　东	1 621	97 894	109 767	1. 42	1. 61
河　南	2 059	99 994	104 647	1. 08	1. 12
湖　北	1 139	71 546	78 963	1. 69	1. 85
湖　南	2 269	96 111	84 753	1. 61	1. 42
广　东	1 192	56 075	88 140	1. 10	1. 77
广　西	1 267	60 565	70 858	1. 50	1. 74
海　南	297	5 432	10 705	0. 81	1. 63
重　庆	894	40 045	32 692	2. 26	1. 79
四　川	4 490	120 279	104 671	1. 92	1. 60
贵　州	1 399	39 905	42 420	1. 02	1. 07
云　南	1 366	46 225	39 176	1. 14	0. 97
西　藏	678	3 285	3 801	1. 25	1. 51
陕　西	1 561	32 722	42 108	1. 28	1. 62
甘　肃	1 375	24 600	27 970	1. 26	1. 45
青　海	405	4 062	4 700	0. 84	0. 98
宁　夏	219	2 913	4 889	0. 78	1. 36
新　疆	930	26 839	24 139	1. 38	1. 20

数据来源：国家卫生计生委统计信息中心。

77. 2016 年各省、自治区、直辖市村卫生室及人员数

地 区	村委会 （个）	村卫生室 （个）	设卫生室的 村占总村数 %	村卫生室人员数（人）		每千农业 人口村卫 生室人员 （人）
				合计	其中：乡村医生 和卫生员	
总　计	559 166	638 763	92.9	1 435 766	1 000 324	1.49
东　部	222 585	215 845	82.2	497 948	330 296	1.57
中　部	173 965	222 158	99.8	543 598	368 932	1.74
西　部	162 616	200 760	100.0	394 220	301 096	1.19
北　京	3 941	2 729	69.2	4 808	3 364	
天　津	3 681	2 528	68.7	6 957	5 140	8.06
河　北	48 863	60 371	100.0	117 602	82 281	2.00
山　西	28 106	29 027	100.0	51 564	38 593	2.04
内蒙古	11 078	13 632	100.0	27 407	17 944	1.56
辽　宁	11 555	20 120	100.0	33 395	25 095	1.45
吉　林	9 327	10 172	100.0	23 277	17 248	1.30
黑龙江	9 050	11 384	100.0	32 372	23 464	1.41
上　海	1 590	1 218	76.6	5 272	806	7.85
江　苏	14 477	15 475	100.0	67 098	32 520	1.38
浙　江	27 568	11 677	42.4	25 260	8 000	0.81
安　徽	14 586	15 276	100.0	67 921	43 290	1.37
福　建	14 407	18 945	100.0	36 054	26 502	1.36
江　西	17 046	30 394	100.0	61 976	45 079	1.53
山　东	74 217	53 226	71.7	150 393	118 280	2.17
河　南	46 831	56 774	100.0	164 907	113 804	1.78
湖　北	25 064	24 792	98.9	66 668	40 396	1.58
湖　南	23 955	44 339	100.0	74 913	47 058	1.26
广　东	19 734	26 886	100.0	44 550	24 996	0.88
广　西	14 276	21 011	100.0	41 773	34 981	1.04
海　南	2 552	2 670	100.0	6 559	3 312	0.98
重　庆	8 064	11 240	100.0	30 372	21 644	1.72
四　川	45 922	55 958	100.0	83 530	65 450	1.33
贵　州	14 619	20 652	100.0	43 841	34 690	1.12
云　南	11 971	13 432	100.0	42 216	36 038	1.04
西　藏	5 259	5 360	100.0	11 412	10 905	4.34
陕　西	20 277	25 412	100.0	42 838	32 706	1.68
甘　肃	16 027	16 748	100.0	32 434	21 121	1.67
青　海	4 146	4 518	100.0	9 181	6 528	1.90
宁　夏	2 275	2 365	100.0	5 213	3 559	1.40
新　疆	8 702	10 432	100.0	24 003	15 530	1.23

数据来源：国家卫生计生委统计信息中心。

78. 2016 年各省、自治区、直辖市医院诊疗人次、住院人数

地 区	诊疗人次（万人次）			住院人数（万人）		
	合计	公立医院	民营医院	合计	公立医院	民营医院
总　　计	**326 955.9**	**284 771.6**	**42 184.3**	**17 527.7**	**14 750.5**	**2 777.2**
东　部	179 404.1	156 958.6	22 445.4	7 192.0	6 176.3	1 015.7
中　部	73 414.1	63 589.8	9 824.2	5 326.1	4 460.0	866.1
西　部	74 137.7	64 223.1	9 914.6	5 009.6	4 114.2	895.4
北　京	15 526.1	13 758.3	1 767.8	297.5	259.9	37.7
天　津	7 384.8	5 789.0	1 595.9	151.8	135.7	16.1
河　北	13 181.2	11 277.7	1 903.5	891.6	759.5	132.1
山　西	5 380.7	4 754.8	626.0	367.9	312.2	55.7
内蒙古	4 761.4	4 264.3	497.2	275.3	249.5	25.8
辽　宁	9 551.2	8 496.6	1 054.6	619.8	534.9	84.9
吉　林	5 070.7	4 463.1	607.6	337.3	283.3	54.1
黑龙江	6 455.2	5 861.8	593.5	474.3	427.4	46.9
上　海	14 902.0	13 818.2	1 083.8	342.7	322.6	20.1
江　苏	24 753.0	19 780.6	4 972.4	1 077.5	832.8	244.8
浙　江	25 351.7	22 488.7	2 863.0	783.5	691.9	91.7
安　徽	9 829.1	8 001.8	1 827.3	707.7	558.0	149.7
福　建	9 638.4	8 738.2	900.3	425.2	368.2	56.9
江　西	6 294.7	5 693.0	601.8	479.9	414.3	65.6
山　东	20 307.5	17 437.6	2 869.9	1 297.5	1 111.0	186.5
河　南	18 145.8	14 952.4	3 193.4	1 200.4	965.3	235.1
湖　北	12 666.0	11 484.8	1 181.2	841.7	738.2	103.5
湖　南	9 571.8	8 378.2	1 193.6	916.8	761.2	155.6
广　东	37 042.9	33 742.0	3 300.9	1 213.8	1 075.1	138.7
广　西	9 283.1	8 779.5	503.6	530.2	495.1	35.1
海　南	1 765.2	1 631.7	133.5	91.1	84.9	6.2
重　庆	6 390.0	5 471.6	918.4	424.7	310.6	114.1
四　川	17 219.3	14 336.5	2 882.8	1 127.8	860.9	266.9
贵　州	5 626.5	4 314.5	1 312.0	507.7	372.1	135.6
云　南	9 571.7	7 978.6	1 593.1	639.7	511.5	128.2
西　藏	580.2	456.1	124.1	29.3	23.3	6.0
陕　西	7 917.1	6 863.0	1 054.1	572.4	479.9	92.5
甘　肃	4 349.6	4 071.1	278.5	309.3	286.8	22.5
青　海	1 206.7	1 113.4	93.3	77.9	68.1	9.9
宁　夏	1 864.5	1 633.0	231.5	96.7	83.6	13.1
新　疆	5 367.6	4 941.4	426.2	418.6	372.8	45.7

数据来源：国家卫生计生委统计信息中心。

79. 2016 年各省、自治区、直辖市基层医疗卫生机构诊疗人次、住院人数

地　区	诊疗人次（万人次）					住院人数（万人）		
	合计	社区卫生服务中心	社区卫生服务站	乡镇卫生院	村卫生室	合计	社区卫生服务中心	乡镇卫生院
总　　计	**436 663**	**56 327**	**15 562**	**108 233**	**185 264**	**4 165**	**314**	**3 800**
东　部	210 749	44 217	8 447	42 656	79 853	1 110	113	983
中　部	122 298	6 327	4 132	32 380	65 365	1 536	109	1 406
西　部	103 620	5 783	2 983	33 197	40 046	1 519	92	1 411
北　京	6 982	4 668	599	—	382	3	3	—
天　津	4 358	1 544	269	646	1 002	9	1	7
河　北	29 186	690	998	4 777	18 959	179	6	169
山　西	7 208	379	405	1 604	3 313	51	4	43
内蒙古	5 170	416	368	1 217	1 925	42	6	36
辽　宁	9 408	997	557	1 718	4 093	62	6	55
吉　林	5 427	382	71	967	2 636	20	2	18
黑龙江	5 085	634	111	983	2 499	77	7	67
上　海	10 463	8 580	—	—	785	7	7	—
江　苏	29 114	6 734	1 420	8 289	9 145	198	35	163
浙　江	28 119	8 824	386	9 352	4 056	37	6	31
安　徽	15 851	1 060	1 077	4 577	7 821	171	13	158
福　建	11 181	1 361	332	2 703	4 433	88	6	82
江　西	13 996	352	353	3 229	8 873	208	4	202
山　东	39 437	1 820	1 492	7 332	23 458	302	24	274
河　南	37 930	1 182	939	11 218	22 201	305	16	287
湖　北	21 209	1 498	934	5 756	10 192	296	33	259
湖　南	15 588	840	241	4 046	7 830	407	29	373
广　东	39 678	9 263	2 190	6 690	12 738	213	16	194
广　西	14 209	720	177	5 132	4 911	256	3	252
海　南	2 824	96	205	1 150	800	11	2	8
重　庆	7 868	685	116	2 003	3 026	187	28	154
四　川	27 481	1 898	461	9 372	10 121	471	23	443
贵　州	7 795	246	287	2 662	3 309	130	8	120
云　南	13 885	453	263	5 088	5 756	151	9	141
西　藏	777	7	1	414	123	4	0	4
陕　西	10 078	448	294	2 203	5 197	81	5	75
甘　肃	8 250	327	325	2 006	3 793	74	4	68
青　海	1 116	69	177	259	437	12	1	11
宁　夏	1 778	38	166	671	490	5	0	5
新　疆	5 212	477	346	2 171	957	107	4	102

数据来源：国家卫生计生委统计信息中心。

80. 1991—2016 年全国卫生总费用情况

年份	卫生总费用（亿元）				城乡卫生费用（亿元）		人均卫生费用（元）			卫生总费用占GDP%
	合计	政府卫生支出	社会卫生支出	个人卫生支出	城市	农村	合计	城市	农村	
1991	893.49	204.05	354.41	335.03	482.60	410.89	77.1	187.6	45.1	4.08
1992	1 096.86	228.61	431.55	436.70	597.30	499.56	93.6	222.0	54.7	4.05
1993	1 377.78	272.06	524.75	580.97	760.30	617.48	116.3	268.6	67.6	3.88
1994	1 761.24	342.28	644.91	774.05	991.50	769.74	146.9	332.6	86.3	3.63
1995	2 155.13	387.34	767.81	999.98	1 239.50	915.63	177.9	401.3	112.9	3.53
1996	2 709.42	461.61	875.66	1 372.15	1 494.90	1 214.52	221.4	467.4	150.7	3.79
1997	3 196.71	523.56	984.06	1 689.09	1 771.40	1 425.31	258.6	537.8	177.9	4.02
1998	3 678.72	590.06	1 071.03	2 017.63	1 906.92	1 771.80	294.9	625.9	194.6	4.33
1999	4 047.50	640.96	1 145.99	2 260.55	2 193.12	1 854.38	321.8	702.0	203.2	4.49
2000	4 586.63	709.52	1 171.94	2 705.17	2 624.24	1 962.39	361.9	813.7	214.7	4.60
2001	5 025.93	800.61	1 211.43	3 013.89	2 792.95	2 232.98	393.8	841.2	244.8	4.56
2002	5 790.03	908.51	1 539.38	3 342.14	3 448.24	2 341.79	450.7	987.1	259.3	4.79
2003	6 584.10	1 116.94	1 788.50	3 678.66	4 150.32	2 433.78	509.5	1 108.9	274.7	4.82
2004	7 590.29	1 293.58	2 225.35	4 071.35	4 939.21	2 651.08	583.9	1 261.9	301.6	4.72
2005	8 659.91	1 552.53	2 586.41	4 520.98	6 305.57	2 354.34	662.3	1 126.4	315.8	4.66
2006	9 843.34	1 778.86	3 210.92	4 853.56	7 174.73	2 668.61	748.8	1 248.3	361.9	4.52
2007	11 573.97	2 581.58	3 893.72	5 098.66	8 968.70	2 605.27	876.0	1 516.3	358.1	4.32
2008	14 535.40	3 593.94	5 065.60	5 875.86	11 251.90	3 283.50	1 094.5	1 861.8	455.2	4.49
2009	17 541.92	4 816.26	6 154.49	6 571.16	13 535.61	4 006.31	1 314.3	2 176.6	562.0	5.08
2010	19 980.39	5 732.49	7 196.61	7 051.29	15 508.62	4 471.77	1 490.1	2 315.5	666.3	4.89
2011	24 345.91	7 464.18	8 416.45	8 465.28	18 571.87	5 774.04	1 807.0	2 697.5	879.4	5.03
2012	28 119.00	8 431.98	10 030.70	9 656.32	21 280.46	6 838.54	276.7	2 999.3	1 064.8	5.26
2013	31 668.95	9 545.81	11 393.79	10 729.34	23 644.95	8 024.00	2 327.4	3 234.1	1 274.4	5.39
2014	35 312.40	10 579.23	13 437.75	11 295.41	26 575.60	8 736.80	2 581.7	2 581.7	3 558.3	5.55
2015	40 974.64	12 475.28	16 506.71	11 992.65	—	—	2 980.8	—	—	6.05
2016	46 344.88	13 910.31	19 096.68	13 337.90	—	—	3 351.7	—	—	6.22

注：①本表系核算数，2016 年为初步测算数；②按当年价格计算；③2001 年起卫生总费用不含高等医学教育经费，2006 年起包括城乡医疗救助经费。

数据来源：国家卫生计生委统计信息中心。

81. 2016 年全国公立医院收入与支出情况

指标	合计	公立医院			公立医院中：政府办医院
		三级医院	二级医院	一级医院	
院均总收入（万元）	18 915.7	77 310.6	11 517.4	1 261.6	23 581.7
医疗收入	16 721.5	69 829.5	9 802.2	996.9	20 802.2
其中：药品收入	6 478.8	27 153.4	3 738.9	442.2	8 013.5
财政补助收入	1 727.0	5 463.7	1 475.6	222.5	2 215.1
科教项目收入	76.8	439.8	7.5	0.9	99.3
其他收入	390.4	1 577.6	232.1	41.3	465.1
院均总支出（万元）	18 386.1	75 016.0	11 231.0	1 246.8	22 891.7
医疗业务成本	15 333.8	63 817.9	9 069.1	891.9	19 139.0
其中：药品费	5 916.2	24 696.2	3 474.5	362.1	7 356.0
财政项目补助支出	748.5	2 726.3	520.9	85.6	963.0
科教项目支出	61.4	341.1	8.9	1.8	79.0
管理费用	2 000.5	7 433.8	1 454.1	145.2	2 491.1
其他支出	241.8	696.9	178.0	122.2	219.5
次均门诊费用（元）	246.5	294.9	190.6	144.5	247.0
其中：药费	115.1	139.8	85.5	73.8	115.0
人均住院费用（元）	9 229.7	12 847.8	5 569.9	4 312.2	9 264.3
其中：药费	3 195.6	4 459.0	1 913.6	1 604.3	3 186.7

数据来源：国家卫生计生委统计信息中心。

82. 2016 年综合医院收入与支出情况

指标	合计	中央属	省属	地级市属	县级市属	县属
院均总收入（万元）	35 007.1	429 531.8	159 904.4	57 162.9	19 698.6	14 261.2
医疗收入	31 305.6	389 817.0	145 197.0	51 593.3	17 224.4	12 460.7
其中：药品收入	11 732.3	156 878.1	55 540.5	19 658.5	6 292.5	4 336.1
财政补助收入	2 911.1	16 438.3	10 487.0	4 571.9	2 061.7	1 560.6
科教项目收入	129.2	9 371.0	966.2	104.1	13.9	2.6
其他收入	661.3	13 905.5	3 254.2	893.6	398.5	237.3
院均总支出（万元）	34 035.7	415 879.8	155 671.6	55 604.5	19 294.1	13 730.3
医疗业务成本	28 823.2	364 168.8	134 907.0	46 974.0	16 115.7	11 314.1
其中：药品费	10 871.5	141 107.0	50 747.4	17 900.5	6 002.2	4 197.4
财政项目补助支出	1 246.2	6 508.3	5 384.5	2 239.6	795.9	480.2
科教项目支出	102.4	6 647.3	784.4	94.2	11.4	3.8
管理费用	3 601.9	35 097.6	13 242.2	5 952.8	2 220.2	1 806.2
其他支出	262.1	3 457.7	1 353.5	343.9	150.9	126.0
次均门诊费用（元）	247.8	451.7	347.8	258.5	197.9	176.0
其中：药费	109.8	231.6	162.5	116.9	82.2	68.7
人均住院费用（元）	9 339.1	22 327.3	17 183.7	11 324.4	6 856.0	4 850.4
其中：药费	3 195.6	7 644.0	5 927.4	3 946.1	2 313.0	1 596.3

注：①本表系卫生计生部门综合医院数字；②地级市属含地区和省辖市区属，县级市属包括地级市辖
区属。

数据来源：国家卫生计生委统计信息中心。

83. 2012—2016 年全国医院次均门诊费用、人均住院费用

年份	门诊病人					住院病人				
	次均门诊费用（元）			占门诊费用%		人均住院费用（元）			占住院费用%	
	合计	药费	检查费	药费	检查费	合计	药费	检查费	药费	检查费
合计										
2012	192.5	96.9	35.0	50.3	18.2	6 980.4	2 867.4	533.9	41.1	7.6
2013	206.4	101.7	37.4	49.3	18.1	7 442.3	2 939.1	590.2	39.5	7.9
2014	220.0	106.3	40.3	48.3	18.3	7 832.3	2 998.5	640.6	38.3	8.2
2015	233.9	110.5	42.7	47.3	18.3	8 268.1	3 042.0	697.2	36.8	8.4
2016	245.5	111.7	45.2	45.5	18.4	8 604.7	2 977.5	740.7	34.6	8.6
三级医院										
2012	242.1	126.7	42.7	52.3	17.6	11 186.8	4 521.0	881.1	40.4	7.9
2013	256.7	132.1	45.2	51.5	17.6	11 722.4	4 578.3	952.1	39.1	8.1
2014	269.8	136.0	48.4	50.4	17.9	12 100.2	4 610.1	1 007.0	38.1	8.3
2015	283.7	139.8	51.1	49.3	18.0	12 599.3	4 641.6	1 078.1	36.8	8.6
2016	294.9	139.8	53.9	47.4	18.3	12 847.8	4 459.0	1 121.8	34.7	8.7
二级医院										
2012	157.4	77.9	33.3	49.5	21.1	4 729.4	2 033.3	352.4	43.0	7.5
2013	166.2	79.6	35.2	47.9	21.2	4 968.3	2 028.4	389.0	40.8	7.8
2014	176.0	82.8	37.7	47.1	21.4	5 114.6	2 003.9	417.4	39.2	8.2
2015	184.1	85.0	39.2	46.2	21.3	5 358.2	1 981.2	456.2	37.0	8.5
2016	190.6	85.5	40.6	44.9	21.3	5 569.9	1 913.6	487.4	34.4	8.8
一级医院										
2012	112.0	59.9	14.7	53.5	13.1	3 285.0	1 411.3	236.1	43.0	7.2
2013	119.8	64.2	15.6	53.6	13.1	3 561.9	1 471.2	277.7	41.3	7.8
2014	125.3	66.4	17.1	53.0	13.7	3 737.1	1 519.8	311.5	40.7	8.3
2015	132.9	70.6	17.6	53.1	13.3	3 844.5	1 525.3	304.4	39.7	7.9
2016	144.5	73.8	19.4	51.0	13.4	4 312.2	1 604.3	358.2	37.2	8.3

注：本表按当年价格计算。

数据来源：国家卫生计生委统计信息中心。

84. 2015—2016 年全国综合医院次均门诊费用、人均住院费用

年份	门诊病人					住院病人				
	次均门诊费用（元）			占门诊费用%		人均住院费用（元）			占住院费用%	
	合计	药费	检查费	药费	检查费	合计	药费	检查治疗费	药费	检查费
合计										
2015	237.5	109.3	50.1	46.0	21.1	8 953.3	3 266.6	775.6	36.5	8.7
2016	247.8	109.8	52.7	44.3	21.2	9 339.13	3 195.6	826.4	34.2	8.8
中央属										
2015	441.1	234.6	69.9	53.2	15.8	21 544.8	7 705.0	1 518.8	35.8	7.0
2016	451.7	231.6	73.6	51.3	16.3	22 327.3	7 644.0	1 594.3	34.2	7.1
省属										
2015	332.6	161.2	59.6	48.5	17.9	16 709.4	6 055.7	1 350.8	36.2	8.1
2016	347.8	162.5	64.1	46.7	18.4	17 183.7	5 927.4	1 404.5	34.5	8.2
地级市属										
2015	246.7	116.3	51.8	47.1	21.0	10 972.9	4 085.7	1 018.4	37.2	9.3
2016	258.5	116.9	54.6	45.2	21.1	11 324.4	3 946.1	1 067.7	34.8	9.4
县级市属										
2015	191.0	82.3	42.2	43.1	22.1	6 641.1	2 401.2	587.5	36.2	8.8
2016	197.9	82.2	44.2	41.5	22.3	6 856.0	2 313.0	624.3	33.7	9.1
县属										
2015	170.5	68.7	46.0	40.3	27.0	4 656.3	1 670.3	401.2	35.9	8.6
2016	176.0	68.7	47.0	39.0	26.7	4 850.4	1 596.3	436.4	32.9	9.0

注：①本表系卫生计生部门办综合医院数字；②按当年价格计算。

数据来源：国家卫生计生委统计信息中心。

85. 2016 年各省、自治区、直辖市医院门诊和住院病人人均医药费用

地　区	门诊病人 次均门诊费用（元）			住院病人 人均住院费用（元）			
	合计	药费	检查费	合计	药费	检查费	手术费
总　计	**245.5**	**111.7**	**45.2**	**8 604.7**	**2 977.5**	**740.7**	**567.8**
北　京	460.2	267.3	49.2	20 648.2	6 455.2	1 378.3	1 045.8
天　津	299.3	176.7	22.5	15 684.9	5 297.6	800.6	666.9
河　北	214.9	92.5	50.5	7 793.8	3 134.3	722.1	352.7
山　西	237.7	102.0	52.2	8 065.7	2 972.8	764.4	431.2
内蒙古	223.4	87.7	53.3	8 460.2	3 222.9	755.9	380.3
辽　宁	272.8	119.7	58.7	8 866.9	3 321.8	884.0	545.0
吉　林	253.5	99.0	55.6	8 730.2	3 449.6	723.0	475.7
黑龙江	244.5	90.2	65.7	8 617.1	3 939.8	685.7	293.5
上　海	340.4	172.6	39.3	17 111.7	5 520.7	1 035.3	1 482.6
江　苏	249.9	110.0	40.7	10 364.1	3 828.4	737.2	652.7
浙　江	238.0	111.3	30.3	10 952.6	3 545.2	649.0	935.1
安　徽	216.2	92.5	48.3	6 935.2	2 236.7	561.6	473.9
福　建	220.6	90.9	46.2	8 413.7	2 423.5	866.8	745.3
江　西	227.6	109.7	48.2	7 417.0	2 852.6	561.8	513.3
山　东	241.0	106.3	54.2	8 943.5	3 075.4	729.2	694.3
河　南	172.2	73.3	42.0	7 085.4	2 644.0	653.9	471.0
湖　北	221.4	104.5	41.6	8 207.3	2 803.1	736.0	600.5
湖　南	266.7	112.5	60.0	7 303.2	2 437.5	606.3	489.1
广　东	231.8	100.7	42.7	10 537.5	3 210.4	1 010.5	829.1
广　西	181.0	76.3	39.4	7 544.2	2 425.8	747.7	399.6
海　南	231.9	104.2	46.9	9 472.8	3 506.1	717.3	509.5
重　庆	279.4	123.7	46.0	7 714.4	2 684.6	750.4	459.6
四　川	229.4	92.7	50.1	7 380.8	2 285.7	744.9	448.4
贵　州	229.6	80.0	53.6	5 704.3	1 767.2	612.5	401.7
云　南	193.0	80.5	40.0	6 072.5	2 079.0	634.5	366.2
西　藏	154.4	73.0	22.2	7 311.4	2 672.5	597.9	571.2
陕　西	218.5	89.9	49.4	6 803.5	2 498.9	663.1	503.4
甘　肃	177.4	82.0	41.8	5 587.5	2 060.5	552.2	378.1
青　海	192.0	77.8	37.3	8 151.6	3 036.7	788.8	326.8
宁　夏	215.0	108.6	39.4	7 708.9	2 799.6	594.8	457.0
新　疆	212.6	102.5	46.0	6 775.2	2 259.5	831.7	382.4

数据来源：国家卫生计生委统计信息中心。

86. 2016 年全国城市分性别前 10 位疾病死亡率及死亡原因构成

顺位	合计			男			女		
	死亡原因	死亡率(1/10 万)	构成(%)	死亡原因	死亡率(1/10 万)	构成(%)	死亡原因	死亡率(1/10 万)	构成(%)
1	恶性肿瘤	160.07	26.06	恶性肿瘤	200.97	28.73	心脏病	135.00	25.64
2	心脏病	138.70	22.58	心脏病	142.30	20.34	恶性肿瘤	118.05	22.42
3	脑血管病	126.41	20.58	脑血管病	139.50	19.94	脑血管病	112.95	21.46
4	呼吸系统疾病	69.03	11.24	呼吸系统疾病	79.65	11.39	呼吸系统疾病	58.12	11.04
5	损伤和中毒外部原因	37.34	6.08	损伤和中毒外部原因	48.12	6.88	损伤和中毒外部原因	26.25	4.99
6	内分泌、营养和代谢疾病	20.43	3.33	内分泌、营养和代谢疾病	19.42	2.78	内分泌、营养和代谢疾病	21.47	4.08
7	消化系统疾病	14.05	2.29	消化系统疾病	17.38	2.48	消化系统疾病	10.62	2.02
8	神经系统疾病	7.50	1.22	传染病(含呼吸道结核)	9.01	1.29	神经系统疾病	7.37	1.40
9	泌尿生殖系统疾病	6.58	1.07	神经系统疾病	7.63	1.09	泌尿生殖系统疾病	5.69	1.08
10	传染病(含呼吸道结核)	6.46	1.05	泌尿生殖系统疾病	7.44	1.06	传染病(含呼吸道结核)	3.85	0.73
	十种死因合计		95.50	十种死因合计		95.97	十种死因合计		94.86

数据来源：国家卫生计生委统计信息中心。

87. 2016 年全国农村居民分性别前 10 位疾病死亡率及死亡原因构成

顺位	合计			男			女		
	死亡原因	死亡率(1/10 万)	构成(%)	死亡原因	死亡率(1/10 万)	构成(%)	死亡原因	死亡率(1/10 万)	构成(%)
1	脑血管病	158.15	23.26	恶性肿瘤	199.41	25.73	心脏病	148.17	25.52
2	恶性肿瘤	155.83	22.92	脑血管病	173.81	22.42	脑血管病	141.84	24.43
3	心脏病	151.18	22.24	心脏病	154.07	19.88	恶性肿瘤	110.45	19.02
4	呼吸系统疾病	81.72	12.02	呼吸系统疾病	90.54	11.68	呼吸系统疾病	72.54	12.49
5	损伤和中毒外部原因	54.48	8.01	损伤和中毒外部原因	72.54	9.36	损伤和中毒外部原因	35.68	6.15
6	内分泌营养和代谢疾病	15.72	2.31	消化系统疾病	18.40	2.37	内分泌营养和代谢疾病	17.61	3.03
7	消化系统疾病	14.31	2.11	内分泌营养和代谢疾病	13.90	1.79	消化系统疾病	10.06	1.73
8	传染病（含呼吸道结核）	7.76	1.14	传染病（含呼吸道结核）	10.57	1.36	神经系统疾病	7.65	1.32
9	神经系统疾病	7.54	1.11	泌尿生殖系统疾病	8.61	1.11	泌尿生殖系统疾病	6.10	1.05
10	泌尿生殖系统疾病	7.38	1.09	神经系统疾病	7.43	0.96	传染病（含呼吸道结核）	4.84	0.83
	十种死因合计		96.21	十种死因合计		96.66	十种死因合计		95.59

数据来源：国家卫生计生委统计信息中心。

88. 1990—2016 年全国儿童保健情况

年份	出生体重 <2500 克婴儿 比重（%）	围产儿 死亡率 （‰）	5 岁以下儿童 中重度营养 不良比重（%）	新生儿 访视率 （%）	3 岁以下 儿童系统 管理率（%）	7 岁以下 儿童保健 管理率（%）
1990	3.74	16.11	—	—	46.28	—
1995	2.01	13.64	—	82.32	53.33	—
1997	2.31	15.14	3.51	82.38	65.65	65.83
1998	2.58	14.94	3.41	83.74	69.07	68.89
1999	2.39	14.22	3.29	85.42	72.34	71.77
2000	2.40	13.99	3.09	85.80	73.84	73.37
2001	2.35	13.28	3.01	86.72	74.65	74.47
2002	2.39	12.47	2.83	86.12	73.88	74.03
2003	2.26	12.24	2.70	84.65	72.77	72.68
2004	2.20	11.08	2.56	84.96	73.73	74.44
2005	2.21	10.27	2.34	85.03	73.88	74.79
2006	2.22	9.68	2.10	84.70	73.90	75.00
2007	2.26	8.71	2.02	85.59	74.39	75.89
2008	2.35	8.74	1.92	85.36	75.04	77.39
2009	2.40	7.70	1.71	87.13	77.20	80.04
2010	2.34	7.02	1.55	89.60	81.50	83.40
2011	2.33	6.32	1.51	90.60	84.60	85.80
2012	2.38	5.89	1.44	91.84	87.04	88.89
2013	2.44	5.53	1.37	93.2	89.0	90.7
2014	2.61	5.37	1.48	93.6	89.8	91.3
2015	2.64	4.99	1.49	94.3	90.7	92.1
2016	2.73	5.05	1.44	94.6	91.1	92.4

数据来源：国家卫生计生委统计信息中心。

89. 2016 年各省、自治区、直辖市儿童保健情况

地　区	出生体重 <2500克婴儿 比重（%）	围产儿 死亡率 （‰）	5岁以下儿童 中重度营养 不良比重（%）	新生儿 访视率 （%）	3岁以下 儿童系统 管理率（%）	7岁以下 儿童保健 管理率（%）
全　国	**2.73**	**5.05**	**1.44**	**94.6**	**91.1**	**92.4**
北　京	4.23	3.69	0.17	96.3	94.5	98.9
天　津	4.28	7.53	0.33	98.2	89.0	93.8
河　北	2.78	4.06	2.14	91.7	90.3	92.9
山　西	2.22	7.48	0.88	92.8	88.7	90.9
内蒙古	2.66	5.96	0.57	94.9	92.8	93.6
辽　宁	2.52	6.86	0.80	93.7	93.2	94.3
吉　林	2.82	6.67	0.27	96.1	88.8	90.1
黑龙江	2.17	6.39	1.39	96.5	94.4	95.3
上　海	4.54	2.19	0.15	98.1	98.0	99.6
江　苏	2.66	3.53	0.62	100.0	96.2	97.9
浙　江	3.67	3.90	0.50	98.7	96.7	97.1
安　徽	1.86	4.22	0.68	92.2	87.4	91.9
福　建	3.31	4.87	0.93	94.5	92.7	94.9
江　西	2.11	2.87	2.42	94.7	87.4	87.7
山　东	1.37	4.69	0.96	92.8	92.5	92.3
河　南	2.47	3.99	1.70	89.1	87.8	87.9
湖　北	2.27	4.63	1.18	95.1	92.0	92.8
湖　南	2.72	4.59	1.31	95.8	90.0	90.8
广　东	4.05	4.61	1.72	95.6	91.9	95.5
广　西	4.87	6.60	3.86	99.2	90.8	91.7
海　南	3.31	4.40	2.84	90.4	87.4	92.7
重　庆	1.79	4.27	1.02	93.6	90.3	92.2
四　川	2.04	3.91	1.15	95.2	94.3	93.8
贵　州	2.01	5.06	1.26	93.5	88.4	89.4
云　南	3.83	7.31	1.77	97.9	91.6	92.4
西　藏	2.39	16.52	3.32	82.1	72.3	69.7
陕　西	1.71	4.28	0.94	97.5	95.4	96.0
甘　肃	2.33	7.46	1.45	96.4	93.0	92.6
青　海	2.64	7.06	2.38	89.2	87.3	85.9
宁　夏	2.96	8.79	0.85	99.0	95.0	96.5
新　疆	2.68	14.77	1.72	91.9	86.1	87.0

数据来源：国家卫生计生委统计信息中心。

90. 1991—2016 年卫生部监测地区新生儿死亡率、婴儿死亡率、5 岁以下儿童和孕产妇死亡率

年份	新生儿死亡率（‰）			婴儿死亡率（‰）			5 岁以下儿童死亡率（‰）			孕产妇死亡率（1/10 万）		
	合计	城市	农村	合计	城市	农村	合计	城市	农村	合计	城市	农村
1991	33.1	12.5	37.9	50.2	17.3	58.0	61.0	20.9	71.1	80.0	46.3	100.0
1992	32.5	13.9	36.8	46.7	18.4	53.2	57.4	20.7	65.6	76.5	42.7	97.9
1993	31.2	12.9	35.4	43.6	15.9	50.0	53.1	18.3	61.6	67.3	38.5	85.1
1994	28.5	12.2	32.3	39.9	15.5	45.6	49.6	18.0	56.9	64.8	44.1	77.5
1995	27.3	10.6	31.1	36.4	14.2	41.6	44.5	16.4	51.1	61.9	39.2	76.0
1996	24.0	12.2	26.7	36.0	14.8	40.9	45.0	16.9	51.4	63.9	29.2	86.4
1997	24.2	10.3	27.5	33.1	13.1	37.7	42.3	15.5	48.5	63.6	38.3	80.4
1998	22.3	10.0	25.1	33.2	13.5	37.7	42.0	16.2	47.9	56.2	28.6	74.1
1999	22.2	9.5	25.1	33.3	11.9	38.2	41.4	14.3	47.7	58.7	26.2	79.7
2000	22.8	9.5	25.8	32.2	11.8	37.0	39.7	13.8	45.7	53.0	29.3	69.6
2001	21.4	10.6	23.9	30.0	13.6	33.8	35.9	16.3	40.4	50.2	33.1	61.9
2002	20.7	9.7	23.2	29.2	12.2	33.1	34.9	14.6	39.6	43.2	22.3	58.2
2003	18.0	8.9	20.1	25.5	11.3	28.7	29.9	14.8	33.4	51.3	27.6	65.4
2004	15.4	8.4	17.3	21.5	10.1	24.5	25.0	12.0	28.5	48.3	26.1	63.0
2005	13.2	7.5	14.7	19.0	9.1	21.6	22.5	10.7	25.7	47.7	25.0	53.8
2006	12.0	6.8	13.4	17.2	8.0	19.7	20.6	9.6	23.6	41.1	24.8	45.5
2007	10.7	5.5	12.8	15.3	7.7	18.6	18.1	9.0	21.8	36.6	25.2	41.3
2008	10.2	5.0	12.3	14.9	6.5	18.4	18.5	7.9	22.7	34.2	29.2	36.1
2009	9.0	4.5	10.8	13.8	6.2	17.0	17.2	7.6	21.1	31.9	26.6	34.0
2010	8.3	4.1	10.0	13.1	5.8	16.1	16.4	7.3	20.1	30.0	29.7	30.1
2011	7.8	4.0	9.4	12.1	5.8	14.7	15.6	7.1	19.1	26.1	25.2	26.5
2012	6.9	3.9	8.1	10.3	5.2	12.4	13.2	5.9	16.2	24.5	22.2	25.6
2013	6.3	3.7	7.3	9.5	5.2	11.3	12.0	6.0	14.5	23.2	22.4	23.6
2014	5.9	3.5	6.9	8.9	4.8	10.7	11.7	5.9	14.2	21.7	20.5	22.2
2015	5.4	3.3	6.4	8.1	4.7	9.6	10.7	5.8	12.9	20.1	19.8	20.2
2016	4.9	2.9	5.7	7.5	4.2	9.0	10.2	5.2	12.4	19.9	19.5	20.0

数据来源：国家卫生计生委统计信息中心。

91. 1991—2016 年全国孕产妇保健情况

年份	活产数（人）	高危产妇比重（%）	建卡率（%）	系统管理率（%）	产前检查率（%）	产后访视率（%）	住院分娩率（%）			新法接生率（%）		
							合计	市	县	合计	市	县
1991	15 293 237	—	—	—	—	—	50.6	72.8	45.5	93.7	98.1	93.2
1992	11 746 275	—	76.6	—	69.7	69.7	52.7	71.7	41.2	84.1	91.2	82.0
1993	10 170 690	—	75.7	—	72.2	71.0	56.5	68.3	51.0	83.6	81.1	84.7
1994	11 044 607	—	79.1	—	76.3	74.5	65.6	76.4	50.4	—	—	87.4
1995	11 539 613	—	81.4	—	78.7	78.8	58.0	70.7	50.2	—	—	87.6
1996	11 412 028	7.3	82.4	65.5	83.7	80.1	60.7	76.5	51.7	—	—	95.5
1997	11 286 021	8.1	84.5	68.3	85.9	82.3	61.7	76.4	53.0	—	—	91.8
1998	10 961 516	8.6	86.2	72.3	87.1	83.9	66.2	79.0	58.1	—	—	92.6
1999	10 698 467	9.2	87.9	75.4	89.3	85.9	70.0	83.3	61.5	96.8	98.9	95.4
2000	10 987 691	10.0	88.6	77.2	89.4	86.2	72.9	84.9	65.2	96.6	98.8	95.2
2001	10 690 630	11.1	89.4	78.6	90.3	87.2	76.0	87.0	69.0	97.3	99.0	96.1
2002	10 591 949	11.9	89.2	78.2	90.1	86.7	78.7	89.4	71.6	96.7	98.6	95.4
2003	10 188 005	11.8	87.6	75.5	88.9	85.4	79.4	89.9	72.6	95.9	98.5	94.1
2004	10 892 614	12.4	88.3	76.4	89.7	85.9	82.8	91.4	77.1	97.3	98.9	96.2
2005	11 415 809	12.8	88.5	76.7	89.8	86.0	85.9	93.2	81.0	97.5	98.7	96.7
2006	11 770 056	13.0	88.2	76.5	89.7	85.7	88.4	94.1	84.6	97.8	98.7	97.2
2007	12 506 498	13.7	89.3	77.3	90.9	86.7	91.7	95.8	88.8	98.4	99.1	97.9
2008	13 307 045	15.7	89.3	78.1	91.0	87.0	94.5	97.5	92.3	99.1	99.6	98.7
2009	13 825 431	16.4	90.9	80.9	92.2	88.7	96.3	98.5	94.7	99.3	99.8	99.0
2010	14 218 657	17.1	92.9	84.1	94.1	90.8	97.8	99.2	96.7	99.6	99.9	99.4
2011	14 507 141	17.7	93.8	85.2	93.7	91.0	98.7	99.6	98.1	99.7	99.9	99.6
2012	15 442 995	18.5	94.8	87.6	95.0	92.6	99.2	99.7	98.8	99.8	99.9	99.7
2013	15 108 153	19.4	95.7	89.5	95.6	93.5	99.5	99.9	99.2	99.9	100.0	99.7
2014	15 178 881	20.7	95.5	90.0	96.2	93.9	99.6	99.9	99.4	99.9	100.0	99.8
2015	14 544 524	22.6	96.4	91.5	96.5	94.5	99.7	99.9	99.5	99.9	100.0	99.9
2016	18 466 561	24.7	96.6	91.6	96.6	94.6	99.8	100.0	99.6	99.9	100.0	99.9

注：2016 年活产数源自全国住院分娩月报，包括户籍和非户籍活产数；2015 年及以前年份活产数源自《全国妇幼卫生年报》，仅包括户籍活产数。

数据来源：国家卫生计生委统计信息中心。

92. 2016 年各省、自治区、直辖市孕产妇保健情况（一）

地 区	活产数（人）	高危产妇比重（%）	建卡率（%）	系统管理率（%）	产前检查率（%）	产后访视率（%）	住院分娩率（%）		
							合计	市	县
北 京	279 434	62.8	100.0	96.3	98.7	96.5	100.0	100.0	100.0
天 津	133 703	54.0	98.1	95.2	97.2	96.4	100.0	100.0	100.0
河 北	1 084 347	14.9	96.1	88.9	96.0	92.3	100.0	100.0	100.0
山 西	439 105	17.8	96.7	87.4	96.0	92.6	99.9	100.0	99.9
内蒙古	252 151	30.2	97.6	93.8	97.2	95.4	100.0	100.0	100.0
辽 宁	358 553	25.7	98.3	91.8	97.7	94.0	100.0	100.0	100.0
吉 林	198 344	37.7	98.5	92.0	97.3	96.0	100.0	100.0	100.0
黑龙江	209 949	18.1	98.6	94.4	97.9	96.4	100.0	100.0	100.0
上 海	230 185	48.8	100.0	95.9	98.4	98.1	100.0	100.0	100.0
江 苏	881 545	34.8	99.7	100.0	100.0	100.0	100.0	100.0	100.0
浙 江	729 313	56.1	99.8	96.3	98.8	98.1	100.0	100.0	100.0
安 徽	809 344	27.4	94.8	87.2	94.1	92.0	100.0	100.0	100.0
福 建	625 495	38.9	97.1	91.7	97.2	94.2	100.0	100.0	100.0
江 西	633 049	17.5	96.4	89.6	96.1	94.9	100.0	100.0	100.0
山 东	1 642 236	14.4	95.5	91.8	95.3	93.2	100.0	100.0	100.0
河 南	1 612 803	17.6	90.7	86.0	94.4	90.2	100.0	100.0	100.0
湖 北	673 005	22.5	98.2	92.8	97.2	95.3	100.0	100.0	100.0
湖 南	845 126	31.6	97.1	92.9	96.8	95.2	100.0	100.0	100.0
广 东	1 906 484	24.5	96.8	92.1	97.2	95.2	99.9	100.0	99.7
广 西	842 870	25.5	99.9	97.4	99.4	98.7	100.0	100.0	100.0
海 南	131 526	16.2	96.3	87.2	96.4	89.9	99.8	99.8	99.8
重 庆	337 287	18.9	97.7	90.9	97.0	93.4	99.6	100.0	99.0
四 川	911 007	19.2	96.0	93.8	96.1	95.2	98.7	99.9	98.0
贵 州	541 625	11.6	95.2	89.5	94.8	93.4	99.0	98.9	99.0
云 南	668 898	33.1	99.0	91.2	98.5	97.8	99.6	99.8	99.5
西 藏	41 030	7.2	87.9	74.4	90.2	87.4	91.7	99.5	90.5
陕 西	510 900	22.4	98.5	95.1	98.2	97.4	100.0	99.9	100.0
甘 肃	372 701	13.3	97.3	93.6	97.2	96.2	99.5	99.7	99.5
青 海	63 242	13.6	93.4	90.6	94.7	93.5	97.3	99.8	96.8
宁 夏	115 053	30.4	99.7	97.2	99.2	98.5	99.9	100.0	99.9
新 疆	386 251	29.4	95.2	84.7	94.5	92.5	98.8	99.6	98.4

数据来源：国家卫生计生委统计信息中心。

93. 2016 年各省、自治区、直辖市孕产妇保健情况（二）

地　区	新法接生率（%）			孕产妇死亡率（1/10 万）			孕产妇死因构成（%）				
	合计	市	县	合计	市	县	产科出血	妊高症	内科合并症	羊水栓塞	其他
北　京	100.0	100.0	100.0	10.5	11.1	9.5	12.5	0.0	31.3	18.8	37.5
天　津	100.0	100.0	100.0	9.4	10.3	5.9	12.5	0.0	62.5	12.5	12.5
河　北	100.0	100.0	100.0	11.1	9.5	12.2	19.6	7.2	27.8	20.6	24.7
山　西	100.0	100.0	100.0	12.1	12.3	12.0	12.8	10.3	28.2	15.4	33.3
内蒙古	100.0	100.0	100.0	15.6	14.6	16.4	16.1	12.9	25.8	22.6	22.6
辽　宁	100.0	100.0	100.0	9.2	10.5	4.7	14.8	7.4	33.3	11.1	33.3
吉　林	100.0	100.0	100.0	14.6	9.4	29.9	16.0	4.0	16.0	8.0	56.0
黑龙江	100.0	100.0	100.0	14.8	16.2	12.2	22.2	14.8	22.2	18.5	22.2
上　海	100.0	100.0	100.0	3.4	3.4	0.0	0.0	33.3	66.7	0.0	0.0
江　苏	100.0	100.0	100.0	2.2	2.0	2.7	18.8	0.0	43.8	25.0	12.5
浙　江	100.0	100.0	100.0	5.7	4.6	8.3	12.0	4.0	56.0	4.0	24.0
安　徽	100.0	100.0	100.0	13.0	10.7	14.3	21.2	8.1	39.4	15.2	16.2
福　建	100.0	100.0	100.0	8.5	8.9	8.1	11.1	8.9	26.7	24.4	28.9
江　西	100.0	100.0	100.0	9.9	12.3	8.7	11.5	4.9	29.5	21.3	32.8
山　东	100.0	100.0	100.0	9.6	8.8	10.4	13.0	6.5	32.4	21.3	26.9
河　南	100.0	100.0	100.0	9.4	11.1	8.6	14.9	10.5	26.9	29.1	18.7
湖　北	100.0	100.0	100.0	8.6	7.3	10.6	10.7	1.8	32.1	14.3	41.1
湖　南	100.0	100.0	100.0	13.8	15.0	13.2	11.8	9.1	30.0	22.7	26.4
广　东	100.0	100.0	99.9	7.5	6.8	10.3	18.0	2.0	32.0	31.0	17.0
广　西	100.0	100.0	100.0	12.7	13.7	12.1	11.7	10.6	33.0	29.8	14.9
海　南	99.8	99.8	99.9	17.7	20.7	11.5	5.3	5.3	42.1	21.1	26.3
重　庆	99.9	100.0	99.7	13.1	11.1	16.2	24.4	7.3	31.7	17.1	19.5
四　川	99.7	100.0	99.5	17.5	12.3	20.6	27.4	10.4	29.6	8.9	23.7
贵　州	99.9	99.9	99.9	22.4	24.5	21.5	31.0	6.0	26.0	13.0	24.0
云　南	99.9	100.0	99.9	23.3	13.8	26.8	32.0	6.4	24.8	14.4	22.4
西　藏	98.0	100.0	97.6	109.9	13.4	124.9	42.6	4.9	23.0	8.2	21.3
陕　西	100.0	100.0	100.0	9.5	9.3	9.6	11.1	11.1	16.7	38.9	22.2
甘　肃	100.0	100.0	99.9	17.1	14.9	18.2	39.2	2.0	9.8	21.6	27.5
青　海	99.7	100.0	99.7	31.5	10.2	35.5	15.0	15.0	35.0	10.0	25.0
宁　夏	100.0	100.0	100.0	20.0	12.3	27.9	25.0	12.5	25.0	18.8	18.8
新　疆	99.1	99.7	98.9	31.9	21.3	37.1	24.5	12.3	30.2	12.3	20.8

数据来源：国家卫生计生委统计信息中心。

94. 2016 年 28 种传染病报告发病及死亡情况

疾病名称	发病人数 （人）	发病率 （1/10 万）	死亡人数 （人）	死亡率 （1/10 万）
总计	2 956 500	215.69	17 968	1.30
病毒性肝炎	1 221 479	89.11	537	0.04
肺结核	836 236	61.00	2 465	0.18
梅毒	438 199	31.97	53	0.00
细菌性和阿米巴性痢疾	123 283	8.99	4	0.00
淋病	115 024	8.39	1	0.00
猩红热	59 282	4.32	—	—
艾滋病	54 360	3.97	14 091	1.03
布鲁氏菌病	47 139	3.44	2	0.00
麻疹	24 820	1.81	18	0.00
伤寒和副伤寒	10 899	0.80	1	—
流行性出血热	8 853	0.65	48	0.00
百日咳	5 584	0.41	3	0.00
疟疾	3 189	0.23	16	0.00
血吸虫病	2 924	0.21	—	—
登革热	2 050	0.15	—	—
流行性乙型脑炎	1 237	0.09	47	0.00
狂犬病	644	0.05	592	0.04
炭疽	374	0.03	2	0.00
钩端螺旋体病	354	0.03	1	0.00
人感染 H7N9 禽流感	264	0.02	73	0.01
流行性脑脊髓膜炎	177	0.01	10	0.00
新生儿破伤风	101	0.01	3	0.00
鼠疫	27	0.00	—	—
霍乱	1	0.00	—	—
传染性非典型肺炎	—	—	—	—
脊髓灰质炎	—	—	—	—
人感染高致病性禽流感	—	—	1	0.00
白喉	—	—	—	—

注：①"—"无发病及死亡病例。

②新生儿破伤风发病率和死亡率单位为‰。

数据来源：国家卫生计生委统计信息中心。

95. 2014—2016 年各省、自治区、直辖市农村改厕工作情况

地　区	卫生厕所普及率（%）			无害化厕所普及率（%）		
	2014 年	2015 年	2016 年	2014 年	2015 年	2016 年
总　　计	**76.1**	**78.4**	**80.4**	**55.2**	**57.5**	**60.5**
北　京	98.2	98.4	99.8	98.1	98.4	99.8
天　津	93.6	93.6	94.4	93.6	93.6	94.4
河　北	60.9	68.8	73.2	41.7	47.6	52.3
山　西	53.6	56.0	58.8	30.1	33.4	37.2
内蒙古	53.1	62.6	71.4	26.3	30.8	30.1
辽　宁	68.4	72.8	76.9	33.8	38.4	42.6
吉　林	76.6	76.5	80.6	16.3	16.3	18.7
黑龙江	74.4	75.9	80.4	15.9	16.9	17.1
上　海	96.5	98.6	99.1	94.5	96.9	98.3
江　苏	96.1	96.9	97.4	85.5	87.7	91.1
浙　江	94.8	96.5	98.3	86.5	91.5	96.3
安　徽	65.2	67.1	68.9	36.4	38.6	40.6
福　建	91.8	94.0	93.9	90.2	92.5	92.1
江　西	89.0	89.4	89.1	65.0	67.8	69.3
山　东	91.6	92.2	92.1	56.4	57.3	67.9
河　南	75.3	75.6	79.6	57.2	57.3	60.8
湖　北	82.5	83.0	83.0	53.5	55.4	60.9
湖　南	68.5	74.4	79.5	40.6	42.7	42.3
广　东	91.1	92.3	93.7	84.9	87.7	90.3
广　西	83.3	85.7	85.6	75.7	78.1	78.9
海　南	79.3	82.4	79.8	78.1	81.2	78.3
重　庆	64.5	66.2	67.9	64.5	66.2	67.9
四　川	74.3	77.7	80.9	57.2	60.8	63.3
贵　州	48.9	54.8	58.0	31.6	37.3	39.1
云　南	62.8	64.6	64.8	35.4	37.9	38.8
陕　西	50.8	55.4	57.6	42.9	44.7	46.6
甘　肃	68.9	71.8	75.8	30.3	32.0	36.4
青　海	65.2	66.6	69.2	10.7	9.0	19.7
宁　夏	63.2	70.3	68.5	51.4	58.8	54.5
新　疆	73.6	76.5	64.6	49.1	51.5	48.4

注：缺西藏数字。

数据来源：国家卫生计生委统计信息中心。

96. 全国育龄妇女分年龄、孩次的生育状况（2015 年 11 月 1 日至 2016 年 10 月 31 日）

年龄（岁）	平均育龄妇女人数（人）	出生人数（人）				生育率（‰）			
		合计	一孩	二孩	三孩及以上	合计	一孩	二孩	三孩及以上
总计	311 350	11 263	6 186	4 508	569	36.17	19.87	14.48	1.83
15—19	29 180	243	208	33	2	8.33	7.14	1.13	0.07
15	5 862	2	2	0	0	0.33	0.33	0.00	0.00
16	5 834	13	13	0	0	2.27	2.27	0.00	0.00
17	5 382	36	32	4	0	6.74	5.92	0.82	0.00
18	5 567	69	57	11	1	12.33	10.26	1.90	0.18
19	6 535	123	104	18	1	18.82	15.92	2.75	0.15
20—24	38 323	2 342	1 719	578	46	61.12	44.85	15.08	1.19
20	7 363	222	182	39	1	30.21	24.73	5.35	0.13
21	7 189	286	233	51	2	39.84	32.44	7.07	0.33
22	7 338	452	323	121	8	61.54	43.97	16.51	1.06
23	8 102	622	450	162	11	76.81	55.52	19.99	1.31
24	8 331	759	531	205	24	91.16	63.73	24.56	2.87
25—29	53 421	4 704	2 641	1 883	180	88.05	49.43	35.26	3.37
25	9 873	916	615	278	22	92.80	62.33	28.20	2.26
26	11 388	1 073	654	384	35	94.23	57.45	33.75	3.03
27	10 762	914	505	374	35	84.96	46.92	34.79	3.25
28	10 979	947	481	431	35	86.22	43.82	39.26	3.14
29	10 419	854	385	415	54	81.94	36.94	39.85	5.15
30—34	42 623	2 228	793	1 249	186	52.27	18.61	29.29	4.36
30	9 010	581	243	287	51	64.51	26.95	31.90	5.66
31	8 197	477	175	264	38	58.16	21.33	32.23	4.60
32	7 906	427	146	246	36	54.07	18.41	31.11	4.55
33	8 432	393	119	240	34	46.56	14.08	28.42	4.06
34	9 077	350	112	211	27	38.54	12.29	23.28	2.97
35—39	39 338	984	322	566	95	25.00	8.19	14.39	2.42
35	7 367	253	85	142	27	34.35	11.49	19.21	3.65
36	8 249	235	65	150	21	28.53	7.84	18.18	2.51
37	8 171	201	67	117	17	24.65	8.23	14.36	2.06
38	7 692	161	48	96	16	20.87	6.27	12.52	2.09
39	7 859	133	57	61	15	16.96	7.29	7.78	1.88
40—44	47 520	431	247	143	42	9.07	5.19	3.00	0.88
40	8 572	92	47	35	11	10.76	5.44	4.03	1.30
41	8 963	94	46	39	9	10.48	5.09	4.36	1.04
42	9 615	89	51	30	8	9.21	5.31	3.10	0.79
43	10 230	70	43	19	8	6.89	4.22	1.86	0.81
44	10 140	86	60	20	6	8.48	5.93	1.99	0.56
45—49	51 195	312	240	55	18	6.10	4.68	1.07	0.35
45	10 377	71	46	20	5	6.82	4.42	1.92	0.48
46	10 539	67	43	16	8	6.34	4.09	1.49	0.76
47	11 234	60	55	4	1	5.38	4.91	0.35	0.12
48	9 865	55	49	6	0	5.62	4.98	0.64	0.00
49	9 179	59	46	9	4	6.40	5.06	0.95	0.39

数据来源：国家统计局人口和就业统计司。

97. 全国城市育龄妇女分年龄、孩次的生育状况（2015 年 11 月 1 日至 2016 年 10 月 31 日）

年龄 （岁）	平均育龄 妇女人数 （人）	出生人数（人）				生育率（‰）			
		合计	一孩	二孩	三孩及 以上	合计	一孩	二孩	三孩及 以上
总计	118 024	4 029	2 499	1 454	76	34. 14	21. 18	12. 32	0. 64
15—19	9 151	33	26	7	0	3. 6	2. 82	0. 78	0. 00
15	1 730	0	0	0	0	0. 00	0. 00	0. 00	0. 00
16	1 623	0	0	0	0	0. 09	0. 09	0. 00	0. 00
17	1 491	0	0	0	0	0. 00	0. 00	0. 00	0. 00
18	1 823	7	7	0	0	3. 92	3. 92	0. 00	0. 00
19	2 484	26	19	7	0	10. 32	7. 46	2. 87	0. 00
20—24	14 952	582	456	123	3	38. 95	30. 50	8. 21	0. 23
20	2 905	41	31	10	0	14. 1	10. 73	3. 37	0. 00
21	2 919	61	48	12	0	20. 74	16. 48	4. 27	0. 00
22	2 886	100	71	29	0	34. 59	24. 57	10. 02	0. 00
23	3 109	141	110	32	0	45. 46	35. 24	10. 22	0. 00
24	3 134	240	196	40	3	76. 5	62. 67	12. 72	1. 11
25—29	22 045	1 832	1 261	541	30	83. 11	57. 21	24. 53	1. 37
25	3 949	308	237	70	1	78. 03	60. 01	17. 83	0. 19
26	4 479	381	301	75	5	85. 16	67. 22	16. 77	1. 17
27	4 450	392	269	111	12	88. 06	60. 46	24. 87	2. 73
28	4 782	407	250	151	7	85. 17	52. 26	31. 53	1. 38
29	4 385	343	204	134	5	78. 3	46. 57	30. 49	1. 24
30—34	18 054	909	421	468	19	50. 32	23. 34	25. 93	1. 05
30	3 732	224	124	98	2	59. 97	33. 18	26. 16	0. 62
31	3 382	192	99	85	8	56. 76	29. 32	25. 18	2. 26
32	3 329	167	71	92	4	50. 25	21. 45	27. 74	1. 05
33	3 738	173	66	103	4	46. 34	17. 71	27. 63	1. 01
34	3 873	152	61	90	2	39. 31	15. 71	23. 17	0. 44
35—39	16 204	389	146	235	8	24. 01	8. 99	14. 52	0. 51
35	3 061	114	46	67	1	37. 28	14. 96	21. 96	0. 36
36	3 426	86	28	55	2	25. 07	8. 23	16. 16	0. 68
37	3 402	88	34	53	1	25. 77	10. 05	15. 45	0. 28
38	3 150	63	18	41	3	19. 93	5. 83	13. 17	0. 93
39	3 166	39	19	19	1	12. 22	6. 03	5. 91	0. 28
40—44	17 727	165	94	63	8	9. 33	5. 33	3. 56	0. 45
40	3 400	42	21	18	3	12. 27	6. 29	5. 19	0. 79
41	3 412	42	18	23	1	12. 22	5. 22	6. 71	0. 29
42	3 539	29	17	8	4	8. 26	4. 68	2. 40	1. 18
43	3 645	24	19	5	0	6. 65	5. 21	1. 44	0. 00
44	3 731	28	20	9	0	7. 63	5. 28	2. 35	0. 00
45—49	16 918	112	88	17	7	6. 61	5. 19	0. 99	0. 43
45	3 670	21	14	6	2	5. 81	3. 77	1. 53	0. 50
46	3 675	26	17	7	2	6. 99	4. 68	1. 81	0. 50
47	3 730	21	19	2	0	5. 68	5. 19	0. 50	0. 00
48	3 060	18	16	2	0	5. 74	5. 13	0. 60	0. 00
49	2 783	26	22	1	4	9. 38	7. 83	0. 26	1. 30

数据来源：国家统计局人口和就业统计司。

98. 全国镇育龄妇女分年龄、孩次的生育状况（2015 年 11 月 1 日至 2016 年 10 月 31 日）

年龄 （岁）	平均育龄 妇女人数 （人）	出生人数（人）				生育率（‰）			
		合计	一孩	二孩	三孩及以上	合计	一孩	二孩	三孩及以上
总计	73 700	2 630	1 408	1 096	126	35.69	19.10	14.88	1.71
15—19	6 637	47	44	3	0	7.13	6.63	0.47	0.03
15	1 359	0	0	0	0	0.00	0.00	0.00	0.00
16	1 390	4	4	0	0	3.17	3.17	0.00	0.00
17	1 199	7	7	0	0	5.85	5.85	0.00	0.00
18	1 197	10	9	2	0	8.65	7.38	1.27	0.00
19	1 493	26	24	2	0	17.12	15.92	1.07	0.14
20—24	9 298	636	474	151	11	68.40	50.99	16.27	1.14
20	1 893	57	49	7	1	30.10	25.71	3.87	0.52
21	1 769	64	56	8	0	36.01	31.72	4.30	0.00
22	1 728	117	88	26	3	67.50	50.94	14.91	1.64
23	1 937	195	144	46	5	100.86	74.48	23.68	2.71
24	1 971	203	137	65	2	103.12	69.52	32.82	0.78
25—29	13 013	1 134	613	483	38	87.12	47.11	37.11	2.91
25	2 336	220	144	70	6	94.18	61.56	29.85	2.77
26	2 872	292	174	113	5	101.65	60.58	39.30	1.76
27	2 648	206	98	99	8	77.74	37.15	37.44	3.15
28	2 714	227	112	108	8	83.67	41.15	39.73	2.79
29	2 443	189	85	93	10	77.31	34.86	38.19	4.26
30—34	9 439	481	153	284	44	50.93	16.17	30.09	4.67
30	1 980	134	53	66	15	67.74	26.89	33.23	7.62
31	1 802	97	27	63	8	54.08	14.73	34.91	4.44
32	1 779	97	32	56	9	54.47	18.02	31.32	5.12
33	1 821	80	18	57	6	44.13	9.62	31.35	3.17
34	2 058	72	23	42	6	34.96	11.32	20.65	2.99
35—39	9 269	214	50	141	24	23.11	5.41	15.16	2.54
35	1 685	49	11	30	8	29.10	6.51	18.06	4.53
36	1 901	52	8	40	3	27.18	4.43	21.10	1.65
37	1 925	46	10	32	4	24.00	5.34	16.45	2.21
38	1 869	36	11	23	2	19.02	5.94	12.08	1.00
39	1 890	32	9	16	7	16.83	4.96	8.34	3.54
40—44	11 449	70	42	22	7	6.14	3.65	1.89	0.61
40	2 090	14	7	6	1	6.62	3.51	2.75	0.36
41	2 222	19	9	5	4	8.47	4.20	2.33	1.94
42	2 309	15	9	6	0	6.45	3.80	2.65	0.00
43	2 477	9	5	2	2	3.68	2.07	0.85	0.76
44	2 351	14	11	2	0	5.81	4.76	1.05	0.00
45—49	12 302	46	30	13	3	3.76	2.47	1.05	0.24
45	2 408	9	4	6	0	3.85	1.51	2.34	0.00
46	2 553	13	8	3	2	4.93	3.09	1.12	0.71
47	2 765	7	6	0	1	2.71	2.29	0.00	0.41
48	2 344	9	8	1	0	3.83	3.24	0.59	0.00
49	2 231	8	5	3	0	3.56	2.21	1.35	0.00

数据来源：国家统计局人口和就业统计司。

99. 全国乡村育龄妇女分年龄、孩次的生育状况（2015 年 11 月 1 日至 2016 年 10 月 31 日）

年龄（岁）	平均育龄妇女人数（人）	出生人数（人）				生育率（‰）			
		合计	一孩	二孩	三孩及以上	合计	一孩	二孩	三孩及以上
总计	119 626	4 603	2 278	1 958	367	38.48	19.05	16.37	3.06
15—19	13 391	163	138	23	2	12.16	10.33	1.70	0.13
15	2 773	2	2	0	0	0.70	0.70	0.00	0.00
16	2 821	9	9	0	0	3.08	3.08	0.00	0.00
17	2 692	29	25	4	0	10.88	9.24	1.64	0.00
18	2 548	51	41	9	1	20.08	16.14	3.55	0.39
19	2 558	72	62	9	1	28.07	24.14	3.63	0.30
20—24	14 073	1 124	788	304	32	79.86	56.03	21.60	2.24
20	2 565	125	102	22	0	48.54	39.86	8.68	0.00
21	2 501	162	129	31	2	64.83	51.57	12.31	0.95
22	2 724	235	164	66	5	86.32	60.11	24.40	1.81
23	3 057	286	196	84	5	93.46	64.12	27.59	1.75
24	3 226	316	197	100	19	98.09	61.22	31.02	5.86
25—29	18 363	1 738	766	860	112	94.66	41.73	46.82	6.10
25	3 589	388	235	138	15	108.15	65.39	38.55	4.21
26	4 037	400	179	196	24	99.02	44.38	48.63	6.01
27	3 664	317	137	165	15	86.40	37.52	44.92	3.96
28	3 483	312	120	172	20	89.66	34.32	49.50	5.84
29	3 591	321	95	188	38	89.53	26.59	52.42	10.53
30—34	15 129	839	219	496	123	55.42	14.50	32.81	8.12
30	3 298	223	66	124	34	67.70	19.92	37.59	10.18
31	3 013	187	49	116	22	62.16	16.32	38.53	7.31
32	2 799	163	42	98	23	58.36	15.03	34.98	8.35
33	2 874	139	35	79	25	48.39	12.18	27.61	8.60
34	3 146	126	27	79	19	39.92	8.71	25.14	6.07
35—39	13 865	380	126	190	63	27.42	9.11	13.73	4.58
35	2 622	90	28	44	18	34.30	10.64	16.74	6.92
36	2 922	98	28	54	15	33.46	9.62	18.63	5.21
37	2 844	68	23	33	12	23.74	8.00	11.64	4.10
38	2 673	62	19	32	11	23.27	7.01	12.06	4.20
39	2 803	63	29	27	7	22.39	10.28	9.53	2.58
40—44	18 344	195	110	58	27	10.66	6.02	3.16	1.48
40	3 083	37	18	11	8	11.90	5.79	3.63	2.49
41	3 329	33	18	11	4	10.05	5.55	3.30	1.20
42	3 767	44	26	15	3	11.79	6.84	4.04	0.91
43	4 108	37	19	12	6	9.04	4.64	2.84	1.56
44	4 058	44	29	9	6	10.80	7.19	2.19	1.41
45—49	21 975	154	121	25	8	7.01	5.53	1.14	0.35
45	4 299	40	28	9	3	9.36	6.61	2.00	0.74
46	4 310	29	18	6	4	6.62	4.17	1.44	1.01
47	4 739	32	29	2	0	6.70	6.21	0.45	0.04
48	4 461	29	26	3	0	6.48	5.80	0.68	0.00
49	4 165	25	20	5	0	5.93	4.74	1.19	0.00

数据来源：国家统计局人口和就业统计司。

100. 各地区已婚育龄妇女避孕率（2011—2016）

单位：%

地 区	2011 年	2012 年	2013 年	2014 年	2015 年	2016 年
总　计	**88.6**	**87.9**	**87.3**	**86.6**	**86.1**	**83.0**
北　京	83.6	82.7	79.0	78.3	76.6	73.0
天　津	91.0	91.2	91.3	90.5	90.2	88.0
河　北	91.2	90.9	90.9	90.8	90.8	89.5
山　西	91.3	91.4	92.8	91.2	91.0	88.4
内蒙古	90.7	90.6	90.1	89.8	90.0	90.0
辽　宁	88.2	85.9	87.1	86.0	85.0	79.4
吉　林	89.6	89.8	89.8	89.5	89.4	87.0
黑龙江	92.1	91.7	91.3	91.2	90.8	90.5
上　海	80.5	81.6	83.1	81.0	78.8	75.6
江　苏	89.4	88.2	88.2	88.4	88.5	87.3
浙　江	88.0	87.4	87.1	86.1	86.2	82.3
安　徽	89.8	89.3	88.6	89.7	90.1	89.2
福　建	82.8	82.3	81.4	80.3	79.3	77.8
江　西	94.6	94.6	90.4	82.2	83.6	83.9
山　东	87.9	90.3	88.7	84.9	81.7	83.7
河　南	89.8	90.0	89.8	89.8	89.7	83.3
湖　北	86.9	85.3	82.6	84.4	84.2	80.4
湖　南	86.1	87.8	88.4	89.8	89.7	85.6
广　东	87.2	80.9	80.4	81.4	81.5	81.9
广　西	87.2	87.6	87.1	86.8	86.5	85.0
海　南	81.6	81.0	80.8	80.7	81.3	81.5
重　庆	89.4	79.7	80.3	82.0	78.7	64.4
四　川	90.6	89.3	88.2	85.7	84.8	79.0
贵　州	88.1	89.0	89.0	89.1	88.7	85.4
云　南	87.9	87.2	86.4	86.0	86.8	78.2
西　藏	75.3	81.3	75.2	—	—	61.4
陕　西	91.4	91.7	91.3	91.1	91.2	77.9
甘　肃	88.1	85.0	88.3	82.3	81.2	67.6
青　海	85.1	85.9	86.3	87.7	88.1	87.1
宁　夏	91.5	93.2	91.7	92.3	93.0	92.4
新　疆	83.2	82.0	81.5	73.0	83.5	83.3

数据来源：国家卫生计生委统计信息中心。

101. 全国历年计划生育手术情况

年份	节育手术总例数	放置节育器		取出节育器	
		例数	%	例数	%
1980	28 628 437	11 491 871	40.1	2 403 408	8.4
1981	22 760 305	10 344 537	45.4	1 513 376	6.6
1982	33 702 389	14 069 161	41.7	2 056 671	6.1
1983	58 205 572	17 755 736	30.5	5 323 354	9.1
1984	31 734 864	11 751 146	37.0	4 383 129	13.8
1985	25 646 972	9 576 980	37.3	2 278 892	8.9
1986	28 475 506	10 637 909	37.4	2 313 157	8.1
1987	34 597 082	13 448 332	38.9	2 411 389	7.0
1988	31 820 664	12 227 219	38.4	2 264 969	7.1
1989	29 031 912	10 854 752	37.4	2 066 723	7.1
1990	34 982 328	12 352 110	35.3	2 355 128	6.7
1991	38 135 578	12 289 953	32.2	2 623 304	6.9
1992	28 017 605	10 091 391	36.0	2 151 223	7.7
1993	25 114 685	9 366 096	37.3	2 030 421	8.1
1994	27 967 575	10 353 790	37.0	2 322 221	8.3
1995	22 236 012	8 368 242	37.6	1 841 903	8.3
1996	22 953 599	8 807 090	38.4	2 029 474	8.8
1997	20 418 688	7 947 709	38.9	1 868 727	9.2
1998	19 458 072	7 663 447	39.4	2 088 129	10.7
1999	18 209 721	7 159 823	39.3	2 138 951	11.7
2000	17 720 620	6 833 181	38.6	2 235 434	12.6
2001	17 070 650	6 627 130	38.8	2 354 747	13.8
2002	17 671 279	6 539 550	37.0	2 395 709	13.6
2003	18 644 537	6 808 186	36.5	2 607 231	14.0
2004	18 524 918	6 661 851	36.0	2 807 888	15.2
2005	19 388 510	6 803 959	35.1	2 788 035	14.4
2006	19 010 352	6 955 904	36.6	2 786 171	14.7
2007	19 682 051	7 242 095	36.8	2 784 691	14.2
2008	22 965 823	7 680 893	33.4	2 928 735	12.8
2009	22 768 853	7 818 040	34.3	3 084 561	13.6
2010	22 157 408	7 543 621	34.0	2 817 209	12.7
2011	21 948 224	7 296 642	33.2	2 818 858	12.8
2012	21 763 821	7 200 416	33.1	2 835 480	13.0
2013	20 348 829	6 811 831	33.5	2 792 446	13.7
2014	24 182 908	8 482 706	35.1	3 531 477	14.6
2015	23 786 065	8 227 879	34.6	3 528 728	14.8
2016	20 993 376	5 319 423	25.3	4 728 595	22.5

数据来源：国家卫生计生委统计信息中心。

输精管结扎		输卵管结扎		人工流产	
人数	%	人数	%	人数	%
1 363 508	4.8	3 842 006	13.4	9 527 644	33.3
649 476	2.9	1 555 971	6.8	8 696 945	38.2
1 230 967	3.7	3 925 927	11.6	12 419 663	36.9
4 259 261	7.3	16 398 378	28.2	14 371 843	24.7
1 293 286	4.1	5 417 163	17.1	8 890 140	28.0
575 564	2.2	2 283 971	8.9	10 931 565	42.6
1 030 827	3.6	2 914 900	10.2	11 578 713	40.7
1 752 598	5.1	4 407 755	12.7	10 489 412	30.3
1 062 161	3.3	3 590 469	11.3	12 675 839	39.8
1 509 294	5.2	4 221 717	14.5	10 379 426	35.8
1 466 442	4.2	5 314 722	15.2	13 493 926	38.6
2 382 670	6.2	6 753 338	17.7	14 086 313	36.9
858 675	3.1	4 500 029	16.1	10 416 287	37.2
641 705	2.6	3 580 344	14.3	9 496 119	37.8
671 890	2.4	3 726 861	13.3	9 467 064	33.9
464 387	2.1	2 315 472	10.4	7 476 482	33.6
546 425	2.4	2 736 415	11.9	8 834 195	38.5
436 656	2.1	2 340 303	11.5	6 589 869	32.3
329 080	1.7	1 993 126	10.2	7 384 290	37.9
318 858	1.8	1 827 732	10.0	6 764 357	37.1
312 538	1.8	1 680 917	9.5	6 658 550	37.6
254 229	1.5	1 549 700	9.1	6 284 844	36.8
209 006	1.2	1 372 535	7.8	6 812 317	38.6
272 608	1.5	1 478 979	7.9	7 215 440	38.8
192 751	1.0	1 466 742	7.9	7 140 588	38.5
199 372	1.0	1 418 789	7.3	7 105 995	36.7
259 433	1.4	1 422 983	7.5	7 308 615	38.4
206 103	1.1	1 576 399	8.0	7 632 539	38.8
214 514	0.9	1 606 313	7.0	9 173 101	40.0
219 284	1.0	1 775 706	7.8	6 111 375	26.8
218 306	1.0	1 699 379	7.7	6 361 539	28.7
196 064	0.9	1 595 105	7.3	6 631 310	30.2
173 231	0.8	1 561 809	7.2	6 690 027	30.7
157 153	0.8	1 373 089	6.7	6 237 177	30.7
180 959	0.7	1 467 743	6.1	9 621 995	39.8
149 432	0.6	1 230 805	5.2	9 851 961	41.4
35 554	0.2	491 109	2.3	9 644 724	45.9

102. 2016 年各省、自治区、直辖市计划生育手术情况

地 区	节育手术总例数	放置节育器例数	取出节育器例数	输精管结扎人数	输卵管结扎人数	人工流产例数	节育手术构成（%）				
							放置节育器	取出节育器	输精管结扎	输卵管结扎	人工流产
总　　计	20 993 376	5 319 423	4 728 595	35 554	491 109	9 644 724	25.34	22.52	0.17	2.34	45.94
北　京	240 458	17 809	51 453	1	860	170 208	7.41	21.40	0.00	0.36	70.78
天　津	164 842	16 457	36 837	0	306	111 100	9.98	22.35	0.00	0.19	67.40
河　北	1 190 218	515 190	143 574	1 640	17 746	303 559	43.29	12.06	0.14	1.49	25.50
山　西	371 236	110 264	81 202	75	10 929	168 685	29.70	21.87	0.02	2.94	45.44
内蒙古	328 046	92 920	65 934	134	3 932	153 241	28.33	20.10	0.04	1.20	46.71
辽　宁	594 694	137 667	157 381	7	331	263 270	23.15	26.46	0.00	0.06	44.27
吉　林	268 900	59 764	66 535	5	695	139 837	22.23	24.74	0.00	0.26	52.00
黑龙江	340 594	91 517	95 284	38	1 160	142 996	26.87	27.98	0.01	0.34	41.98
上　海	348 522	33 735	100 636	16	2 229	204 833	9.68	28.88	0.00	0.64	58.77
江　苏	1 437 549	274 696	378 879	675	5 466	775 574	19.11	26.36	0.05	0.38	53.95
浙　江	1 327 856	155 005	324 456	55	24 092	822 685	11.67	24.43	0.00	1.81	61.96
安　徽	862 204	395 816	239 614	1 068	16 783	187 797	45.91	27.79	0.12	1.95	21.78
福　建	587 662	101 374	120 888	2 514	28 152	333 039	17.25	20.57	0.43	4.79	56.67
江　西	629 648	231 506	104 110	201	23 213	268 617	36.77	16.53	0.03	3.69	42.66
山　东	1 671 344	420 246	626 972	8 690	23 283	556 490	25.14	37.51	0.52	1.39	33.30
河　南	1 073 030	442 068	168 289	2 164	33 441	359 591	41.20	15.68	0.20	3.12	33.51
湖　北	739 365	177 077	201 781	190	18 550	340 079	23.95	27.29	0.03	2.51	46.00
湖　南	915 497	306 312	169 850	11	42 776	359 214	33.46	18.55	0.00	4.67	39.24
广　东	2 097 223	212 009	438 676	7 163	98 318	1 339 248	10.11	20.92	0.34	4.69	63.86
广　西	790 149	182 269	126 995	377	11 321	467 239	23.07	16.07	0.05	1.43	59.13
海　南	164 801	45 313	17 803	1	2 438	88 978	27.50	10.80	0.00	1.48	53.99
重　庆	505 722	77 984	111 054	4	675	313 229	15.42	21.96	0.00	0.13	61.94
四　川	1 250 550	216 052	263 992	254	5 559	754 196	17.28	21.11	0.02	0.44	60.31
贵　州	609 353	210 849	138 672	6 442	33 951	96 183	34.60	22.76	1.06	5.57	15.78
云　南	902 455	223 754	219 317	1 337	15 442	437 045	24.79	24.30	0.15	1.71	48.43
西　藏	62 335	13 307	3 493	17	4 011	3 722	21.35	5.60	0.03	6.43	5.97
陕　西	492 841	137 186	99 317	110	8 852	201 436	27.84	20.15	0.02	1.80	40.87
甘　肃	255 537	86 231	48 273	2 148	22 437	94 267	33.75	18.89	0.84	8.78	36.89
青　海	147 806	53 998	17 730	48	24 435	37 777	36.53	12.00	0.03	16.53	25.56
宁　夏	159 165	34 270	33 917	0	3 072	68 349	21.53	21.31	0.00	1.93	42.94
新　疆	463 774	246 778	75 681	169	6 654	82 240	53.21	16.32	0.04	1.43	17.73

数据来源：国家卫生计生委统计信息中心。

● 教育状况

103. 全国历年各级各类学校数 单位：所

年份	普通高等学校	普通中学			职业中学	普通小学	特殊教育学校	学前教育
		合计	高中	初中				
1980	675	118 377	31 300	87 077	3 314	917 316	292	170 419
1985	1 016	93 221	17 318	75 903	8 070	832 309	375	172 262
1986	1 054	92 967	17 111	75 856	8 187	820 846	423	173 376
1987	1 063	92 857	16 930	75 927	8 381	807 406	504	176 775
1988	1 075	91 492	16 524	74 968	8 954	793 261	577	171 845
1989	1 075	89 575	16 050	73 525	9 173	777 244	662	172 634
1990	1 075	87 631	15 678	71 953	9 164	766 072	746	172 322
1991	1 075	85 851	15 243	70 608	9 572	729 158	886	164 465
1992	1 053	84 021	14 850	69 171	9 860	712 973	1 077	172 506
1993	1 065	82 795	14 380	68 415	9 985	696 681	1 123	165 197
1994	1 080	82 358	14 242	68 116	10 217	682 588	1 241	174 657
1995	1 054	81 020	13 991	67 029	10 147	668 685	1 379	180 438
1996	1 032	79 967	13 875	66 092	10 049	645 983	1 428	187 324
1997	1 020	78 642	13 880	64 762	10 047	628 840	1 440	182 485
1998	1 022	77 888	13 948	63 940	10 074	609 626	1 535	181 368
1999	1 071	77 213	14 127	63 086	9 636	582 291	1 520	181 136
2000	1 041	77 268	14 564	62 704	8 849	553 622	1 539	175 836
2001	1 225	80 432	14 907	65 525	7 802	491 273	1 531	111 706
2002	1 396	80 067	15 406	64 661	7 402	456 903	1 540	111 752
2003	1 552	79 490	15 779	63 711	6 843	425 846	1 551	116 390
2004	1 731	79 058	15 998	63 060	6 478	394 183	1 560	117 899
2005	1 792	77 977	16 092	61 885	6 423	366 213	1 593	124 402
2006	1 867	76 703	16 153	60 550	6 100	341 639	1 605	130 495
2007	1 908	74 790	15 681	59 109	6 191	320 061	1 618	129 086
2008	2 263	72 907	15 206	57 701	6 128	300 854	1 640	133 722
2009	2 305	70 774	14 607	56 167	5 805	280 184	1 672	138 209
2010	2 358	68 881	14 058	54 823	5 273	257 410	1 716	150 420
2011	2 409	67 751	13 688	54 063	4 856	241 249	1 767	166 750
2012	2 442	66 676	13 509	53 167	4 566	228 585	1 853	181 251
2013	2 491	66 116	13 352	52 764	4 307	213 529	1 933	198 553
2014	2 529	65 850	13 253	52 597	4 093	201 377	2 000	209 881
2015	2 560	65 623	13 240	52 383	3 929	190 525	2 053	223 683
2016	2 596	65 485	13 383	52 102	3 742	177 633	2 080	239 812

注：职业中学包括职业高中和职业初中。

数据来源：教育部。

104. 全国历年各级各类学校专任教师数 单位：万人

年份	普通高等学校	普通中学			职业中学	普通小学	特殊教育学校	学前教育
		合计	高中	初中				
1980	24.7	302.0	57.1	244.9	2.3	549.9	0.5	41.1
1985	34.4	265.2	49.2	216.0	14.1	537.7	0.7	55.0
1986	37.2	275.8	51.8	223.9	16.4	541.4	0.8	60.5
1987	38.5	287.0	54.4	232.7	18.5	543.4	0.9	65.1
1988	39.3	296.0	55.7	240.3	20.3	550.1	1.1	67.0
1989	39.7	298.0	55.4	242.7	21.4	554.4	1.2	70.9
1990	39.5	303.3	56.2	247.0	22.4	558.2	1.4	75.0
1991	39.1	309.0	57.3	251.7	23.5	553.2	1.6	76.9
1992	38.8	314.1	57.6	256.5	24.8	552.7	1.9	81.5
1993	38.8	316.7	55.9	260.8	26.2	555.2	2.0	83.6
1994	39.6	323.4	54.7	268.7	27.7	561.1	2.3	86.2
1995	40.1	333.4	55.1	278.4	29.2	566.4	2.5	87.5
1996	40.3	346.5	57.2	289.3	30.8	573.6	2.7	88.9
1997	40.5	358.7	60.5	298.2	32.2	579.4	2.9	88.4
1998	40.7	369.7	64.2	305.5	33.6	581.9	3.0	87.5
1999	42.6	384.1	69.2	314.8	33.6	586.1	3.1	87.2
2000	46.3	400.5	75.7	324.9	32.0	586.0	3.2	85.6
2001	53.2	418.8	84.0	334.8	30.6	579.8	2.9	63.0
2002	61.8	437.6	94.6	343.0	31.0	577.9	3.0	57.1
2003	72.5	453.7	107.1	346.7	28.9	570.3	3.0	61.3
2004	85.8	466.8	119.1	347.7	29.4	562.9	3.1	65.6
2005	96.6	477.1	129.9	347.2	30.3	559.2	3.2	72.2
2006	107.6	485.1	138.7	346.3	30.7	558.8	3.3	77.6
2007	116.8	490.7	144.3	346.4	31.7	561.3	3.5	82.7
2008	123.7	494.4	147.6	346.9	32.6	562.2	3.6	89.9
2009	129.5	500.7	149.3	351.3	32.6	563.3	3.8	98.6
2010	134.3	504.2	151.8	352.3	30.9	561.7	4.0	114.4
2011	139.3	508.0	155.7	352.3	31.7	560.5	4.1	131.6
2012	144.0	509.8	159.5	350.3	31.3	558.5	4.4	147.9
2013	149.7	511.0	162.9	348.1	30.1	558.5	4.6	166.3
2014	153.5	515.1	166.3	348.8	29.4	563.4	4.8	184.4
2015	157.3	517.1	169.5	347.6	29.1	568.5	5.0	205.1
2016	160.2	522.1	173.3	348.8	28.6	578.9	5.3	223.2

数据来源：教育部。

105. 全国历年各级各类学校招生数

单位：万人

年份	普通高等学校	普通中学			职业中学	普通小学	特殊教育学校
		合计	高中	初中			
1980	28.1	1 934.3	383.4	1 550.9	30.7	2 942.3	0.6
1985	61.9	1 606.9	257.5	1 349.4	116.1	2 298.2	0.9
1986	57.2	1 643.9	257.3	1 386.6	112.8	2 258.2	1.1
1987	61.7	1 649.5	255.2	1 394.3	113.2	2 094.6	1.2
1988	67.0	1 584.8	244.3	1 340.5	119.5	2 123.3	1.2
1989	59.7	1 551.5	242.1	1 309.4	118.3	2 151.5	1.4
1990	60.9	1 619.6	249.8	1 369.9	123.2	2 064.0	1.6
1991	62.0	1 655.2	243.8	1 411.3	137.8	2 072.7	2.0
1992	75.4	1 699.7	234.7	1 465.0	152.1	2 183.2	3.0
1993	92.4	1 707.3	228.3	1 479.0	161.5	2 353.5	3.4
1994	90.0	1 859.8	243.4	1 616.4	175.3	2 537.0	4.0
1995	92.6	2 025.9	273.6	1 752.3	190.1	2 531.8	5.6
1996	96.6	2 042.9	282.2	1 760.7	188.9	2 524.7	4.8
1997	100.0	2 128.2	322.6	1 805.6	211.2	2 462.0	4.6
1998	108.4	2 321.0	359.6	1 961.4	217.6	2 201.4	4.9
1999	159.7	2 546.0	396.3	2 149.7	194.1	2 029.5	5.0
2000	220.6	2 736.0	472.7	2 263.3	182.7	1 946.5	5.3
2001	268.3	2 815.9	558.0	2 257.9	185.0	1 944.2	5.6
2002	320.5	2 929.0	676.7	2 252.3	216.9	1 952.8	5.3
2003	382.2	2 947.4	752.1	2 195.3	222.1	1 829.4	4.9
2004	447.3	2 899.7	821.5	2 078.2	229.1	1 747.0	5.1
2005	504.5	2 854.3	877.7	1 976.5	259.3	1 671.7	4.9
2006	546.1	2 794.8	871.2	1 923.6	294.0	1 729.4	5.0
2007	565.9	2 703.9	840.2	1 863.7	306.9	1 736.1	6.3
2008	607.7	2 693.2	837.0	1 856.2	294.1	1 695.7	6.2
2009	639.5	2 616.7	830.3	1 786.4	315.2	1 637.8	6.4
2010	661.8	2 551.7	836.2	1 715.5	279.8	1 691.7	6.5
2011	681.5	2 484.8	850.8	1 634.0	247.1	1 736.8	6.4
2012	688.8	2 414.8	844.6	1 570.2	214.4	1 714.7	6.6
2013	699.8	2 318.4	822.7	1 495.7	183.9	1 695.4	6.6
2014	721.4	2 244.2	796.6	1 447.6	161.8	1 658.4	7.1
2015	737.8	2 207.4	796.6	1 410.8	155.4	1 729.0	8.3
2016	748.6	2 289.9	802.9	1 487.0	151.6	1 752.5	9.2

数据来源：教育部。

106. 全国历年各级各类学校在校学生数　　　　　　　　　　　　　　　　　　单位：万人

年份	普通高等学校	普通中学			职业中学	普通小学	特殊教育学校	学前教育
		合计	高中	初中				
1980	114.4	5 508.1	969.8	4 538.3	45.4	14 627.0	3.3	1 150.8
1985	170.3	4 706.0	741.1	3 964.8	229.5	13 370.2	4.2	1 479.7
1986	188.0	4 889.9	773.4	4 116.6	256.0	13 182.5	4.7	1 629.0
1987	195.9	4 948.1	773.7	4 174.4	267.6	12 835.9	5.3	1 807.8
1988	206.6	4 761.5	746.0	4 015.5	279.4	12 535.8	5.8	1 854.5
1989	208.2	4 554.0	716.1	3 837.9	282.3	12 373.1	6.4	1 847.7
1990	206.3	4 586.0	717.3	3 868.7	295.0	12 241.4	7.2	1 972.2
1991	204.4	4 683.5	722.9	3 960.6	315.6	12 164.2	8.5	2 209.3
1992	218.4	4 770.8	704.9	4 065.9	342.8	12 201.3	13.0	2 428.2
1993	253.6	4 739.1	656.9	4 082.2	362.6	12 421.2	16.9	2 552.5
1994	279.9	4 981.7	664.9	4 316.7	405.6	12 822.6	21.1	2 630.3
1995	290.6	5 371.0	713.2	4 657.8	448.3	13 195.2	29.6	2 711.2
1996	302.1	5 739.7	769.3	4 970.4	473.3	13 615.0	32.1	2 666.3
1997	317.4	6 017.9	850.1	5 167.8	511.9	13 995.4	34.1	2 519.0
1998	340.9	6 301.0	938.0	5 363.0	541.6	13 953.8	35.8	2 403.0
1999	413.4	6 771.3	1 049.7	5 721.6	533.9	13 548.0	37.2	2 326.3
2000	556.1	7 368.9	1 201.3	6 167.6	503.2	13 013.3	37.8	2 244.2
2001	719.1	7 836.0	1 405.0	6 431.1	466.4	12 543.5	38.7	2 021.8
2002	903.4	8 287.9	1 683.8	6 604.1	511.5	12 156.7	37.5	2 036.0
2003	1 108.6	8 583.2	1 964.8	6 618.4	528.2	11 689.7	36.5	2 003.9
2004	1 333.5	8 695.4	2 220.4	6 475.0	569.4	11 246.2	37.2	2 089.4
2005	1 561.8	8 580.9	2 409.1	6 171.8	625.6	10 864.1	36.4	2 179.0
2006	1 738.8	8 451.9	2 514.5	5 937.4	676.2	10 711.5	36.3	2 263.9
2007	1 884.9	8 243.3	2 522.4	5 720.9	740.5	10 564.0	41.9	2 348.8
2008	2 021.0	8 050.5	2 476.3	5 574.2	761.1	10 331.5	41.7	2 475.0
2009	2 144.7	7 867.9	2 434.3	5 433.6	785.7	10 071.5	42.8	2 657.8
2010	2 232.0	7 703.0	2 427.0	5 276.0	730.0	9 941.0	43.0	2 977.0
2011	2 308.5	7 519.0	2 454.8	5 064.2	683.6	9 926.4	39.9	3 424.4
2012	2 391.3	7 228.4	2 467.2	4 761.2	624.9	9 695.9	37.9	3 685.8
2013	2 468.1	6 875.0	2 435.9	4 439.1	535.3	9 360.5	36.8	3 894.7
2014	2 547.7	6 784.3	2 400.5	4 383.9	473.6	9 451.1	39.5	4 050.7
2015	2 625.3	6 685.8	2 374.4	4 311.4	440.4	9 692.2	44.2	4 264.8
2016	2 695.8	6 695.6	2 366.6	4 329.0	416.9	9 913.0	49.2	4 413.9

数据来源：教育部。

107. 2016 年各省、自治区、直辖市每 10 万人口各级学校平均在校生数　　　　单位：人

地　区	学前教育	小学	初中阶段①	高中阶段②	高等学校③
全　国	**3 211**	**7 211**	**3 150**	**2 887**	**2 530**
北　京	1 921	4 000	1 236	1 321	5 028
天　津	1 724	4 080	1 657	1 851	4 058
河　北	3 153	8 358	3 281	2 657	2 191
山　西	2 705	6 198	2 982	3 270	2 439
内蒙古	2 419	5 329	2 439	2 669	1 937
辽　宁	2 083	4 538	2 233	2 297	2 845
吉　林	1 683	4 592	2 195	2 040	3 048
黑龙江	1 385	3 776	2 371	2 193	2 427
上　海	2 304	3 270	1 711	1 120	3 327
江　苏	3 225	6 547	2 444	2 318	2 937
浙　江	3 463	6 410	2 714	2 589	2 355
安　徽	3 136	7 005	3 161	3 145	2 259
福　建	4 079	7 780	3 008	2 787	2 438
江　西	3 483	9 259	3 948	3 125	2 698
山　东	2 795	7 021	3 208	2 837	2 620
河　南	4 311	10 186	4 386	3 458	2 352
湖　北	2 904	5 915	2 418	2 239	2 950
湖　南	3 316	7 398	3 318	2 787	2 251
广　东	3 887	8 344	3 206	3 344	2 431
广　西	4 371	9 411	4 144	3 602	2 279
海　南	3 815	8 711	3 554	3 371	2 258
重　庆	3 091	6 955	3 202	3 461	3 059
四　川	3 161	6 698	2 984	3 025	2 314
贵　州	4 097	10 011	5 358	4 583	2 005
云　南	2 773	7 942	3 950	2 965	1 889
西　藏	2 987	9 349	3 712	2 316	1 765
陕　西	3 774	6 375	2 771	3 101	3 540
甘　肃	3 431	7 006	3 370	3 295	2 189
青　海	3 398	7 787	3 536	3 637	1 319
宁　夏	3 087	8 726	4 112	3 489	2 225
新　疆	3 896	9 150	3 792	3 565	1 780

注：①初中阶段包括普通初中和职业初中。

　　②高中阶段合计数据包括普通高中、成人高中、普通中专、职业高中、技工学校和成人中专。

　　③高等学校包括普通高等学校和成人高等学校。

数据来源：教育部。

108. 全国历年各级各类学校毕业生数

单位：万人

年份	普通高等学校	普通中学			职业中学	普通小学	特殊教育学校
		合计	高中	初中			
1980	14.7	1 581.0	616.2	964.7	7.9	2 053.3	0.4
1985	31.6	1 194.9	196.6	998.3	41.3	1 999.9	0.4
1986	39.3	1 281.0	224.0	1 057.0	57.9	2 016.1	0.5
1987	53.2	1 364.1	246.8	1 117.3	75.0	2 043.0	0.4
1988	55.3	1 407.8	250.6	1 157.2	81.0	1 930.3	0.5
1989	57.6	1 377.5	243.2	1 134.3	86.3	1 857.1	0.5
1990	61.4	1 342.1	233.0	1 109.1	89.3	1 863.1	0.5
1991	61.4	1 308.5	222.9	1 085.5	94.5	1 896.7	0.6
1992	60.4	1 328.4	226.1	1 102.3	96.7	1 872.4	0.9
1993	57.1	1 365.9	231.7	1 134.2	102.5	1 841.5	1.2
1994	63.7	1 361.9	209.3	1 152.6	107.6	1 899.6	1.4
1995	80.5	1 429.0	201.6	1 227.4	124.0	1 961.5	1.9
1996	83.9	1 484.0	204.9	1 279.0	139.6	1 934.1	2.4
1997	82.9	1 664.0	221.7	1 442.4	150.1	1 960.1	2.8
1998	83.0	1 832.0	251.8	1 580.2	162.8	2 117.4	3.5
1999	84.8	1 852.7	262.9	1 589.8	167.8	2 313.7	3.8
2000	95.0	1 908.6	301.5	1 607.1	176.3	2 419.2	4.3
2001	103.6	2 047.4	340.5	1 707.0	166.5	2 396.9	4.6
2002	133.7	2 263.6	383.8	1 879.9	145.4	2 351.9	4.4
2003	187.7	2 453.7	458.1	1 995.6	135.5	2 267.9	4.5
2004	239.1	2 617.4	546.9	2 070.4	142.5	2 135.2	4.7
2005	306.8	2 768.1	661.6	2 106.5	170.0	2 019.5	4.3
2006	377.5	2 789.5	727.1	2 062.4	179.5	1 928.5	4.5
2007	447.8	2 745.2	788.3	1 956.8	197.7	1 870.2	5.0
2008	511.9	2 699.0	836.1	1 862.9	216.7	1 865.0	5.2
2009	531.1	2 618.4	823.7	1 794.7	232.1	1 805.2	5.7
2010	575.4	2 543.0	794.4	1 748.6	232.0	1 739.6	5.9
2011	608.2	2 523.2	787.7	1 735.5	219.0	1 662.8	4.4
2012	624.7	2 451.3	791.5	1 659.8	218.4	1 641.6	4.9
2013	638.7	2 359.8	799.0	1 560.8	204.2	1 581.1	5.1
2014	659.4	2 212.8	799.6	1 413.2	178.7	1 476.6	4.9
2015	680.9	2 215.1	797.7	1 417.4	156.2	1 437.4	5.3
2016	704.2	2 216.2	792.4	1 423.9	142.0	1 507.4	5.9

数据来源：教育部。

109. 2016 年各省、自治区、直辖市各级普通学校生师比 （教师人数＝1）

地　区	小学	初中	普通高中	中等职业学校	普通高校
全　国	**17.12**	**12.41**	**13.65**	**19.84**	**17.07**
北　京	14.05	8.02	7.75	12.84	14.97
天　津	15.19	9.63	10.00	15.65	17.69
河　北	17.66	13.59	13.61	14.67	16.90
山　西	13.24	9.92	11.90	13.27	18.13
内蒙古	13.47	10.73	12.89	14.72	17.37
辽　宁	14.16	9.89	12.35	15.51	16.82
吉　林	11.53	9.34	13.81	8.93	17.05
黑龙江	12.05	9.99	12.99	15.32	15.20
上　海	14.79	10.85	8.93	13.61	16.11
江　苏	18.06	11.04	10.01	15.66	15.34
浙　江	17.75	12.34	11.26	15.55	15.26
安　徽	17.90	12.79	14.31	27.31	18.44
福　建	18.00	11.69	12.59	22.74	15.79
江　西	19.29	15.08	17.20	26.80	17.29
山　东	16.91	11.79	12.84	16.79	17.98
河　南	19.08	14.52	16.93	20.20	18.02
湖　北	17.13	10.95	12.70	18.18	16.84
湖　南	19.78	13.29	15.36	25.80	17.75
广　东	18.60	12.61	13.02	23.80	17.82
广　西	19.41	16.10	17.22	33.69	17.78
海　南	16.18	12.51	13.28	25.87	18.62
重　庆	17.05	12.82	15.21	21.04	17.16
四　川	17.48	12.34	15.04	23.59	17.84
贵　州	17.93	14.88	16.28	31.10	18.02
云　南	16.59	14.81	14.96	22.67	18.80
西　藏	14.37	11.96	11.41	14.02	15.35
陕　西	15.48	10.31	13.63	17.96	17.35
甘　肃	12.91	10.64	13.38	13.71	17.28
青　海	17.34	12.86	13.48	30.14	15.26
宁　夏	17.09	13.92	14.29	29.24	17.07
新　疆	14.75	10.54	13.10	24.29	17.40

数据来源：教育部。

110. 1990—2016 年全国学龄儿童入学率和各级普通学校毕业生升学率 单位:%

年份	学龄儿童净入学率	小学升学率	初中升学率	高中升学率
1990	97.8	74.6	40.6	27.3
1991	97.8	77.7	42.6	28.7
1992	97.2	79.7	43.6	34.9
1993	97.7	81.8	44.1	43.3
1994	98.4	86.6	47.8	46.7
1995	98.5	90.8	50.3	49.9
1996	98.8	92.6	49.8	51.0
1997	98.9	93.7	51.5	48.6
1998	98.9	94.3	50.7	46.1
1999	99.1	94.4	50.0	63.8
2000	99.1	94.9	51.2	73.2
2001	99.1	95.5	52.9	78.85
2002	98.6	97.0	58.3	83.5
2003	98.7	97.9	59.6	83.4
2004	98.9	98.1	62.9	82.5
2005	99.2	98.4	69.7	76.3
2006	99.3	100.0	75.7	75.1
2007	99.5	99.9	79.3	71.8
2008	99.5	99.7	83.4	72.7
2009	99.4	99.1	85.6	77.6
2010	99.7	98.7	87.5	83.3
2011	99.8	98.3	88.6	86.5
2012	99.9	98.3	88.4	87.0
2013	99.7	98.3	91.2	87.6
2014	99.8	98.0	95.1	90.2
2015	99.9	98.2	94.1	92.5
2016	99.9	98.7	93.7	94.5

注：①1991 年以前的入学率是按 7—11 周岁统一计算的；从 1991 年起入学率是按各地不同入学年龄和学制分别计算的。

②高中升学率为普通高校招生数与普通高中毕业生数之比。

数据来源：教育部。

111. 2016 年全国高等教育学校（机构）学生数

单位：人

项　目	招生数	在校生数	毕业生数	授予学位数
研究生	667 064	1 981 051	563 938	558 781
博士	77 252	342 027	55 011	53 360
硕士	589 812	1 639 024	508 927	505 421
普通本专科	7 486 110	26 958 433	7 041 800	3 659 686
本科	4 054 007	16 129 535	3 743 680	3 659 686
专科	3 432 103	10 828 898	3 298 120	—
成人本专科	2 112 290	5 843 883	2 444 650	142 821
本科	969 387	2 686 619	1 021 846	142 821
专科	1 142 903	3 157 264	1 422 804	—
在职人员攻读硕士学位	129 438	581 843	—	108 455
网络本专科生	2 296 088	6 449 329	1 874 787	56 694
本科	847 568	2 339 270	700 906	56 694
专科	1 448 520	4 110 059	1 173 881	—
自考助学班	—	166 905	81 890	—
普通预科生	—	44 537	—	—
研究生课程进修班	—	22 711	20 009	—
进修及培训	—	7 638 622	8 526 875	—
留学生	138 362	243 735	109 894	20 876

数据来源：教育部。

112. 2016 年全国各级各类学历教育学生情况　　　　　　　　　　单位：人，%

项目	招生数	在校学生数	毕业生数	女学生占学生总数的比重
高等教育				
研究生	667 064	1 981 051	563 938	50.64
博士	77 252	342 027	55 011	38.63
硕士	589 812	1 639 024	508 927	53.14
普通本专科	7 486 110	26 958 433	7 041 800	52.53
本科	4 054 007	16 129 535	3 743 680	53.44
专科	3 432 103	10 828 898	3 298 120	51.17
成人本专科	2 112 290	5 843 883	2 444 650	57.76
本科	969 387	2 686 619	1 021 846	60.13
专科	1 142 903	3 157 264	1 422 804	55.74
其他高等学历教育				
在职人员攻读博士、硕士学位	129 438	581 843	—	36.51
网络本专科生	2 296 088	6 449 329	1 874 787	47.66
本科	847 568	2 339 270	700 906	51.7
专科	1 448 520	4 110 059	1 173 881	45.36
中等教育	28 834 280	83 274 403	27 856 325	47.07
高中阶段教育	13 962 617	39 700 588	13 306 142	47.83
高中	8 029 206	23 710 461	7 969 902	50.59
普通高中	8 029 206	23 666 465	7 923 500	50.6
完全中学	2 510 805	7 341 339	2 440 700	49.98
高级中学	5 198 827	15 469 418	5 247 743	51.25
十二年一贯制学校	319 574	855 708	235 057	44.24
成人高中	—	43 996	46 402	47
中等职业教育	5 933 411	15 990 127	5 336 240	43.74
普通中专	2 551 840	7 181 209	2 290 235	50.48
成人中专	595 252	1 411 680	696 629	41.7
职业高中	1 514 336	4 165 715	1 418 708	43.71
技工学校	1 271 983	3 231 523	930 668	29.71
初中阶段教育	14 871 663	43 573 815	14 550 183	46.37
初中	14 871 663	43 293 684	14 238 679	46.39
初级中学	10 543 289	30 882 372	10 260 439	46.88
九年一贯制学校	2 128 330	6 011 849	1 839 773	44.61
十二年一贯制学校	335 815	943 819	280 519	41.26
完全中学	1 862 834	5 451 910	1 856 446	46.49
职业初中	1 395	3 734	1 502	43.28
成人初中	—	280 131	311 504	42.72
初等教育	17 524 659	99 962 809	15 932 974	46.46
普通小学	17 524 659	99 130 126	15 074 466	46.37
小学	15 687 123	88 468 544	13 390 494	46.56
九年一贯制学校	1 676 992	9 703 690	1 527 985	45.12
十二年一贯制学校	160 544	957 892	155 987	41.51
成人小学	—	832 683	858 508	57.57
#扫盲班	—	334 201	331 150	54.13
工读学校	3 295	7 181	3 298	13.29
特殊教育	91 521	491 740	59 164	35.94
学前教育	19 220 862	44 138 630	16 231 822	46.58

注：①完全中学、九年一贯制学校和十二年一贯制学校的学生数按教育层次分别计入对应教育阶段的学生数中。

②特殊教育学生数中包括义务教育阶段随班就读的学生、其他学校附设特教班。

数据来源：教育部。

113. 2016 年各省、自治区、直辖市特殊教育基本情况   单位：所，人

地 区	学校数	招生数	在校学生数		毕业生数	专任教师
			合计	其中：女生数		
全 国	2 080	91 521	491 740	176 744	59 164	53 213
北 京	22	916	6 927	2 463	1 588	1 036
天 津	20	470	3 489	1 206	370	620
河 北	160	2 277	14 589	5 257	1 308	3 225
山 西	69	2 050	10 770	4 260	1 296	1 516
内蒙古	46	1 581	9 423	3 534	1 033	1 313
辽 宁	75	1 358	9 296	3 268	1 035	2 109
吉 林	49	1 338	7 484	2 719	684	1 552
黑龙江	73	2 058	10 862	3 850	1 159	1 926
上 海	29	994	7 457	2 634	1 557	1 248
江 苏	101	3 964	24 662	8 589	3 282	3 346
浙 江	84	2 567	16 660	5 900	2 598	2 379
安 徽	71	3 660	20 921	7 514	1 395	1 541
福 建	71	4 012	25 521	8 855	3 666	1 993
江 西	88	6 253	28 006	10 343	2 717	1 322
山 东	146	4 418	26 324	9 173	3 233	4 978
河 南	146	5 076	23 875	8 445	1 464	3 604
湖 北	84	2 413	11 831	4 125	1 246	1 741
湖 南	79	5 446	25 737	8 763	3 328	1 731
广 东	127	6 853	37 756	11 849	3 786	4 069
广 西	79	3 257	15 947	5 377	1 570	1 482
海 南	7	397	2 142	730	264	250
重 庆	36	2 863	16 079	5 682	1 769	926
四 川	125	9 579	47 780	17 957	8 192	2 503
贵 州	76	4 443	20 235	7 485	2 049	1 637
云 南	61	5 793	27 690	10 932	4 486	1 512
西 藏	5	458	2 672	1 176	210	201
陕 西	56	1 905	10 560	4 100	1 099	1 161
甘 肃	40	2 235	11 373	4 162	1 046	825
青 海	15	694	3 747	1 523	349	162
宁 夏	12	709	4 388	1 749	445	368
新 疆	28	1 484	7 537	3 124	940	937

数据来源：教育部。

114. 2015 年各省、自治区、直辖市教育经费情况　　　　　　　　单位：亿元

地　区	合计	国家财政性教育经费		民办学校中举办者投入	社会捐赠经费	事业收入	其他教育经费
		合计	其中：公共财政教育经费				
全　国	36 129.19	29 221.45	25 861.87	187.66	87.00	5 809.72	823.36
北　京	1 117.13	981.08	847.43	1.07	0.96	117.71	16.30
天　津	560.57	477.51	464.23	0.26	0.32	72.01	10.47
河　北	1 286.16	1 073.30	1 001.07	2.98	0.61	194.10	15.17
山　西	844.24	723.36	598.89	2.46	0.36	111.02	7.04
内蒙古	707.21	632.47	518.60	1.72	0.42	59.33	13.28
辽　宁	878.12	710.18	609.45	2.08	0.10	159.15	6.60
吉　林	597.52	502.26	470.46	1.93	0.26	85.44	7.63
黑龙江	704.00	607.81	573.04	1.96	0.04	86.76	7.43
上　海	1 013.12	826.42	739.52	0.57	1.24	136.93	47.95
江　苏	2 246.38	1 819.09	1 743.57	4.51	6.48	355.67	60.62
浙　江	1 756.82	1 292.23	1 220.87	18.04	3.76	334.92	107.87
安　徽	1 157.85	957.27	856.73	7.12	1.15	178.92	13.40
福　建	1 002.83	810.02	747.25	8.81	3.28	160.52	20.20
江　西	973.29	814.64	783.42	2.87	1.43	148.63	5.72
山　东	2 063.23	1 734.70	1 686.89	6.76	1.36	296.37	24.04
河　南	1 741.11	1 367.86	1 150.62	20.90	0.98	326.07	25.30
湖　北	1 143.51	903.55	860.20	10.07	1.12	213.20	15.56
湖　南	1 222.32	954.08	913.89	8.96	1.95	234.53	22.81
广　东	3 047.49	2 261.14	2 042.84	32.85	13.17	695.96	44.37
广　西	1 011.16	846.77	789.34	2.88	1.17	145.97	14.36
海　南	281.00	233.76	206.45	2.05	0.35	39.58	5.27
重　庆	797.10	640.10	519.93	6.71	1.31	134.59	14.39
四　川	1 640.96	1 336.22	1 243.87	19.83	5.88	262.30	16.73
贵　州	927.73	803.92	766.05	9.01	0.91	92.35	21.55
云　南	1 045.54	903.96	758.02	6.24	1.77	109.33	24.24
西　藏	191.94	189.30	178.93	0.02	0.08	1.91	0.63
陕　西	967.44	775.42	746.79	2.02	0.55	171.18	18.28
甘　肃	613.45	551.86	499.85	0.61	0.58	53.25	7.16
青　海	207.35	190.62	163.20	0.48	0.16	10.69	5.40
宁　夏	196.33	169.65	139.18	1.60	0.55	18.98	5.55
新　疆	713.28	650.82	641.52	0.29	2.59	32.86	26.71

　　注："公共财政教育经费"数据 2012 年包括教育事业费、基建经费、教育费附加、科研经费和其他经费，
　　　　2012 年起包括教育事业费、基建经费和教育费附加。
　　数据来源：教育部。

115. 2016 年各省、自治区、直辖市分性别的 15 岁及以上文盲人口

地　区	15 岁及以上人口（人）			文盲人口（人）			文盲人口占15岁及以上人口的比重（％）		
	合计	男	女	合计	男	女	合计	男	女
全　国	965 321	488 944	476 376	50 980	13 402	37 578	5. 28	2. 74	7. 89
北　京	16 160	8 275	7 885	252	52	201	1. 56	0. 62	2. 54
天　津	11 624	6 217	5 407	262	66	196	2. 26	1. 07	3. 62
河　北	51 166	25 832	25 334	2 097	473	1 623	4. 10	1. 83	6. 41
山　西	26 163	13 383	12 780	660	198	462	2. 52	1. 48	3. 61
内蒙古	18 431	9 303	9 128	859	252	607	4. 66	2. 71	6. 65
辽　宁	32 768	16 513	16 254	553	144	409	1. 69	0. 87	2. 52
吉　林	20 043	10 116	9 927	496	151	345	2. 47	1. 49	3. 48
黑龙江	28 670	14 444	14 226	1 031	356	675	3. 60	2. 47	4. 74
上　海	18 236	9 347	8 889	567	114	454	3. 11	1. 22	5. 10
江　苏	57 799	28 713	29 085	3 361	790	2 571	5. 81	2. 75	8. 84
浙　江	40 768	21 118	19 650	2 443	568	1 875	5. 99	2. 69	9. 54
安　徽	42 927	21 710	21 218	2 923	810	2 114	6. 81	3. 73	9. 96
福　建	26 534	13 292	13 241	1 628	314	1 314	6. 14	2. 37	9. 92
江　西	30 389	15 452	14 937	1 469	358	1 111	4. 83	2. 32	7. 44
山　东	69 325	34 752	34 573	4 547	1 089	3 458	6. 56	3. 13	10. 00
河　南	63 480	31 520	31 960	3 586	1 076	2 510	5. 65	3. 41	7. 85
湖　北	41 739	21 236	20 503	2 352	552	1 800	5. 64	2. 60	8. 78
湖　南	46 880	23 678	23 201	1 588	430	1 158	3. 39	1. 82	4. 99
广　东	76 689	40 344	36 345	2 204	429	1 775	2. 87	1. 06	4. 88
广　西	31 991	16 441	15 550	1 212	241	971	3. 79	1. 47	6. 25
海　南	6 178	3 228	2 950	286	77	209	4. 63	2. 38	7. 10
重　庆	21 611	10 852	10 759	869	203	666	4. 02	1. 87	6. 19
四　川	58 371	28 868	29 503	4 799	1 336	3 463	8. 22	4. 63	11. 74
贵　州	23 252	11 848	11 404	2 758	742	2 017	11. 86	6. 26	17. 68
云　南	32 301	16 265	16 036	2 853	842	2 010	8. 83	5. 18	12. 54
西　藏	2 119	1 076	1 043	871	360	511	41. 12	33. 47	49. 02
陕　西	27 265	13 659	13 606	1 423	427	996	5. 22	3. 13	7. 32
甘　肃	18 235	9 127	9 109	1 587	460	1 127	8. 70	5. 04	12. 38
青　海	4 004	2 065	1 938	538	192	347	13. 45	9. 27	17. 90
宁　夏	4 581	2 345	2 236	312	82	230	6. 82	3. 50	10. 30
新　疆	15 624	7 925	7 699	591	219	373	3. 79	2. 76	4. 84

数据来源：国家统计局人口和就业统计司。

116. 2016 年各省、自治区、直辖市分性别的 15 岁及以上文盲人口（城市）

地　区	15 岁及以上人口（人）			文盲人口（人）			文盲人口占 15 岁及以上人口的比重（％）		
	合计	男	女	合计	男	女	合计	男	女
全　国	**346 554**	**175 930**	**170 625**	**6 827**	**1 459**	**5 368**	**1. 97**	**0. 83**	**3. 15**
北　京	13 329	6 816	6 513	118	18	100	0. 88	0. 26	1. 54
天　津	8 967	4 817	4 151	128	34	95	1. 43	0. 70	2. 28
河　北	13 313	6 696	6 616	200	36	165	1. 50	0. 53	2. 49
山　西	7 441	3 795	3 646	94	29	66	1. 26	0. 75	1. 80
内蒙古	6 381	3 098	3 283	54	7	47	0. 84	0. 22	1. 44
辽　宁	18 634	9 258	9 376	112	15	98	0. 60	0. 16	1. 04
吉　林	7 839	3 928	3 911	90	27	62	1. 14	0. 69	1. 60
黑龙江	11 826	5 842	5 984	150	34	117	1. 27	0. 57	1. 95
上　海	14 391	7 309	7 082	314	57	257	2. 18	0. 79	3. 63
江　苏	25 237	12 446	12 791	683	126	556	2. 71	1. 02	4. 35
浙　江	18 102	9 403	8 699	561	108	453	3. 10	1. 15	5. 20
安　徽	10 389	5 232	5 157	239	51	187	2. 30	0. 98	3. 63
福　建	11 791	5 978	5 813	385	46	339	3. 26	0. 76	5. 83
江　西	7 227	3 852	3 375	138	37	101	1. 91	0. 96	3. 00
山　东	21 104	10 695	10 409	644	145	500	3. 05	1. 35	4. 80
河　南	15 824	7 781	8 043	263	79	184	1. 66	1. 01	2. 29
湖　北	15 196	7 864	7 332	442	91	350	2. 91	1. 16	4. 78
湖　南	11 349	5 643	5 705	86	20	66	0. 76	0. 35	1. 15
广　东	44 407	23 826	20 582	815	183	632	1. 84	0. 77	3. 07
广　西	8 150	4 156	3 994	96	13	84	1. 18	0. 30	2. 10
海　南	2 082	1 062	1 020	39	9	30	1. 89	0. 88	2. 94
重　庆	8 255	4 097	4 158	107	27	81	1. 30	0. 65	1. 94
四　川	13 161	6 301	6 860	339	96	243	2. 57	1. 52	3. 54
贵　州	5 272	2 620	2 652	127	30	98	2. 42	1. 14	3. 68
云　南	6 642	3 161	3 481	170	37	132	2. 55	1. 18	3. 80
西　藏	352	183	170	87	34	53	24. 65	18. 67	31. 10
陕　西	7 318	3 774	3 545	70	11	58	0. 95	0. 30	1. 65
甘　肃	4 488	2 218	2 270	130	28	102	2. 89	1. 24	4. 50
青　海	1 142	588	554	24	6	18	2. 13	0. 99	3. 34
宁　夏	1 763	894	869	40	8	32	2. 28	0. 93	3. 66
新　疆	5 181	2 599	2 582	82	20	62	1. 59	0. 77	2. 42

数据来源：国家统计局人口和就业统计司。

117. 2016 年各省、自治区、直辖市分性别的 15 岁及以上文盲人口（镇）

地 区	15 岁及以上人口（人）			文盲人口（人）			文盲人口占 15 岁及以上人口的比重（%）		
	合计	男	女	合计	男	女	合计	男	女
全 国	**220 074**	**111 614**	**108 460**	**9 931**	**2 447**	**7 483**	**4. 51**	**2. 19**	**6. 90**
北 京	598	322	276	26	6	20	4. 37	1. 91	7. 23
天 津	748	455	293	16	5	11	2. 09	1. 02	3. 76
河 北	14 247	7 178	7 069	508	115	392	3. 56	1. 61	5. 55
山 西	7 126	3 609	3 517	139	37	102	1. 95	1. 01	2. 90
内蒙古	4 807	2 553	2 254	135	33	102	2. 82	1. 30	4. 54
辽 宁	3 456	1 770	1 686	52	10	42	1. 50	0. 55	2. 50
吉 林	3 471	1 760	1 711	47	16	31	1. 36	0. 90	1. 83
黑龙江	5 265	2 639	2 625	114	39	75	2. 17	1. 49	2. 86
上 海	1 591	870	722	89	22	67	5. 59	2. 58	9. 22
江 苏	13 907	7 046	6 861	1 075	314	762	7. 73	4. 45	11. 10
浙 江	9 112	4 811	4 301	327	51	275	3. 58	1. 07	6. 40
安 徽	12 431	6 341	6 090	486	116	370	3. 91	1. 83	6. 08
福 建	5 058	2 507	2 550	289	51	237	5. 71	2. 04	9. 31
江 西	9 199	4 579	4 620	358	68	290	3. 89	1. 48	6. 28
山 东	19 782	9 856	9 926	1 386	334	1 052	7. 01	3. 39	10. 60
河 南	15 647	7 966	7 681	534	112	422	3. 41	1. 41	5. 49
湖 北	9 381	4 663	4 718	371	100	271	3. 96	2. 14	5. 75
湖 南	13 892	7 141	6 751	450	123	327	3. 24	1. 72	4. 84
广 东	9 946	5 121	4 824	270	38	231	2. 71	0. 75	4. 79
广 西	7 630	3 964	3 667	232	47	185	3. 05	1. 19	5. 05
海 南	1 455	755	700	54	13	42	3. 74	1. 66	5. 98
重 庆	5 431	2 730	2 701	175	35	140	3. 23	1. 29	5. 19
四 川	15 873	7 868	8 005	775	167	608	4. 88	2. 12	7. 60
贵 州	5 320	2 735	2 585	540	140	400	10. 15	5. 13	15. 47
云 南	8 148	4 110	4 038	533	138	395	6. 55	3. 36	9. 79
西 藏	318	157	162	94	38	56	29. 50	24. 09	34. 74
陕 西	7 827	3 827	3 999	398	121	277	5. 09	3. 16	6. 93
甘 肃	3 822	1 905	1 917	218	75	143	5. 71	3. 96	7. 45
青 海	993	524	469	152	57	94	15. 26	10. 90	20. 14
宁 夏	873	450	423	30	5	25	3. 43	1. 14	5. 86
新 疆	2 723	1 403	1 320	58	20	38	2. 13	1. 43	2. 86

数据来源：国家统计局人口和就业统计司。

118. 2016 年各省、自治区、直辖市分性别的 15 岁及以上文盲人口（乡村）

地 区	15 岁及以上人口（人）			文盲人口（人）			文盲人口占 15 岁及以上人口的比重（%）		
	合计	男	女	合计	男	女	合计	男	女
全 国	398 692	201 401	197 292	34 222	9 496	24 726	8.58	4.72	12.53
北 京	2 233	1 137	1 096	108	28	80	4.85	2.45	7.35
天 津	1 909	945	964	118	28	90	6.19	2.95	9.37
河 北	23 607	11 958	11 649	1 388	322	1 066	5.88	2.70	9.15
山 西	11 596	5 980	5 617	428	133	294	3.69	2.23	5.24
内蒙古	7 244	3 653	3 591	670	212	458	9.24	5.80	12.74
辽 宁	10 678	5 485	5 193	389	119	269	3.64	2.18	5.19
吉 林	8 733	4 428	4 305	359	108	252	4.11	2.43	5.85
黑龙江	11 579	5 962	5 617	766	284	483	6.62	4.76	8.60
上 海	2 253	1 168	1 085	164	34	130	7.27	2.88	12.00
江 苏	18 655	9 221	9 434	1 603	350	1 253	8.59	3.80	13.28
浙 江	13 554	6 904	6 650	1 556	409	1 147	11.48	5.92	17.25
安 徽	20 107	10 136	9 971	2 199	642	1 556	10.93	6.34	15.61
福 建	9 684	4 807	4 878	955	217	737	9.86	4.52	15.11
江 西	13 963	7 021	6 942	972	253	720	6.96	3.60	10.37
山 东	28 439	14 201	14 238	2 517	610	1 907	8.85	4.29	13.40
河 南	32 009	15 773	16 236	2 790	885	1 905	8.72	5.61	11.73
湖 北	17 162	8 709	8 453	1 539	361	1 178	8.97	4.14	13.94
湖 南	21 639	10 894	10 745	1 052	287	765	4.86	2.63	7.12
广 东	22 336	11 397	10 939	1 120	208	912	5.01	1.83	8.33
广 西	16 211	8 322	7 889	884	181	702	5.45	2.18	8.90
海 南	2 641	1 411	1 230	193	55	138	7.30	3.90	11.19
重 庆	7 925	4 025	3 900	587	141	445	7.40	3.51	11.42
四 川	29 337	14 699	14 638	3 685	1 074	2 612	12.56	7.30	17.84
贵 州	12 659	6 494	6 166	2 091	572	1 519	16.52	8.80	24.64
云 南	17 512	8 993	8 518	2 150	667	1 483	12.28	7.41	17.41
西 藏	1 448	737	711	690	288	402	47.68	39.13	56.54
陕 西	12 120	6 058	6 062	955	295	660	7.88	4.87	10.89
甘 肃	9 926	5 004	4 921	1 240	357	882	12.49	7.14	17.93
青 海	1 868	953	915	363	129	234	19.40	13.49	25.56
宁 夏	1 945	1 002	944	242	69	174	12.46	6.87	18.40
新 疆	7 720	3 924	3 796	451	179	272	5.84	4.56	7.18

数据来源：国家统计局人口和就业统计司。

● 残疾人数据

119. 2016 年各省、自治区、直辖市残疾人人口数据　　　　单位：万人，%

地 区	总人口（年末）	按性别分				按年龄组分					
		男		女		0—14 岁		15—59 岁		60 岁及以上	
		人口数	比重	人口数	比重	人口数	比重	人口数	比重	人口数	比重
全 国	3 219.40	1 908.33	59.28	1 311.07	40.72	95.53	2.97	1 854.39	57.60	1 269.49	39.43
北 京	48.91	26.79	54.77	22.12	45.23	0.59	1.21	25.77	52.69	22.55	46.10
天 津	30.79	17.46	56.71	13.33	43.29	0.44	1.42	17.79	57.78	12.56	40.80
河 北	172.46	102.25	59.29	70.21	40.71	5.05	2.93	98.37	57.04	69.04	40.03
山 西	88.54	55.24	62.39	33.30	37.61	2.20	2.48	54.18	61.19	32.17	36.33
内蒙古	77.13	46.32	60.05	30.82	39.95	1.54	1.99	49.65	64.37	25.95	33.64
辽 宁	96.09	59.62	62.05	36.46	37.95	1.76	1.83	63.03	65.59	31.30	32.58
吉 林	79.50	48.28	60.73	31.22	39.27	1.58	1.98	51.56	64.85	26.37	33.17
黑龙江	98.41	61.57	62.57	36.84	37.43	1.80	1.83	68.14	69.24	28.47	28.93
上 海	46.50	24.67	53.06	21.83	46.94	0.30	0.63	20.83	44.80	25.37	54.56
江 苏	148.55	82.71	55.68	65.84	44.32	3.49	2.35	85.69	57.69	59.36	39.96
浙 江	113.89	67.52	59.28	46.38	40.72	2.32	2.04	61.84	54.30	49.73	43.67
安 徽	156.22	89.62	57.37	66.60	42.63	4.55	2.91	87.71	56.15	63.96	40.94
福 建	92.43	52.40	56.69	40.03	43.31	2.73	2.95	45.25	48.95	44.45	48.09
江 西	100.10	61.47	61.41	38.62	38.59	3.98	3.97	63.24	63.18	32.88	32.85
山 东	206.52	125.83	60.93	80.69	39.07	6.51	3.15	115.84	56.09	84.17	40.76
河 南	209.92	125.16	59.62	84.77	40.38	8.31	3.96	122.83	58.51	78.78	37.53
湖 北	139.69	83.27	59.61	56.42	40.39	3.20	2.29	85.09	60.91	51.41	36.80
湖 南	158.44	97.86	61.77	60.58	38.23	4.96	3.13	91.60	57.82	61.87	39.05
广 东	134.65	80.35	59.67	54.30	40.33	6.39	4.75	79.44	59.00	48.81	36.25
广 西	135.17	75.93	56.17	59.24	43.83	4.55	3.36	59.94	44.34	70.68	52.29
海 南	15.91	9.32	58.59	6.59	41.41	0.72	4.55	9.96	62.60	5.23	32.85
重 庆	82.40	49.87	60.52	32.53	39.48	2.65	3.22	47.65	57.83	32.10	38.96
四 川	254.31	149.89	58.94	104.42	41.06	6.97	2.74	132.58	52.13	114.76	45.12
贵 州	108.06	67.16	62.15	40.90	37.85	4.24	3.92	62.51	57.85	41.32	38.23
云 南	120.52	72.51	60.16	48.02	39.84	4.29	3.56	75.16	62.36	41.08	34.08
西 藏	8.93	4.68	52.43	4.25	47.57	0.80	8.90	5.96	66.68	2.18	24.42
陕 西	126.36	71.68	56.73	54.68	43.27	2.14	1.70	64.67	51.18	59.54	47.12
甘 肃	72.02	42.14	58.52	29.88	41.48	2.46	3.41	43.69	60.66	25.88	35.93
青 海	16.46	9.41	57.17	7.05	42.83	0.89	5.38	10.68	64.88	4.90	29.74
宁 夏	22.91	12.66	55.27	10.25	44.73	0.80	3.50	13.07	57.04	9.04	39.46
新 疆	47.64	28.60	60.04	19.04	39.96	3.16	6.63	33.16	69.59	11.33	23.78
新疆兵团	6.53	3.93	60.15	2.60	39.85	0.14	2.14	4.94	75.75	1.44	22.11
黑龙江垦区	3.43	2.16	62.90	1.27	37.10	0.05	1.52	2.56	74.53	0.82	23.95

数据来源：中国残疾人联合会。

120. 2016 年各省、自治区、直辖市残疾人就业情况 单位：万人

地 区	就业合计	按比例就业	集中就业	个体就业	公益性岗位就业	辅助性就业	从事农业的种植、畜牧业和加工业	灵活就业
全 国	**896.1**	**66.9**	**29.3**	**63.9**	**7.9**	**13.9**	**451.2**	**262.9**
北 京	9.3	3.2	0.4	0.4	0.2	0.1	1.7	3.3
天 津	8.3	4.8	0.0	1.3	0.0	0.0	2.2	0.0
河 北	61.0	1.6	0.8	1.9	0.1	0.4	42.4	13.8
山 西	28.5	0.4	0.6	0.9	0.1	0.1	23.1	3.4
内蒙古	23.4	1.0	0.7	2.5	0.2	0.1	12.6	6.3
辽 宁	28.9	3.6	1.4	1.6	0.6	1.2	16.1	4.4
吉 林	18.1	0.4	0.5	2.0	0.2	0.1	11.3	3.6
黑龙江	22.1	1.3	0.7	2.6	0.6	0.3	10.1	6.6
上 海	9.3	4.0	2.2	0.1	0.0	0.0	1.2	1.8
江 苏	46.2	2.1	0.8	0.2	0.1	0.3	4.6	38.2
浙 江	26.9	7.3	4.0	3.8	0.4	0.4	4.6	6.3
安 徽	53.2	1.2	1.0	3.9	0.3	1.1	30.0	15.7
福 建	20.6	1.4	0.6	2.5	0.2	0.4	9.4	6.0
江 西	33.4	1.2	2.1	4.7	0.7	0.8	11.0	13.0
山 东	54.4	6.6	2.2	3.0	0.3	0.5	32.7	9.2
河 南	40.6	2.8	1.2	6.1	0.4	1.9	25.2	3.0
湖 北	39.7	3.2	2.4	2.6	0.4	0.8	17.9	12.5
湖 南	38.6	2.4	1.5	3.7	0.2	0.6	18.0	12.2
广 东	27.3	5.9	0.7	1.2	0.4	0.4	12.6	6.1
广 西	31.3	0.7	0.2	1.5	0.2	0.2	22.1	6.4
海 南	3.0	0.4	0.0	0.1	0.0	0.0	1.8	0.6
重 庆	24.8	1.3	1.1	2.0	0.2	0.3	12.9	6.9
四 川	86.2	1.9	1.3	5.6	0.8	1.8	32.4	42.4
贵 州	31.1	0.6	0.5	1.7	0.1	0.3	19.0	8.9
云 南	45.3	1.6	0.8	1.7	0.1	0.5	30.7	9.9
西 藏	1.8	0.0	0.0	0.1	0.0	0.0	0.7	1.0
陕 西	26.3	1.1	0.5	1.6	0.3	0.6	15.0	7.2
甘 肃	26.1	0.7	0.2	1.9	0.3	0.4	16.3	6.4
青 海	4.1	0.1	0.2	0.3	0.1	0.1	2.1	1.3
宁 夏	5.5	0.7	0.2	0.5	0.1	0.1	2.2	1.8
新 疆	17.3	2.0	0.5	1.3	0.3	0.1	8.8	4.2
新疆兵团	1.1	0.3	0.0	0.2	0.0	0.0	0.4	0.2
黑龙江垦区	2.4	1.1	0.1	0.3	0.0	0.0	0.3	0.4

数据来源：中国残疾人联合会。

121. 2016 年各省、自治区、直辖市残疾人参加社会保险情况　　　　　　　　　　　　　单位：万人

地　区	残疾居民参加城乡社会养老保险		
	实际参保残疾人	享受养老保金	60 周岁以下参保残疾人
全　国	2 370.57	936.1	1 434.42
北　京	9.3	0.8	8.5
天　津	7.3	4.8	2.5
河　北	136.0	39.9	96.0
山　西	100.8	49.3	51.5
内蒙古	34.9	14.9	20.0
辽　宁	36.6	15.9	20.6
吉　林	29.4	9.3	20.1
黑龙江	28.5	13.5	15.0
上　海	6.6	2.1	4.5
江　苏	125.8	61.7	64.1
浙　江	56.6	23.2	33.3
安　徽	105.3	36.2	69.1
福　建	74.2	41.7	32.5
江　西	83.1	31.3	51.8
山　东	141.8	56.2	85.6
河　南	308.7	129.9	178.8
湖　北	113.2	44.1	69.1
湖　南	168.2	63.4	104.8
广　东	83.2	30.6	52.6
广　西	104.8	54.5	50.4
海　南	18.4	6.7	11.7
重　庆	48.4	19.5	28.9
四　川	204.4	61.4	142.9
贵　州	56.6	27.8	28.8
云　南	78.5	24.0	54.5
西　藏	2.5	1.6	0.9
陕　西	45.4	15.9	29.5
甘　肃	96.8	31.2	65.5
青　海	11.7	4.3	7.4
宁　夏	19.8	9.2	10.6
新　疆	31.9	11.0	20.9
新疆兵团	2.0	0.2	1.81
黑龙江垦区	—	—	—

数据来源：中国残疾人联合会。

122. 2016 年各省、自治区、直辖市托养服务机构建设情况 单位：个，人

地 区	寄宿制托养服务		日间照料托养服务		综合托养服务机构		本年度享受居家托养服务残疾人
	机构数	托养残疾人	机构数	托养残疾人	机构数	托养残疾人	
全 国	2 348	66 286	2 169	60 447	2 223	77 301	837 776
北 京	91	913	—	—	26	695	121 543
天 津	19	456	63	849	3	45	34 927
河 北	102	3 298	33	2 000	92	4 792	10 282
山 西	26	702	—	—	24	590	779
内蒙古	74	2 342	5	238	42	1 170	9 134
辽 宁	100	5 341	71	1 637	35	1 676	19 927
吉 林	33	1 241	3	111	10	422	4 091
黑龙江	56	2 274	2	26	38	2 065	3 571
上 海	387	5 723	402	10 968	25	609	14 876
江 苏	123	3 301	250	4 322	783	17 040	37 420
浙 江	470	9 265	299	7 495	294	9 811	227 475
安 徽	65	1 084	14	292	62	2 512	10 706
福 建	42	1 903	36	886	51	2 092	21 029
江 西	15	1 217	15	666	7	320	6 057
山 东	250	6 808	46	1 393	234	7 673	45 592
河 南	30	1 525	5	203	57	2 789	11 038
湖 北	79	1 657	102	6 164	43	2 808	12 018
湖 南	34	1 129	55	1 957	39	1 745	18 998
广 东	30	1 503	466	13 652	110	5 207	15 935
广 西	8	319	21	788	3	178	34 412
海 南	10	594	—	—	1	19	17 697
重 庆	25	985	35	1 116	19	1 022	27 778
四 川	54	2 147	76	1 805	37	2 158	34 683
贵 州	7	778	2	39	7	664	6 659
云 南	26	746	8	100	17	319	24 954
西 藏	—	—	—	—	—	—	650
陕 西	83	4 910	9	265	39	3 576	13 214
甘 肃	25	892	10	158	28	1 981	12 840
青 海	15	200	8	136	20	633	2 034
宁 夏	13	631	36	1 309	9	459	3 953
新 疆	26	971	87	1 551	38	1 042	28 226
新疆兵团	22	1 038	9	311	29	1 178	5 086
黑龙江垦区	8	393	1	10	1	11	192

数据来源：中国残疾人联合会。

123. 2016 年各省、自治区、直辖市农村残疾人扶贫开发

地　区	贫困残疾人扶持效果		残疾人扶贫基地建设			危房改造实际完成（户）	危房改造项目受益贫困残疾人（人）
	退出建档立卡贫困残疾户（万户）	退出建档立卡贫困残疾人（万人）	残疾人扶贫基地（个）	安置残疾人就业（人）	扶持带动贫困残疾人（户）		
全　国	66.4	87.8	7 111	115 614	248 618	82 126	104 000
北　京	—	—	41	1 389	1 107	499	518
天　津	—	—	187	2 097	3 863	658	723
河　北	2.6	3.1	273	5 474	13 337	2 341	2 378
山　西	1.5	2.1	151	2 246	3 263	13	13
内蒙古	1.0	1.0	160	1 958	2 936	17 532	26 899
辽　宁	0.5	0.5	41	1 058	2 309	2 804	2 930
吉　林	0.8	0.9	259	2 975	6 795	102	107
黑龙江	4.6	4.7	132	4 363	6 071	1706	1792
上　海	—	—	57	1 423	2 040	203	210
江　苏	0.6	0.8	438	11 230	15 543	921	1 000
浙　江	—	—	1 066	8 220	19 648	2 296	2 575
安　徽	3.7	4.9	209	2 449	4 353	8 071	9 383
福　建	0.4	0.4	206	3 528	4 682	4 220	4 679
江　西	3.5	5.8	356	2 643	2 921	1 995	2 573
山　东	3.4	3.8	756	13 447	29 117	1 273	1 361
河　南	4.3	5.9	310	8 925	15 370	4 713	6 969
湖　北	9.6	14.9	85	2 765	10 212	280	393
湖　南	3.9	5.3	252	5 204	10 067	10 049	13 089
广　东	—	—	109	3 317	5 858	2 106	2 204
广　西	5.8	6.5	136	3 541	14 826	3 173	3 885
海　南	0.1	0.1	44	297	407	35	35
重　庆	2.3	2.4	135	1 261	1 613	5 136	5 566
四　川	5.0	6.3	387	7 032	17 092	3 879	4 494
贵　州	2.5	3.1	214	1 757	3 400	315	351
云　南	1.7	2.1	346	3 239	25 426	1 774	2 551
西　藏	—	—	1	10	13	25	25
陕　西	4.6	7.8	169	3 353	7 710	361	451
甘　肃	2.8	3.9	147	2 493	4 890	2 024	2 430
青　海	0.3	0.3	66	925	1 251	1 026	1 072
宁　夏	0.2	0.2	59	1 200	3 456	0	0
新　疆	0.7	0.8	265	4 434	7 123	2 535	3 283
新疆兵团	0.1	0.1	50	1 331	1 913	61	61
黑龙江垦区	—	—	4	30	6	—	—

数据来源：中国残疾人联合会。

124. 2016 年各省、自治区、直辖市残疾人法律服务和法律援助　　　　　　　单位：个，件

地　区	残疾人法律援助工作站				残疾人法律援助工作站办理的案件			
	合计	省级	地市级	县级	合计	省级	地市级	县级
全　国	**1 670**	**19**	**214**	**1 437**	**3 701**	**158**	**395**	**3 148**
北　京	9	—	—	9	112	—	—	112
天　津	17	1	—	16	341	44	—	297
河　北	151	1	11	139	168	—	52	116
山　西	13	—	3	10	29	—	2	27
内蒙古	65	—	4	61	105	—	13	92
辽　宁	73	1	14	58	262	2	70	190
吉　林	63	—	9	54	58	—	4	54
黑龙江	12	—	2	10	23	—	—	23
上　海	16	1	—	15	98	—	—	98
江　苏	88	1	12	75	100	4	19	77
浙　江	103	1	11	91	398	7	47	344
安　徽	10	—	2	8	25	—	8	17
福　建	53	1	9	43	71	5	6	60
江　西	40	1	5	34	41	1	5	35
山　东	80	—	8	72	115	—	14	101
河　南	102	1	14	87	75	—	17	58
湖　北	60	1	11	48	182	2	27	153
湖　南	102	1	14	87	194	7	38	149
广　东	50	1	12	37	60	4	19	37
广　西	43	1	8	34	54	1	2	51
海　南	16	—	3	13	12	—	—	12
重　庆	27	—	—	27	287	—	—	287
四　川	84	1	12	71	124	8	18	98
贵　州	68	1	4	63	79	1	—	78
云　南	29	1	8	20	90	8	—	74
西　藏	—	—	—	—	—	—	—	—
陕　西	85	1	8	76	106	63	7	36
甘　肃	102	1	15	86	240	1	7	232
青　海	36	—	5	31	100	—	1	99
宁　夏	6	—	1	5	56	—	—	56
新　疆	63	1	6	56	90	—	5	85
新疆兵团	4	—	3	1	6	—	6	—
黑龙江垦区	—	—	—	—	—	—	—	—

数据来源：中国残疾人联合会。

125. 2016 年各省、自治区、直辖市残疾人服务设施建设　　　　　　　　单位：个，平方米，万元

地 区	综合服务设施			康复设施			托养设施		
	项目个数	建设规模	总投资	项目个数	建设规模	总投资	项目个数	建设规模	总投资
全 国	2 294	5 047 301	1 439 309.5	762	2 133 713	656 588.6	566	1 295 611	340 631.9
北 京	6	70 776	45 323.5	3	13 221	8 273.7	—	—	—
天 津	24	88 242	46 883.3	10	10 320	2 446.0	16	10 413	3 867.0
河 北	141	141 988	26 943.2	8	39 757	9 777.1	15	58 719	12 501.7
山 西	52	123 755	33 929.7	39	99 630	23 936.8	3	6 542	1 327.0
内蒙古	69	87 309	20 495.9	8	13 244	3 549.0	10	16 234	3 158.6
辽 宁	123	269 619	93 603.0	20	94 900	19 025.3	25	47 415	16 106.8
吉 林	47	85 334	21 499.9	8	27 942	10 356.0	6	18 169	4 639.0
黑龙江	101	114 509	36 729.4	4	5 465	600.8	6	15 479	4 456.5
上 海	16	23 079	12 103.5	5	100 462	44 601.0	12	7 260	1 593.0
江 苏	79	496 932	173 711.0	59	194 931	63 118.3	56	288 053	97 185.6
浙 江	95	573 795	215 388.1	37	259 904	94 733.7	22	126 894	46 183.0
安 徽	83	185 763	41 178.4	13	19 924	14 351.4	7	17 469	5 678.3
福 建	81	178 792	58 309.3	215	35 911	10 875.5	42	47 658	6 475.6
江 西	70	61 134	15 367.1	6	49 679	8 600.0	9	29 122	7 275.0
山 东	127	305 761	67 625.7	86	510 914	135 899.2	36	110 793	31 369.0
河 南	144	225 498	39 212.9	12	75 639	16 310.6	8	21 555	3 708.0
湖 北	81	165 737	32 476.0	14	34 821	7 460.0	31	33 441	6 157.0
湖 南	100	126 881	24 296.3	35	52 834	12 931.5	45	42 504	5 208.5
广 东	98	416 912	113 027.9	55	134 601	42 137.8	40	69 749	14 647.1
广 西	101	143 325	25 305.1	4	14 216	3 155.0	5	6 527	1 180.3
海 南	10	13 022	3 919.0	1	120	20.0	—	—	—
重 庆	27	84 813	24 121.2	7	26 614	8 770.0	1	68	197.9
四 川	130	305 234	85 376.4	34	130 127	59 434.0	21	39 889	11 558.7
贵 州	58	58 646	9 970.2	3	13 522	5 620.0	4	9 633	1 982.0
云 南	128	165 556	30 713.8	—	—	—			
西 藏	6	7 318	2 080.0	1	7 000	2 963.0			
陕 西	75	153 621	34 192.6	37	70 231	17 087.7	48	107 522	13 999.0
甘 肃	90	97 579	30 021.2	6	25 963	7 044.7	6	18 517	4 378.3
青 海	24	42 513	13 849.7	2	10 625	2 380.0	23	43 644	12 321.2
宁 夏	16	28 192	6 732.6	3	15 141	5 060.0	—	—	—
新 疆	76	193 533	53 316.0	16	12 658	3 910.0	18	17 716	4 063.0
新疆兵团	10	7 183	999.0	9	25 394	10 160.5	49	76 107	14 067.9
黑龙江垦区	6	4 949	608.6	2	8 000	2 000.0	2	8 521	5 347.0

数据来源：中国残疾人联合会。

● 台湾省

126. 2011—2016 年台湾省面积和人口主要指标

项目	2011 年	2012 年	2013 年	2014 年	2015 年	2016 年
土地面积（万平方公里）	3.6	3.6	3.6	3.6	3.6	3.6
户籍登记人口数（万人）	2 322.5	2 331.6	2 337.4	2 343.4	2 349.2	2 354.0
男	1 164.6	1 167.3	1 168.5	1 169.8	1 171.2	1 171.9
女	1 157.9	1 164.3	1 168.9	1 173.6	1 178	1 182.1
粗出生率（‰）	8.48	9.86	8.53	8.99	9.10	8.86
粗死亡率（‰）	6.59	6.63	6.68	7.00	6.98	7.33
人口自然增长率（‰）	1.88	3.23	1.85	1.98	2.12	1.53
一般生育率（‰）	32	38	32	34	35	
结婚率（对/千人）	7.13	6.16	6.32	6.38	6.58	6.29
离婚率（对/千人）	2.46	2.41	2.30	2.27	2.28	2.29
期望寿命（岁）						
男	75.96	76.43	76.91	76.42	77.01	—
女	82.63	82.82	83.36	83.19	83.62	—
人口的年龄分布（%）						
0—14 岁	15.08	14.63	14.32	13.99	13.57	13.35
15—64 岁	74.04	74.22	74.15	74.03	73.92	73.46
65 岁及以上	10.89	11.15	11.53	11.99	12.51	13.20
性别比（女 = 100）	100.57	100.26	99.96	99.68	99.40	99.14
人口密度（人/平方公里）	641.7	644.2	645.8	647.5	649.0	650.3

数据来源：国家统计局。

127. 2011—2016 年台湾省劳动力和就业状况

项目	2011 年	2012 年	2013 年	2014 年	2015 年	2016 年
劳动力总计（万人）	1 120.0	1 134.1	1 144.5	1 153.5	1 163.8	1 172.7
男	630.4	636.9	640.2	644.1	649.7	654.1
女	489.6	497.2	504.3	509.4	514.1	518.6
就业人数（万人）	1 070.9	1 086	1 096.7	1 107.9	1 119.8	1 126.7
男	600.6	608.3	611.6	616.6	623.4	626.7
女	470.2	477.7	485.1	491.3	496.4	500.0
就业者行业构成（％）	100.0	100.0	100.0	100.0	100.0	100.0
农、林、渔、牧业	5.1	5.0	5.0	5.0	5.0	4.9
工业	36.3	36.2	36.2	36.2	36.0	35.9
矿业及土石采取业	0.04	0.04	0.04	0.04	0.04	0.04
制造业	27.5	27.4	27.2	27.1	27.0	26.9
电力及燃气供应业	0.3	0.3	0.3	0.3	0.3	0.3
用水供应及污染整治业	0.7	0.8	0.8	0.7	0.7	0.7
建筑业	7.8	7.8	7.9	8.0	8.0	8.0
服务业	58.6	58.8	58.9	58.8	59.0	59.2
批发及零售业	16.5	16.6	16.6	16.5	16.5	16.5
运输及仓储业	3.8	3.8	3.9	3.9	3.9	3.9
金融及保险业	4.0	3.9	3.8	3.8	3.8	3.8
咨讯及通信传播	2.0	2.1	2.1	2.2	2.2	2.2
住宿及餐饮业	6.8	6.9	7.1	7.2	7.3	7.3
教育服务业	5.9	5.8	5.8	5.8	5.8	5.8
公共行政	3.6	3.5	3.5	3.4	3.3	3.3
失业人数（万人）	49.1	48.1	47.8	45.7	44.0	46.0
失业率（％）	4.4	4.2	4.2	4.0	3.8	3.9

数据来源：国家统计局。

128. 2004—2015 年台湾省医院、病床和医务人员情况

年份	医疗机构 （所）	病床数 （张）	每万人病 床数（张）	从业医务 人员数（人）	每万人拥有 医务人员数（人）
2004	19 240	143 343	63.18	192 611	84.89
2005	19 433	146 382	64.29	199 734	87.72
2006	19 682	148 962	65.12	206 959	90.47
2007	19 900	150 628	65.61	214 748	93.54
2008	20 174	152 901	66.37	223 623	97.07
2009	20 306	156 740	67.79	233 553	101.02
2010	20 691	158 922	68.61	241 156	104.12
2011	21 135	160 472	69.09	250 258	107.75
2012	21 437	160 900	69.01	258 283	110.78
2013	21 713	159 422	68.21	265 759	113.70
2014	22 041	161 491	68.91	271 555	115.88
2015	22 177	162 163	69.03	280 508	119.41

数据来源：国家统计局。

129. 2004—2015 年台湾省入学率和教育经费　　　　　　　　单位：人,%

年份	粗入学率（6—21 岁）			每千人口 高等教育 学生数[2]	15 岁以上 人口识字 率[3]	公共教育经费	
	初等教育 （6—11 岁）	中等教育 （12—17 岁）	高等教育[1] （18—21 岁）			占 GNP 比重	占政府 支出比重
2004	100.8	98.3	78.1	58.8	97.2	5.6	19.7
2005	100.3	97.9	82.0	58.7	97.3	5.7	20.0
2006	99.5	99.1	83.6	59.1	97.5	5.4	21.2
2007	100.8	98.7	85.3	59.2	97.6	5.2	20.8
2008	100.7	99.2	83.2	59.4	97.8	5.4	20.5
2009	101.4	99.0	82.2	58.7	97.9	5.8	19.9
2010	99.7	100.3	83.8	58.6	98.0	5.3	20.1
2011	100.4	100.0	83.4	58.5	98.2	5.3	20.6
2012	101.4	99.0	84.4	58.2	98.3	5.4	20.5
2013	99.5	100.3	83.9	57.4	98.4	5.3	20.8
2014	99.7	100.4	83.8	56.9	98.5	5.1	21.3
2015	99.1	101.2	83.7	—	98.6	4.9	20.3

注：①不含五专前三年、研究所及进修教育。
　　②不含五专前三年。
　　③年底资料。
数据来源：国家统计局。

● 香港特别行政区

130. 2011—2016 年香港特别行政区人口主要指标

项目	2011 年	2012 年	2013 年	2014 年	2015 年	2016 年
年中人口（万人）	707.2	715.0	717.9	723.0	729.1	733.7
粗出生率（‰）	13.5	12.8	8.0	8.6	8.2	8.3
粗死亡率（‰）	6.0	6.1	6.0	6.2	6.3	6.4
婴儿死亡率（‰）	1.3	1.5	1.8	1.7	1.4	1.5
自然增长率（‰）	7.5	6.7	1.9	2.4	1.9	1.9
总和生育率①	1 204	1 285	1 125	1 235	1 196	1 205
登记结婚数（对）	58 369	60 459	55 274	56 454	51 609	49 505
登记离婚数（对）	19 597	21 125	22 271	20 019	20 075	17 196
出生时平均预期寿命（年）						
男	80.3	80.7	81.1	81.2	81.4	81.3
女	86.7	86.4	86.7	86.9	87.3	87.3

注：在 2016 年 6 月至 8 月进行的 2016 年中期人口统计提供了一个基准，用作修订自 2011 年人口普查以来编制的人口数字。表中 2012 年至 2015 年与人口有关的数字已作出相应修订。

①不包括女性外籍家庭佣工。每千名女性的活产婴儿数目。

数据来源：国家统计局。

131. 2011—2016 年香港特别行政区劳动人口及失业状况

项目	2011 年	2012 年	2013 年	2014 年	2015 年	2016 年
劳动人口数（万人）	370.3	378.2	385.5	387.1	390.3	392.0
男	194.3	197.1	199.3	199.0	199.7	199.6
女	176.0	181.1	186.2	188.1	190.6	192.4
劳动人口参与率（%）	60.1	60.5	61.2	61.1	61.1	61.1
就业人口（万人）	357.6	365.8	372.4	374.3	377.4	378.7
失业人口（万人）	12.7	12.4	13.1	12.8	12.9	13.3
失业率（%）	3.4	3.3	3.4	3.3	3.3	3.4

注：①数字是根据每年 1 月至 12 月进行的"综合住户统计调查"结果，以及由政府统计处与跨部门人口分布推算小组共同编制按区议会分区划分年中人口估计数字而编制。

②2012 年至 2015 年的年度数字已就 2016 年中期人口统计的结果而作出了修订。2016 年中期人口统计的结果提供了一个基准，用作修订自 2011 年人口普查以来编制的人口数字。

数据来源：国家统计局。

132. 2011—2016 年香港特别行政区按行业划分的就业人数　　　　　单位：万人

行业 （按香港标准行业分类 2.0 版分类）	2011 年	2012 年	2013 年	2014 年	2015 年	2016 年
制造	13.3	13.3	12.6	13.0	11.3	11.8
建筑	27.7	29.0	30.9	31.0	31.7	32.8
进出口贸易及批发	53.9	56.2	52.2	50.2	48.0	46.5
零售、住宿及膳食服务	57.8	58.7	60.9	63.3	62.5	62.0
运输、仓库、邮政及速递服务、资讯及通信	43.4	43.4	44.4	44.6	45.5	45.0
金融、保险、地产、专业及商用服务	67.6	69.1	71.4	73.3	75.0	76.2
公共行政、社会及个人服务	91.5	93.7	97.5	96.7	100.8	101.8
其他	2.4	2.4	2.3	2.3	2.5	2.6
总计	**357.6**	**365.8**	**372.4**	**374.3**	**377.4**	**378.7**

注：①数字是根据每年 1 月至 12 月进行的"综合住户统计调查"结果，由政府统计处与跨部门人口分布推算小组共同编制，按区议会分区划分年中人口估计数字而编制。

②2012 年至 2015 年的年度数字已就 2016 年中期人口统计的结果而作出了修订。2016 年中期人口统计的结果提供了一个基准，用作修订自 2011 年人口普查以来编制的人口数字。

③住宿服务包括酒店、宾馆、旅舍及其他提供短期住宿服务的机构单位。

数据来源：国家统计局。

133. 2011—2016 年香港特别行政区按居住国家/地区划分的访港旅客人数　单位：万人次，%

居住国家/地区	2011 年	2012 年	2013 年	2014 年	2015 年	2016 年
中国内地	2 810	3 491.1	4 074.5	4 724.8	4 584.2	4 277.8
南亚及东南亚	375.1	365.2	371.8	361.5	355.9	370.2
中国台湾	214.9	208.9	210.0	203.2	201.6	201.1
北亚	230.5	233.3	214.1	233.0	229.3	248.5
欧洲、非洲及中东	219.4	222.8	225.4	221.8	216.7	222.6
美洲	182.1	177.8	166.6	167.9	172.8	177.3
澳大利亚、新西兰及南太平洋	75.8	74.1	71.7	71.5	68.1	68.4
中国澳门①	84.3	88.3	95.8	100.2	102.1	99.5
总计	**4 192.1**	**4 861.5**	**5 429.9**	**6 083.9**	**5 930.8**	**5 665.5**
与上年比较的变动百分比	16.4	16.0	11.7	12.0	−2.5	−4.5

注：①访港旅客数字包括经澳门访港的非澳门居民。

数据来源：国家统计局。

134. 2011—2016 年香港特别行政区医疗卫生条件

项目	2011 年	2012 年	2013 年	2014 年	2015 年	2016 年
注册医护专业人员（人）						
医生	12 818	13 006	13 203	13 417	13 726	14 013
中医						
注册中医	6 414	6 565	6 743	6 898	7 071	7 262
有限制注册中医①	70	74	61	64	55	47
表列中医②	2 746	2 733	2 715	2 693	2 661	2 647
牙医	2 215	2 258	2 310	2 343	2 382	2 441
药剂师	2 050	2 127	2 285	2 390	2 504	2 659
护士	41 310	43 698	45 846	48 047	50 461	52 389
按每千名人口计算的医生数目	1.8	1.8	1.8	1.8	1.9	1.9
医疗机构和病床③						
医疗机构（间）	120	123	127	130	133	137
病床（张）	36 121	36 579	36 720	37 322	38 287	39 090
按每千名人口计算的病床数目③	5.1	5.1	5.1	5.1	5.2	5.3

注：①有限制注册中医可在指定的教育或科研机构进行中医药学方面的临床教学和研究工作，但不得作私人执业，其注册有效期不超过一年。

②表列中医可在中医注册过渡性安排下在香港合法执业，直至食物及卫生局局长日后在宪报上公布的日期为止。表列中医在过渡性安排期间，可分别循直接注册，通过注册审核或通过执业资格试成为"注册中医"。

③包括医院管理局辖下医院及机构、私家医院、护养院及惩教机构的医院。

数据来源：国家统计局。

135. 2012—2016 年香港特别行政区 15 岁及以上人口受教育程度　　　　　　单位：万人,%

项目	2012 年		2013 年		2014 年		2015 年		2016 年	
	人数	比重	人数	比重	人数	比重	人数	比重	人数	比重
总计										
男	286.84	45.88	288.06	45.74	289.08	45.60	290.16	45.45	290.93	45.31
女	338.30	54.12	341.69	54.26	344.93	54.40	348.20	54.55	351.17	54.69
未受教育/学前教育										
男	6.43	1.03	6.17	0.98	6.27	0.99	5.54	0.87	5.87	0.91
女	21.79	3.48	21.38	3.40	21.39	3.37	20.30	3.18	19.99	3.11
小学										
男	42.57	6.81	41.78	6.63	41.03	6.47	39.70	6.22	39.20	6.10
女	58.06	9.29	57.41	9.12	56.09	8.85	55.37	8.67	55.32	8.62
初中										
男	47.27	7.56	47.48	7.54	47.41	7.48	47.27	7.40	47.12	7.34
女	46.75	7.48	46.97	7.46	48.34	7.63	49.35	7.73	48.42	7.54
高中										
男	102.26	16.36	100.74	16.00	99.83	15.75	98.38	15.41	97.51	15.19
女	126.06	20.16	125.67	19.96	124.68	19.66	125.70	19.69	125.81	19.59
高等教育										
非学位课程										
男	24.28	3.88	24.84	3.94	24.88	3.92	24.79	3.88	25.22	3.93
女	23.24	3.72	24.35	3.87	24.79	3.91	23.44	3.67	23.47	3.66
学位课程										
男	64.03	10.24	67.05	10.65	69.66	10.99	74.49	11.67	76.01	11.84
女	62.42	9.98	65.90	10.46	69.63	10.98	74.04	11.60	78.16	12.17

注：①数字是根据每年 1 月至 12 月进行的"综合住户统计调查"结果，由政府统计处与跨部门人口分布推算小组共同编制，按区议会分区划分年中人口估计数字而编制。"综合住户统计调查"涵盖全港陆上非住院人口，因而并不包括公共机构/社团院舍的住院人士及水上居民。

②2012 年至 2015 年的年度数字已就 2016 年中期人口统计的结果而作出了修订。2016 年中期人口统计的结果提供了一个基准，用作修订自 2011 年人口普查以来编制的人口数字。

③包括所有幼儿园及幼儿中心班级。

④包括所有在香港或以外地区学院的证书、文凭、高级证书、高级文凭、专业文凭及其他同等程度的高等教育课程。

⑤包括所有在香港或以外地区学院的学士学位、研究生修课及专题研究课程。

数据来源：国家统计局。

● 澳门特别行政区

136. 2011—2016 年澳门特别行政区人口主要指标

项目	2011 年	2012 年	2013 年	2014 年	2015 年	2016 年
年中人口（万人）	55.0	56.8	59.2	62.2	64.3	65.3
出生率（‰）	10.6	12.9	11.1	11.8	11.0	11.0
死亡率（‰）	3.4	3.2	3.2	3.1	3.1	3.4
婴儿死亡率（‰）	2.9	2.5	2.0	2.0	1.6	1.7
自然增长率（‰）	7.3	9.6	7.9	8.7	7.9	7.5
总和生育率	1.2	1.4	1.2	1.2	1.1	1.1
登记结婚（宗）	3 545	3 783	4 153	4 085	3 719	3 891
离婚（宗）	998	1 230	1 172	1 308	1 168	1 245
	2008—2011 年	2009—2012 年	2010—2013 年	2011—2014 年	2012—2015 年	2013—2016 年
出生时平均预期寿命（岁）	82.4	82.6	82.6	82.9	83.2	83.3
男	79.2	79.3	79.3	79.6	79.9	80.2
女	85.5	85.8	85.8	86.0	86.3	86.4

资料来源：国家统计局。

137. 2011—2016 年澳门特别行政区按行业划分的就业人口   单位：万人

行业	2011 年	2012 年	2013 年	2014 年	2015 年	2016 年
总数	**32. 76**	**34. 32**	**36. 10**	**38. 81**	**39. 65**	**38. 97**
农业、捕渔业及采矿工业	0. 08	0. 08	—	—	—	—
制造业	1. 28	1. 03	0. 90	0. 74	0. 69	0. 79
水电及气体生产供应业	0. 13	0. 15	0. 15	0. 11	0. 12	0. 12
建筑业	2. 82	3. 23	3. 53	5. 25	5. 48	4. 44
批发及零售业	4. 34	4. 23	4. 47	4. 52	4. 50	4. 41
酒店及饮食业	4. 61	5. 30	5. 43	5. 48	5. 50	5. 72
运输、仓储及通信业	1. 60	1. 60	1. 59	1. 92	1. 75	1. 93
金融业	0. 81	0. 82	0. 93	1. 07	1. 08	1. 04
不动产及工商服务业	2. 80	2. 43	2. 76	3. 04	2. 98	3. 04
公共行政及社保事务	2. 30	2. 51	2. 57	2. 55	2. 94	2. 83
教育	1. 23	1. 31	1. 43	1. 48	1. 66	1. 59
医疗卫生及社会福利	0. 85	0. 86	0. 91	1. 01	1. 13	1. 21
文娱博彩及其他服务业	8. 20	8. 95	9. 34	9. 40	9. 42	9. 27
家务工作	1. 68	1. 80	2. 03	2. 19	2. 36	2. 53
其他及不详	0. 10	0. 09	0. 06	0. 07	0. 05	0. 05

数据来源：国家统计局。

138. 2011—2016 年澳门特别行政区经济活动人口及失业状况

项目	2011 年	2012 年	2013 年	2014 年	2015 年	2016 年
劳动人口（万人）	33.6	35.0	36.8	39.5	40.4	39.7
男	17.1	18.1	18.9	20.7	21.3	20.6
女	16.5	16.9	17.9	18.7	19.1	19.1
就业人口（万人）	32.8	34.3	36.1	38.8	39.7	39.0
失业人口（万人）	0.9	0.7	0.7	0.7	0.7	0.8
失业率（%）	2.6	2.0	1.8	1.7	1.8	1.9

数据来源：国家统计局。

139. 澳门特别行政区按教育机构类别统计的注册学生人数　　　　　　单位：人

类别	2012/2013 年	2013/2014 年	2014/2015 年	2015/2016 年	2016/2017 年
幼儿、小学、中学及高等教育	96 597	97 832	99 663	103 940	106 418
幼儿	12 669	13 395	14 552	16 789	17 757
小学	22 231	22 862	24 252	26 436	28 438
中学	33 921	32 054	30 088	28 745	27 473
高等教育	27 776	29 521	30 771	31 970	32 750
特殊教育	582	612	624	643	707

数据来源：国家统计局。

140. 2011—2016 年澳门特别行政区医疗卫生条件

项目	2011 年	2012 年	2013 年	2014 年	2015 年	2016 年
医护人员（人）						
医生	1 438	1 482	1 514	1 592	1 674	1 726
牙科医生	143	161	167	174	184	193
牙科技术员	64	60	58	57	53	49
护士	1 606	1 751	1 854	1 990	2 279	2 342
诊断及治疗助理员	405	465	418	466	502	556
卫生服务助理员	1 038	1 278	1 289	1 367	1 487	1 530
每千人口对医生	2.6	2.5	2.5	2.5	2.6	2.7
医疗机构和病床						
医院（所）	4	4	4	5	5	5
病床（张）	1 222	1 354	1 366	1 421	1 494	1 591
每千人口的病床数（张）	2.2	2.3	2.2	2.2	2.3	2.5

数据来源：国家统计局。

第七篇

索　引

● 说　　明

1. 本索引按汉语拼音字母发音（同音字按声调），英文字母顺序排列；

2. 文章标题用黑体字注明，表名后括号内另标有"表"字样；

3. 索引名称后的数字表示内容所在页数，数字后括号内的小写英文字母表示内容所在栏。